中国—拉美法律研究中心（上海财经大学）

中巴融洽的法治合作

宋晓燕　主　编
周杰普　吴文芳　副主编

上海财经大学出版社

图书在版编目(CIP)数据

中巴融洽的法治合作 / 宋晓燕主编. -- 上海：上海财经大学出版社, 2025.1. -- ISBN 978-7-5642-4484-2

Ⅰ. D92; D977.7

中国国家版本馆 CIP 数据核字第 20244HL998 号

□ 责任编辑　陈　明
□ 封面设计　张克瑶

中巴融洽的法治合作
宋晓燕　主　编
周杰普　吴文芳　副主编

上海财经大学出版社出版发行
(上海市中山北一路 369 号　邮编 200083)
网　　址:http://www.sufep.com
电子邮箱:webmaster@sufep.com
全国新华书店经销
上海锦佳印刷有限公司印刷装订
2025 年 1 月第 1 版　2025 年 1 月第 1 次印刷

787mm×1092mm　1/16　24.75 印张(插页:2)　498 千字
定价:138.00 元

序

中国和巴西同为金砖国家,一直保持着良好的合作关系。近十年来,两国在商业和文化方面的融合逐步加强。巴西将中国视为其主要的外国投资者和贸易伙伴之一,而中国则将巴西视为经济发展、粮食安全和原材料供应的重要地区。在建立这种相互依存关系的过程中,双方都认识到法律制度存在很大差异。充分了解这些差异,进行沟通,形成解决方案,对于促进中巴两国的经济、贸易和文化交流无疑是极为重要的。同时,两国企业在进行商务谈判和合同签订时需要使用法律语言,消除法律障碍是实现合作的关键。在巴西投资的中国企业会被纳入巴西的司法管理体系,因此必须了解当地的法律法规。为此,上海财经大学法学院"中国拉美法律研究中心"与巴西律师协会（Ordem dos Advogados do Brasil,OAB）、巴西中国文化研究所（IBRACHINA）合作,共同推出《中巴融洽的法治合作》一书。

本书由学者、实务界人士和法律专业人士撰写,主要涉及中巴合作、两国法律比较、东道国和母国法律研究等领域。在中巴合作方面,本书分析了巴西市场的前景与机遇,探讨了中巴两国在教育产业、地球资源卫星项目、个人数据跨境、艺术领域、渔业战略等多个领域的合作与政策。本书还介绍了中巴消费者保护法的融合与国际合作,以及中巴国际援助合作的实施路径和法律框架。在两国法律比较方面,本书对中巴两国投资争端的解决、仲裁和争端委员会、双边贸易法律、卫生政策创新、气候变化等相关制度,中巴足球的法律和文化差异进行了比较分析。其他作者则讨论了基于东道国法律的巴西新基本卫生法律框架与中国在巴西的投资机会,以及中国投资者在巴西的劳动风险和防范措施。在此基础上,还探讨了中国劳动法的加强对巴西的影响,以及与中国在巴西直接投资相关的法律问题。

经济、文化等领域的双边和多边合作是全球发展的趋势。我们希望本书能成为一个良好的开端,加强对话、加深了解,从而缩短地理和文化上的距离。本书还告诉我们,两国之间的法律合作不可或缺,其范围不应仅限于投资和贸易规则,上海财经大学法学院"中国拉美法律研究中心"还将进一步加强与巴方的合作,促进中巴在竞争法、环境法、消费者保护法等法律领域的沟通与交流。

宋晓燕教授
上海财经大学法学院院长

Preface

China and Brazil are both members of the BRICS countries and have always had a good cooperative relationship. The integration between the two countries has gradually strengthened in terms of business and culture over the past decade. Brazil regards China as one of its main foreign investors and trading partners, while China regards Brazil as an important region for economic development, food security, and raw material supply. In the process of establishing this interdependent relationship, both countiries recognize that there are significant differences in the legal systems of different countries. It is undoubtedly extremely important to fully understand these differences, communicate, and form solutions to legal conflicts, in order to promote economic, trade, and cultural exchanges between China and Brazil. Meanwhile, The enterprises of the two countries need to use legal language when conducting business negotiations and signing contracts. Removing legal barriers is crucial to the ultimate realization of cooperation. Chinese enterprises investing in Brazil must be included in Brazil's judicial management system, therefore they must also understand Brazil's legal and regulatory system. For this reason, the "China Latin American Legal Research Center" of the School of Law at Shanghai University of Finance and Economics collaborated with Ordem dos Advogados do Brasil (OAB), and Instituto Só cio Cultural Brasil China (IBRACHINA), to jointly promote the book Harmonious Legal Cooperation between China and Brazil.

The book is written by scholars, practitioners and legal professionals, and its themes mainly cover areas such as China-Brazil cooperation, legal comparison between the two countries, and legal research in the host and home countries. In terms of cooperation between China and Brazil, the authors analyzed market opportunities in Brazil, discussed cooperation and policies between China and Brazil in several fields such as education industry, Earth resource satellite projects, personal data cross-border, art field, and fishery strategy. The book also introduced the integration and international cooperation of consumer protection laws between China and Brazil, as well as the implementation path and legal framework of international aid cooperation between China and Brazil. In terms of legal comparison between the two countries, the authors conducted a comparative analysis of the laws on investment dispute resolution between China and Brazil, the Arbitration and Dispute Resolution Commission, bilateral trade laws, innovation in health policies, climate change related systems, as well as the differences of the laws and culture in China-Brazil football. Other authors have discussed the new fundamental legal framework for health and investment opportunities for China in Brazil based on the laws of the host country, as well as labor risks and prevention measurements for Chinese investors in Brazil. They have also discussed the strengthening of Chinese labor laws and their impact on Brazil based on the laws of home country, as well as legal issues related to China's direct investment in Brazil.

Bilateral and multilateral cooperation in economic, cultural, and other fields is a trend of global development. We hope this book serves as a good beginning to strengthen dialogue and deepen understanding, in order to shorten geographical and cultural distances. This book also teaches us that legal cooperation between the two countries is indispensable, and its scope should not be limited to investment and trade rules. In other legal fields, such as competition law, environmental law, consumer protection law, etc. , the "China Latin American Legal Research Center" of the School of Law at Shanghai University of Finance and Economics consider further promote the cooperation with Brazil.

Professor Song Xiaoyan

Dean of the School of Law at Shanghai University

of Finance and Economics

目 录

1 | 中巴国际合作：伯南布哥州教育领域的科学技术合作经验

13 | "一带一路"倡议、南方共同市场和巴西：巴西市场的机遇分析

31 | 中国在"一带一路"建设中的战略地位及"一带一路"倡议对巴西的影响

40 | 中国与巴西的融合："一带一路"倡议背景下两国关系的法律整合

60 | 仲裁和争端委员会：中国和巴西法律之比较

72 | 基本卫生新法律框架和中国在巴西的投资机会

91 | 中国劳动法制的加强及其对巴西的影响

121 | 中巴双边贸易法律分析：法律确定性是不可缺少的棱镜

130 | 21世纪初中国对巴西的直接投资战略

153 | 巴西和中国在中巴地球资源卫星项目中的合作：巩固和期望

170 | 从国际贸易分析看巴西与中国的关系

190 | 中拉数字丝绸之路中的数据跨境合作

202 | 巴西与中国卫生政策创新中的"同一健康"方案：来自民事诉讼的考察

213 | 新冠肺炎疫情背景下药品专利强制许可的功能反思与实施路径：中国与拉美国家的比较研究

225 | 法律框架在中国"十四五"规划长期目标实现过程中的作用

237 | 共享机遇和共同发展的未来：走向开放和繁荣的法制建设

248 | 中巴艺术领域法律合作项目评析

261 | 中国和巴西的气候变化机制：趋同和影响

275 | 在跨境语境中对涉知识产权的买卖合同规则的再审视：知识产权融入中国民法典尚未触及的问题

287 | 实现"中国梦"的中国教育政策与策略：中巴关系视角下的经验与机遇

299 | 中国对巴西直接投资的相关法律问题研究

310 | 中巴投资争端解决比较研究

328 | 中国与巴西足球运动中的法律与文化互鉴

335 | 中巴友谊在青山绿水中的光明行：中巴在美丽山二期项目中的法律比较与文明互鉴

341 | 在巴中国投资者劳动风险及其防范研究：基于中国和巴西劳动合同解除制度的比较

354 | 构建中巴渔业战略伙伴关系的法律政策分析与实现路径

361 | 中国与巴西消费者保护法的融合与国际合作

368 | 中国—巴西国际援助合作：实现路径与法律框架

384 | 作者简介

中巴国际合作：伯南布哥州教育领域的科学技术合作经验

亚历山德拉·科斯塔·卡瓦尔坎蒂·德阿劳霍（Alessandra Costa Cavalcanti de Araújo）
莱西亚·玛丽亚·马西尔·德莫雷斯（Letícia Maria Maciel de Moraes）
玛拉·卡拉·科雷亚·法贡德斯（Mayra Karla Correia Fagundes）

摘要： 本文试图分析中国与伯南布哥州政府目前在教育领域所建立的科技合作伙伴关系所带来的进步和挑战，而之所以选择对此话题进行研究，是鉴于在教育领域缔结国际合作双边协议对伯南布哥州经济和技术发展的重要性。本研究具有定性和探索性的基础，并得到了与国际合作和平行外交相关的书籍以及科学文章的研究支持。此外，本文也对中国和巴西、伯南布哥州政府合作伙伴关系的有关文件进行了分析。总之，我们试图为中国和伯南布哥州政府在教育领域的合作协议带来全新的观点视角，以推进实施更加有效的公共政策。首先，本文对中巴关系的历史全景进行了介绍，讨论了巴西与中国在教育方面的合作关系。从这个角度来看，中巴关系自1975年开始恢复，埃内斯托·盖泽尔总统政府承认了中国对巴西国家利益的重要性。此外，自20世纪90年代以来，巴西的城市和州与外国建立的国际协议数量有所增加，如契约、谅解备忘录、区域间技术合作协议等，且最终都关注于公共政策执行及经济社会发展。其次，本文讨论了中国通过孔子学院与巴西开展的教育科技合作，以及"平行外交"现象。就这方面而言，孔子学院通过与公共机构合作，为贫困学生或求职者提供普通话培训支持，从而提高了这些人员的就业能力，并将科技融入了教育领域。同时不应忘记的是，当州政府和市政府失去联邦政府的财政支持时，平行外交已被公认为是提升区域利益的重要因素，有助于开放市场、吸引投资、刺激各州发展。最后，本文对伯南布哥州与中国当前在各方面的合作关系进行了讨论。四川省长期与伯南布哥加深友谊和国际合作关系，这一点可以从双方签订的各类协议中看出，例如，中华人民共和国四川省教育部门与巴西联邦共和国伯南布哥州教育部门在孔子学院的推动下签订了教育合作谅解备忘录，并与伯南布哥大学、伯南布哥州旅游部、体育部和休闲部等相关。值得注意的是，随着中国与伯南布哥州关系的日益密切，一种新的教育环境出现了。这种环境将有利于新型理念、项目和改革的接受和实施，并使这些行动的受益者伯南布哥州继续其期待已久的现代化和发展。

关键词： 巴西和中国、国际合作、教育、伯南布哥州、平行外交

一、引言

本文旨在研究中国与巴西伯南布哥州政府在教育领域方面所签署的国际科技合作

伙伴关系所带来的进展和挑战。

未来30年,世界人口预计将达到90亿。人口的大规模增长必然会需要更多的水、粮食、就业机会、土地、资本和能源。

为了提高各国满足人类基本需求的能力,需要有更多的公共援助。不仅如此,寻求新市场、创收和可持续获取商品将比以往任何时候都更具挑战性。

因此,不仅需要发展私营部门,因为它们是新经济发展机会所在的领域,更需要强化公共机构在国际化、管理和国际合作进程中的作用。

通过这样的方式,巴西政府也可以通过促进和吸引直接投资,在区域一体化议程的基础上加入国际贸易。

伯南布哥州也不能被排除在这一全球动态之外。巴西企业,尤其是伯南布哥州的企业必须不断扩大其外交政策,以提升效率、法律确定性、可持续性、创新性和竞争力。

国际合作和将业务扩展到他国的战略被视为国家以下各级实体的必然之路。在这场扩大合作和竞争能力的运动中,各国必然倾向于实施旨在缩窄和加强与外国伙伴对话和联系的战略。

这种国际合作是国际关系的一个重要组成部分。国际关系是通过一个相互联系的机构网络进行的,面向从贸易到金融、安全、教育、环境和卫生的所有领域。从这个意义上说,政府和机构确定共同的标准,制订寻求利益的方案,甚至最终产生了需要联合解决的问题(Sato,2010)。

就低级政治而言,它涉及贸易、发展以及教育领域的问题。通过谈判磋商和建设性行动,建立国际合作变得更加容易,以便于"为有关行动者提供一个多种利益和可能性的环境"(Sato,2010)。

考虑到全球化现象的特点是国家间政治、经济和社会秩序的逐渐一体化,国际行为体通过合作关系,以寻求旨在提升经济和提高人民生活质量的体制政策变得更加重要。

对巴西来说,实现战略伙伴关系以及"在多边外交下与特定国家和地区间的国际合作"同样重要。关于科学技术发展,"随着国家科学技术发展规模的提升,它们与其他社会的融合也在不断推进"(Sato,2010)。

国家以外的国际利益相关方也非常值得考虑,例如联邦政府、市政厅甚至非政府组织,以及其他国际知名社会机构,因为它们会与国际社会的其他行动者共同制定倡议、行动甚至合作政策。

这时候,出现了所谓的"平行外交"现象,涉及作为联邦国家国际化工具的国际政策战略行动。换言之,通过建立正式和非正式、永久或临时联系,国家以下的各级政府参与国际关系变得更加重要。

在本文中,我们将具体讨论公共管理者作为主角以及真正的机会催化剂的表现。因此,"平行外交运动"对巴西与其重要的经济贸易伙伴,如中国,重新建立联系就至关重要。

在谈论科技合作本身之前,考虑到科学是"以文化建构和定位的",并融合了当地知识和普遍知识,所以了解一下中国自身在解释科学这一问题时的出发点是非常有必要的(Martinelli,2020)。

从这个角度来看,当我们比较西方和东方时,它们各自科学基础的构建是完全不同的。例如,与中国学生有关的交流实践,最初是以主要哲学流派为基础的,如道教、毛泽东思想、术语学甚至佛教。这些哲学实践最终为科学哲学做出了重要的贡献,能够为西方逻辑学和认识论提出问题(Martinelli,2020)。

作为世界上人口最多的国家(相当于陆地人口的五分之一)和东亚最大的国家,中华人民共和国目前是世界第二大经济体,是世界地缘政治主要相关国际组织的一部分,也是联合国安理会常任理事国。

就这一点而言,我们之所以开展这项工作,是因为我们认为有必要深化伯南布哥州政府和中华人民共和国之间在教育领域的科技合作。

关于本文各个段落的内容,我们将先介绍中巴关系的历史全貌,然后讨论巴西与中国在教育合作方面的关系。接着,我们将通过孔子学院讨论中国在教育领域的科技合作,以及在这个意义上的"平行外交"现象。

最后,我们将提出一些展现伯南布哥州和中国国际关系的具体方面。值得注意的是,随着中国与伯南布哥州间关系的日益密切,一种新的教育环境出现了。这种教育环境有利于新型理念、项目和改革的接受和实施,也能够使得接受这些行动的受益者伯南布科州继续开展其期待已久的现代化发展。

二、中巴关系的历史回顾

首先,有必要简要介绍一下中巴关系的历史概况,以及伯南布哥州在教育领域的科学技术方面与中国加强合作的具体情况。

最初,巴西和中国之间的关系是有限的,但由于中巴经济的快速发展,这种情况在21世纪开始改变(Almeida 和 Baptista,2015)。

巴西近期外交政策中与此最相关的方面是与新兴国家的合作,这可以从1993年开始的中巴战略伙伴关系中看出(Almeida 和 Baptista,2015),而这种关系确立的原因有几个。巴西在世界贸易组织、联合国粮食及农业组织和其他多边组织中表现突出,并长期希望以联合国安理会常任理事国的名义与世界各地的大国接触(Almeida 和 Baptista,2015)。

在20世纪80年代,鉴于南北对话在全球范围内的失败,以及因外债的沉重负担而同工业化国家在关系上的阻碍,巴西设法加强了同南方国家的联系并建立了新的伙伴关系,特别是同中国的关系(Almeida 和 Baptista,2015)。

此外，中国在当今世界上是一个重要的生产国，并成为新的"世界工厂"和一个重要的消费市场。由于它在国际经济关系中发挥的领导作用，因此也在外贸中占有显著地位（Almeida 和 Baptista，2015）。

举个例子，在与中国密切交往之前，巴西在亚洲与日本的关系更加密切。尽管存在文化差异，但巴西和中国在商业方面仍有一些互补性（Almeida 和 Baptista，2015）。

中国于2001年加入世界贸易组织（WTO）后，其全球化进程大大加快。在这个背景下，应该指出，世界贸易组织是继关税及贸易总协定（GATT）之后的国际组织。1947年提出的关贸总协定以非常有限的方式管理着与国际海关和贸易政策有关的"临时"事项。巴西是关贸总协定的创始成员国。作为一个"有制度框架的协议"，关贸总协定长期发挥着作用，一直持续到世界贸易组织的有效建立，促进了真正的贸易交流。

中国加入世贸组织标志着对国际贸易的更加开放，但重要的是要考虑到：

> 中国从未如此突然地推动其经济开放。中国政府通过采取教育政策、技术吸收和行政技术等各种机制，从而在促进外部竞争冲击之前鼓励内部竞争（Almeida 和 Baptista，2015）。[①]

随着中国在国际贸易的主要舞台上逐渐占据了一席之地，情况发生了变化。自那时起，一个强大的商业大国就出现在了有关贸易的主要国际组织中。

如前所述，正是贸易加强和缩近了巴西和中国之间的关系。两国关系可以追溯到20世纪之前，但是为了说明两国关系是如何巩固提升的，有必要着重介绍一下20世纪的一些重要事件。Costa举例说："1961年，时任巴西副总统的若昂·古拉特访问中国时，被中国政府视为'中国的伟大朋友'。"（Costa，2015）

在军事独裁时期，巴西和中国的关系减弱。在当时以及冷战初期，巴西的外交政策都是以北美立场为指导的，这也造成了巴中关系长达十多年的中断。1975年，时任巴西联邦共和国总统的埃内斯托·盖泽尔表示承认中国对巴西国家利益的重要性（Costa，2015）。

Menezes（2010）认为：

> 人们不可能没有认识到，中华人民共和国是亚洲大陆上人口最多的国家，也是唯一处于世界权力体系中心的发展中国家。这一事实为巴西提供了与一个"不同的大国"建立联盟的机会，扩大了其国际谈判能力。这是关于第三世界中等大国之间的合作，而并不涉及从属关系或支配关系。此外，中国这个亚洲大国在20世纪80年代的经济开放也为商业合作创造了新的可能性。[②]

---

① 巴西—葡萄牙语直译为英语。
② 巴西—葡萄牙语直译为英语。

三、中巴关系和教育合作

得益于其经济和地缘政治实力,中国通过它的一些省份(基础单位),在国际平行外交的场景中成为一个重要的参与者。

值得注意的是,中国和巴西都是金砖国家(多边创新合作协议)的成员。该组织处理的是相关国家之间的国际协议,但不存在经济集团的结构。在这种情况下,成员国之间没有共同的市场、贸易和海关协定,也没有必然相同的政策。金砖国家的人口占世界人口的40%以上,在成员国的创新进程中也发挥着重要的作用。

不足为奇的是,组织成员国之间的双边或多边关系应建立在以下几方面内容之上:第一,与所涉领域相关的战略、政策、方案的广泛交流,特别是关于促进创新的内容,有助于确定潜在的优先顺序、机制和工具;第二,建立的协定必须基于自愿、平等、互利、互惠的原则以及成员国的资源情况;第三,加强合作关系的意愿,促进以科技和创新为基础的社会经济发展(Mota,2012:91)。

毫无疑问,上文提及的组织影响了巴西的发展模式,确认了中巴关系的重要性,使中国成为巴西的主要贸易伙伴。中国近年来经历的巨大经济发展是基于软实力(soft power)的外交政策背景下取得的。这种政策遍及全球多个地区,重点是南美洲,尤其是在巴西。

这样的外交政策也被中国用来满足国内对主要资源的需求,得到了联合国的大力支持。同时,此项政策也坚定地贯彻着"一个中国"的政策,并有力驳斥了世界上认为中国发展会对全球构成威胁的观点。通过软实力政策,中国试图确认其崛起为共同发展与和平发展带来了机遇。

在2021年初,中国在国外建立的第一所学校——国际汉语学校(ECI)——在里约热内卢落成。可见,中国政府将教育作为软实力的工具,旨在扩大其在南美洲的影响力。

自中国进入全球大国的行列以来,"软实力"一直被认为是可以从长期上帮助减轻"中国威胁"理论的一种工具,试图让国际社会相信中国崛起的和平性质,以及它为商业伙伴带来的机会。

根据Banzatto和Monte(2017)的指导方针,自20世纪90年代以来,巴西市政和州与外国同行之间发展的大量(且不断增加的)国际协议凸显了国际嵌入的力量。这些协议、谅解备忘录、技术合作协定甚至区域间的结对关系,最终都是以公共政策执行和经济社会发展为重点制定的。

例如,在1993年,巴西和中国制定了《巴西联邦共和国教育体育部与中华人民共和国国家教育委员会关于教育交流与合作的谅解备忘录》,其中提到了1985年11月1日签署的《文化教育合作协议》。

此外，两国于 1994 年签署了《巴西联邦共和国教育体育部高等人才培养基金委员会(CAPES)与中华人民共和国国家教育委员会(CEE)、外交部(DAE)在高等教育领域的合作议定书》。[1]

四、教育方面的科技合作和孔子学院[2]

正如前文摘录的内容所述，中巴关系的特点是以合作为纽带，而不是从属和支配。因此，有必要对合作的概念进行简要的反思，并从历史的角度来处理这个问题。

重要的是要考虑到，对世界现实的关切和看法上的趋同带来了共识的形成和对世界大国共同利益的捍卫。因此，巴西和中国之间拥有互补的利益(Meneze,2010)，这加强了合作的理念，而不是从属或统治。

从这个意义上，我们必须了解，合作是为实现一个共同目标所做的努力的总和，有关各方将从合作的结果中受益。

以这项工作为重点的科学和教育合作已显示出巴西和中国之间日益增长的实力。两国之间的知识交流非常明显，包括成功范例——孔子学院。

正如 Martinelli(2020)所展示的："在巴西创建的第一所孔子学院是圣保罗州立大学于 2008 年 11 月 26 日与湖北大学合作创建的。坎皮纳斯州立大学的孔子学院诞生于 2015 年 3 月 23 日，是与北京大学合作建立的。"

进一步延伸到巴西东北地区，伯南布哥大学(UPE)与中央财经大学(CUFE)建立了合作关系，并由此在伯南布哥大学创立了孔子学院。

孔子学院是非营利性的，其成立的主要目的是教授中国官方语言普通话和传播中国文化。此外，也通过夏令营项目为孔子学院学生提供文化交流的机会，并为学生们提供中短期奖学金。通过这个项目，学生有机会近距离了解中国，与当地人交流，练习普通话。

同时，孔子学院还与公共机构合作，为有需要的学生和求职者提供普通话培训，提高了这些人员的就业能力。

在累西腓，孔子学院访问了位于 Alto do Pascoa 的康帕斯中心。[3] 来自不同公立学

---

[1] 《巴西联邦共和国教育体育部与中华人民共和国国家教育委员会关于教育交流与合作的谅解备忘录》可从以下网站获取：https://concordia. itamaraty. gov. br/detalhamento-agreement/3913？tipoPesquisa＝2＆TituloAcordo＝education％C3％A7％C3％A3o％20E％20China＆TipoAcordo＝BL,TL,ML,2021 年 7 月 2 日访问；《巴西联邦共和国教育体育部高等人才培养基金委员会(CAPES)与中华人民共和国国家教育委员会(CEE)、外交部(DAE)在高等教育领域的合作议定书》可从以下网站获取：https://concordia. itamaraty. gov. br/detalhamento-acordo/3991？tipoPesquisa＝2＆TituloAcordo＝educa％C3％A7％C3％A3o％20E％20China＆TipoAcordo＝BL,TL,ML,2021 年 7 月 2 日访问。

[2] 2021 年 6 月通过中国驻伯南布哥州领事馆(由 Lin Shen Pin 代表)收集了有关孔子学院的信息。

[3] COMPAZ(和平社区中心)是一个体现公民精神和促进和平文化的空间，提供了各种服务和体育活动。其构想是："为最贫穷的人提供最好的服务"，以实现社会包容和加强社区关怀。

校和不同年龄段的学生参加了这次活动,学生们拥有了更多了解中国文化的机会。

孔子学院在其位于伯南布哥州的总部定期举办中国文化周,提供中国艺术课程,如剪纸、中国画、汉字书法,以及配有英文字幕的中国电影。

在伯南布哥,除了上面提到的这些,孔子学院还有一些外部教育点,并与伯南布哥天主教大学(Unicap)、圣玛丽亚联邦大学、Faculty Damas、伯南布哥联邦大学(UFRPE)伊波茹卡校区等签署了合作关系。

目前,伯南布哥孔子学院联合两国教授在伯南布哥联邦大学举办以经济与社会发展为主题的国际研讨会,广泛邀请了有关各方和中巴关系研究人员参加。在这些活动中,参与者可以提交论文、作品、学位论文以及与中国和巴西教授上课相关主题的论文。最为优异的学生将获得由教授提名的杰出奖项以及来自中国的奖学金。

正如前文提到的,伯南布哥州的孔子学院于 2013 年 11 月 26 日在伯南布哥大学挂牌成立,这是巴西的第六所孔子学院。

五、国际合作与外交

平行外交从外国公共倡议和私人实体以及其自身宪法权限的外部因素出发,旨在促进社会经济和解决政治问题(Cornago,2000;Salomón,2011)。

"平行外交"这个术语没有考虑到外交政策(计划)和外交行动(纯实践)的区别(White,1999;Salomón,2011)。根据 Salomón(2011),"即使接受术语'平行外交'作为一种委婉的方便说法,也不能忘记它表示一个国家的外交政策",因为它包括任何实际行动前的计划(Salomón,2011)。国家层面的巴西外交政策指决定因素、内容和前景。

如今,重要的是要强调 COVID-19 流行病毒是如何揭示平行外交现象的研究具有重大的现实意义。在一个充斥着急于购买医疗器械、疫苗和补给品的时期,最经常被观察到的现象是城市和州的国际化,伴随着外交策略的越来越多的使用,即使在对抗中央政府以防止医疗系统的崩溃的过程中。

有证据表明,平行外交的现象在联邦的实体之间展现出了不同的形式。国际融合的使命不仅与微观因素有关,比如经分析的实体的经济发展;而且对于米歇尔曼和索尔达托斯(1990)来说,还同民主制度这一宏观因素有关,比如联邦制度的分散程度。从这一角度来说,制度的分散性越强,中央政府在采取国际行动时引发冲突和妨碍的可能性越小。

那么,在国际场合和改进国家外交政策上,平行外交如何才能对巴西各州的进程产生积极影响呢?

鉴于巴西的经济结构调整经历了其公司企业向其他地区扩张这一有利现实,以及各州相互依赖的国际化,这一问题值得思考。

根据学者 João Ricardo Pessoa Xavier de Siqueira 在巴西帕拉伊巴联邦大学(UF-

PB)于 2012 年发表的硕士论文中的观点:

> 全球化模型描绘的现代国际格局的特点是接受以相互促进为模式而连接在一起的新的参与者。随着一群新的行为主体的广泛加入,可以发现次政府和展现了平行外交现象的国际连接的模型(Siqueira,2012)。

在世界经济深刻变化的领域中,国家的根本利益在于外交,也需要国家以下的公共实体作为平行外交的主体,这些主体不再仅仅是负责商业扩张的经理人。

不能忘记,当州和市政当局失去联邦的重要经济支持时,平行外交被认作为地区利益发展的重要因素,通过市场营业,吸引投资并激发各个州的发展。

因此,应该记住非中央的实体加入国际政治——平行外交的实行——说明了平行外交实践可以被当成作用于公共政策和行动的效力手段,以造福全社会。

六、伯南布哥与中国的关系

在国家关系的范围内,伯南布哥在执行其海外经济伙伴关系时,可以超越它的贸易和投资议程的界限,同时为巴西联邦主义的新轮廓揭示了一个非常有特色的局面。

正如 Cumarú(2020)所强调的:

> 巴西的联邦系统并不是什么创新,但在过去的历史性的成就中,它在联邦政府中是以非常集中的方式发挥作用的。1988 年宪法进行了新的尝试去加强国家的联邦模式,主要是通过授予次于国家的实体以更大的空间和权利。然而,这种权力分散和不同领域的政治决策能力的提高并没有和财政税收自主权转换联系起来。次国家的主体的限制一直与经济联系在一起,直到今天财政和税收的议程仍然集中在联邦。
>
> 在他看来,这一直是辩论的最大核心,也是市长和州长对联邦政府施加压力的极限,以至于联邦条约的议程自 21 世纪初就已显现。①

我们认识到:

> 例如,过去 15 年中国在巴西的相当一部分投资发生在当地公司和政治领导人身上,而且不是通过巴西利亚这个直接中介。伯南布哥州与中国驻累西腓总领事馆共同推动了一个促进商业的会议,汇集了公共管理部门的代表以及巴西和中国的商人,聚焦于激发行业的新能量和鼓励新投资(Folha de Pernambuco,2019)。②

---

① 巴西—葡萄牙语直译为英语。
② 巴西—葡萄牙语直译为英语。

此外，伯南布哥州在2019年的国际任务也是值得强调的。

例如，伯南布哥现任州长保罗·卡马拉(Paulo Câmara)是应联合国(UN)邀请于2019年9月在美国纽约举行的气候峰会的发言人之一，他的使命是代表东北部发言(Diário de Pernambuco,2019)。在谈到他在气候周上提出的倡议时，他强调说：

> 我们展示了伯南布哥在可持续发展、保护环境以及规划伯南布哥新一代人的未来方面的经验。我们还展示了如何保护环境，我们环境区域是如何被保护的，如何吸引清洁能源的项目，包括风能和太阳能，并且有可能有更清洁、更有利于平衡世界，展现出我们州作为典型可以帮助巴西成为我们想要的国家的样子(Diário de Pernambuco,2019)。

另一方面，中国无疑是近年来最受欢迎的目的地之一。伯南布哥州副省长卢西亚娜·桑托斯等几位巴西几乎所有州的代表到访中国，参加"一带一路"姐妹国家国际论坛倡议。伯南布哥代表团由科技、旅游和农业发展部国务秘书陪同。这一努力由中国政府牵头，旨在为来宾国促进交通、经济、贸易和投资领域的发展(Folha de Pernambuco,2019)。

当处于健康危机时代，我们可以看见中国政府为了团结一致对抗流行病在巴西和伯南布哥所做的许多重大努力，使中国驻累西腓市大使馆和劳工部、健康部直接建立起了合作关系，目的是使群众安心并提供必要的解释，并捐助一些预防的材料，例如口罩等。

对于伯南布哥联邦大学政治学系的 Marcos Costa Lima 教授来说，世界对于中国此前建立的标准缺少足够的了解，这些动态需要被了解并被并入对于国际关系理论更广泛的思考之中(Castro,2012)。

在过去的十年里，中国对伯南布哥的影响，尤其是对首府累西腓市，已经展现出更多的影响力。在这个背景下，我们确定了和中国城市(广州和切尔格杜)的兄弟协议，即所谓的累西腓姐妹。

在这个紧要关头，考虑到伯南布哥因其首府而成为真正的领事"中心"，在副市长的指导下，和大约44个来自不同国家的大使馆的出席，累西腓市建立了国际关系项目、合作关系和交换项目的战略协作。

正如所见，这是平行外交的重要一步，对于加强累西腓的外交知识非常重要。

累西腓市副市长 Isabella de Roldão 参加了第一届主题为对当代中国的思考的国际法和政治经济国际大会，并且在她的演讲中强调了中国文化的重要性以及通过移民对巴西多元化的影响。在这种场合下，我们从她的讲话中汲取了对国际合作推进、可持续发展以及州和市在范例外交中的主导作用的关注，特别是考虑到我国目前采用的国内和外交政策的政治背景。

进一步指出,自2016年以来,累西腓市就设有中国总领事馆,华裔人口约为8 000人,主要是20~39岁的年轻人,平均有115个流动性增强的中国商业地皮。累西腓副区采取的行动表明了重新激活这一重要信任机制的意图,目的是使这个城市重新回到国际版图,并为当地的发展创造更多机会。

与此同时,伯南布哥州在平行外交方面的规模也没有什么不同。在当前的另一项措施中,在这个面临巨大挑战的时代,2019年创建的"东北联盟"运动将使巴西东北地区九个州的法律、政治和经济工具一体化,进行可持续和稳定发展。

该联盟是一项旨在以综合方式吸引投资和增加项目的倡议,同时为其成员实体构建可用的管理工具,例如治理协议的催化剂。联合采购、公共政策的综合实施和寻求国际合作等为联合采购开辟了可能性(Legislative Assembly of the State of Pernambuco, 2019)。

在这些方面,财团的存在也强化了实体的理念,以期由成员联邦单位协调活动,以促进更好的公共政策和国际合作。

特别是从2017年至今,我们可以强调伯南布哥和中国四川省一直在加强友谊和国际合作。这可以从他们之间建立的协议中看出,并且受到保密条款的保护。[①]

我们观察到,在涉及促进和发展教育合作或其他共同感兴趣的领域时,伯南布哥州与中国签定的一些协议的目标是一致的,主要通过教授、研究人员、技术人员和学生的交流,教学项目的合作研究和推广,讲座和会议的推广,以大会、学术讨论会、研讨会的形式交流信息和学术出版物,以及促进教学研究人员、技术人员和学生的培训活动。

七、结论

随着中国与伯南布哥关系的日益密切,新的教育环境出现了,有利于接受和实施新思想、新项目和改革,使伯南布哥州,也就是这些行动的接受者,继续朝着期待已久的现代化迈进和发展。

伯南布哥州和中国一些城市之间建立的姐妹关系的经验,尤其是基于上述协议的签署,也表明国际合作可以对该州的教育和社会发展产生影响。

而且,虽然当前的联邦政府并没有为地方机构提供足够的支持,但无论是由于缺乏技术资格、效率低下还是选举层面,这种疏忽最终都造成束手无策,从而损害了当地整体民众的利益。

在这一领域,伯南布哥州的外交活动可以并且应该被当作在最多样化领域的公共

---

① 举例说明:四川省教育厅与巴西伯南布哥州教育部长之间的教育合作谅解备忘录,由孔子学院介入,链接到CONFUCIO INSTITUTE。(1)伯南布哥和伯南布哥州旅游、体育和休闲部;(2)伯南布哥联邦大学(UFPE)和西南科技大学之间的意向协议;(3)伯南布哥农村联邦大学(UFRPE)和中国四川农业大学的意向书;(4)伯南布哥大学(UPE)与四川理工大学的谅解备忘录;(5)北京中央财经大学(CUFE)和伯南布哥联邦大学(UFPE)之间的谅解备忘录。

政策中寻求技术和管理支持、指导和支持的工具,以便更好地管理和优化教育服务的提供,科学生产,或实施特定的教学技术。

参考文献

1. Almeida Fernando Roberto de Freitas,BAPTISTA,Thiago Jeremias. As Relações Econômicas Sino-Brasileiras no início do século XXI:Parcerias Estratégicas e Relações Bilaterais [J/OL]. *Revista de Geopolítica*,2015,6(2):97-119. http://www.revistageopolitica.com.br/index.php/revistageopolitica/article/view/135> Acesso em 28 de junho de 2021.

2. Alves João Ricardo Cumarú S. Federalismo,Paradiplomacia e os Entes Estaduais[R/OL]. 2020. https://revista.algomais.com/opiniao/federalismo-paradiplomacia-e-os-entes-estaduais visualizado,2021-6-13.

3. Assembleia Legislativa do Estado de Pernambuco. Lei estadual N°16.580,de 28 DE MAIO DE 2019[EB/OL]. 2019. http://legis.alepe.pe.gov.br/texto.aspx?id=45905,2021-6-22.

4. BRASIL. Memorandum de entendimento sobre intercâmbio e cooperação em educação entre o Ministério da Educação e do Desporto da República Federativa do Brasil e a Comissão Estatal de Educação da República Popular da China[EB/OL]. 1993. https://concordia.itamaraty.gov.br/detalhamento-acordo/3913?tipoPesquisa=2&TituloAcordo=educa%C3%A7%C3%A3o%20E%20China&TipoAcordo=BL,TL,ML,2021-7-2.

5. Brasil. Protocolo de Cooperação no âmbito do ensino superior entre a fundação coordenação de aperfeiçoamento pessoal de nível Superior (CAPES) do Ministério da Educação e do Desporto (MEC) da República Federativa do Brasil e do Departamento de Assuntos Exteriores (DAE) da Comissão Estatal de Educação (CEE) da República Popular da China[EB/OL]. 1994. https://concordia.itamaraty.gov.br/detalhamento-acordo/3991?tipoPesquisa=2&TituloAcordo=educa%C3%A7%C3%A3o%20E%20China&TipoAcordo=BL,TL,ML,2021-7-2.

6. Castro Thales. *Teoria das Relações Internacionais*[M]. Brasília:FUNAG,2012.

7. COSTA Guilherme Octávio Morais. *A evolução do comércio entre Brasil e China:uma análise das relações comerciais bilaterais sino-brasileiras*[D/OL]. Universidade Estadual Paulista "Júlio de Mesquita Filho" (UNESP),2015. https://repositorio.unesp.br/handle/11449/132468> Acesso em 28 de junho de 2021 Diário de Pernambuco. No Recife,instituição de ensino firma parceria com universidade chinesa,2021-3-10.

8. Diário de Pernambuco,Rangel Rosália. O porta voz do Nordeste para discursar na ONU [EB/OL]. 2019. https://www.diariodepernambuco.com.br/noticia/politica/2019/09/o-porta-voz-do-nordeste-para-discursar-na-onu.html,2021-6-13.

9. Diário oficial do Estado de Pernambuco-Poder Executivo. Cooperação Técnica:Estado recebe missão chinesa para fechar acordos[EB/OL]. 2018-11-7,Ano XCV N° 206;Diário oficial do

Estado de Pernambuco‑Poder Legislativo. Assuntos internacionais: Colômbia e China foram países homenageados ano passado[EB/OL]. Ano XCVIII, N° 18 ; Folha de Pernambuco. Pernambuco e China debatem clima e energias renováveis[EB/OL]. 2019. https://www.folhape.com.br/colunistas/blogdafolha/2419‑PERNAMBUCO‑CHINA‑DEBATEM‑CLIMA‑ENERGIAS‑RENOVAVEIS/10201/.

10. Folha de Pernambuco. Pernambuco participa de encontro de Estados‑Irmãos na China[EB/OL]. 2019. https://www.folhape.com.br/colunistas/blogdafolha/pernambuco-participa-de-encontro-de-estados-irmaos-na-china/12741/,2021-6-22.

11. LIMA, Marcos Costa (org.). Sobre a China[R]. 2018. Recife, Ed. UFPE.

12. Martinelli, Marina. A dinâmica da ciência e da tecnologia nos intercâmbios entre Brasil e China:o caso dos Institutos Confúcio[D/OL]. Universidade Federal de São Carlos, 2020. https://repositorio.ufscar.br/handle/ufscar/12649.

13. Menezes Carla Cristina Costa de. Made in China:fenômeno que levou o Brasil a reconhecer a China como economia de mercado[D/OL]. Universidade Federal de Pernambuco (UFPE), 2010. https://repositorio.ufpe.br/handle/123456789/1914. Acesso em 28 de junho de 2021.

14. Michelmann Hans J., Soldatos, Panayotis (Ed.). *Federalism and international relations:the role of subnational units*[M]. New York:Oxford University Press,1990,34—53.

15. Pinheiro L., Milani C. (Eds.). *Política externa brasileira:a política das práticas e as práticas da política*[M]. Rio de Janeiro:Editora FGV,2011,269—300.

16. Prefeitura do Recife. Notícias. Vice‑prefeita do Recife debate relações entre Brasil e China no 1° Congresso Internacional de Direito e Economia Política Internacional, coordenado pela Universidade Mackenzie (SP)[R]. 2021-6-21.

17. Sato Elite. Cooperação internacional:uma componente essencial das relações internacionais[M/OL]. //R. Eletr, de Com. Inf. Inov. *Saúde. Rio de Janeiro*,2010,4(1):46—57. https://www.arca.fiocruz.br/bitstream/icict/17399/2/6.pdf,2021-7-1.

18. Siqueira J. R. P. X. de. A paradiplomacia como instrumento viabilizador do desenvolvimento local:estudo de caso a partir da atuação internacional do estado de Pernambuco e da cidade do Recife[D]. Universidade Estadual da Paraíba,2012.

"一带一路"倡议、南方共同市场和巴西：巴西市场的机遇分析

阿曼达·路易斯·内格里（Amanda Louise Negri）
朱莉安娜·费雷拉·蒙特内格罗（Juliana Ferreira Montenegro）

摘要： 本文旨在通过调查"一带一路"倡议在南方共同市场以及巴西的技术和商品市场中可能存在的优势与劣势，来研究"一带一路"倡议给拉丁美洲带来的机遇。该研究分析了"一带一路"倡议作为一个延伸到亚洲、欧洲和非洲海岸的基础设施和连通性项目的中国提议，以及拉丁美洲作为其所谓的"自然延伸"的地位。在这一分析中，考虑到该倡议可能涉及的一些项目，研究试图回答：南方共同市场在与"一带一路"倡议可能接轨的情况下存在的利弊是什么？这对巴西的大宗商品和技术行业会有什么影响？通过假设—演绎法，本研究主要基于推动南方共同市场与中国贸易关系的商品市场，关注其可能与"一带一路"倡议接轨的后果。由于巴西市场存在依赖中国需求的特点，因此本文研究了其出口篮子的多样性需求，以及"一带一路"倡议对加强南美基础设施赤字的巨大机会。在国家层面上，考虑到中国是巴西最大的贸易伙伴，本文进一步分析了这种中心—外围的关系。尽管巴西的出口议程稀缺，需要为其产品增值，但本文仍在这两个领域分析了其基于"一带一路"倡议，特别是基于"数字丝绸之路"的发展机遇。鉴于中国的接受度，不仅在"一带一路"倡议的范围内，而且在与拉丁美洲的贸易中，分析其最大的基础设施项目将间接或直接反映该地区的国际贸易就变得很有意义。因此，为了寻求南方共同市场的经济发展，研究得出结论，与巴西的单一结盟相比，南方共同市场加入"一带一路"倡议增强了成员国一体化带来的更大的议价能力，因而是有利的。

关键词： "一带一路"倡议、南方共同市场、商品、技术、发展

一、引言

中国在拉丁美洲地区的贸易和战略投资，如能源领域和基础设施领域，标志着中国在该地区的影响力日益增强。在这种情况下，不可能忽视"一带一路"倡议下的中国项目可能在该地区产生的影响。"一带一路"倡议是一个旨在优化亚欧互联互通的基础设施项目，由多条陆海走廊组成，有可能改变国际物流的构成。即使地理位置遥远，拉丁美洲也感受到了该倡议带来的影响，包括南方共同市场的农产品在满足中国市场日益增长的需求方面将面临新的竞争者，以及中国可能由于专注上述陆海走廊建设而减少对南方共同市场地区的投资。但是，由于"一带一路"倡议具有灵活性和可接受性，因此

2017年中国宣布将该倡议的合作范围扩展到拉丁美洲地区。随着拉丁美洲地区加入"一带一路"倡议可能性的增加〔甚至一些国家（如乌拉圭）已经提出要加入该倡议〕，"一带一路"倡议的重要性从现在开始就在增加，因此不能单单考虑其影响，而是要分析"一带一路"倡议带来的机遇。鉴于中国被排除在一些促进经济增长的多边协议之外，如《跨大西洋贸易与投资伙伴关系协定》，"一带一路"倡议成了一个扩大发展中国家在国际贸易中融合和参与的机会。在此背景下，本文旨在回答以下问题："一带一路"倡议对南方共同市场有什么影响？对巴西大宗商品和科技产业又有什么影响？

为此，本文的主体分为四个部分。在第一部分，本文通过历史分析法分析了"一带一路"倡议在中国作为国际经济体系中心经济体提升过程中的影响，并调查了该倡议所追求的目标和引发的探讨。在第二部分，本文从南方共同市场的角度研究了"一带一路"倡议及其在拉丁美洲的扩展，并通过历史分析法研究了南方共同市场各成员国对该倡议承诺的差异，以及在结盟的情况下潜在受影响的市场，重点是所涉及的南方共同市场成员国的基础设施项目。在第三部分和第四部分，本文研究了"一带一路"倡议对巴西的影响，包括采用比较法追溯与南方共同市场现实的异同，以及采用历史法对大宗商品和科技产业两个领域展开分析。第三部分研究的是大宗商品。巴西的大宗商品因其自身的竞争力和巴西出口的驱动力而闻名于世。第四部分研究的是巴西的科技产业。巴西的科技产业创新率低，并被认为是巴西经济的弱点之一。对这两个领域的研究恰恰是基于它们在巴西经济中所占据的对立地位，即巴西的大宗商品（尤其是农业综合企业）享有盛誉，而巴西的科技产业却受到投资匮乏的困扰。在此背景下，本文将评估"一带一路"倡议带来的机遇和形成的挑战。

二、"一带一路"倡议

在日益增长的多边主义潮流中，中国寻求通过扩大商业合作平台的协议和联盟来巩固其在国际市场上的领导地位。在此背景下，中国国家主席习近平同志从备受赞誉的古代丝绸之路中得到启发，于2013年提出了"一带一路"倡议（Sang，2019）。

"一带一路"倡议是全球化第一波浪潮的中心，负责促进亚洲、欧洲和非洲之间的商业和文化交流的基础设施建设，帮助这些地区城市的发展（Chatzky 和 McBride，2018）。并非巧合的是，"一带一路"倡议恰恰代表了中国外交政策所寻求的经济一体化，其通过以六条陆上走廊和一条海上航线为基础的基础设施网络，重点关注产品和资本的自由流动。这六条陆上走廊和一条海上航线为：中巴经济走廊、孟中印缅经济走廊、中国—中南半岛经济走廊、中蒙俄经济走廊、中国—中亚—西亚经济走廊、新亚欧大陆桥经济走廊和21世纪海上丝绸之路（Sang，2019）。

"一带一路"倡议被认为是自马歇尔计划以来最大的全球外交倡议，包括65个国家和地区。这些国家和地区的人口约占世界人口的60%，其GDP约占世界GDP的

30%,其能源储备约占世界已知能源储备的 75%(Sang,2019;Zhang、Alon 和 Latteman,2018)。摩根士丹利(2018)估计,为了支付这项涉及改善和创建庞大的铁路、能源管道、高速公路、港口和简化过境点网络的倡议费用,除了从亚洲基础设施投资银行(AIIB)和金砖国家新开发银行(NDB)等银行融资外,中国应在 2027 年前投资约 1.2 万亿~1.3 万亿美元(Chatzky 和 McBride,2018;Sang,2019)。

除了重要的互联互通和基础设施倡议,"一带一路"倡议还有可能从根本上改变全球商业和地缘政治的动态,巩固中国在国际经济体系中的核心作用(Arantes,2019;Huang,2016)。作为一个新兴大国,中国遵循的商业和政治战略以相互发展和自主为基础,基于以下五项原则:互相尊重主权和领土完整、互不侵犯、互不干涉内政、平等互利、和平共处(Sang,2019)。在此框架下,"一带一路"倡议提出要促进社会经济合作,寻求发展和包容性的全球化(Arantes,2019;Liu 和 Dunford,2016)。

Zhang、Alon 和 Latteman(2018)认为,"一带一路"倡议的成功可以在不损害全球权力关系稳定的情况下而对全球权力关系的重要变化做出贡献。毕竟,该倡议是既遵循了现行的国际经济体系运行原则,又体现了发展中国家对更具包容性的经济体系的要求。自世界贸易组织(WTO)多哈回合谈判以来,多边主义已经被在世界经济中占据重要地位的发展中国家的要求所动摇,导致金砖国家被排除在由美国和欧盟主导的主要贸易协定之外,如《跨太平洋伙伴关系协定》和《跨大西洋贸易与投资伙伴关系协定》(Zhang、Alon 和 Latteman,2018;Carrai、Defraigne 和 Wouters,2020)。

以世界银行、世界贸易组织和国际货币基金组织为主导的国际经济体系是由发达国家建立的,深受西方影响。然而,新兴经济体的崛起增加了自身在这个体系中的议价能力,特别是集中了 42%的世界人口和 18%的世界 GDP 的金砖国家(Huang,2017;Carrai Defraignee Wouters,2020)。因此,根据 Carrai、Defraigne 和 Wouters(2020)的观点,"一带一路"倡议可被视为一种防御性回应,以挫败在国际经济体系中边缘化中国的企图。即使中国仍被归类为发展中国家,但鉴于中国的经济规模,因此可以确定其在国际经济治理中所扮演的角色与其他发展中国家是存在差异的,而且这种差异符合全球利益,中国也由此承担了更大的责任,而像"一带一路"和创建亚洲基础设施投资银行这样的倡议则表明了中国对扩大其影响力和重塑世界经济体系的兴趣(Huang,2016)。

由于美国过度担心中国对塑造国际贸易规则的兴趣,以及中国在全球经济中的作用,特别是中国的商业竞争力,最终导致其在 2018 年发动了贸易战。Williams Gonçalves(2018)认为,这场贸易战是自认为自己是输家的一方发起的霸权之争。由于美国认为中国无视国际贸易规则,因此采取了保护主义措施,拒绝了它自己建立的国际秩序。此举重复了英国在 19 世纪最后 25 年采取的立场,当时英国失去了对两个崛起大国——美国和德国——的经济领导地位。

这些措施不仅影响了中国,也影响了欧盟和北美自由贸易协定等集团,反映了时任美国总统唐纳德·特朗普在政治中的孤立主义姿态。因此,在 Carlos Serrano Ferreira (2018)看来,这也使中国能够承担起维护自由贸易和全球化的世界卫士的角色。这种情况不仅削弱了美国制定国际贸易规则的能力,也加强了中国的商业扩张和"一带一路"倡议作为一个接受性和包容性项目的形象(Jabbour 和 Dantas,2018;Ferreira, 2018)。

"一带一路"倡议可以作为深化和扩大中国在世界范围内影响力的平台。然而,如此规模的倡议带来的成本也很高。世界银行在分析中指出了一些可能存在的障碍 (World Bank,2019)。

在这种情况下,Jonathan Hillman(2018)提出没有一个官方定义来界定什么是"一带一路"项目。在他看来,由于该倡议的广博性,最终导致对其真实维度的误判(Hillman,2018)。Jonathan Hillman 的分析符合世界银行提出的"一带一路"倡议成功的三个原则之一:透明度(World Bank,2019)。世界银行认为,提高透明度对于建立公众对该倡议的投资信任关系至关重要。因此,提供更多关于"一带一路"倡议的公共信息有助于降低脆弱国家负债的风险。此外,透明度还有助于解决大型基础设施项目中出现的腐败风险和公共采购失败等治理问题。同时,世界银行也建议增加私营部门的参与,以增加"一带一路"倡议的可持续性(World Bank,2019)。

除了前述原则,世界银行在其分析中还提到针对"一带一路"沿线国家的具体改革和多边合作的两项原则。其一,政治和基础设施的差距阻碍了对外贸易和投资,"一带一路"沿线的一些国家,特别是收入较低的国家,往往难以融入区域和全球市场,可能会导致在全球价值链中的参与被边缘化。在这种情况下,一些国家在基础设施建设上的支出可能会超过其收益(World Bank,2019)。其二,关于协调方面,Hillman(2018)指出了中国的"一带一路"建设面临的协调方面的挑战。

三、"一带一路"倡议和南方共同市场

通过在 21 世纪与拉丁美洲地区国家建立稳固的贸易关系,中国已成为南美地区出口的主要目的地。而对拉丁美洲地区而言,中国则是仅次于美国的第二大相关市场。中国在拉丁美洲市场的扩张体现在拉丁美洲地区对中国的农产品、矿产品出口的加速增长及双边贸易的加速增长方面。据 Zhang(2019)和 Raye Wang(2019)的统计,中国与拉丁美洲地区的双边贸易额从 1999 年的 120 亿美元扩大到 2018 年的 3 080 亿美元。在原材料采购方面,中国购买了拉丁美洲地区 11% 的出口原材料。这也揭示了拉丁美洲地区对中国出口总额的构成差异:26% 的采掘业产品、16% 的农业产品、3% 的制成品。

鉴于中国在拉丁美洲地区贸易中的作用,研究"一带一路"倡议的影响变得很有意义。尽管拉丁美洲地区与该倡议没有直接联系,但被中国国家主席习近平同志宣布为

该倡议的自然延伸。经济集团的议价能力是加强拉丁美洲地区和"一带一路"倡议关系的伟大盟友之一,如南方共同市场(Deorukhkar、Ortiz 和 Rodrigoe Xia,2019)。

尽管如此,南方共同市场成员之间缺乏一体化,削弱了集团地位可能带来的优势。因此,这一障碍已成为集团对接"一带一路"倡议的巨大挑战之一。在其积极的成员中,巴西、阿根廷、乌拉圭、巴拉圭与中国有着不同的贸易关系。以大宗商品市场为重点,在中国 25 个最大的食品供应国中,有 3 个国家脱颖而出:巴西、阿根廷和乌拉圭。然而,由于集团内各经济体之间的差异,每个国家的出口量相差很大。在这一框架下,巴西作为对中国出口农产品的领头羊,筹集了 240 亿美元,而第八名阿根廷为 35 亿美元,第十六名乌拉圭为 17 亿美元(Mendaña,2018)。

此外,由于巴拉圭与中国台湾地区保持所谓的"外交关系",因此巴拉圭与中国大陆未建立外交关系。尽管巴拉圭仍然进口一些中国产品,但它是南方共同市场中唯一没有与中国建立外交关系的国家。这一状况使南方共同市场成员之间产生了摩擦。Joaquín Mendaña(2018)认为,南方共同市场其他成员国认为巴拉圭的做法阻碍了南方共同市场与中国在贸易关系方面的利益增进,也阻碍了与中国签署自由贸易协定的计划(SECEM,2021)。

基于上述分析,我们有理由认为,巴拉圭的情况加上南方共同市场成员国之间缺乏协调,可能会对南方共同市场与"一带一路"倡议之间的协调产生不利影响。此外,积极成员国对该倡议的立场也有分歧。在宣布"一带一路"倡议后的两年内,18 个拉丁美洲地区国家加入了"一带一路"倡议,包括 2018 年的乌拉圭。尽管巴西和阿根廷对该倡议也表现出兴趣并成为亚洲基础设施投资银行的成员,但它们并没有加入"一带一路"倡议,而巴拉圭则与亚洲基础设施投资银行和"一带一路"倡议均未建立联系(Zhang,2019;Raye Wang,2019;ICTSD,2018)。

尽管南方共同市场的成员缺乏一体化,但"一带一路"倡议仍然提供了一个可以重新调整双边关系的机会,实现出口多样化,并为基础设施项目获得潜在投资。中国不仅是原材料的主要消费国,也是南方共同市场和拉丁美洲地区的主要投资者。通过"一带一路"倡议,该地区可以开发《南美区域基础设施一体化倡议》(IIRSA)中已经提出的基础设施和区域一体化项目,如南方共同市场—智利枢纽(Oviedo,2019;Mendaña,2018)。

据美洲开发银行(IDB)估计,高昂的物流成本占产品价值的 18% ~ 35%。Joaquín Mendaña(2018)强调,南方共同市场仍然有限的基础设施的发展可以有利于区域内贸易。此外,与中国的原材料贸易增长可以受益于铁路网络和出口港口之间更紧密的联系。在基础设施项目中,南方共同市场—智利枢纽与该集团尤其相关,因为它涉及除智利(也是中国的一个主要贸易伙伴)之外的所有积极成员国(Mendaña,2018)。

南方共同市场—智利枢纽是一个双大洋走廊,通过建设高速公路、铁路、港口和桥梁,其将该地区的海岸与其他地区连接起来,覆盖320万平方千米,拥有48%的南美人口和该地区70%的经济活动。在这种情况下,"一带一路"倡议将在很大程度上受益于该项目。因为一旦该项目完成,这一集散中心可以提高区域内的货物运输效率,改善南方共同市场向中国出口商品的物流。同样,它还将连接所有枢纽国家与大西洋和太平洋的港口,使得这一中心走廊能够满足亚洲、非洲和欧洲市场的需求,从实际上成为"一带一路"倡议的延伸(Mendaña,2018)。

除了南方共同市场—智利枢纽,南方共同市场的其他一体化项目也可以为"一带一路"倡议的实施提供好处,从而值得投资。其中包括旨在横贯南美洲大陆的四条铁路建设,以及中国与拉丁美洲地区产能合作的"3×3"模式。这些均可作为对大宗商品市场的替代投资。在这个问题上,西班牙对外银行强调指出:"'3×3'模式的内容包括:(1)通过物流、电力和信息三条通道满足拉丁美洲国家的国内需求;(2)遵循市场经济规律,协同合作,实现企业、社会和政府三方的良性互动;(3)拓展资金、信贷和保险三个金融渠道。拉丁美洲地区的经济体有可能参与到'一带一路'倡议中,这将有助于快速实现'3×3'模式,并反过来使得中国和拉丁美洲地区的双边关系更有弹性。"(Deorukhkar、Ortiz 和 Rodrigo Xia,2018)

尽管南方共同市场缺乏基础设施,但它在食品方面不仅有能力满足自身市场需求,而且能够满足中国的食品需求。例如,在大豆贸易方面,由于巴西和阿根廷均位于全球三大生产国之列,因此在中美贸易战期间这两国对中国的大豆供应对满足中国市场大豆产品的需求起到了至关重要的作用。据统计,2018年巴西对中国的大豆出口增长了近28%,而阿根廷在2019年则20年来首次成功地打开了中国豆粕市场,并成为对中国豆粕市场出口的领导者(Ray 和 Wang,2019;Kleiner,2019)。然而,这种需求是暂时的,因为这种需求是中美贸易战期间中国减少了对美国大豆的进口所致。因此,基础设施投资对扩大集团成员之间的一体化具有重要意义,同时也可以提高已经在国际贸易中享有盛誉的南美产品的竞争力(Mendaña,2018;Canuto,2019;Bermingham,2019)。

相比之下,Margaret Myers(2018)则认为,比拉丁美洲各国对"一带一路"倡议的官方支持更重要的是提高拉丁美洲各国协调战略发展计划和政策的能力。只有这种能力得到提高,"一带一路"倡议的延伸才能够给拉丁美洲地区带来真正的优势。Margaret Myers(2018)还指出,拉丁美洲地区已经是中国重大投资的目标,在2005—2018年间中国对拉丁美洲地区约有1 400亿美元的投资,而拟议建设的基础设施项目也符合"一带一路"倡议所追求的目标。此外,她还分析了拉丁美洲地区由于向中国贷款而形成的债务问题。

Margaret Myers(2018)还强调了《南美区域基础设施一体化倡议》。这个倡议事关拉丁美洲地区与"一带一路"倡议的目标具有一致性的、协调一致的基础设施发展战略(尽管还需要更加关注这些战略可能产生的环境影响)。针对这一话题,Li 和 Zhu

(2019)提到了中国和拉丁美洲在可持续发展方面深化交流的必要性。Li 和 Zhu(2019)还进一步指出,可以在《联合国 2030 年可持续发展议程》基础上,将"一带一路"倡议作为促进产业发展的国际合作工具(Myers,2018)。

与 Margaret Myers(2018)的观点不同,Pepe Zhang(2019)认为"一带一路"倡议实际上代表着拉丁美洲各国在拉丁美洲地区和欧洲等其他地区扩大贸易的巨大机遇。然而,他也警告说,仅靠基础设施投资并不足以获得出口收益。事实上,仅靠基础设施投资而不着力扩大贸易可能导致完全相反的结果,因为随着"一带一路"倡议的实施,将会出现更具竞争力和区位优势的新市场。南方共同市场既可能由于需要与更多融入"一带一路"倡议的经济体竞争而在其已经建立巩固地位的向中国出口的原材料市场中遇到障碍,也可能在拉丁美洲地区的制造业市场上面临与中国产品的竞争。

因此,Zhang(2019)谈到了人们对拉丁美洲地区去工业化进程的日益关注。在几个优先考虑的方面中,"一带一路"倡议在结构和互联互通方面的投资可能会在某些方面引发该地区的结构性问题,使阿根廷和巴西等工业密集的经济体降至农业出口国的水平。因此,对南方共同市场与中国贸易的依赖程度可能会增加,更容易受到中国对原材料需求最终下降的影响。为了确保"一带一路"倡议和南方共同市场之间真正的互利关系,必须认识到出口篮子多样化的必要性(Arantes,2019;Oviedo,2019)。

在控制新的贸易路线的前景推动下,南方共同市场所拥有的丰富的自然资源代表了"一带一路"倡议带来的巨大战略优势。然而,在该倡议的范围内,也有可能确定农业和技术部门之间机会的双重性。作为农业出口大国,商品出口在这些国家集团的经济中占据了核心和主导地位,然而,技术领域的投资对它们的经济发展也很重要。如今,技术对南方共同市场的经济影响不大,并导致其出口篮子缺乏多样化,特别是在乌拉圭和巴拉圭(Bravo,2020)。鉴于这两个领域对其经济发展的重要性,对巴西层面的分析被视为补充该倡议在南方共同市场的可行性的一种方式,特别是从阿根廷人[①]的角度来看。从巴西的角度来看,"一带一路"倡议对推动拉丁美洲地区经济发展具有潜在推动力,当然也需要探讨风险和机遇之间的理想平衡(Arantes,2019;Mendaña,2018)。

四、"一带一路"倡议与巴西大宗商品

除了南方共同市场之外,中巴关系也有一些特殊性。巴西是少数几个与中国保持顺差的国家之一。值得一提的是,两国都是金砖国家成员,在维护发展中国家的利益方面具有重大国际意义。

金砖国家作为地区的新兴力量,是一个具有重要国际意义的、用来协调一致的政治

[①] 阿根廷和巴西的出口篮子里已经有了附加值较高的技术产品,但是,这些产品在其总出口中的价值仍然很小。相反,乌拉圭几乎只出口农产品。此外,由于巴拉圭不承认"一个国家"政策,因此巴拉圭与中国的贸易关系紧张,在对"一带一路"倡议的分析中,这被证明可能是一个障碍。

经济集团。在"一带一路"倡议范围内,尽管金砖国家新开发银行是其融资方之一,但一些地区问题阻碍了"一带一路"倡议能够提供的支持。例如,印度对中巴经济走廊的主权问题提出异议,因为印度认为该走廊穿越了印度与巴基斯坦的争议领土。对南非和巴西来说,"一带一路"倡议的影响较小,因为这两个国家与该倡议没有直接联系。因此,即使金砖国家是一个重要的对话和合作平台,但其成员之间的地缘政治差异也会对提出的一体化项目构成障碍(Thussu,2018;Gabriel、Pires 和 Carvalho,2018)。

尽管金砖国家这一平台对巴西很重要,但从区域角度分析"一带一路"倡议对巴西的影响变得更加丰富。原因有两个:一是它涉及与邻国的互联互通项目,正如南方共同市场的叙述所说明的那样;二是巴西市场本身也变得相关,首先就是作为中国最大的原材料供应商之一。例如,在农业部门,巴西不仅在拉丁美洲地区,而且在全世界范围内都是玉米、大豆、咖啡、糖、牛肉和鸡肉的出口领导者。2020 年,农业综合企业占巴西 GDP 的 26.6%,相当于近 2 万亿雷亚尔的价格总额(FAO,2019;CEPEA,2021)。

除了作为初级产品的主要出口国,巴西经济高度依赖低附加值产品的销售。在 2017 年,巴西 50% 的出口价值来自 7 种商品:大豆复合物、原油、铁矿石、肉类、纤维素、糖、咖啡复合物。由于人口消费的增加,中国寻求能够满足其需求的大型商品市场。因此,在 2009 年,中国成为巴西最大的贸易伙伴,主要开展大豆、铁矿石和原油贸易(Sang,2019)。

中国的需求是由其消费市场的崛起所推动的,这是中国加速发展和人口从农村向城市迁移的结果。2000 年,中国有 63.8% 的人口生活在农村地区,不到 20 年(至 2019 年),中国就只有 39.4% 的人口仍然生活在农村。城市中心吸收的过剩劳动力,以及中国人均收入的增加,支撑了中国市场的增长。因此,巴西农业综合企业的主要目的地从北美和欧洲重塑为亚洲市场(IPEA,2021;Casaril,2018)。2020 年,与中国的贸易关系为巴西创造了超过 670 亿美元的出口,同时也增加了中国在巴西重要子行业的参与,例如纤维素、牛肉、猪肉和鸡肉(SECEM,2021;IPEA,2021)。

巴西不仅是中国在拉丁美洲地区的重要贸易伙伴,也是中国在拉丁美洲地区的主要投资目的地,其投资额在 2005—2018 年间达到了 450 亿美元(Deorukhkar、Ortiz 和 Rodrigo Xia,2018)。这些投资也是通过并购进行的,主要是针对能源领域。然而,自 2013 年以来,中国对巴西基础设施项目的投资明显增加,目的是改善巴西出口的物流状况。中国顺应拉丁美洲地区是"一带一路"倡议的自然延伸的理念,为巴西物流的发展做出了贡献,降低了运输成本,提高了其国际竞争力(Arantes,2019;Casaril,2018)。

中国在"一带一路"倡议的基础上对巴西基础设施和物流项目的投资有助于巴西主要出口部门的发展。同样,巴西也加强了与中国的合作,以供应其日益增长的消费市场,巴西 38% 的农产品的出口都是销往中国的(CELAC,2021)。有些大型基础设施项目可以使巴西受益,也有可能进一步吸引中国的投资。建设横穿巴西、玻利维亚和秘鲁的双洋走廊项目就是一个例子。该项目旨在通过建设一条约5 300千米长的铁路连接太平洋和大西洋(保留了不包括玻利维亚和秘鲁的变化)。该项目的巴西段从里约热内卢开始,然后经过米纳斯吉拉斯、马托格罗索、朗多尼亚和阿克里,预计花费400亿雷亚尔。从中国的角度来看,该项目提供了通往太平洋的重要通道,有可能降低中国进口巴西产品的物流成本(Carletti、Kotz和Correia,2019)。

由于巴西的运输成本高昂,改善巴西基础设施变得至关重要,因此中国的资本和技术知识可以成为国家发展的重要盟友(CELAC,2020)。然而,如果把对"一带一路"倡议的分析仅仅局限于这一因素,那就大错特错了。中国进口最多的三种产品(大豆、铁矿石和原油)的总和,占巴西出口总额的近75%,显示了巴西出口篮子中品种的稀缺性(SECEM,2021)。"一带一路"倡议中的基础设施项目可以巩固中国在拉丁美洲地区的影响力,确保资源的出口能达到中国发展步伐所需,但同时也会增加巴西对中国需求的依赖,强化中巴贸易关系的不对称性(Carletti、Kotz和Correia,2019)。

尽管中国是巴西最大的进口伙伴,但通过保持与其他国家的贸易流动和战略伙伴关系,中国可以寻求其他来源来满足其需求,如北美的大豆和鸡肉市场,这可能会给对巴西贸易的依赖带来不稳定因素(Sang,2019)。巴西从中国进口的产品构成完全不同,除了高度多样化之外,还存在高附加值产品,如钻井平台、电话机零件和无线电广播、电视接收器等,分别占巴西进口的5.6%、3.7%和3.5%(SECEM,2021)。

我们可能会注意到中国在商品贸易方面对低附加值产品的偏好。虽然巴西一直吸引着中国的大豆市场,在2020年对中国销售了其产量的70%以上,但对中国大豆油(附加值更高)市场的影响力一直在波动,其参与度从2013年的37.9%降低到2020年的4.9%(IPEA,2021)。

然而,为了吸引新的贸易伙伴,使出口篮子多样化,减少对中国需求的依赖,投资基础设施和物流十分重要。因此,提高巴西产品竞争力的方法之一,恰恰在于"一带一路"项目的重点,即与周边国家的互联互通项目。根据拉丁美洲和加勒比经济委员会的说法(ECLAC,2019),缺乏这类投资带来的最大影响之一是公共基础设施资本生产率的逐渐下降。此外,缺乏这类投资还会导致拉丁美洲周围地区的经济生产率较低。拉丁美洲和加勒比经济委员会还称(ECLAC,2019),2012—2015年间,该地区在基础设施方面的投资占其GDP的1.5%,然而,据估计,为满足2016—2030年的运输需求,理想的年度投资应该是2.2%。最后,考虑到适应和减轻新气候变化的影响所需的恢复力,因此对《联合国2030年可持续发展议程》的分析也证明了对该领域进行大量投资的迫切性(ECLAC,2019)。

现代物流的概念不仅仅是一个国家的问题,还存在于一体化之中。为了提高商品出口这一在巴西经济中具有非常巩固地位领域的竞争力,巴西有必要协调与邻国之间的政策,以减少拉丁美洲周围的低效率现象。即使考虑到"一带一路"倡议可能是加深中国在该地区影响力的一个因素（因此也加深了对巴西的依赖），巴西也应该被纳入该倡议的范围。巴西不仅要寻求参与建设所需的原材料贸易，而且要寻求通过"一带一路"倡议的整合来开发新的欧亚市场。此外，巴西还应该不排除与最大的贸易伙伴就国家出口多样化进行谈判的机会（Sang，2019）。

综上所述，"一带一路"倡议可以被视为巴西经济主要出口领域发展的机遇，因为为了促进巴西经济主要出口领域的发展，巴西需要投入大量资金来实施各种项目，以帮助巴西与该地区其他国家建立联系，但事实上，实施这些项目与巴西和整个区域的财政能力都不相符。而由于诸如巴西、玻利维亚和秘鲁的双洋走廊及南方共同市场—智利枢纽等项目都属于"一带一路"倡议的范围，因此这些项目都有助于巴西出口市场的发展，进而促进中巴关系的发展。

除了对商品市场的展望之外，巴西作为一个新兴的发展中国家，还投资于制造业和工业化产品的生产。与其他领域一样，投资附加值更高的产品对推动巴西的发展起着至关重要的作用。从这个角度来看，鉴于巴西在技术投资方面的巨大差距，对这一领域的"一带一路"倡议方面的建议进行评估成为分析该倡议在巴西环境下可行性的重要因素。

五、"一带一路"倡议与巴西的技术领域

世界的发展是建立在新技术发现的基础之上的。19 世纪，工业革命带来的技术创新将英国提升到全球经济领导地位，科技创新也在第二次世界大战后保证了美国的霸权（Sang，2019）。

然而，在一些国家，科技产业的增长可能主要是由技术的进口，而不是技术的发展所推动，例如中国本身的经济增长就是一个例子，因为中国在 20 世纪就是通过从技术领先者那里获得创新而实现工业化（Sachs，2015）。发展中国家并非控制着巨大的创新前沿，而是如经济学家 Jeffrey Sachs（2015）所说的执行"追赶增长"，这包括从创新引领者那里进口技术，以填补它们之间的知识差距，使其适应国家的情况，直到有可能研发新技术。

巴西不稳定的技术发展，也是由于依赖商品出口而损害了其经济增长和出口构成所导致的，而这造成了巴西产品的附加值低。巴西在参与全球创新指数排行的 131 个国家中排名第 62 位，尽管它是拉丁美洲最大的经济体，但它在该地区只排名第四，在经济新兴国家中排名第十六，在基础设施、知识和技术领域表现出脆弱性。在这种情况下，一方面，"一带一路"倡议给巴西提供基础设施投资和提供巴西与中国建立技术交流的机会；另一方面，结盟可以通过建立中心—外围关系，加深巴西对中国市场的依赖（Arantes，2019）。

根据 Marilia Arantes（2019）的说法，中国经济的崛起及其工业发展在中心—外围

关系中创造了一种新的动力,"外围"国家的发展受到"中心"国家的影响,"中心"国家更富有,在经济体系中占据重要地位,并受到有利于它们的经济政策的约束。"一带一路"倡议恰恰明确了中国走向国际经济体系中心的道路,而它对拉丁美洲地区的兴趣是基于收购原材料以支持工业发展,同时向其提供制成品的进口(Arantes,2019)。

拉丁美洲的发展以大宗商品贸易而闻名,随着"一带一路"倡议的出现,其作为原材料供应地区的地位将巩固,因为它为中国制成品市场开辟了更大的空间,扩大了销售低附加值产品与购买高附加值产品的不对称性,促进拉丁美洲的去工业化(Arantes,2019)。

作为该地区最大的中国商品供应国,巴西在大豆、矿产和能源商品上保持贸易顺差,而具有技术含量出口的比率却很低。除了巴西对中国原材料需求的依赖和中巴贸易出口议程的差异外,中心—外围关系也对巴西高附加值产品的市场产生影响,如南方共同市场。从2008年到2017年,当巴西对欧盟的出口几乎停滞不前时,对中国的出口却翻了一番。中国和欧盟都专注于向南方共同市场销售工业化产品,而中国在欧盟影响力的增加则可能会导致与巴西具有高附加值产品的竞争,如汽车和机械(Casaril,2018;SECEM,2021)。

为了减少中巴关系中存在的依赖性,同时弥补巴西科技发展的不足,中国本身通过"一带一路"倡议,可以成为进行科技变革的伟大盟友。在寻求互利关系的过程中,其中一个可能性是扩大生物技术、大数据和土壤分析在巴西生产链中的应用,使其效率更高、成本更低,以更好利用其出口的多样化(如水果和乳制品)。通过推进巴西已经具有竞争力的部门(大宗商品)的比较优势的产业化,有可能获得更大规模的产品加工和营销,这反过来也反映在加强与中国的贸易关系上,中国已经加入这些产品的生产和供应链。因为中国是巴西最大的消费者,中国积极参与巴西的生产链,同时致力于使巴西产品在国际上有更大的竞争力,以及促进与中国贸易的扩大和成熟(Arbache和Maia,2019)。

另一个中巴双边合作方案是通过绿色"一带一路"寻求可持续发展的方法来建设"一带一路",如减少温室气体和保护生物多样性(Green Belt和Road Center,2021)。对巴西来说,绿色技术的加入将直接影响农业综合企业及其基础设施,绿色技术对其经济的可持续发展至关重要。虽然没有与"一带一路"结盟,但巴西是拉丁美洲的一个连接中心,不仅因为其地理位置,而且因为贸易对该地区的重要性。在一些有巴西参与的"一带一路"基础设施建设的项目中,供应可再生能源也意味着支持绿色"一带一路",从而帮助实现其目标。

中国是巴西的主要外国直接投资者(FDI)之一,并将中国在拉丁美洲的所有投资的一半引向巴西(Arbache和Maia,2019)。它的重点是能源部门(占总数的76%),包括太阳能和风能等可再生资源。而且,考虑到巴西的自然条件,这在很大程度上有利于该部门的发展,其增长仍有潜力。两国之间绿色合作的增加可以扩大中国的可再生能源市场,中国在这一技术领域中是世界的领导者。因此,它也可以帮助巴西能源的多样化,有利于其可持续发展,也使其能够获得尖端技术(Studart 和 Mayers,2021;CEBRI,2019;Paiva、Lins 和 Ferreira,2019)。

在 Studart 和 Mayers(2019)看来,在分析中国的需求对巴西肉类和大豆市场的不断加大的影响时,中国有望帮助该国改善其可持续生产。因此,可以通过科学合作和技术援助促进巴西绿色复苏,重点是有助于保护巴西自然资源的农业实践。然而,尽管巴西在该部门的投资潜力巨大,并且中国对其产品也有大量需求,但两国之间缺乏旨在可持续发展的双边合作结构。2004 年有过"中国—巴西可持续发展共同议程"等议案,但它已经过期,并且没有新的议案。目前,在中巴高级别协调与合作委员会(COSBAN-Comissão Sino-Brasileira de Alto Nível de Concertação e Cooperação)的 12 个小组委员会中,没有一个是专门讨论环境问题的。这表明,为了促进该领域的投资,有必要加强两国在环境领域的对话。鉴于中国和巴西所面临的一些环境挑战的相似性,如生物多样性的丧失,这种对话比以往任何时候都更有必要(CEBRI,2019)。

在技术领域内,"数字丝绸之路"(DSR)是"一带一路"的一部分,致力于深化数字经济的合作,包括 5G、人工智能、卫星导航、智能城市和其他技术领域。在全球合作的背景下,数字经济的发展对于中国向创新驱动型经济转型非常重要。中国是美国和欧洲在自动驾驶汽车、物联网和人工智能发展方面的直接竞争对手,并致力于生产尖端技术和参与第四次工业革命领域的世界创新(Malena,2021;CEBRI,2019)。

"数字丝绸之路"并不是"一带一路"的首要投资重点,因为它仍然处于早期阶段。然而,鉴于技术领域在基础设施和国内激励措施方面的差距,"数字丝绸之路"为巴西提供了获得创新技术的机会,从而促进巴西的技术发展,并且使巴西既在国内,也在拉丁美洲地区生产具有更大附加值和长期经济发展的产品(CEBRI,2019;Malena,2021)。

在这种背景下,拉丁美洲的数字经济与世界其他地区相比仍然非常不足,尽管大多数政府在创新领域缺少合作。但是,中国在巴西主要是围绕着电信方面在进行投资。在巴西,华为自 1996 年以来一直作为网络设备供应商开展业务,协助满足巴西对网络连接的需求,并开展和完成了一条连接巴西塞阿拉州福塔莱萨市和喀麦隆克里比市的海底光缆的建设项目。除了技术上的跨国企业,阿里巴巴作为电子商务领域的重要企业在巴西也开展了业务。此外,中巴地面资源卫星项目也很突出,它主要负责空间硬件领域的合作,对联合开发 6 颗卫星至关重要(Malena,2021)。

通过"数字丝绸之路",巴西可以获得一个数字网络基础设施,不仅可以扩大与中国的联系,还可以扩大与该倡议其他成员的联系,此外还可以促进中国和拉丁美洲之间的产业链整合(Malena,2021)。在智能城市领域,巴西可以从城市的连接中受益,因为巴西人口的 90% 以上聚集在城市。城市之间的这种连接也可以通过对自动驾驶汽车的投资来实现。在这个市场上,中国具有国际竞争力,巴西也有很高的需求。巴西除了是汽车生产大国,也是卡车的第二大市场,可以用于其主要商业路线——高速公路(CEBRI,2019;CEBRI,2019)。

有一些与技术转让相关的机会,将可能扩大巴西在该领域的不足。此外,值得注意的是,与"一带一路"相比,"数字丝绸之路"的投资成本较低,而且更容易完成,此外还可以解决国家的两个赤字领域:技术和基础设施。然而,作为一个相对较新的领域,它缺乏有可行性的政策和机制,因此,其建设可能会引起一些关于拉丁美洲背景下国家数据保护和数字安全的讨论(Malena,2021)。此外,为使数字技术蓬勃发展,还需要能有效运转的、强大的机构,并伴随着法律不断创新和调整。并且,巴西的经济形势已经呈现出低速和缓慢的增长,这是因为该国的商业发展存在若干障碍,2018年在世界银行的营商环境排名中,巴西在190个经济体中排名第109位(CEBRI,2019)。

在某些方面,可以认为绿色"一带一路"和"数字丝绸之路"所带来的优势甚至比"金砖国家"的优势还要大。对可持续发展和数字经济的投资需求,正是来自巴西想要弥补新技术的生产和实施的合作政策方面的不足。作为一个依靠技术转让来发展经济的发展中国家,中国代表着科学合作的宝贵机会,并且有在本国进行科技投资的历史。通过"一带一路"倡议,巴西有可能与中国建立一个互利的机制,确保中国技术在巴西消费的情景中释放更大的潜力,如自动驾驶汽车、太阳能和风能。

六、结语

总的来说,"一带一路"倡议是一个很好的机会,可以弥补拉丁美洲的一些不足。虽然该地区与金砖国家没有直接联系,但考虑到即使在该倡议之前,中国也已经投资于基础设施和电信项目中,可以说中国的兴趣是显而易见的。相比较其他倡议,例如将所有金砖国家排除在其项目之外的《跨太平洋伙伴关系协定》(TPP),"一带一路"倡议实际上更容易接受。即使"一带一路"倡议旨在寻求合作者以增加中国在国际舞台上的影响力,但考虑到金砖国家在改变国际贸易和当前经济体系方面的潜力,因此评估该倡议带来的结盟可能性也是有意义的。并且,考虑到其包容性和灵活性的特点,它允许拉丁美洲国家根据其自身的优先事项做出不同程度的承诺。

对于与中国保持紧密大宗商品贸易的南方共同市场来说,与"一带一路"倡议结盟可以被视为其发展的重要议程,但仍须在评估风险和收益的基础上为结盟谈判。最初,由于缺乏南方共同市场的集团决议,因此当乌拉圭已经是"一带一路"倡议的盟友时,巴拉圭却没有与中国保持外交关系。南方共同市场与中国外交政策的不协调削弱了其议价能力,并构成其结盟的最大障碍。为了使南方共同市场的目标与"一带一路"倡议相结合,应该建立一个稳固且广泛的对话平台。

南方共同市场的最大优势也在于这种一体化,毕竟,就像"一带一路"通过双边协议提供的调整一样,它对该地区贸易的影响不会是孤立的,而是区域性的。毕竟它的目标是围绕着有利于该地区互联互通的基础设施项目的建设。因此，对拉丁美洲来说，像南方共同市场—智利轴心这样的项目比单独改善其所有成员的基础设施更适合"一带一路"倡议。此外，南方共同市场成员之间的一体化也有助于缓解像"一带一路"这样的大型倡议所固有的问题，如债务可持续性问题和环境问题。

在南方共同市场—中国贸易的背景下，需要考虑的另一个问题是可能加深该集团对商品出口的依赖。我们认为，如同中巴贸易一样，南方共同市场与中国也是一种中心—外围的关系，即出口初级产品，购买制造业和工业化产品。因此，为了不退回到非工业化进程，特别是像阿根廷和巴西这样生产和出口高附加值产品的国家，成员资格必须包括出口商品多样化的机制，即要么扩大出口商品的范围，要么在集团与中国的贸易关系中增加产品的附加值。

鉴于南方共同市场和整个拉丁美洲的基础设施不足，加入投资于物流的项目对于提高该地区产品的竞争力是必不可少的。尽管区域性举措对"一带一路"更有利，但由于巴西和中国贸易关系有一些显而易见的特殊性，因此可以在南方共同市场的范围内和两国的双边对话中解决。

作为唯一与中国达成贸易顺差的国家之一，中巴关系在巴西的贸易平衡中起着决定性的作用。然而，中巴贸易主要局限于大豆、铁矿石和原油的出口。尽管对基础设施的投资对巴西农业综合企业至关重要且非常有利，但它也使巴西在与中国贸易的过程中处于弱势地位。

巴西依赖中国的市场需求，因此巴西还需要加强其生产链，因为巴西几乎有30%的出口是面向中国的。除了对基础设施的投资（这对巴西多式联运的发展很重要），科学合作对巴西与"一带一路"的结合也很重要。

通过绿色"一带一路"和"数字丝绸之路"，巴西可以在农业综合企业等已经具有竞争力的行业引入技术进行谈判。除此之外，巴西还可以进口尖端技术，这将有助于其创新领域的数字技术发展，这是巴西有所欠缺的一个领域。通过分析，巴西是有可能调查出中国感兴趣的市场的，如可再生能源和自动驾驶汽车，因此，巴西应协调其国家政策，以得出中巴关系中的互补点。

最后，利用"一带一路"带来机会并非易事。例如，"数字丝绸之路"并不是"一带一路"项目中的优先事项，同样的情况也适用于与该倡议没有直接联系的拉丁美洲地区，该地区被认为是这一倡议的自然延伸。因此，这取决于各地区与国家政策的协调结果，以开放基于互惠互利的"一带一路"成员资格谈判的可能性。

参考文献

1. Arantes, Marilia H. Fraga. *De Xiaoping à Nova Rota Da Seda：uma análise das relações*

sino-sul-americanas à luz da Teoria da Dependência[D]. Undergraduate Thesis. Universidade de Brasília, 2019.

2. Arbache, Jorge e José Nelson Bessa Maia. *O futuro da China e as oportunidades para o Brasil*[M]. Rio de Janeiro: Conselho Empresarial Brasil-China (CEBC), 2019.

3. Bermingham, Finbarr. Trade war: US soybean farmers anxiously await China deal, but Brazil, Argentina exporters hope for "no deal"[N]. *South China Morning Post-China*, 2019-11-29.

4. Bravo, Lucia. Los desafíos de la Nueva Ruta de la seda para América Latina: entre la autonomía y la dependencia[J]. *Perspectivas*, 2020, 5 (10): 173—186.

5. Canuto, Otaviano. Latin America Is Not Benefiting from the U.S.-China Trade War[J/OL]. *Americas Quarterly*, 2019-9-13. https://www.americasquarterly.org/article/latin-america-is-not-benefiting-from-the-u-s-china-trade-war/.

6. Carletti, Anna, Ricardo Lopes Kotz e Gabrielly Jacques Correia. As Novas Rotas da Seda: implicações geopolíticas dos investimentos da China na América Latina[J]. *Carta Internacional*, 2019, 14 (3): 216—242.

7. Carrai, Maria Adele, Jean-Christophe Defraigne e Jan Wouters. *The Belt and Road Initiative and Global Governance*[M]. Massachusetts: Edward Elgar, 2019.

8. Casaril, Gabriel. *Brasil, China e MERCOSUL: uma análise das relações comerciais e seus efeitos sobre o bloco econômico*[D]. Universidade Federal do Paraná, 2018.

9. Chatzky, Andrew e James McBride. China's Massive Belt and Road Initiative[EB/OL]. https://www.cfr.org/backgrounder/chinas-massive-belt-and-road-initiative, 2021-4-10.

10. Centro Brasileiro de Relações Internacionais (CEBRI). XV China analysis group meeting: Brazil and China facing global environment challenges[J]. *Asian Program*, 2019, 2 (15): 1—32.

11. Centro Brasileiro de Relações Internacionais (CEBRI). XIII China analysis group meeting: Chinese-Brazilian partnerships in digital economy and innovation[J]. *Asian Program*, 2019, 2 (13): 1—21.

12. Centro de Estudos Avançados em Economia Aplicada (CEPEA). PIB do agronegócio brasileiro[EB/OL]. https://www.cepea.esalq.usp.br/br/pib-do-agronegocio-brasileiro.aspx, 2021-4-24.

13. Comissão Econômica para a América Latina e o Caribe (CEPAL). Logistics for production, distribution and trade[J]. *Bulletin 369—Facilitation of Transport and Trade in Latin America and the Caribbean*, 2019, 1 (2019): 1—14.

14. Comunidad de Estados Latinoamericanos y Caribeños (CELAC). 2020. Informe CELAC-China: avances hacia el 2021 no. 2. Santiago: Consejo de Relaciones Internacionales de América Latina.

15. Deorukhkar, Sumedh, Alvaro Ortiz, Tomasa Rodrigo e Le Xia. 2018. "China One Belt

One Road-What's in it for Latin America?". China Economic Watch,January,2018. Banco Bilbao Vizcaya Argentaria (BBVA). http://www.iberchina.org/files/2018/OBOR-LatAm_bbva.pdf.

16. Ferreira,Carlos Serrano. 2018. "Governo Trump:apagando incêndios com gasolina-Um governo caótico em um império decadente". Jornal dos Economistas, Outubro, 2018. Conselho Regional de Economia/RJ e Sindicato dos Economistas do Estado do RJ.

17. Food and Agriculture Organization (FAO). 2019. "FAOSTAT:Countries by commodity". Access on:24 apr. 2021. Available at:http://www.fao.org/faostat/en/#rankings/countries_by_commodity_exports.

18. Gabriel,João Paulo Nicolini,Desirée Almeida Pires e Carlos Eduardo Carvalho. 2018. "Brazilian engagement to Asia and the Belt and Road Initiative in 2017:less politics,more trade and investments"[J]. *Estudos Internacionais*,6 (1):26—43.

19. Gonçalves,Williams. 2018. "A guerra comercial entre China e Estados Unidos". Jornal dos Economistas,Outubro,2018. Conselho Regional de Economia/RJ e Sindicato dos Economistas do Estado do RJ.

20. Green Belt and Road Initiative Center. "About us". Access on:24 apr. 2021. Available at:https://green-bri.org/about-us/.

21. Hillman,Jonathan E. 2018. "China's Belt and Road Is Full of Holes". Center for Strategic & International Studies. Access on:17 apr. 2021. Available at:https://www.csis.org/analysis/chinas-belt-and-road-full-holes.

22. Huang,Yiping. 2016. "Understanding China's Belt & Road Initiative:Motivation,framework and assessment". China Economic Review 40 (2016):314—321. http://dx.doi.org/10.1016/j.chieco.2016.07.007.

23. International Center for Trade and Sustainable Development (ICTSD). 2018. "La Nueva Ruta de la Seda de China llega a Uruguay". Access on:17 apr. 2021. Available at:https://ictsd.iisd.org/bridges-news/puentes/news/la-nueva-ruta-de-la-seda-de-china-llega-a-uruguay.

24. Instituto de Pesquisa Econômica Aplicada (IPEA). 2021. "China:importação dos principais subsetores do agronegócio e o market share brasileiro". Nota Técnica no. 26 (January):1—25. http://dx.doi.org/10.38116/ntdinte26.

25. Instituto de Pesquisa Econômica Aplicada (IPEA). 2019. "Sete commodities concentram 50% das exportações". Access on:24 apr. 2021. Available at:https://www.ipea.gov.br/portal/index.php?option=com_content&view=article&id=34576.

26. Jabbour,Elias e Alexis Dantas. 2018. "A 'democracia de mercado' contra a China". Jornal dos Economistas,October,2018. Conselho Regional de Economia/RJ e Sindicato dos Economistas do Estado do RJ.

27. Kleiner,Leslie. 2019. "Argentina strikes deal to export soy meal to China". Inform Magazine. November/December,2019. https://www.informmagazine-digital.org/informmagazine/

november_december_2019/MobilePagedArticle. action? articleId=1534342♯articleId1534342.

28. Li, Yuanbo e Xufeng Zhu. 2019. "The 2030 Agenda for Sustainable Development and China's Belt and Road Initiative in Latin America and the Caribbean"[J]. *Sustainability*, 11 (8): 1—22.

29. Liu, Weidong e Michael Dunford. 2016. "Inclusive globalization: unpacking China's Belt and Road Initiative". Area Development and Policy, 1(3): 1—18. Regional Studies Association. http://dx.doi.org/10.1080/23792949.2016.1232598.

30. Malena, Jorge. 2021. "The Extension of the Digital Silk Road to Latin America: Advantages and Potential Risks". Council on Foreign Relations. Access on: 24 apr. 2021. Available at: https://cdn.cfr.org/sites/default/files/pdf/jorgemalenadsr.pdf.

31. Mendaña, Joaquín Andrés Gallego. 2018. "China y el Mercosur: oportunidades en el desarrollo de sus relaciones". Orientando 16 (2018): 1—27. https://doi.org/10.25009/orientando.v0i16.2620.

32. Morgan Stanley. 2018. "Inside China's Plan to Create a Modern Silk and Road". Access on: 10 apr. 2021. Available at: https://www.morganstanley.com/ideas/china-belt-and-road.

33. Myers, Margaret. 2018. "China's Belt and Road Initiative: What Role for Latin America?"[J]. *Journal of Latin American Geography*, 17 (2): 239—243. https://doi.org/10.1353/lag.2018.0037.

34. Oviedo, Eduardo Daniel. 2019. "Oportunidades, desafíos e intereses de Argentina en OBOR". Observatório de la Política China. Access on: 17 apr. 2021. Available at: https://politica-china.org/areas/politica-exterior/oportunidades-desafios-e-intereses-de-argentina-en-obor.

35. Paiva, Marcos Caramuru de, Clarissa Lins e Guilherme Ferreira. 2019. Brasil China: o estado da relação, Belt and Road e lições para o futuro. Rio de Janeiro: Centro Brasileiro de Relações Internacionais.

36. Ray, Rebecca e Kehan Wang. 2019. China-Latin America Economic Bulletin-2019 edition. Boston: Boston University Global Development Policy Center.

37. Sachs, Jeffrey D. 2015. *The Age of Sustainable Development*. New York: Columbia University Press.

38. Sang, Beibei. 2019. "Geoestratégia da China e a Nova Rota da Seda: uma análise a partir dos documentos oficiais chineses e seus desdobramentos para o brasil"[D]. Master Thesis. Universidade Estadual Paulista "Júlio de Mesquita Filho", Universidade Estadual de Campinas e Pontifícia Universidade Católica de São Paulo.

39. Sistema de Estadísticas de Comercio Exterior del MERCOSUR (SECEM). 2021. "Bienes (MERCOSUR 4 / EXTRAZONA / Año 2021 / US$ FOB)". Access on: 17 apr. 2021. Available at: https://estadisticas.mercosur.int/.

40. Studart, Rogério e Margaret Myers. "Reimagining China-Brazil Relations Under the BRI: The Climate Imperative". Council on Foreign Relations. Access on: 24 apr. 2021. Available at:

https://cdn. cfr. org/sites/default/files/pdf/studart-myers-cfr-cebri-paper_0. pdf.

41. Thussu,Daya. 2018. "BRI:Bridging or breaking BRICS?"[J/OL]. *Global Media and China*,3（2）:117—122. https://doi. org/10. 1177/2059436418792339.

42. World Intellectual Property Organization（WIPO）. Global Innovation Index 2020-Brazil. Access on: 24 abr. 2021. Available at:https://www. wipo. int/edocs/pubdocs/en/wipo_pub_gii_2020/br. pdf.

43. World Bank Group. 2019. *Belt and Road Economics:Opportunities and Risks of Transport Corridors*[M]. New York:World Bank Publications.

44. Zhang,Pepe. 2019. "Belt and Road in Latin America:A regional game changer?"Atlantic Council. Access on:17 apr. 2021. Available at:https://www. atlanticcouncil. org/in-depth-research-reports/issue-brief/belt-and-road-in-latin-america-a-regional-game-changer/.

45. Zhang,Wenxian,Ilan Alon e Christoph Lattemann. *China's Belt and Road Initiative:Changing the Rules of Globalization*[M]. Switzerland:Palgrave Macmillan.

中国在"一带一路"建设中的战略地位及"一带一路"倡议对巴西的影响

安娜·比阿特丽斯·多斯桑托斯·博尔赫斯（Ana Beatriz dos Santos Borges）
卡斯奥·爱德华多·赞（Cássio Eduardo Zen）

摘要： 本文介绍"一带一路"倡议。这个倡议将发展成有史以来最大的全球一体化项目之一。本文从古代丝绸之路开始，进行了不同阶段的研究。这是一个对国际关系十分重要的话题，并有可能在未来几年内重塑不同国家人民之间的关系。尽管提到了古丝绸之路，但新项目将不仅限于用马和骆驼组成的商队，还将包含当前几乎所有知识领域的宏伟项目。该倡议的特点十分突出，它将特别关注基础设施领域的项目及对新路线和商业路径的投资。考虑到中国是"一带一路"倡议的主要领导者，而习近平先生又是中国的领导者，因此本文还将对中国国家主席习近平的表态进行更详细的研究。然后，本文讨论了巴西对这个项目的重要性。最后，本文试图提出该项目未来的前景，以及对新丝绸之路标志性地带来的潜在国际关系新格局的思考。

关键词： "一带一路"倡议、南方共同市场、商品、技术、发展

一、引言

自 20 世纪中期以来，中国的目标之一就是重新成为一个世界大国。因而，这一目标被理想化，并由其领导人付诸实施。

在 21 世纪，得益于现任中国国家主席习近平的大胆设想，这一理想得到了巩固和加速实施。中国既是一个庞大的消费市场及经济和技术发展的中心，也是一个主要的全球投资者。基于这一前提，在地缘政治的战略领域，中国这个亚洲国家推出了"一带一路"倡议。

"一带一路"倡议是一个旨在重现著名的丝绸之路和发展经济的项目，并且这个项目准备扩大到更多地域，如北极和发展新的海上航线。

正是在这一背景下，本文旨在讨论新丝绸之路。本文第一个主题是分析古丝绸之路的历史背景、出现和发展的历程，讨论丝绸之路这个名字的含义，以及为什么丝绸在那个时期如此有价值，并从经济方面评价了丝绸之路的成果；第二个主题是对"一带一路"倡议进行研究，分析了该项目在地理范围上的影响，以及其在技术和经济方面的影响；第三个主题是研究中国的，特别是"一带一路"倡议的地缘政治和经济战略背景，展

示"一带一路"倡议是目前中国政府的主要政治项目之一；第四个主题是分析中国这一重大战略性地缘政治项目对巴西的影响，以及巴西政府如何从吸引中国投资的多领域激励措施中受益，例如农业综合企业、基础设施、科技、电信和航空航天。

二、丝绸之路的历史背景

从地球上存在的最早的文明记录以来，一个共同的事实是，各民族普遍寻求与其他社会的联系。这些关系在历史上一直存在，从最简单的(为简单的生存而结合)到最复杂的(文化、政治和经济互动)。

本文把重点放在中国，正是由于这种文明之间的互相联系，特别是其充满活力的丝绸之路贸易，以及其至今仍有的经济和地缘战略的影响。因为现任中国国家主席习近平旨在重新恢复这条"路线"，所以这个项目被命名为"一带一路"倡议。

中国社会历经千年，但它的历史在西方社会并未广泛熟知，因为西方以欧洲文明作为其历史研究的终点。然而值得注意的是，早在欧洲人之前，欧亚地区的社会文明就已经很发达了。

> 在欧洲被认为是人类的地理枢纽之前，欧亚轴心已经代表了丰富的文化、创新和不同形式的社会和经济生活。丝绸之路始建于汉代，在古代中国，它是古欧亚大陆历史上物质和思想文化交流的最具标志性的例子。值得一提的是，这个著名的名字是由 Baron Ferdinando von Richthofen 在1877年命名的，丝绸之路包括由该地区不同民族建立的丰富多样的贸易路线，当奥斯曼帝国关闭了连接欧洲和远东的陆路贸易路线时，丝绸之路大约从公元前130年持续到公元1453年(Frankopan,2015;Kotz,2018)。

我们可以看出，这条贸易路线对中国文明是非常重要的，因此我们有必要了解一下它为什么叫"丝绸之路"？丝绸在当时是一种非常有价值的产品，能给拥有它的人带来经济和社会地位，这使它成为当时重要的贸易商品之一。

> 中亚的游牧民族掠夺了当时中国北部的村庄和农场，以寻找食物和丝绸，这种产品在草原地区被认为具有很大的价值。游牧民族对丝绸需求的主要原因是这些服装相对于一般人来说代表着声望和社会地位。丝绸贸易主要存在于游牧民族的精英阶层中，并以此把军事首领与其他人口区分开来(Liu,2010;Kotz,2018)。

需要提到的是，丝绸之路不仅覆盖了中国的领土，还延伸到了中亚的一些领土，但这主要是由中华帝国的各朝代衔接和发展。

> 简而言之，中国和中亚的关系在军事冲突和扩大贸易之间交替进行。

慢慢地，中国的丝绸获得了声望，商业价值也不断增长。丝绸之路的形成是缓慢的、有机的（Frankopan,2015;Kotz,2018）。

丝绸之路是以这种缓慢的、有机的、非系统化的方式形成,经过几个世纪的发展,延伸出各种陆路和海路,将中国与地中海连接起来。随着路线的稳定,新的社群被建立起来,商队大量激增。

我们可以看到,丝绸之路并不仅仅发展单一的领域,即商业的扩张,它还带来了不同文明的传播和交流,不同形式的文化、意识形态、宗教和生活组织模式在社会中传播。为了理解这种文明的传播,我们可以通过这条道路上的旅行者观察这条路线上展现出的文化,例如基督徒、伊斯兰教徒、佛教徒、儒家哲学的实践者和索罗亚斯德教的信徒。因此,丝绸之路不仅是人民之间联系和交流的形式,也是一个得到巩固的国际经济体系。

Abu-Lughod（1989）指出,中国是跨越北亚到达欧洲的陆路贸易路线之间的连接点,在太平洋、印度洋和地中海之间的海上贸易方面也是如此。更具体地说,作为一个领土统一的帝国,中国连接了来自东亚、南亚（穿过印度洋）、中东、北非和欧洲的货物。跨越当时世界贸易的五个主要地理节点：欧洲,伊斯兰和波斯人民,草原游牧民族（包括蒙古国）,印度教文明和汉文明。这个商业系统在13世纪达到顶峰,并在14世纪中叶开始衰败（Abu-lughod,1989;Kotz,2018）。

因此,尽管丝绸之路处于顶峰,具有巨大的经济和文化重要性,正如我们之前提到过的那样,但它还是结束了,Kotz在他的研究中提到了一些原因。第一个原因是1453年君士坦丁堡的沦陷；第二个原因是贸易发展与儒家思想之间的分歧；第三个原因是明朝时期的商业关闭；第四个原因是1348—1351年席卷欧洲的黑死病,这摧毁了丝绸之路上的大多数大城市。

三、"一带一路"倡议

"一带一路"倡议（The Belt and Road Initiative）是全球一体化最雄心勃勃的计划之一,即使没有正式的机构,也吸引了不少别的参与者。这个也被称为"新丝绸之路"的项目实际上是一系列由中国牵头的一体化倡议,包括陆路带和海路带。然而,需要指出的是,"一带一路"倡议不仅与商业和物流有关,还涉及人与人之间的文化交流,以及安全和治理问题。虽然"一带一路"倡议是由中国牵头的,但说它是一个中国项目是不正确的,因为"一带一路"倡议其实是一个由数百个国家参与、分享和投资的项目。

第一组是丝绸之路陆路经济带。这条路线由新欧亚大陆桥经济走廊、中国—蒙古国—俄罗斯经济走廊、中国—中亚—西亚经济走廊、中国—中南半岛经济走廊、孟加拉国—中国—印度—缅甸经济走廊和中国—巴基斯坦经济走廊组成。这是一个几乎涵盖大部分亚洲和欧洲的项目。

第二组是海上丝绸之路。在这条路线中,中国租赁了不同的港口,包括瓜达尔(巴基斯坦)、皎漂(缅甸)、关丹(马来西亚)、奥博克(吉布提)、马六甲门户(马来西亚)、汉班托塔(斯里兰卡)、穆阿拉(文莱)和费杜·菲努胡(马尔代夫)(Ghiasy、Fei 和 Saalman,2018)。

"一带一路"的主要目标是:共建"一带一路"致力于亚欧非大陆及附近海洋的互联互通,建立和加强沿线各国互联互通伙伴关系,构建全方位、多层次、复合型的互联互通网络,实现沿线各国多元、自主、平衡、可持续的发展。"一带一路"的互联互通项目将推动沿线各国发展战略的对接与耦合,发掘区域内市场的潜力,促进投资和消费,创造需求和就业,增进沿线各国人民的人文交流与文明互鉴,让各国人民相逢相知、互信互敬,共享和谐、安宁、富裕的生活(China,2015)。

然而,重要的是,要注意到"一带一路"是如何扩大的、新的国家加入该项目、新的可能路线正在建立(包括通过北冰洋的海上公路的可能性)(China,2018)。该倡议所设想的一体化远远超出了经济方面。从中国政府的讲话中可以看出,"一带一路"倡议实际上是一个更大的项目,不仅包括经济一体化,还包括文化交流和建立一个更加和谐、和平的全球秩序。因此,我们可以认为,"一带一路"倡议实际上是代表中国未来愿景的一系列举措的总称(Stec,2018)。

然而,迄今为止,"一带一路"倡议中讨论最多的方面是基础设施。铁路网络计划从太平洋的中国海岸一直延伸到大西洋的欧洲海岸。电信结构涉及不同的项目,中国公司(包括私人的和公共的)参与安装光缆,使许多人能够以充足的渠道访问互联网。

举一个项目的小例子——新瓜达尔机场(巴基斯坦),可以说明"一带一路"倡议的巨大规模。这个机场由中国、阿曼和巴基斯坦出资,将是巴基斯坦最大的机场。阿曼将为机场提供 1 750 万美元的资金,而中国预计将投资 6 亿多美元来开发机场周围的土地,中国通信公司预计将投资约 2.4 亿美元用于该地区的电信结构(CAPA,2021)。正如中国领导人在"一带一路"论坛的讲话中指出的,亚洲基础设施投资银行已经为"一带一路"建设参与国的 9 个项目提供 17 亿美元贷款,"丝路基金"投资达 40 亿美元(Xi,2017)。但值得注意的是,考虑到参与该倡议的数百个国家的多种资金来源,通过不同的途径投资于该项目,其金额不可估量。

四、经济和地缘政治形势——为什么"一带一路"倡议是中国政府的主要项目之一?

"一带一路"倡议是一个习近平在 2013 年 9 月至 10 月提出的具有世界视野的项目,并被设定为中国的主要外交政策项目,还被中国领导人定义为一个世纪项目。

Dunford 和 Weidong 指出,在导致"一带一路"倡议的因素中,可以注意到中国领导人的变化。

  同样重要的是中国本身的政治变化。2012年11月,一个新的中国领导层上台。政治过渡一完成,新任国家主席习近平就着手为中国在国内和国际上推进新的愿景并采取新的措施。在此之前,中国领导层最关注的是国内的社会和经济发展,因为中国曾经很穷,让中国人民脱贫是改革时期的首要任务。经过30多年的高速增长,中国的经济比重有了巨大的提高,尽管当代中国只是一个中等偏上收入的国家。然而,对于新的领导层来说,现在是中国建设性地利用其经济实力和能力,为世界发展做出更积极贡献的时候了(Dunford 和 Weidong,2018)。

换句话说,中国领导层认识到,中国的发展事业已经到了一个新的起点。中国的发展需要商业整合,包括进口自己不生产的产品及出口商品和服务到世界各地。在中国外交新征程研讨会上,中国外交部部长王毅(2013)表示,中国希望在国际关系中发挥更大的作用:"新形势下的中国外交,以更为宽广的视野、更富进取的姿态,在全球范围内展开。"

为了实现"一带一路"倡议所设想的一体化,习近平指出需要解决世界上的三大赤字:和平赤字、发展赤字、治理赤字(Xi,2017)。

在解释关于和平赤字的问题时,习近平在2017年"一带一路"国际合作高峰论坛开幕式上的演讲中指出:"古丝绸之路沿线地区曾经是'流淌着牛奶与蜂蜜的地方',如今很多地方却成了冲突动荡和危机挑战的代名词。这种状况不能再持续下去。我们要树立共同、综合、合作、可持续的安全观,营造共建共享的安全格局。要着力化解热点,坚持政治解决;要着力斡旋调解,坚持公道正义;要着力推进反恐,标本兼治,消除贫困落后和社会不公。"

过去,贸易与和平之间的联系在其他一体化项目中也进行过研究。Charles-Irénée Castel de Saint-Pierre(1713)希望不同的国家能够理性地得出这样的结论,即贸易比战争更好,因此政治家们会选择和平而不是冲突,以便在外交中取得最好的结果。这可以从习近平在2017年"一带一路"国际合作高峰论坛开幕式上的演讲中关于古丝绸之路和平性质的评论中看出(Xi,2017):"这些开拓事业之所以名垂青史,是因为使用的不是战马和长矛,而是驼队和善意;依靠的不是坚船和利炮,而是宝船和友谊。一代又一代'丝路人'架起了东西方合作的纽带、和平的桥梁。"

发展赤字与建设"一带一路"作为一个繁荣的一体化地区有关。在这个意义上,习近平认为产业是经济的基础,需要在生产能力和设备制造方面、保证良好的金融流通方面、保障安全与稳定方面、基础设施连接方面进行合作(Xi,2017)。Chao Wang、Ming

Lim、Xinyi Zhang、Longfeng Zhao 和 Lee Paul Tae-Woo（2020）指出："相关投资有望填补许多'一带一路'国家基础设施不足的空白,特别是对于那些未能完全融入世界经济的国家。"

为了解决治理赤字问题,新的全球治理将被建立：

> 我们要将"一带一路"建成开放之路。开放带来进步,封闭导致落后。对一个国家而言,开放如同破茧成蝶,虽会经历一时阵痛,但将换来新生。"一带一路"建设要以开放为导向,解决经济增长和平衡问题。我们要打造开放型合作平台,维护和发展开放型世界经济,共同创造有利于开放发展的环境,推动构建公正、合理、透明的国际经贸投资规则体系,促进生产要素有序流动、资源高效配置、市场深度融合。我们欢迎各国结合自身国情,积极发展开放型经济,参与全球治理和公共产品供给,携手构建广泛的利益共同体(Xi,2017)。

这一点一直是中国参与的不同倡议的一个主题。中国与金砖国家的合作伙伴一起,率先成立了新开发银行,这个银行的视角和结构与世界银行截然不同。作为中国世界愿景的一部分,这需要对不同的机构进行重大改革。在这个愿景中,中国并不孤单。因此,一个新的在贸易中更加开放和透明的全球治理,成为"一带一路"设定的一个目标。这是前两个问题的逻辑结果。一旦有了和平和整体框架,各国就应该努力从质量上改善贸易。

五、巴西如何做及这一倡议如何使巴西受益

从对"一带一路"倡议的解释中,我们可以看到这个项目是多么雄心勃勃和具有地缘战略意义。基于这种情况,巴西寻求合作伙伴关系,并考虑在我们的领土上提出议案和投资是至关重要的,即使从地理上讲,新路线不包括巴西,但其动态无疑会影响到巴西。

此外,巴西已经是金砖国家的成员,由此我们知道巴西已经比拉丁美洲的其他国家领先一步,因此,它有重要的优势来谈判这种合作。

吸引投资是巴西利用国内生产总值和发展经济的关键。无数的经济部门将受益,例如投资部门、基础设施部门、农业综合企业、电信部门、交通部门、能源部门、科技部门、航空航天部门。

在上述部门中,我们可以强调科技部门。目前,中国的生产部门已经经历了一场变革,投资于科技和高附加值项目,将这一特点称为"工业 4.0",其中自动化、物联网、纳米技术和高速连接逐渐凸显出来。

中国出口"工业 4.0"的一个例子是 5G 网络技术,这是一个具有高连接性和高性能的网络。在巴西进行网络设施的竞标中,中国科技是候选人之一。

值得注意的是,中国是巴西的主要贸易伙伴。现在,巴西向这个亚洲国家出口最多的是商品,即农工产品,而这个国家有可能为巴西提供知识和技术,以发展巴西的基础设施部门等。

因此,作为"一带一路"倡议所考虑的国家之一,巴西有必要寻找合作的机会,通过展示巴西的潜力来吸引投资。

六、结束语

在过去,商队从地中海穿越到遥远的亚洲市场。作为加强东西方贸易努力的一部分,城市围绕这条路线发展,交流文化、建立纪念碑,甚至形成国家。不久前,中国不得不忍受西方列强强加的不平等条约,与他们进行贸易。贸易本身是不平等的,一些国家,如巴西,其自然资源被掠夺性的殖民主义所破坏。国家被划分为"文明"和"不文明"。只有一种形式能被认为是文明的,这被用来分离、对立人们和制造竞争。

围绕古丝绸之路的文化之间的鲜明差异并没有成为参与贸易的不同人群之间的贸易障碍。正如本文前面引用习近平主席的话时提到的那样,这种互动使得这片宝地越发繁荣。西方的诗歌讲述了世外桃源式的史诗故事,讲述了遥远的东方或迷失在半山腰的异国情调和神秘的土地。

航线周围的国家也改变了它们过去的形式。中国,自战国时代以来就是贸易路线的重要组成部分,后来成为一个帝国,然后是共和国,直到今天的人民共和国的形式。欧洲从不同的角度转变,看到了君主制和共和国形式的民族国家的诞生,现在是一个围绕着欧盟的大陆。非洲国家的国家地位终于得到了承认,并摆脱了殖民主义。新的参与者开始在世界范围内扮演不同的角色,并渴望发挥更大的作用。

当然,如果认为古丝绸之路是一条完美的路线,没有任何战争,那也是不正确的。古丝绸之路上也发生过战争。这条路线在某些地方具有挑战性,例如臭名昭著的开伯尔山口,冲突时常发生。战略要地成为强大帝国的中心。随着航海业的发展,试图在海洋上建立路线。

即使这篇文章强调了贸易的重要性,以及"一带一路"上正在建设的基础设施的巨大规模,但大胆地说,该倡议最重要的方面是它想传播的信息。古丝绸之路基本上是一个道路网络,就像丝绸纹理上的线。在这条道路上,不同的人将走到一起,为所有参与的人找到共同点。然而,本文并未重点讨论"一带一路"的基础设施。虽然港口、机场、铁路、光缆等项目让人惊叹,但"一带一路"的长期影响将是加强不同国家人民之间的联系。不仅国家之间的贸易会明显改善,而且还会加强当地的经济,让每个国家都能在贸易中探索自己的战略优势。

尽管一些阴谋论者可能会说,世界仍然是圆的。今天,我们甚至比古代丝绸之路的先驱们发展出天文学技术来寻找自己的道路时更加确定这一点。曾经被认为不可能的航空旅行成为现实。虽然在古丝绸之路期间,一些大陆不包括在内,但"一带一路"可能会利用几个世纪以来获得的新知识来扩大联系,并涵盖以前不在这条路上的大陆。

有趣的是,传说巴西是在葡萄牙人试图寻找一条通往东方的替代路线时意外发现的。尽管这个传说在历史上并不准确(在这个"意外发现"之前,葡萄牙人和西班牙人已经签署了划分新大陆的国际条约),但这一点很重要。它说明尽管巴西不是古丝绸之路的一部分,但它从1500年以来的历史是葡萄牙扩大贸易路线愿望的部分结果。将巴西排除在这一倡议之外是没有意义的。尽管不是古丝绸之路的一部分,但巴西可能是"一带一路"的一部分。巴西和欧洲之间的行程不必通过风力驱动的木船,旅程可以使用现代技术进行,并且一如既往地快。这同样适用于中国和巴西之间的行程。

尽管这些国家在地理位置上很远,但这种距离比古丝绸之路要小得多。巴西和中国的关系很重要,不仅是因为双边贸易,还因为这两个国家有许多共同的特点,例如都是作为发展中国家逐渐成为发达的超级大国,都愿意在国际关系中拥有更大的话语权,并且两国都是金砖国家。两国都在共同寻求不同国际机构的改革。中巴关系的战略意义可能成为未来对外关系的重要方面之一。

毋庸置疑,"一带一路"倡议面临挑战。习近平主席在指出三个赤字时说得很清楚。然而,我们可以肯定,这些问题可以由"一带一路"沿线国家以合作与和谐的方式加以解决。巴西可以在这方面提供帮助,因为该国也希望改变全球秩序,使其更加公平、透明和和平。如果国际自由主义秩序出现危机,未来将出现一个多极化的全球格局,那么"一带一路"可能成为这个新秩序的焦点。这种可能性是巨大的,但责任也是巨大的。

世界已经面临历史上最大的挑战之一。新冠病毒(COVID-19),这个"我们时代的挑战"已经夺去了许多人的生命。人们重新发现,即使我们属于不同的国家,但我们都是人类,面临同样的恐惧和同样的全球大流行病的危险。经济、贸易、旅行在大流行病期间陷入停滞,专家们谈到全球复苏,以新的视角重建世界。这可以说是"一带一路"展示其促进国际合作能力的一个机会。冠状病毒并不是人类所面临的最后一个生物生存威胁。考虑到这一点,并考虑到"一带一路"是一个包括科技和教育在内的多主题倡议,它同时可以呈现为全球健康丝绸之路,因为在大流行病中吸取的教训可以被用来重建国际卫生法。正如习近平主席所指出的,从教训中可能产生一个更有序的货物贸易。金砖国家有机会建立当地疫苗生产中心,国家之间有快速有效的科学交流,促进合作和信任以处理医疗紧急情况,并为全球提供安全可靠的药物和疫苗网络。

丝绸在过去以高贵的纺织品而闻名,这也是许多人过去为了交易而接受难以置信的挑战的原因。今天,丝绸之路并不以马匹为重点,也没有穿越开伯尔山口等风景胜地。我们今天的技术进步缩短了过去认为太远的距离。从这个意义上说,考虑建设"一带一路"的想法可能是重建国家间关系网络的有效途径。与丝线形成有价值的纺织品一样,高度技术化的新丝绸可能是形成国家间新网络的新的丝线。而这种新丝绸至少和古代丝绸对商人来说一样高贵，一样有价值。

参考文献

1. Abdenur, Adriana Erthal, Muggah, Robert. A Nova Rota da Seda e o Brasil[J]. *Le Monde Diplomatique Brasil*, 2017. https://diplomatique.org.br/a-nova-rota-da-seda-e-o-brasil.

2. CAPA (Centre for Aviation). *New Gwadar Airport*[M]. Sidney: Informa Markets, 2021.

3. Chao Wang, Ming Lim, Xinyi Zhang, Longfeng Zhao, Lee Paul Tae-Woo. Railway and Road Infrastructure in the Belt and Road Initiative Countries: Estimating the Impact of Transport Infrastructure on Economic Growth[J]. *Transportation Research Part A*, 2020(134): 288—307.

4. Comércio China-Brasil. Como Aconteceu a Aproximação Desses Países？[J]. *Politize*, 2020.

5. Disponível[EB/OL]. https://www.politize.com.br/comercio-brasil-china-2020/.

6. Dunford Michael, Weidong Liu. Chinese Perspectives on the Belt and Road Initiative[J]. *Cambridge Journal of Regions, Economy and Society*, 2018.

7. Ghiasy Richard, Fei Su, Saalman Lora. *The 21st Century Martime Silk Road*[D]. Friedrich Ebert Stiftung, 2018.

8. Kotz, Ricardo Lopes. *A Nova Rota da Seda - entre a tradição histórica e o projeto geoestratégico para o futuro*[D]. Florianópolis. Universidade Federal de Santa Catarina, 2018.

9. OECD. *OECD Business and Finance Outlook 2018*[M]. OECD Publishing, 2018.

10. People's Republic of China. *National Development and Reform Commission, Ministry of Foreign Affairs, and Ministry of Commerce of the People's Republic of China. Vision And Actions On Jointly Building Silk Road Economic Belt And 21st-Century Maritime Silk Road*[R]. 2015.

11. People's Republic of China. State Council Information Office[R]. China's Artic Policy, 2018.

12. Saint-Pierre, Charles Irénée Castel de. Projet de Paix Perpetuelle[R]. Utrecht: Schouten, 1713.

13. Stec Grzegorz. The Invisible Silk Road: Enter the Digital Dragon[R]. European Institute for Asian Studies, 2018.

14. Xi Jinping. Work Together to Build the Silk Road Economic Belt and The 21st Century Maritime Silk Road[EB/OL]. https://govt.chinadaily.com.cn/s/201705/16/WS5c0627d4498eefb3fe46e12e/work-together-tobuild-the-silk-road-economic-belt-and-the-21st-century-maritime-silk-road.html.

15. Wang Yi. New Starting Point, New Thinking and New Practice 2013: China and the World[EB/OL]. http://id.china-embassy.org/eng/sgdt/t1109961.htm.

中国与巴西的融合:"一带一路"倡议背景下两国关系的法律整合

布鲁诺·巴拉塔(Bruno Barata)
闪涛(Tao Shan)

摘要: 随着我国"一带一路"倡议迈向高质量发展阶段,以及中巴经贸往来的日益密切,两国企业正面临因法律环境与法律制度的不同所带来的困境与挑战,同时也隐藏着相关的法律风险。因此有必要梳理出两国企业所面对的不同法律制度及司法救济制度,并在此基础上,从政府、法治与民间三个层面加强交流、增进理解,逐渐减少甚至消除因制度差异给两国经贸所带来的消极影响,进一步推动中巴经贸在更高层级获得发展。

关键词: 中国与巴西、经贸交往、法律制度、法律风险

一、引言

在过去几个月里,当前世界秩序显示多边主义正在恢复。新冠疫情也很重要,它告诉我们不同国家之间的合作可以创造出前所未有的解决方案,例如在不到一年的研究和测试中研制出疫苗,这一成就将改变我们历史的篇章。

同样的,疫情也影响了经济和贸易交流的能力;需要在创纪录的时间内将产品发送到海外抗击新冠疫情,这展示了一种全新的营商方式。

当我们谈论巴西和中国时,多边主义的力量在金砖国家中也很明显。金砖国家是整合这个重要经济集团的5个国家的首字母缩写:巴西、俄罗斯、印度、中国和南非。从这个意义上说,作为金砖国家结构一部分的组织,如金砖国家新开发银行(NDB),有助于进一步加强这些国家之间的关系。

但多边主义不仅仅得到这些团体的支持。2013年以来,"一带一路"倡议在世界范围内实施,其主要目标是建立一个远超旧丝绸之路的商业路线,连接亚欧非的商业和基础设施网络。目前,大约有138个国家参与了这个发展项目,拉丁美洲,特别是巴西,是世界上有很大能力扩大这一举措的一部分。

巴西与中国的关系始于1974年,在至2020年的46年的关系中,中国自2009年起成为巴西最大的贸易伙伴,2018年和2019年贸易流量(出口+进口)接近1 000亿美元。

本研究的目的是分析巴西和中国之间商业关系的法律方面,以及这种环境的优化

如何增加业务流量,为拉美地区的"一带一路"倡议提供参考。

中国和巴西同为金砖国家成员国,近年来两国双边贸易额逐年增长(见表1)。

表1　　　　　　　　　　　　2015年至2019年中巴双边贸易统计

年份	贸易总额 金额(亿美元)	贸易总额 同比(%)	中国对巴西出口 金额(亿美元)	中国对巴西出口 同比(%)	中国自巴西进口 金额(亿美元)	中国自巴西进口 同比(%)	差额 金额(亿美元)
2015	715.9	−17.40	274.2	−21.50	441.7	−14.70	−167.5
2016	677.1	−7.10	219.7	−19.90	457.4	7.40	−237.7
2017	875.4	29.10	289.6	31.80	585.8	27.80	−296.2
2018	1 111.81	26.60	336.69	16.30	775.12	31.70	−438.43
2019	1 153.42	3.70	355.44	5.60	797.98	2.90	−442.52

资料来源:中国海关。

双方在投资、税收、基础设施建设等领域签署了经贸协定或者备忘录(见表2)。

表2　　　　　　　　　中巴签署的部分双边协定、协议和谅解备忘录[①]

签署时间	协定名称
1987年	《中华人民共和国政府和巴西联邦共和国政府贸易协定》
1990年	《中华人民共和国政府和巴西联邦共和国政府经济技术合作协定》
1991年	《中华人民共和国政府和巴西联邦共和国政府关于对所得避免双重征税和防止偷漏税的协定》
1994年	《中华人民共和国政府和巴西联邦共和国政府关于鼓励和相互保护投资的协定》
2004年	《中华人民共和国政府和巴西联邦共和国政府关于建立中巴高层协调与合作委员会的谅解备忘录》
2004年	《中巴贸易投资领域合作谅解备忘录》
2012年	《中华人民共和国政府和巴西联邦共和国政府关于海关行政互助的协定》
2015年	《中国国家发展改革委员会和巴西计划、预算和管理部关于开展产能投资与合作的框架协议》
2019年	《中华人民共和国商务部和巴西联邦共和国经济部关于服务领域合作的谅解备忘录》
2019年	《中华人民共和国商务部和巴西联邦共和国经济部关于投资领域合作的谅解备忘录》

2019年,中国诚邀巴西共建"一带一路",巴西也明确表示巴方将促进本国"投资伙伴计划"同"一带一路"倡议的对接,拓展贸易、科技、创新等领域合作的意愿,并欢迎中方扩大对巴投资。

在双边经贸合作中,了解合作国家的投资经贸环境及提前防范潜在风险至关重要。

---

① 此处资料来源于中国驻巴西大使馆网站(http://br.china-embassy.org)。

本文将通过介绍巴西的投资环境及中国的投资环境,分析在巴中资企业和在华巴西企业可能遇到的风险及相应的救济途径,文末将针对中巴经贸的进一步发展提出几点建议。

二、中国在巴西投资的问题及应对

巴西是南美洲第一大国,面积、人口、经济总量均居南美洲首位,对周边国家和地区有很强的辐射能力。巴西拥有巨大的消费市场,经济运行稳定,国内生产总值保持增长态势,受到国际众多企业和卖家的关注。因此,巴西成为中国资本进入南美洲的绝佳平台,中国在巴西的投资也具有战略意义。作为南美洲最具影响力的国家,巴西已经从几次政治和经济危机中恢复过来,证明了自己是一块充满机遇的土地。

(一)中国在巴西商业活动概况

现阶段,中国已成为巴西最大经贸伙伴和投资来源国,巴西专家也曾表示,中国在巴西的投资是非常受欢迎的。以下将从巴西投资环境现状、在巴中国企业的运营情况及巴西经贸投资领域法律法规三个方面介绍中国在巴西商业活动概况。

1. 巴西投资环境情况概述

(1)中国是巴西最大的贸易伙伴、投资来源国

与拉美其他国家相比,中巴合作体量大、优势明显。中国和巴西在 1974 年建交后,双方贸易额逐年增长。据中国海关统计,1974 年两国建交时双边贸易额仅为 0.174 2 亿美元,2005 年中巴双边贸易额突破 100 亿美元,2006 年突破 200 亿美元,2010 年突破 500 亿美元。近两年,中巴贸易额保持在每年 1 000 亿美元以上。中国已经成为巴西最大的贸易伙伴。

(2)中国在巴西的投资区域分布

近年来,中国对巴西投资的地域分布呈现多样化的趋势。尽管中国对巴西的投资项目仍相对集中在巴西东南部地区,但从总体上看,巴西已经有 16 个州获得了来自中国的投资。现阶段,圣保罗州仍是中国对巴西投资的主要目的地。

(3)中国在巴西的投资产业分布

长期以来,中国国有企业是中国在巴西的主要投资者,投资多集中在能源、矿产、制造业、基础设施等领域。近年来,中国持续增加对巴西汽车制造、机械设备、电子等先前已开发行业的投资,同时逐步拓展巴西的农业、信息技术产业、金融业等行业的投资项目(见表3)。

表 3　　　　　　　　　　中国企业在巴西的投资情况

投资行业	中国企业	投资情况
农业	中粮集团	收购了尼德拉及来宝两家粮食企业,使得农业首次在中国对巴投资中具有了较大代表性

续表

投资行业	中国企业	投资情况
信息技术	百度	进行了产业投资
金融	海通国际	收购了葡萄牙圣灵投资银行,借此参与该投资银行在巴西乃至全球范围的业务
	中国交通银行	收购了BBM银行80%的股权
汽车	奇瑞、众泰	进行了新投资项目
	中国化工集团	通过收购巴西轮胎制造商倍耐力,接手了其在巴西的业务
可再生能源	三峡集团	收购葡萄牙电力集团可再生能源公司在巴西运营和开发的风电场的部分股份
	比亚迪	在圣保罗州投资建设太阳能板生产厂
机械设备	柳工集团	在巴西建立了首家生产工厂,并计划在未来几年继续拓展业务
航空	海航集团	收购巴西蔚蓝航空公司23.7%的股份[①]
基础设施	国家电网	以58.5亿雷亚尔(约18亿美元)的价格收购了巴西CPFL的控股权

在巴西经济低迷的情况下,中国企业的投资总额却显著提高。这种情况出现的原因之一是由于雷亚尔的迅速贬值,使巴西对外来投资更有吸引力。

2.中国企业在巴西设立企业的方式[②]

外国投资者在巴西的投资大多通过建立股份公司和股份有限公司的方式。一般情况下,如果与拥有巴西长期居住权的人合资,审批速度比较快,公司名字应冠以"巴西"字样,如"巴西某某公司"。相反,如果公司名字没有"巴西"字样,也不与巴西人合资,那么审批手续将较为烦琐。合资公司至少应有一名巴西人或拥有巴西长期居住权的外国人,可以是自然人,也可以是法人。合资双方的股份比例和投资金额不限。

公司注册需备齐以下文件:注册申请书、公司负责人的简历、授权书和公司章程等,这些文件必须翻译成葡萄牙文并经投资人国内公证处公证和巴西驻外使馆认证。巴西驻外使馆将文件转到巴西外交部和有关部门,作为注册的依据和人员入境的证明材料等。

(二)巴西投资相关法律政策[③]

巴西对外贸易法律法规较多,且时常修改,因此较为复杂。外资进入巴西市场之

[①] 海航于2018年8月10日以3.06亿美元的价格将其在巴西蔚蓝的剩余股份出售给几家与海航无关的美国机构投资者。

[②] 此处资料来源于商务部国际贸易经济合作研究院、中国驻巴西大使馆经济商务处、商务部对外投资和经济合作司的《对外投资合作国别(地区)指南——巴西》。

[③] 此处资料来源于中华人民共和国驻巴西共和国大使馆经济商务处网站(http://br.mofcom.gov.cn/article/ddfg/waimao/202011/20201103012509.shtml)。

前,首先应了解巴西针对经贸投资领域的法律法规和政策等,包括但不限于国际贸易、劳动与社会保障、环境保护、外资准入等方面。

1. 国际贸易相关法律法规较多且修改频繁[①]

巴西有关国际贸易的法律体系由海关法令、关税规则、进口管理规定、出口管理规定及贸易救济措施相关规定构成。巴西现行与外贸相关的法规主要包括:《商法典》《海关程序法》《关税管理法》。巴西对外贸易管理法规较多,且经常做出修改,相关具体规定可参阅巴西外贸委员会网站。

2. 严格立法以保护劳工权益[②]

巴西现行的《统一劳动法》严格保护员工权益。由于受到《统一劳动法》的保护,巴西当地员工投诉现象十分普遍。当地企业和各类机构在聘用、解聘员工时,一般都会聘用当地有经验的律师拟定合同,由当地有经验的会计师事务所为员工代做员工工资表,以减少和避免劳务纠纷及被处罚的可能。

巴西不鼓励引进外籍劳务。政府主管部门将引资项目能否为本国人提供就业岗位作为重要的审批依据。《统一劳动法》规定,本国劳工在人数和工资收入上分别不得低于企业全部劳工人数和工资总额的 2/3,而实际获得批准的外籍员工人数大大低于这一限额。

3. 以行政手段逐步发展环境立法[③]

目前巴西的环境保护主要以行政手段实现。环境部(MMA)是巴西负责制定环境政策的主要部门。除了环境部,巴西政府环保方面的实体还有国家环境委员会(CONAMA)、国家水资源委员会(CNRH)、巴西环境保护局(IBAMA)和巴西国家森林计划(CONAFLOR)等。

环境立法方面,巴西在1981年8月颁布的第6938号法规中制定了国家环境政策,并决定将环境教育纳入各级教育中。1988年,巴西《宪法》中第一次专门增加了环境一章。此外,巴西还于1998年实施了《环境犯罪法》,规定了一系列破坏环境的违法犯罪行为,同时公布了相应的处罚措施。

4. 与外资相关的准入规定和鼓励政策[④]

巴西对于外资的市场准入,针对不同行业,有着不同的准入标准(见表4)。

---

① 此处资料来源于中华人民共和国驻巴西共和国大使馆经济商务处网站(http://br.mofcom.gov.cn/article/ddfg/tzzhch/202004/20200402952208.shtml)。
② 此处资料来源于中华人民共和国驻巴西共和国大使馆经济商务处网站(http://br.mofcom.gov.cn/article/ddfg/tzzhch/202004/20200402952208.shtml)。
③ 此处资料来源于商务部国际贸易经济合作研究院、中国驻巴西大使馆经济商务处、商务部对外投资和经济合作司的《对外投资合作国别(地区)指南——巴西》。
④ 此处资料来源于巴西出口投资促进局网站(http://www.apexbrasil.com.br/en/home)。

表 4　　　　　　　　　　巴西对于外资的市场准入标准

标　准	行业及领域
禁止外商投资①	核能、部分医疗服务、邮政服务及航空航天产业
限制外商投资	石油和天然气采矿、电信、电力、公共航空服务业
鼓励外商投资②	农业、汽车、可再生能源、生命科学、石油、天然气、数字技术

同时,根据巴西法律规定,使用外国货币在巴西投资不必经巴西政府批准,但外资注册必须由巴西受益企业向巴西中央银行提出申请。除了禁止和限制的行业,外国投资者希望在巴西投资建厂或获得现有巴西企业的所有权,只须通过巴西境内有权进行外汇操作的银行将外国货币汇入巴西即可。巴西相关投资法律制度还规定,外资进入巴西之日起 30 天内必须在巴西中央银行注册,然后由中央银行签发注册证书,该证书持有者享有调出资本、汇出利润和将利润折成外币再投资的权利。

5.巴西税目繁多,分三级管理

巴西共有 58 种税目,分为联邦税、州税和市税三级(见图 1)。

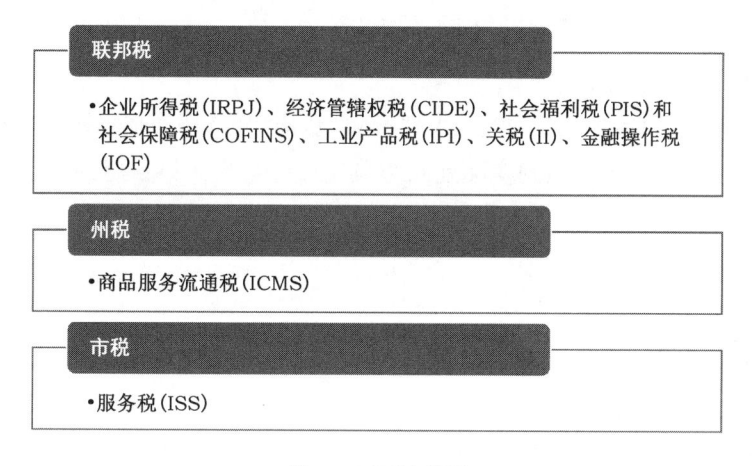

联邦税
- 企业所得税(IRPJ)、经济管辖权税(CIDE)、社会福利税(PIS)和社会保障税(COFINS)、工业产品税(IPI)、关税(II)、金融操作税(IOF)

州税
- 商品服务流通税(ICMS)

市税
- 服务税(ISS)

图 1　巴西的税目

巴西给予外国投资者国民待遇,积极鼓励外国企业到巴西进行投资。巴西主要的优惠政策框架包括:对中小微企业给予优惠税收,对部分地区(含特殊经济区域)和部分行业给予优惠待遇。

(三)中国企业在巴西的投资风险与相关法律问题分析

从前文我们可以看出,巴西具有独特的政治、经济、法律背景,而且与中国的商业往来愈加密切。结合既往实践,中国企业在巴西开展投资活动存在的主要问题或风险主

---

① 此处资料来源于国际劳工组织网站(https://ilostat.ilo.org)。
② 此处资料来源于巴西出口投资促进局网站(https://www.apexbrasil.com.br)。

要表现在以下几个方面：

1. 忽视尽职调查与法律风险评估：处处皆隐患

中国企业在巴西设立企业或开展投资活动，尤其应注意以下几点：

一是进行合作伙伴信用调查。只有充分、全面了解合作伙伴的过往经历与资信，方可与其展开进一步合作。

二是重视对公司的审计工作。由于外部独立审计能为公司实行有效的投资风险管控、使公司了解当前存在的经营问题，因此聘用正规审计公司对于管理海外产业有重要作用。

三是要尊重和学习当地法律。只有深入了解投资国法律制度并严格遵守，才能使公司经营治理既符合法律规定又满足自身掌握公司控制权的需要。

2. 陷入法律纠纷泥淖：复杂的法律体系与昂贵的维权成本

作为联邦制国家，巴西的联邦政府及各州政府都享有相应立法权，除联邦宪法中的规定外，各州可制定比联邦法律标准更高的劳动标准。由于巴西对起诉和上诉有时效限制，但对法官审理案件却无时效和结案率要求，因此导致巴西存在大量未结案件。巴西案件审理时间较长，每一审都有不同类型的上诉，一审平均耗时两年，二审平均耗时五年，三审平均耗时三年。

因此，如果中国企业在巴西投资项目中遇到法律纠纷，将面临不熟悉当地法律法规体系、高昂的律师费用等一系列实际问题与风险。一旦进入诉讼程序，就会旷日持久，更会对项目的推进产生诸多负面影响。

3. 重复征税有风险，反避税法较为严苛

(1) 国际重复征税

现今，世界上的主要国家大致有以下三种税收管辖权：单一行使地域管辖权，同时行使居民管辖权和地域管辖权，同时行使居民管辖权、公民管辖权和地域管辖权。巴西是单一行使地域管辖权的国家，而中国是同时行使居民管辖权和地域管辖权的国家。因此，两国税收管辖权中重复的部分就容易导致国际双重征税的出现。

1991年8月5日，我国与巴西签订了《中华人民共和国政府和巴西联邦共和国政府关于对所得避免双重征税和防止偷漏税的协定》，约定了税种与可征税范围，并明确约定了在两国境内消除双重征税的方法及无差别待遇原则，为在两国从事商业活动的企业和个人避免了双重缴税的负担。但是，由于双方签订协议的时间较早，因此许多规定已经不适应国际税收实践的发展，从而导致又出现了重复征税的风险，进而增加了我国投资者的成本风险。

(2) 反避税风险

巴西对于反避税有着严密的规定，其反避税法律举措复杂多变，主要有以下两种常见的避税措施：

①反转移定价。中国企业通过利用我国与巴西不同的税率水平,将设在高税率国关联企业的利润人为地转移到低税率国某个关联企业实体上,避免在高税率国承担较高的所得税义务,从而使关联企业的总体税负大大减少。这是一种常见的避税方法。然而,巴西为了防止外国企业利用转移定价的方式逃避税收,在1996年第一次确立了转移定价的立法之后,于1997年和1998年又进行了两次修改,制定了一套严密的转移定价规则。

由于巴西本国的立法调整和企业的财会人员对于转移定价规定的无知,因此很容易出现未按照当地税法的要求披露与其他公司之间的关联交易情况,未能够保留证明所选择定价方式的相关文档及价格的计算方式等文件,从而面临反避税调查及补税和巨额罚款的风险。

②反"避税天堂"。许多纳税人将基地公司设在对所得和财产不征税或税率很低的国家或地区("避税港"),从而达到合理避税的目的。

巴西政府规定,对于所得收入不征税,或者征税税率小于20%,或者对于资产权益的所有者信息不进行公开披露的国家或地区,为"避税天堂"。巴西政府规定,与这些"避税天堂"名单中国家或地区的关联企业往来时跨境支付须缴纳的预提所得税税率从15%增至25%;对于向"避税天堂"的支付不得抵扣,不得享受巴西政府赋予的税收优惠政策。同时,外国企业在"避税天堂"的所得在向巴西进行转移时,将受到巴西政府的管控。因此,中国企业在涉及"避税天堂"的交易时须多加留意。

4.劳工保护规则:细致繁杂,执法严格

巴西工会力量非常强大。在巴西,无论员工是否为工会会员,工会均有权代表员工参加集体合同的谈判与签订,代表员工与企业协商强制涨薪、利润分享等事宜。另外,巴西的《统一劳动法》对加班、休息休假、同工同酬、年度涨薪等方面规定得非常细致,包括不得扣减工资、严禁降职降薪、不得公开处罚和批评等;规定业务外包时,雇主单位即使无过错,也要与外包单位就劳工责任承担连带责任;规定员工有权要求强制分红,具体分红金额由雇主和雇员委任的委员会协商解决。一旦涉诉,员工个案诉讼就存在时间长、赔付贵、数量多等情况,更会对投资项目的推进产生诸多负面影响。

(四)中国企业在巴西营商风险的法律救济手段

针对这些经营风险,中国企业需要熟悉巴西营商风险的法律救济手段。一般来说,法律救济分为三种类型:一是诉讼,二是仲裁,三是和解。同时,这三类救济手段都离不开法律服务行业的协助。笔者将巴西的司法体系和三大法律救济手段及法律服务行业简要介绍如下:

1.巴西的司法体系

(1)巴西的司法机构①

---

① 此处资料来源于 Federal Supreme Court 的网站(www.stf.jus.br)。

巴西司法机构由联邦法院和州法院组成,具体有联邦最高法院、高等法院、联邦地区法院、劳工法院、选举法院、军事法院及各州法院等(见图2)。

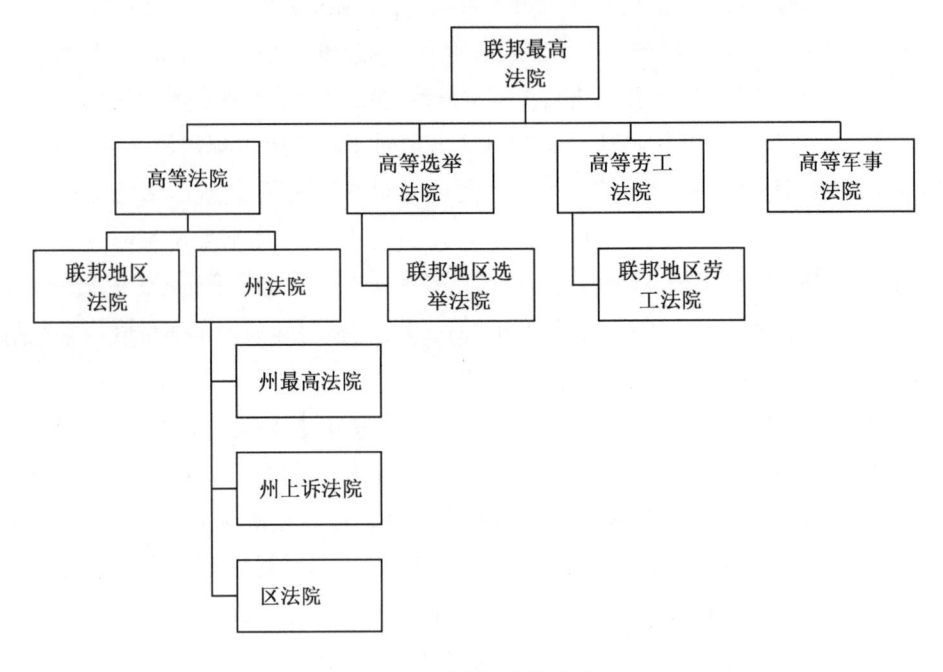

图2 巴西司法机构构成

2. 巴西的诉讼程序

巴西的一些地方司法管辖区设有专门审理商业纠纷的法院。上诉法院也设有只审理商业索赔的审查小组,最高可上诉至巴西高等法院(Superior Tribunal de Justiça)。巴西的诉讼程序见图3。

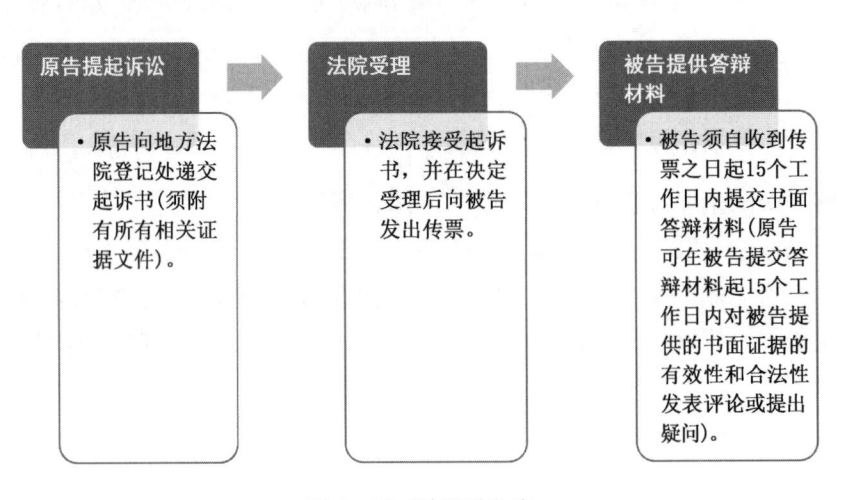

图3 巴西的诉讼程序

诉讼费用一般包括两块：

①法庭费用：法庭费用标准取决于起诉所在州。例如，在圣保罗，法庭费用为追讨金额的1%左右，一般在R$40 000以内。

②诉讼保证金（针对国外诉讼人）：巴西民事诉讼法典第835节规定，在巴西进行法律诉讼的国外当事人需要提供司法接受的担保或抵押以保证当法院做出有利于被告的判决时，国外当事人能够承担被告的律师费和法庭费用。受理案件的法官根据需要决定诉讼保证金标准，通常为标的额的10%~20%。值得注意的是，国外当事人可以就保证金金额与法官进行协商。而且，扣押偿债程序不需要诉讼保证金。①

最后，由败诉方赔偿胜诉方的法庭费用和律师费；同时，律师费一般为标的额的10%~20%。②

3.巴西的仲裁程序

仲裁是巴西解决商业纠纷最主要的途径之一。与仲裁最相关的法律，为2015年最新修订的《仲裁法》。

（1）巴西的仲裁机构

巴西境内有多个仲裁机构。最著名的是巴西仲裁和调解中心（CBMA）、巴西—加拿大商会仲裁和调解中心（CCBC）、巴西工商业联合会仲裁和调解中心、圣保罗仲裁庭（TJSP）、盖图里奥·瓦尔加斯基金会和解与仲裁庭（FGV）、市场仲裁庭（CAMBOVESPA）等。同时，巴西有数家全国性的仲裁机构，能够处理来自全国各地的仲裁。

（2）仲裁裁决的认定和执行

在巴西做出的仲裁裁决具有与法院判决相同的地位，可以自动执行。而外国仲裁裁决则与外国法院判决一样，必须得到巴西高等法院的审查和承认才能执行。

《仲裁法（修正案）》第39条规定："当没有比国内仲裁法承认外国仲裁裁决更有利的国际条约存在时，应当以国内仲裁法为依据。"此规定与《纽约公约》基本一致。③但《纽约公约》使用的是"可以"及其等同词，而不是"应当"。然而，新的巴西民法典第960条第30款也规定，如果确实存在比国内仲裁法更优的国际条约，那么国际条约将优于国内法适用。

此外，巴西高等法院对不予承认外国仲裁裁决的理由予以了严格解释，在反对承认外国仲裁裁决方面明确了以下情形：仲裁裁决违反了巴西的公共政策；仲裁程序的服务无效；仲裁裁决未阐明裁决理由；不遵守承认手续，缺乏认证翻译；在巴西或国外存在平行的司法程序；不存在基本合同；不存在仲裁协议。

---

① 此处资料来源于中国信保商账追收网（https://www.sinosure.com.cn/sinocredit/zyzl/alfx/101561.jsp）。

② 此处资料来源于Legal500律所评估机构网站（https://www.legal500.com）。

③ 此处资料来源于Lexology咨询机构网站（https://www.lexology.com）。

(3)诉讼和仲裁的比较

与诉讼相比,仲裁时间上更短:诉讼需要 2 年或更长时间;仲裁通常需要 6 个月至 2 年时间,但需明确约定争议解决使用仲裁、仲裁机构及仲裁地。费用上来说,尽管诉讼费较高,但胜诉后一切费用将由败诉方承担。

4.巴西的调解程序

2015 年,《巴西调解法》的出台赋予了调解制度明确的法律地位,摒弃了原来调解未获法律授权的旧模式。

调解类型共有两大类:一是司法调解(法庭内调解);二是司法外调解(法庭外调解)。《调解法》对前者进行严格管制,而对后者则较为宽松。《调解法》明确了二者的适用范围、适用主体、适用时间等,防止司法调解被国家过度干预,同时要求对司法外调解进行最低限度的规范,防止其滥用。

从调解程序上来说,调解的期限最短为 10 天,最长为 3 个月。①

从调解效力上来说,《调解法》规定通过调解达成的任何协议都具有法律约束力。因此,对于合同中已有约定调解的案件来说,调解将成为强制性的解决纠纷手段。该法还支持在合同中约定调解条款,这意味着当事人可以事先约定在启动司法或仲裁程序之前,通过调解解决未来可能产生的分歧。

5.巴西的法律服务行业

目前,全球法律服务行业正向全球化、规模化、专业化、网络化和外向化方向发展,巴西也不例外。

(1)巴西律师行业的基本情况②

在巴西,律师行业具有很强的吸引力,该行业至今仍被视为成功人士或高阶层身份地位的象征。据统计,目前巴西的注册律师数量共有 130 万。其中,律师总数的 50% 集中在巴西南部地区(圣保罗州、里约热内卢州、米纳斯吉拉斯州、南大州、巴拉那州和圣卡塔琳娜州)。

在业务方面,除传统的业务外,近年来并购、技术、合规、数据保护和仲裁等业务也在巴西法律服务市场上占有越来越重要的位置。

(2)中国律师事务所在巴西开展相关法律服务

目前,中国律师事务所已在 35 个国家和地区设立境外分支机构 150 多家。在巴西设立分所或办公室的中国律师事务所日益增多,很多颇具规模的律师事务所在巴西的巴西利亚、圣保罗等地设立了分支机构。例如大成律师事务所于 2017 年与巴西律师事务所 Vella Pugliese Buosi Guidoni(VPBG)组建了战略联盟。部分中国律师事务所与

---

① 此处资料来源于 Legal500 律所评估机构网站(https://www.legal500.com)。
② 郭佩珊.巴西注册律师已达 110 万,平均 190 人里就有一个律师[EB/OL]. https://www.chinanews.com.cn/gj/2019/08-14/8926602.shtml,2019-8-14.

巴西本地律师事务所以签署合作协议，或指派律师作为对方律所的法律顾问的方式，来加强合作，方便为两国的客户提供法律服务。

三、巴西在中国的投资问题及应对

正如圣保罗州投资促进局(Investe SP)驻上海贸易办公室主任若泽·马里奥·安特尼斯(José Mário Antunes)表示，中国市场需要大量的付出、投入、拜访，但非常值得探索。以下将从中国投资环境现状、中国经贸投资领域法律法规、风险应对三个方面介绍巴西在中国的投资活动概况。

（一）巴西企业在中国的商业投资特点

自1973年巴西首家企业——淡水河谷公司(Vale)——在华设立上海代表处以来，巴西压缩机公司(Embraco)、巴西航空工业公司(Embraer)、巴西石油公司(Petrobras)、巴西WEG公司等巴西知名大型公司在近40多年来相继来华投资。笔者简要概括巴西企业在华投资的特点，具体如下：

1.巴西来华投资企业数量少，大多分布在中国的东部地区

与其他国家相比，中国境内的巴西企业数量相对较少。中国商务部的数据显示，巴西在中国的投资额仅占对亚洲国家投资的外国投资总额的极小部分，巴西在华投资的企业80%集中在中国东部地区的12个省市中，主要是江苏、浙江、山东、黑龙江、上海和北京等。

2.巴西来华投资的涉足行业广泛多样

巴西在华投资所涉行业具有多样性，有贸易、矿业、自动化、酒店、银行、餐饮等26个不同行业领域（见图4）。

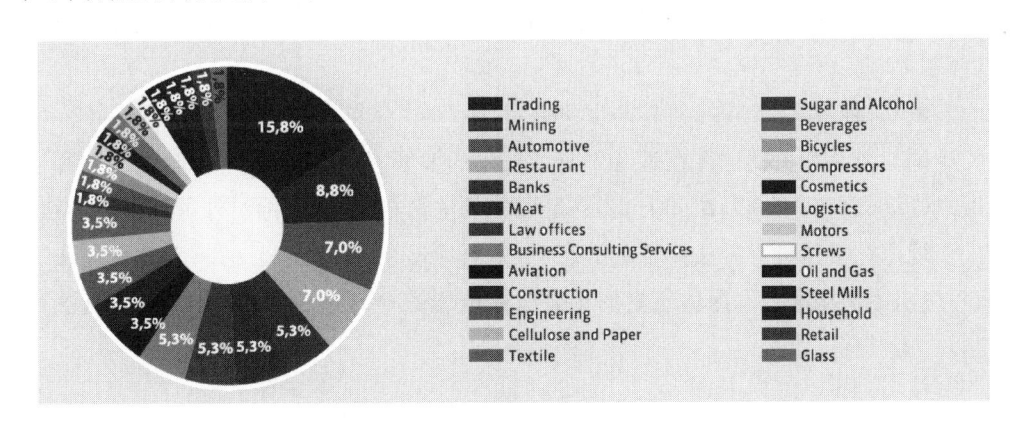

图4　巴西在中国投资涉及的行业

（二）中国投资的相关法律政策

以下将从投资、贸易、劳动、环保等几方面来简要介绍中国的相关法律政策，以及对

外商在华投资的影响。

1. 投资:提高监管透明度,促进、保护、监管并存

自2020年1月1日起,《中华人民共和国外商投资法》(以下简称《外商投资法》)作为一部统一适用于外商投资的法律,取代了此前三部适用于中国境内外商投资和外商投资企业的法律,为在中国经营了数十年的外国投资者,扫清了在其业务开展和投资待遇等方面遇到的障碍[①]:

(1)在促进外商投资方面

外资企业在政府资金安排、土地供应、税费减免、资质许可、项目申报等方面与内资企业享有同等待遇。外国投资者在中国政府部门指定的若干特定行业、领域、地区投资,可以享受优惠待遇。外商投资企业可以通过公平竞争参与政府采购,还可以通过公开发行股票和证券进行融资。

(2)在保护外资方面

外商投资企业可对有关外商投资的法律、法规、规章发表意见和建议,并且只有经过公布、与外商投资有关的规范性文件才能作为行政管理的依据。具体而言,《外商投资法》禁止行政机关及其工作人员强制外国投资者或外商投资企业转让其技术,并要求行政机关采取有效措施保护其履行职责过程中知悉的外商投资者的商业秘密。《外商投资法》还对政府行政部门提出了更为严格的要求,即行政机关必须对外国投资者给予公平、透明、有效的待遇和便利。

(3)在监管外资方面

《外商投资法》规定了禁止或限制外商投资的领域,还提到针对敏感行业和市场的外商投资进行国家安全审查的要求。如果外国投资者投资被禁止的行业或未能遵守投资准入限制,则该等外国投资者将被要求撤资和/或纠正其违法行为,并可能面临相应的处罚。

2. 贸易:弥补法律空缺,管控与促进并存

中国与贸易相关的法律在近几年有了长足的发展,整体呈现了管控与促进并存,并且通过修订、颁布、实施新法的方式,补足原先的法律空缺,使中国对外贸易方面的法律进一步规范化。这种弥补法律空缺的态势,主要呈现在两个方面:一是《对外贸易法》的修订,突出了对服务业和服务贸易的相关法律法规的补足[②];二是中国《出口管制法》正

---

① Jones Day. 中国出台新《外商投资法》进一步开放中国市场[EB/OL]. https://www.jonesday.com/zh-hans/insights/2020/02/chinas-new-foreign-investment-law,2021-4-21.

② 有关中国服务贸易发展的法律法规有哪些?[EB/OL]. http://tradeinservices.mofcom.gov.cn/article/zhishi/xiangguanwd/201711/16037.html,2020-12-16.

式出台,填补了国内立法的空白,同时适应了国际新形势需要。①

3. 劳动:以《劳动法》为核心,日渐发展成熟

中国的劳动法律制度,呈现了以《劳动法》为核心且日渐发展成熟的特点。自从1994年《中华人民共和国劳动法》颁布以来,中国的劳动法律制度建设取得了很大的成就,对保障劳动者的基本权利、维护稳定和谐的劳动关系、促进市场经济的发展起到了重要的作用。②

4. 环保:环境法治稳步发展,平衡经济发展与环境保护

改革开放以来,中国的环境法治取得了不俗的成绩:环境立法从少到多、环境执法从弱到强、环境司法从消极到积极、环境守法从被动到主动。③ 目前来看,中国环境司法的范围逐渐拓宽,环境司法也逐渐从消极到积极。对于企业整体而言,中国的企业环境守法状况逐渐变好,绝大多数企业的环境保护意识日趋增强。在环境信息公开方面,各类型企业的环境信息公开都比过去有所进步。

(三)中国影响巴西投资者的政策

中国欢迎外资进入中国市场的同时也积极完善外商投资制度,实现既能有效把好外商投资的安全关卡,又能为进入中国市场的外商提供便捷。以下从准入门槛、安全审查制度及跨境投资便利化措施三个方面介绍中国影响巴西投资者的外商政策。

1. 准入门槛:简政放权,投资自由化

在外商准入门槛方面,中国2019年通过的《中华人民共和国外商投资法》有着重要意义。"准入前国民待遇"加"负面清单"制度,是《中华人民共和国外商投资法》最重要的改革内容。④ 准入前国民待遇赋予了投资者在设立阶段不低于本国投资者的权利,这在原则上赋予了外资准入权,也预示着逐案审批制管理模式的正式消亡。负面清单则意味着政府的简政放权,清单外的行业将充分向外资开放投资。这不仅是我国走向投资自由化的重要一步,更是构建开放型经济新体制的重要一环。

2. 安全审查:审查与放权并重

2020年12月19日,中国的国家发展改革委和商务部发布了《外商投资安全审查

---

① 刘新宇,景云峰,李佳,张波,陈露薇. 尘埃落定,全面速解中国《出口管制法》[EB/OL]. https://www.chinalawinsight.com/2020/10/articles/customs-business/%E5%B0%98%E5%9F%83%E8%90%BD%E5%AE%9A%EF%BC%8C%E5%85%A8%E9%9D%A2%E9%80%9F%E8%A7%A3%E4%B8%AD%E5%9B%BD%E3%80%8A%E5%87%BA%E5%8F%A3%E7%AE%A1%E5%88%B6%E6%B3%95%E3%80%8B/,2020-10-23.

② 十届全国人大常委会法制讲座第十八讲:我国的劳动法律制度[EB/OL]. http://www.npc.gov.cn/zgrdw/npc/xinwen/2006-03/21/content_347935.htm#:~:text=%E7%94%B1%E5%85%A8%E5%9B%BD%E4%BA%BA%E5%A4%A7%E5%8F%8A%E5%85%B6,3%EF%BC%8E%E9%83%A8%E9%97%A8%E8%A7%84%E7%AB%A0%E3%80%82,2006-3-21.

③ 郑少华,王慧. 中国环境法治四十年:法律文本、法律实施与未来走向[J]. 法学,2018(11).

④ 刘敬东. 全面开放新格局的国际法治内涵与路径[J]. 经贸法律评论,2019(1).

办法》①，该法与《中华人民共和国外商投资法》一起，一方面简政放权，大幅提高外商投资便利化程度，例如准入前国民待遇加负面清单管理制度，建立外商投资信息报告制度等；另一方面，有效维护了国家安全，例如建立外商投资安全审查制度，体现了安全审查和简政放权并重的理念，为中国进一步促进外商投资和维护国家利益打下了法律基础。

3. 贸易与投资便利化的措施

2019年10月25日，国家外汇管理局对外发布了12项跨境贸易投资便利化措施，其中包括取消非投资性外商投资企业资本金境内股权投资限制。② 该12项措施旨在为外贸企业增便利、降成本考虑，帮助企业节约成本，提高外汇资金使用效率，支持外贸企业发展，赋予银行和外资企业更多的自主权。这12项措施里的一部分已经在粤港澳大湾区等地方进行试点。此次改革将使诚信经营的企业业务报告更加便捷、账户使用更加自主、登记手续更加清晰、资金使用更加高效。这些措施将显著有利于帮助外贸企业节约成本，提高外汇资金使用效率。

（四）巴西企业在华经营的投资风险与相关法律问题分析

1. 在华巴西企业商事登记阶段：缺乏商事登记的有效法律指引

在《中华人民共和国外商投资法》未出台之前，各政府职能部门对外商投资事项采取的是分别审批模式，给巴西在华投资企业在商事登记阶段加重了负担。在《中华人民共和国外商投资法》出台之后，政府部门采取"窗口式一站办理"，大幅度缓解了巴西企业的压力，但是投资领域属于前置审批程序，巴西在华企业仍然缺乏有效的法律指引。比如巴西在华企业如下情况缺乏精准的法律指引：(1)投资项目是否涉及需要向国务院或者国家发展改革委核准及备案；(2)投资项目是否属于负面清单的禁止类或者需要向主管部门或市场监督管理局审核的限制类；(3)投资项目是否涉及向行业主管部门申请前置性行业准入许可。

2. 在华巴西企业经营阶段：技术合作和知识产权保护上具有倾向性

技术合作是巴西在华企业投资各方的一种重要合作方式，对于发挥各自优势、实现投资目的起着重要的作用，但实践中，当地政府部门在技术合作上具有地方保护性。关于知识产权，巴西在华企业担心中国竞争对手会通过反向工程和二次创新寻求技术升级侵犯企业的知识产权和对企业的核心竞争力构成威胁，实践中相关知识产权的纠纷中也具有倾向性，使得巴西在华企业的发展在一定程度上受到限制。

（五）巴西企业在华营商风险的法律救济手段

中国的投资环境日渐成熟，也实施了诸多有效的促进投资的措施，但是在巴西在华

---

① 外资司. 国家发展改革委、商务部发布《外商投资安全审查办法》[EB/OL]. http://losangeles.mofcom.gov.cn/article/slfw/202012/20201203025559.shtml, 2020-12-24.

② 新华社. 优化外汇管理 促进跨境贸易投资便利化[EB/OL]. http://www.gov.cn/zhengce/2019-10/26/content_5445147.html, 2019-10-26.

企业经营过程中,仍会面临许多困难和法律风险。在中国,法律纠纷一般可以通过协商、调解、仲裁或诉讼的方式来解决,在华投资企业可以结合自身需要和具体情况,选择最为合适的争议解决方式。

1. 协商解决

协商解决指的是双方当事人在平等自愿的基础上,通过友好协商、互谅互让达成和解协议,进而解决纠纷。双方可以自行协商谈判,或者聘请律师协助进行沟通。

2. 调解解决

调解解决指的是在有关组织(如人民调解委员会)或中间人的主持下,在平等、自愿、合法的基础上促使双方当事人自主达成协议,从而解决纠纷。此外,人民法院在诉前、诉中,甚至在庭后也会对双方进行自愿的调解。

3. 仲裁解决

仲裁解决指的是纠纷当事人根据纠纷前或者纠纷后达成的仲裁协议或合同中仲裁条款向仲裁机构提出申请,由仲裁机构依法审理,做出裁决,并通过当事人对裁决的自觉履行或由一方向人民法院申请强制执行而使纠纷得以解决。

(1)商事仲裁机构

仲裁是依法独立进行的,不受行政机构、社会团体和个人的干涉。仲裁委员会独立于行政机关,与行政机关没有隶属关系,仲裁委员会之间也没有隶属关系。自1994年《中华人民共和国仲裁法》颁布以来,中国的仲裁机构总数已超过202家。比较知名的中国国内仲裁机构有中国国际经济贸易仲裁委员会(CIETAC)、北京仲裁委员会(BAC/BIAC)、上海国际仲裁中心(SHIAC)、深圳国际仲裁院(SCIA)、中国广州仲裁委员会、华南国际仲裁委员会等。

(2)仲裁裁决的承认与执行

中国于1987年正式加入了《承认及执行外国仲裁裁决公约》(简称《纽约公约》),此外,《民事诉讼法》《仲裁法》等法律法规对外国仲裁裁决的承认与执行也有了相关的规定,至此,我国法院在审查外国仲裁裁决申请承认与执行案件时便有法可依、有据可循。无论是基于案例的文本资料梳理还是基于调查数据,中国在外国仲裁裁决的执行方面所反映出的实际执行率和执行标的到位率都明显偏高。中国法院在承认与执行外国仲裁裁决方面履行了国际条约义务,维护了国家利益,保护了当事人的合法权益。

4. 诉讼解决

诉讼解决指的是纠纷当事人一方依法向人民法院起诉,由法院依法审理,做出判决或裁定,通过当事人对生效裁判的自觉履行或人民法院的强制执行而解决纠纷。

(1)中国的司法体系

中国的司法体系由国家审判机关(法院)、国家检察机关(检察院)、行政司法职能的行政机关(公安机关、国家安全机关、司法行政机关)构成。在中国,人民法院是国家审判机关,设立了最高人民法院、地方各级人民法院和军事法院等专门人民法院。各省、自治区、直辖市设有高级人民法院,以下为中级人民法院和基层人民法院。审判体系是四级两审终审制。

(2)法院的管辖

在中国,除了海事诉讼、不动产纠纷和继承遗产纠纷的专属管辖以外,法院的管辖权一般采取"原告就被告"的原则。对于企业间常见的合同纠纷,双方在签署合同前可以约定合同一方的所在地、合同履行地等的法院管辖。

(3)诉讼与仲裁的区别

诉讼和仲裁作为两种最主要的争议解决方式,在受理机构、受案范围、审理程序、收费标准、保密性等多个方面存在明显区别,例如,就审理程序而言,仲裁是一裁终局的,当事人不存在上诉的问题,程序较为简单快捷;而法院诉讼是两审终审制,如对一审不服还可以上诉,二审不服可在二年内申请再审,法院有相关的法定监督机构和救济程序,程序相对复杂和漫长。又如,就收费标准而言,仲裁收费标准较高,而且不能缓交、免交、减交;而诉讼案件中,法院的受理费相比仲裁费用要低,在符合法律规定情形的前提下可以缓交、免交、减交。再如,就案件的公开性而言,仲裁庭审理案件具有"保密性",案情不公开,裁决不公开;而人民法院审理诉讼案件,则以公开审理为原则,但依法不应公开审理的除外。

5. 中国的法律服务行业

中国的法律服务行业在各领域均发展迅速,除更具规模化、专业化之外,同时向数字化方向发展。在产业互联网的趋势推动下,在国家数字化战略部署下,原来需要面对面才能完成的一大部分工作,律师们利用各类办公软件与工具,就实现了沟通、协同的在线化。中国的法律服务行业有能力为来华巴西投资者提供专业、便捷、高效的法律服务。

(1)中国涉外律师的情况

2021年3月25日,时任中共中央全面依法治国委员会办公室组成人员和中国司法部副部长熊选国在北京表示,目前中国律师队伍已经发展到52万多人,律师事务所约3.4万家,涉外律师有1.2万余人,中国律师事务所已经在35个国家和地区设立境外分支机构150多家。

(2)巴西律师事务所在华经营情况

根据中华人民共和国驻圣保罗总领馆"经贸之窗"发布的相关信息,巴西目前有两家律师事务所在中国设立分所并从事法律服务行业,分别是杜嘉卡吉特律师事务所在北京设立分所、诺劳尼亚律师事务所在上海设立分所。

四、推动中巴经贸进一步发展的相关举措与建议

为了推动中巴经贸进一步发展,笔者将从政府层面、法治层面和民间层面提出相关

的举措与建议。

（一）政府层面

在政府层面上，应当进一步加强与巴西的对话与谈判，在两国"投资便利化"协定谈判时，尽力考虑将以下几点内容加入谈判的条款中：

一是明确协定适用范围。由于中巴共同参与的 FIFD 提案尚未将市场准入、投资保护和投资者—国家争端解决机制等纳入[①]，因此在推动"一带一路"建设和邀请巴西参与"一带一路"项目时，可进一步明确该方面问题的解决机制。

二是加强投资政策可获取性和透明性。一方面，中巴两国企业都将因更加透明的投资政策而获得便利；另一方面，政策透明度也有助于宣传东道国的投资环境和投资机会，以达到双赢局面。

三是提高行政效率和保持投资政策的一致性和可预测性。对于企业来说，政府效率低下、管理手续繁杂、政策朝令夕改，将为投资者无形中增添许多成本。提高行政效率、精简步骤，同时为投资者创建一个可预测的政策框架，将点燃投资者的热情。

四是引入专项机构。中巴双方可设立专门的国家联络点等机构，致力于改善与投资有关的机构治理，加强东道国政府和投资者之间的沟通，快速响应有关投资政策和申请的问题，并且为听取解决投资者的建议或投诉增添渠道。

五是互相尊重，互相促进，可持续发展。中巴两国企业在东道国经营的过程中，应负担企业的社会责任，加强企业伦理观建设。跨国企业应遵守当地风俗和法律，保护当地环境，为当地劳工提供健康、安全的劳动环境，保障劳工待遇。

（二）法治层面

1. 将法治合作作为中巴双边交往的重要合作内容

中国与巴西在政治、经济、文化等诸多领域的双边交往都取得了丰硕的成果，但在法治合作上仍存在进一步发展的空间。法治合作一方面是涉及两国具体的经贸政策、制度、法律与法规体系的交流，另一方面也是两国企业在经贸活动中所要弥补的短板。法治合作意味着双边合作的进一步深化发展及高层次发展，具有重要意义。具体而言，可以从以下几个方面开展：第一，在外交活动中，将法治交流合作作为双边外交的重要内容之一；第二，加深两国在立法、司法领域的双边交流，使两国都可以对对方的立法动态与司法活动，尤其是涉及中国与巴西两国的司法动态（如巴西公民与企业在中国的涉诉情况及中国公民与企业在巴西的涉诉情况）进行双向了解；第三，在商务、金融等领域的交流合作中增加法治合作的内容。例如在双方高层次的商务活动中及由企业参加的各种展会、经贸活动中增加法治合作或者法律风险防范的内容，从而让企业在了解对方

---

① 上海 WTO 事务咨询中心.姚为群研究员出席 WTO"为促进发展的投资便利化之友"研讨会并发言[EB/OL]. https://sccwto.org/#/pc/detail？id=24997,2017-7-20.

国家经济与行业状况的同时更多地了解对方国家的法治环境及进一步开展经济活动在法律上的各项要求。

2.进一步推动法律服务行业的双边交流与合作

律师行业是法律服务行业的主要组成部分，律师团体是活跃在经济活动前沿的服务方，往往了解与掌握企业在经济活动中所遇到的各种障碍与问题。两国企业在东道国发生相关法律纠纷时，律师团体往往会根据具体个案对所涉及的两国法律制度做深入了解。因此，加深两国律师行业的交往交流既有利于增进民间交往交流的层次，也有利于提高两国企业在经济活动中的法律风险防范意识及提高对对方国家法律制度的可获得性。具体而言，可以从以下几个方面展开：第一，通过研讨会、论坛等多种形式加深两国律师公会/协会层面的交往交流，建立一个常态化的沟通交流机制；第二，鼓励与促进两国律师事务所互设办公室或者办事处；第三，两国互派律师进行学习、交流与培训。

综上，法治交流与合作的进一步推进，有利于推动中巴两国向高层次、高质量的双边合作发展，应当在双边现有的合作领域中，逐步推动政府与民间在各个层次进行法治交流与合作。

（三）民间层面

在促进民间交流层面上，中巴两国可以由使领馆出面，举办关于两国商业法律、税收政策、劳工政策等方面的专题讲座；组织开设跨文化交际类的培训课程，介绍对方的风土人情和文化习俗，从民间层面和文化层面入手进行友好交流。此外，还可以由两国民间机构牵头，实地调研对方的商业环境，实现信息互换，为双方的企业提供信息获取上的便利。

参考文献

1.郭佩珊.巴西注册律师已达110万，平均190人里就有一个律师[EB/OL].https：//www.chinanews.com.cn/gj/2019/08-14/8926602.shtml，2019-8-14.

2.Jones Day.中国出台新《外商投资法》进一步开放中国市场[EB/OL].https：//www.jonesday.com/zh-hans/insights/2020/02/chinas-new-foreign-investment-law，2021-4-21.

3.有关中国服务贸易发展的法律法规有哪些？[EB/OL].http：//tradeinservices.mofcom.gov.cn/article/zhishi/xiangguanwd/201711/16037.html，2020-12-16.

4.刘新宇，景云峰，李佳，张波，陈露薇.尘埃落定，全面速解中国《出口管制法》[EB/OL].https：//www.chinalawinsight.com/2020/10/articles/customs-business/%E5%B0%98%E5%9F%83%E8%90%BD%E5%AE%9A%EF%BC%8C%E5%85%A8%E9%9D%A2%E9%80%9F%E8%A7%A3%E4%B8%AD%E5%9B%BD%E3%80%8A%E5%87%BA%E5%8F%A3%E7%AE%A1%E5%88%B6%E6%B3%95%E3%80%8B/，2020-10-23.

5.十届全国人大常委会法制讲座第十八讲：我国的劳动法律制度[EB/OL].http：//www.

npc. gov. cn/zgrdw/npc/xinwen/2006-03/21/content_347935. htm♯:~:text=％E7％94％B1％E5％85％A8％E5％9B％BD％E4％BA％BA％E5％A4％A7％E5％8F％8A％E5％85％B6,3％EF％BC％8E％E9％83％A8％E9％97％A8％E8％A7％84％E7％AB％A0％E3％80％82,2006-3-21.

6. 郑少华,王慧. 中国环境法治四十年:法律文本、法律实施与未来走向[J]. 法学,2018(11).

7. 刘敬东. 全面开放新格局的国际法治内涵与路径[J]. 经贸法律评论,2019(1).

8. 外资司. 国家发展改革委、商务部发布《外商投资安全审查办法》[EB/OL]. http://losangeles. mofcom. gov. cn/article/slfw/202012/20201203025559. shtml,2020-12-24.

9. 新华社. 优化外汇管理 促进跨境贸易投资便利化[EB/OL]. http://www. gov. cn/zhengce/2019-10/26/content_5445147. html,2019-10-26.

10. 上海WTO事务咨询中心. 姚为群研究员出席WTO"为促进发展的投资便利化之友"研讨会并发言[EB/OL]. https://sccwto. org/♯/pc/detail? id=24997,2017-7-20.

仲裁和争端委员会：中国和巴西法律之比较

卡米拉·门德斯·维安娜·卡多索（Camila Mendes Vianna Cardoso）
张恩慈（Luiza Neves Silva Chang）

摘要：仲裁作为一种争端解决方式，能根据争端事项的复杂程度，更快速地做出技术性裁决，因而在巴西颇受青睐。 同时，仲裁也为中国企业所熟知并被广泛使用，仅2019年中国就有超过48万起仲裁案件。 因此，一种新的争端解决替代方法——争端委员会——正在中国和巴西的仲裁机构间兴起。

关键词：仲裁、争端委员会、比较法、巴西、中国

一、作为一种国际争端解决工具的仲裁

根据巴西国家司法委员会（CNJ）发布的年度《数字正义》[①]报告，2019年巴西大约有1.36亿件正在进行的诉讼，同时，诉讼从开始到执行的平均期限为4年3个月。

这些数字表明巴西每位一审法官要承担8.14起诉讼的工作量。这也解释了为什么巴西的司法机构一直在鼓励使用替代性争议解决程序，譬如调解（conciliation）和调停（mediation）。

因此，2015年巴西《民事诉讼法》第3条第3款规定，须在司法诉讼的任何阶段鼓励双方当事人寻求协商一致的解决方案。[②]

在这方面，重要的是要简要区分调解和调停。巴西《民事诉讼法》第一百六十五条规定：

> 第一百六十五条　法院将设立合意解决冲突的司法中心，该中心负责组织调解和调停会议及听证会，旨在帮助、指导和鼓励当事人自我和解。
> ……
> 第二款　调解员（conciliator），更适合处理与当事人先前没有关联的案件。调解员可以提出有关和解的建议。调解员不得使用任何类型的限制或

[①] Conselho Nacional de Justiça. Justiça em Números[EB/OL]. https://www.cnj.jus.br/wp-content/uploads/2020/08/WEB-V3-Justi%C3%A7a-em-%C3%BAmeros-2020-atualizado-em-25-08-2020.pdf, 2020-8-25.

[②] Brasil. Lei n°13.015, de 16 de março de[EB/OL]. http://www.planalto.gov.br/ccivil_03/_ato2015-2018/2015/lei/l13105.htm, 2021-6-17.

恐吓,将和解方案强加于当事人。

  第三款 调停员(mediator),更适合处理与当事方先前有关联的案件。调停员应帮助利益攸关方了解问题所在和利益冲突,促使当事人重建通信渠道、识别问题,从而达成共赢的解决方案。

  因此,可以得出结论,在调解中,由调解员提出和解方案是可行的。然而在调停中,和解方案必须由当事人自行达成,调停员仅起到促进当事人对话的协助功能。

  然而,众所周知,当事人并非能就所有索赔自行达成一个有效的和解方案,这时就需要一个公正的第三方介入,他可以发布具有约束力的裁定,以解决争议。

  同样,毋庸置疑的是,无论决定诉讼案件的法官多有资质,其知识领域范畴都将仅限于法律方面,而很多时候,特别是在处理与外贸和国际合同有关的索赔时,此类争议往往会涉及超出地方法官知识结构的具体技术问题。

  为此,Marcus Vinicius Gonçalves 教授表示,"仲裁是有行为能力和达到法定年龄的人之间的一种遗嘱协议,他们因不愿意进行司法诉讼,进而委托仲裁员解决可放弃的财产权的争议"。[①]

  因此,仲裁再次成为大型企业最有利的选择。原因在于仲裁能让选择该领域具有实务经验的仲裁员成为可能,而这是争议解决的核心。

  巴西《仲裁法》第十三条规定,"任何得到当事人认可的专业人士可以成为仲裁员"。[②] 换言之,如果争议的标的与工程工作相关,当事人可以选择诸如土木工程师作为仲裁员。他们在有关领域的裁决将比法官的裁决更具技术性。

  此外,巴西诉讼平均需要 4 年 3 个月才能结案,而仲裁平均时长为 1 年 9 个月[③],意味着仲裁用一半的时间便可完成司法索赔。

  有鉴于此,多家公司在签署国际合同时都选择了植入仲裁条款,以确保争议发生时能够采用仲裁程序解决争议。

  根据 Selma Ferreira Lemes 发布的一项研究,巴西的 8 个主要仲裁庭的数据显示,2018 年大约有 902 件正在进行的仲裁案件。[④] 与中国 2019 年就超过 48.6 万件[⑤]的数量相比,该数字微不足道。

---

  ① Gonçalves,Marcus Vinicius Rios. Direito Processual Civil Esquematizado[R]. 2017,874.
  ② Brasil. Lei n°9.307 de 23 de setembro de 1996[EB/OL]. http://www. planalto. gov. br/ccivil_03/leis/l 9307. htm,2021-6-17.
  ③ Migalhas,Redação. Arbitragem demora,em média 1 ano e 9 meses para solucionar conflitos no Brasil[EB/OL]. https://www. migalhas. com. br/quentes/299336/arbitragem-demora--em-media--1-ano-e-9-meses-para-solucionar-conflitos-no-brasil,2021-6-16.
  ④ Lemes,Selma Ferreira. Arbitragem em Números e Valores[EB/OL]. http://selmal emes. adv. br/artigos /PesquisaArbitragens2019. pdf,2021-6-22.
  ⑤ Fei,Ning. International Arbitration 2021|China[EB/OL]. https://www. globallegalinsights. com/practice-areas/ international-arbitration-laws-and-regulations/china,2021-6-22.

本文将在下一部分进一步探寻中国和巴西的仲裁立法差异及中国成为国际仲裁中心的原因。

二、巴西和中国仲裁制度之比较

巴西的1996年《仲裁法》①和中国的1994年《仲裁法》②有几个相似之处,例如两者都要求仲裁协议或仲裁条款,以及仲裁条款事实上可以排除司法管辖权,以解决争议。

然而,尽管这两者立法之间存在许多相似之处,但也存在一些值得一提的差异。

第一个显著的区别是仲裁客体本身。虽然巴西《仲裁法》第一条规定,"有缔约能力的人可以使用仲裁解决与可放弃的财产权有关的纠纷"③,但中国《仲裁法》④则更加具体:

> 第一条 为保证公正、及时地仲裁经济纠纷,保护当事人的合法权益,保障社会主义市场经济健康发展,促进国际经济交往,制定本法。
>
> 第三条 下列纠纷不能仲裁:
>
> (一)婚姻、收养、监护、扶养、继承纠纷;
>
> (二)法律规定应当由行政机关处理的行政争议。

值得注意的是,在巴西法下,可以作为仲裁客体的权利清单较窄,而中国《仲裁法》下则较广,穷举了不能仲裁的纠纷。

通过对两种法律的概括性比较,可以得出结论:巴西《仲裁法》授予仲裁庭和当事人程序上很大的自主权,具有一般法的性质,定义指导的原则,并确立启动仲裁的基本义务和权利,而中国《仲裁法》则采取较为保守的立场,不仅寻求制定一般性指导方针,而且试图建立标准化的程序,包括从设立仲裁委员会的要求到仲裁员注册的最低要求。

两种法律之间的一个主要区别在于仲裁的发起。巴西《仲裁法》第五条⑤规定:

> 第五条 如果当事人在仲裁条款中提及任何仲裁机构或专业机构的规

---

① Brasil. Lei n°9.307 de 23 de setembro de 1996[EB/OL]. http://www.planalto.gov.br/ccivil_03/leis/l 9307.htm,2021-6-17.

② China. Arbitration Law of the People's Republic of China[EB/OL]. http://english.mofcom.gov.cn/article/policyrelease/Businessregulations/ 201312/20131200432698. shtml#:~:text＝Article％2075％20Before％20the％20China,arbitration％20fees％20according％20to％20provisions,2021-6-24.

③ Brasil. Lei n°9.307 de 23 de setembro de 1996[EB/OL]. http://www.planalto.gov.br/ccivil_03/leis/l 9307.htm,2021-6-17.

④ China. Arbitration Law of the People's Republic of China[EB/OL]. http://english.mofcom.gov.cn/article/policyrelease/Businessregulations/ 201312/20131200432698. shtml#:~:text＝Article％2075％20Before％20the％20China,arbitration％20fees％20according％20to％20provisions,2021-6-24.

⑤ Brasil. Lei n°9.307 de 23 de setembro de 1996[EB/OL]. http://www.planalto.gov.br/ccivil_03/leis/l 9307.htm,2021-6-17.

则,那么仲裁将依据这些规则发起和进行。当事人也可以在条款本身或在另一份文件中,约定仲裁的组成方式。

换言之,巴西《仲裁法》既允许选择具有约束力的仲裁机构或者专业机构,也允许各方另行约定此类仲裁的发起形式。例如,仲裁可以是仅为仲裁的目的而设立的,由一名仲裁员或一个仲裁员小组组成,而没有专业仲裁机构支持。这体现了临时仲裁的特点。

此类仲裁为人诟病的是,由于缺乏专业仲裁机构管理仲裁、提供秘书处服务、协助费用谈判和场所租赁等,因此此类仲裁会直接影响到当事人的仲裁法律预期。

有鉴于此,Gustavo Schmidt(里约热内卢市上诉检察官、巴西调解和仲裁中心主席)在自己的文章中写道:"所有这些都会导致程序更慢,在法律上不具有可预测性,风险点在于不能切实减轻司法机构负担,因为司法机构可以受理任何有关临时仲裁的设立和仲裁庭组成的分歧。可以想象被告人为了推迟仲裁程序,可能会拒绝指定其仲裁员,甚至拒绝支付仲裁费用和仲裁员的收费。另一个可能的假设情况是,双方委任的仲裁员不能就选任首席仲裁员达成一致意见。为解决该类问题,《仲裁法》第七条要求当事方提起合规性诉讼,交由司法机构解决争议。因此,(至少部分地)固有的采用仲裁的好处不复存在。"①

虽然在巴西法下当事人可以通过严格的协议约定不受仲裁机构约束,但中国《仲裁法》则直接通过对仲裁机构的选择约束仲裁,立法上并未给予临时仲裁留下空间。

为此目的,中国《仲裁法》规定,有效的仲裁条款必须指定仲裁委员会。②机构仲裁无疑会增强当事人的法律预期,更会促进仲裁全流程的法律预期,因为其有专业的机构提供支持。

巴西《仲裁法》保障程序自主性的另一个维度与仲裁员有关。如前所述,巴西《仲裁法》规定,当事方可以自由选择其信任的、有能力的人士担任仲裁员审理案件。

在中国法下,当事人可以从仲裁委员会设立的仲裁员名册中选择仲裁员。根据中国《仲裁法》第十三条规定:"仲裁员应当符合下列条件之一:(一)从事仲裁工作满八年的;(二)从事律师工作满八年的;(三)曾任审判员满八年的;(四)从事法律研究、教学工作并具有高级职称的;(五)具有法律知识、从事经济贸易等专业工作并具有高级职称或

---

① Schmidt, Gustavo. Arbitragem institucional ou ad hoc: a melhor opção para a Administração [EB/OL]. https://www.conjur.com.br/2021-mai-09/schmidt-arbitragem-institucional-arbitragem-ad-hoc, 2021-6-26.

② 中国《仲裁法》第十六条规定:"仲裁协议包括合同中订立的仲裁条款和以其他书面方式在纠纷发生前或者纠纷发生后达成的请求仲裁的协议。仲裁协议应当具有下列内容:(一)请求仲裁的意思表示;(二)仲裁事项;(三)选定的仲裁委员会。"

者具有同等专业水平的。"①

此外,两种法律之间就仲裁员替代人选的规定也十分不同。在巴西法下,在没有指定仲裁员替代人选的情况下,应根据巴西《仲裁法》第十六条第一款的规定适用当事人选择的仲裁机构的规则。②

在中国法下,根据中国《仲裁法》第三十二条③,当事人没有在规定的期限内选定仲裁员的,由仲裁委员会主任指定。

因此,尽管巴西《仲裁法》定义了应采用的程序指南,但仲裁机构的内部规则仍有很大适用空间,这些规则是对一般法律的补充。

中国法相较而言更为保守,明确规定了如何开始仲裁,听证会如何进行,谁可以或不能成为仲裁员,以及基本的设立仲裁委员会的条件。尽管如此,仲裁机构的仲裁规则仍有补充适用空间。仲裁机构通过制定内部规则规定了如何进行仲裁。

另一个在对比两国规则时观察到的非常有趣的情况是,即使仲裁裁决无效,中国法院也不能审理裁决的实体问题。但如果之前的仲裁被中国法院认定为无效,则在中国法下就同一事项再次提起仲裁是可能的。④ 而巴西高等法院则是在2018年的一则裁决中才采取了相同的立场。Nancy Andrighi 部长报告的关于批准外国裁决的第120号判决(HDE 120)的内容如下⑤:

> 就批准外国裁决而言,本院仅做审议性判断。也即,高等法院仅负责核实索赔是否符合适用的法律和监管要求(《仲裁法》《民事诉讼法》《巴西法律规则介绍法》《高等法院章程》),而不能重新审查已裁定的实体问题。

尽管巴西在2018年才确立了禁止对仲裁裁决实体问题重新审查的原则,但该原则

---

① 中国《仲裁法》第十三条规定:"仲裁委员会应当从公道正派的人员中聘任仲裁员。仲裁员应当符合下列条件之一:(一)从事仲裁工作满八年的;(二)从事律师工作满八年的;(三)曾任审判员满八年的;(四)从事法律研究、教学工作并具有高级职称的;(五)具有法律知识、从事经济贸易等专业工作并具有高级职称或者具有同等专业水平的。仲裁委员会按照不同专业设仲裁员名册。"

② "Art. 16. Se o árbitro escusar-se antes da aceitação da nomeação, ou, após a aceitação, vier a falecer, tornar-se impossibilitado para o exercício da função, ou for recusado, assumirá seu lugar o substituto indicado no compromisso, se houver. § 1° Não havendo substituto indicado para o árbitro, aplicar-se-ão as regras do órgão arbitral institucional ou entidade especializada, se as partes as tiverem invocado na convenção de arbitragem. Brasil. Lemes, Selma Ferreira. Arbitragem em Números e Valores[EB/OL]. http://selmal emes.adv.br/artigos/PesquisaArbitragens2019.pdf, 2021-6-22.

③ 中国《仲裁法》第三十二条规定:"当事人没有在仲裁规则规定的期限内约定仲裁庭的组成方式或者选定仲裁员的,由仲裁委员会主任指定。"

④ 中国《仲裁法》第九条规定:"裁决被人民法院依法裁定撤销或者不予执行的,当事人就该纠纷可以根据双方重新达成的仲裁协议申请仲裁,也可以向人民法院起诉。"

⑤ Superior Tribunal de Justiça. Homologação de Decisão estrangeira N° 0317356-19.2016.3.00.0000 [EB/OL]. https://stj.jusbrasil.com.br/jurisprudencia/684616977/homologacao-de-decisao-estrangeira-hde-120-ex-2016-0317356-0/inteiro-teor-684616984, 2021-6-22.

早在 1994 年就已被纳入中国法律文本。

当我们分析这两种立法时,两者的文化特征不容忽视。

巴西有一种诉讼文化,这反映在《仲裁法》中。巴西《仲裁法》规定,如果仲裁双方没有就如何启动仲裁达成合意,该事项将被提交给法院(第七条)[1];如果仅有偶数个指定的仲裁员,并且双方没有就指定另一个仲裁员达成合意,该事项将被转递至法院(第十三条第二款)[2];或者,在开始仲裁之前,当事方可就临时措施的授予向法院提出申诉。

在中国,人们倾向于选择单一的争议解决方式,并偏好调解。然而,如果一个事项须经仲裁,则法院应当拒绝接收该案件,但应在整个仲裁过程中鼓励先行调解。

在中国,调解和调停备受关注。王承杰表示:"调停在中国有着悠久的历史。它符合中国'以和为贵'的核心价值观,深深植根于中国的法治文化之中。如今,它仍然在中国的法律制度中发挥着重要作用,中国法将继续推进以调停解决纠纷的发展。调停被西方誉为'东方智慧',也为中国仲裁界所高度重视。中国国际经济贸易仲裁委员会开创调停与仲裁有机衔接的实践,以促进当事人之间的和解。这种机制既经济又省时,在中国仲裁实践中表现良好。"[3]

这种对调解的偏好与中国讲求关系和面子的文化密不可分。

关系基于四大支柱:时间、面子、尊重、信任。"面子"对应西方的声誉观念,与时间、尊重和信任息息相关。在中国,一个汉语到另一个汉语的选择对关系原则价值很大。这就是为什么仅仅口头庆祝交易而不拟定合同的情况并不少见。这是一种无形的互惠准则,在中国人之间被广泛应用。而这种信任原则正是和解的基石。

在巴西,鼓励在司法诉讼中进行调解的工作取得了很大进展。随着 2015 年《民事诉讼法》[4]的出现,调解听证会甚至需要在被告提出辩护之前举行。

此外,巴西《仲裁法》第二十一条第四款和第二十八条[5]还规定了仲裁开始时进行调解的程序:

> 第二十一条第四款 仲裁员或仲裁庭应在程序开始前,依据本法第二十八条(如适用),尝试对各方进行调解。
>
> 第二十八条 如果在仲裁过程中,当事人就仲裁事项达成协议,仲裁员

---

[1] Brasil. Lei N° 9.307 de 23 de setembro de 1996[EB/OL]. http://www.planalto.gov.br/ccivil_03/leis/l 9307.htm,2021-6-17.

[2] Brasil. Lei N° 9.307 de 23 de setembro de 1996[EB/OL]. http://www.planalto.gov.br/ccivil_03/leis/l 9307.htm,2021-6-17.

[3] Wang,Chengjie. Part Two: Highlights of CIETAC Guidelines on Proceeding with Arbitration Actively and Properly during the COVID-19 Pandemic[EB/OL]. https://www.legalbusinessonline.com/part-two-highlights-cietac-guidelines-proceeding-arbitration-actively-andproperly-during-covid-19,2021-6-24.

[4] Gonçalves,Marcus Vinicius Rios. Direito Processual Civil Esquematizado[R]. 2017,874.

[5] Brasil. Lei N° 9.307 de 23 de setembro de 1996[EB/OL]. http://www.planalto.gov.br/ccivil_03/leis/l 9307.htm,2021-6-17.

或仲裁庭可以应当事人的请求,通过仲裁裁决宣告该事实,裁决中应包含本法第二十六条的要求。

尽管巴西目前正在以更大力度鼓励调解和调停,但这两种方式应用得还是不如中国广泛。在中国,调解实际上是调解和仲裁的结合,《中国国际经济贸易仲裁委员会仲裁规则》第四十七条就有如下规定[①]:

第四十七条　仲裁与调解相结合。
（一）双方当事人有调解愿望的,或一方当事人有调解愿望并经仲裁庭征得另一方当事人同意的,仲裁庭可以在仲裁程序中对案件进行调解。双方当事人也可以自行和解。

尽管调解被广泛使用,但很显然,并非所有商业关系都会是很好的关系,而且关系的建立也需要时间。关系不好就会产生争议,则突出了中国的另一个文化特点:保守主义。

当关系好的时候,口头承诺就足够,但当关系不好的时候,任何证据形式都是必要且须严格遵守的。这也解释了为什么中国《仲裁法》系统地规定了仲裁任何阶段程序的原因。

在中国,虽然立法语气更为保守,但这绝不意味着程序的停滞,更不意味着剥夺了仲裁委员会在法律范围内增补创新的空间。

支持这种理解的一个很好的例子发生在2020年新冠肺炎疫情肆虐期间。由于当时各国实施了保持社交距离的安全措施,因此面对面的听证会无法实现,这可能直接影响正在进行的仲裁的进展。没有人为新冠肺炎大流行做好准备,中国也是如此。世界上一些国家诉讼和仲裁停滞了几个月,并竭力落实在线听证会的措施,而中国国际经济贸易仲裁委员会早在2009年就制定了在线听证的细则。[②]因此,当线下听证会因安全考虑被禁止时,中国仲裁并未遭受重大影响,因为在线听证会已有适当监管。

在巴西,若干程序性最后期限被暂停数月,同时仲裁也在一些州被暂停,因为并非所有地区都具备在线系统。

虽然一些国家不得不重新构建法律制度,但中国已在新冠肺炎大流行发生之前准备了10多年。这向我们表明,在运用仲裁解决争议方面,巴西可从中国身上得到很大启发。

---

① 中国国际经济贸易仲裁委员会. 中国国际经济贸易仲裁委员会仲裁规则[EB/OL]. https://iaa-network.com/wp-content/uploads/2021/05/CIETAC-Arbitration-Rules.pdf,2021-6-24.

② CIETAC. Provisions for Virtual Hearing[EB/OL]. https://kt.cietac.org/portal/indexRpc/viewProcedure.json?fileIdStr=FC3Ygsl09V63KXoVoK4zqw,2021-6-24.

三、争端委员会的兴起及其与仲裁的差异

仲裁是解决纠纷的替代方式,由当事人合意决定。根据前文所述,可以肯定地说,仲裁是在争议成为现实后才建立的。

最近在巴西蓬勃兴起的争端委员会也是一种争端解决机制,但其采用的方法非常不同,如巴西—加拿大商会所述:"争端委员会是一种争议解决机制,旨在解决公司领域,特别是关于建筑合同等长期合同产生的争议。"[1]

争端委员会由一名或多名独立的专业人士组成,他们定期监督合同的进展。争端委员会提供一种管理,从而起到定分止争、避免矛盾激化的作用。

因此,虽然仲裁旨在解决合同执行后的冲突,但争端委员会则侧重于解决长期合同执行过程中的冲突,具有一种预防性质。

争端委员会可以长期监督合同的履行情况,即从被任命到合同期限结束,无论是否存在冲突,争端委员会都一直存在。争端委员会也可以是临时的,即只在发生争端时被任命,争端解决后就解散。

此外,还有三种类型的委员会:第一,争端审查委员会。它发布对当事人不具有约束力的建议。第二,争端裁决委员会。它发布约束各方的决定。第三,联合争端委员会。它既可以发布不具约束力的建议,也可以发布具有约束力的决定。

需要强调的是,在巴西,争端委员会直到 2021 年 4 月新的《采购法》[2](2021 年 4 月 1 日第 14133 号法律)发布时才有了明文规定。

该法律将争端委员会视为当事人一种终止合同的合意,并承认了争端委员会作为争议解决的替代。该法律第一百三十八条第二款和第一百五十一条规定如下:

第一百三十八条 有下列情形之一,合同终止:

......

Ⅱ 双方通过调解、调停或争端裁决委员会达成一致意见,如果行政机关是利益攸关方。

第一百五十一条 在受本法管辖的合同中,可以使用替代的预防和争议解决工具,特别是调解、调停、争端裁决委员会和仲裁。

尽管新的巴西《仲裁法》有此规定,但尚无规范和管理争端委员会立法的具体规定。争端委员会因其具备的自愿性质,被视为"合同的产物"。在实践中,争端委员会受仲裁

---

[1] Câmara de Comércio Brasil-Canadá. Sobre o Dispute Board. https://ccbc.org.br/cam-ccbc-centro-arbitragem-mediacao/resolucao-de-disputas/dispute-boards/,2021-6-24. 28Brasil. Lei 14.133 de 1 de abril de 2021[EB/OL]. http://www.planalto.gov.br/ccivil_03/_ato2019-2022/2021/lei/L14133.htm,2021-6-24.

[2] Brasil. Lei 14.133 de 1 de abril de 2021. http://www.planalto.gov.br/ccivil_03/_ato2019-2022/2021/lei/L14133.htm. 2021-6-24.

机构内部规则所约束。

尽管没有专门的联邦法律规范争端委员会,但巴西的法院纪律委员会①公布了一些争端委员会合法性被认可的先例。

> 案例 49　争端裁决委员会(争端委员会),是《民事诉讼法》第 3 条第 3 款规定的可以由当事人合意选择的一种争议解决方式。
>
> 案例 76　当合同当事方同意争端裁决委员会的强制适用时,争端裁决委员会做出的决定将对当事人具有约束力,除非法院或主管仲裁庭在不履行裁决一方挑衅下发布了新的裁决或确认(如果适用)。
>
> 案例 80　在合同中嵌入相应的使用争端裁决委员会(争议委员会)的合同条款,在建筑或基础设施工程合同领域备受推荐,因其能避免将争议升级到诉讼,并降低相关成本,能够立即解决在合同履行中产生的纠纷。

因此,这种争议解决工具凭借其合法性或可靠性,毋庸置疑将会在巴西占领越来越多的市场。这种争议解决方法的巨大优势正在于其能对纠纷防患于未然。争端委员会监督合同的执行,并能快速和技术性地解决小型争议,从而确保合同的履行对双方都公平。

谈到土木建筑合同,人们不仅谈论最终项目,更关注施工过程中的小细节,比如地板大小、窗户样式、材料供应、价值保留、工作里程碑的批准等。这些细节往往也是仲裁或诉讼的导火索。

争议的产生通常是由于对合同条款的不同解释和意见,特别是在我们处理国际民用建筑合同时,因为条款的解释也受到各国语言和文化的影响。

通过发布决定,争端委员会能约束各方,并避免或至少降低因这些磋商延误或阻止合同履行的可能性。

尽管争端委员会发布的裁决具有约束力,但它不应被视为贯穿整个合同期间的"永久仲裁"。相反,它是一种灵活的工具,合资质的专业人员可以此打开已停止的对话通道,从技术上来说能够解决任何争议。

尽管争端委员会是最近才在巴西使用,但争端委员会在中国则已广为人知并应用了 20 多年,尤其是在土木建筑合同方面。

在中国,争端委员会被视作调解的重要工具,正如 Zhao Hongwei 在《中国的争端委员会景观》一文中提到的:"争端委员会通过独立和专业的评估,尽力通过多次会谈,使双方消除误解。实际上,争端委员会的推荐和建议搭建了一个平台,帮助双方找到了

---

① Corregedoria da Justiça Federal. Prevenção e Solução Extrajudicial de Litígios[EB/OL]. http://www.cjf.jus.br/cjf/corregedoria-da-justica-federal/centro-de-estudos-judiciarios-1/prevencao-e-solucaoextrajudicial-de-litigios/enunciados-aprovados/@@download/arquivo,2021-6-25.

解决纠纷的方法。"①

他更进一步强调了中国使用争端委员会开展项目带来的四个经验：

第一，争端委员会的独立性对获得当事人信任而言至关重要，因为工程师往往会偏向他的雇主，因而会影响和解。

第二，争端委员会的经验和知识可以补充合同的不足，在大型项目中，合同外的变化和意外情况很常见，这恰恰是争端委员会通过提出宝贵建议或结论，帮助双方达成补充协议的时候。

第三，强调争端委员会的合同解释对解决因当事人之间对合同的不同解释而产生的争议是必要的。这种不同的解释是出于对国际合同条款的不同理解和看法，受历史和文化经验的影响。

第四，争端委员会鼓励当事方沟通并寻求友好解决的方案，十分灵活，因为一方面争端委员会根据合同条款和法律做出专业裁决，另一方面，争端委员会致力于使各方相互理解，共同寻找解决方案。

鉴于此，可以得出结论，争端委员会将继续存在，并在大型项目及其他非立即执行的合同中广泛应用，这可能意味着一个新的巴西争议解决时代的到来。

四、结论

本文旨在回顾在替代性争议解决工具方面巴西和中国在文化、程序和立法方面的分歧，特别是仲裁和争端委员会。

可以注意到，巴西文化倾向于进行诉讼，而中国文化倾向于调解，文化影响使我们得出结论，一国的文化不仅影响经商方式，也影响解决纠纷的方式。因此，巴西可以借鉴中国采用仲裁和争端委员会的方式，进行展望和创新，即使立法保守，也可以寻求协商一致的和解方案。毕竟友好解决能更经济高效地处理商业关系。

参考文献

1. Brasil. Lei N° 9.307 de 23 de setembro de 1996[EB/OL]. http://www.planalto.gov.br/ccivil_03/leis/l 9307.htm,2021-6-17.

2. Brasil. Lei N° 13.015,de 16 de março de 2015[EB/OL]. http://www.planalto.gov.br/ccivil_03/_ato 2015 -2018/2015/lei/l13105.ht>,2021-6-17.

3. Brasil. Lei 14.133 de 1 de abril de 2021[EB/OL]. http://www.planalto.gov.br/ccivil_03/_ato2019-2022/2021/lei/L14133.htm,2021-6-24.

---

① Zhao Hongwei. The DRB Landscape in China[EB/OL]. https://www.disputeboard.org/wp-content/uploads/2016/02/The-DRB-Landscape-in-China.pdf,2021-6-25.

4. Câmara de Comércio Brasil-Canadá. Sobre o Dispute Board[EB/OL]. https：//ccbc. org. br/cam-ccbc-centro-arbitragem-mediacao/resolucao-de-disputas/disputeboards/,2021-6-24.

5. China. Arbitration Law of the People's Republic of China[EB/OL]. http：//english. mofcom. gov. cn/article/policyrelease/Businessregulations/ 201312/20131200. 432698. shtml#：~：text＝Article％2075％20Before％20the％20China，arbitration％20fees％20according％20to％20provisions,2021-6-24.

6. China International Economic and Trade Arbitration Commission. CIETAC Arbitration Rules[EB/OL]. https：//iaa-network. com/wp-content/uploads/2021/05/CIETAC-Arbitration-Rules. pdf,2021-6-24.

7. China International Economic and Trade Arbitration Commission. Provisions for Virtual Hearing [EB/OL]. https：//kt. cietac. org/portal/indexRpc/viewProcedure. json? fileIdStr＝FC3Ygsl09V63K XoVoK4zqw.

8. Conselho Nacional de Justiça. Justiça em Números[EB/OL]. https：//www. cnj. jus. br/wp-content/uploads/2020/08/WEB-V3-Justi％C3％A7a-em-％C3％BAmeros-2020-atualizado-em-25-08-2020. pdf,2021-6-24.

9. Corregedoria da Justiça Federal. Prevenção e Solução Extrajudicial de Litígios. [EB/OL]. http：//www. cjf. jus. br/cjf/corregedoria-da-justica-federal/centro-de-estudos-judiciarios1/prevencao-e-solucao-extrajudicial-de-litigios/enunciados-aprovados/@@download/arquivo,2021-6-24.

10. Fei,Ning. International Arbitration 2021|China[EB/OL]. https：//www. globallegalinsights. com/practice-areas/international-arbitration-laws-andregulations/china,2021-6-22.

11. Gonçalves,Marcus Vinicius Rios. Direito processual civil esquematizado. [R]. 2017,874.

12. LEMES,Selma Ferreira. Arbitragem em Números e Valores[EB/OL]. http：//selmalemes. adv. br/artigos /PesquisaArbitragens2019. pdf,2021-6-22.

13. Migalhas,Redação. Arbitragem demora,em média 1 ano e 9 meses para solucionar conflitos no Brasil[EB/OL]. https：//www. migalhas. com. br/quentes/299336/arbitragem-demora-em-media-1-ano-e-9-meses-para-solucionar-conflitos-no-brasil,2021-6-16.

14. Schmidt, Gustavo. Arbitragem institucional ou ad hoc：a melhor opção para a Administração[EB/OL]. https：//www. conjur. com. br/2021-mai-09/schmidt-arbitragem-institucional-arbitragem-ad-hoc,2021-6-26.

15. Superior Tribunal de Justiça. Homologação de Decisão estrangeira N° 0317356-19. 2016. 3. 00. 0000[EB/OL]. https：//stj. jusbrasil. com. br/jurisprudencia/684616977/homologacao-de-decisao-estrangeirahde-120-ex-2016-0317356-0/inteiro-teor-684616984,2021-6-22.

16. Wang,Chengjie. Part Two：Highlights of CIETAC Guidelines on Proceeding with Arbitration Actively and Properly during the COVID-19 Pandemic[EB/OL]. https：//www. legalbusinessonline. com/part-two-highlights-cietac-guidelines-proceedingarbitration-actively-and-properly-during-covid-19,2021-6-24.

17. Zhang,Shouzi. Arbitration procedures and practice in China:overview[EB/OL]. https://uk.practicallaw.thomsonreuters.com/3-520-0163? transitionType＝Default&context Data＝(sc.Default)&firstPage＝true#:～:text＝According％20to％20the％20Annual％20Report,aggregate％20disputed％20amount％20of％20CNY759.

18. Zhao,Hongwei. The DRB Landscape in China[EB/OL]. https://www.disputeboard.org/wp-content/uploads/2016/02/The-DRB-Landscape-inChina.pdf,2021-6-25.

基本卫生新法律框架和中国在巴西的投资机会

马睿婷（Clarita Costa Maia）
罗盖里奥·多纳西门托·卡瓦略（Rogério do Nascimento Carvalho）

摘要：巴西于 2020 年 7 月 15 日颁布了新基本卫生法，旨在通过公私合作项目和投资伙伴计划改善卫生服务领域的基础设施建设，这对促进公私伙伴关系及吸引外国投资具有重要意义。中国在巴西卫生领域的投资不断增加，这些投资不仅提升了中国企业在巴西市场的影响力，还有助于巴西政府解决卫生服务不足和基础设施落后的问题。本文通过分析中国在水资源管理方面的经验和成就，提出两国在面对相似挑战时的策略差异和未来的交流合作潜力，特别是在法律框架和技术经验方面。巴西的基本卫生设施和水治理市场尚有很大发展空间，进一步的国际合作和投资可以帮助巴西卫生服务领域的发展和改善。

关键词：基本卫生法、中国投资、公私合作伙伴、卫生服务改善

一、简介

在巴西联邦参议院咨询委员会研究小组主持下进行的一项研究指出，环境商品和服务的自由化是多哈回合谈判议程中的一项议题。

在出口情况各不相同的多样化国家，环境产品和服务市场已显著增长。然而，虽然世界贸易组织（WTO）的几个成员对这个市场有防御性或进攻性的立场，但巴西和许多其他国家没有任何利益[1]，同时还有相当大的卫生赤字。

尽管多哈回合继续保持着相对的惰性，但巴西经济的活力和吸引外国投资的紧迫性为法律框架的转变创造了政治动力，人们长期以来一直希望通过创造有利于投资的环境来促进巴西卫生服务的普及。

经过漫长的议会程序，2020 年 7 月 15 日，巴西新的卫生法公布并生效。该法审查了大量其他立法，以便为促进卫生领域的公私伙伴关系创造合适的环境。

自 2009 年以来，中国一直是巴西的主要合作伙伴。巴西基本保持着中国的第九大

---

① 克拉丽塔·科斯塔·西蒙. 立法议程和商业外交中的环境产品和服务：从唯名主义到实用主义（讨论文本 145）[EB/OL]. https://www12.senado.leg.br/publicacoes/estudos-legislativos/tipos-de-estudos/textos-para-discussao/td-145-bens-e-servicos-ambientais-nas-agendas-legislativa-e-da-diplomacia-comercial-do-nominalismo-ao-pragmatismo.

贸易伙伴的位置，占该国贸易流的 2.1%。在投资领域，中国在巴西的影响力正在增长。根据巴西中央银行的数据，截至 2009 年，投资存量刚刚超过 3 亿美元，而 2014 年超过了 120 亿美元。从行业分布看，2017 年中国的投资主要集中在可再生能源、卫生、电信、农业综合企业、服务业、能源利用、IT 服务、港口基础设施、银行投资和金融等领域。2016 年，中巴产能扩张合作基金成立，为基础设施项目融资 200 亿美元（其中中方 150 亿美元、巴方 50 亿美元）。①

中国在巴西卫生领域最突出的投资是中国葛洲坝集团公司（CGGC）在圣保罗州的阿瓜斯迪林多亚参与的公私合作伙伴关系（PPP）。阿瓜斯迪林多亚是巴西的一个重要城市，拥有高品质的、以其治疗特性而闻名的矿泉水源，这也是这个地方在旅游方面极具吸引力的原因。

中国企业在阿瓜斯迪林多亚中标 PPP 项目对企业形象具有非常积极的展示效应，增加了其在巴西联邦和州一级公共权力的其他特许权中竞争的可信度，并有很大的成功机会。

Yan Wei 提请注意与卫生和用水相关的世界市场结构：

> 供水部门缺乏竞争，不仅是由于资本密集度的特点，也归因于由少数有影响力的各方掌握的私人垄断的市场结构。威立雅环境和苏伊士里昂就是两个例子。在世界水市场上活跃的公司或多或少由这两个组织控制或合资。还有一小部分次级影响力企业，如"SAUR 集团、泰晤士水务（被德国企业集团 RWE 收购）、盎格鲁水务和国际水务（由两家建筑跨国公司联合拥有，美国的比奇特尔和意大利的爱迪生）"。②

法国企业威立雅（Veolia）作为巴拉那州环卫公司（Sanepar）的少数合伙人有过不成功的经历。然而，2019 年，该企业回到巴西，旨在专注于南部和东南部，并优先收购现有资产。③ 威立雅对私有化和公私合作有着明显的兴趣，并将成为中国企业强有力的竞争对手。

巴西的卫生和供水市场广阔，新的监管框架承诺鼓励地方实体发布特许经营和公私合作的公告。

巴西国家基本卫生信息系统（SNIS）显示：

---

① PRESIDÊNCIA DA REPÚBLICA. Mensagem N° 39, de 2018 (N° 263/2018, na origem) [EB/OL]. https://legis.senado.leg.br/sdleggetter/documento? dm=7733829&ts=1594011580859&disposition=inline.

② Yan Wei. Regulating Municipal Water Supply Concessions [D]. Kindle Edition. Berlin: Springer, 2014:43—44.

③ CARRANCA. Veolia prepara volta ao Brasil com aquisição de ativos [EB/OL]. https://valor.globo.com/empresas/noticia/2018/03/06/veolia-prepara-volta-ao-brasil-com-aquisicao-de-ativos.ghtml ou as ferramentas oferecidas na página.

大约 3 300 万巴西人无法获得经过处理的水,超过 9 500 万人没有被污水收集网络覆盖。巴西东南部地区的污水收集率是全国最好的,为 78.6%的人口提供了服务。另一方面,北方是排污缺口最大的地区,只有 17.4%的污水得到了处理,且只有 10.2%的居民被污水收集网络覆盖。损失数据显示,巴西全国每收集和处理 100 升水,平均只消耗 62 升水。①

该巨额不足和巴西政府当下的无力投资,致使巴西联邦参议院以历史性的投票支持率批准了新的卫生法律框架,并将卫生议程纳入了公私伙伴关系(PPP)和投资伙伴关系计划(PPI)项目。

根据经济和投资方面的专业期刊,巴西政府正在研究特许权和公私合作(PPP)项目,总额为 620 亿雷亚尔,其中 550 亿雷亚尔存在国家经济和社会发展银行(BNDES),另外 70 亿雷亚尔存在另一家巴西公共银行——联邦经济银行(CEF)。国家经济和社会发展银行最大的建设项目的投资额约 335 亿雷亚尔,位于里约热内卢州内。②

2020—2021 年巴西基础卫生领域私有化项目拍卖时间如表 1 所示。③

表 1　　　　　2020—2021 年巴西基础卫生领域私有化项目拍卖时间表

拍卖时间	地区	投标邀请	投资额
2020 年 9 月 30 日	阿拉戈斯	公共供水及卫生服务特许协议	26 亿雷亚尔
2020 年	卡里亚西卡/圣埃斯皮里图州	公私合作伙伴关系	13 亿雷亚尔
2020 年 12 月	里约热内卢国家给排水公司	公共供水及卫生服务特许协议	335 亿雷亚尔
2021 年	阿克里州	公共供水及卫生服务特许协议	12.9 亿雷亚尔
2021 年	阿马帕州	公共供水及卫生服务特许协议	38.2 亿雷亚尔
2021 年	南里奥格兰德	公私合作伙伴关系	3 亿雷亚尔
2021 年	阿雷格里港/南里奥格兰德州	公共供水及卫生服务特许协议	1 亿雷亚尔
2021 年	塞阿腊州	公私合作伙伴关系	67.1 亿雷亚尔

新的法律框架解决了 Yan Wei 报告的一些重要的问责问题,这些问题在世界水卫

---

① Portal Saneamento Basico. Em votação histórica, Senado aprova novo marco regulatório do saneamento [EB/OL]. https://www.saneamentobasico.com.br/senado-aprova-marco-saneamento/.

② Otta, Lu Aiko. Projetos de PPPs do governo para saneamento somam R $ 62 bilhões. Valor Econômico[EB/OL]. https://valor.globo.com/brasil/noticia/2020/08/18/projetos-de-ppps-do-governo-para-saneamento-somam-r-62-bilhoes.ghtml.

③ Portal do Saneamento básico. BNDES prevê leilões no setor de saneamento ainda em 2020. [EB/OL]. https://www.saneamentobasico.com.br/bndes-leiloes-saneamento/.

生和供水市场上很常见，在中国水卫生和供水市场上也存在[①]，后面将对此进行更详细的说明。

如果说中国和巴西在供水短缺、人口规模、卫生设施的缺乏和清洁用水普及方面有相似之处的话，那么毫无疑问，中国在历史上面临着比巴西更大的挑战，比如季风雨，且中国对它们的反应效率要高得多。[②]

中国季风气候波动性强，降水时空分布过于不规则，导致水旱灾害频发且比较严重。此外，中国人口的大规模城市化使这个问题更加严重。防洪、水土保持和普遍供水是对中国水治理机构的重要考验。中国的水治理经历了三个阶段：分散管理阶段（1949—1987年）、综合管理阶段（1988—2002年）、从流域和行政层面严格管理阶段（2003年至今）。

此外，从改革开放到21世纪初，中国抗洪的主要战略是建立工程措施与非工程措施相结合的防汛抗旱体系。[③] 这里所说的非工程措施基本上指的是法律的完善和改革。

中国政府推动的项目措施或基础设施改善，逐渐集中在防洪、洪水利用、洪水储存和水循环利用上。

1988年《中华人民共和国水法》颁布后，非工程措施，也就是法制推进，达到了最突出的时期，形成了跨层、跨部门的综合管理。2002年，新的《中华人民共和国水法》确立了严格的管理，并在2011年"中央一号文件"中得到了进一步加强。最后，在中国共产党第十八次全国代表大会上，中央政府在水治理框架中增加了建设生态文明的目标。

与水管理的补充方面有关的其他相关法律也已出现。中国现行的水污染防治法律框架包括《中华人民共和国水法》《中华人民共和国水污染防治法》《中华人民共和国防洪法》《中华人民共和国水土保持法》《南水北调工程供用水管理条例》等。[④]

表2展示了中国1949年和2018年水资源方面的相关数据。这些数据既说明中国在水资源管理方面取得了显著成就，也显示了巴西和中国之间在水资源管理方面交流

---

① Yan Wei. *Regulating Municipal Water Supply Concessions*[D]. Kindle Edition. Berlin: Springer, 2014.

② Jia Shaofeng & Zhu Wenbin. China's Achievements of Water Governance over the Past Seven Decades[J/OL]. *International Journal of Water Resources Development*, 2020, 36(2-3): 292-310. https://doi.org/10.1080/07900627.2019.1709422.

③ Jia Shaofeng & Zhu Wenbin. China's Achievements of Water Governance over the Past Seven Decades[J/OL]. *International Journal of Water Resources Development*, 2020, 36(2-3): 294. https://doi.org/10.1080/07900627.2019.1709422.

④ Ministry of Water Resources the People's Republic of China. Laws and Regulations. [EB/OL] http://www.mwr.gov.cn/english/lr/.

经验和技术的潜力。①

表 2　　　　　　　　　中国 1949 年和 2018 年水资源相关数据

统计项目	1949 年	2018 年
水库(个)	23	98 795
水厂(个)	72	2 360
水管长度(千米)	6 589	1 682 000
供水能力(亿立方米)	1 031	8 562.4
年人均用水量(立方米)	187	436
生活用水(亿立方米)	6	838.1
人口(亿人)	5.42	13.95
供水普及率(%)	42	90
农业用水(亿立方米)	1 001	3 766.4
农田灌溉面积(亿亩)	2.4	10.17
工业用水(亿立方米)	20	1 277

接下来,我们将分析巴西卫生系统的起源,以展示基本卫生法律框架的增量和当前情况。

二、巴西卫生服务的发展:法规和组织

卫生服务作为巴西一项联邦公共政策的历史充满了类似切分节奏的时刻。②

巴西在 1942 年制订了第一个全国性的卫生计划,并于 1960 年成立了特别公共卫生服务机构(SESP)。同样是在 1960 年,巴西与美国的卫生协议到期,巴西的卫生服务便成为了巴西卫生部的职责。在此之后,美洲开发银行(IDB)开始资助巴西的卫生工程。1967 年,巴西的国家住房银行(BNH)成立,旨在促进和控制巴西的卫生政策。四年后,巴西的国家卫生计划(Planasa)③开始实施。该计划贯彻投资要有回报的财务逻辑。但到 1986 年时,国家住房银行退出历史舞台,这标志着国家卫生计划的衰落,而卫

---

① Jia, Shaofeng Jia & Zhu, Wenbin. China's achievements of water governance over the past seven decades[EB/J]. *International Journal of Water Resources Development*, 2020, 36(2−3): 292−310. https://doi.org/10.1080/07900627.2019.1709422.

② Ministerio da Saude, Fundacao Nacional de Saude. Infraestrutura e Politicas Publicas: Saneamento Basico- Situacao do Pais e Propostas de Solucoes[EB/OL]. http://www.senado.leg.br/comissoes/ci/ap/AP20091130_FranciscoDaniloForte.pdf.

③ Galvao Junior, Alceu de Castro & Monteiro, Mario Augusto Parente. Analysis of Concession Agreements for Provision of Water and Sewage Services in Brazil[J/OL]. *Engenharia Sanitaria e Ambiental*, 2006, 11(4). http://www.scielo.br/scielo.php?script=sci_arttext&pid=S1413-41522006000400008.

生服务工作也转移给巴西政府拥有的金融机构——巴西联邦储蓄银行(CEF)。1991年,巴西的公共卫生运动监督局(Sucam)和公共卫生服务基金会(Fsesp)[①]合并,创建了国家健康基金会(FUNASA)。[②]

1991年,巴西的社会行动部成立,目的是在促进卫生服务工作这一议程中发挥带头作用。在进一步的发展中,卫生部门现代化计划(PMSS)于1995年开始实施,以重新整合巴西的卫生政策。

重要的是,根据2001年3月8日的第3769号法令,阿尔沃拉达项目开始启动。该项目的主要目的是促进巴西州政府和市政府与公民社会组织的伙伴关系,从而寻求创造必要条件以减少巴西国内的贫困和地区不平等。该项目旨在加强和强化对改善影响生活条件提升的政策的管理,区域包括巴西北部和东北部阿克里州、阿拉戈斯州、巴伊亚州、塞阿拉州、马拉尼昂州、帕拉州、帕拉伊巴州、伯南布哥州、皮奥伊州、北里奥格兰德州、朗多尼亚、罗赖马、塞尔希佩和托坎廷斯微型区域及其他州的许多健康和卫生设施领域[③]的人类发展指数(HDI)小于或等于0.5的区域。巴西的城市部成立于2003年,负责制定城市发展和环境卫生政策。之后,巴西在2005年4月5日通过了第11107号法令[④],允许联邦政府、州政府、联邦区政府和市政府聘请公共财团来实现共同利益目标和采取其他措施。为此,巴西成立了一个受私法管辖的公共协会或法律实体。同时,巴西在卫生领域还成立了许多公共财团。在此之后,巴西根据2007年1月5日的第11445号法律制定了联邦基本卫生政策。[⑤] 同年,卢拉政府启动了投资加速计划,以促进巴西和拉丁美洲的重大基础设施项目,取代了费尔南多·恩里克·卡多佐政府的前南美区域一体化倡议。

正如Galvao Junior和Monteiro所解释的那样[⑥]:

---

① Fundacao Nacional de Saude. which resulted from the merger of the National Department of Rural Endemics (DENERu), the Malaria Eradication Campaign (CEM) and the Smallpox Eradication Campaign (CEV) [EB/OL]. http://www.funasa.gov.br/sucam.

② Fundacao Nacional de Saude. FSESP [EB/OL]. http://www.funasa.gov.br/fsesp.

③ Ministerio da Assistencia e Promocao Social. Projeto Alvorada [EB/OL]. http://www.mds.gov.br/relcrys/alvorada/apresentacao.htm#1.

④ Republica Federativa do Brasil. Lei No. 11.107, de 5 de abril de 2005, que dispõe sobre normas gerais de contratação de consórcios públicos e dá outras providências [EB/OL]. http://www.planalto.gov.br/ccivil_03/_Ato2004-2006/2005/Lei/L11107.htm.

⑤ Republica Federativa do Brasil. Lei No. 11.445, de 5 de janeiro de 2007. que estabelece diretrizes nacionais para o saneamento básico; altera as Leis nos 6.766, de 19 de dezembro de 1979, 8.036, de 11 de maio de 1990, 8.666, de 21 de junho de 1993, 8.987, de 13 de fevereiro de 1995; revoga a Lei No. 6.528, de 11 de maio de 1978; e dá outras providências [EB/OL]. http://www.planalto.gov.br/ccivil_03/_ato2007-2010/2007/lei/l11445.htm.

⑥ Galvao Junior, Alceu de Castro & Monteiro, Mario Augusto Parente. Analysis of Concession Agreements for Provision of Water and Sewage Services in Brazil [J/OL]. *Engenharia Sanitaria e Ambiental*, 2006, 11(4). http://www.scielo.br/scielo.php?script=sci_arttext&pid=S1413-41522006000400008.

国家卫生计划(Planasa)的消失并没有伴随着卫生部门制定监管框架的明确。这种缺位使得制度框架恶化，并因此导致州和市政府之间的所有权纠纷……[因此]CESB在更新特许权方面面临困难，因为市政当局，尤其是盈余市，不接受、不承认其服务持有者特权及对特许权进行新投资的能力低的合同。

……

对在缺乏监管框架的脆弱体制环境下续签特许权的比较分析表明，每份合同对监管、批准、关税等重要问题采取了不同的解决方案。

……

这些未定义的条件允许在每个特许权合同中就授权当局和CESB的特定利益进行谈判。此外，再加上缺乏法律框架，特许人和被特许人习惯于国家卫生计划时代典型的系统风格而准备不足，意味着有时对特许人、有时对被特许人列入不适当的条款。

作为对所提出问题的解决方案，迫切需要为该行业制定一个监管框架，其中规定特许权、监管、关税、权利和义务等方面的一般指导方针，并在监管特许权下的服务的同时尊重持有人。

最后得出的结论是，在没有这样的法律框架的情况下，要签订的合同必须包含以下方面的条款：(1)扩大服务提供的目标和所需的投资；(2)透明和一致的关税规则；(3)授权当局对该部门的控制和监管形式；(4)授予当局和特许公司的权利和义务的准确定义。

如果这些要求得到满足，我们预期能提高巴西供水和污水处理服务特许权合同的质量。

在巴西，65%的10岁以下儿童住院与卫生条件差有关，每96分钟就有一名4岁及4岁以下的儿童因为缺乏卫生条件而死亡。此外，巴西国内有近2 000个城市的儿童死亡率很高，74%的人口生活在没有饮用水和污水处理系统的环境中。[①]

巴西污水处理系统的普及，以及对卫生合同和财团的效率冲击，对于改善人口的生活条件从而提高巴西经济的竞争力至关重要。

为应对这些挑战，巴西需要考虑制定一个新的综合性法律框架，而且这种需求因为巴西联邦政府决定扩大投资促进计划(IPP)的投资范围，将诸如卫生领域的社会项目纳入其中，而变得更为紧迫。

---

① Ministerio da Saude, Fundacao Nacional de Saude. Infraestrutura e Politicas Publicas: Saneamento Basico-Situacao do Pais e Propostas de Solucoes[EB/OL]. http://www.senado.leg.br/comissoes/ci/ap/AP20091130_FranciscoDaniloForte.pdf.

三、公私合作合同和投资合作计划：外国投资在巴西的促进者

尽管由于第一条铁路的建设①，巴西早在 20 世纪就开始实行公私合作（PPP），但直到 2004 年 12 月 30 日，巴西才颁布了联邦法律证书，即第 11079 号法律，为公共行政部门的公私合作关系特殊合同制定了一般规则。② 除了两个世纪前所报道的经验外，与公共行政部门的合同主要是在公共采购、授权、许可和特许权的框架下签订的。③

正如 Marques Neto 所说④：

> 尽管 PPP 由公共管理中的一种伙伴关系组成，但它们在与其他种类的公私关系方面存在显著差异。虽然由于 PPP 单边性非常强，因此合同债券的模型实际上都是由政府单独定义的，但在 PPP 中，私人各方的参与更为有效。因此，在上述概念中，公共业务的结构和融资由私人主动决定，表明私人有效参与了主要的合同决策。社会资本方的立场不仅在项目的建模阶段更具决定性，而且在合同执行的所有阶段（执行、保存和运营）中也更具决定性。因此，指定合作伙伴关系不仅限于公共联系的典型关联主义，而是更进一步，围绕长期的高复杂性和高价值的项目指定一种公私关系模式——法律禁止价值低于 2 000 万雷亚尔的 PPP 合同。

2004 年 12 月 30 日的第 11079 号法律规定了在联邦、州、联邦区和市政府的权力范围内公私合作的招标和签约的一般规则。这些也适用于直接的公共行政机构，专项基金，市政当局，公共基金会，公共公司，由联邦、州、联邦区和市政府直接或间接控制的混合资本公司与其他实体，行政和立法机构的直接公共行政机关，以及由联邦、州、联邦区和市政当局直接或间接控制的特别基金、市政当局、公共基金会、公共公司、混合资本公司和其他实体。

PPP 是特许合同的一种，但具有特殊性，可能有两种形式：赞助或行政。赞助特许权是 1995 年 2 月 13 日第 8987 号法律中提到的公共服务或公共工程特许权，涉及从公

---

① Ministerio da Saude, Fundacao Nacional de Saude. Infraestrutura e Politicas Publicas: Saneamento Basico-Situacao do Pais e Propostas de Solucoes[EB/OL]. http://www.senado.leg.br/comissoes/ci/ap/AP20091130_FranciscoDaniloForte.pdf.

② Republica Federativa do Brasil. Lei No. 11.079, de 30 de dezembro de 2005, que Institui normas gerais para licitação e contratação de parceria público-privada no âmbito da administração pública[EB/OL]. http://www.planalto.gov.br/ccivil_03/_Ato2004-2006/2004/Lei/L11079.htm.

③ Nogueira, Fabiana Maria Cavalcante. Uso privativo de bens públicos por particulares: autorização, permissão e concessão[EB/OL]. https://jus.com.br/artigos/62622/uso-privativo-de-bens-publicos-por-particulares-autorizacao-permissao-e-concessao.

④ Marques Neto, Floriano de Azevedo. Parcerias Publico-Privadas: conceito[EB/OL]. https://enciclopediajuridica.pucsp.br/verbete/32/edicao-1/parcerias-publico-privadas:-conceito.

共合作伙伴到社会资本收取用户金钱对价关税的情况。1995年2月13日的第8987号法律规定了提供联邦宪法第175条中涉及的公共服务的特许和许可制度,以及其他措施。[①] 行政特许权是为公共行政部门直接或间接使用的服务提供所立的合同,即使它涉及工程的执行或货物的供应和安装。

以PPP形式提交的合同不得有以下情形:(1)价值低于1 000万巴西雷亚尔;(2)服务提供期少于5年;(3)以提供劳动力、提供和安装设备或执行公共工程为唯一目的。

在路易斯·伊纳西奥·卢拉·达席尔瓦和迪尔玛·罗塞夫政府期间[②],所有的PPP都集中在基础设施项目上。当然,这种变化是随着投资伙伴计划(IPP)的出现而发生的。

2016年,在米歇尔·特梅尔担任总统期间,第13334号法律[③]于2016年9月13日颁布了。它创建了投资伙伴计划(IPP),修改了2003年5月28日的第10683号法律。此后,2017年11月1日颁布了第13502号法律,2019年6月18日颁布了第13844号法律。以上所有这些都是在巴西行政权力组织构架下而获得通过的。

在迪尔玛·罗塞夫总统的第一和第二任期内,巴西经济开始出现枯竭迹象,没有基本盈余来维持投资水平。与此同时,从2014年起,巴西联邦警察的反腐败调查——"洗车行动",迫使巴西很多大工程公司签订宽大处理协议,进而导致它们受到预算影响和违约的严重影响。因此,巴西必须采取创造性行动来吸引外国投资,而投资伙伴计划就是应对这一挑战的答案。

投资伙伴计划旨在通过签署执行公共企业、基础设施和其他私有化措施的伙伴关系协定,扩大和加强国家与私营部门之间的相互作用。目标是:(1)在符合整个国家的社会和经济发展目标的情况下,扩大投资和就业机会,刺激技术和工业发展;(2)保证公共基础设施的质量扩张,并提供足够的关税;(3)促进伙伴关系和服务提供方面的广泛公平竞争;(4)确保稳定和法律确定性,保证对商业和投资的最小干预;(5)加强国家的监管作用和国家监管主体的自主权;(6)以政府各部门制定的国家、区域和城市发展政策,国防政策,环境和人口安全政策为依据,加强国家政策以整合不同的人员和货物运输方式。

可以整合投资伙伴计划的项目有:(1)正在执行或将通过由欧盟直接和间接公共管理部门签订的合作协议来执行的公共基础设施项目;(2)公共基础设施项目,通过授权或在联邦政府的推动下,通过州、联邦区或市政府的直接或间接公共行政部门签订的合

---

① Republica Federativa do Brasil. Lei N° 8.987,de 13 de Fevereiro de 1995[EB/OL]. http://www.planalto.gov.br/ccivil_03/leis/l8987cons.htm.

② 迪尔玛·罗塞夫于2016年8月31日被弹劾。

③ Republica Federativa do Brasil. Lei No 13.334,de 13 de setembro de 2016,que Cria o Programa de Parcerias de Investimentos(PPI); altera a Lei n° 10.683,de 28 de maio de 2003,e dá outras providências[EB/OL]. http://www.planalto.gov.br/ccivil_03/_Ato2015-2018/2016/Lei/L13334.htm.

作协议执行;(3)1997 年 9 月 9 日第 9491 号法律中提及的国家私有化计划的其他措施;(4)具有战略意义的工程和服务。

大量的合同可以被视为合伙协议,包括共同特许权、赞助特许权、行政特许权、受部门立法管辖的特许权、公共服务许可、公共物品租赁、物权特许权,以及其他由于其战略性质和复杂性、特殊性、投资量、长期性、涉及的风险或不确定性而采用类似的法律结构的合同。

除其他职权外,投资合作伙伴计划理事会[①]对主管机关或实体的提案、共和国总统对建立或加强的伙伴关系计划的选择具有意见权。参与投资合作伙伴计划的部委有交通、矿业和能源部及城市部等部门。[②] 尽管有负责巴西卫生政策的城市部参与其中,但 PPI 投资图表的总额几乎都由其他两个部委的项目组成。新的卫生法律框架和城市部的参与清楚地表明巴西政府有意向外国投资者开放生态服务市场。

四、基本卫生的新法律框架

2016 年 9 月 5 日,巴西根据当时的环境和国家一体化部长签署的第 2 号部际法令,成立了一个联合部级工作组,以提出确定因干旱而面临供水限制的城市的标准,并准备这些城市总部的供水替代方案的诊断和建议。该工作组由巴西的国家水务局(ANA)、国家一体化部(MI)水利基础设施秘书处、国家一体化部(MI)、国家保护和民防秘书处、国家抗旱工程部(DNOCS)、环境部水资源和城市环境秘书处(SRHU/MMA)等部门组成。

该工作组制定了 2018 年第 844 号临时措施,被称为"基本卫生法律框架",旨在通过修改三个联邦法律来更新部门制度。第一个是 2000 年 7 月 17 日的第 9894 号法律。该法律规定建立国家水务局(ANA),这是一个执行国家水资源政策和协调国家资源和水管理系统并做出其他相应安排的联邦实体。国会议员授权 ANA 发布有关卫生服务的国家参考标准。第二个是 2003 年 11 月 19 日的第 10768 号法律,其中规定了 ANA 员工和其他措施,以改变水资源专家职位的职责。第三个是 2007 年 1 月 5 日的第 11445 号法律。该法确立了基本卫生和修订的国家准则。

针对第 844/2018 号临时措施,有大约 525 项议会修正案被提出[③]。大约 64 份立法机构、州监管机构和行业专业协会的意见书和动议,主要集中于南里奥格兰德州、圣卡塔琳娜州、北里奥格兰德州、巴拉那州和圣保罗州对负责分析临时措施的国会联合委员

---

① 投资合作伙伴计划理事会由下列成员组成:共和国总统府国务部长、共和国总统府秘书处国务部长、经济国务部长、基础设施国务部长、矿业和能源国务部长、环境国务部长、国家经济和社会发展银行(BNDES)行长、Caixa Econômica Federal 总裁、巴西银行总裁、区域发展国务部长。这些成员有投票权,其中共和国总统府国务部长主持理事会。

② Programa de Parceria de Investimentos[EB/OL]. https://www.ppi.gov.br/sobre-o-programa.

③ https://www.congressonacional.leg.br/materias/medidas-provisorias/-/mpv/133867.

会的致函。

2018年11月20日,国会主席通知共和国总统,由于无法将第844号临时措施转变为国民议会批准的法案,因此第844号临时措施因法定有效期届满而无效。由于此事的高度紧迫性,因此在接下来的一个月内,也就是立法年度结束的前几天,巴西行政当局发布了一项新的内容基本相同的临时措施——第868号法案。一年后,由于该法案无法转化为法律,也被宣布无效。

与此同时,巴西联邦参议院基础设施委员会主席塔索·杰雷萨蒂(PSDB党,塞阿拉州)于2019年6月3日提交了第3261/2019号法案(Projeto de Lei)。该法案很快在参议院获得批准并于2019年6月12日提交给众议院。

在众议院,众议院议长根据城市发展委员会的分析,环境与可持续发展,劳工、行政和公共服务,以众议院内部规则(RICD)第54条为依据进行的财务和税务方面的绩效分析,以及宪法、正义与公民委员会用于对同一条规定的法律和宪法分析对第3261号法案进行审议。① 按照众议院内部规则第34条第二项的规定,第3261号法案的分发必须由三个以上的绩效委员会审查,因此决定成立一个特别委员会来分析此事。此外,该法案还并入了以下法案:PL10996/2018 和 PL4162/2019。由于所有法案的主题重合,这要求它们与对其他法案的损害被一同分析。

PL4162/2019是最终获胜者。案文大部分重复了PL3261/2019的内容,保留了临时措施中关于国家水务局(Agencia Nacional de Aguas,ANA)新角色的部分内容,并进行了一些修改。其中一些变化是后勤方面的改进,而另一些变化在一些批评人士看来则代表着立法上的恶化,因为它大大延长了市政和地区财团及卫生服务机构遵守法案中规定的一般规范的期限。

临时措施争议很大。一方面,那些主张维持现状的人坚持认为,该法案不尊重巴西宪法及其"Petrus clausus"之一,即联邦条约,因为它承认联邦管辖权属于次级联邦实体的责任。另一方面,行政权力和新安排的其他支持者坚持认为,因为联邦实体在此事上的权限是剩余的,所以新的法律框架不仅没有违反联邦条约,而且对一些人来说,问题的关键在于由薪酬过高的公务员及反经济的水处理和供水合同的受益人组成的强大游说团体。巴西有5 325个城市和27个州,每个州都可能拥有自己的水处理和供水的国有企业或混合经济公司,或者,它们可以创建公共财团。与此同时,为了实现最佳治

---

① Camara dos Deputados. Regimento Interno[EB/OL]. https://www2. camara. leg. br/atividade-legislativa/legislacao/regimento-interno-da-camara-dos-deputados/arquivos-1/ricd%20atualizado%20ate%20rcd%20%2012-2019.pdf.

理实践①,该部门的国家机构之间交流经验是一种普遍现象。

根据巴西宪法第 21 条,联盟负责制定基本卫生指导方针。巴西宪法第 23 条还授予联邦、州、市政府和联邦区共同的权限,以推进基本卫生计划。在各级政府,单一卫生系统(SUS)将参与制定政策和实施基本卫生行动(宪法第 200 条第四款)。

因此,关于新的卫生法律框架不尊重联邦、州、市和联邦区之间的宪法权力分配的潜在法律冲突得到了解决。国会中的政府支持者和反对党都在此事上达成了共识。

另一个重大争论是关于 PL4162/2019 的第 16 条单段的争论,由联邦副代表 Geninho Zuliani(Eugenio Jose Zuliani)提出,其措辞与 PL3261/2019 的第 10 条略有不同。这两项条款都旨在保留项目合同的数量,以及巴西公共卫生服务的实际情况,即非正式的和没有真正遵守的情况。这些合同应该通过偿以前的投资和被动投资而正式化和续签。无论如何,持有这些合同的企业将受益于既成事实并免受竞争。

巴西国民议会批准的第 16 条是总统否决的对象,理由如下:

> 立法提案通过规范和承认项目合同,使得由公共公司或政府控制的公司提供公共基本卫生服务的假设非形式化,并允许将现有契约延长 30 年,扩展了目前的情况,以便推迟解决由于缺乏基本卫生设施及城市清洁和固体废物管理不善而造成的环境和公共健康影响。此外,该提案除了限制自由企业和自由竞争外,与指导特许权合同执行的基本卫生新法律框架的目标不一致,在事先许可的情况下,鼓励有权提供高效服务和有效性,这反过来又有助于取得更好的结果。②

有关卫生合同的决策过程经历了显著的变化。③ 首先,国家水务局(ANA)有权制定卫生领域供应和收费监管的质量和效率方面的国家参考标准,以协调州和联邦监管机构的绩效。其次,国家和市政当局可以在划分州领土的区域单位内及在大都市地区内对这些服务进行有效控制,以提供具有共同利益的公共职能的服务,即需要共享服务于多个城市的信息基础设施。区域化的目标是获得规模收益并保证服务的经济和金融的可行性,以实现服务的普遍化。关于服务区域化的规定,包括了越来越多不那么有吸引力的城市,而且不一定在同一提供区域内,这消除了其中任何一个贫困小城市被排除

---

① Monteiro, Solange. Regras do jogo: atores do setor de saneamento aguçam o debate sobre medida provisória que muda o marco legal da atividade[J]. *Conjuntura Econômica*, 2018, 72(9): 27; Cossenzo, Cássio Leandro, Gama, Jessica Rocha, Junior, Luiz Antônio de Oliveira, Costa, Samuel Alves Barbi, Schmitt, Vanessa Fernanda (coord.). *Coleção Regulação Saneamento Básico* 2019[M]. 1ª edição. Brasilia, 2019.

② Presidência da República Casa Civil Subchefia de Assuntos Jurídicos. Mensagem n°396, de 15 de Julho de 2020[EB/OL]. http://www.planalto.gov.br/ccivil_03/_ato2019-2022/2020/Msg/VEP/VEP-396.htm.

③ Senado Federal. Parecer N°166, de 2019-PLEN/SF[EB/OL]. https://legis.senado.leg.br/sdleggetter/documento? dm=7963445&ts=1594034889149&disposition=inline.

在普遍化进程之外的风险。但是，市政府虽然没有义务参与区域化的供应结构，但也不会优先获得联邦政府的投资。

2033年12月31日被确定为普及基本卫生设施的最后期限。如果技术或财务原因被证明是合理的，就可能会授予额外的7年期限。如果在该期限内未实现普遍化，将禁止提供者分配股息，合同将失效，持有人应恢复服务。

所有合同，包括已生效的合同，都以证明在既定时间框架和条款内普及服务的经济财政能力为条件，行政部门应在规定中确定要遵守的方法。

在区域发展部的主持下，成立了一个部际基本卫生委员会（CISB），以改善在该部门开展业务的联邦机构之间的制度衔接。

其中最重要的变化是对项目合同机构的审查，该审查对于联邦实体之间的其他合作性质的情况在公共财团法中仍然有效。但是，将不再可能将其专门用于供水和生活污水的提供，如联邦宪法第175条所定义的，其授予必须是特许权的对象，且在招标之前服务不是由业主直接提供的。但是，有一项关于续订当前计划合同和承认事实情况的规定，这是指未经正规化提供服务的情况。在这两种情况下，新合同的最长期限为30年。此类更新或认可的正式化必须在2022年3月31日之前完成，这确保了在不影响2033年实现普遍化目标的情况下，有足够的期限来完成这些操作。

现有计划合同在到期之前一直有效。但是，必须添加所有合同、计划或特许权，以纳入普遍化的最后期限。

在持有人恢复服务的情况下，与尚未摊销或折旧的可逆资产相关的投资将获得事先补偿，持有人可以将这笔补偿款转让给将承担提供服务的新特许经营者。

国有公司保留批发水生产的可能性也被承认，但在这种情况下，私营公司就要保留在分销市场中。提供公共卫生的分代表团是巴西市场上的一个常见的机构。该项目承认这一点，但仅限于特许权价值的25%，并须在效率和服务质量方面证明有效益。

最后，该法律修订了《国家固体废物政策》，以确定对尾矿的适当处置是根据市政当局的大小和不同的期限进行的。规模较大的市政当局任期较短。小城市的任期将更长，但不会超过2024年8月2日。

五、中国卫生简评

虽然中国已经成为世界上最大的经济体，但也有内部挑战需要克服。[①] 20世纪80年代，中国开始实行分权改革，以适当满足扩大公共服务覆盖面的需要及其他政治目标，保持中央政府的导向，赋予地方政府、公共机构和企业更多的自主权。20世纪90

---

① Shen Dajun. Access to Water and Sanitation in China: History, Current Situation and Challenges[R/OL]. UNDP: Human Development Report Office, 2006. http://hdr.undp.org/sites/default/files/shen_dajun.pdf.

年代以来,中国进行了公用事业市场化改革,引入竞争机制,改革管理体制,尝试资本多元化①,探索吸引外资的方式。

在中国,特许经营权的合法性是从1995年由原国家计委、原电力部和原交通部联合发布的《关于试办外商投资特许权项目审批管理有关问题的通知》(以下简称"联合《通知》")中获得的。联合《通知》指出,能源、通信等基础设施是发展的瓶颈,除鼓励通过中外合资、中外合作、外商独资企业进行外商投资外,国家拟采用BOT方式开展外商投资项目试点。②

在某种程度上,外资在中国参与公用事业的时间,尤其是污水和配水行业,比在巴西更长。2002年,公用事业特许经营项目的经验被引入中国的行政实践,并依然是与合同并驾齐驱的领先法律模式。

Yan Wei详细说明了民间资本和外国资本在这些领域的参与情况(见表3)。③

表3　　　　中国民间资本和外国资本参与公用事业建设的相关情况

项　目	民间资本参与	外国投资人参与
水产业所有权		
水厂	有	有
供水网络	法律法规中未明确规定	有,但国有企业控股
水资产转让	有	有
供水行业经营	有	有
强制性合资企业		
水厂	无	无
供水网络	民间资本参与只限于国内私营部门的参与	有
持有特许权的权利		
水厂	有	有
供水网络	有	有
特许权的可转让性	受限	受限
土地使用权的法律约束	无	无
税收优惠	无	无

---

① Yan Wei. *Regulating Municipal Water Supply Concessions*[D]. Kindle Edition. Berlin:Springer,2014.

② Yan Wei. *Regulating Municipal Water Supply Concessions*[D]. Kindle Edition. Berlin:Springer,2014.

③ Yan Wei. *Regulating Municipal Water Supply Concessions*[D]. Kindle Edition. Berlin:Springer,2014:35.

续表

项　目	民间资本参与	外国投资人参与
征用条件	公共利益	公共利益
从当地国际来源获得融资	有	有

特许权可以通过授权书、政府命令、特许权合同、政府命令的项目实施协议、资产转让协议或管理权转让协议、购水协议、合资合同或公司章程、委托合同等方式授予。[①]法律标准由有权授予特许权的地方政府确定。

目前,围绕需要加强问责制的意见正在增加,许多用来完善特许权法律法规的手段被提出。例如,2005年《关于加强市政公用事业监管的意见》强调了省级政府的监督作用,提出需要完善特许经营法,加强公用事业监管能力建设。[②]

在一些倡导者看来,中国将受益于政府与希望专门开发中国的污水和供水行业的私营实体之间的更明确的合同法律框架。对于这些倡导得来说,效率问题和缺乏问责制的缺陷最好通过中国司法机构对这些合同采取更明确和适当的方式、更透明和参与性的污水和供水政策,以及依法授予国有企业(SOE)(无论是否合资)或在排污、供水合同中牵头的私营主体相应的责任来解决。

Yan Wei 在表4中总结了中国民间资本参与污水和供水行业的相关规定。

表4　　　　　　　　中国民间资本参与污水和供水行业的相关规定

参　数	分　析
适用范围	1.2004年原建设部颁布的《市政公用事业特许经营管理办法》规定的适用范围: 城市供水、供气、供热、公共交通、污水处理、垃圾处理等。 2.2005年颁布的《北京市城市基础设施特许经营条例》规定的适用范围: (1)供水、供气、供热;(2)污水和固体废物处理;(3)城市轨道交通和其他公共交通;(4)市人民政府确定的其他城市基础设施。
签约部门	2004年原建设部颁布的《市政公用事业特许经营管理办法》规定的签约部门: 直辖市、市、县人民政府市政公用事业主管部门。 2005年颁布的《北京市城市基础设施特许经营条例》规定的签约部门: 市城市基础设施行业主管部门,区、县人民政府,以及市或者区、县人民政府指定的部门。 2005年颁布的《深圳市公用事业特许经营条例》规定的签约部门: 市政府(在实践中,市政府往往作为一个整体协调所有相关部门,对整个项目负责)。

---

①　Yan Wei. *Regulating Municipal Water Supply Concessions*[D]. Kindle Edition. Berlin:Springer,2014:35.

②　Yan Wei. *Regulating Municipal Water Supply Concessions*[D]. Kindle Edition. Berlin:Springer,2014.

续表

参　数	分　析
特许形式（BOT、TOT等）	2005年颁布的《深圳市公用事业特许经营条例》规定的特许形式：(1)在一定期限内，将项目授予经营者建设、经营，期限届满后无偿移交给市政府（BOT）；(2)在一定期限内，将公用设施移交经营者经营，期限届满后无偿移交给市政府（TOT）；(3)在一定期限内，委托经营者提供某项公共服务；(4)法律、法规规定的其他方式。
	在中国，除通过特许权合同外，特许权还通过多种方式进行授予。曾经有人总结说，在实践中至少有八种特许权授予方式：(1)授权书（深圳2005）；(2)政府命令；(3)特许权合同；(4)项目政府命令的执行协议；(5)资产转让协议或管理权转让协议；(6)水购买协议；(7)合资合同或章程；(8)委托合同。
特许权的排他性	对是否授予专有权利没有明确规定，但2005年颁布的《深圳市公用事业特许经营条例》明确规定，在同一行业中，除受行业特点或区域条件限制外，应授予两个以上经营者特许经营权。然而，在实践中，它始终是特许公司获得的专有权利。
补偿条款	2005年颁布的《北京市城市基础设施特许经营条例》第32条规定："确因公共利益需要，政府可以收回特许经营权、终止特许经营协议、征用实施特许经营的城市基础设施、指令特许经营者提供公共产品或者服务，但是应当按照特许经营协议的约定给予相应补偿。"这意味着事先约定赔偿是保护投资者的前提。
特许经营商选择的可预见性	目前最大的问题是特许经营商的遴选或多或少由负责人控制，遴选方式和流程规定不明确。
客观监管规则	城市水务行业受住建部、财政部、水利部等相关部门的监管，但尚未制定独立的法规。监管职能在一定程度上仍与股权结构相结合。在重庆案例中，合资特许公司和重庆水务集团直接受市政府监管，而不是任何上述行政部门。
与其他法律的一致性	除了一些专门管理供水部门的法律和法规外，许多管理外国投资的法律和法规也影响到水行业。迄今为止，对特许权进行规范的最高法律效力和临时性文件是商务部2004年发布的《商业特许经营管理办法》，但根据《行政许可法》第1554条的规定，可能与地方性法规相冲突。
特许经营合同的可协商性：水价和回报率	从沈阳和兰州的部分案例可以看出，政府部门与特许经营商之间的合同条款谈判是很有保障的。
法院或仲裁裁决的可执行性	特许权合同的法律性质目前仍在辩论中，这给行政或民事法庭的索赔带来了困难。关于特许权的法庭案件非常有限。实践中的争议更有可能通过谈判解决，仲裁条款总是在特许权合同中明确规定，并在特许权立法中被建议。

伴随着城市区域的高速扩张及随之而来的影响城市基础设施，特别是卫生设施的一系列问题的出现，中国社会的社会结构经历了深刻的变迁。1978年改革开放之后，中国社会各领域的城市化和现代化进程日益加速。截至2008年底，中国城镇化率达到45.7%。

在过去几十年，曾经生活在以农业为基本经济活动的农村地区的中国人口，开始向城市转移,以寻求更好的生活条件。① 然而,由于在这些转移人口的家庭耕作投入管理的传统中没有最基本的健康保障,因此这也导致了农村人口的疾病。

值得注意的是,在中国最边远的城市,公共厕所没有达到卫生和质量标准,这是由那里的人们的受教育水平决定的。一方面,那里的人们无法定期接受高水平的学习;另一方面,从事相关工作又需要时间和奉献精神。②

在农村地区,中国政府在帮助国家经济发展的同时,也认识到有必要通过提供教育并与当地社区、基层党组织、妇女组织及卫生相关机构建立伙伴关系来解决这个问题③,以便降低因错误使用和处置水而引起的疾病发生率,并教授提高生活质量的程序和方法。因此,这些团体采取的旨在考虑卫生行为的行动对减少污染做出了贡献。

尽管取得了巨大的成就,但根据世界银行的一份报告,中国 661 个城市中的约 60% 仍面临季节性缺水问题,100 多个城市存在严重的水资源短缺,中国认为自己仍处在污水处理和配水模式的优化阶段。

与国际经验类似,中国的供水行业一直被政府垄断。因此,中国面临着几乎相同的缺点和挑战,例如低效率、高成本和浪费,这导致了几乎相同的路径:体制和法律改革及开放私人投资。

与巴西一样,中国的供水企业由地方政府管理,因此出现了一些关于官僚主义和问责效率低下、腐败和公共机器运行缓慢的抱怨。

中国各级政府职责重叠,对这些机构的职能没有明确的定义,但卫生和供水的法律组织结构和理论框架遵循 2002 年《中华人民共和国水法》④和 1984 年《中华人民共和国水污染防治法》,其中,《中华人民共和国水污染防治法》分别于 1996 年、2008 年和 2017 年进行过修订,而 2017 年修订的《中华人民共和国水污染防治法》于 2018 年 1 月 1 日起生效。⑤

在中国,私营部门参与基础设施融资和服务管理的模式借鉴了深圳成功的特许经营模式,即在监管和运营职能分离的指导下,合同期限规定为 30 年。

---

① Frederick Fagundes Alves and Silvia Harumi Toyoshima. Disparidade Socioeconomica e fluxo migratorio chines: interpretacao de eventos contemporaneous Segundo os classicos do desenvolvimento[J/OL]. *Revista de Economia Contemporanea*,2017,21(1). http://www.scielo.br/scielo.php?script=sci_arttext&pid=S1415-98482017000100203&lng=en&nrm=iso.

② The World Bank. Fourth Rural Water Supply and Sanitation Project[R/OL]. http://documents.worldbank.org/curated/en/929021468746703340/pdf/multi-page.pdf,1999.

③ The World Bank. Fourth Rural Water Supply and Sanitation Project[R/OL]. http://documents.worldbank.org/curated/en/929021468746703340/pdf/multi-page.pdf,1999.

④ Chinese Government's Official Web Portal. Water Law of the People's Republic of China (Order of the President No. 74)[EB/OL]. http://111.13.45.139/laws/2005-10/09/content_75313.htm.

⑤ Xinhuanet. China revises law on water pollution prevention and control[EB/OL]. http://www.xinhuanet.com//english/2017-06/27/c_136399271.htm.

成立合资企业使私人资本参与基础设施融资和服务管理成为可能,但始终在中国公共机构的监督下,特别是由国务院监管部门控制。通常情况下,公司的控制权仍由中国合作伙伴控制,使他们能够控制投资和服务的执行方向。

中国经济发生了根本性的变化,从主要依赖对外投资和国际贸易的有限国有和集体企业向完全商业化的国有和私营企业的混合型经济转变。私营部门参与水务部门反映了经济中这些更广泛的变化,并且很可能继续与进一步市场化经济的努力联系在一起。①

基础设施 PPP 特许经营在中国有多种形式,如合同、合作合同、建设—拥有—运营(BOO)、建设—移交—运营(BTO)、建设—(拥有)—经营—转让(BOT/BOOT)、外围建设、购买—建造—运营(BBO)和租用—建造—运营(LBO)。然而,BOT 合同正变得颇为主流。"中国政府逐渐意识到,BOT 模式是一种良好的基础设施项目融资方式,是与私营部门分担技术和金融风险的有效方式。"②

正如我们所看到的,中国的特许经营权法律和市场环境仍在不断演变,这说明了污水和供水等自然垄断公用事业部门面临的固有挑战:大量的沉没投资,以及迫切需要普及饮用水和污水处理服务的提供权,以促进发展。

六、结论

考虑到城市的规模和多元化产业的复杂性,中国在普及供水和卫生服务方面取得的显著进展显得更为惊人。而考虑到巴西现在愿意追求自身基本生态服务的普遍化,这无疑就更是中国与巴西建立有前景的经济伙伴关系的非凡标志。

正如在巴西联邦参议院咨询委员会的研究机构主持下完成的一项研究所述:

> 根据彼得森和布兰彻的说法,这个对维持人口健康具有战略意义的部门面临着以下主要挑战:
> (1)对低收入阶层和欠发达地区的关注不足;
> (2)由于物理方面(泄漏)和商业(未测量)造成的供水服务损失;
> (3)间歇供应;
> (4)90%被收集的污水被直接排放或未经适当处理排放到河流、泉水或土壤中;

---

① Xiaoting Zheng, Yi Jiang and Craig Sugden. People's Republic of China: Do Private Water Utilities Outperform State-Run Utilities? [R/OL]. https://www.adb.org/sites/default/files/publication/190682/eawp-05.pdf.

② Yang J., Nisar T., Prabhakar G. Critical Success Factors for Build-Operate-Transfer (BOT) Projects in China[J/OL]. *The Irish Journal of Management*, 2017, 36(3): 147−161. https://doi.org/10.1515/ijm-2017-0016.

(5)污水雨水收集系统的使用;

(6)对用户缺乏足够的关注度(服务、部门缺口,以及对投诉和维修的处理不善);

(7)高度需要将卫生部门与根据1997年第9433号法律建立的国家资源管理系统相结合,这意味着与流域管理之间保持既为经济用途筹款,也在受体中最终处理污水的关系。

同一作者还列举了私人资本参与卫生部门的各种形式(行政或管理合同、租赁、战略伙伴关系、部分或全部特许权、出售国有公司或市政卫生的控制权)。

鉴于国家发展经济及社会组织(BNDES)在其国家卫生政策中提出的目标,即96%的家庭有水、65%的污水被收集和44%的被收集污水得到处理,增加私人股本参与这些服务的运营似乎是不可避免的。尽管巴西与世贸组织在服务方面的横向和纵向安排任用时间表没有重大限制,但1993年6月21日的第8666号法律《招标和合同法》规定了国家产品和服务的优惠幅度。因此,庞大的巴西在监管方面面临的巨大挑战是如何有效监管服务业,以允许更多的私营或外资企业参与进来。①

基本卫生设施的新法律框架似乎是对这一需求的回答。

对于私人和外国资本来说,巴西是一个很有前景的基本卫生设施和供水市场。尽管中国可能面临经验丰富的国际参与者的竞争,但中国在巴西市场的这一细分市场有经验。借鉴Águas de Lindoia的经验,中国应该关注哪些城市和地区的卫生设施PPP可能对中国参与者有兴趣投资的其他行业产生附带效应,如旅游业或其他基础设施项目。这可能会赋予中国必要的展示效果,即向巴西地方当局展示中国高度专业化的专业知识,这通常是分析竞争提案时的决胜标准。

新冠肺炎大流行使巴西公共当局更加迫切地需要改善巴西社会的卫生条件。政治势头是有利的,且巴西的公共卫生议程因其对基本人权和环境保护的高度服务而吸引了自然的同情。

---

① Clarita Costa Simon. Bens e Servicos Ambientais nas Agendas Legislativa e da Diplomacia Comercial: do Nominalismo ao Pragmatismo(Textos para Discussao 145)[J/OL]. https://www12.senado.leg.br/publicacoes/estudos-legislativos/tipos-de-estudos/textos-para-discussao/td-145-bens-e-servicos-ambientais-nas-agendas-legislativa-e-da-diplomacia-comercial-do-nominalismo-ao-pragmatismo,30—34.

中国劳动法制的加强及其对巴西的影响

加布里埃拉·戈麦斯·梅纳(Gabriella Gomes Mena)

摘要：本文基于对中巴关系的分析，探讨了两国现行的劳动法，巴西的现实国情，政治、社会和经济因素，以及这些方面对中巴经济合作伙伴关系的影响。中巴两国因语言与文化藩篱所面临的困难必须通过丰富相关知识来解决，如此方能使业已建立的伙伴关系之树更加枝繁叶茂，并结出新的果实。事实上，对中国的了解可能会给巴西的发展带来灵感，因为全球化现象的持续升温可以拉进文化间的距离，打破语言壁垒。本文以梳理文献与立法状况及统计数据分析为基础，探讨所考察国家的劳动法发展情况，简要回顾西方特别是巴西的劳动法发展史，重点着眼于2016—2017年巴西的现实状况，包括2017年开展的数项劳动法立法变革、劳资谈判的制度转向、巴西工会代表权的缺乏、改革派立法者的动机。第13.467/2017号法令虽然支持集体谈判，但却不认可国际劳工组织宣扬完全结社自由的第87号公约，使工人们无法自发组织起来并为自己的利益而奋斗。基于此种对巴西劳动法的研究路径，本研究分析了中国劳动立法的一些方面及其对工人的保护作用，并逐个对工人的各项权利进行比较。最终得出观察结果：在巴西，部分社会群体利益横行扩张，在教育、科技、卫生和安全方面的公共投资缺乏，以及工人权利的无效影响了其国民的生活质量，且中巴关系也因为巴西政府对上述种种方面缺乏重视而受到了影响。而在巴西的发展退步之时，中国通过稳步推进在科学技术和社会福利方面的规划和投资等工作而繁荣了起来。

关键词：中巴关系、劳动法、灵活性、保护

一、引言

本文由五个部分构成,旨在强化巴西和中国两国在经济和文化上的联系。

中巴伙伴关系于1993年正式建立,然而,缺乏对彼此法律制度方面的了解是两国关系发展的一大障碍。因此,本研究试图阐明巴西劳动立法的要点,使中国能够凭此对其经济伙伴巴西的实体劳动法有一定的了解。

然而,众所周知,中国是世界上最大的出口经济体,其行动会对世界其他经济体造成影响,中国采取稳定管理方式和优先考虑其人口的社会发展的政策使其他国家纷纷效仿。因此,巴西应当从中国的奋斗历程中得到激励,因为中国已无数次证明了其制订和实施计划的效率。

本文第一部分为引言。

本文第二部分主要阐明全球化现象和国家间的相互依存关系,而关注这一主题对于理解中巴关系、资本与劳动之间的冲突,以及人们对优质生活和更好工作条件的追求都至关重要。

本文第三部分概述了中巴伙伴关系,并对两国的主要合作领域及两国之间的相似点和不同点加以详叙。

最后,本文第四部分划分为两个子板块。这一划分方式意在展示世界范围内重要事件之间皆具有某种联系,而这种联系会导致国家对新兴的合作关系进行干预。此外,第四部分还对主要的社会法律和劳动部门的宪政化进行了概述。在第一板块,本文探讨了巴西《劳动法》的分项自诞生以来的情况,从使新型关系诞生的带薪劳动出现为起点,介绍了有关该种新关系的第一部宪法和法律、《工会法》的背景及其特征、巴西的现实图景、改革立法者在2017年推行的运动将产生的后果。在第二板块,本文探讨了两国立法间的关联性,以及社会立法的共同点。

本文第五部分为最后的思考。

本研究旨在关注巴西及其面临的挑战,也因此将强化两国间已经建立起的纽带作为研究目的。为此,本文所使用的方法论和推进研究工作的方法是文献研究、立法梳理、统计数据分析。

二、关于全球化和国家间相互依存的思考

世界上有数种现象自诞生伊始至今仍在影响着社会,人们针对这些现象之间的争论和联系对于理解和预期未来的发展趋势极为重要,全球化就是这些现象的其中之一。

最初,Delgado 提出了全球化的假设——"经济体系的广泛扩张;新技术革命的发生——尤其是与媒体相关的技术;投机金融资本的霸权"(Delgado,2017)。[①] 以下摘录了对此类现象下的定义(Delgado,2017):

> ……产生于20世纪后半叶的资本主义制度阶段,其特征表现为多个国家、地区或者社区与社区内的子社会系统之间具有非常密切的联系,以在市场层面作为一个相关要素创建出地球一体化的概念,而不再呈现国家或地区之间彼此隔离的状态。全球化不仅被认为是资本主义的一个阶段,还是一个过程,因为它在当今时代往往直接或间接地影响到全球不同区域的经济(以及社会、政治和文化)现实。这一阶段和过程在当前西欧在17和18世纪建立的经济——社会体系中被显著划分出来,并以各种方式影响着世界各

---

① 原文为:"generalização ampliada do sistema econômico; nova revolução tecnológica,em especial vinculada aos meios de comunicação; hegemonia do capital financeiro-especulativo." (Delgado,2017)。

个国家或地区的社会经济结构。①

值得注意的是,全球化的推进范围已经越来越广,技术的发展使不同的国家之间逐渐靠拢。一些国际组织和区域经济一体化组织在国际关系的成功中发挥了重要作用。例如,联合国(UN)、国际劳工组织(LLO)、世界卫生组织(WHO)和世界贸易组织(WTO)等国际组织;南方共同市场(MERCOSUR,1991)、欧盟(EU,1992)和北美自由贸易协定组织(NAFTA,1980)等经济一体化组织(由目的为通过商品和人民的自由流通促成经济一体化的国家建立而成)。

同一区域内的不同国家之间达成经济一体化协定是国家间相互依存的例子之一。区域一体化协定不仅在经济层面开辟了商品自由流通市场,还带来了人员自由迁移的可能性,这使国家间彼此更广泛的交流成为可能。

2020年,新冠病毒的大流行影响了世界各地的社会生活。世界卫生组织于2020年3月11日宣布新冠疫情达到"全球大流行"等级,再次展现了世界各国联系之紧密。疫情不仅改变了人们的生活方式,也改变了劳动的开展形式。为遏制疫情传播,多数行业采取了使用信息通信技术(ICT)远程办公的工作方式,只有那些重要的和无法在工作环境之外作业的劳动形式没有发生重大变化。

随着新现实的出现,人们产生了适应新现实的需求,公司也能够从中受益,开始从世界各地雇用工人,只要他们能够使用信息通信技术。工作场所不再仅仅局限于公司,而可以是任何地方,例如家里、餐厅。

这种新的实践可能会致使一个新国际联盟的诞生,其使命为处理涉及跨国劳动关系中人们之间的纠纷,即劳动保护将不仅是地方性的,而是超越国家的,是国际劳工组织成员国应当思考的问题。

值得一提的是,远程办公形式早已存在,但随着在危机中继续经济活动的需要,它获得了更加突出的地位。我们可以看到远程办公的种种优势,比如人的多样性更强;生产力提高;人们不需要通勤或搬家来接近工作地点,这可以促进城市的流动变化。同时这种劳动形式也存在一些缺点:缺少对工作的生理和心理建构;不是所有的人都能在家完成工作任务;没有专用于工作的空间;除此之外,还有影响人的心理健康及缺乏培训

---

① 原文为:"... corresponde à fase do sistema capitalista, despontada no último quartel do século XX, que se caracteriza por uma vinculação especialmente estreita entre os diversos subsistemas nacionais, regionais ou comunitários, comunitários, de modo a criar, como parâmetro relevante para o mercado, a noção de globo terrestre, e não mais, exclusivamente, nação ou região. A globalização traduz-se não somente como fase do capitalismo, mas, também, como processo, na medida em que tende a afetar, hoje, de maneira direta ou indireta, as realidades econômicas (e, ainda, sociais, políticas e culturais) nos diversos segmentos da terra. Fase e processo que demarcam significativamente o presente período vivido pelo sistema econômico-social gestado nos séculos XVII e XVIII na Europa ocidental, atingindo, de um modo ou de outro, as diversas sociedades e economias nacional ou regionalmente estruturadas ao longo do mundo." (Delgado, 2017)。

等问题。

可以看出,即使处于多种技术都十分发达的当前时代,同一个国家内仍然存在着多元化的现实,正如国家间的关系也存在着多样性。这场公共性的灾难暴露了目前存在的社会不平等现象,因为生活在危险环境中的人们在遭遇健康危机期间会变得更加脆弱。也有一些人由于受到歧视,在劳动力市场上已经十分脆弱,如妇女、性少数群体(LGBTQIA+)、移民和难民。虽然同质化程度较高的国家在维持人口生活质量方面更为成功,但其他国家则面临着社会不平等所代表的深渊。此外,诸如社会福祉和人权的普及等问题在国际社会中获得了更多的讨论空间。

以巴西为例,巴西前总统博索纳罗轻视疫情。其管理不善的例子有很多:将疾病的严重程度相对化;鼓励聚集;使用无效药物和不戴口罩;否认主义;反对疫苗接种运动(费尔南德斯,2021);缺乏有效的公共措施来鼓励社会隔离,以及维持巴西人的收入和人的尊严。如果从一开始就采取最低限度的措施,情况可能会有所不同,巴西有许多本可以避免的新冠病毒受害者。

由于这种疾病的高度传播性,各国在面对卫生危机时显然相当依赖彼此,从而开始竞相生产疫苗以遏制病毒传播,引出了一些国家缺乏疫苗的问题和普及免疫制剂的需要。因此,在当前情况下,维护国际关系显得更为重要,这样人们才能有更多的机会在任何地方安居,并自主决定自己的未来发展,而不受社会不平等所强加的束缚。

三、中巴合作伙伴关系

中国的"四个现代化"政策由周恩来提出,并随着邓小平政治地位的提升而付诸实践,其目标是发展与完善四个国家部门:农业、工业、科技和国防部门(基辛格,2011)。该政策是在现代化与经济开放的时代背景下提出的。在此种背景下,中国与一些国家建立起多种伙伴关系,如南非、澳大利亚、朝鲜、印度、俄罗斯、欧盟。① 但要实现四个现代化的目标,"需要在政治和法律结构上进行迅速而深刻的变革……为国外投资以及国内和国际贸易创建一个丰饶而安全的环境"(Assis,2015)②。

此外,中国加入 WTO 这一持续了 15 年的漫长历程,也证明了中国正在经历的变迁,下面一段话阐明了其发展轨迹(Assis,2015)③:

---

① "在 2001 年,中国加入世界贸易组织的那一年,超过 80%的贸易数据可视的国家与美国的贸易量大于中国。到 2018 年,这一数字下降到略高于 30%——2/3 的国家(190 个国家中有 128 个)与中国的贸易量超过了美国。……全球贸易的转折点是始于 2008 年的金融危机,中国超过了美国,成为一半以上国家的更大的贸易伙伴。"(Rajah 和 Leng,n. d.)

② 原文为:"necessidade de realização de rápidas e profundas mudanças na estrutura política e jurídica [...] para construir um ambiente fértil e seguro ao investimento estrangeiro e ao comércio interno e internacional." (Assis,2016)。

③ 中国加入世贸组织谈判的整个时间顺序见以下工作的附件:Hui Feng. *The Politics of China's Accession to the World Trade Organization:the Dragon Goes Global*[M]. Kindle. New York:Rout ledge,2006。

中国从一个落后的农业国家发展为在当前世界格局中占据核心和突出地位的政治、军事和经济(最重要的一个方面)超级大国。从1978年开始,中国实施了几项改革,重点是逐步引进国外投资和开放国际贸易。中国宣布自己是一个在不同寻常的"市场社会主义"指导下的国家。①

中国的这种现象是由于多年来对其人口和战略部门的持续努力和投资,实现了显著的增长。在这个问题上,值得一提的是邓小平的一番话(Kissinger,2012):

> 我们要实现现代化,关键是科学技术要能上去。发展科学技术,不抓教育不行。靠空讲不能实现现代化,必须有知识,有人才……②

值得注意的是,中国与其他几个金砖国家之间也存在多种合作关系。1993年,中巴伙伴关系正式确立,中国成为巴西最大的贸易伙伴(Planalto,2019)。③ 因此,了解中国的社会、文化和语言特征,以及研究其需求和兴趣领域,都是极其重要的。中国通过各类研究、学术会议、相互交流和孔子学院等方式将汉语和文化传播至世界各地。有效促进这些交流可以增加这些国家之间的彼此了解,从而推动合作。④ 中巴两国之间的伙伴关系必须遵循国际交往规则,并使彼此的利益保持一致,才能实现真正的经济和文化靠拢,使双方皆受益。

在巴西,中国参与了多个重点行业(如工业、金融、基础设施、能源、采掘业和科技)。然而,中巴双边关系却因巴西政府对中国的抨击而遭到一定的破坏(Della Coletta,2021)。

环境问题是中国人较为关注的问题之一。尽管中国致力于此,但巴西针对这一问题进行讨论后,却仍然反对联合国《2030年议程》所倡导的可持续发展。此外,值得注意的是,同为"基础四国"(BASIC)成员,南非和印度在共同解决这一问题。

滥砍滥伐、火灾及对生态系统的保护缺位,都对人类的生活产生了直接和间接的影响。以下是巴西受到环境问题影响的一些例子:作物减产或全毁,导致产品价格上涨和

---

① 此处为意译,原文为:"A China evoluiu de um país rural e atrasado para ocupar uma posição central e de destaque no cenário mundial atual na condição de uma superpotência política, militar e, sobretudo, econômica. A partir de 1978, diversas reformas foram implementadas na China, com destaque para a gradual abertura do país para os investimentos estrangeiros e para o comércio internacional. A China proclamou-se um Estado sob a égide de um inusitado "socialismo de mercado." (Assis,2015).

② 此处意译的是葡萄牙语版本:"A chave para conquistar a modernização é o desenvolvimento da ciência e da tecnologia. E, a menos que prestemos especial atenção na educação, será impossível desenvolver a ciência e a tecnologia. Palavras vazias não vão levar nosso programa de modernização a lugar algum; devemos ter conhecimento e pessoal treinado [...]" (Dèng apud Kissinger,2012).

③ Planalto. China é o maior parceiro comercial do Brasil no mundo[R/OL]. https://www.gov.br/planalto/pt-br/acompanhe-o-planalto/noticias/2019/11/china-e-maior-parceiro-comercial-do-brasil-no-mundo,2019-11-12.

④ 有关该研究所的更多信息,请访问 http://english.hanban.org。

饥饿状况加剧(IBGE,2020);气候变化(干旱、酸雨);巴西动植物遭受损害,以及新种类疾病的出现(Zimmer,2019)。漠视自然不仅有害于环境,还会使经济遭受损失(Jornal da USP,2020)。

正如上述话题所强调的,在技术领域可以进一步增进两国之间已经建立的联系。值得一提的是,有两家中国大公司在这方面表现突出:华为和腾讯控股有限公司。此外,5G技术的实施将使互联网速度提升至新高度,这对适应健康危机和新劳动形式带来的变化是极其必要的,唯一的障碍是博索纳罗对5G技术的抵制(Vilela,2021)。

全球新趋势的一个例子是智能城市。随着该技术的应用,它将为我们带来多种益处。如能够改变和改善我们如今的生活方式,降低成本,优化资源,给人们更多的就业机会,促进解决或缓解诸如暴力、交通超载和二氧化碳排放等城市化带来的问题。

另一个需要注意的问题是双方之间人员流动趋于频繁的可能性。中国人口的老龄化(G1,2021)导致劳动年龄人口减少,这一现象有助于实现这种可能性。与此相关,由于在教育、科学和技术方面的投资不足(APUFPR,2021),巴西出现了人才外流的现象(Roitman,2020),也就是说,有高素质劳动力在寻找工作或者寻求奖学金以便继续从事科研,他们可以从人员流动中受益。第13.445/17号法律、第9.199/17号法令和《宪法》第5条对这一问题作了相关规定。

而依赖上述领域投资的人时刻担忧自己缺乏远见,因为并非每个人都能离开该国寻找机会,最终找到其他收入来源(Lemos,2021)。这不仅是受到直接影响者的损失,也是整个巴西的损失,因为巴西财富大多集中于顶层收入群体。

因此,巴西应当多关注它将获得什么政治遗产,因为迄今观察到的偏差表明,精英阶层和其他人口之间存在着荒谬的不平衡,这些缺乏包容性的政策最终导致了更多的不平等,预算削减的领域在不断增加,科学逐渐落后,否认主义,以及政府取得的其他失败成果,导致国家的各方面都在倒退。前几届政府取得的利益无法延续,意味着国家的发展陷入了受阻的困境。此外,巴西社会中还存在着强烈的个人主义,这不同于具有政策延续性的中国,其五年计划详细规划了一个时期内需要发展完善的领域,使中华民族得以持续性发展,而不会遭遇政策突然中断的窘境(联合国开发计划署,2020)。①

四、劳动法

《劳动法》规范了生产资料持有者(雇主)和劳动持有者(雇员)之间的不对等关系。这种新的关系产生于世界上发生的重大变化——从19世纪开始的工业革命。工业革

---

① 经合组织2018年开展的一项研究列出了必须为社会流动提供特权的四个领域。它们是:教育、卫生、家庭和财政政策,此外还有城市发展和规划。值得注意的是,尽管《公约》(CRFB)第153条第七款有所规定,但巴西并没有对大额财产征税。由于同一个原因,虽然有些人在新冠大流行期间失去了收入,但其他人的财富反而增加了(Vitorio,2021)。所有这些值得关注的议题一旦被忽视,就会导致差异的扩大,促使资本集中在少数人手中。

命不仅改变了生产方式,也改变了劳动的概念。农场中的劳动者开始到城市里寻求更好的生活条件。由于劳动力增加,而工作条件又缺乏相关规定,因此工人和生产资料持有者之间的冲突开始出现,而在这之前一直保持沉默的国家的政府看到了为要求更好待遇的工人们设立最低工作条件的必要性。

英国的第一部普通法法案(1802年的《学徒健康与道德法》),弗里德里希·恩格斯和卡尔·马克思的《共产党宣言》(1848年)等文本,以及教皇利奥十三世的《新教皇通谕》(1891年)规定了雇佣关系。《劳动法》的宪法化始于墨西哥宪法(1917年)和魏玛宪法(1919年),它们是处理社会、劳动和社会保障问题的先驱。该领域的另一个重要里程碑是1919年国际劳工组织(ILO)的成立。这些重要事件在当时改变了世界,它们同为争取更好工作条件而成立的工会一起,证明了对这一阶层进行保护性立法的必要性,并推动了《劳动法》在世界范围内的发展。[①]

因此,能够观察到,劳动立法是在打破旧规则之时,因工人阶级渴求不受恶劣工作条件虐待的持续呼吁而产生的。国家有必要对这种不对等的雇佣关系进行干预,以规范基于工人合法从属地位和雇主指挥权力的雇佣关系。此外,保护性和有效的立法减少了关系中各角色之间的冲突。关于新的变化,下面这段话讲得非常明确(Bailey和Propris,2020:2):

> 无论技术变化是进化性的(例如,Isaacson,2014)还是革命性的(Kondratiev,1979),似乎都有一些断点标志着新技术的引入和旧技术逐步淘汰。因此,这种技术突破以一种破坏性的力量破解了主导的技术范式,削弱了它的有用性和可取性。经济和社会的系统性转型变化来自这种新技术所衍生的无尽的增量创新和应用。

随着第四次工业革命的发生和新冠病毒的出现,技术演进过程速度提升,新技术在加速融入人们的生活。如今,任何事情都可以在智能手机、平板电脑或电脑屏幕上完成;超连通性已经成为一个重要问题,与之前的革命一样,它给劳动的世界带来了变化。

这些变化不仅影响那些被网络连接在一起的人们,也影响那些因甚少接触数码产品而被边缘化的劳动者,以及在劳动力市场中无法找到自己新定位的劳动者。有能力的人可以胜任新的工作岗位,然而,最应当关注的是那些从童年时期就未能获得优质教育、没机会获得高等教育保障且没有学习新语言的人等。此外,人们还有了解如何理财和恰当安排自己工作生活的需求,而这只有在人们有相应学习机会时才有可能。在一个无视基本权利、对人民投资很少的国家,这种机会是难以想象的。只有一小部分人会为"劳动的新世界"做好准备,也就是说,大多数人都是无助的。有鉴于此,对上述课题进行更深入的分析是很有必要的,因为这些难题必定会反映在社会的各个领域,毕竟法

---

① 有关劳动法历史的更多信息,请参见Delgado,2018:104—112。

律不是一座孤岛,想要解决社会问题,必须与其他学科进行对话。

(一) 巴西《劳动法》

1. 简史

首先,用 Delgado(2018)的话来说,最重要的是要确定自由劳动对于《劳动法》发展的必要性:

> 自由劳动(即法律上的自由)的存在,是劳动从属地位(以及,作为雇佣关系的结果)出现的历史—物质前提。之所以是前提,是因为只要经济社会领域中没有大量提供自由劳动岗位,从属劳动就不会通过任何相关方式在历史上诞生……奴隶制和奴役的法律关系与劳动法是不相容的。①

废奴运动开展后,奴隶制逐渐走向灭亡,1888 年 5 月 13 日第 3.353 号法律(Lei Áurea)的出台正式宣告了奴隶制的废除,巴西的《劳动法》开始蓬勃发展。该法案的内容只与这个国家当前的社会现实相印证,而并未提供相关公共政策把在法律颁布之前就被社会边缘化的人也纳入保护范围。这种缺陷直到现在依然存在。②

因此,"巴西劳动法演变的第一个重要时期,即从 1888 年到 1930 年,被定义为初发或稀疏表现阶段"(Delgado,2018)。③ 正是在这个时候,工业化进程开始了,一种将工人置于弱势地位的新形式的工作关系诞生了。在这种背景下,可以观察到,国家制定了雇佣关系中必须遵守的最低限度规则,以确保拥有最低条件的主体的利益。

1916 年《民法典》中的规定(服务租赁合同,即租赁工作)不够充分,不足以约束新兴劳动类型,为此国家设立了专门的司法机构(1939 年)。对该问题的专门处理有其必要性,因为新兴的劳动关系不同于现存劳动关系,具有特殊性,其中最大的特点是当事人之间的法律不平等。

---

① 原文为:"A existência do trabalho livre (isto é, juridicamente livre) é pressuposto histórico-material do surgimento do trabalho subordinado (e, via de consequência, da relação empregatícia). Pressuposto histórico porque o trabalho subordinado não ocorre, de modo relevante, na história, enquanto não assentada uma larga oferta de trabalho livre no universo econômico-social. [...] as relações jurídicas escravistas e servis são incompatíveis com o Direito do Trabalho."(Delgado,2018)。

② 根据 IBGE(2020:31),"按肤色或种族进行的划分结果显示,在受雇者中,白人的比例为 45.2%,黑人或棕色人种的比例为 54.8%。然而,按经济活动进行的比较揭示了职业细分的一个重要特点,即使在今天,劳动力市场上种族隔离持续存在。黑人或棕色人种多从事于农业(62.7%)、建筑(65.2%)和家庭服务(66.6%)等领域,这些领域的劳动收入在 2019 年低于平均收入。另一方面,信息、金融和其他专业活动及公共管理、教育、卫生和社会服务等领域的平均劳动收入远远高于平均收入水平,从事这些行业的劳动者中,有色人种或白人占比最高 (Graph 12 and Table 1.4)"。可访问:https://biblioteca.ibge.gov.br/visualizacao/livros/liv101760.pdf。

③ 意译的葡萄牙语版本:"o primeiro período significativo na evolução do Direito do Trabalho no Brasil estendendo-se de 1888 a 1930, identificando-se sob o epíteto da fase de manifestações incipientes ou esparsas."(Delgado,2018,125)。

掌控着双方间法律雇佣关系的生产资料持有者与雇员之间的关系,展示出不同角色之间天堑般的巨大差异,亟需法律对最薄弱的环节加以保护。可见保护原则是这一法律分支的首要原则,因为它的目的是使上述劳动关系中的各方地位趋于平等。

在巴西的七部宪法中,1934年7月16日颁布的《巴西联邦共和国宪法》首先采用了墨西哥宪法(1917年)和德国宪法(1919年)中已经存在的社会宪政思想,也就是说,它是巴西第一部社会宪法,同时也是巴西第一部和唯一一部规定工会多元化的宪法,但它只存在了一个短暂的时期。

其短暂的生效时间结束于巴西的第一个独裁时期(1930—1945年),1937年11月10日,《巴西合众国宪法》批准通过,该宪法将工作规定为一种社会义务(第136条)并禁止罢工和停工(第139条),后者直到今天仍被禁止。

关于这一问题的立法开始涌现,以下是这一时期的重点法案:第1.313/1891号法令、第1.150/1904号法令、第3.724/1919号法令和Elói Chaves法(第4.682/1923号),这些法案为铁路工人设立了退休和养老基金。统一处理这一问题的需要日益增长,因此1943年5月1日《统一劳动法》(the Consolidation of Labor Laws, CLT)被批准实施。

一些法案中提及了劳动法庭:1934年和1937年的宪法分别在第122条和第139条中提到了劳动法庭。1939年5月的第1.237号法令对其进行了完整解释,而直到1941年劳动法庭才被设立。1946年9月18日的《巴西合众国宪法》将专门司法纳入司法权(第122条),并承认罢工权(第158条),直到1964年第二次独裁政权成立。

独裁统治时期的第二部宪法(1964—1985年)是1967年1月24日颁布的《巴西联邦共和国宪法》,该宪法禁止在基本服务和公共服务领域举行罢工(第157条第7款)。

随着独裁统治颓势的显现以及民主运动的兴起,军事总统的时期于1985年结束了,坦克雷多·内韦斯间接当选。然而,他并没有宣誓就职,副总统何塞·萨尼(José Sarney)成为新总统。1988年,巴西召开国民制宪会议,颁布《巴西联邦共和国宪法》(CRFB),成为巴西历史上第一部将劳动者权利纳入基本权利和保障(第二章)的宪法,在此之前,对劳动者权利和保障的规定一直限于经济和社会秩序的范围内。[①]

《宪法》第1条第4款涉及劳动和自由企业的社会价值。CRFB第1条第4款涉及工作和自由企业的社会价值,也就是说,它表明了劳动(性别)和资本之间合作的必要性,但巴西的情况并非如此,在后文中将对这个问题进行讨论。

《宪法》第7条开头部分将工人的权利视为一种性别。在这些条款中,可以看到一

---

① 有关巴西宪法和巴西重新民主化期间的政治时刻的更多信息,请参阅以下作品:Tácito, Caio. 1988. *Vol. 7 of Coleção Constituições brasileiras* [M/OL]. 3rd ed. Brasília: Senado Federal, Coordenação de Edições Técnicas, 2018. http://www2.senado.leg.br/bdsf/handle/id/139952; Passos, Edilenice, João Alberto de Oliveira Lima, and João Rafael Nicola. *A gênese do texto da Constituição de 1988* [M]. Brasília: Senado Federal, Coordenação de Edições Técnicas, 2013.

系列有关权利的规定：从Ⅰ到Ⅲ的构成部分涉及对雇佣关系类型的划分（CLT第2条和第3条）；工资；对CLT第73条的继受并规定了常规劳动时间，即两个要素[每日工作时间（8小时）和每周工作量（44小时）]之和；年假（CLT第129条及以下）可以分为三部分（CLT第134条第1款）；产假；与工作年资成比例的事先通知（第12.506/2011号法律）；环境劳动法；退休；对CLT第611条第1款中表述的集体谈判的支持；劳动保护；用人单位主观责任；诉讼时效5年，自劳动合同解除之日起2年内均可起算（CLT第11条）；防止歧视（CRFB第5条和国际劳工组织第100和111号公约，巴西分别于1957年和1965年批准）；禁止18岁以下未成年人从事危险劳动不健康的夜间劳动（CLT第193条和第189条以及巴西分别于2001年、2000年和2018年批准的国际劳工组织第138、182和189号公约）；允许14岁以上的未成年人以学徒身份从事劳动（第10.09/00号法律）；独立劳动者和签订长期合同的劳动者地位平等。

在总结了巴西劳动立法部分的历史之后，还需要提出一些重要的概念。雇佣关系既能指一个包括细分关系类型的大类，也可以指这个大类其中的一种具体劳动关系。第一种"指的是所有法律关系，特征是其基本条款以人类劳动的义务为中心"①（Delgado，2018:333），而第二种符合CLT的第2条和第3条所规定的要素，即由个人完成的劳动，具有人格属性，并非偶然发生，而是具有合法性和义务性的，也就是说，是一种雇员和雇主拥有对等权利和义务的双向关系。

值得注意的是，CLT是一个高度概念性的文本，它所涉及的话题时常有好几种含义，例如在第2、3和4条开头部分分别提到的雇主、雇员和有效服务的概念。CLT也有重复性条款或非技术表达，例如，在使用"公司、个人或集体"等词时涉及的雇佣关系的积极主体的概念——事实上，有关当事人并不必须是一个法律实体，如国内雇主（第150/15号补充法律第1条首句），也就是说，雇主是雇用、支付和指导个人提供服务的一方。另一个误解是使用了CLT第2条第1款中提出的术语"等价"，因为上述文本中提到的角色均为雇主。

第13.467/17号法律本来可以纠正这些情况，并使条文更具有包容性。可惜的是，它的目的是削弱劳动部门，甚至为此使用了诡谲虚伪的"正当理由"。

除了保护性立法，《劳动法》还有其基本原则，根据Delgado（2018:230）的分类，这些原则是：保护原则、最有利规则原则、劳动规则的必要性原则、劳动权利的不可得性原则、最有利条件原则、有害合同不可更改原则、工资无形性原则、现实高于形式原则和雇佣关系的延续性原则。

正如我们所见，《劳动法》自诞生之日起就一直是一个保护性的法律分支，因为它处理的是一种不平等双方之间的关系，通过建立起有效机制来抹除当事人之间的巨大差

---

① 原文为："refere-se a todas as relações jurídicas caracterizadas por terem sua prestação essencial centrada em uma obrigação de fazer consubstanciada em labor humano."（Delgado，2018:333）。

异,并保证体面工作所必需的最低限度。

2. 工会权利的内涵

工会法,集体劳动法,以及劳动法,始于生产过程的变化(第一次工业革命和法国大革命)及可怕的工作条件和组织的需要。从这个角度来看(Delgado:2018),"《集体劳动法》既有集体关系,也有用人单位关系,有其基本范畴,有其区别点。这种关系是在资本主义历史上,从 19 世纪以来的工人工会协会主义中形成的。雇员开始通过协会、团体实体采取行动,获得了集体的特性,能够以更大的力量和政治—职业效率来对抗企业的集体"①。

热图利奥·瓦尔加斯总统于 1931 年通过第 19.770 号法令,开始实施巴西工会模式。该法令为巴西奠定了工会主义的基础,即工会的团结、强制缴费和劳动法院的规范权限。②

巴尔加斯建立了可以被概念化为独特且受国家控制的工会。此外,工会为尚未有社会保护的工人提供公共服务,由此证明向工会强制缴款的合理性。

劳动法院的规范性权限起到了缓和的作用,也就是说,劳动法院防止了资本和工人之间的冲突被外部化,通过规范性判决解决了冲突。国家控制下的弱小工会没有成为对抗和寻求更好工作条件的工具。

2004 年第 45 号宪法修正案修改了劳动法院权限,只有在参与诉讼的各方之间有共同的契约时才可以适用劳动规范(CRFB 第 114 条第 2 款),也就是说,当反对方不反对集体谈判协议时,或者当争论和不保留缺乏契约基础时,才可以适用劳动规范。涉及这一要求的大问题是职业工会和雇主工会之间的条件差异,一些职业工会不具备与雇主一样的财务条件来进行斗争。

此外还有联合会制度,即巴西存在三种类型的工会:工会、联合会、联盟(见《劳动法》第 533 条及以下条款)。后者在没有工会的情况下具有一些剩余权力。而决定工会权力空间的最低基础,也就是说,其形成的最低基础是市政当局。

巴西的工会主义随着 1988 年的《宪法》获得了一定的接纳;但是,工会主义被认为是一种混合体,也就是说,工会不再受国家的控制,但也没有自我组织的可能性。CLT 规定了雇佣关系中的参与方将如何组织起来,从而阻止雇员自由选择最佳利益代表。就这样,这些人被他们所强加的工会所困住。劳动改革的伟大创新是对谈判的重视超

---

① 原文为:"[...] o Direto Coletivo Laboral tem nas relações grupais, coletivas, entre empregados e empregadores, sua categoria básica, seu ponto diferenciador. Tais relações formam-se na história do capitalismo a partir do associacionismo sindical obreiro, desde o século XIX. Passando a agir por meio de entidades associativas, grupais, os empregados ganham caráter de ser coletivo, podendo se contrapor com maior força e eficiência político-profissionais ao ser coletivo empresarial." (Delgado,2018,1524).

② 法令文本见:https://www2.camara.leg.br/legin/fed/decret/1930-1939/decreto-19770-19-marco-1931-526722-publicacaooriginal-1-pe.html.

过了立法,然而,对这一问题的重视并不符合巴西的工会现实状况,因为巴西不允许有充分的工会自由。

根据《劳动法》,当集体谈判协议与《集体劳动公约》(巴西为CCT)发生冲突时,集体谈判协议享有优先权。之所以发生这种变化是因为集体谈判协议是在公司和员工之间进行的,也就是说,集体谈判协议更符合员工的实际情况,其特殊性更有利于满足工人的需求。CCT适用于整个劳动类别,范围更广,而且不需要谈判方的特殊性。第611-A条由第13.467/17号法律纳入,体现了谈判胜于立法的可能性。第611-B条也包括在上述法律中,谈到了普遍性的不可能。然而,第614条第30款将ACT和CCT的期限最长延伸至2年。

然而,这些涉及该主题的规定有一个主要障碍:巴西没有批准国际劳工组织(ILO)的第87号公约,该公约涉及结社自由,根据该公约,主权国家不能对工人组织施加障碍。请注意巴西宪法第8条第2款,因为其对国际劳工法有明显的冒犯。而且值得记住的是,上述公约是国际劳工组织的八个基本公约之一。

另一个突出差异的变化是劳动改革带来的工会会费的选择性。工会会费是工会主要的收入来源,但根据第13.467/17号法律第545条,会费不再是强制性的。

据观察,巴西的工会模式从一开始就偏向于弱小和没有代表性的工会,它们只被视为调解点。在2004年和2017年的法律改革之后,小工会变得更加脆弱。代表工人利益的强大工会的想法在巴西并不普遍。人们注意到,大多数工会的存在只是为了筹集资金,雇员没有选择最佳工会的自由。

此外,工人们被麻醉了;他们缺乏工会和集体意识,无法有效地进行变革。罢工和社会动员被看作是负面的东西,即使这是宪法所保障的权利。换句话说,一个伟大的机制长期以来都在使劳动关系的变化成为可能,但最终却被遗忘和低估。

巴西需要批准国际劳工组织第87号公约,并进行工会改革,使工人能够以他们想要的方式组织起来,并由能够提供更好工作条件的强大工会来维护他们的利益。

劳动改革赋予了集体谈判以突出的作用,但仅靠集体谈判并不能消灭以赚取收入为目的的弱小工会,因此,必须采用工会自由来加强集体谈判,以帮助就业关系中的弱势群体。有了工会自由,雇员将能够选择旨在改善工作条件的工会,集体机制(ACT和CCT)将转化为主观权利,从而帮助工人有效改善工作生活。

3. 巴西的实际情况

巴西是一个规模庞大的国家,自成立以来不平等始终突出。时至今日我们可以看到,由于缺乏获得基本权利的机会,人民无法健康和有尊严的生活。这使得我们必须从广义上看待生存的最低限度,也就是说,这不仅涉及重要的需求,而且还涉及经济、文化和政治的介入。如果不注意这些方面,甚至在职业工作中也会产生影响。

高失业率(IBGE 2021)和开放的工作岗位显示了巴西人所经历的不平等现象。这种矛盾的发生是因为许多开放的职位是为技术工人准备的,而技术工人又在其他重视教育和投资科技的国家寻求工作和更好的生活条件,而大多数国家的失业者是没有获得最低生存保障的人,他们的机会受到了阻碍。

CLT 处理的是雇佣关系,以法律上的从属关系为前提。因此,保护原则对于避免这支劳动群体中不平等现象的扩大至关重要,这支劳动群体往往是不稳定的、脆弱的和被边缘化的(SmartLab BR, n. d.),由于缺乏机会而被排除在社会和劳动保护体系之外。

从一个人的初始培训开始,对优质教育的投资是必须的。如果优质教育投资缺失会影响整个国家;生产和经济及社会发展受到阻碍。而且,正如在第三章中已经提到的,邓小平对教育和中国现实的考虑表明了投资于人民的重要性,而一个对大多数人漫不经心、只关心为精英阶层服务的政府只会增加人们之间的距离,对国家造成不可估量的伤害。

> 社会、政治和经济因素对于理解巴西劳动法至关重要。事实上,它们表明了遵守保护原则的重要性和必要性,正如德尔加多指出的(2018:231—232):"……《劳动法》以其自身的规则、机构、原则和假设,在其内部构建了一个保护雇佣关系中的弱者——劳动者的网络,目的是在法律领域纠正(或减轻)雇佣合同事实层面上固有的不平衡。……可以说,如果没有保护性的矫正理念,《个体劳动法》在历史上和科学上是没有道理的。"①

尽管这是社会问题,但也必须在法律领域进行观察和分析,因为法律应该缓解社会中存在的因歧视和缺乏机会而产生的差异。

一项为了解哪些工作可以在疫情流行期间采用远程工作而进行的研究发现,只有 22.7% 的人可以从这项措施中受益(Góes、Martins 和 Nascimento,2020),这与传统工作地点的劳动力安排密切相关。在一个充满不平等及缺乏人力资本投资和机会的国家,能够投资于这种"新"努力的人很少。

尽管随着 2020 年健康危机的开始,关于这个问题的讨论已经加剧,但自从远程通信技术出现以来,也就是说,自从电报被发明及随之而来的发送订单和返回预定服务的可能性出现以来,工作与工作场所之间断开的可能性已经实现。

人们认为,提供这种类型服务的有利环境已经存在,因为遏制新冠蔓延的最好方法是社会隔离,这导致人们可以在家里工作。根据 CLT(第 62 条、第Ⅲ条、第 75-A 条及

---

① 原文为:"[...] o Direito do Trabalho estrutura em seu interior, com suas regras, institutos, princípios e presunções próprias, uma teia de proteção à parte hipossuficiente e vulnerável na relação empregatícia-o obreiro -, visando retificar (ou atenuar), no plano jurídico, o desequilíbrio inerente ao plano fático do contrato de trabalho. [...] pode-se afirmar que sem a ideia protetivo-retificadora, o Direito Individual do Trabalho não se justificaria histórica e cientificamente." (Delgado,2018:231—232)。

以下各条),远程工作必须在合同中进行详尽描述,解决所有可能出现的相关问题。此外,还有去地域化,以及如前所述的信息和通信技术的使用,都必须在合同中进行详尽描述。

值得注意的是,2020年和2021年在巴西发生的事情不是纯粹的远程工作问题,而是为遏制新冠疫情蔓延而采取的紧急措施,即希望利用雇员和雇主之间的物理距离来控制疫情,一些公司最终同意这一措施。然而,远程工作的设计和框架是在CLT第62条第3款中规定的。CLT第62条第3款(排除雇员对工作时间控制的条款)意味着灵活性,没有对工作时间的控制,打破了基于工作时间的传统薪酬逻辑。

还有一种可能是混合工作,即在某些日子里,这个人将在与公司不同的地方工作,而在其他日子里,则在公司总部工作,可能会出现员工交错工作的情况,以避免在空间上的花费。然而,只有在危机期过后才能更好地观察这一趋势。

我们还可以看到演出经济的增长,也就是那些不固定的、会按需分配的合同。目前这些工作的主要特点是使用平台,使服务提供商更接近需求者。在巴西,这些工人没有CLT保护(Conjur,2021)。但拥有广义工人概念的英国,已经规定这些工人应该拥有劳动权利(O'Brien,2021)。

这种服务的问题在于,并不是所有的人都把这种工作作为"演出",而是作为他们的主要活动(Estadão,2021),导致巴西的立法缺乏支持,因为劳动法只保护雇佣关系。如果这项活动只是作为收入的补充,那么这种服务就不会那么有害,但这不是巴西的现实情况。

因此,我们可以得出结论,公共政策的缺失不仅影响处境不利的个人,而且影响到整个社会,毕竟,人是社会的生物。工作被看作是生活的一部分,与人密不可分。在这方面,可以强调卡尔·马克思的教导,根据他的教导,劳动是人类生存的自然条件,是独立于所有社会形式的条件,是人与自然之间的物质交换[①](Marx,2008;Ramos和Nicoli,2015)。因此,这个问题不应该被粗心对待,也不应该被用来取悦社会中的一部分人而牺牲大多数人。

4. 灵活性或放松管制

巴西在2017年经历了一次劳动改革,采用了其他国家的做法。值得注意的是,这并不是这些思想第一次在巴西传播,用德尔加多(2018)的话说就是:

> ……在1988年宪法出现后不久,这一思想就在国内得到了加强,在官方和个人塑造舆论的手段范围内彻底拆散国家劳动规范,直接和间接减少劳动权利和保障……截至2016/2017年,20世纪90年代这一政治意识形态议

---

① 在葡萄牙语版本中为:"o trabalho é a condição natural da existência humana, a condição, independentemente de todas as formas socias, do intercâmbio da matéria entre o homem e a natureza."(Marx,2008;Ramos和Nicoli,2015:226)。

程在国内重新开始,在放松管制和劳动灵活性的意义上,其结构与前段时间吹嘘的论证和宣传基础相同。①

第 13.467/17 号法律②改变了巴西《劳动法》的实质,其将现行的立法制度转为现行的集体谈判制度。以前的做法使集体劳动协议(ACT)和集体劳动公约(CCT)得以盛行,但通过宣传应遵守最有利的规范的普遍性原则来减少其可能性。

正如 Vólia Bomfim Cassar(2018)所解释的,规则应当遵循对工人最有利的原则:

……决定了,如果有一个以上的规则适用于同一个工人时,必须选择对工人更有利的规则而不考虑规范的等级制度。第 13.467/17 号法律改变了这一原则,例如,《劳动法》第 611-A 条授权他人在减少或压制工人权利时,公约和集体协议优先于法律。③

第 13.467/17 号法律不仅改变了 CLT,而且还改变了以下法律:第 6.019/74 号有关工作的法律,此外,同年的第 14.429 号法律也进行了修改;第 8.036/90 号法律(第 13.467/17 号法律第 3 条)和 8.212/91 号法律(第 13.467/17 号法律第 4、5、Ⅱ条)。

2017 年 11 月 14 日,巴西颁布了第 808 号临时措施,该措施于 2018 年 4 月 23 日结束,因为它不符合 CRFB 第 62 条第 3 款的规定。④ 上述规定在其效力期限内适用,在效力期限届满的 2018 年 4 月 23 日之后,以前的规范(第 13.467/17 号法律)重新生效。

鉴于上述说明,本文将对 2017 年新增或修改的一些重要内容进行分析。

如前所述,第 4 条为有效服务年限的概念,其第 2 段使该条规则更加灵活,此外还举例说明了不由雇主支配时间的情况。第 58 条第 1 款和第 2 款的修正与巴西高级劳

---

① 原文为:"[...] logo após o surgimento da Constituição de 1988, fortaleceu-se no País, no âmbito oficial e nos meios privados de formação de opinião pública, um pensamento estratégico direcionado à total desarticulação das normas estatais trabalhistas, com a direta e indireta redução dos direitos e garantias laborais. [...] A partir de 2016/2017, retomou-se no País essa agenda político-ideológica dos anos 1990, no sentido de desregulamentação e flexibilização trabalhista, estruturada sobre as mesmas bases argumentativas e propagandísticas alardeadas tempos atrás." (Delgado, 2018, 135-136)。

② 参见 http://www.planalto.gov.br/ccivil_03/_ato2015-2018/2017/lei/l13467.htm。

③ 原文为:"[...] determina que, caso haja mais de uma norma aplicável a um mesmo trabalhador, deve-se optar por aquela que lhe seja mais favorável, sem levar em consideração a hierarquia das normas. A Lei 13.467/17 inverte essa lógica principiológica quando, por exemplo, o artigo 611-A da CLT autoriza a preponderância da convenção e do acordo coletivo sobre a lei quando reduzir ou suprimir direitos." (Cassar, 2018:14)。

④ 规定原文如下:"In case of relevance and urgency, the President of the Republic may adopt provisional measures, with the force of law, and must immediately submit them to the National Congress [...] § 3 Provisional measures, except for the provisions of § 11 and § 12 will lose effectiveness, from the time of publication, if they are not converted into law within a period of sixty days, extendable, pursuant to § 7, once for an equal period, and the National Congress shall discipline, by legislative decree, the legal relationships arising from them." 参见 http://www.planalto.gov.br/ccivil_03/constituicao/constituicao.htm. Accessed June 10, 2021。

工法院(TST)第 90、320 和 429 号判例相矛盾。该条款涉及从雇员的住所到工作地点的通勤时间的计算。这项规定适用于因交通不便或没有公共交通而需要公司雇主提供交通工具的情形(在上班路上的时间内),但随着实际情况变化,雇主不再允许利用此段时间。

第 58-A 条的措辞规定了兼职制度的 25 小时限制,通过新的规定立法者定义了两个工时基础:一是雇员每周工作时间不超过 26 小时,可以加班 6 小时;二是雇员每周工作时间从 26 小时到 30 小时,则没有加班的可能。尽管如此,法律仍将兼职情形的假期(CLT 第 58-A 条第 7 款和第 130 条)等同于常规情形(每周工作时间为 44 小时)。

接下来,CLT 第 62 条和第 75-A 条及以下条款对远程工作进行了规定,但此处应该进行删减,因为第 12.551/01 号法律在修改第 6 条的措辞时已经小心地处理了这个问题,并将其纳入唯一的段落。根据 CLT 第 75-B 条的规定,远程工作者提供远程服务并使用信息和通信技术。虽然立法者将远程工作者排除在工作时间控制之外,但也必须考虑到现实情况(CLT 第 9 条),因为目前通过使用远程信息手段,雇主可以远程行使其指挥权。

然而,考虑到法律对工作环境和雇员及共同生活者的隐私问题未予明确规定,其已实施的处理措施仍待完善。CLT 第 75-D 条规定了雇主在双方商议范围内提供服务所需的设备和基础设施的购置、维护或供应的责任,也就是说,项目的风险可以转移给雇员,这与 CLT 第 2 条的规定相悖。此外,第 75-D 条规定了雇佣关系双方的自由谈判,但忽略了雇员的不足之处。

改革者失去了为维护精神健康的劳动者解除劳动关系的权利的机会,不遵守规定可能会给苦役定性,在这种情况下"攻击性的代理人正是被执行的服务"(Oliveira,2011:204)[1]并在 CRFB 中作了规定(第 7 款第 XXIII 条),但普通法没有予以规定。Christiani Marques(2007)和 Oliveira(2011)将其定义为:"与疲惫、不适、疼痛、磨损、过度集中和所执行的任务的不变性有关的,这消除了兴趣,导致工人的能量耗尽,熄灭了她的工作生活和她要执行的活动之间的乐趣,产生了痛苦,这可以通过两个主要症状显示出来:不满和焦虑。"[2]

在这个问题上,有必要强调的是由参议员 Paulo Paim 提出的第 3.694/19 号法案,以及由议员 David Miranda 制定的第 5622/20 号法案。

此外,远程工作正在被兼容的活动中广泛使用,(从而雇员可以)在新冠病毒引起的

---

[1] 原文为:"o agente agressivo é o próprio serviço que se executa."(Oliveira,2011:204)。

[2] 原文为:"Aquele relacionado à exaustão, ao incomodo, à dor, ao desgaste, à concentração excessiva e à imutabilidade das tarefas desempenhadas que aniquilam o interesse, que leva o trabalhador ao exaurimento de suas energias, extinguido-lhe o prazer entre a vida laboral e suas atividades a serem executadas, gerando sofrimento, que pode ser revelado por dois grandes sintomas: insatisfação e ansiedade."(Marques, 2007; Oliveira, 2011:207)。

疫情期间保持就业。这种可能性是由第927/20号临时措施提出的,该措施没有得到及时的审议(有效时间截至2020年7月30日)。该措施使面对面制度的改变对远程工作和相反的工作更加灵活(第4条和第5条)。

另一项创新是在CLT第223-A条及以下条款中对表外劳动损害的监管。宪政下的立法者只处理个人的表外损害,而改革未涉及集体损害、工作事故或职业病造成的财产损失及房屋内损害。第223-G条的规定确定了赔偿金的标准,但是赔偿原本应与所受伤害相称。[①]

此外还有对已经出现的提供间歇性服务的处理(《劳动法》第443条第3款),但从事"演出"的人没有被认为有雇佣关系或获得由此产生的保护。人们希望对新模式(间歇性服务的提供;在新的幌子下的兼职制度,以及生产力的报酬)进行监管,从而激发更多的正式工作(Agência Câmara de Notícias,2017)。然而,统计数据却给出了相反的情况(Saraiva,2018)。

间歇性服务的巨大问题存在于452-A条第6款和第9款中。这些条款假设从事间歇性服务的人对他们的工作和社会保障有管理。然而,巴西是一个不平等的国家:在基本保障上存在缺陷、低工资及购买力遭到侵蚀。工会没有办法向雇员收费,以保留分期付款,供他们在适当的时候使用;大多数人没有储蓄或投资的钱,因为他们必须支付日常账单,没有存款,导致许多人需要寻找其他工作来补充收入。在多数情况下,人们收到的金额将用于满足重要需求。此外,雇员每年休息的权利受到双重损害,因为假期收到的金额很可能无法在此期间享受,以及在享受年假的时间里为另一个雇主工作(以同样的方式或另一种方式)。改革的立法者的意图和国家的现实之间存在着不协调。

最后,改革的立法者还带来了另一个有争议的问题:超自给自足的雇员,即拥有大学学位的雇员月薪等于或超过普通社会保障体系最高福利限额的两倍。[②] 根据CLT第444条唯一的一款规定,超自给自足的雇员将能够与他们的雇主进行单独谈判;然而他们在法律上仍然具有附属性并受制于其雇主的指挥权。同样值得注意的是,法律上的从属关系是雇佣关系的要素之一(CLT第3条)。

2017年并不是立法发生变化的唯一一年。因此,以下法律可以凸显出来:第

---

① 在这种情况下,RE no. 447.584-7/RJ规定:"……宪法规则以明确和更广泛的方式,在最高名义层面确立了对所谓精神损害的无限制赔偿原则"(可参见 http://www.stf.jus.br/imprensa/pdf/re447584voto.pdf);ADPF第130-DF号规定:"ADPF的全部起源,为了宣布1988年宪法不接受1967年2月9日第5250号联邦法的全部条款。"(可参见 http://redir.stf.jus.br/paginadorpub/paginador.jsp?docTP=AC&docID=605411。)以上为非官方翻译。

② 在2021年,工资必须等于或超过12 867.14雷亚尔。

13.844/19号①、13.874/19号②（15条和19条第5款）、14.020/20号③、14.043/20号④、14.112/20号⑤、14.133/2021号⑥、14.151/21号⑦法律；第182/21号补充法律；第905/19号⑧、927/20号、936/20号、937/20号、1.045/21号、⑨和1.046/21号⑩临时措施；第20/20号⑪、16655/20号⑫和2345/20⑬号法令。

在很短的时间内，巴西的劳动立法经历了许多变化。如前所述2017年的劳动改革是在一个不稳定的政治时刻批准的（Agência Senado，2016），当局关心的是满足大商人的愿望，他们把经济衰退归咎于劳动法保护劳动者的主要原则。

在一个如此不平等的国家谈论劳动立法的不受限制的灵活性，以及反复出现的对最低劳动权利的侵犯是不可想象的（Organização Internacional do Trabalho，1998）。更新劳动立法是自然而然也是应该发生的事情，但要符合《劳动法》的原则就必须遵守国家和人口的现实情况。重要的是要确定《劳动法》已经过多次修订，并有修改机制，即集体文书（ACT和CCT）。

用来促进2017年劳动改革（Souto Maior，2017）的谬论，作为促进经济和开辟新的

---

① 这个法律取消了劳动部，将其属性重新分配给司法部、公民部和经济部，由经济部负责监督立法（第31条第三十一至三十五项）。全文见：http://www.planalto.gov.br/ccivil_03/_ato2019-2022/2019/lei/L13844.htm。

② 该法的文本可在以下网站查阅：http://www.planalto.gov.br/ccivil_03/_ato2019-2022/2019/lei/L13874.htm。

③ 该条例的全文可在以下网站查阅：http://www.planalto.gov.br/ccivil_03/_ato2019-2022/2020/lei/L14020.htm。

④ 该条例的全文可在以下网站查阅：http://www.planalto.gov.br/ccivil_03/_ato2019-2022/2020/Lei/L14043.htm。

⑤ 该条例的全文可在以下网站查阅：http://www.planalto.gov.br/ccivil_03/_ato2019-2022/2020/lei/L14112.htm。

⑥ 该条例的全文可在以下网站查阅：http://www.planalto.gov.br/ccivil_03/_ato2019-2022/2021/lei/L14133.htm。

⑦ 法律文本可在以下网址查阅：http://www.planalto.gov.br/ccivil_03/_ato2019-2022/2021/lei/L14151.htm。

⑧ 905/19号条例的全文可在以下网站查阅：http://www.planalto.gov.br/ccivil_03/_ato2019-2022/2019/Mpv/mpv905.htm。

⑨ 1.045/21号条例的全文可在以下网站查阅：http://www.planalto.gov.br/ccivil_03/_Ato2019-2022/2021/Mpv/mpv1045.htm。

⑩ 1.046/21号条例的全文可在以下网站查阅：http://www.planalto.gov.br/ccivil_03/_Ato2019-2022/2021/Mpv/mpv1046.htm。

⑪ 该条例的全文可在以下网站查阅：https://www.in.gov.br/en/web/dou/-/portaria-conjunta-n-20-de-18-de-junho-de-2020-262408085。

⑫ 该条例的全文可在以下网站查阅：https://www.in.gov.br/en/web/dou/-/portaria-n-16.655-de-14-de-julho-de-2020-266640831。

⑬ 该条例的全文可在以下网站查阅：https://www.in.gov.br/en/web/dou/-/portaria-n-2.345-de-2-de-setembro-de-2020-275488423？fbclid＝IwAR2j1dNzTBCUihxU1We8gmLS4ClZ-iePUtcRjGt4UTuBY-deY_yYVyeTQd8。

就业机会的方式,使指导《劳动法》的保护原则对高失业率和经济危机负责,完全不符合巴西的现实。

备受争议的劳动诉讼(Conselho Nacional de Justiça,2020)之所以产生,是因为雇主不遵守 CLT 的规定,以及不具备社会责任,使得雇员在雇佣关系中更加脆弱。《劳动法》第 111 条规定:"劳动者在劳动关系中处于弱势地位"。CRFB 第 111 条规定了巴西的劳动司法机构:巴西高级劳动法院、地区劳动法院和劳动法官(劳动法院)。在 TST 的网站上可以看到与不遵守劳动法规的条款有关的主要诉求包括:提前通报、罚款 40% 的 FGTS(服务期保证基金)和按 CLT 第 477 条的罚款,即与终止劳动合同有关的劳动索赔(Tribunal Superior do Trabalho,n. d.)。

应该注意的是,巴西前总统博索纳罗已经多次表达了他在劳动法领域的错误观点,并支持关于劳动法的错误信息(Souto Maior,2019),就像他在其他问题上所做的一样。此外,该法还得到了商人的支持,其目的也是为了减轻劳动立法和不稳定的工作条件。

结论是,我们所观察到的变化是大多数情况下的目标是放松对劳动立法的管制而没有考虑巴西人的现实情况,政府需要人民的劳动力来满足资本,并由此确保自己的物质生存和经济、文化和政治。因此,国家干预在建立最低限度的权利基础中是非常重要的,以确保这种特性不被资本的力量所压制。政府利用法律作为违反最低限度保障的机制,从而使一部分人凌驾于另一部分人之上的行为违反了 1988 年巴西《宪法》的序言。①

(二)巴西和中国劳动法的比较

在解释了巴西的《劳动法》之后,我们有必要与巴西的商业伙伴及其立法进行简单的比较。

2007 年引发的次贷危机导致一些国家对社会立法进行改革从而使法律规定更加灵活,如巴西(2017 年)、西班牙(2012 年)和葡萄牙(2012 年)。然而,中国采取了相反的行动:《劳动合同法》(2007 年)和《劳动争议调解仲裁法》(2008 年)在《劳动法》的范围内强化了对劳动者权利的保护,如规定了优先签订无固定限期劳动合同、劳动合同的书面要式、自由仲裁、雇员必须向司法部门上诉、证据的出示、雇主必须提供他们所拥有的有关信息等(郑,2015)。

---

① 本文作者由葡萄牙文翻译的英文为:"We, representatives of the Brazilian people, gathered in the National Constituent Assembly to establish a Democratic State, designed to ensure the exercise of social and individual rights, freedom, security, well-being, development, equality and justice as supreme values of a fraternal, pluralistic and unprejudiced society, founded on social harmony and committed, in the internal and international order, with the peaceful solution of disputes, we promulgate, under the protection of God, the following CONSTITUTION OF THE FEDERATIVE REPUBLIC OF BRAZIL."葡萄牙文原文见 http://www.planalto.gov.br/ccivil_03/constituicao/constituicao.htm。

在新的立法中,中国有两个原则与巴西法律相似,即劳动者保护和劳动关系的连续性。劳动者保护表现在保证诉诸司法、承包商的正规性和促进证据的出示;而在劳动关系的连续性方面,规定签署无固定限期合同是"最能实现雇佣关系的连续性的做法"①。

中国的立法变革随着邓小平先生(1978年)在政治上崛起而产生,并随着中国在2001年加入世贸组织而得到巩固,即"中国在公共政策的制定中对经济向外资开放和扩大对外贸易的关注占据了主导地位"和"中国法律与西方概念和规范的协调"②变得对新的法律内容至关重要。

此外,这还有助于防止社会倾销,即"某国在生产过程中因劳动法较宽松而获得的不公平优势,从而降低生产成本"③。

当一些国家担心将资本主义的弊端与《劳动法》及其保护主义联系起来并将其列为经济增长的障碍时,中国正在加强其社会立法,从而提高人民的生活质量和国家的发展。王伟光下面这段话就说明了这一点:

> 1978年,中国的GDP总量只有3 645.2亿元,人均GDP为381元;2007年,中国的GDP总量为24.66万亿元,是1978年的67.7倍,年均增长接近14%。1978年,城镇居民人均收入只有343元,2007年达到13 786元。1978年,农村居民的人均纯收入只有134元,而2007年则达到4 140元。1978年中国恢复高考后,有40万名学生进入大学学习;2007年,普通本科生和研究生人数达到1 144万,中等和高等职业学校的学生人数分别达到2 000万和861万。1978年,私家车几乎为零;到2007年底,中国的私家车总数达到1 522万辆。1978年,中国的贫困人口约为25亿,目前已减少到不足2 000万。农业和工业产品,如谷物、棉花、肉类、钢铁、煤炭、化肥、水泥等的产量是世界上最大的。除了经济的快速增长,中国在政治、文化和社会制

---

① 原文为:"o que melhor concretiza o direcionamento pela continuidade da relação empregatícia."(Delgado,2018:245)。
② 原文为:"preocupação com a abertura da economia para investimentos estrangeiros e expansão do comércio exterior assumem protagonismo na formulação de políticas públicas chinesas" e "harmonização do direito chinês com os conceitos e normas ocidentais". (Leurquin,2015:103—104)。
③ 原文为:"vantagem desleal obtida por um determinado país no seu processo produtivo em decorrência de leis trabalhistas mais brandas,que diminuem o custo de produção."(Peres 和 Daibert,2015:403)。

度方面也取得了显著的进步。①

通过这种方式,中国同时实现了经济增长与居民生活的改善,中国人民现在有了更多的就业机会,反过来也对国家的发展做出贡献。

资本主义经济体系有衰退和自然增长的时刻,1929 年、1970 年和 2007 年的经济危机就是典例。对基础领域的投资和对劳动关系中最薄弱环节的保护与经济增长的放缓无关;相反,工作的资格和稳定可以使人们能够投资于教育,寻找新的职业,此外还能使他们进入随着技术的发展而出现的新工作。

生产力的传奇故事最终使工人与他们的个人关系疏远,并为他们未来的前景蒙上阴影,因为人们一直担心与资本的缺乏有关的生存问题。在这方面,我们强调对未来带来希望的国际劳工组织百年宣言(2019 年)的以下节选:

> 当务之急是赶紧行动起来,抓住机遇,应对挑战,为未来塑造一个公平、包容和安全的工作,为所有人提供充分、生产性和自由选择的就业和体面工作……进入第二个世纪,国际劳工组织必须以不懈的努力,通过进一步发展其对未来工作的以人为本的方法,将工人的权利和所有人的需求、愿望和权利置于经济、社会和环境政策的核心,来推进其社会正义的宪法任务。

在巴西目前的情况下,政府 2017 年的变革承诺了法律的现代化、集体劳动协议和公约更大的威望、创造新的就业机会、减少失业和非正规性、经济形势的改善。但这些承诺并没有实现,反而现在随着新冠疫情危机而变得更加糟糕。

与第 4.1.2 项所述一致,CLT 决定了组织工会的方式。因此,雇佣关系中的人物分为类别的群体,Nascimento 将他的概念翻译如下:

> 有几个经济活动行业,如工业和商业,在这两个行业中,又有许多细分

---

① 原文为:"Em 1978, o PIB total da China era de apenas 364.52 bilhões de yuans, e o PIB per capita era de 381 yuans; em 2007, o PIB total da China somava 24.66 trilhões de yuans, 67.7 vezes o de 1978, com um crescimento anual médio próximo de 14%. Em 1978, a renda per capita dos residentes urbanos era de apenas 343 yuans, e chegou a 13.786 yuans em 2007. Em 1978, a renda líquida per capita dos residentes rurais apenas de 134 yuans, enquanto em 2007 atingiu 4.140 yuans. Havia 400.000 estudantes matriculados na universidade depois que a China reintroduziu o vestibular, em 1978; em 2007, o número de graduandos e de pós-graduandos regulares atingiu 11.44 milhões, o de alunos secundários e de escolas superiores vocacionais chegou a 20 milhões e 8.61 milhões, respectivamente. Em 1978, a frota de carros particulares era quase nenhuma; pelo final de 2007 o número total de carros particulares na China chegou a 15.22 milhões. Em 1978, a população pobre da China girava em torno de 2.5 bilhões; atualmente está reduzida a menos de 20 milhões. A produção de bens de natureza agrícola e industrial, como grãos, algodão, carne, ferro e aço, carvão, fertilizantes químicos, cimento, etc. foi a maior do mundo. Além do rápido crescimento econômico, a China fez, também, notável progresso no que diz respeito às instituições políticas, culturais e sociais."(Fundação Alexandre de Gusmão, 2008:189)。

的行业……类别是指在这些部门中进行活动或工作的人群,正是在这个意义上,人们谈到了专业类别,以指定工人,以及经济类别,以指每个人的雇主……职业和类别是不同的概念。职业是一个人选择的合法手段,他的生计来自于此。类别是这个人工作的行业。①

综上可以看出,意识和改变工作条件的意愿会给工人带来进步,再加上组织自由会取得更好的效果,这会对劳动法产生重大改变。这就是为什么结社自由受到国际劳工组织的维护,在集体劳动关系中必须遵守。工作赋予个人身份,必须尽可能多地提供保护以避免工人无论是身体上还是心理上的伤害。此外,对于已经取得的成果必须维护和改善。必须与日益严重的对劳动力的剥削作斗争,从而使为公司工作的人不再被看作是获得资本的工具。

劳动行业发展之初出现的问题(过长的工作时间、有辱人格的工作条件等)以不同的面目重新出现而没有讨论的进展。正如中国在劳动行业的巨大发展一样,巴西必须效仿,继续完善其社会立法,使其发展完整,使其与国家的关系更加紧密。

只有投资于人力资本,一个国家才能从整体上改善它的各个方面,使个人能够进入新的工作岗位,而不考虑技术造成的变化。没有高质量的教育,就没有办法在劳动力市场上重新安置人们,并会对国家造成伤害。巴西已经有几个与有辱人格的工作条件有关的挑战(立法的不稳定性,一种类似于奴隶制和童工的条件),因此巴西必须关注保持法律的保护原则,并寻求改善立法,扩大对劳动关系的保护,以及适应国际标准,而中国就是一个真正的例子。

五、最后的思考

本文以巴西劳动法在 2017 年改革和历次修订后最相关和争论的要点展开阐述。有了该法就有了分支的灵活化和不稳定的趋势。此外,还有资本主义自然周期引起的经济风暴——表示衰退、增长和稳定的阶段——对最脆弱的部分应该接受国家的监护,因为他们与生产资料的持有者相比处于不利地位。

要使工作不再被视为折磨,而成为人类的一部分,人类将其大部分生命奉献给了工作。因此,所有人都必须追求体面和有尊严的工作,各国必须努力确保人民有办法进入劳动力市场,即使在危机出现或社会突然变化(如工业革命和当前的数字革命带来的变

---

① 原文为:"Existem diversos setores de atividades econômicas, como as industriais, as comerciais, em ambas há inúmeras subdivisões [...]. A categoria é conjunto o de pessoas que exercem a sua atividade ou seu trabalho num desses setores e é nesse sentido que se fala em categoria profissional, para designar os trabalhadores, e em categoria econômica, para se referir aos empregadores de cada um deles. [...] Profissão e categoria são conceitos diferentes. Profissão é o meio lícito que uma pessoa escolheu e do qual provém a sua subsistência. Categoria é o setor no qual essa pessoa exerce sua a profissão." (Nascimento, 1999:494).

化)的时候。

新冠疫情大流行影响了整个世界,特别是工作,但也加速了技术变革。巴西起草了一些立法来处理公共灾难状态下的工作问题,即所谓的"疫情大流行法"。而人们看到的是对劳动部门法律基本原则的再次侮辱,因为经济活动的风险(《劳动法》第2条)被转移到雇员身上,雇员在危机中得不到真正的支持。雇员就像阿特拉斯被判处承受上天的重量一样,不得不承受卫生和经济危机的所有弊端:工资损失、暴露于病毒、缺乏帮助使社会隔离、不稳定的健康和安全,等等。而最薄弱环节对经济衰退的责任和所谓的过度保护是该国反复出现的情况,但有辱人格的工作条件也是如此。

劳动法中存在的干预和保护主义有其历史原因,即平衡支配雇主和工人之间关系的对立力量,以避免权利滥用,如在巴西仍然常见的类似于奴隶制的条件案例。

人们看到,更加灵活或放松管制并不能给国家带来好处,这一点在从2017年开始进行的改革和近年来的高失业率中已经很明显。

中国也是一个例子,加强社会立法,除了改善人民的生活,还能产生经济增长。中国所进行的立法改革是进步的重要环节。伴随着立法改革,中国也加强了《劳动法》立法。此外,巴西在战略领域的投资是值得思考的,而在其他方面的变革,如对环境问题的调整,则不仅有利于巴西,也有利于其与最大贸易伙伴中国的关系。

巴西还需要考虑疫情后的社会状况,包括关注社会不平等问题,执行能够让每个人都融入社会的公共政策,扩大保护范围等,而扩大保护范围非常重要。

因此,根据劳工组织的建议和公约,寻求一部符合劳工组织所捍卫的原则的《劳动法》应成为国家的目标。另外,还需要一个国际联盟,在所有层面——地方和超国家——寻求对工人的保护,因为劳动力市场的新方向寻求这种关怀从而防止侵犯人权和不公平竞争。

参考文献

1. Agência Câmara Notícias. Ministro diz que novos contratos de trabalho vão gerar 2 milhões de empregos[N/OL]. *Câmara dos Deputados*,2017-10-10. https://www.camara.leg.br/noticias/524979-ministro-diz-que-novos-contratos-de-trabalho-vao-gerar-2-milhoes-de.

2. Janary Júnior. Projeto de Lei prevê regras gerais para implementação das cidades inteligentes no Brasil[N/OL]. *Câmara dos Deputados*,2021-6-7. https://www.camara.leg.br/noticias/763860-projeto-preve-regras-gerais-para-implantacao-das-cidades-inteligentes-no-brasil/.

3. Agência Senado. Impeachment de Dilma Rousseff marca ano de 2016 no congresso e no Brasil[N/OL]. *Agência Senado*,2016-12-28. https://www12.senado.leg.br/noticias/materias/2016/12/28/impeachment-de-dilma-rousseff-marca-ano-de-2016-no-congresso-e-no-brasil.

4. Agência Senado. Perdem a validade nesta terça-feira duas MPs sobre o contrato verde e

amarelo[N/OL]. *Agência Senado*,2020-8-18. https://www12. senado. leg. br/noticias/materias/2020/08/18/perdem-a-validade-nesta-terca-feira-duas-mps-sobre-o-contrato-verde-e-amarelo.

5. Agência Senado. Especialistas apontam muitos desafios para a classe trabalhadora neste 1° de Maio[N/OL]. *Agência Senado*,2021-4-30. https://www12. senado. leg. br/noticias/materias/2021/04/30/especialistas-apontam-muitos-desafios-para-a-classe-trabalhadora-neste-1o-de-maio? utm_campaign=clipping_de_noticias_-_03052021&utm_medium=email&utm_source=RD+Station.

6. Américo,Tiago. Na pandemia,71% das famílias moradoras de favelas perderam metade da renda[N/OL]. *CNN Brasil*, 2021-3-28. https://www. cnnbrasil. com. br/business/2021/03/28/na-pandemia-71-das-familias-moradoras-de-favelas-perderam-metade-da-renda.

7. Amorim,PauloGuedes planeja mexer com salário de trabalhadores e aposentados para conter crise[N/OL]. *FDR*,2021-3-29. https://fdr. com. br/2021/03/29/guedes-planeja-mexer-com-salario-de-trabalhadores-e-aposentados-para-conter-crise/.

8. APUFPR (Associação dos Professores da UFPR). Orçamento de 2021 corta ainda mais da educação e garante mais verbas para militares[N/OL]. *APUFPR*,2021-4-1. https://apufpr. org. br/2021/04/01/orcamento-de-2021-corta-ainda-mais-da-educacao-e-garante-mais-verbas-para-militares.

9. Asano,Camila Lissa,Deisy de Freitas Lima Ventura,Fernando Mussa Abujamra Aith,Rossana Rocha Reis,and Tatiane Bomfim Ribeiro. Direito e pandemia:ordem jurídica e sistema judiciário não foram suficientes para evitar graves violações[M/OL]. //Camila Lissa Asano,Deisy de Freitas Lima Ventura,Fernando Mussa Abujamra Aith,Rossana Rocha Reis,and Tatiane Bomfim Ribeiro. *Direitos na pandemia:mapeamento e análise das normas jurídicas de resposta à covid-19 no Brasil*. São Paulo:Conectas,2021:2—3. https://repositorio. usp. br/directbitstream/cc8f4d21-f3b2-47b6-81f1-c1a65c273ef4/HSA_01_2021. pdf.

10. Assis,Guilherme Bacelar Patrício de. Organização política e judiciária na República Popular da China[M]. Fabrício Bertini Pasquot Polido and Marcelo Maciel Ramos. *Direito Chinês Contemporâneo*. São Paulo:Almedina,2015:115—136.

11. AUDTEC Gestão Contábil. Tabelas de valores de salário mínimo de 1940 a 2021[EB/OL]. https://audtecgestao. com. br/capa. asp? infoid=1336,2021-3-30.

12. Bailey,David and Lisa de Propris. *Industry 4. 0 and regional transformations*[M]. Kindle. Abingdon:Routledge,2020.

13. Balakrishnan,Ravi and Frederik Toscani. Como o boom das commodities ajudou a reduzir a pobreza e a desigualdade na América Latina[R/OL]. https://www. imf. org/pt/News/Articles/2018/06/20/blog-how-the-commodity-boom-helped-tackle-poverty-and-inequality-in-latin-america,2018-6-21.

14. Baleeiro,Aliomar. *Vol. 2 of Coleção constituições brasileiras*(1891)[M/OL]. 3rd ed. Brasília:Senado Federal,Coordenação de Edições Técnicas,2012. http://www2. senado. leg. br/

bdsf/handle/id/137570.

15. Baleeiro, Aliomar, Luiz Navarro de Brito, and Themistocles Brandão Cavalcanti. *Vol. 6 of Coleção Constituições brasileiras*（1967）[M/OL]. 3rd ed. Brasília: Senado Federal, Coordenação de Edições Técnicas, 2012. https://www2.senado.leg.br/bdsf/handle/id/137603.

16. Baleeiro, Aliomar, and Barbosa Lima Sobrinho. *Vol. 5 of Coleção constituições brasileiras* (1946)[M/OL]. 3rd ed. Brasília: Senado Federal, Coordenação de Edições Técnicas, 2012. https://www2.senado.leg.br/bdsf/handle/id/139953.

17. Becker, Fernando and Regiane Oliveira. Luciano Hang e o pelotão de empresários "anticomunistas" pró-Bolsonaro[N/OL]. *El País*, 2018-9-2. https://brasil.elpais.com/brasil/2018/08/21/politica/1534888407_697144.html.

18. Betim, Felipe and Gil Alessi. Bolsonaro diz que vai eliminar desmatamento ilegal até 2030, mas condiciona ações a recursos do exterior[N/OL]. *El País*, 2021-4-22. https://brasil.elpais.com/brasil/2021-04-22/bolsonaro-diz-que-vai-eliminar-desmatamento-ilegal-ate-2030-mas-condiciona-acoes-a-recursos-do-exterior.html.

19. Breslin, Shaun. *China Risen?: Studying Chinese Global Power*[M]. Kindle. Great Britain: Bristol University, 2021.

20. Cassar, Vólia Bomfim, and Leonardo Dias Borges. *Comentários à reforma trabalhista: de acordo com a lei 13.467/2017 e a MP 808/2017*[M]. 2nd ed. Rio de Janeiro: Forense, 2018.

21. TST reitera pela 4ª vez que não existe vínculo entre motoristas e a Uber[N/OL]. *ConJur*, 2021-5-11. https://www.conjur.com.br/2021-mai-11/tst-reitera-vez-nao-existe-vinculo-entre-motoristas-uber.

22. TST volta a negar vínculo de emprego entre Uber e motoristar[N/OL]. *ConJur*, 2021-3-3. https://www.conjur.com.br/2021-mar-03/tst-volta-negar-vinculo-emprego-entre-uber-motorista.

23. Conselho Nacional de Justiça. *Justiça em Números 2020: ano-base 2019*[M/OL]. Brasília: CNJ, 2020. https://www.cnj.jus.br/wp-content/uploads/2020/08/WEB-V3-Justi%C3%A7a-em-N%C3%BAmeros-2020-atualizado-em-25-08-2020.pdf.

24. Coutinho, Renata. Discreto, STF deu passo decisivo para precarização dos trabalhadores [N/OL]. *Carta Capital*, 2021-4-16. https://www.cartacapital.com.br/justica/discreto-stf-deu-passo-decisivo-para-precarizacao-dos-trabalhadores/.

25. Delgado, Mauricio Godinho. *Capitalismo, trabalho e emprego: entre o paradigma da destruição e os caminhos da reconstrução*[M]. 3rd ed. Kindle. São Paulo: LTr., 2017.

26. Carlos Henrique Bezerra Leite. *Curso de direito do trabalho: conforme lei n. 13.467/17 e MP n. 808/17*[M]. 17th ed. São Paulo: LTr., 2018.

27. Della Coletta, Ricardo. Em novo ataque, Bolsonaro sugere que China faz guerra biológica com Covid[N/OL]. *Folha*, 2021-5-5. https://www1.folha.uol.com.br/mundo/2021/05/em-novo-ataque-bolsonaro-sugere-que-china-faz-guerra-quimica-com-covid.shtml.

28. Covid has forced a radical shift in working habits[N/OL]. *Economist*, 2020-9-10. https://www.economist.com/briefing/2020/09/12/新冠-has-forced-a-radical-shift-in-working-habits.

29. Brasileiro depende mais de aplicativos para ter renda[N/OL]. *Estadão*, 2021-4-12. https://www.infomoney.com.br/minhas-financas/brasileiro-depende-mais-de-aplicativos-para-ter-renda/.

30. Fausto, Boris. *História do Brasil*[M]. 12th ed. São Paulo: Editora da Universidade de São Paulo, 2006.

31. Fernandes, Daniela. Bolsonaro é provavelmente o primeiro líder político da história a desencorajar vacinação, diz especialista francês[N/OL]. *BBC News Brasil*, 2021-2-5. https://www.bbc.com/portuguese/brasil-55939354.

32. Feng, Hui. *The politics of China's accession to the World Trade Organization: the dragon goes global*[M]. Kindle. New York: Routledge, 2006.

33. Fontenelle, Christiana and João Póvoa. Os desafios impostos às relações de trabalho depois de um ano de covid-19[N/OL]. *Conjur*, 2021-4-2. https://www.conjur.com.br/2021-abr-02/opiniao-relacoes-trabalho-depois-ano-covid-19.

34. Fundação Alexandre de Gusmão. *Conferência Nacional de Política Externa e Política Internacional - III CNPEPI: O Brasil no mundo que vem aí. Seminário: China*[M]. Brasília: Fundação Alexandre de Gusmão, 2008.

35. Gillespie, Patrick. Gig economy is 34% of US workforce[N/OL]. *CNN Money*, 2017-5-24. https://money.cnn.com/2017/05/24/news/economy/gig-economy-intuit/index.html.

36. Giovanaz, Daniel. Política de morte adotada na pandemia dialoga com velhas propostas de Jair Bolsonaro[N/OL]. *Brasil de Fato*, 2021-3-18. https://www.brasildefato.com.br/2021/03/18/politica-de-morte-adotada-na-pandemia-dialoga-com-velhas-propostas-de-jair-bolsonaro.

37. Góes, Geraldo Sandoval, Felipe dos Santos Martins, and José Antonio Sena do Nascimento. Potencial de teletrabalho na pandemia: um retrato no Brasil e no mundo[N/OL]. *IPEA*, 2020-6-3. https://www.ipea.gov.br/cartadeconjuntura/index.php/2020/06/potencial-de-teletrabalho-na-pandemia-um-retrato-no-brasil-e-no-mundo/.

38. População chinesa chega a 1,411 bilhão de habitantes, diz Censo[N/OL]. *G1*, 2021-5-11. https://g1.globo.com/mundo/noticia/2021/05/11/populacao-chinesa-chega-a-141-bilhao-de-habitantes-aponta-censo.ghtml.

39. Instituto Brasileiro de Geografia e Estatística. *Síntese de indicadores sociais: uma análise das condições de vida da população brasileira*[M/OL]. Rio de Janeiro: IBGE, 2020. https://biblioteca.ibge.gov.br/visualizacao/livros/liv101760.pdf.

40. *Desemprego*[R/OL]. Rio de Janeiro: IBGE, 2021. https://www.ibge.gov.br/explica/desemprego.php.

41. Instituto Nacional do Seguro Social. Benefícios acima do mínimo têm reajuste de 5,45%

[N/OL]. *Governo do Brasil*, 2021-1-13. https://www.gov.br/pt-br/noticias/trabalho-e-previdencia/2021/01/beneficios-acima-do-minimo-tem-reajuste-de-5-45.

42. Questão ambiental ameaça posição do Brasil no mercado internacional [J/OL]. *Jornal da USP*, 2020-9-25. https://jornal.usp.br/atualidades/questao-ambiental-ameaca-posicao-do-brasil-no-mercado-internacional/.

43. Kissinger, Henry. *Sobre a China* [M]. Kindle. Tradução de Cássio de Arantes Leite. Rio de Janeiro: Objetiva, 2012.

44. Lemos, Vinícius. "Com mérito", mas sem bolsa: a frustração de quem recorre a "bicos" e ajuda da família para fazer ciência no Brasil [N/OL]. *BBC News Brasil*, 2021-5-30. https://www.bbc.com/portuguese/brasil-57289688?utm_campaign=later-linkinbio-bbcbrasil&utm_content=later-17768960&utm_medium=social&utm_source=linkin.bio.

45. Leurquin, Pablo. China contemporânea e democracia [M]. // Fabrício Bertini Pasquot Polido and Marcelo Maciel Ramos. *Direito Chinês Contemporâneo*. São Paulo: Almedina, 2015, 93-111.

46. Ministério da Economia. *Nível de emprego forma celetista: novembro 2019* [R/OL]. Brasília: Ministério da Economia, 2019. http://pdet.mte.gov.br/images/ftp/novembro2019/nacionais/2-apresentacao.pdf.

47. Ministério da Fazenda, Instituto Nacional do Seguro Social, and Empresa de Tecnologia e Informações da Previdência. *Anuário Estatístico De Acidentes Do Trabalho: AEAT 2018* [R/OL]. Brasília: Ministério da Fazenda, 2018. https://www.gov.br/previdencia/pt-br/assuntos/saude-e-seguranca-do-trabalhador/dados-de-acidentes-do-trabalho/arquivos/aeat-2018.pdf.

48. Ministério das Relações Exteriores. *República Popular da China* [R/OL]. Brasília: Ministério das Relações Exteriores, n.d. http://antigo.itamaraty.gov.br/pt-BR/ficha-pais/4926-republica-popular-da-china.

49. Nascimento, Amauri Mascaro. *Iniciação ao Direito do Trabalho* [M/OL]. 25th ed. São Paulo: LTr, 1999.

50. Nascimento, Amauri Mascaro, Irany Ferrari, and Ives Gandra da Silva Martins Filho, comps. *História do trabalho, do direito do trabalho e da justiça do trabalho: homenagem a Armando Casimiro Costa* [M/OL]. 3rd ed. São Paulo: LTr, 2011. LTr Digital.

51. Nogueira, Octaciano. 1824. Vol. 1 of *Coleção Constituições brasileiras* [R/OL]. 3rd ed. Brasília: Senado Federal, Coordenação de Edições Técnicas, 2018. http://www2.senado.leg.br/bdsf/handle/id/137569.

52. O'Brien, Sara. Uber's UK drivers to get paid vacation, pensions following Supreme Court ruling [N/OL]. *CNN Business*, 2021-3-17. https://edition.cnn.com/2021/03/16/tech/uber-uk-vacation-pensions-drivers/index.html?utm_source=feedburner&utm_medium=feed&utm_campaign=Feed%3A+rss%2Fcnn_latest+%28RSS%.

53. Oliveira, Sebastião Geraldo de. *Proteção jurídica à saúde do trabalhador* [M/OL]. 6th

ed. São Paulo:LTr,2011.

54. Organisation for Economic Cooperation and Development. *A Broken Social Elevator? How to Promote Social Mobility*[M/OL]. Paris:OECD Publishing,2018. https://doi.org/10.1787/9789264301085-en.

55. International Labour Organization. *ILO declaration on fundamental principles and rights at work and its follow-up*[R/OL]. Genebra:Internacional Labour Organization,1998. https://www.ilo.org/wcmsp5/groups/public/-ed_norm/-declaration/documents/normativeinstrument/wcms_716594.pdf.

56. International Labour Organization. *ILO centenary declaration for the future of work*[R/OL]. Genebra:Internacional Labour Organization,2019. https://www.ilo.org/wcmsp5/groups/public/@ed_norm/@relconf/documents/meetingdocument/wcms_711674.pdf.

57. Organização Internacional do Trabalho. *Trabalho forçado*[R/OL]. Brasília:Organização Internacional do Trabalho,n.d. https://www.ilo.org/brasilia/temas/trabalho-escravo/lang-pt/index.htm.

58. Organização Internacional do Trabalho. *O trabalho infantil no Brasil*[R/OL]. Brasília:Organização Internacional do Trabalho,n.d. https://www.ilo.org/brasilia/temas/trabalho-infantil/WCMS_565212/lang-pt/index.htm.

59. Organização das Nações Unidas. Especialista da ONU diz que Brasil está seguindo "caminho trágico" na área das substâncias tóxicas[N/OL]. *ONU News*,2019-12-13. https://news.un.org/pt/story/2019/12/1697921.

60. Plataforma Agenda 2030. *Agenda* 2030[EB/OL]. n.p.:Plataforma Agenda 2030,n.d. http://www.agenda2030.org.br/sobre/.

61. Passos,Edilenice,João Alberto de Oliveira Lima,and João Rafael Nicola. *A gênese do texto da Constituição de* 1988 [R/OL]. Brasília:Senado Federal,Coordenação de Edições Técnicas,2013.

62. Passos,Najla. Congresso eleito é o mais conservador desde o fim da ditadura,diz Diap[N/OL]. *Carta Maior*,2014-10-7. https://www.cartamaior.com.br/?/Editoria/Politica/Congresso-eleito-e-o-mais-conservador-desde-o-fim-da-ditadura-diz-Diap/4/31948.

63. Pastore,José. Brasil:campeão de ações trabalhistas[N/OL]. *Correio Braziliense*,2017-6-19.

64. Peres,Ana Luísa Soares,and Letícia de Souza Daibert. A China e a Organização Mundial do Comércio[M]. // Fabrício Bertini Pasquot Polido and Marcelo Maciel Ramos. *Direito Chinês Contemporâneo*. São Paulo:Almedina,2015,387-412.

65. Planalto. China é maior parceiro comercial do Brasil no mundo[N/OL]. *Planalto*,2019-11-12. https://www.gov.br/planalto/pt-br/acompanhe-o-planalto/noticias/2019/11/china-e-maior-parceiro-comercial-do-brasil-no-mundo.

66. Poletti,Ronaldo. 1934. *Vol.* 3 of *Coleção Constituições brasileiras*[R/OL]. 3rd ed. Brasília:Senado Federal,Coordenação de Edições Técnicas,2018. https://www2.senado.leg.br/

bdsf/handle/id/137602.

67. Polido, Fabrício Bertini Pasquot e Marcelo Maciel Ramos, comps. *Direito Chinês Contemporâneo*[M/OL]. São Paulo: Almedina, 2015.

68. Porto, Walter Costa. 1937. *Vol. 4 of Coleção Constituições brasileiras*[R/OL]. 3rd ed. Brasília: Senado Federal, Coordenação de Edições Técnicas, 2018. https://www2.senado.leg.br/bdsf/handle/id/137571.

69. Rajah, Roland and Alyssa Leng. *The US-CHINA trade war: who dominates global trade?* [R/OL]. Lowy Institute, n. d. https://interactives.lowyinstitute.org/charts/china-us-trade-dominance/us-china-competition/.

70. Roitman, Isaac. Fuga de cérebros, uma calamidade para o Brasil[N/OL]. *Monitor Mercantil*, 2020-1-23. https://monitormercantil.com.br/fuga-de-cerebros-uma-calamidade-para-o-brasil/.

71. Saraiva, Adriana. Desemprego cai para 11,6%, mas informalidade atinge nível recorde[N/OL]. *Agência IBGE Notícias*, 2018-12-28. https://agenciadenoticias.ibge.gov.br/agencia-noticias/2012-agencia-de-noticias/noticias/23465-desemprego-cai-para-11-6-mas-informalidade-atinge-nivel-recorde.

72. SmartLab BR. Observatório da Erradicação do Trabalho Escravo e do Tráfico de Pessoas [EB/OL]. https://smartlabbr.org/trabalhoescravo, n. d.

73. Souto Maior, Jorge Luiz. A quem interessa essa "reforma" trabalhista? [R/OL]. *Blog Jorge Luiz Souto Maior*, 2017-5-1. https://www.jorgesoutomaior.com/blog/a-quem-interessa-essa-reforma-trabalhista.

74. Sobre a cogitação de extinguir a Justiça do Trabalho[N/OL]. *Carta Maior*, 2019-1-11. https://www.cartamaior.com.br/?/Editoria/Estado-Democratico-de-Direito/Sobre-a-cogitacao-de-extinguir-a-Justica-do-Trabalho/40/42928.

75. Souza, Alice de e Fernanda Santana. Conexão Zero Estrelas: trabalhadores de aplicativos se endividam para pagar a internet[N/OL]. *Agência Pública*, 2021-5-24. https://apublica.org/2021/05/conexao-zero-estrelas-trabalhadores-de-aplicativos-se-endividam-para-pagar-a-internet/.

76. Tácito, Caio. 1988. *Vol. 7 of Coleção Constituições brasileiras*[R/OL]. 3rd ed. Brasília: Senado Federal, Coordenação de Edições Técnicas, 2018. http://www2.senado.leg.br/bdsf/handle/id/139952.

77. Tribunal Superior do Trabalho. *Assuntos nas varas: ranking de assuntos mais recorrentes nas varas em 2020*[R/OL]. http://www.tst.jus.br/web/estatistica/vt/assuntos-mais-recorrentes, n. d.

78. United Nations Development Programme. *Human Development Report 2020: the next frontier. Human development and the Anthropocene*[M/OL]. New York: United Nations Development Programme, 2020. http://hdr.undp.org/sites/default/files/hdr2020.pdf.

79. Venaglia, Guilherme. Brasil e China: o que está em jogo na relação com nosso maior par-

ceiro comercial[N/OL]. *CNN Brasil*, 2020-12-12. https://www.cnnbrasil.com.br/business/2020/12/12/brasil-e-china-o-que-esta-em-jogo-na-relacao-com-nosso-maior-parceiro-comercial.

80. Vilela, Pedro Rafael. Leilão de 5G no Brasil sem veto à Huawei expõe fracasso da narrativa anti-China[N/OL]. *Brasil de Fato*, 2021-3-5. https://www.brasildefato.com.br/2021/03/05/leilao-do-5g-no-brasil-sem-veto-a-huawei-expoe-fracasso-da-narrativa-anti-china.

81. Vitorio, Tamires. Bilionários ficaram US$ 5 trilhões mais ricos em meio à pandemia de 新冠[N/OL]. *CNN Brasil*, 2021-4-6. https://www.cnnbrasil.com.br/business/2021/04/06/mesmo-com-a-pandemia-da-新冠-bilionarios-ficaram-us-5-trilhoes-mais-ricos.

82. Weiguang, Wang. *A reforma, a abertura e a rota do desenvolvimento chinês*[R/OL]. Conferência Nacional de Política Externa e Política Internacional - Ⅲ CNPEPI: O Brasil no mundo que vem aí. Seminário: China. Brasília: Fundação Alexandre de Gusmão, 2008.

83. Zhèng, Aiqing. Direito do Trabalho na China[M]. //Fabrício Bertini Pasquot Polido and Marcelo Maciel Ramos. *Direito Chinês Contemporâneo*. São Paulo: Almedina, 2015: 253—265.

84. Zimmer, Katarina. Desmatamento está causando aumento de doenças infecciosas em humanos[N/OL]. *National Geographic Brasil*, 2019-12-4. https://www.nationalgeographicbrasil.com/meio-ambiente/2019/12/desmatamento-esta-causando-aumento-de-doencas-infecciosas-em-humanos.

中巴双边贸易法律分析：法律确定性是不可缺少的棱镜

吉赛尔·席尔瓦·法林哈斯（Giselle Silva Farinhas）

摘要：本文旨在强调中巴贸易关系中面临的主要动荡，观察两国法律体系如何处理这些主要问题。我们根据真实的案例，提出可以预见的解决方案，寻求为外贸合同提供必要的法律保障，以避免损害公司的健康运营。这些公司往往最终无法在脆弱的商业交易中生存下来，并处于司法审查的真空中。在这个意义上，我们以全球化的国际形势、巴西在对外贸易领域的积极贸易平衡，以及完善和接近中巴文化的需求所带来的主要挑战为语境，以期能够在坚实的法律基础上促进对外贸易。

关键词：中巴国际贸易、巴西—中国对外贸易、合同法律保障

一、引言

近来连续发生的不可预测事件加上一系列法律波动，为中巴商业界带来了现实的挑战。这种法律波动意图随时实现和规范不同法律体系中的法律事实。

受新冠疫情的影响，国际贸易平衡面临着世界上最严重的危机之一。然而在巴西，贸易平衡下的出口达到正盈余，并较之前几年达到顶峰。在这种出口取得重大进展的情况下，我们发现作为主要贸易伙伴之一的中国，除了是世界经济大国之一之外，还是一个日益接近巴西市场的姐妹国家，因此不可能将巴西和中国分开。

这种随着时间逐渐生根的历史途径，使得中巴商业迅速升温，同时也带来了中巴商业的永久性活动，以便让两个国家以一种友好的方式进行交谈和对话，来促进这些商业关系的改善。

正是基于这种推测，我们发现有必要实施一些政策，使中巴贸易关系中的法律确定性会议凸显重要性，从而使外贸领域的经济增长建立在道德、透明、诚信和可持续发展的坚实和结构化的基础之上。

在这种情况下，我们从比较法的角度出发，通过比较两国立法的相似性，剖析了在促进中巴商业关系健康发展中必须遵守和改进的国际概念，并采用书目和文献方法提出了广泛的、分析性的批判性思考。

改善中巴关系的经验性结论不仅仅是一个反思性的辩论，而且是一种需求，表现为对已经开始的面向未来的全面发展产生了影响。

二、中巴对外贸易现状

在当下的中巴外贸中，中国被认为是巴西的主要贸易伙伴之一，是巴西出口大豆、油料、铁矿石、纤维素、牛肉、鸡肉、棉花等商品的主要目的地。就进口而言，随着新冠疫情的发展，巴西对呼吸机、口罩和其他防止新冠病毒传播物品的进口有所增加，但并没有超过出口。

巴西的贸易平衡在外贸领域以正盈余收尾，是巴西经济在危机期间的关键支柱。

然而，尽管出口增长，但疫情带来的挑战是长远的，并一直延续到了今天。此时需要调整和重新审视不再适合当代现实的旧模式和程序。当我们谈论重新适应时，我们谈论的是技术、现代性和新的挑战。

这些过程有电子重组、适应性的物流、受影响的运输、不稳定的货币，以及随之而来的国际和国内的法律规范试图规制外贸新时代。

三、主要挑战

密集的出口活动也使我们发现在出口程序、物流、经济秩序甚至法律秩序方面存在重大障碍。新冠疫情及保持距离与关闭港口和机场的限制性规定，要求中巴共同体在难以预测的紧急状况下立即进行调整。

国际社会没有做好准备，而且在可能损害人类生活利益的情况下，不可能优先考虑没有可操作性的措施。

出口程序变得数字化，物流被重新审视，经济随着效率和技术的提高而升温。在规制、允许或限制的框架下，法律需求以同样的速度对中巴共同体的需求进行快速重组。

而且在这种情况下，之前在世界卫生组织的限制性规则下签署的协议，交付变得不可行或延迟，甚至不能履行。因此，各方之间出现一系列需要解决的法律问题，而之前例行的做法并不太会关心这些协议的法律合理性。

中国文化对指导合同关系的法律规范相当开明，但是在谈判中，从文化上讲，中国优先考虑商业，而忽略了必要的形式主义。我们观察到，对中国人来说，通过口头约定调整价格、成本和经济结果的方式，占据了主导地位并能满足效力。

而在巴西文化中，中巴谈判所能带来的商业吸引力和利润，往往使巴西人知道其中风险，但仍然把避免失去商业的"团队"放在首位。

由此得出的结论是，在新冠疫情之前大多数公司对有些事并不担心，例如发生不可预知事件、交货和付款不准时的可能性等，并且许多公司实际上已经破产。

四、商业合同中国际法律参数化

应该注意的是，即使在国际商业领域，也必须遵守"条约必须遵守"的原则，这意味着各方在法律规定的范围内对合同负有义务。相反,需要记住国际法律秩序对强行法的限制,即国际法的强制性法律,如1969年《维也纳公约》第53条规定:"条约在缔结时与一般国际法强制规律抵触者无效。就适用本公约而言,一般国际法强制规律指国家与国际社会全体接受并公认为不许损抑且仅有以后具有同等性质之一般国际法规律始得更改之规律。"

强行法规则不能减损当事人的意志。可以说,强行法产生的目的是限制国际法中国家意志的自主性,并以确保世界舞台的公共秩序为基础。在这个意义上,《维也纳公约》第64条规定:"遇有新一般国际法强制规律产生时,任何现有条约之与该项规律抵触者即成为无效而终止。"

中国和巴西是《维也纳公约》的签署国,因此必须遵守国际习惯标准编纂中旨在协调的程序:起草、批准、废除和重新宣布条约。

在这方面,有必要对1980年由巴西签署、1988年生效的《联合国国际货物销售合同公约》做一些评论。一方面,该公约涉及与国际货物买卖合同有关的主要方面,例如适用领域和一般规定、合同的订立、要约和接受条件、撤销、买方和卖方的权利和义务、风险转移;另一方面,由最终消费者直接进行购买的,以及涉及房地产价值、信贷所有权、钱币买卖、电力、不动产、船舶和飞机的买卖交易被排除在《维也纳公约》之外。值得注意的是,《联合国公约》考虑了意思自治原则,即"双方当事人可以不适用本公约,或在第十二条的条件下,减损本公约的任何规定或改变其效力"。

只有在自由和充分行使主权的情况下明确同意通过这些条约的国家才能适用国际条约。也就是说,这些条约不会对未签署的国家产生义务,而只是对缔约国产生义务。

因此,我们可以认为关于商品购买和商业销售合同的国际法具有统一的特征,不因生产者或产地而有所区别。例如,如果合同的最初对象是大豆作物,那么只要购买者有要求,就可以提出用玉米作物作为替代。

相反,人们注意到,一种疫苗由于其实验室规格和所采用的技术类型就不可能有同样的待遇,而是需要转入是否可以通过其他方式"补救"不合规行为的评估"阶段"。因此,有必要考虑所涉合同的谈判可能性。届时,出于诚信及对国际合法性的支持,当事方可以制订自己的解决方案。

最后,如果没有通过直接手段达成合同内容,就将引入司法手段,这就需要评估适用于案件的法律及法庭,同时还要考虑执行国际法有关的特殊性。这就是说,为了将疫情视为一种能够将不遵守与履行有关的国际合同情况的相对化事件,首先面临两个问题:合同是什么时候签订的?疫情真的是一个能够影响国际合同不能履行的事件吗?在这样的设计之后,当涉及延迟执行合同时,就有了理解不信任理论和可能的情势变更条款的空间,因此未来容易受到不安全感的困扰。

五、法律渊源的对话

中国作为巴西主要贸易伙伴,毫无疑问,对贸易合同的影响力是重大且不可避免的。在这个核心问题上,为阐明所揭露的主题,当务之急是介绍涉及中巴商业合同法律后果中最相关的要点。

新冠疫情急速影响了依靠产品进出口来全面运作的国际合同。世界卫生组织对新冠疫情颁布的规定引起了一系列国际卫生政策建议的发布,建议的内容包括控制该疾病的传播。随着采取社会隔离措施,大多数从事非必要活动的公司开始起作用,不再生产,或之后很少生产,以实现无法满足因疫情而收缩的需求的目的。在另一项计划中,即使是满足大米和大豆等中国主要消费品内部需求的供应也减少了,甚至无法供应。

这种合同安排在这个疫情时代已经变得非常普遍。在这种情况下,第一步是观察国际商业合同提交的权利,以便让案件最适当的解决方案成为妄想。中国《合同法》第94条第1款规定,若因不可抗力导致合同目的无法实现,任何一方有权单方面终止合同。

根据中国《合同法》第117条的规定,不可抗力涵盖客观因素,且这些客观因素累积起来是不可预测的、不可避免的和无法克服的。根据该法第118条,无法履行其义务的一方当事人应尽最大努力通知另一方,以减少损失,并在合理期限内证明使用强制力的要求。中国国际贸易促进委员会(Council of the China for the Promotion of International Trade)向中国公司签发证书,从而证明这种强制力。

然而应当指出,预先构成强制力证明的证书的签发本身并不意味着排除新冠病毒的责任。同样重要的是要考虑到,许多国际合同正在受中国自1988年以来签署的《联合国国际货物销售公约》(CISG)的约束,该公约第79条规定,如果客观因素超越了主观和特定情况而产生了违约责任,可以被排除。

事实是,在这些定义的判例法中,这并不是中国第一次面临病毒性传染病。在类似的案例中,最高人民法院的法理解释是,对于疫情暴发时违约的合同,以及受到为控制疾病的限制性行政行为影响而不能履行的合同,要排除更大的惩罚。

在巴西法律中,根据2002年《民法典》第317条规定,在连续或延迟执行的交换合同之下,可以适用不可抗力理论,这意味着由于不可预测的原因,如果到期服务的价值与其执行时间的价值之间出现明显的不均衡,应当事人的要求,法官可以予以纠正,以便在可能的情况下确保利益的实际价值。因此,巴西法律承认合同审查。

而巴西《民法典》第478条受意大利《民法典》第1467至1469条的启发,规定在持续或延期执行的合同中,如果由于特殊和不可预见的事件的发生,使得合同约定对于其中一方变得过于繁重,而对另一方则极为有利时,债务人可以要求解除合同。

因此,根据对第478条的诉讼解读,法律授权的合同终止无须强制遵守。值得注意的是,为了适用过度一体性理论,这种做法需要超出损害理论所要求的条件,即对一方当事人极端有利和对另一方当事人过分苛求。

这种情况下在巴西法律中,我们也可以援引"王子事实"理论,该理论受到法国习惯法的启发,包括合法权力下的行政决定引起的国家行为(imperius),影响现有的法律关系,引起或损害正常的合同程序授权。因此,除非是违反了巴西联邦共和国宪法和法律的违法行为,否则不需要赔偿。

我们可以提到的另一个立法问题是延长政府在特别退税制度下暂停缴税的期限。该制度构成了一个特殊的海关程序,可以以三种方式提出——豁免、暂停和退税。根据第 8.402/92 号法律第 1 条和第 6.759/09 号法令第 382 条,这三种方式被归类为出口的激励措施,而中国法律中没有对应条款。960/2020 的临时措施中规定,特别延长在规定的期限内作为例外情况。根据《议员法案》,原本预计在 2020 年结束的付款期限又延长了一年。

经济活动的减少导致使用退税的公司的出口预测有时出现重大变化,这些公司可能无法在退税优惠法案规定的时限内完成这些业务,这将给公司带来严重的财务负担,此外还有商业损失。

因此,《议员法案》是为了避免在 2020 年优惠制度中受益的公司,由于新冠疫情导致海外经济活动大幅减少从而受到税收违约的打击。在这个意义上,司法机构一直面临着我们所强调的中巴共同面对的相关案件。例如下面的案件。①

> 本案件涉及行政管理。事前,进口商在海关管理部门的同意下获得进口许可。随后,巴西和中国签订协议。该案件涉及纺织产品进口配额控制和立法的不可追溯性。
>
> 1. 通常情况下,在起草进口申报单(DI)时,进口许可自动发生。可以肯定的是,有一些货物需要非自动许可,其进口程序开始于通过 Siscomex 要求事先获得进口许可(《海关条例》第 490 条)。
>
> 2. 在案例中,该企业已事先取得进口许可证,从而明确了在签订进口合同时所需的所有要求,正如在被上诉的判决中所确定的那样:"根据提交给 fls.108-197、由 DECEX(根据第 99.244/90 号法令第 165 条 1 款,有权签发进出口许可证的机构)签发的进口报关单,涉及进口的货物是在 2006 年 3 月 2 日至 2006 年 3 月 28 日期间签发的。然而,2006 年 4 月 11 日在《政府公报》(第 199~200 页)上公布了来自中国的纺织品和服装产品的进口配额

---

① Administrative. Import Licensing Obtained in Advance, with the Consent of the Customs Authorities. Conclusion of Agreement between Brazil and China. Control of Import Quota of Textile Products. Irretroactivity of Legislation. Superior Court of Justice STJ - SPECIAL APPEAL: REsp 1037400 SC 2008/0050871-7 (jusbrasil.com.br).

标准。"

3. 因此，进口许可证于 2006 年 2 月 3 日到 2006 年 3 月 28 日获得，而规定进口配额控制的标准是在后来，即 2006 年 11 月 4 日生效的。因此，按照完善的法律行为（纺织产品进口许可），制造部门不能期待追溯性地适用立法，规定海关局事先许可时的附加条件，以尊重中国原产纺织产品的配额为限。

4. 按顺序，这种假设不是税收立法的应用，因为争议的关键在于进口的行政程序。这就是为什么国家财政部的中心论点是不恰当的，即鉴于进口申报登记簿没有出现，而进口申报登记簿是产生纳税义务的事实，因此 SECEX 第 10/2006 号法令规定的进口配额控制的适用性是合法的。

5. 无论原审法院对档案中提出的问题是否做出了明确和充分的裁决（尽管简短），《刑事诉讼法》第 535 条的规定不受影响。此外，只要所使用的理由足以支持裁决，法官没有义务逐一与当事人提出的论点进行争辩。

6. 缺乏特别上诉程序。

在 REsp 1.316.269 案中，一级法院审查了以征税为目的对货物进行分类的过失是否可以证明进口产品损失的处罚。该公司进口椅子、扶手椅和其他家具，分类不符合国税局进口表的规则。在特别上诉中，财政部称存在虚假陈述，将对其进行处罚，其中一项处罚是货物损失。

上诉报告员 Gurgel de Faria 部长认为，虚假申报和不当申报之间是有区别的。虚假申报有逃避监管的意图；不当申报则表明申报者有错误的过失。他说："在进口货物的海关分类中出现的应受谴责的错误，并向税务机关正式申报，不等同于虚假申报的内容，因此不能使征收饲料的处罚合法化。"他认为，尽管对内容的申报是衡量进口商及其信息是否正常缴税的必要条件，但没有什么能阻止海关局在发现分类错误时，对货物清关提出某些行政或财政要求——这一程序无须扣押。

在这种情况下，考虑到普通机构概述的事实——假设情况，正确描述进口货物且仅有分类错误，进口商没有恶意的情况下，必须得出不能适用处罚的结论。因此，在疫情情况下，如果遵守义务的不可行性源于国家行为（例如限制或禁止港口和机场），则合同中应包含应对这种情况的授权条款。在第 91.030/1985 号法令第 418 条规定的进口申报中，进口商没有义务对货物进行分类，而只有对其进行忠实义务的说明。

如果 coatora 局发现任何分歧，进口商应进行补充申报，以纠正第一次申报，并说明"应缴纳的税款、罚款和法定附加费"（第 91.030/1985 号法令第 420 条和第 421 条）。

这就是为什么虽然为评估进口商支付税款正规性的申报内容是强制性的（因而其信息必须准确），但是对于海关局来说，由于发现海关分类中的错误而中断清关，以满足货物清关的某些行政或财政要求，不存在任何障碍（DL n. 37/1966 第 44 至 51 条）。

因此结论是,尽管巴西的合同立法在合同解决的可能性方面与中国相似,但不能说明它们是相同的,而且在分析商业合同违约的论点时,一切都取决于在疫情时确立的具有最大利益冲突的适用法律。毋庸置疑,根据国际法,只要双方签署的合同中有特定的条款,商业合同的冲突就可以通过仲裁来解决。因此,有必要对当前的合同进行法律分析,以根据案件情况确定解决冲突最合适的法律策略。

六、法律确定性

因此,法律环境的健康稳定对于平衡和促进中巴商业关系是不可或缺的,需要改善公司、投资者和合作伙伴的心态,即他们自愿同意的法律越健全,商业关系对他们的社会经济目标的不利影响就会越小、越遥远。

考虑到中巴两个国家立法体系的复杂性,不遵守这一项目意味着双方在执行既定协议方面存在互惠困难,会对商业和经济领域造成重大影响。

对于具备中巴合同精确知识的合格法律人才的需求也存在挑战,因为他们是市场上极少数有能力并准备好解决这些领域中存在的冲突的专业人员。这样的人才既可以通过少数的学术课程来培养,也可以通过让其掌握超越法律进步的知识要求(如社会文化知识要求)来培养。

毕竟,在这些典型的合同中,由于其复杂性,在最终达成之前,需要了解行为、时区、日历(假期)、文件和高度官僚化的要求。

从某种意义上说,各方选择的法律专业人员的相互合作,在重要的商业合同中可能存在巨大的差异,并且这应该成为商业经营计划中的一个关键点,作为公司相关的必要成本和差异。

七、结论

鉴于上述情况,可以肯定的是,尽管未来充满希望且有利可图,但对外贸易面临着诸多挑战。这些挑战可以通过法律确定性会议转化为中巴商业合同。强制遵守以习惯和习惯法为基础的国际私法参数,带来了国际法律体系的复杂性。成员国之间的国际贸易经营者大多没有注意到这一点,因为当事方对缔约负有责任,例如当事方之间的透明度和诚信义务。

在这场疫情危机的背景下,司法机构具有双重作用:作为一个拥有建筑物和服务器的行政机构,它需要采取有助于预防传染病的措施;作为负责司法职能的机构,它的任务是遵守对全体人民健康权的尊重,充分观察紧急公共行动的合法性和有效性,并确保负责应对危机的机构的行动是以法律制度的原则为基础。

新冠疫情开始在巴西传播后,高等法院(STJ)迅速遵守了关于社会隔离的建议,并让公务员和治安法官采用远程工作,仅通过虚拟手段维持判决。即使采用新的工作方式,法院仍然能够保持工作的生产力。

在司法领域,法院动用了大量与该疫情有关的资源,并做出对抗的重要决定——例如将警察行动所获得的资金分配给健康用途,并对国家所有因食品债务而被监禁的囚犯实行软禁。

我们在比较中剖析了中国和巴西立法之间的主要相似之处和立法差异,提出了立法的高度复杂性,例如,新冠疫情影响国际合同的不可预测性时期。事实上,疫情暴发导致了困境,因为它加剧了出口,同时扩大了出口的复杂性,并要求在商业合作中利用法律支持来解决出口方面的这些问题。

我们强调中巴文化问题,根源在于公司的商业计划缺乏法律上的可预见性,导致合同不稳定和脆弱。事实上,考虑到外贸对国家经济发展的重要性,需要通过社会教育机构和公共政策来促进改善。我们的结论是,为了能使商业的成熟和对外贸易的发展有一个具有前途的未来,必须将进出口商业合同的法律确定性作为基础,以赋予商业健全性。这对于中巴姐妹国家之间日益密切的发展是不可缺少的。

参考文献

1. Albuquerque Adriana Silva Maillart, Simone Gasperin de. International Trade Law[R]. Ed. Juruá, São Paulo, 2015.

2. Barral Welber, Artur R. Carbone and Eliane M. Octaviano Martins. Maritime law course: Contracts and Processes, Volume 1, Ed. Manole[R]. 2015.

3. Brazil. Decree No. 7,030 of December 14, 2009. Official Gazette of the Federative Republic of Brazil, Executive Power, Brasília, DF, 15 of Dec. 2009, Section 1, p. 59.

4. Brazil. Decree No. 56,435 of June 8, 1965. Official Gazette of the Federative Republic of Brazil, Executive Power, Brasilia, DF, Section 1-7/7/1965, Page 6342.

5. Farinhas Giselle. The impact of Covid-19 on Sino-Brazilian contracts[R]. Revista Consultor Jurídico, São Paulo, 2020-10-8.

6. Farinhas Giselle and Marielle Britto. Opinion: About unfulfilled international contracts at Covid[R]. São Paulo, 2021-7-3.

7. Lenza Pedro and Caparroz. International Trade and Schematic Customs Legislation[R]. Ed. Saraiva, 2017-3-3.

8. Miranda Marcos Sawaya Jank, Pei Guo and Sílvia Helena Galvão de. China-Brazil Partnership on Agriculture and Food Security[R]. Ed. Esalq/USP, 2020.

9. Oliveira Henrique Altemani de. Brazil and China: South Cooperation and Strategic Partnership[R]. Ed. Fino Traço, 2012-5-25.

10. Venosa Rafael Villar Gagliardi, Eduardo Ono Terashima, Silvio de Salvo. *The Vienna*

Convention on Contracts for the International Sale and Sale of Goods[M]. São Paulo: Atlas, 2015.

11. Veronese Lygia Espoloar. The Vienna Convention and Its Reflections on Brazilian Contract Law[R]. Ed. Almedina, 2019-6-5.

21世纪初中国对巴西的直接投资战略

格拉齐埃拉·德维齐亚·伊格纳西奥·奥莉薇拉（Graziella De Vizia Ignacio Oliveira）
弗吉尼亚·劳拉·费尔南德斯（Virginia Laura Fernández）

摘要： 中国对外直接投资的演变受到以下因素的影响：中国自身经济的发展和活力、对世界的贸易开放、自身规划，以及国有企业在战略部门中的定位。重大投资作为国内经济活力的核心，已经成为中国向世界各地对外直接投资的关键。尽管自20世纪90年代以来，中国经济一直是外国直接投资在亚洲的首选目的地，但直到2001年加入世界贸易组织，中国的对外投资地位才得到了巩固。拉美和巴西是中国投资的接受者。本文旨在研究21世纪初中国在巴西的直接投资。为此，本文将什么是外商直接投资（FDI）概念化，并通过运用目前最广泛使用的理论方法——约翰·邓宁的折中理论或称OLI理论——来解释这种投资。本文介绍了中国向外国资本开放的过程和中国国有企业进行投资的重要性，并且列举了对中国在巴西和世界范围内的外国直接投资有帮助的各种政策和举措。此外，本文对2000—2018年间中国在巴西的外国直接投资进行量化，并且讨论了中国在巴西的外国直接投资所依据的战略。本文主要结论是中国在巴西的投资在21世纪初开始温和地进行。而当巴西与其他目的地相比成为一个有利的投资目的地时，2010年成为中国前述投资的一个拐点时刻。从OLI理论来分析，中国最初是寻求资源型的FDI，因为这与当时中国的经济发展战略相一致。更明显的是，自20世纪前十年末期或自2012年以来，寻求市场成为中国的主要动机，因此这也是决定中国进入巴西的直接投资类型的主要决策因素。最后，我们确定了这种投资在巴西最常见的进入模式是企业并购方式。

关键词： 外国直接投资、中国在巴西的投资、OLI理论

一、引言

中国是一个令人充满兴趣的国家，原因如下：这个国家拥有世界上最多的人口；拥有自身特色的社会主义政权，同时又有让人好奇和挑战的经济理论；现代化与古典在中国动态共存；它又是最大的专利申请国，尤其在技术和绿色产业上投资巨大。[①]

从经济角度来看，中国的重要性毋庸置疑，因为它目前是世界第二大贸易国，在

---

① 中国的"十三五"规划于2016年3月由全国人民代表大会通过，针对的时间为2016年至2020年，重点关注六个主要目标：从资本积累驱动的增长转向创新主导的增长；城乡一体化发展；绿色发展；包容性发展；国有企业金融改革；对外开放。

2030年,中国将成为世界最大的经济体。[①] 中国的影响范围是世界上所有国家值得注意的,而并不局限于与其有着非常紧密关联的东南亚地区。追求影响力的目标正在成为贯穿中国战略规划的一项国策。

中国所有的手段和其在世界上的定位都是其国家战略规划的结果。中国规划的主线受苏联计划经济启发,来自1953年启动的五年计划。然而,中国的战略规划并不局限于五年计划,还包括了一系列旨在实施其世界影响力的战略举措,从而使战略规划更加灵活,并且中国会制定具体行动来实现这一目标。例如2000年的"走出去"战略、2013年的"一带一路"倡议和《中国制造2025》。

中国对外直接投资的历史与自身经济发展和中国向世界开放贸易密切相关。从经济角度来看,这个拐点发生在1978年。1978年,中国采取了一系列放松管制的措施,促使随后几十年国内经济呈指数级增长(Medeiros,2013)。

具体而言,中国的外国直接投资(FDI)在1978年改革开放前几乎为零,并且在21世纪头十年的大部分时间里维持在较低水平。然而在2008年,中国年度外国直接投资达到500亿美元,几乎达到了前一年的两倍。也正是从那时起,外国直接投资成为中国持续、重要的、并且是国家经济发展战略的核心部分。据官方统计,2018年中国对世界的直接投资流量接近1 300亿美元(中国商务部,2018)。

我们可以找到的中国对其他经济体直接投资增加的原因有:中国对商品的需求不断增加、为应对投资当地的竞争压力并保持可观的回报,以及政府的政策,如"走出去"战略、"一带一路"倡议(BRI)、国际生产合作。因此,以国有公司为代表的中国公司开始在不同大洲的国家投资(Oliveira,2020)。

最近关于中国公司在上述方面表现的数据表明,中国的上述各种投资措施及在世界各地寻求投资机会的趋势依然会持续下去。据估计,到2020年,中国的海外资产价值有望从2017年的6.4万亿美元增加两倍多,达到20万亿美元(Liu,2017)。

巴西由于自身规模、区域相关性、经济和地理特征,因此也被包括在了中国投资的受益国之内,成为中国扩张战略的一环。然而在我们整个研究期间,中国投资产生的贡献规模、趋势和重点都会有所不同。

鉴于上述情况,本文拟研究21世纪初(2000年至2018年)中国对巴西直接投资的动机。为此,本文确立了以下具体话题:首先,我们概念化了外商直接投资;其次,简要讨论解释公司国际化的理论框架,其中重点是约翰·邓宁的折中理论;再次,了解中国如何计划和促进境外的外商直接投资;最后,本文量化了2000年至2018年间中国在巴西的外商直接投资。

本文的分析方法包括分析—经验研究,在参考现有经济理论的基础上寻求了解巴

[①] 根据汇丰银行2018年9月发布的全球研究报告《2030年的世界》。该报告评估了超过75个国家。

西经济现实的一部分。为此,我们使用了一个特定的理论框架来理解已经定义的现象(约翰·邓宁的折中理论)。之后的实证部分则使用一手数据来源(数据库)和次要来源(关于该主题的报告和最新研究)进行描述性的探索性分析。在本文的最后,为了对中国的外国直接投资现象及其动机进行定性,我们对其与"走出去"战略、"一带一路"倡议、国际制造能力合作和《中国制造 2025》之间的相互关系进行简要说明。

我们使用了以下机构制作的 2000 年至 2018 年中国对巴西直接投资流量的历史数据作为主要的资料来源:巴西中央银行(CBC)的《全国外国资本普查》、美国企业研究所(AEI)的《中国全球投资追踪》、联合国贸发会议的《统计》、RED-LAC 的《2000—2018 年对外直接投资监测》、中国商务部(MOFCOM)的《2016 年中国对外直接投资统计公报》和中国国家统计局(NBSCH)的《中国统计年鉴 2018》。并且我们以巴西中央银行(CBC)、拉丁美洲和加勒比经济委员会(ECLAC)及中国—巴西商务委员会(CBBC)制作和发布的外国直接投资报告作为分析的第二手资料。

除第一部分"引言"之外,本文还包括五个部分:第二部分介绍了外国直接投资的定义,这会涉及解释这一现象最常用的理论,即约翰·邓宁的折中理论;第三部分介绍了中国向外国资本开放的过程,以及国有企业在中国国际化中的作用;第四部分介绍了自 2000 年以来中国在巴西直接投资的演变,并探讨了接受这些资本的主要行业;第五部分讨论了邓宁的理论和促进中国外国直接投资的政策,以及中国在巴西的投资所能观察到的情况之间的关系;第六部分对全文进行了总结。

二、外国直接投资——理论参考

在经济理论中,直接投资在传统上被认为是健康的、生产性的投资,也是各国应该不断追求的投资目标。直接投资与投机性投资相对,投机性投资只是为了利用有利的市场形势,但投机性投资不会产生永久的利益,因而是非常不稳定的,市场中投机性投资的进入和离开都会十分迅速。

直接投资作为一种国际标准被定义为一个公司对位于另一个国家的另一个公司的控制或影响。然而,通常情况下,直接投资不仅涉及对企业股权的控制和影响,还包括投资者如通过行政和管理资源或是知识、技术培训和技术转让的方法积极参与"被收购"公司的管理。另一个与直接投资有关的讲法是,直接投资往往是长期的(在特殊情况下,也可能是短期的)。最后需要强调的是,有些外国直接投资的决定并不是直接投资的公司做出的,而且是其背后的经济集团做出的。

有一些经济学理论和方法可以用来分析和研究直接投资问题,如邓宁和卢丹娜(2008)就在其《跨国企业与全球经济》一书中介绍过几种。第一种方法是使用传统宏观经济理论的分析工具进行分析和研究,并把分析重点放在具体的地点变量上,以及为什么特定国家的公司倾向于在其他国家的生产甚至贸易中进行更多的投资,如 Kojima

(1973、1978、1982 和 1990)。第二种方法是内容化理论。该理论源自交易成本经济学的创始人罗纳德·科斯(1937)，但在科斯之后，该理论才得以发展，包括 Casson(1987)、Hennart(1982)和 Buckley(1990)等的理论。第三种方法是把公司的所有权和定位问题放在一起，从而回答为什么跨国企业会进入其他市场，以及进入其他市场的必要条件是什么。这一方法主要可以参考 Hymer(1976)的理论。

然而，本文并不打算对所有现存理论进行详尽的解读，而是集中于目前得到广泛使用的理论，即由约翰·邓宁在1977年提出的折中理论，从而来解释跨国公司的活动及由此产生的外国直接投资。折中理论又称 OLI 理论，"OLI"是所有权、位置和内部化英文字母的缩写，而所有权、位置和内部化则是一个公司决定成为跨国公司背后的三个潜在动力因素。以下将简要解释每个概念。

第一，所有权(O)。为了理解这一概念，我们关键是要知道，公司是一组资产，所有权优势来自专有信息和各种产权。这些资产可以用于不同地点的生产但不降低生产效率。所有权的竞争优势应该理解为一种罕见的、有价值的、难以模仿的、蕴藏在组织中的资源，它赋予拥有该资源的公司相对于其对手的竞争优势(公司会认为这些优势大多是无形资产)。所有权优势的例子包括品牌、商标(具有良好声誉的强势品牌)、专利、产品开发、独特的技术能力、版权、营销技能、管理结构，以及企业内部可用技能的使用和管理。

第二，位置(L)。公司必须对试图进入的市场要有区位优势。鉴于众所周知的"外来性"风险，东道国必须提供令投资者信服的优势以使外国直接投资可以稳固。这一因素评估了公司在外国经营的潜在成本和困难，并且是决定跨国公司在哪个国家进行交易的关键因素。区位优势可以有很多，如地理、自然资源的可用性(存在廉价的原材料)、劳动力成本(低工资)、熟练劳动力、运输成本、文化接近性、投资激励政策、税收、关税、市场规模和增长潜力。如果公司管理层认为目标市场没有区位优势，那么公司应该保持在国内市场的生产并只向目标市场出口，直到需求出现。

第三，内部化(I)。一旦前两个前提得到满足就会形成内部化优势，决定公司使用哪种进入模式来进入外国市场。这将指导公司内部决定是利用其所有权优势还是对其他公司进行许可加盟。公司有关知识/技术转让和转让成本的具体情况是确定其战略的决定因素。

除了这些优势，邓宁和卢丹娜在他们的《跨国企业与全球经济》一书中，还根据每个公司背后的动机描述了海外生产的四个主要方式：寻求资源、寻求市场、寻求效率和寻求战略资产。这个理论有助于理解中国在巴西投资的理由。

第一，寻求资源。顾名思义，这种投资动机主要体现在自然资源上，如原材料、熟练劳动力和低成本劳动力，以及最基本的基础设施。寻求资源型公司包括三种：第一种是寻求实物资源的公司。这种公司设立的目的是确保对母公司的化石燃料、矿物、金属或农产品等原材料的供应,或确保将供应的原材料的成本降至最低。这种供应寻求通常涉及大量的资本投资,而且公司一旦投资完成就会与投资地点相联系而不能转移到其他地方。第二种是指那些寻求包括非技术工人、半技术工人或高技术工人等廉价劳动力的公司。通常情况下,这种类型的外国直接投资来自劳动力成本相当高的国家。为了接受这种类型的投资,东道国往往建立特殊的自由贸易区或出口区。近期,作为这种类型的外国直接投资的一个典型例子是巴西在印度建立了许多呼叫中心,为我们的跨国公司(MNEs)提供全球市场服务。第三种是指那些寻求技术能力、营销和管理专长的公司。

第二,寻求市场。寻求市场的投资旨在进入新的有吸引力的市场以满足客户需求。这种配置的外国直接投资主要考虑因素是目标市场的规模(这里也考虑相邻和区域市场)及其增长潜力。此外,进行这类外国直接投资也可能出于战略上的原因。例如,一个公司希望跟随其客户在其他地域终局性扩张,甚至会使产品适应当地的条件、特点和口味,减少交易成本,甚至在其主要竞争对手所在的市场上保证存在。东道国在刺激这类投资方面也可以起到决定性作用,因为东道国可能会有一系列措施(如设置关税壁垒或进口管制)使进口受到更多的阻碍。因此,这种类型投资的目的既可以是维护或保护现有市场,也可以是开拓新的市场。

第三,寻求效率。以这种模式进行投资的跨国公司计划利用各种因素,如制度安排、文化、市场结构、经济制度和政策等,将生产集中在有限的几个地方,以供应多个市场。这种类型的外国直接投资的动机是使既定的寻求资源投资和寻求市场投资的结构合理化,以便投资公司能够从对地理上分散的活动的共同管理中获益。这种优势基本上是指规模经济和范围经济及风险分散的优势。从事这类生产的公司通常是有经验的、大型的、多元化的跨国公司,其产品相当标准化并会使用国际惯例的生产流程。

第四,寻求战略资产。为了保持特定的所有权优势,加强自身在竞争者中的地位,一个公司可能会在投资国收购战略资产。这种类型的投资旨在获取资产,特别是在高科技行业。这种收购更多的是为了获得被收购方的全球资产和人力资源。这对保持或加强收购方的特定所有权优势甚至削弱竞争对手的优势非常重要,而不仅仅是为了利用对竞争对手的成本或营销优势。[①]

表1进一步详细说明了每种类型国际生产的优势、跨国企业的战略目标,以及有利于这些公司的一些活动的例子。

[①] 邓宁和卢丹娜(2008)还提到了三种不符合上述类别的投资,即逃避性投资、支持性投资和被动投资。逃避性投资,顾名思义,是指那些纯粹为了逃避法律限制或国内经济的宏观经济政策而进行的投资,如将总部迁往另一个国家或几个国家使用的往返投资。支持性投资是指补充和支持公司核心业务的投资。被动投资是指那些以购买公司部分股本,注入新的资源和领导技能,甚至收购新的资产的方式进行的投资,目的是提高投资者的竞争力和利润。

表 1　　　　　　　　　　　国际生产的类型：一些决定因素

海外生产的主要方式	所有权优势（跨国公司"为什么"投资）(O)	区位优势（在"哪里"生产）(L)	内部化优势（"如何"参与）(I)	跨国公司的策略目标	有利于跨国公司活动的阐述
寻求资源	资本，技术，市场准入，补充资产，规模和谈判优势	拥有适当的资源供应，以及相关的交通和通信手段，基础设施，其他激励措施	确保适当价格的稳定供给来掌控市场	获得相对于竞争对手的特权	(a) 油、铜、铝土矿、香蕉、菠萝、可可、酒店；(b) 出口加工型或劳动密集型产品或服务；(c) 一些离岸业务
寻求市场	资本，技术，信息管理和组织技能，剩余研发和其他容量，规模经济，生成品牌忠诚度的能力	原材料和劳工成本；市场规模和特征；政策（例如，尊重用法规来控制进口、投资、激励等）	减少透明度或信息成本的愿望，购买者的低意愿或者不确定性，用以保护知识产权	保护现有市场、抵消竞争对手的行为，来排除竞争对手或潜在竞争对手进入新市场	电脑，制药，机动车，香烟，加工食品，航空公司，金融服务
寻求效率	前两者所述，以及进入市场、经济范围、地域多元化或集群化，以及投入的国际来源	(a) 产品经济或者专业化和集中化的过程；(b) 劳动力低成本，东道国政府对当地生产的支持，以及良好的营商环境	(a) 如第二类，加上通常治理的经济效益；(b) 纵向一体化和横向多样化的经济	作为区域或全球产品的一部分的合理性或增加生产过程专业化的优势	(a) 机动车，电子产品，商业服务，一些科学研究与试验；(b) 电商，纺织品和衣服，药品
寻求战略资产	前三者提出的机会之一与现有资产的协同作用	前三者任意之一可以提供技术、组织或者有缺陷公司的资产	经济的常规管控，提高竞争力的战略，降低或分散风险	加强全球创新或者密集型产业生产竞争力来增加新产品线和市场	拥有高固定比率的知识密集型企业，从而覆盖实体经济规模的费用，实现协同或市场准入

资源来源：邓宁和卢丹娜（2008）。

三、中国对外国资本的开放

20世纪90年代初是中国经济增长非常重要的时期。在这一时期，中国政府在劳动力市场、价格和企业管理方面进行了一系列市场化改革。从宏观经济的角度来看，这一时期的改革特点包括汇率的统一及消费和投资的增加。

在国有公司和私营公司固定资本投资率大幅加速增长和消费强劲扩张的拉动下，伴随着外国直接投资（FDI）和出口的大幅扩张，新的经济和政治周期由此产生，其高峰期是在20世纪90年代的后半段。中国的汇率政策在1994年发生了变化（当时统一了汇率），使人民币汇率在名义上与美元挂钩。由于汇率由中央银行决定，加上央行保留了资本和货币控制机制,因此,在外国直接投资大量流入的时期,中国汇率政策仍然与国际收支控制的目标有关(Medeiros,2013)。

这种宏观经济环境使中国从20世纪90年代中期开始成为亚洲国家及世界上其他国家直接投资的首选目的地(见图1)。尤其是,20世纪90年代之前微不足道的生产性资本流入,从20世纪90年代中期开始加速增长。

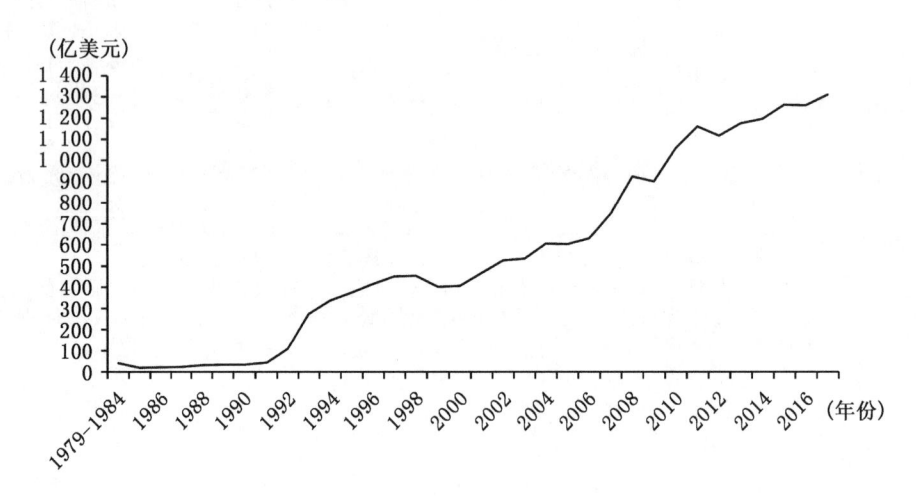

资料来源:改编自 NBSCH(2018)。

图1　1979—2017年中国吸收的外商直接投资

中国对国际资本有吸引力的原因有:全球资本的可用性、稳定性、监管环境、竞争力、对国际贸易的开放性、良好的投资环境(Bloomenthal,2020)。

尽管所有这些原因在某种程度上是相互关联的,并且对增加流向一个国家的外国直接投资有巨大的贡献,但在中国最后两个因素值得特别强调,因为这两个因素是中国政治经济制度和发展的战略愿景变化的结果。

向国际贸易开放市场是吸引外国直接投资的关键。外国直接投资中的生产性投资能否在一国落地,最根本的是要看进行投资的公司是否有能力向本地市场及外国市场销售其产品和服务。因此,中国有利于出口的政策使外国直接投资者决定将投资投向中国,特别是对于那些市场份额有很大一部分位于本地市场之外的公司,以及旨在进入其影响范围内(如东南亚)的附近区域市场。

因此经过15年多的谈判,中国在2001年被接纳为世界贸易组织(WTO)的成员,中国在信息、透明度和采取适当的贸易和交流做法方面是一个真正的"游戏规则改变者"①,也使得中国的经济进一步开放。而且,从这一刻起中国的外国直接投资热潮出现了。

中国加入世界贸易组织并遵守国际贸易规则,这本身就促使中国与世界其他国家

---

①　粗略解释一下,它就像一个"改变世界的人",有能力颠覆和彻底改变某个市场或情况。

和地区的贸易实现增长。因此,加入世界贸易组织及区域和国际自由贸易协定,是外国直接投资流入中国呈现指数式增长的根本原因。①

接受投资的良好环境大大促进了中国的经济增长。吸引外资的积极结果是国内投资的互补性和竞争的加剧,这导致本地公司寻求更好的生产效率,并降低成本和提高所提供产品的质量(DONGQI,2013)。

在引进和吸收外资方面,中国的国有企业扮演着重要的角色。自1978年以来,随着市场化改革的进行,中国的营商环境发生了重大变化。随着"人民公社"的解体,中国特有的一种公司——乡镇企业(TVEs)大幅增加。这种类型的企业象征性地表达了中国制度的双重性:乡镇企业由当地居民拥有(集体所有制),但它们的产权是由城市和乡村政府掌控。乡镇企业有经营的自主权,但要受到严格的预算限制,并要向地方政府上交利润。

20世纪80年代和90年代大规模的国有企业改革和投资分配权力的下放,使中国的国有企业在支出方面有更多的自主权(Medeiros,2013)。

在讨论中国对外直接投资时,不可能脱离中国国有企业(SOEs)在这一变化中的基本作用。事实上,它们是这一战略的推动者,对中国经济的活力和增长至关重要。②

国有企业对中国经济的重要性十分巨大,它们是中国主要的对外投资者。在拉丁美洲,中国国有企业的重要性毋庸置疑。根据Avedano、Melguizo和Miner(2017)的研究,中国国有企业投资占中国在拉丁美洲投资的81%,而中国私营企业对拉丁美洲的投资只占19%。在Avedano、Melguizo和Miner看来,这种主导地位的形成是中国政府在2008年全球金融危机期间和随后几年采取大规模刺激措施的结果。并且,中国国有企业在竞争性行业(包括零售和批发、建筑、酒店和餐馆)中占主导地位。此外,中国政府限制私人投资进入包括金融、物流和电信等战略性行业。因此,国内经济中的这种经营保护,使更多的中国国有企业得以在国外开展投资活动。Buckley等人(2017)则强调了这种国家刺激的国际化特殊性。

然而,中国仍然有别于其他新兴经济体,因为中国的许多跨国企业仍然是国有企业,即使是这些国有企业已经进行公司化改革并专注于商业目标,但国家的指导意味着这些公司无论是在国内还是在国外,其业务仍然要与五年计划和国家的要求相一致。这种模式在其他主要的新兴经济体中基本上没有得到复制(Buckley等,2017)。

---

① 世界贸易组织的重要性及其作为制度执行者的作用最近受到了严峻的考验,特别是在时任美国总统唐纳德·特朗普的政府中,尤其是在其任期开始后与中国发动的贸易战中。施加关税壁垒、报复性措施,甚至禁止与美国贸易或在其境内做生意(如对华为的禁止),以及采取措施削弱机构的惩罚性权力,如拒绝任命争端解决机构(DSB)的成员——该机构负责在世贸组织内裁定贸易争端——最终暴露了世界贸易组织等国际组织强制力的相对化。

② 中国的工业企业通常根据其所有权被细分为八类:国有企业、集体所有制企业、私营企业、个人所有制企业、合资企业、股份制企业、外资企业和其他类型的企业。

发展国有企业有时也不免遭到关注和批评,因为这可能会给市场带来一定程度的扭曲,原因是国有企业的杠杆率很高,生产效率却低于私营企业,并有可能会阻碍私营企业的增长;而且,国有企业由于可以以低于市场的利率不成比例地获得银行贷款,因此可能会存在内在的反竞争特性。

在一份关于中国国有企业改革的研究报告中,国际货币基金组织(IMF)对中国可能颁布的政策改革提出了四个观点:重组、收紧预算约束、减少进入壁垒、推进配套改革。[①] 中国政府本身也认识到有必要进行改革,以至于这一目标被特意纳入持续到2020年的"十三五"规划中。然而,考虑到国有企业对中国经济的重要意义,这种改革如果发生,也将是渐进的,且在短期内不会产生重大变化。[②]

四、2000年以来中国在巴西的外国直接投资

正如我们之前所看到的,从2000年开始,中国作为一个新的参与者开始出现在全球投资舞台上。随着中国经济的逐步开放与对世界市场和贸易规则的遵守,中国已经成为与美国和日本并列的资本流动三大来源之一(Pérez Ludeña,2017)。自21世纪初以来,中国对拉丁美洲的投资一直持续不断,且从2008年开始进一步加大投资力度。正如ECLAC(2015)所言:2010年是一个非典型的年份,中国对该地区(拉丁美洲)的直接投资额占其总外国直接投资额的3/4。这一纪录的诞生主要是由于石油行业中的中石化在巴西投资71亿美元和中国海洋石油总公司(CNOOC)在阿根廷投资31亿美元这两项重大交易导致的。

具体来说,在巴西,中国的投资在20世纪头十年之初是适度的和集中的,但随着时间的推移,这些投资变得更加强劲和多样化。通过非官方来源的CBBC、中国全球投资追踪器和RedAlc的数据,我们可以看到这些投资的轨迹和规模(见图2)。

当使用二手的数据来源时,我们注意到它们之间有某种程度上的重合,即得到的轨迹和数值很相似。如图2所示,我们可以清楚地看到,中国对巴西的投资有两个高峰年份:2010年、2016年。2014年的急剧下降[也出现在巴西中央银行(CBC)关于同一主题的综合数值中]没有得到确切的解释。一些研究人员,如 Dalla Costa、Althaus Junior 和 Fang Yi(2019)等认为,这是由于2014年是巴西的选举年,对总统职位有非常激烈的争论,这通常使市场忐忑不安,外国投资者谨慎行事,以便寻找更可靠的市场。选举后的宏观经济指标也显示了巴西经济的衰退轨迹,这可能促使生产资源从该国流出。Perez Ludeña(2017)给出的另一个可能的解释是,中国经济增长的降低使中国对其他国家和地区的投资放缓和减少,因为经济增长的降低和商品价格的降低,可能会使一些

---

① 资料来源于国际货币基金组织2017年的新闻——《让中国的"信义之子"重回正轨》。
② 中国国有企业的产值占中国工业总产值的20%,在中国国有企业就业的人数占中国城市地区总就业人数的17%。资料来源于《外交官》2017年的文章《如何改革中国的国有企业》。

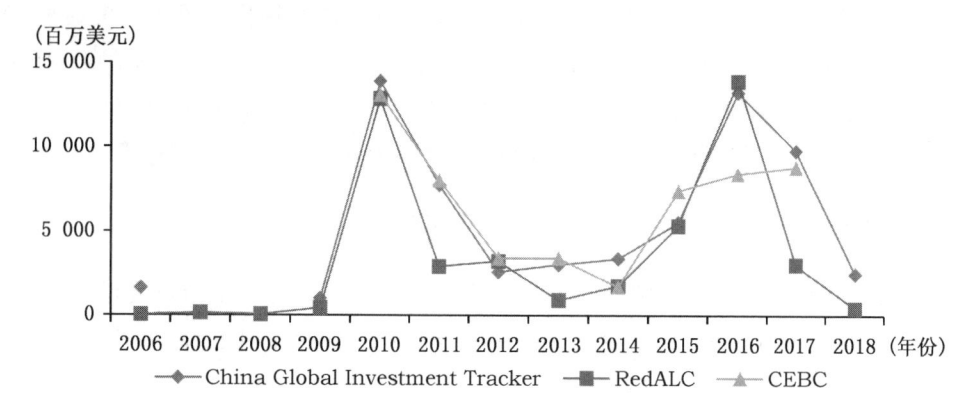

资料来源：根据美国企业研究所的作者 RedALC(2019b)、CEBC(2017)的数据绘制。

图 2　2006—2018 年中国对巴西的外国直接投资

中国公司改变战略，"开始在国外寻找新的行业的市场，主要是在服务领域。虽然从长远来看，中国企业可望增加对外直接投资，但过度的债务可能会在短期内限制其增长"(Perez Ludeña，2017)。

比起投资的金额，我们有必要了解哪些行业是中国投资的重点。行业分布揭示了中国在投资该国时的战略和利益(即使是间接的)(见表2)。

表 2　2010—2016 年按最终控制人标准划分的中国对巴西的外国直接投资的行业参与情况

经济活动(按 CNAE 分类)	总金额(百万美元)	占比(%)
B-采矿业	52 094	73.09
D-电力和天然气	9 940	13.95
K-金融活动、保险及相关服务	3 736	5.24
C-制造业	2 199	3.09
G-贸易、机动车和摩托车修理	1 809	2.54
其他	741	1.04
J-信息和通信	451	0.63
L-房地产活动	233	0.33
A-农业、畜牧业、林业和水产养殖业	44	0.06
F-建筑业	14	0.02
H-运输、仓储和邮政	12	0.02
I-住宿和食品	—	—

资料来源：根据巴西中央银行(2017)《全国外国资本普查》作者的数据(基准年为 2010—2016 年)编制，其中的经济活动分类使用了巴西地理统计局发布的《国家经济活动分类》(CNAE)2.0 版。

从直接的数据分析来看,2010—2016年是中国在巴西直接投资最重要的时期,投资的重点是采矿业①,占73.09%,其次是电力和天然气行业(13.95%)。排在第三位的是金融活动、保险及相关服务(5.24%),其次是制造业(3.09%)及贸易、机动车和摩托车维修(2.54%),但对这些行业的投资规模都与对采矿业的投资规模有相当的差距。

五、促进中国在巴西直接投资的政策和举措

在中国的商业词汇中,中国通常不直接将对其他国家的投资作为政策目标。正如Wegner(2017)所正确指出的那样,中国更倾向于使用"合作"和"互利"的术语。这种讲法的一个明显例子是中国的"十三五"规划第十一篇"构建全方位开放新格局"开篇部分的表述。

> 以"一带一路"建设为统领,丰富对外开放内涵,提高对外开放水平,协同推进战略互信、投资经贸合作、人文交流,努力形成深度融合的互利合作格局,开创对外开放新局面。(十二届全国人大四次会议,2016)

然而,正如我们已经指出的那样,直接投资是中国发展战略的一个基本组成部分。中国最初是直接投资的接受者,但自2001年加入WTO以来,对外直接投资是中国战略和经济轨迹中不可磨灭的一部分。

(一)中国对巴西进行直接投资的动机:折中理论和资本进入模式

从数据分析可知,中国最初在巴西投资的重点是采矿业和农业,这表明中国政府对能够保证其能源安全(通过供应链和原材料)和食品安全的行业感兴趣。中国政府在"十三五"规划的几个部分中都表达了对粮食安全及能源安全的关注。

此外,这也明确无误地表明了中国最初采用的是"寻求资源"战略。这一战略也被中国在其他地区采用,特别是在非洲地区。正如Jaguaribe(2018)所指出的,在分析中国在欧洲、美国、非洲、拉丁美洲、澳大利亚和亚洲的直接投资时,存在一定的"分工"。在欧洲和美国,中国主要是投资于其服务业、媒体业、电信业和高端制造业;而在非洲、澳大利亚、拉丁美洲和一些亚洲国家,中国则主要进行能源投资。

从21世纪初到2012年,中国的对外直接投资优先投资采矿业,寻求自然资源并刺激与商品直接相关的领域,包括石油、采矿和农业综合企业。从2013年开始,第一产业的投资曲线出现了拐点,资本被转移到服务产业中,中国开始优先考虑电力输配环节和金融行业的投资,如图3所示,中国对拉美地区直接投资中投资于服务业的比例从2003—2012年间的21%增加到2013—2016年间的近40%(Avendano、Melguizo和Miner,2017),几乎增长了一倍。

---

① 值得注意的是,在CNAE分类中,采矿行业(B行业)由以下活动组成。矿物煤的开采,石油和天然气的开采,金属矿物的开采,非金属矿物的开采,矿物开采的支持活动(石油、天然气和矿物开采)。资料来源:IBGE,国家经济活动分类2.0版,第43页。

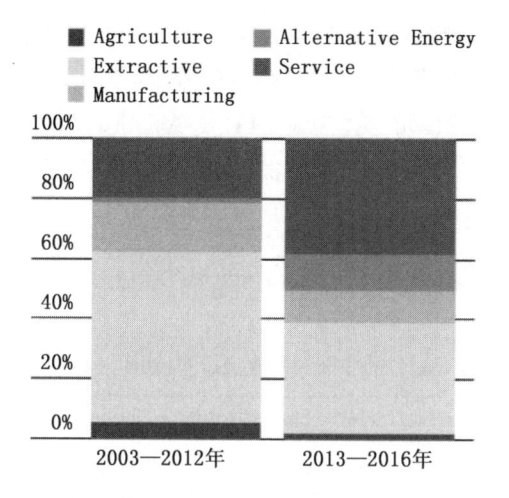

■ Agriculture ■ Alternative Energy
■ Extractive ■ Service
■ Manufacturing

资料来源：Avendano、Melguizo 和 Miner(2017)。

图 3　中国在拉美地区的直接投资向服务领域转移

图 3 的数字也证实了上述投资行业的变化趋势，在中国对拉美投资的总份额中，服务行业的重要性有所增加。正如 ECLAC(2018)所强调的，投资行业的重点发生了变化，自然资源行业减少，服务业和制造业增加(尤其是汽车行业，2017 年在巴西和墨西哥创下历史新高)。而且，在服务行业，电信和可再生能源的投资增长突出。[①]

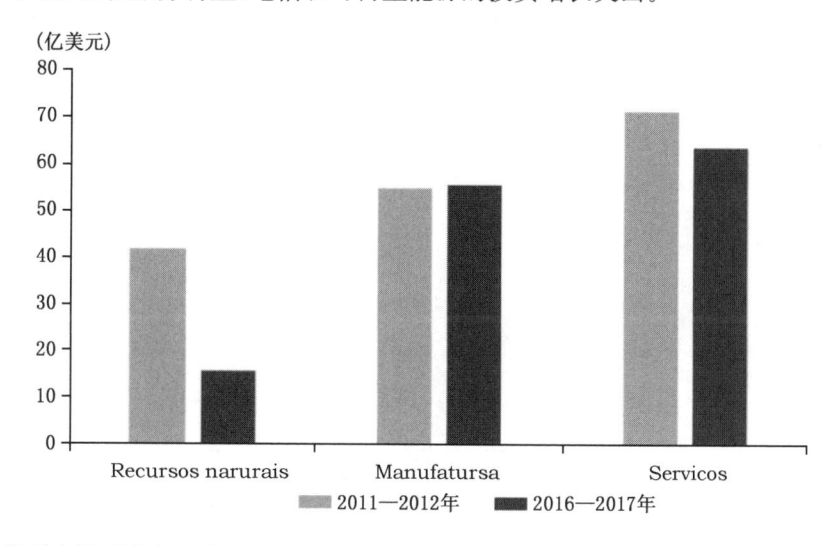

(亿美元)

■ 2011—2012年　■ 2016—2017年
Recursos narurais　Manufatursa　Servicos

资料来源：拉加经委会、ECLAC(2018)。

图 4　拉丁美洲和加勒比地区：2011—2012 年和 2016—2017 年按行业划分的外国直接投资流入量

---

① 拉加经委会 2018 年对世界上的外国直接投资提出警告："尽管世界经济增长和金融市场的高流动性，全球外国直接投资流量在 2017 年下降了 23%，但仍然处于甚至低于过去十年金融危机之前的水平。许多国家的贸易和投资政策的不确定性及数字公司的发展(这些公司的国际扩张需要较少的固定资产投资)将导致未来几年外国直接投资的增长更加温和。"

同样，在这方面，Red ALC-China 编写的《对外直接投资监测报告》（2019 年）恰恰强调了中国对外直接投资从 2010 年起从原材料向制造业和服务业的这种转变。虽然它没有像之前提到的其他资料来源，如 ECLAC（2018）及 Avendano、Melguizo 和 Miner（2017）那样，提出相同的时间框架，但它对证实上面提出的观点很重要。原材料仍然是一个重要的流入性行业，但其相对重要性已大幅降低，从投资总额的 93.21% 降至 53.39%。

另一方面，在 2010—2018 年间，服务行业占投资总额的 36.21%，占就业人数的 34.88%。

表 3　　　　按行业划分的中国对外直接投资（2000—2018 年）

年　份	2000—2005	2006—2009	2010—2018	2000—2018	2015	2016	2017	2018
原材料								
交易	7	39	78	124	4	9	8	12
金额（百万美元）	3 795	15 097	54 152	73 045	6 953	4 505	2 807	6 467
工作	7 048	23 815	99 757	130 620	4 498	13 111	13 081	6 423
金额/交易（百万美元）	542.20	387.11	694.26	589.07	1738.18	500.51	350.85	538.88
金额/就业（百万美元）	0.54	0.63	0.54	1.55	1.55	0.34	0.21	1.01
工作/交易	1 006.86	610.64	1 278.94	1 053.39	1 124.50	1 456.78	1 653.13	535.25
制造业								
交易	4	11	121	136	17	14	29	9
金额（百万美元）	118	540	9 831	10 489	2 012	484	4 497	454
工作	954	6 576	73 860	81 390	22 000	7 007	4 497	4 486
金额/交易（百万美元）	29.55	49.08	81.25	77.12	118.36	34.56	155.08	50.42
金额/就业（百万美元）	0.12	0.08	0.13	0.13	0.09	0.07	0.22	0.1
工作/交易	238.5	597.02	610.41	598.46	1 294.12	500.59	694.62	498.44
服务和国内市场								
交易	5	8	120	133	11	15	20	20
金额（百万美元）	530	188	39 726	37 444	1 146	10 890	4 460	788
工作	5 903	2 632	96 671	105 206	2 306	28 405	37 084	7 876
金额/交易（百万美元）	106	23.50	306.05	281.53	104.15	726.03	223	39.41
金额/就业（百万美元）	0.09	0.07	0.38	0.36	0.50	0.38	0.12	0.1
工作/交易	1 180.6	329	805.59	791.02	209.64	1 893.67	1 854.2	393.8
技术采购								
交易	0	0	9	9	3	0	2	4

续表

年 份	2000—2005	2006—2009	2010—2018	2000—2018	2015	2016	2017	2018
金额(百万美元)	0	0	720	720	71	0	254	395
工作	0	0	4 880	4 880	750	0	1 675	2 455
金额/交易(百万美元)	0	0	542	542	250	0	838	614
金额/就业(百万美元)	0	0	0.15	0.15	0.1	0	0.15	0.16
工作/交易	0	0	542.22	542.22	250	0	837.5	613.75

资料来源：RedALC-China(2019)。

这种动机的多样性代表了中国投资的多样化，因为在巴西，在2010年就有200多家中国公司在不同的行业进行经营(Jaguaribe,2018)。而考虑到中国所做的投资,结论是中国投资的重点已经改变："虽然能源仍然是中国投资最重要和最稳定的行业,但其他行业,如运输、金融和农业的相关性正在增加。"(Jaguaribe,2018)

当然,这种变化提出了一个问题,即为什么2012年后中国对巴西的自然资源投资的追求会减少。没有证据表明中国在商品生产方面保证了自给自足。那么是什么促使了这种变化呢？根据Frischtak等(2013)的说法,他在采访农业综合企业、采矿业、石油和天然气行业工作的中国高管时,可以清楚地看到这种下降可以归因于当时巴西政策的不确定性。Frischtak补充说：

> 人们对这些行业最近的政府监管提出了实质性担忧,比如2011年的采矿立法提案要求在当地进行加工,以改善高附加值产品的制造,或者最近政府对土地购买立法的解释限制了外国人可以购买的土地数量。这些政策和相关政策增加了中国投资者的不确定性,导致公司推迟投资计划。(Frischtak等,2013)

至于进入模式,会根据中国海外投资方式采取的是绿地、并购(M&A)或合资企业而有所不同。一般来说,绿地模式一直是在世界舞台上对于能源和矿产资源初始投资的常态,而在技术和制造业领域及具有长期市场机会的传统行业,并购和合资是首选模式(Jaguaribe,2018)。

根据对21世纪前十年中国在巴西投资的分析,绿地模式占主导地位。例如,汽车行业的奇瑞和江汽,机械设备行业的三一重工和厦工,以及电气和电子行业的富士康和联想。这种模式是由利用巴西不断增长的消费市场而决定的,同时中国想建立一个平台向拉丁美洲其他地区出口和供应制成品(Frischtak等,2013)。

2010年之后的投资主要是通过兼并和收购进行的。或者,正如Kupfer和Freitas(2018)所说：

中国在巴西最大金额的投资是通过并购交易完成的。这种操作每笔交易的平均价值,分别是有机扩张和合资交易的四倍和八倍。中国资本主要通过并购交易进入巴西市场。在2010—2016年间,中国在该国投资总额的83%采用了这种进入模式,而9%通过有机扩张进入,8%通过合资交易进入。然而,大量的小型投资是通过有机扩张进入巴西的。在74项业务中,29项被归类为"新设"(39%),32项为"并购"(43%),13项为"合资"(18%)。值得注意的是,在这两种情况下,中国公司通过建立合资交易进入该国的情况可以忽略不计。这些数据表明,中国在巴西的直接投资可能并不像其规模所表明的那样为巴西经济创造新的就业机会和新的收入。(Kupfer 和 Freitas,2018)

近年来并购占据主导地位可以归结为两个主要原因:第一,这种模式是资本进入一个从被合并或收购的公司建立的结构和消费市场中受益的新国家的最快方式。而且,对于投资国来说,这种方式可以减轻进入一个新的(外国)市场所固有和通常的困难,例如提交监管标准和新的法律规则、适应文化问题和不同的网络和管理技术(Frischtak 等,2013)。第二,如果你愿意相信的话,是2008年的全球金融危机为中国公司创造了新的机会来收购处于财务困难的欧洲公司的大量股份(这些欧洲公司在巴西拥有业务或资产)。这是更实际的原因。

(二)中国对外直接投资的工具性政策:观点和可能性

邓宁的折中理论框架是相当有说服力的,并且阐明了企业国际化的原因。然而,中国的情况不仅不可以简单地适用经济理论的解释,而且还要考虑中国在相当复杂的情况下的动机:对自然资源的追求,生产过剩和随之而来的闲置产能,对市场份额的追求,甚至在接受投资的地方扩大地缘政治的影响。中国在巴西投资的多样性很好地说明了这种情况。

考虑到中国发展模式本身导致工业各部分生产过剩的问题,正如Hiratuka(2018)所指出的:

有观点认为,在城市化和工业化的共同推动下,严重依赖投资扩张的增长导致了中国多个行业的产能过剩,从而增加了中国资本外流的压力,并向一个不太依赖内部市场资本形成总额的经济体转变。(Hiratuka,2018)

因此,我们将面临一个市场检索,其目的不是经济理论中所确立的更高的财务回报,而是为了卸下中国国内的过剩生产。这是对以此为目的而制定的国际产能合作政策的产业政策的批评之一(Kenderdine,2017)。

作为一个额外的复杂因素,在中国的案例中,我们阐述了由国家主导利用自己的公司来实现国家目标的国际化。同样,这不是一个纯粹出于市场或金融原因的国际化,而是一个为实现国家经济规划目标而推动的国际化,或者说中国的国家化在为了地缘政治的目的上表现得越来越明显。"一带一路"倡议经常被作为一个在中国基因中同时具有经济和地缘政治目标的倡议。

然而,机会也来自这些政策。2015年推出并被"十三五"规划纳入的《中国制造2025》政策宣称的目标是提升中国产业的制造能力,使中国成为技术更密集的制造大国,成为全球标准和创新的风向标,并减少对产业创新能力的担忧和对外国控制下的技术的依赖。

而中国优先发展的行业将集中在以下方面:下一代信息技术;生物技术;新材料、航空航天、海洋、铁路和农业技术、机器人和自动化、电力设备和农业机械、节能汽车、替代能源和可再生能源。

表4列出了促进中国对外直接投资的政策和举措与目标行业之间的关系。

表4   促进中国对外直接投资的政策和举措与目标行业之间的关系

政策/激励	启动年份	有效期间	关于外商直接投资的几个重要领域
走出去	2000	不确定	公司国际化刺激
"十五"规划	2001	5年(2001—2005)	优化升级产业结构,增强中国国际竞争力
"十一五"规划	2006	5年(2006—2010)	提高自主创新能力,节约资源,保护环境
"十二五"规划	2011	5年(2011—2015)	战略产业的项目和投资重点:节能环保产业、新一代IT、生物、高端设备制造业、新能源、新材料、海洋能源汽车
"一带一路"倡议	2013	不确定	重点投资基础设施、金融和专业服务、先进制造、运输和物流
国际产能与装备制造合作	2015	不确定	投资设备制造、生产线、技术和其他国家管理专业知识应用的发展
中国制造2025	2015	不确定	10个优先领域:先进的海上设备和高科技船舶、先进的轨道交通设备、农业技术和机械、航空和航天设备、生物制药和高端医疗设备、集成电路和新IT技术、最先进的电子设备、机械和机器人、低消耗汽车和新能源、新材料和先进材料
"十三五"规划	2016	5年(2016—2020)	钢铁工业、有色金属、建筑材料、铁路、电力、化学工程、纺织、汽车、通信、工程机械、航空航天、造船和海洋工程,在国外建立生产中心和合作区商品与金融信息服务平台建设

资料来源:本表是本文作者在Oliveira(2020)的基础上编制而成。

在这种情况下,巴西将有机会在这些领域获得投资。这些机会已经产生了结果,从最近对金融服务技术初创公司的投资中就可以看出。例如,中国技术巨头腾讯对Nubank 的投资价值为 1.8 亿美元,中国电子商务巨头阿里巴巴的金融行业对巴西支付公司 Stone 的投资价值为 1 亿美元,而在移动应用方面,滴滴出行对 99Taxis 投资的价值为 6 亿美元。①

Red-Alc 在其《对外直接投资监测》(2019 年)中也强调了这种对技术的追求,强调在 2000—2018 年间,有 4 个价值 3.95 亿美元的案例在整个地区创造了近 2 500 个就业机会。

表 5 显示了中国对拉丁美洲的航空航天、核电、电信、自动化和新技术等领域的投资情况。

表 5　拉美和《中国制造 2025》政策:投资于目标行业的外国直接投资流入量(2013—2018 年)

年份	公司	收购公司	价值(百万美元)	行业/工业	国家
2013	中国空间技术研究院	Tipac Katari	300	电信	玻利维亚
2014	中兴	—	100	电信	巴西
2015	中国国家铁路集团有限公司	—	300	科技	阿根廷
2015	中国电子信息产业集团有限公司	—	100	电信	巴西
2017	中国核工业集团有限公司	Nucleoelétrica	4 700	核能	阿根廷
2018	滴滴出行	99Taxis	600	交通—科技	巴西
2018	腾讯	Nubank	180	金融—科技	巴西
2018	阿里巴巴	Stone	100	金融—科技	巴西

资料来源:改编自 AEI 的作者(2019)。

这一政策带来的另一个重要变化是中国要实现 70% 的关键行业部件自给自足的目标,而获得制造这些部件的原材料至关重要。因此,中国再次提高了增加贸易甚至直接扩大对价值链做出贡献的可能性,因为铜、铌等矿石会发挥关键作用。这使中国把巴西放置于这一政策成功的关键位置,因为巴西将是这些产品的最重要供应商之一(见表 6)。

表 6　拉丁美洲和《中国制造 2025》政策:投资于目标行业的外国直接投资流入量(2013—2018 年)

年份	公司	收购公司	价值(百万美元)	行业/工业	国家
2010	中铁建设集团有限公司和中国有色金属建设股份有限公司	Corriente Resources	650	金属	厄瓜多尔

---

① 在美国企业研究所和传统基金会(AEI)汇编和出版的《2018 年中国全球投资追踪》数据库中可以看到交易数字。

续表

年份	公司	收购公司	价值(百万美元)	行业/工业	国家
2010	顺德日新和金属		1 910	金属	智利
2010	江苏省有色金属华东地质勘查局	Bernardo de Mello Itaminas	1 200	金属	巴西
2010	五矿		2 500	金属	秘鲁
2011	太原钢铁、中信、宝钢	CBMM	1 950	金属	巴西
2012	博赛		100	金属	圭亚那
2012	中铁	C. V. G. Ferrominera Orinoco	410	金属	委内瑞拉
2014	五矿、苏州国信、中信银行	Glencore	6 990	金属	秘鲁
2014	中国铝业集团有限公司	Venalum	500	金属	委内瑞拉
2014	中铁建设集团有限公司和中国有色金属建设股份有限公司	Mirador	2 040	金属	厄瓜多尔
2016	成都天启	Sociedad Quimica Minera	210	金属	智利
2017	首钢	Hierro	500	金属	秘鲁
2017	山东黄金集团	Barick	960	金属	阿根廷
2018	中国中钢集团公司	El Mutun	420	金属	玻利维亚
2018	成都天启	Sociedad Quimica Minera	4 070	金属	智利
2018	中国铝业集团有限公司		1 300	金属	秘鲁
2018	中铁建设集团有限公司	Mirador	920	金属	厄瓜多尔
2018	中融信达	Pampa de Pongo	2 360	金属	秘鲁

资料来源:改编自 AEI 的作者(2019)。

因此,可以看到,中国的直接投资有双重作用:既可以为中国提供实现其政策目标至关重要的原材料,也可以获得中国希望重点发展行业的投资(如信息技术和可再生能源)。

总之,中国在巴西投资的动机有很多,不能只用一个理论来解释,甚至不能用一个简单的解释来说明,因为中国在不同时期有不同的考量,其优先事项也会随着时间的推移而变化。

因此,在21世纪初,中国对外直接投资的目的是寻找自然资源,尽管也有寻求供应当地和邻近市场的投资。从2010年起,中国的投资开始向服务行业过渡,特别强调电力和电信行业。而自2015年以来,我们看到中国在技术方面的投资有所加强。

中国的动机还包括确保能源、商品和食品的成本和供应的稳定性;为中国本土产业的过剩产能寻找市场,利用增长阶段形成的能力;扩大市场网络,甚至寻求在技术密集型行业取得进展的机会(Jaguaribe,2018)。

六、结论

20世纪70年代,中国在全球市场上是一个不显眼的角色。随着1978年的改革开放和其他贸易开放政策的出台,中国成了世界贸易的最大参与者之一,也成了世界上最大的外国直接投资者之一。这种状况的出现是几个因素的共同产物,特别是投资资本的可用性、中国公司的成熟度和中国由国家领导的独特规划结构决定的经济目标。

而在处理外国直接投资时,我们有必要对其进行定义。外国直接投资是任何来自国外的资本流入,并应用于一个国家的国内生产结构,即通过参股现有公司或创建新企业的形式(Wolffenbüttel,2006),并且应该以某种程度的控制为目标(可以是简单持股,也可以是额外管理),而不是那种只对短期收益感兴趣的短暂、不稳定的资本。

为了理解这种生产性资本的流动,不可能不涉及公司的国际化问题。有几个理论涉及这种国际化,但最有名的是约翰·邓宁的折中理论(也称为OLI范式/理论)。借助这一理论,可以了解一个国家及其本国公司在什么时候和条件下可以在其他国家和地区进行投资。并且只有当公司拥有所有权、地点和内部化优势(折中优势)时,追求国际化和追求直接投资的途径才有意义。当我们从这个角度分析中国的外国直接投资时,只有那些满足这三个条件的公司,选择外国投资才有意义。

在这个阶段之后,考虑到世界各地大量的投资机会,就有必要分析这种投资的目标是什么,或者换句话说,希望通过投资实现什么。我们知道,中国的对外直接投资并非只有一种性质,而是以各种形式呈现。而邓宁的折中理论提出了四个主要驱动力:寻求资源、寻求市场、寻求效率和寻求战略资产。

中国的发展模式对于了解中国寻求新市场的背景非常重要。中国的经济活力在21世纪初强劲的增长与投资的大幅增加有关。国家计划将城市化和工业化结合起来。2001年中国在加入世贸组织后成为一个真正的游戏规则改变者,使中国将自身插入国际贸易和国际资本的目的路线中。不仅如此,投资是中国国内生产总值达到两位数增长的基础,并且在过去20年间反复出现,这对任何经济体来说都是不可思议的事情。所有这些力量投入导致的结果是:一方面,中国在世界其他地方的资本投入需要外汇储备;另一方面,在某地区的资本回报率下降时,中国必须寻找能够提供预期投资结果的新经济体。

考虑到上述因素,中国在拉美的投资在整个21世纪的前十年一直在增长。2010年出现了一个高峰,原因是石油行业的两笔大型交易。此后虽然没有达到2010年的规模,但这个亚洲巨人的资金流入对拉丁美洲地区来说仍然相当高。

而巴西作为拉美地区最重要的国家,并没有被排除在中国的投资分配之外。然而,这条投资轨迹因时间而不同。在2000年,只有少数中国公司进入巴西,与其他国家相比,投资总额是有限的。然而,在2010年出现了一个明显的拐点,巴西被认为是一个非常有利的投资目的地,中国资本大量涌入巴西就证明了这一点。

当我们用折中理论来分析巴西时,我们看到最初有"寻求资源"型的外国直接投资,与当时的中国经济发展战略相一致。从21世纪头十年末,以及从2012年开始更明显的是寻求市场成为动机,并因此成为进入巴西的中国直接投资类型的主要决策因素。值得注意的是,在整个分析期间,鉴于这种外国直接投资的规模,这种投资并不局限于单一类型,这一点从资源和市场寻求投资的存在可以得到验证。

人们还注意到,这种投资在巴西最常见的进入方式是并购。有关解释认为这样容易进入市场,并获得成熟的客户群及已经发展的生产结构。

然而,中国的复杂性并不允许我们只通过邓宁的折中理论来解释中国对巴西的直接投资。相关因素还有:地缘政治的目标,中国存在感的扩张,特别是影响力的扩张,这些都不能被忽视。本文的目的不是要深化地缘政治因素,但毫无疑问这是一个为完成中国在巴西的直接投资必须考虑的因素。

巴西与中国的关系一直表现出某种双重性。[①] 如果说,一方面,巴西从初级产品出口的增加中获利,为总是愿意购买更多的东西的贪婪的消费者服务。另一方面,也由此导致国内生产链缺乏密度,换言之,巴西国内的生产结构专业化的倒退使国内经济受到困难。因此,在这些国家之间的关系中,总是有前述两个方面的存在。如果中国的融资在基础设施和物流项目,在资本密集型行业[如能源(石油)],以及自然资源(农业和采矿业)中曾经并将继续发挥根本作用,那么随着国内大型项目的发展对中国资金的依赖,结构性的外部脆弱性也会增加,导致巴西的对外负债增加。最后,对中国出口的增长巩固了其作为巴西最大贸易伙伴的地位,同时也造成了巨大的威胁,因为其外贸的财政状况完全依赖于对该国的出口销量。鉴于这种情况,巴西任何涉及外国直接投资主题的公共政策必须有一个最低限度的内容,旨在最大限度地发挥巴西和中国之间的动态关系。

---

① 一些作者描绘了两国之间的这种双重动态及其影响,如 Altomonte 和 Sanchez(2016)、Bekerman 等(2014)、Bittencourt(2012)、Curado(2015)、Hiratuka 等(2012)、Hiratuka 和 Sarti(2017)、Katz 和 Dussel Peter(2002);并由 Fernández 和 Curado(2019)总结。在讨论负面影响时,他们强调了对中国出口的增加为这些国家创造了外汇,但也导致了这些经济体的总体出口减少。

参考文献

1. Altomonte, Hugo and Ricardo Sánchez. *Towards a new governance of natural resources in Latin America and the Caribbean*[M]. Santiago de Chile:CEPAL,2016.

2. Avendano, Rolando, Melguizo, Angel and Sean Miner. Chinese FDI in Latin America:new trends with global implications[R/OL]. 2017. Atlantic Council. OECD Development Centre. https://www.cebc.org.br/2018/10/02/chinese-fdi-in-latin-america-new-trends-with-global-implications/.

3. Bekerman, Marta et al. Productive policies and industrial competitiveness. The case of Argentina and Brazil[J]. *Revista de Economia Política*,2014,34(1):158—180.

4. Bittencourt, Gustavo (Coord.). China's Impact on Latin America:Trade and Investment [R]. 2012. Montevideo:Red Mercosur de Investigaciones Económicas.

5. Bloomenthal, Andrew. Six Factors Driving Investment in China[J/OL]. *Investopedia*. https://www.investopedia.com/articles/economics/09/factors-drive-investment-in-china.asp, 2020-4-20.

6. Buckley, Peter. J. et al. The determinants of Chinese outward foreign direct investment[J/OL]. *Journal of International Business Studies*,2007,38(4):499—518. http://dx.doi.org/10.1057/Palgrave.jibs.8400277.

7. Central Bank of Brazil (CBB). Foreign Direct Investment[EB/OL]. https://www.bcb.gov.br/estatisticas/investimento_estrangeiro_direto,2019-06-17.

8. China-Brazil Business Council (CBBC). Chinese Investment in Brazil 2017[R/OL]. 2017. https://www.cebc.org.br/2018/12/11/Investimentos-chineses-no-brasil-2017.

9. Curado, Marcelo. China Rising. Threats and Oportunities for Brazil[J]. *Latin American Perspectives*,2015,42(6):88—104.

10. Dalla Costa, Armando; Althaus Junior, Adalto and Li Yi. Chinese Companies and Foreign Direct Investment in Brazil between 2000 and 2018[J/OL]. *Journal of Evolutionary Studies in Business* 2019,4(2):68-107. https://doi.org/10.1344/jesb2019.2.j061.

11. Dongqi, Chen. The determinants of China's economic growth[M]//Pereira,L,Veloso,F, Bingwen,Z. *The middle-income trap:views from Brazil and China*. 2013:55—85.

12. Dunning, John; and Sarianna Lundan. *Multinational Enterprises and the Global Economy*[M]. Northampton:Edward Elgar Publishing Inc,2008.

13. Economic Commission for Latin America and the Caribbean (ECLAC). Foreign Direct Investment in Latin America and the Caribbean[R/OL]. 2018. https://www.cepal.org/pt-br/publicaciones/43691-o-investimento-estrangeiro-direto-america-latina-caribe-2018-documento.

14. Fernández, Virginia; and Marcelo Curado. Competitiveness Matrix and the role of emerging markets in Argentinean and Brazilian exports[J]. *Revista Economia e Sociedade*,Campi-

nas,2019,28(1):123—151.

15. Frischtak et al. Chinese Investments in Brazil from 2007-2012:A review of recent trends[R/OL]. 2013. http://cebc. com. br/sites/default/ files/pesquisa_Investimentos_chineses_2007-2012_-_ingles_1. pdf.

16. Hiratuka,Célio. Changes in the Chinese development strategy after the global crisis and its impacts in Latin America[J]. *Revista de Economia Contemporânea*,2018,22(1):1—25.

17. Hiratuka,Celio et al. Business relations between Latin America and China:characterization of the recent evolution[M]//Gustavo Bittencourt. *China's Impact on Latin America:Trade and Investments*. Uruguai:Red Mercosur de Investigaciones Económicas,2012.

18. Hiratuka, Celio and Fernando Sarti. Transformações na estrutura produtiva global, desindustrialização e desenvolvimento industrial no Brasil[J]. *Revista de Economia Política*, 2017,37(1):189—207.

19. Brazilian Institute of Geography and Statistics (IBGE). National Classification of Economic Activity,version 2. 0[R/OL]. 2007. https://concla. ibge. gov. br/classificacoes/por-tema/atividades-economicas/Classificação-nacional-de-atividades-economicas. html.

20. Jaguaribe,Anna. Characteristics and Direction of China's Global Investment Drive[M/OL]//Anna Jaguaribe. *Direction of Chinese global investments: implications for Brazil*. Brasília:FUNAG,2018:215—266. http://funag. gov. br/loja/download/CHINESE-GLOBAL-INVESTMENT_FINAL. pdf.

21. Katz,Jorge and Enrique Dussel Peters. Different strategies in the new Latin American economic model:temporary imports for re-export and transformation of raw materials[Z]. 2002.

22. Kenderdine,Tristan. 13th Five-year Plan on International Capacity Cooperation-China Exports the Project System[J/OL]. *Global Policy Journal*,2017. https://www. globalpolicyjournal. com/blog/17/10/2017/13th-five-year-plan-international-capacity-cooperation-china-exports-project-system.

23. Kupfer,David and Felipe Freitas. Directions of the Chinese Investment in Brazil 2010—2016:National Strategy or Opportunities Seeking[M/OL]//Anna Jaguaribe. *Direction of Chinese global investments: implications for Brazil*. Brasília:FUNAG,2018:215—266. http://funag. gov. br/loja/download/CHINESE-GLOBAL-INVESTMENT_FINAL. pdf.

24. Liu,Jiahua. China's new model of investment, explored[J/OL]. *World Economic Forum*,2017. https://www. weforum. org/agenda/2017/05/chinese-overseas-investment-is-changing-and-the-rest-of-the-world-will-learn-from-latin-america.

25. Medeiros,Carlos Aguiar. Investment patterns, institutional change and structural transformation in the Chinese economy[M/OL]//Ricardo Bielschowsky. *Patterns of economic development* (1950—2008):*Latin America,Asia and Russia*. Brasília:Centro de Gestão e Estudos Estratégicos,2013:435—489.

26. Ministry of Commerce of People's Republic Of China (MOFCOM). *China's Foreign*

Direct Investment Statistics Bulletin 2016[M/OL]. Beijing:China Statistics Press,2016. http://cdi. cnki. net/Titles/SingleNJ? NJCo de=N2017120333,2019-11-15.

27. Department of Outward Investment and Economic Cooperation. Department of Outward Investment and Economic Cooperation Comments on China's Outward Investment and Cooperation in 2018[R/OL]. 2018. http://english. mofcom. gov. cn/article/newsrelease/policyreleasing/201901/20190102829745. shtml. 2019-11-15.

28. National Bureau of Statistics of China (NBSCH). China Statistical Yearbook 2018:Direct Foreign Investment Actually Utilized[R/OL]. 2018. http://www. stats. gov. cn/tjsj/ndsj/2018/indexeh. htm.

29. Oliveira,Graziella. The Strategy of Chinese Direct Investment in Brazil at the Beginning of the 21st Century[D]. Curitiba:Universidade Federal do Paraná,2020.

30. Pérez Ludeña,Miguel. Chinese Investments in Latin America:Opportunities for growth and diversification[R]. 2017.

31. Latin America and the Caribbean Academic Network about China (Red ALC China). Monitor of Chinese OFDI in LAC 2019[R/OL]. 2019. https://www. redalc-china. org/monitor/images/pdfs/Menuprincipal/DusselPeters_Monitor OFDI_2018_Eng. pdf.

32. Sheehan,Spencer. How to Reform China's SOEs[J/OL]. *The Diplomat*,2017. https://thediplomat. com/2017/06/how-to-reform-chinas-soes/>.

33. The American Enterprise Institute and The Heritage Foundation (AEI). China Global Investment Tracker (CGIT) 2019[R/OL]. 2019. http://www. aei. org/china-global-investment-tracker.

34. Wegner,Rubia. Between Five-Year Plans:Presence of Chinese Companies in South America[J]. *Revista Econômica*,2017,19(1):103—130.

35. Wolffenbüttel,Andrea. Indicators Section[J]. *Revista Desafios do Desenvolvimento*,2006(5):22.

巴西和中国在中巴地球资源卫星项目中的合作：巩固和期望

伊莎贝拉·玛丽亚·佩雷拉·帕斯·德巴罗斯（Isabela Maria Pereira Paes de Barros）

杰姆·本维努托·利马·朱尼尔（Jayme Benvenuto Lima Júnior）

劳拉·罗德里格斯·德奎罗斯·塔瓦雷斯（Lara Rodrigues de Queiroz Tavares）

摘要： 本文旨在介绍和分析中巴地球资源卫星计划（CBERS）。该计划是中国和巴西为发射遥感卫星而建立起的合作关系。众所周知，这一合作为中巴两国带来了积极的效益，因为在此计划实施期间，一系列卫星得到建造和发射，它们所提供的地球卫星图像对于环境、农业、水文及气候的监测都颇为重要。这项合作也促进了两国空间技术的发展，增进了两国太空探索战略部门之间的技术交流。此外，本文亦致力于梳理CBERS实施的各个阶段，并分析其间的法律和技术问题。在此基础上，本文提出如是假设——中巴两国的空间合作不仅能够促使巴西成为空间技术领域的区域性强国，也能使中国成为该领域的世界强国。最后，本文从中国和巴西各自的角度出发，对中巴空间合作关系的未来走向做出展望。本文使用的研究方法主要是对相关资料进行评述，包括对文献、学术论文和书籍进行分析。

关键词： 中巴地球资源卫星计划、外层空间合作、遥感技术、巴西、中国

一、绪论

太空探索是人类发展历程中的一个新兴产业。对于地面科技的使用具有重要意义的人造卫星被置于环绕地球的轨道上，包括通信卫星、电视卫星、气象卫星或遥感卫星等。这些人造卫星皆为人类发展提供有用的信息。

在整个20世纪，巴西卫星方案的建设对于令巴西成为拥有初级遥感数据产生技术的少数国家之一至关重要，此项技术能够在监测其幅员辽阔的国土方面发挥尤其重要的作用。巴西通过CBERS与中国政府建立起伙伴关系，成为实现这一目标的有效工具。

通过CBERS，在巴西境内实现的重大科学进步将得到呈现，中国亦是如此。这一项目一方面有助于控制亚马逊地区的森林砍伐及火灾，并监测水资源、农业地区和城市增长，另一方面则为中国进入美洲大陆提供助益，并为其贸易和投资创造了最为独特的机会。

因此，本文的内容涉及对该方案的全面分析，以求从历史视角记录各国之间订立的

协定,而此类协定旨在扩大各国之间在外层空间领域的合作,从而成为有关国家当前发挥地缘政治作用的催化剂。通过这种方式,笔者提出的假设是,CBERS 已经发挥潜力并且在未来亦将继续发挥潜力,从而使巴西成为区域范围内参与外层空间竞争的重要角色,亦使中国成为外层空间竞争中的世界性大国。

因此,在本文中,笔者将首先综述 20 世纪中巴关系发展的开端,这使得围绕 CBERS 的讨论得以展开。接下来,笔者将就该计划的规范法律基础做出详细阐释,并对其进行阶段性分析,重点在于法律层面。最后,笔者将对中巴项目的前景进行预测。本文所采用的研究方法主要是参考相关资料,包括书籍、科学文章、新闻材料和技术性文件等。

二、中巴开展外层空间技术合作的历史进程

倘若认识不到外太空的重要性,便无从理解中国与巴西在此方面发展投资和贸易关系的原因。举例而言,轨道卫星就被用以监测巴西出口至中国的粮食;此外,中国同巴西及其他拉丁美洲国家之间的货船航行皆依赖于卫星提供的技术支持。

学者赵云在其文章中指出,中国参与空间合作始于 20 世纪 70 年代中期,尤其是在认识到在空间技术方面需要摆脱对美国的依赖,并缓解国家间的不平等状态之后。[①] 在这种情况下,通过订立双边合作协定的方式,中国与许多国家开始发展起空间伙伴关系,这种关系也有益于相关国家的战略伙伴关系。[②]

中国与巴西之间的外交关系正式缔结于 1883 年,正是在这一年,巴西在中国广州设立了大使馆。[③] 然而,直到 1961 年雅尼奥·夸德罗斯(Jânio Quadros)执政期间,中巴外交关系才开始变得重要。当时,时任巴西副总统若昂·古拉特(João Goulart)访华,寻求恢复邦交,并以此为契机授权在巴西设立中国商务办公室,这一商务办公室是中国对外贸易发展委员会在巴西的工作场所。[④] 可是,在 1964 年,正值巴西的军事独裁开始之时,9 名中国公民被监禁,其中正有前往巴西设立商务办公室的人员[⑤],还有赴

---

① Yun Zhao. The 2002 Space Cooperation Protocol between China and Brazil: An Excellent Example of South-South Cooperation[J]. *Space Policy*,2005,21(3):213—219.

② José Monserrat Filho. Brazilian-Chinese space cooperation: an analysis[J]. *Space Policy*,1997,13(2):153—170.

③ Renata C. Ribeiro. Aliança tecnológica com a China na área espacial: os 30 anos do Programa CBERS (1988—2018)[D]. Universidade de Brasília,2019.

④ Renata C. Ribeiro. Aliança tecnológica com a China na área espacial: os 30 anos do Programa CBERS (1988—2018)[D]. Universidade de Brasília,2019.

⑤ José Monserrat Filho. Brazilian-Chinese space cooperation: an analysis[J]. *Space Policy*,1997,13(2):153—170.

巴西的新华社记者[①]。

  1973年,第一次石油危机发生后,世界的地缘政治格局发生了深刻变化。1971年,中国和苏联因意识形态领域的分歧而断交。[②] 此外,自1974年起,在埃内斯托·盖泽尔(Ernesto Geisel)将军的领导下,巴西政府的内政和外交方针都有所改变,具体表现为摒弃意识形态方面的差异,愿意向新的国家开放国内市场,以便在战略层面落实民族自治的政策。在此情况下,巴西航空任务(MECB)项目应运而生,这是巴西首个外太空项目,中巴之间的和睦关系也初步恢复。

  1974年,中巴恢复外交关系。尽管如此,直到1982年,两国才签署了第一份技术合作协定。中巴合作在时间上的拖延,一方面缘于中国国内因高层领导人去世而引发的一些变动,另一方面则缘于中国对外的改革计划。[③] 最初的协定并未提及外太空合作,但规定了两国之间任何形式的科技合作都将通过外交渠道建立,允许两国就各自的国情需要适时调整相关政策。[④] 20世纪70年代,在签署了这份初步协定后,巴西也就成为中国的第六个贸易伙伴。[⑤]

  1979年,中国代表团访问巴西航空工业公司,以此为契机,中巴两国在航天技术领域表现出合作的意愿。在看到代号为"依帕内玛"的农用飞机的组装和操作(该飞机的零部件将由巴西生产)之后,中国产生了与巴西共同建立合资企业的意向。次年,中巴联合会第一次会议在北京举行。会议期间,双方就教育、科技等领域的合作交流事项进行了讨论。[⑥]

  1982年,时任巴西总理拉米罗·萨拉瓦·格雷罗(Ramiro Saraiva Guerreiro)作为首次访问北京的巴西总理,会见了中国当时的外交部长黄华和当时的全国政协主席邓小平,并签署了两国之间的第一份技术合作协定。[⑦] 1984年,中巴双方又签署了1982

  [①] Renata C. Ribeiro. Aliança tecnológica com a China na área espacial:os 30 anos do Programa CBERS (1988—2018)[D]. Universidade de Brasília,2019.

  [②] Renata C. Ribeiro. Aliança tecnológica com a China na área espacial:os 30 anos do Programa CBERS (1988—2018)[D]. Universidade de Brasília,2019.

  [③] Renata C. Ribeiro. Aliança tecnológica com a China na área espacial:os 30 anos do Programa CBERS (1988—2018)[D]. Universidade de Brasília,2019.

  [④] José Monserrat Filho. Brazilian-Chinese space cooperation:an analysis[J]. *Space Policy*,1997,13(2):153—170.

  [⑤] Renata C. Ribeiro. Aliança tecnológica com a China na área espacial:os 30 anos do Programa CBERS (1988—2018)[D]. Universidade de Brasília,2019.

  [⑥] Costa Filho. A dinâmica da cooperaçao espacial Sul-Sul:o caso do Programa CBERS (China-Brazil Earth Resources Satellite)[D]. Campinas:Unicamp,2006.

  [⑦] Renata C. Ribeiro. Aliança tecnológica com a China na área espacial:os 30 anos do Programa CBERS (1988—2018)[D]. Universidade de Brasília,2019.

年协定的补充协议①,以期加强双边合作。为此,双方确定了若干合作主题,包括外太空探索。

当时,巴西指定巴西空间活动委员会(COBAE)作为其与中国政府开展后续合作的执行机构,该委员会将与航天技术中心(CTA)和国家空间研究所(INPE)协同合作。中方则指定其航天工业部作为执行机构,而该机构系中国国家航天局的前身。补充协议签订后,双方的合作侧重于通信卫星、遥感和图像处理卫星、火箭发射器及其系统,以及探空火箭的建造。

尽管如此,1982年的协定和1984年的补充协议只具有形式效力,并未带来实质性成果。然而,这是迈向CBERS的第一步。此外,1985年,巴西科技部成立,通过巴西政府对整体科技政策的集中化,中巴之间的空间合作得到了更有效的发展。②

三、CBERS的诞生、可行性及法律完善

根据《维也纳条约法公约》第26条的规定,条约必须遵守,此系国际领域的基本原则,决定了各国缔结的条约和协定对缔约各方具有约束力。从国际传统和习惯法发展而来的这一原则使得国际协定成为在国际层面上最具有民主性的文书,因为缔约国能够直接参与协定的起草③,并且能够制定对彼此具有约束力的规则。

由此可见,以互惠互利为基础的双边协定是具有高度规范作用的工具,主要是因为其只牵涉两个国家之间的伙伴关系和利益。因此,在签署双边协定的情况下,协定的内容更容易得到遵守④,而这对于开展空间合作更是至关重要,因为空间探索需要很多的财政投资,也伴随着固有的困难和风险。正因如此,中国和巴西制定的CBERS引起了学术界的高度关注,该计划不仅是两国之间开展的第一次高水平技术合作⑤,而且在冷战的背景下,其亦是意识形态领域对立的两个经济体之间开展的首个成功的科技合作。⑥

CBERS的目标在于开发中巴资源领域的遥感技术,特别是农业发展、水文、制图、

---

① 协定的名称为:Ajuste Complementar ao Acordo de Cooperaçao Científica e Tecnológica entre o Governo da República Federativa do Brasil e o Governo da República Popular da China。

② Renata C. Ribeiro. Aliança tecnológica com a China na área espacial:os 30 anos do Programa CBERS (1988—2018)[D]. Universidade de Brasília,2019.

③ José Monserrat Filho. Brazilian-Chinese space cooperation:an analysis[J]. *Space Policy*,1997,13(2):153—170.

④ José Monserrat Filho. Brazilian-Chinese space cooperation:an analysis[J]. *Space Policy*,1997,13(2):153—170.

⑤ José Monserrat Filho. Brazilian-Chinese space cooperation:an analysis[J]. *Space Policy*,1997,13(2):153—170.

⑥ Costa Filho,Edmilson de Jesus,André T. Furtado,and André S. Campos. A cooperação internacional no programa de satélites:o caso do CBERS[J]. *Recife:Revista de Ciência e Tecnologia Política e Gestão para a Periferia*,2000,4(2):248—262.

气象、地质、环境监测[1]和城市建设方面。此外,这一计划还将使在航空航天领域发展较为滞后的国家(如非洲大陆的几个国家)受益。[2] CBERS使用的技术将直接由相关国家提供资金支持,并直接供其开发和利用,以求摆脱在图像及敏感技术领域寻求他国帮助的传统。[3]

1988年,在经过数次技术科学谈判后,中巴两国政府在一份临时文件中批准了创建CBERS的方案。[4] 同年3月,中国空间技术研究院(CAST)的三名代表与巴西国家空间研究院(INPE)的三名代表在北京签署了《中巴联合发展CBERS卫星项目的工作报告》,正式确立了该项计划。

《中巴联合发展CBERS卫星项目的工作报告》的要点有:第一,CBERS将在平等、互利的基础上由双方共同制定;第二,成本负担方面,初期由中国空间技术研究院承担该项目总成本的70%,其余30%则由巴西国家空间研究院承担[5];第三,CBERS卫星将供双方使用,向两国提供遥感和来自分布式控制系统(DCS)的数据,只有在得到双方同意的情况下,才能供第三方使用;第四,将设立一个专门委员会,负责该计划的组织和落实,并作为统筹该计划的最终权威机构;第五,任何一方如若决定于在轨部署完成前终止该项目,须对已经取得的成果负责,并赔偿另一方因此遭受的损失;第六,任何修正方案均须得到委员会成员的一致同意。[6]

此外,该报告的条款将与中巴两国政府后续签署的协定具有相同的约束力。后续协定包括两个附则:其一,CBERS的技术要求,包括卫星及其系统的任务、目标及描述;其二,CBERS的工程管理,包括在项目建设阶段的规划和发展。[7]

因此,1988年7月6日,也是在北京,两国外长签署了《中华人民共和国和巴西联邦共和国政府关于核准研制地球资源卫星的议定书》。尽管这份文件非常重要,但它只强调了两点:其一,该文件批准了此前已经签署的工作报告;其二,指定INPE和CAST

---

[1] José Monserrat Filho. Brazilian-Chinese space cooperation: an analysis[J]. *Space Policy*, 1997, 13(2):153—170.

[2] Instituto Nacional de Pesquisas Espaciais. África terá acesso gratuito a imagens do CBERS[R]. 2007.

[3] Instituto Nacional de Pesquisas Espaciais. CBERS-1,2 e 2B[R]. 2018.

[4] José Monserrat Filho. Brazilian-Chinese space cooperation: an analysis[J]. *Space Policy*, 1997, 13(2):153—170.

[5] Instituto Nacional de Pesquisas Espaciais. CBERS-1,2 e 2B[R]. 2018.

[6] Costa Filho, Edmilson de Jesus, André T. Furtado, and André S. Campos. 2000. A cooperação internacional no programa de satélites: o caso do CBERS[J]. *Recife: Revista de Ciência e Tecnologia Política e Gestão para a Periferia*, 2000,4(2):248—262.

[7] José Monserrat Filho. Brazilian-Chinese space cooperation: an analysis[J]. *Space Policy*, 1997, 13(2):153—170.

作为合作项目的执行机构,这两个机构也将主持落实 CBERS 过程中的必要行动。①

1988 年 8 月,CAST 与 INPE 终于签署了合作协议,再次确定了此前协商的各项内容,为项目的实施奠定了法律基础。这份合作协议被称为 1988 年 8 月 22 日中国空间技术研究院与巴西国家空间研究院合作协议,其确定了该项目的目标、计划、结构、议程和规章制度,且该协议的八项附则与文件主体具有同等的法律效力。这八项附则具体包括:第一,CBERS 的技术要求;第二,CBERS 的发展规划;第三,项目组织;第四,跟踪、遥测与指挥及操作管理;第五,工作分工;第六,收益分红;第七,人员交流管理;第八,产品保证。②

(一) CBERS 的优势

中巴就 CBERS 进行协商和建设的动机是多重的,尤其考虑到双方在航空航天领域中的互补性,通过合作便可实现双向发展。③ 总体而言,巴西在卫星图像处理方面拥有丰富经验,而中国则在热力控制、高度控制、电力系统和环境卫星测试等领域居于领先地位。④

对于巴方而言,推进该项计划的一个主要原因在于,其希望能够发展自身建造遥感卫星的相关技术,并提高经由卫星发射接收数据的能力。⑤ CBERS 也为提高参与项目实施的人员的资质提供了重要机会,它使得参与其中的人员能够学习、攻克相关技术。⑥

此外,在开展合作的初期,考虑到巴西政府在 20 世纪 70 年代和 80 年代所面临的财政困难。两颗计划采用中国先进技术建设的卫星,以及巴西环境数据收集系统(SB-CDA)的中继器,所耗费的成本远低于巴西航空任务(MECB)中建设的四颗卫星。⑦

除此以外,对于巴西而言,基于共同利益,依循南南合作的理念与中国建立伙伴关

---

① José Monserrat Filho. Brazilian-Chinese space cooperation: an analysis[J]. *Space Policy*, 1997, 13(2): 153—170.

② Renata C. Ribeiro. Aliança tecnológica com a China na área espacial: os 30 anos do Programa CBERS (1988—2018)[D]. Universidade de Brasília, 2019.

③ Renata C. Ribeiro. Aliança tecnológica com a China na área espacial: os 30 anos do Programa CBERS (1988—2018)[D]. Universidade de Brasília, 2019.

④ Renata C. Ribeiro. Aliança tecnológica com a China na área espacial: os 30 anos do Programa CBERS (1988—2018)[D]. Universidade de Brasília, 2019.

⑤ José Monserrat Filho. Brazilian-Chinese space cooperation: an analysis[J]. *Space Policy*, 1997, 13(2): 153—170.

⑥ Costa Filho, Edmilson de Jesus, André T. Furtado, and André S. Campos. 2000. A cooperação internacional no programa de satélites: o caso do CBERS[J]. Recife: *Revista de Ciência e Tecnologia Política e Gestão para a Periferia*, 2000, 4(2): 248—262.

⑦ The Brazilian Complete Space Mission, succinctly, had the objective of developing a VLS-1 satellite launcher, four satellites SCD 1, SCD 2, SSR 1, and SSR 2, and operationalizing the Alcântara Launch Center (Costa Filho, Furtado and Campos, 2000).

系,将有助于其获取空间领域的先进技术。毕竟,巴西几乎不可能、或很难在与空间技术更为发达的国家进行协商的过程中自主地受让这些技术。①

对于中方而言,与巴西开展合作将有助于推进自身在遥感卫星发射及应用、气象监测和导航等方面的发展,因为彼时中国仍然对外国卫星具有很强的依赖性。② 然而,巴西却已经有了自己的陆地卫星地面接收站,也掌握了相关的操作知识。③

此外,对于中国来说,巴西能够在促进中国与美洲大陆国家间交流方面发挥重要作用,巴西不仅能够成为中国与美洲各国间交流的纽带和信息来源④,也能成为中国在建设通信卫星过程中的重要伙伴。⑤

(二) CBERS 面临的初期挑战

CBERS 的有效实施始于 1988 年 8 月签订的中国空间技术研究院与巴西国家空间研究院合作协议。当时,所有的计划、框架、议程、规章制度和工作方式均已确定。于是,各支工作团队开始被创建,并着手开展工作。其中,项目委员会(JPC)由 8 名成员组成,中巴双方各 4 人,主要负责确定相关政策及批准项目的执行方案。⑥

该委员会还负责协调工程技术小组和工程管理小组的活动。工程技术小组将协调处理任务分析、轨道设计、系统集成、系统接口、热力控制、遥测、电路和系统控制方面的工作;工程管理小组将负责计划实施各阶段的准备工作、组织会议、准备技术文件、检查计划的执行情况等。⑦ 另外,该委员会将通过中巴轮流举行面对面会议的方式开展工作,面对面会议将由中国空间技术研究院院长和巴西国家空间研究院院长主持。⑧

需要指出的是,在对该计划做出如上安排后,1989 年,巴西对其政府内部结构做了相当大的调整,即将不同的部门进行整合,包括将科技部与商务部进行合并。尽管这项

---

① José Monserrat Filho. Brazilian-Chinese space cooperation: an analysis[J]. *Space Policy*, 1997, 13(2): 153—170.

② Costa Filho, Edmilson de Jesus, André T. Furtado, and André S. Campos. A cooperação internacional no programa de satélites: o caso do CBERS[J]. *Recife: Revista de Ciência e Tecnologia Política e Gestão para a Periferia*, 2000, 4(2): 248—262.

③ Costa Filho. A dinâmica da cooperação espacial Sul-Sul: o caso do Programa CBERS (China-Brazil Earth Resources Satellite)[D]. Campinas: Unicamp, 2006.

④ José Monserrat Filho. Brazilian-Chinese space cooperation: an analysis[J]. *Space Policy*, 1997, 13(2): 153—170.

⑤ Costa Filho, Edmilson de Jesus, André T. Furtado, and André S. Campos. A cooperação internacional no programa de satélites: o caso do CBERS[J]. *Recife: Revista de Ciência e Tecnologia Política e Gestão para a Periferia*, 2000, 4(2): 248—262.

⑥ José Monserrat Filho. Brazilian-Chinese space cooperation: an analysis[J]. *Space Policy*, 1997, 13(2): 153—170.

⑦ José Monserrat Filho. Brazilian-Chinese space cooperation: an analysis[J]. *Space Policy*, 1997, 13(2): 153—170.

⑧ Renata C. Ribeiro. Aliança tecnológica com a China na área espacial: os 30 anos do Programa CBERS (1988—2018)[D]. Universidade de Brasília, 2019.

改革并未得到长久推行,并被国会所否决,但的确加剧了该国于20世纪80年代末及90年代初的不稳定局面。这一局面给巴西的科技部带来了负面影响,而政府突然削减巴西国家空间研究院的预算则无异于雪上加霜。[①] 预算缩减导致巴西不得不暂时搁置原本打算缔结的协定和其他应当优先考虑的事项,其中包括与中国的空间合作协定。[②]

20世纪90年代初,随着巴西政府的民主转型,较高水平的通货膨胀和对经济稳定的关注意味着CBERS等项目不再是巴西政府需要优先考虑的事项。小蒙塞拉特(Monserrat Filho)曾强调,根据1988年中巴合作协议,中方有权要求巴方支付罚金,作为前者在履行协议过程中遭受损失的补偿方式。[③] 然而,中方从未向巴方正式提出此类要求。里贝努(Ribeiro)则指出,从中方的态度便可以看出中国人所具有的耐心和智慧。[④]

此外,由于计划实施的首个阶段有所拖延,双方需要在主协定范围内进行新的谈判。新的谈判内容包括各国之间的技术转让,以及在巴西国家空间研究院的集成与测试实验室(LIT)内对第二颗CBERS卫星进行组装和测试等事宜。[⑤]

直到1993年,在伊塔马尔·弗兰科(Itamar Franco)总统重建了科技部之后,中巴两国才举行了一次成果颇丰的会议,讨论了中国空间技术研究院与巴西国家空间研究院开展合作的未来。[⑥] 是年,两国外长在圣何塞多斯坎波斯签署了1993年3月5日的《中华人民共和国政府和巴西联邦共和国政府关于核准研制地球资源卫星的补充议定书》。在这份协议中,双方明确将尽一切努力,以求于1996年10月将第一颗CBERS卫星送入轨道。[⑦]

其他次要的协议和技术磋商随后达成,以助力项目的落实。值得注意的是,由此开始,巴西逐渐在CBERS所涉事项中采取更为积极、灵活的姿态,这表明巴西已然认识到发展中巴合作关系的重要性和紧迫性。[⑧]

---

① Costa Filho. A dinâmica da cooperação espacial Sul-Sul: o caso do Programa CBERS (China-Brazil Earth Resources Satellite)[D]. Campinas: Unicamp,2006.

② José Monserrat Filho. Brazilian-Chinese space cooperation: an analysis[J]. *Space Policy*,1997,13(2):153—170.

③ José Monserrat Filho. Brazilian-Chinese space cooperation: an analysis[J]. *Space Policy*,1997,13(2):153—170.

④ Renata C. Ribeiro. Aliança tecnológica com a China na área espacial: os 30 anos do Programa CBERS (1988—2018)[D]. Universidade de Brasília,2019.

⑤ José Monserrat Filho. Brazilian-Chinese space cooperation: an analysis[J]. *Space Policy*,1997,13(2):153—170.

⑥ Renata C. Ribeiro. Aliança tecnológica com a China na área espacial: os 30 anos do Programa CBERS (1988—2018)[D]. Universidade de Brasília,2019.

⑦ José Monserrat Filho. Brazilian-Chinese space cooperation: an analysis[J]. *Space Policy*,1997,13(2):153—170.

⑧ Renata C. Ribeiro. Aliança tecnológica com a China na área espacial: os 30 anos do Programa CBERS (1988—2018)[D]. Universidade de Brasília,2019.

在此背景下,巴西在航空航天项目上的投资显著增加,1995 年已然达到 3 300 万雷亚尔。尽管中巴都面临着物流方面的难题,但考虑到问题的复杂程度,巴西国家空间研究院还是在 1996 年 9 月完成了该计划的 30%。然而,由于计划在落实过程中的一些技术问题,加之每年能够从中国的发射中心进行发射的天数不多,第一颗 CBERS 卫星直到 1999 年 10 月才被送入轨道。[①]

(三) CBERS 的后续实施

中国与巴西最初约定的是建造两颗卫星,即 CBERS-01 卫星和 CBERS-02 卫星。其中,第一颗卫星于 1999 年 10 月 14 日搭载中国长征四号乙运载火箭从中国太原卫星发射中心(TSLC)发射升空,并保持了 45 个月的持续运行,直至 2003 年 7 月方废止使用。[②]

第一颗卫星发射完成后,两国开始集中精力研制 CBERS-02 卫星。这颗卫星自 2000 年开始建造,最初预计于 2001 年 10 月发射。然而,由于技术方面的原因,CBERS-02 卫星直到 2003 年 10 月 21 日才从太原卫星发射中心发射完成。[③] 这颗卫星在有限范围内持续运行了 5 年,直到 2009 年 1 月 15 日方停止运行。[④]

这两颗卫星完全相同,都在圆形轨道上运行,始终朝向太阳,并且总是在上午 10:30 穿越赤道,以便对不同日期、相同光照下拍摄的图像进行比较。卫星由两个舱组成,一个叫做"有效载荷"(Payload),另一个叫做"服务系统"(Service)。[⑤] 有效载荷舱放置的是用于收集巴西环境数据的中继器和用于记录、拍摄地面图像的相机,即宽视场成像仪(WFI)、红外多光谱扫描仪(IRMSS)和电荷耦合器件摄像机(CCD)。[⑥]

宽视场成像仪使得捕获 890 千米宽波段的图像成为可能,继而能够在平均 5 天内覆盖整个地球。宽视场成像仪有两个光谱波段,一个是绿色光波段,另一个是近红外波段。此外,宽视场成像仪的空间分辨率为 20 米。就红外多光谱扫描仪来看,它能够生成热红外图像,扫描带宽为 120 千米。在可见光、短波红外波段中,其空间分辨率为 80

---

① Costa Filho, Edmilson de Jesus, André T. Furtado, and André S. Campos. A cooperação internacional no programa de satélites: o caso do CBERS[J]. Recife: Revista de Ciência e Tecnologia Política e Gestão para a Periferia, 2000, 4(2): 248—262.

② Instituto Nacional de Pesquisas Espaciais. CBERS-1, 2 e 2B[R]. 2018.

③ Renata C. Ribeiro. Aliança tecnológica com a China na área espacial: os 30 anos do Programa CBERS (1988-2018)[D]. Universidade de Brasília, 2019.

④ Epiphanio, José Carlos N. CBERS: estado atual e future[C]. Anais XIV Simpósio Brasileiro de Sensoriamento Remoto, 2019(4): 2001—2008.

⑤ Epiphanio, José Carlos N. CBERS: estado atual e future[C]. Anais XIV Simpósio Brasileiro de Sensoriamento Remoto, 2019(4): 2001—2008.

⑥ Instituto Nacional de Pesquisas Espaciais. CBERS-1, 2 e 2B[R]. 2018.

米,而在热红外波段中的空间分辨率则为 160 米。①

电荷耦合器件摄像机的扫描带宽则为 113 千米,其空间分辨率也为 20 米。CCD 相机还具有侧视功能,侧视范围为±32°,从而能够提供更为宽阔的视野。CCD 相机在捕捉 WFI 所探测到的东西方面也能发挥重要作用,其生成的图像不仅能够用于农业和城市规划,还能帮助开展地质和水文监测。然而,其扫描的范围倘若要完全覆盖这片土地,CCD 相机需要耗费 26 天。②

CBERS-01 卫星和 CBERS-02 卫星,以及其后的 CBERS-2B 卫星,都以太阳能电池板作为能量来源。当卫星被送入轨道后,太阳能电池板就会打开,并始终自动面朝太阳。③ CBERS-01 卫星和 CBERS-02 卫星的投资额为 1.18 亿美元,CBERS-2B 卫星的投资额则为 1 500 万美元,而后者是利用建造 CBERS-02 卫星时剩余的零部件及设备建造的。④

自 1995 年以来,有关拓展 CBERS 并建造另外两颗卫星的商谈一直在进行。2000 年 9 月 21 日,中巴两国签署了《中华人民共和国政府和巴西联邦共和国政府关于空间技术合作的议定书》。在该议定书中,双方同意拓展 CBERS,建造 CBERS 的第二代卫星——CBERS-03 卫星和 CBERS-04 卫星。⑤

经过两年的商讨及对 CBERS 工作报告的改进,中巴两国于 2002 年 11 月 27 日签署了《对〈中华人民共和国政府和巴西联邦共和国政府关于和平利用外层空间科学技术合作协定〉的关于中巴地球资源卫星应用系统合作的补充议定书》。这份补充议定书核准了 CBERS 的工作报告,并正式确定了建造新卫星的合意。⑥

前述的补充议定书将两国的责任负担比例调整为各占 50%,包括项目成本、设备供应、对卫星操作及控制权利的平等分配等。研造卫星所需的成本预计为 1.5 亿美元,而发射费用预计为 5 000 万美元,这些也将由两国平均分担。⑦

在签署议定书时,CBERS-02 卫星正在建设过程中,并将于次年年底发射。然而,CBERS-03 卫星的发射必须等到 CBERS-02 卫星停止运作后方能进行。这不仅会给中

---

① Coelho,José Raimundo B. and Santana,Carlos E. "O Projeto CBERS de Satélites de Observação da Terra". Parcerias Estratégicas,1999,4(7):203—210.

② Coelho,José Raimundo B. and Santana,Carlos E. O Projeto CBERS de Satélites de Observação da Terra[J]. *Parcerias Estratégicas*,1999,4(7):203—210.

③ Instituto Nacional de Pesquisas Espaciais. CBERS-1,2 e 2B[R]. 2018.

④ Silva,Paulo H. da. Brasil-China e a parceria estratégica em ciência e tecnologia:o Programa CBERS e as novas oportunidades de cooperação[D]. Universidade Estadual da Paraíba,2014.

⑤ Renata C. Ribeiro. Aliança tecnológica com a China na área espacial:os 30 anos do Programa CBERS (1988—2018)[D]. Universidade de Brasilia,2019.

⑥ Renata C. Ribeiro. Aliança tecnológica com a China na área espacial:os 30 anos do Programa CBERS (1988—2018)[D]. Universidade de Brasilia,2019.

⑦ Renata C. Ribeiro. Aliança tecnológica com a China na área espacial:os 30 anos do Programa CBERS (1988—2018)[D]. Universidade de Brasilia,2019.

巴两国造成一定损失,也会给用户造成损失,因为在建造和发射 CBERS-03 卫星期间,用户将无法获取卫星图像。[1]

基于上述原因,为了推进 CBERS-2B 卫星的建造工作,2004 年,中国与巴西签署了《对〈中华人民共和国政府和巴西联邦共和国政府关于和平利用外层空间科学技术合作框架协定〉的关于继续合作研制地球资源卫星的补充议定书》。根据该补充议定书,CBERS-2B 卫星的建造将采用与之前两个项目相同的技术标准,由中国和巴西分别承担 70% 与 30% 的职责,并按比例分担建造成本。[2]

2007 年 9 月 19 日,CBERS-2B 卫星从中国太原卫星发射中心成功发射,一直有效运转至 2010 年初,其特性与 CBERS-01 卫星和 CBERS-02 卫星几乎完全相同。[3] CBERS-2B 卫星与前两颗卫星的主要区别之一在于,它用高分辨率相机(HRC)取代了此前的红外多光谱扫描仪。[4]

CBERS-2B 卫星与前两颗卫星的另一处显著区别在于,它搭载了一个 GPS 接收器和一个星敏感器,并配有一套肼推进器,以便在必要时帮助纠正卫星的标称轨道。[5]

由于 CBERS 的推进已然超出了 1988 年的预期,故该计划变得更加复杂,需要重新确定项目委员会的配置。于是,2003 年 10 月 17 日,计划协调委员会(PCC)成立,作为协调该计划的新的政府间机构。计划协调委员会能够对项目委员会的工作情况进行指导和监督。[6]

2004 年,中巴两国签署了《谅解备忘录》,成立了中巴高层协调与合作委员会(COSBAN),这是一个旨在引导和协调中巴关系的高级别双边对话机制。2006 年 3 月 24 日,在 COSBAN 的首次会议上,双方对 COSBAN 的机构设置进行了细化,成立了一个下属委员会专门负责两国之间的空间合作事宜,这也表明 CBERS 对于发展两国关系具有重要意义。[7]

CBERS-03 卫星和 CBERS-04 卫星是新一代卫星的代表,与前三颗卫星相比,它们在技术上有了一些改进,但仍然延续了前三颗卫星最重要的特性。在引进传感器的新概念之余,新一代卫星在相机上做了重大改变。新一代卫星在其有效载荷舱中搭载了

---

[1] Instituto Nacional de Pesquisas Espaciais. CBERS-1,2 e 2B[R]. 2018.
[2] Renata C. Ribeiro. Aliança tecnológica com a China na área espacial:os 30 anos do Programa CBERS (1988—2018)[D]. Universidade de Brasília,2019.
[3] Instituto Nacional de Pesquisas Espaciais. CBERS-1,2 e 2B[R]. 2018.
[4] Epiphanio,José Carlos N. CBERS:estado atual e future[C]. Anais XIV Simpósio Brasileiro de Sensoriamento Remoto,2019(4):2001—2008.
[5] Instituto Nacional de Pesquisas Espaciais. CBERS-1,2 e 2B[R]. 2018.
[6] Renata C. Ribeiro. Aliança tecnológica com a China na área espacial:os 30 anos do Programa CBERS (1988—2018)[D]. Universidade de Brasília,2019.
[7] Renata C. Ribeiro. Aliança tecnológica com a China na área espacial:os 30 anos do Programa CBERS (1988—2018)[D]. Universidade de Brasília,2019.

4种相机,其中,红外中分辨率扫描仪(IRS)和全色多光谱相机(PAN)由中国制造,而普通多光谱相机(MUX)和高分辨率电荷耦合装置(WFI)则由巴西制造。①

2013年,也就是CBERS-2B卫星退役三年后,由于巴西高度依赖外国卫星图像,如美国陆地卫星和印度资源卫星等,已经数次推迟的CBERS-03卫星的发射工作便显得格外迫切。② 2013年12月9日,CBERS-03卫星终于从中国太原卫星发射中心发射升空。CBERS-03卫星搭载的是长征四号乙运载火箭,该运载火箭也帮助发射了CBERS中的其他卫星。然而,由于运载火箭发生故障,CBERS-03卫星未能正确进入预定轨道,导致其再次落入地球大气层。③

由于CBERS-03卫星发射失败,原计划于2015年12月发射的CBERS-04卫星也调整了发射时间,提前至2014年12月7日。④ CBERS-04卫星的预计寿命为3年,但直至2020年12月,成功运行6年的该卫星仍在保持运行。⑤

鉴于双方尚未就建造下一代卫星达成协议,且CBERS-04卫星预计于3年后便会报废,中国和巴西决定着手建造CBERS-4A卫星,以避免出现卫星图像供应中断的情况。2015年5月19日,两国签署了联合开发CBERS-4A卫星的补充议定书。⑥ 两国协议于2015年开始建造工作,预计花费1.9亿雷亚尔,费用将由两国分摊。⑦

按原初计划,CBERS-4A卫星应当于2018年底发射,但考虑到适应项目环境的现实需要,CBERS-4A卫星的发射时间调整到了2019年12月20日。这颗卫星与CBERS-04卫星的主要区别在于,它搭载了由中国研制的宽幅全色多光谱相机(WPM)。⑧

2010年,中巴签署了《2010年至2014年共同行动计划》,随后还签署了《2013—2022年中国国家航天局与巴西航天局航天合作计划》,这是首个历时长达十年的国家间航天合作计划。该计划旨在就两国空间合作进行深入探讨,其中亦涉及CBERS。此

---

① Epiphanio, José Carlos N. CBERS: estado atual e future[C]. Anais XIV Simpósio Brasileiro de Sensoriamento Remoto, 2019(4):2001—2008.

② Ribeiro, Renata C. "Aliança tecnológica com a China na área espacial: os 30 anos do Programa CBERS (1988—2018)". Doctoral thesis, Universidade de Brasília, 2019.

③ Instituto Nacional de Pesquisas Espaciais. CBERS-1,2 e 2B[R]. 2018.

④ Instituto Nacional de Pesquisas Espaciais. CBERS-1,2 e 2B[R]. 2018.

⑤ Instituto Nacional de Pesquisas Espaciais. Satélite sino-brasileiro CBERS-4 completa seis anos em órbita[R]. 2020.

⑥ Ribeiro, Renata C. "Aliança tecnológica com a China na área espacial: os 30 anos do Programa CBERS (1988—2018)". Doctoral thesis, Universidade de Brasília, 2019.

⑦ Lopes, Daniela. Sexto satélite feito em parceria entre Brasil e China, Cbers-4A é lançado ao espaço [N]. G1 Vale do Paraíba e Região, 2019-12-20.

⑧ Guimarães, Victória V. G. and Missagia, Raquel S. Recuos, avanços e continuidade do Programa de Satélite Sino-Brasileiro de Recursos Terrestres (CBERS): uma análise de Políticas Públicas (1999—2019)[J]. Revista da UNIFA, 2020, 33(2):6—16.

项航天合作计划将为 CBERS-03 和 CBERS-04 卫星的数据政策提供指导方针,并且将指导和协调两国合作范围内的其他事项。①

就 CBERS 的未来而言,目前为止,两国尚未就 CBERS-05 和 CBERS-06 两颗卫星的建造事宜达成正式协议。值得强调的是,自 2014 年起,两国已经就此事宜开展商议。中巴多次在项目委员会的会议上讨论有关事项,讨论内容在 2018 年 8 月的十年航天合作计划工作组第六次会议及 2019 年 5 月的 COSBAN 第五次会议的会议记录中都有记载。②

此外,2018 年 11 月,COSBAN 空间合作小组委员会第五次会议举行。在该次会议的会议纪要中,也有关于两国就后续建造卫星的事项达成协议的记载。此次会议还商定,与前几颗 CBERS 卫星一样,CBERS-05 卫星仍将是一颗光学卫星,而 CBERS-06 卫星将是一颗雷达卫星。巴西国家空间研究院正在研发多任务平台(MMP),而建造雷达卫星对于该平台的研发工作十分必要。另外,卫星建造的投入将由两国平均分担。③

(四) CBERS 为中巴两国创造的成果及收益

数年来,公众一直在讨论免费获取 CBERS 卫星图像的可能性。最初,只有巴西民众可以免费获取 CBERS 卫星图像。此后,中巴两国就向中国和巴西以外的其他国家免费提供卫星图像的相关事宜进行了磋商,并于 2004 年 11 月 12 日签署了《对〈中华人民共和国政府和巴西联邦共和国政府关于和平利用外层空间科学技术合作框架协定〉的关于继续合作研制地球资源卫星的补充议定书》,正式向其他国家免费提供卫星图像。该议定书另附有一份名为"CBERS 数据政策"的文件,该文件明确了 CBERS 数据政策的指导方针,着重强调了卫星图像的获取、处理和提供给他国及使用国需要支付的价格。④

2007 年,中国开始向其邻国免费传送卫星图像,而巴西则开始向库亚巴天线覆盖范围内的拉美国家免费传送图像。同年,免费传送的范围扩大至非洲、亚洲和整个拉美。至 2010 年,所有有此需求的国家都能够免费获取这些图像。⑤

于是,中国和巴西成为少数有能力提供遥感卫星图像的国家,CBERS 也成为全球最大的卫星图像传送方之一,与美国的陆地卫星(Landsat)、法国的地球观测卫星

---

① Ribeiro, Renata C. "Aliança tecnológica com a China na área espacial: os 30 anos do Programa CBERS (1988—2018)". Doctoral thesis, Universidade de Brasília, 2019.

② Ribeiro, Renata C. "Aliança tecnológica com a China na área espacial: os 30 anos do Programa CBERS (1988—2018)". Doctoral thesis, Universidade de Brasília, 2019.

③ Ribeiro, Renata C. "Aliança tecnológica com a China na área espacial: os 30 anos do Programa CBERS (1988—2018)". Doctoral thesis, Universidade de Brasília, 2019.

④ Ribeiro, Renata C. "Aliança tecnológica com a China na área espacial: os 30 anos do Programa CBERS (1988—2018)". Doctoral thesis, Universidade de Brasília, 2019.

⑤ Ribeiro, Renata C. "Aliança tecnológica com a China na área espacial: os 30 anos do Programa CBERS (1988—2018)". Doctoral thesis, Universidade de Brasília, 2019.

(Spot)及印度的资源卫星(ResourceSat)齐名。①

拥有此项技术能够极大地增进两国在卫星图像获取方面的内部需求,并有助于实现自足,摆脱对外国技术的依赖。从这个意义上来看,获取卫星图像的成本也将大大降低。②

CBERS卫星获取的图像不仅被政府机构所使用,还被林业、农业和采矿等领域的公司机构所使用。根据巴西国家空间研究院提供的数据,在巴西,不仅大学、非政府组织和地质处理公司在使用这些卫星图像,几乎所有从事环境工作的机构也都在使用这些图像,如Petrobras、IBGE、INCRA、EMBRAPA、IBAMA和Vale。在中国,自然资源部、交通运输部也在使用这些卫星图像。③

卫星图像的用途极为广泛,例如对亚马逊地区进行监测和控制火灾、森林砍伐及土地侵占等。无论是对农村还是对城市的发展情况进行研究,都能因CBERS卫星图像而获取便利。此外,卫星图像还能用于教学活动及监测世界各地因自然灾害导致的紧急事件。④ 据统计,CBERS已经向私人企业、政府机构及拉美、非洲和东南亚诸国免费传送了逾160万张图像。⑤

在CBERS计划中,两国并未达成技术转让的相关协议,但可以肯定的是,在两国各生产部门协作的情况下,彼此之间进行知识和经验的交流是不可避免的。⑥ 在协议落实过程中,双方均负有特定责任和补充责任,不仅涉及关于火箭零部件、项目初步规划、试验结果的研讨,还包括对项目各阶段实施情况的审查。因此,两国的技术人员需要长期协同工作、互相交流。⑦

在CBERS中,巴西获得了丰富的经验,而这些经验有助于其成长为参与国际空间站建设的少数国家之一。⑧ 此外,CBERS带来的成果也推动了联合国和平利用外层空

---

① Silva, Paulo H. da. Brasil-China e a parceria estratégica em ciência e tecnologia: o Programa CBERS e as novas oportunidades de cooperação[D]. Universidade Estadual da Paraíba, 2014.

② Silva, Paulo H. da. Brasil-China e a parceria estratégica em ciência e tecnologia: o Programa CBERS e as novas oportunidades de cooperação[D]. Universidade Estadual da Paraíba, 2014.

③ Silva, Paulo H. da. Brasil-China e a parceria estratégica em ciência e tecnologia: o Programa CBERS e as novas oportunidades de cooperação[D]. Universidade Estadual da Paraíba, 2014.

④ Guimarães, Victória V. G. and Missagia, Raquel S. Recuos, avanços e continuidade do Programa de Satélite Sino-Brasileiro de Recursos Terrestres (CBERS): uma análise de Políticas Públicas (1999-2019)[J]. *Revista da UNIFA*, 2020, 33(2): 6—16.

⑤ Silva, Paulo H. da. "Brasil-China e a parceria estratégica em ciência e tecnologia: o Programa CBERS e as novas oportunidades de cooperação". Master's thesis, Universidade Estadual da Paraíba, 2014.

⑥ Coelho, José Raimundo B. and Santana, Carlos E. O Projeto CBERS de Satélites de Observação da Terra[J]. *Parcerias Estratégicas*, 1999, 4(7): 203—210.

⑦ Coelho, José Raimundo B. and Santana, Carlos E. O Projeto CBERS de Satélites de Observação da Terra[J]. *Parcerias Estratégicas*, 1999, 4(7): 203—210.

⑧ Coelho, José Raimundo B. and Santana, Carlos E. O Projeto CBERS de Satélites de Observação da Terra[J]. *Parcerias Estratégicas*, 1999, 4(7): 203—210.

间委员会(COPUOS)讨论和制定新的议程。① 就此,在卫星遥感技术领域,中巴两国在包括 COPUOS 在内的各大国际论坛上都成了重要的决策者。②

四、结论

本文认为,中国和巴西在空间技术领域开展的合作始终富有前景,特别是 CBERS。在发展空间技术和通过遥感卫星获取图像方面,中巴两国有着互为补充的业务机构及共同的利益。尤其需要注意的是,两国都有着广阔的国土,都有获取领土内各个地区图像的切实需求。

基于这些原因,我们有必要梳理两国构建战略伙伴关系的历史,将关注的焦点集中于 CBERS 上,以求理解两国之间的合作如何进行、为双方各带来了何种收益,再对中巴伙伴关系的未来做出预测。

已经得到证实的是,尽管 CBERS 在实施过程中面临诸多挑战,如时间上的延迟和技术故障,但其为中巴两国都创造了丰硕成果。CBERS 成为全球最大的卫星图像提供方之一,中国和巴西也都因此跻身拥有自己的遥感卫星的国家行列,并能够在获取卫星图像方面实现自足。此外,在环境监测方面,CBERS 不仅使中巴两国受益,还在世界范围内发挥着重要作用。

就中巴构建伙伴关系的前景来看,笔者再次强调,目前为止,两国尚未达成正式协定。值得强调的是,自 2014 年起,两国就已经就此事宜开展商议。在十年航天合作计划工作组会议、项目委员会会议及 COSBAN 空间合作小组委员会第五次会议上,双方都曾就有关事项进行沟通。最新的报告显示,随着 CBERS-05 和 CBERS-06 两颗卫星的建造提上日程,两国都表达了继续合作的意愿,并且可能就各承担项目责任的 50% 达成永久性协议。

还需强调的一点是,基于双方的一系列磋商,CBERS-05 可能是一颗新的光学卫星,与 CBERS 计划中的前几颗卫星一样。而 CBERS-06 可能会是一颗雷达卫星,以满足巴西国家空间研究院研发多任务平台(MMP)的现实需要。

因此,鉴于其工作范围已然覆盖美洲领土,CBERS 能够促使巴西成为空间技术领域的区域性强国,也能使中国成为该领域的世界强国,这一点已经得到证实。除此之外,CBERS 也能推动中巴在战略上的协同,并促进两国在卫星遥感领域国际影响力的提升。由此可见,双方更新计划内容并启动新一代卫星的建造工作值得期待,毕竟在 COSBAN 空间合作小组委员会的会议中,双方都表达了继续合作的意愿,以期用创新

---

① Silva, Paulo H. da. "Brasil-China e a parceria estratégica em ciência e tecnologia: o Programa CBERS e as novas oportunidades de cooperação". Master's thesis, Universidade Estadual da Paraíba, 2014.

② Ribeiro, Renata C. "Aliança tecnológica com a China na área espacial: os 30 anos do Programa CBERS (1988—2018)". Doctoral thesis, Universidade de Brasília, 2019.

手段建造一颗新的雷达卫星。

参考文献

1. Bartels, Walter. Prioridade da indústria quanto ao Programa Nacional de Atividades Espaciais-PNAE e cooperação internacional[R/OL]. 2019. https://www2.camara.leg.br/a-camara/estruturaadm/altosestudos/arquivos/politica-espacial/a-politica-espacial-brasileira.

2. Brasil. Ajuste Complementar ao Acordo de Cooperação Cientifica e Tecnológica entre o Governo da República Federativa do Brasil e o Governo da República Popular da China[R]. 1984.

3. Coelho, José Raimundo B. and Santana, Carlos E. O Projeto CBERS de Satélites de Observação da Terra[J/OL]. *Parcerias Estratégicas*, 1999, 4(7): 203—210. http://seer.cgee.org.br/index.php/parcerias_estrategicas/article/viewFile/89/82.

4. Costa Filho, Edmilson de Jesus, André T. Furtado, and André S. Campos. A cooperação internacional no programa de satélites: o caso do CBERS[J]. *Revista de Ciência e Tecnologia Política e Gestão para a Periferia*, 2000, 4(2): 248—262.

5. Costa Filho. A dinâmica da cooperação espacial Sul-Sul: o caso do Programa CBERS (China-Brazil Earth Resources Satellite)[D]. Campinas: Unicamp, 2006.

6. Epiphanio, José Carlos N. CBERS: estado atual e futuro[C/OL]//*Anais XIV Simpósio Brasileiro de Sensoriamento Remoto*. São José dos Campos: INPE, 2009. http://marte.sid.inpe.br/col/dpi.inpe.br/sbsr@80/2008/11.18.12.46/doc/2001—2008.pdf.

7. Guimarães, Victória V. G. and Missagia, Raquel S. Recuos, avanços e continuidade do Programa de Satélite Sino-Brasileiro de Recursos Terrestres (CBERS): uma análise de Políticas Públicas (1999-2019)[J/OL]. *Revista da UNIFA*, 2020, 33(2): 6—16. http://dx.doi.org/10.22480/rev.unifa.v33n2.

8. Instituto Nacional de Pesquisas Espaciais. África terá acesso gratuito a imagens do CBERS [R/OL]. 2007. http://www.inpe.br/noticias/noticia.php?Cod_Noticia=1276.

9. Instituto Nacional de Pesquisas Espaciais. CBERS-1, 2 e 2B[EB/OL]. 2018. http://www.cbers.inpe.br/sobre/cbers1-2-2b.php.

10. CBERS-3 e 4[EB/OL]. 2018. http://www.cbers.inpe.br/sobre/cbers3-4.php.

11. História[EB/OL]. 2018. http://www.cbers.inpe.br/sobre/historia.php.

12. Lançamento CBERS-2B[EB/OL]. 2018. http://www.cbers.inpe.br/lancamentos/cbers2b.php.

13. Lançamento CBERS-3[EB/OL]. 2018. http://www.cbers.inpe.br/lancamentos/cbers3.php.

14. Satélite sino-brasileiro CBERS-4 completa seis anos em órbita[EB/OL]. 2020. http://www.inpe.br/noticias/noticia.php?Cod_Noticia=5624.

15. Lopes, Daniela. Sexto satélite feito em parceria entre Brasil e China, Cbers-4A é lançado ao espaço[N/OL]. G1 Vale do Paraíba e Região, 2019-12-20. https://g1.globo.com/sp/vale-do-paraiba-regiao/noticia/2019/12/20/sexto-satelite-feito-em-parceria-entre-brasil-e-china-cbers-4a-e-lancado-ao-espaco.ghtml.

16. Monserrat Filho, José. Brazilian-Chinese space cooperation: an analysis[J]. *Space Policy*, 1997, 13(2): 153—170.

17. Ribeiro, Renata C. Aliança tecnológica com a China na área espacial: os 30 anos do Programa CBERS (1988—2018)[D/OL]. Universidade de Brasília, 2019. https://repositorio.unb.br/bitstream/10482/38674/1/2019_RenataCorr%C3%AAaRibeiro.pdf.

18. Silva, Paulo H. da. Brasil-China e a parceria estratégica em ciência e tecnologia: o Programa CBERS e as novas oportunidades de cooperação[D/OL]. Universidade Estadual da Paraíba, 2014. http://pos-graduacao.uepb.edu.br/ppgri/download/Paulo-Henrique.pdf.

19. Vienna Convention on the law of treaties[Z/OL]//United Nations Treaty Series, 1980. https://treaties.un.org/doc/publication/unts/volume%201155/volume-1155-i-18232-english.pdf.

20. Wu, Binfang, Gommes, R., Zhang, M., Zeng, H. W., Yan, N. N., Zou, W. T., van Heijden, A. Global Crop Monitoring: A Satellite-Based Hierarchical Approach[J]. *Remote Sensing*, 2015, 7(4): 3907—3933.

21. Zhao, Yun. The 2002 Space Cooperation Protocol between China and Brazil: An excellent example of South-South Cooperation[J]. *Space Policy*, 2005, 21(3): 213—219.

从国际贸易分析看巴西与中国的关系

伊扎贝拉·安博·奥库西罗(Izabela Ambo Okusiro)
塔蒂安娜·卡多索·斯奎夫(Tatiana Cardoso Squeff)

摘要：世界贸易组织（WTO）（以下简称"世贸组织"）的建立是国际关系的真正转折点，因为世贸组织不仅使国际贸易关系最终制度化，而且使各国的权利和义务更加明确，各国不再被允许选择他们愿意接受的规则。此外，世贸组织还有一个非常有效的制裁系统。自世贸组织成立以来，巴西一直是其成员国，特别是由于巴西在农业领域的地位，因此也被认为是国际贸易关系中的一个关键国家。巴西如今是中国在拉美地区最大的贸易伙伴。尽管两国之间的关系多年来不断深入，但两国在世贸组织的框架内并不总是和谐相处。而本文将特别关注这一关系。为此，我们首先提出了一个关于两国商业关系开端的历史描述性研究，把两国从第二次世界大战结束时国际商业体系的建立直到今天（特别是中国加入世贸组织以来）的关系作为一个时间框架。其次，为了讨论当前巴西和中国之间的关系，特别是两国在世贸组织范围内与现代社会有关问题的分歧，我们提出了对世贸组织争端解决机构的法理分析，特别是研究鸡肉和糖的争端。我们希望以此来证明，国家之间在国际贸易范围内存在一种诉讼模式，这种模式是两国之间关系的标志，但不会在其他领域产生有害后果。

关键词：中巴关系、国际贸易、世贸组织、鸡肉、糖

一、引言

各国在国际体系中的关系是从经济角度出发的。当贸易被认为是商品交换时，我们可以看到自从人类社会关系产生以来，人类关系就伴随着社区、部落、民族、帝国和国家之间的商业交流而发展。出于这个原因，观察贸易所经历的变化就等于瞥见了人类的进化。

国际经济关系与外交关系一样重要。这是因为国际经济对其他领域（包括维护国际和平领域）有着重大影响。人类历史上的大多数敌对行动都是围绕着政治和经济权力斗争而展开。上一次全球范围的冲突，即第二次世界大战就是例子。因此，找到使各国得以在全球交换商品而不诉诸保护主义或反竞争措施的机制已被认为是一项势在必行的行动。

在一个资本主义渗透到国际关系的世界里，除了国际贸易外，没有其他原因能使世

界主要的大国聚集在一起来建立一个世界和平与安全的机制并将协调作为其支柱之一。正因为如此,1944年,在美国新罕布什尔州的布雷顿森林镇,来自44个国家的730名代表聚集在一起讨论他们正在经历的金融、经济和商业混乱问题(IPEA,2009)。

而这次会议恰恰促使了两个以经济为目的的重要多边机构的诞生,即负责监督国际货币体系及其稳定性的国际货币基金组织(IMF),以及负责国家重建和发展的国际融资机构——世界银行(WB)。另外,支持世界经济的第三支柱——国际贸易组织(ITO)——也在本次会议文件中体现,尤其可从美国强烈的立场中显现(Oliveira,2006)。

除此之外,作为ICO基础文件的一部分,1947年的《关税和贸易总协定》(GATT)最终得以通过,开始组织国际贸易关系并规定了周边经济体的规则。全球贸易开始有序开放(Thorstensen,2001)。在全球贸易不断地发展中,这些法规不断完善,直到1995年,世贸组织终于正式开始运作。它包含了关税和贸易总协定,从而完成了布雷顿森林体系所设想的经济"三足鼎立"。

在这种情况下,世贸组织的建立是贸易和全球化历史本身的一个真正的分水岭,因为它不仅将一个存在争议的议程制度化,特别是当全球南北之间的差距在20世纪60年代扩大时,同时也限缩了每个国家在世贸组织中签署的协议中的权利和义务,各方不允许选择它们希望的规则来进行裁判。此外,世贸组织还有一个对违规国家的有效制裁系统(Squeff,2016)。

因此,必须强调的是,巴西从一开始就是这个"三足鼎立"体系的一部分。巴西不仅同意建立国际货币基金组织和世界银行,而且还在1947年批准了《关税和贸易总协定》。此外,巴西本身也是世贸组织的原始成员,是国际贸易关系中的一个关键国家,特别考虑到巴西在农业领域的作用。今天,中国是巴西最大的贸易伙伴,虽然中国是最后加入世贸组织的国家之一,双方关系也并不总是和谐。然而,对双方来说,两国多年来双边贸易非常富有成效并且一直在扩大,特别是由于相互受益,因此真正应用了国际关系的现实主义理论(Morgenthau,2003)。

本文将特别关注这种双边关系,并首先寻求理解这种关系的开端。本文将"二战"结束时国际商业体系的建设作为初始时间点,观察直到今天中巴之间的双边关系,特别是2001年中国加入世贸组织之后的中巴之间的双边关系。在这个序列中,为了讨论当前巴西和中国之间的关系,本文将具体涉及两国之间在世贸组织范围内的当代分歧,特别是强调鸡肉和糖的争端。

因此,为了实现这些目标,本文在方法上将采用历史—描述模式,从社会科学领域的应用研究开始,渗透到国际关系和国际法领域,使用演绎的方法和书目、文献和案例研究工具,选择以定性研究的方式。但是我们无法穷尽关于该主题的参考资料。

二、中巴关系的开始

尽管在当今世界,中国这个亚洲大国和巴西之间的关系是需要精心策划和巩固的,但在经历了许多阶段的过渡后,巴西国内出现了严厉的批评并最终导致了巴西内部政策的改变。

我们要考虑到,直到20世纪末,巴西与亚洲大陆方面的友好关系仅限于日本。虽然巴西与中国在1881年签署了友好、商业和航海条约之后就扩展了其在亚洲的关系,并且于1883年在上海建立了南美领事馆,但这种互动并没有得到加强,基本上仍保留在移民层面,其特点是中国的农业劳动力来到巴西,主要是到里约热内卢的茶叶种植园。尽管此时双方的关系发展有限,但这种互动正在慢慢加强(Oliveira,2004)。

国家之间的外交似乎从脆弱的和睦中慢慢发展起来,然而,由于中华人民共和国成立之后的一段时间内与苏联结盟,而巴西和整个拉丁美洲则被北方的资本主义霸主所控制,因此巴西除了在1952年从上海撤回其大使馆并将其转移到台北之外没有其他出路。由此中巴外交关系被切断了,直到1974年才恢复(Oliveira,2004)。

然而,在1955年参加了万隆会议之后,中国的外交政策有了新的变化,即与国际体系中的不发达国家和从属国家进行文化和经济合作。中国首先是与亚洲国家和非洲国家合作,并从1957年开始逐步与拉丁美洲国家合作(Fares,2016),而中巴两国出于对经济发展的强烈愿望也展开了合作。

(一)1950—2000年的中巴关系

为了拉近与拉丁美洲的关系,进而推动与巴西的关系,中国政府推出了所谓的"大众外交"策略,旨在促进共同发展,争取各国在国际体系中实现经济独立和自主。该政策产生了一些影响,其内容包括影响人民群众的想法从而获得目标国家民众的支持,使社会反过来对政府施加内部压力以发展与政策发起国(中国)的关系(Fares,2016)。

其中,除了旨在加强国家间外交和政治关系的政策之外,中国还在1952年创建了中国国际贸易促进委员会。该委员会专注于(特别是与资本主义国家)商业关系。这个机构于1955年进入巴西(Fares,2016)。中国通过这种方式重新建立中巴关系,中国政府也开始进行考察和派出记者,从而得以了解所在地区的情况。由此,在1962年,中国通过在巴西领土上设立了一个永久性的办事处把中巴双方关系推向了高潮(Fares,2016)。

因此,在雅尼奥·夸德罗斯政府时期(1961年1月至1961年8月),中巴间的接触程度有所提高,因为夸德罗斯总统与中国政府有共同的合作理想,并批评了政治上和经济上基于意识形态的辩护。因此经过9年的外交蛰伏期,时任巴西副总统João Goulart在1961年8月访问了中国(Becard,2011)。在访问期间,巴西副总统和中国领导人之间的会晤促进了许多贸易谈判的开展,其中包括双方同意每年派遣商业代表团,并形成商业协议的雏形和两国中央银行之间的支付协议(Fares,2016)。这预示着两国之间的关系将更加紧密。

然而,必须强调的是,尽管双方都在努力加强合作,但有一些非常大的障碍强烈阻碍了合作的推进:美国在拉丁美洲的霸权主义和意识形态统治,特别是在遏制共产主义方面;缺乏有利于加强双边关系的财政资源;中国外交政策被描绘成孤立主义并在当时被巴西民众认可(Becard,2011)。

然而,从20世纪60年代中期到巴西的军事独裁期间,中巴关系急剧下降,但即便如此,中国大陆和巴西的商业交流都优于中国台湾和巴西之间的交流,这不仅保证了中巴两国之间的商业关系存在,而且还获得了一个不合逻辑的发展空间。例如,在1960年和1961年,巴西对中国的出口总额估计分别为 1 635 497 美元和 4 884 486 美元(Fares,2016)。

因此,可以看出,当时两个国家之间的敌意基本上是在外交领域。因为在贸易方面,尽管两国都非常谨慎,但仍有持续不断的贸易交往。这种持续不断的贸易往来引导着两国之间的交流,并被中国用以实现获得巴西外交承认和建立更友好的政治关系,尽管后来由于巴西与西方阵营强烈保持一致而使得上述一切变得不可能(Fares,2016)。

中拉关系的"解冻"和中国与拉美各国的迅速和解主要是受到20世纪50年代末古巴革命的影响(Fares,2016)。这种影响遍及拉美的整个大陆地区,并为拉美地区解开了对中国的神秘感。

当时,在看到社会主义降临在受其霸权影响的大陆上之后,美国发现自己处于一种严重的威胁之中,因为美国当时正在经历冷战。因此,美国这个霸主开始资助和支持政变,并频繁地干预其他国家,并通过对非洲大陆各地区施加深刻的压力,造成了资本主义反对社会主义"危险"的阵线(Fares,2016)。

只要拉美某国与中国有关,美国就会保持警惕,其中就有巴西。由于巴西当时的政府坚持独立外交、南南合作,以及促进与中国的关系,因此在美国的资助下,一场军事政变于1964年在巴西爆发了。这场政变建立了一个跨越巴西21年历史的非人道的独裁政权。

1964年4月1日建立的军事独裁政权,以卡斯特罗·布兰科元帅的政府为开端,其外交政策的主要特点是背离了雅尼奥·夸德罗斯奉行的独立外交政策,收紧巴西与第三世界国家和社会主义世界的关系。这样一来,巴西就立即与西方大国接轨,因此中巴之间的任何联系都因一个更加强烈的意识形态歧视被消灭了。因此中巴之间的第二个疏远时刻在当时被"奉为圭臬"(2011,Becard)。

中巴之间的疏远一直持续到20世纪60年代末,并在某种程度上得到了民众的支持,因为美国,特别是资本主义阵营,在宣传方面取得了"巨大的成功"。

然而,随着中苏关系恶化及中美之间关系的逐渐解冻和恢复交流,巴西和中国之间的关系也开始和解。中巴关系的新阶段是由各种因素促成的,其中最主要的因素是中国和美国之间关系的缓和。此外,中国对巴西军政府并不认同的拉美革命运动的支持减少,以及中国保证不干涉他国内政等其他因素使得中巴之间的关系有了恢复的空间(Becard,2011)。

20世纪70年代初,中国开始呼吁各国组建所谓的第三世界团体(Oliveira,2004)。此时,中国的外交政策不再以意识形态为特征。

然而,在1969年至1974年的军事独裁期间,美第奇政府仍然以国家安全为名和对共产主义的意识形态厌恶保守为指导,阻碍中巴之间发展友好关系。直到1974年8月15日埃内斯托·盖泽尔政府期间才取得成功,当时中巴重新建立了外交承认(Becard,2011;Oliveira,2004)。

经过22年的政治隔阂后,中巴的关系进入了一个新的阶段,其特点是前所未有地紧密,尽管在1974年就已初显端倪,但只有从1978年双方签署第一份经济协议开始才会真正产生影响,从而形成强大的经济伙伴关系(Becar,2011)。

尽管20世纪70年代中国的政策给中巴两国都带来了巨大的政治和经济进步,如获得外交上的承认和建立了富有成效的经济关系,但双边联系并没有得到极大加强。在20世纪80年代,随着这种双边关系的不断加强,中巴签署了20多个与经济、科学和技术有关的双边法案,因此双方的关系才进一步得到实质性发展(Becard,2011)。

持续不断且无限加强的中巴关系可以基于以下几个方面:南南合作正在形成,各国实现了更大的经济独立和政治自治,从而得以在国际层面上巩固主权和发展工业。国家之间的这种共同利益成为这种关系的基础,同时国家关系又被视为实现这些利益的手段。正如巴西凭借其在国际多边论坛上的强大影响力(Oliveira,2004),帮助中国恢复了在联合国安理会的常任理事国合法席位,从而给中国带来巨大的威望和声望,进而使非发达国家,特别是巴西和中国在国际体系中受到关注,并获得时间和发言权。

然而,这些国家(尤其是缺乏竞争力的国家)存在的固有的结构性困难,如距离、低效的基础设施、高昂的运输成本以及困扰拉丁美洲国家的政治不稳定(拉美正在经历再民主化阶段)、冷战结束和苏联解体导致的全球地缘政治的转变,都对中国与世界其他国家的关系产生了影响。因此,在20世纪80年代末和90年代初,巴西和中国之间本有希望的关系恢复被冷却。

1992年伊塔马尔·佛朗哥上台后,考虑到冷战结束、国际重组、全球化、建立商业伙伴关系的需要及亚洲在科技领域的潜力,巴西的外交政策重点转向了亚洲(Oliveira,2004)。因此,在1993年,亚洲成为巴西外交政策优先考虑的地方,而且在中国和巴西之间的这种复杂的"来回"关系中,当时的总统伊塔马尔·佛朗哥把更谨慎的目光转向世界的另一端,相信在这个地区可以找到必要的伙伴关系,以实现更大的经济发展、政治自主和全球地位,使国家走出第一世界的阴影。

根据双方和解的进展，早在1994年，中巴贸易往来就恢复到1985年的数字——大约8.2亿美元的出口和4.6亿美元的进口（Becard,2011）。这个过渡阶段可以说是中巴关系的稳定器，因为从那一刻起政治家们承认这种伙伴关系是战略性的，从这个意义上说，这种关系虽然在历史上有过动荡，但却得到了重视，并使两国都得到了发展。

因此，随后巴西政府继续将注意力集中在亚洲地区，尽管日本是巴西主要的合作伙伴，但巴西也加强了同中国、马来西亚、韩国等国家的关系。例如，费尔南多·恩里克·卡多佐（Fernando Henrique Cardoso）在1995年的总统就职典礼上，认为亚洲地区是巴西外交政策的重点，事实上在他的任期内就可以窥见（Oliveira,2004）。为了加强与这些国家之间的联系，巴西和中国都参与了1999年在新加坡举办的拉丁美洲—东亚合作论坛。这一机制的出现是由于这些地区的国家需要更紧密地联系和沟通，从而促成更紧密的关系、更坚决的合作，从而促进还没有很大国际声望的国家之间的相互发展（Itamaraty, n. d.）。

拉丁美洲—东亚合作论坛的建立契合了巴西在外交、经济和商业板块扩大和深化与亚洲关系的目标。该论坛有助于加强和活跃两个区域的关系，因为论坛涉及东亚和拉美的最全面的合作机制（Itamaraty, n. d.）。

中巴关系不断加强，除了上述众多因素的推动，2001年世贸组织批准中国加入该组织也成为主要推动力。这是因为，无论是对中国国民经济还是对国际贸易，这都是一个伟大的里程碑，也促进了中巴之间的交流，所以在2010年，中国成为进口巴西产品最多的国家，同时也是向巴西出口额最多的国家（IPEA,2011）。

正因为如此，下一节将致力于详细分析从2001年开始的中巴关系，因为在经历了半个世纪的动荡关系后，双方建立的不仅是互利的纽带，而且将以相互依存的方式发展，最终成为对经济和发展空前重要的伙伴关系。

（二）2001年以来的中巴关系

作为一个国际多边机构，世贸组织成立于1995年，负责管理国家之间的贸易和制定规则，并在任何国家违反贸易规则时予以干预，以解决此类争端，并最终实施惩罚措施。世贸组织创建的主要目的是为经济关系创造一个有利的环境并促进之，这会有助于减少各国施加的贸易壁垒。因此，世贸组织运作了一个全球贸易规则体系，并作为一个贸易协议谈判的论坛来解决其成员之间的贸易争端，且支持发展中国家的需求（WTO, n. d.）。

在这个意义上，随着世界全球化，贸易关系变得越来越复杂，各国相互依赖。经济作为建设国家的重要支柱，已成为一个国家优先考虑的重点，其不可避免地需要建立一定的官僚结构，如商业交流中的规则和程序。另一方面，需要建立一个超国家机构，保证所有的国际贸易得到遵守和规范。

这样一个组织被建立后，无论谁加入都必须遵守规则、程序、条例和其他一切，也就是说,加入国必须签署和批准1994年的关贸总协定,各国之间会自动倾向于以世贸组织作为信任的保证,与那些加入的成员进行联系。在这个意义上,世贸组织也有很大的国际压力,让每个国家都签署协议成为该组织的一部分。所以这样一来就有了一个平台,当各国感到在经济或商业上受到任何方面的损害时可以向世贸组织求助。因此,该机构的支持成为国际贸易的一个重要方面。

因此,中国加入该机构成为一个非常重要和具有全球影响的事件,成为中国贸易和经济在国际领域崛起的一个历史性里程碑。Eduardo Gonçalves Serra 写了一篇关于中国加入世贸组织的影响的文章,认为这个事件可以是过去十年国际经济的重要事件(Serra,2003)。

巴西和中国的关系也不会被排除在外,因为在费尔南多·恩里克·卡多佐(FHC)的治理下,巴西是最早表示支持中国加入该机构的国家之一,中巴已经有了稳定的、和睦的关系。在费尔南多·恩里克·卡多佐执政期间(1995—2002年),巴西的外交政策发生了转变,以通过一体化实现自治的理念为指导,并转向在国际舞台上更加积极主动,而这将带来更加稳固的主权。在这个意义上,在巴西这一时期,巴西总统注重与中国、印度等建立战略伙伴关系,并取得了巨大的成功。特别是在与中国的关系中,费尔南多·恩里克·卡多佐把目光转向了中国,并有许多高光时刻,巴西与中国在许多国际问题上的立场趋于一致,且加强了经济和政治联系(Vigevani 等,2003)。

从那时起,中巴关系在其他方面的份额也获得了增加。例如,从巴西对中国的出口来看,2001年,中国只是巴西的第六大出口国,对中国的出口总金额只占巴西全部出口总额的3.3%;但在2002年,即中国加入世贸组织一年后,中国就成了巴西第三大出口国;而到了2010年,对中国的出口总金额占到了巴西全部出口总额的15.2%,从而使中国取代了美国,成了巴西最大的出口国。与此同时,巴西从中国的进口也在不断增加,在2000年,巴西从中国进口货物的金额相当于中国出口总额的2%,而到2010年,就增加到14%(IPEA,2011;Mortatti 等,2011)。

中国作为巴西的主要贸易伙伴,在2009年已经成为巴西的主要进口国和出口国,今天仍然保持这样的水平。2018年,根据巴西工业、外贸和服务部的数据,26.8%的巴西出口产品以中国为目的地,19.2%的进口产品源自这个亚洲国家(MDIC,2019)。这种无限制的增长显示了拉丁美洲国家对中国的巨大依赖性,以及巴西的进口和出口越来越集中在一个国家。

像任何国家之间的关系一样,双方关系不仅仅局限于商业领域,而是得到前所未有地加强。虽然中国加入世贸组织对此产生巨大的影响,但这并不是全部原因。

区域联盟就是另一个促进国家间牢固友谊的因素。五个新兴大国,即巴西、俄罗斯、印度、中国和南非的接洽,产生了一个被称为金砖国家的合作集团。金砖国家最初被称为金砖四国,因为南非在2011年才被纳入。金砖国家起源于2006年被联合国大会边缘化的四个新兴国家的总理之间的会议,两年后他们之间开展了第一次正式会议,并在2009年达到高潮,举办了国家元首之间的第一次峰会,并开始每年举行。五国以政治合作为主要目标,该集团的出现是为了在国际舞台上提升新兴国家的地位,例如,要求重组联合国安理会。此外,还有经济—金融部门合作和其他多部门合作,前者的作用是促进协议和资助项目,如基础设施建设和可持续发展,后者则是鼓励和建立卫生、技术、教育、文化、旅游等领域的伙伴关系(Itamaraty,n.d.)。

正如经济学家吉姆·奥尼尔所预测的那样,虽然金砖国家的形成产生了国际政治知名度和前所未有的对经济崛起的预期,但金砖四国的发起和这种联盟的启动并没有使新兴大国之间的双边关系受到太大的影响。可以看到,2000年巴西、俄罗斯、印度和南非的贸易流量中,只有不到3%是由于与中国的双边关系,然而在之后的10年内发生了巨大的变化,因为在2010年这个数字已经达到了15%(Ferraz,2012)。

作为金砖国家中最大的经济体,中国成为其他国家的重要合作伙伴,这对巴西来说也不例外。因此,由于众多有利于双边关系接近的因素,中巴关系成功地得到加强,无论在金砖国家内外,中国都成为巴西的主要贸易伙伴。

鉴于巴西和中国在金砖国家内部双边关系的不可否认的演变,2012年,人们得出结论,这个亚洲国家越来越多地被描述为巴西贸易的"自然伙伴"。在这个意义上,关于"自然伙伴"之间的区域协议结果对双方都是积极的,使社会总福利达到最大化(Ferraz,2012)。

在费尔南多·恩里克·卡多佐政府期间,其外交政策的特点是普遍主义原则的巩固。简而言之,其特点是外交政策不会自动与另一个国家结盟,因此,从历史和建立战略伙伴关系的角度,这种政策给予了巴西更大的自主权(Ayllón,2006;Vigevani等,2003)。

> 其有效实施是通过战略伙伴关系进行的,战略伙伴关系被定义为"从普遍配置的双边关系的遗产中建立起来的互利的优先政治和经济关系"(Ayllón,2006)。

普遍主义原则的巩固及费尔南多·恩里克·卡多佐政府旨在实现的外交政策,即成为全球贸易者和全球参与者,都主要是由于与中国的关系,而这种关系已经远远超出了经济合作的范畴,还包括了政治和战略方面的合作(Vigevani等,2003)。"全球贸易者"的称号是给那些定义为多边主义的国家的,如"全球谈判者",而"全球参与者"的称号则是给那些在某种程度上管理国际经济的国家,即这些国家在改变国际经济方面有相关的影响和作用。

然而必须重申的是,自1980年中国对外国投资开放以来,经济学家已经可以观察和预测到中国的经济潜力。主要来自发展中国家的政治家们与中国接触,目的是为使自己的国家经济繁荣而与中国建立战略伙伴关系。因此,可以说,正如费尔南多·恩里克·卡多佐通过与中国更密切地接触来制定其外交政策一样,他的继任者路易斯·伊纳西奥·卢拉·达·席尔瓦不仅继续巩固这种友谊,而且更加重视这种联盟甚至是商业合作。

卢拉(2003—2011年)相应的外交政策的主要特点是"通过多样化实现自主",其基本特征是寻找非传统的商业伙伴,因为有了他们,双边关系的不对称性变得更小。因此,在巴西人眼中,中国再次成为一个不可或缺的盟友。在卢拉执政期间,南南合作得到了发展(Vigevani 和 Cepaluni,2007;Saraiva,2007)。

> "通过多样化实现自主"是指国家通过南南联盟,包括区域联盟,以及与非传统伙伴(中国、亚太、非洲、东欧、中东等)的协议来遵守国际原则和规范,因为它们被认为可以减少与更强大的国家在对外关系中的不对称性,提高了国家谈判能力(Vigevani 和 Cepaluni,2007)。

在卢拉任职的第二年,即2004年,中巴两国签署了一些贸易和技术合作方面的协议。同年,中巴高级协议与合作委员会(COSBAN,葡萄牙语缩写)诞生。该委员会现今被认为是"对话和双边合作的最高常设机构",设有11个小组委员会和7个工作组,处理与经济、金融和政治关系,科学和技术合作,农业和能源等有关的事项。这样一个对话平台的建立加强了国家之间的高层访问,因此也在加强双边联盟方面发挥了重要作用(Saraiva,2007;Itamaraty,n.d.)。

在同一年,中巴之间贸易便利化由另一个机构的成立得到巩固:巴西—中国商业理事会(CEBC,葡萄牙语缩写)。这是一个双边机构,目的是促进两国的公司之间的对话,并作为商业关系和投资者的一个简化桥梁。巴西方面由淡水河谷公司领导,而中国方面则由中国商务部进行协调(Boito Junior 和 Berringer,2013)。

中巴间贸易流量的稳定增长是不可否认的,因此人们对未来充满了希望。2009年,中国成为巴西的主要贸易伙伴,卢拉总统在北京的演讲中说,自2000年以来,中巴贸易的年平均增长率为40%,2008年到2009年这一增长率为55%。因此可以说,卢拉政府的特点是大大加强了两国之间的关系。在卢拉执政期间,这种友谊的主要里程碑之一是中国成为巴西的主要商业伙伴(Itamaraty,n.d.)。

正是在卢拉担任巴西总统期间,建立了无数的机制使中巴间的联系变得更加强大和具体化:"中国议程",包括前面提到的COSBAN、战略对话(2007)、巴西—中国金融对话(2008)、联合行动计划(2010),以及在如金砖国家般的多边论坛的合作(Becard,2011)。

然而,有些人批评这种贸易伙伴关系失去了与南南合作相关的部分本质,开始具有南北特征,因为中国从巴西主要进口低附加值的初级产品,而向巴西出口制成品和高附加值产品(Saraiva,2014)。

例如,2009 年,在巴西对中国的出口总额中,铁矿石和大豆的占比分别为 35% 和 31%(两者合计达到 66%);到了 2010 年,占比分别达到 43% 和 23%;到了 2011 年,占比分别为 45% 和 25%(两者合计增加到 70%)。虽然这些百分比多年来有所不同,但低附加值的商品,特别是被定性为货物的产品,到目前为止是中国市场对巴西生产的最大需求。然而,在 2013 年,大豆超过铁矿石成为巴西出口列表中占比最多的出口产品。而到了 2018 年,大豆占出口总数的 43%(OEC[①],2009、2010、2011、2012;MDIC[②],n.d.)。

另一方面,在同一时期巴西对中国产品的进口以工业化产品为主导,如 OEC 所述,巴西的进口以机器为主导。2009 年,巴西从中国进口的机器的总金额占从中国进口的产品总额的 54%;而 2010 年和 2011 年,占比均为 51%(OEC,2009、2010、2011)。

2018 年,根据 MDIC 的数据,巴西对中国出口的 88.5% 是初级产品,只有 2.54% 是制成品。另一方面,巴西从中国的进口几乎完全由制成品构成,其占比为令人难以置信的 97.8%(MDIC,n.d.)。

因此,没有必要对这种商业关系进行非常深入的分析,以观察进口和出口产品价值方面的明显不对称趋势,从而在事实上描述一种基于"南北"概念的关系。然而,越来越多的人看到的是,自从成为主要贸易伙伴的那一刻起,巴西对中国逐渐依赖,因为巴西的出口目的地和进口来源都集中在中国。此外,贸易和产品性质之间现有的不平等给这种联系带来了危险的不平衡。因此,有一种风险产生了,即在建立这个联盟后,中国恰恰成了双方想要对抗的那种类型的国家。

这些担忧在卢拉政府时期就已经出现了,并在迪尔玛·罗塞夫执政期间(2011—2016 年)继续存在,因为巴西经济部门越来越关注巴西对一个国家的强烈和渐进的依赖,而中国凭借其无限的经济增长,使自己变为国际舞台上的主要参与者之一(Becard 等,2015)。

然而,这并不妨碍在此期间巴西与中国和金砖国家的关系继续在外交政策中发挥主导作用。在现实中,可以看到的是,巴西虽然努力减少贸易关系中存在的不平等和不对称,但并没有把主要的贸易伙伴从其位置上移开,因为他们之间的接洽几乎是以一种自动的方式继续。

中巴关系仍然是极其富有成效和必要的,贸易流量逐年增加,使得未来的前景除了是中巴之间的持续接近和巴西对中国的强烈依赖外,不可能有其他的前景。2018 年,根据 MDIC 的数据,巴西对中国的出口总额为 642.056 5 亿美元,占巴西出口总额的

---

① OEC 是指麻省理工学院数据平台"经济复杂性观察站"(The Observatory of Economic Complexity)。

② MDIC 是指巴西工业、外贸和服务部。

26.8%;巴西进口中国产品总额为347.300 3亿美元,占进口总额的19.2%。在这两种情况下,中国都是排名第一,因此中国是巴西出口产品的主要出口地和进口产品的主要来源地(MDIC,n. d.)。

然而,在这些统计数据中没有观察到的是,在贸易产品的附加值之间存在的不对称,以及这种不对称对巴西经济的影响(MDIC,n. d.)。因此,尽管两国之间的关系很重要,并且在交流方面已经达到了很高的水平,当然也会受到一些挫折,这是国家之间贸易关系扩大的一个自然部分,但同时也出现了某些分歧,在一些具体的案例中可以注意到,比如鸡肉和糖的出口,这是本文第二部分的重点,我们将按顺序展开。

三、当代巴西和中国在世贸组织范围内的分歧

正如本文导言中提到的,1995年成立的世贸组织起源于1947年的《关贸总协定》这份文件,并在1994年之前一直通过建立一些规则改善在此之前国家间经济关系中普遍存在的保护主义来管理国际贸易。因此,世贸组织的建立是国际贸易的一个里程碑,其作用是巩固和改善现有的规则,并使其管理和检查制度化(WTO,n. d.)。

世贸组织是基于六个指导原则行事,旨在使其参与者之间的关系愈发和谐和公平,并符合当代国际社会的愿望。六个指导原则包括:(1)反歧视;(2)自由贸易;(3)可预测性和透明度;(4)公平竞争;(5)对发展中国家的特殊和差别待遇;(6)保护环境(WTO,n. d.)。

反歧视原则包括禁止对一个国家的产品给予差别待遇,而损害另一个国家的产品(最惠国待遇原则)或使本国商品相对于进口商品受益(国民待遇原则)(WTO,n. d.),而自由贸易原则要求,为防止损害国际贸易,各国需要打破为保护其国内经济而设立的贸易壁垒,如关税、进口禁令和数量配额等(WTO,n. d.)。作为上述两个规则的某种结果,可预测性和透明度原则有助于保证外国公司、投资和政府的稳定,因为它防止国家任意建立贸易壁垒和限制(WTO,n. d.)。同时,公平竞争原则的出现使国际贸易更公平地进行,反对如倾销和出口补贴的不公平竞争,因为这会损害其他国家和整个世界的经济(WTO,n. d.)。另一个重要的原则是对发展中国家的区别待遇原则,这是基于给予发展中国家的特权,发展中国家占世贸组织成员的四分之三,他们需要更多的灵活性和时间来适应世贸协议从而充分发展并自主地融入国际社会(WTO,n. d.)。最后,世贸组织最新的原则是保护环境原则,国家都可以而且应该对导致环境和公共健康、动物健康和植物健康恶化的情形采取环境和其他措施(WTO,n. d.)。

因此,世贸组织的目标和功能是鼓励以更公平的方式进行国际贸易,旨在满足日益增加的贸易流动,并以这种方式推进全球化。在这个意义上,世贸组织反对任何对整个国际经济崛起形成障碍的政策和措施,且世贸组织的基础是贸易的改善、国家间的一体化和相互合作。

此外,为了使自己成为一个事实上能够发挥作用并朝着实现其目标前进的国际机构,世贸组织还需要一些机制使其能够在国际体系中发挥重要作用。为此,争端解决机构(DSB)应运而生,并在世贸组织成立之初就被建立。当成员国认为自己在商业上处于不利地位时就会求助于这个机构,世贸组织的决议是强制性的,因为专家组的决定是有约束力的——这对该组织在国际上获得更大的威望和影响是至关重要的。

世贸组织的争端解决分为五个阶段:协商、专家组工作、通过专家组报告、(潜在)上诉和执行。

争端解决的第一阶段是投诉方将案件提交给争端解决机构,同时通知被投诉方,并尝试通过外交解决。之所以尝试通过外交解决,是因为这样既可以更快地达成友好的解决方案,还可以避免由于组成专家小组而带来的公共预算的高成本(Squeff,2016)。

如果投诉方和被投诉方在协商过程中没有达成协议,争端解决机构将应其中一方的要求,成立一个由3名专家组成的小组,而这3名专家则由参与争执的各方共同协商选择。该小组根据直接相关方和第三方提供的论据、数据和文件,对案件进行技术分析。在这个过程结束时,小组会发布一份报告,其中包括达成的结论和要实施的措施(Squeff,2016)。

专家组发布的报告会提交给争端解决机构,而只有经过反向协商一致,该报告方能获得批准。这意味着只有当争端解决机构所有成员都投反对票时,报告才会被驳回(Squeff,2016)。因此,报告一旦被批准就会成为强制性的,因为它包含了小组的意见。在这个意义上,如果被投诉方事实上违反了WTO和/或GATT条款的原则,争端解决机构之后就将对其采取措施,如要求被投诉者停止以前的行动、采取补偿性措施等。

然而,诉讼各方可以就此提出上诉,认为专家组的判决存在误解,或不同意报告中采取的措施。世贸组织上诉机构由7名法官组成。在任何一方决定对报告提出上诉后,世贸组织上诉机构只从法律方面分析以前的决定,不再将案件的技术方面列入议程。上诉机构在研究之后会产生报告,该报告可以确认、修改或推翻之前的报告,并具有约束力(Squeff,2016)。

最后,执行最终报告的决定是强制性的,没有可能为了审查/推翻判决而诉诸三审,因此,因不当行为给他国造成问题的国家必须在合理的时间内遵守争端解决机构的建议,如果没有遵守建议,就将受到原告的报复,并由争端解决机构使这种报复合法化,或者受到更大的惩罚(Squeff,2016)。

在这个意义上,就国际经济法而言,世贸组织即使不是最大的,也是用来促进正确、公平和公正地加快和深化国家间贸易关系的重要工具之一。而巴西被公认为是该组织中最活跃的发展中国家之一。例如,巴西作为原告参与了OSC的32起案件,作为被告参与了16起案件,作为第三方参与了132起案件。而中国则在OSC提起了20次诉讼,被起诉了43次,此外,还作为第三方参与了163次(WTO,n.d.)。

因此，作为巴西和中国过去 70 年贸易关系扩大的一个自然结果的代表，有两个问题需要强调：一个是尚未提交给 OSC 的问题（鸡肉），另一个是在世贸组织议程中有效讨论过的问题（食糖）。我们将在下面进行阐释。

（一）关于鸡肉的讨论

2017 年 8 月，中国政府对进口的巴西鸡肉发起了调查，指控巴西的倾销行为。中国怀疑该产品被人为地将销售价格降到低于生产价格，从而与来自中国及其他国家的肉类进行不公平竞争。在调查了近 1 年之后，2018 年 6 月 8 日，中国宣布了临时反倾销措施，以便在调查停止前使巴西的倾销行为不会对中国的国民经济造成进一步损害。因此，中国政府对中国进口的巴西鸡肉征收 18.8%～38.4% 的关税（G1，2018；ICTSD，2018）。

以中国经济在 2013 年和 2016 年期间受到"实质性损害"为理由，中国政府对 29 家巴西公司征税。例如，JBS 和 Seara Comércio 被征收 18.8% 的税，BRF 被征收 25.3% 的税，而 C. Vale-Cooperativa Agroindustrial 则被征收 38.4% 的惊人高额税。然而，这些数值都是由中国的部门计算出来的，其部门在分析这些年被指控的倾销案件所造成的损失后提出了这些收税比率。需要注意的是，巴西自 2010 年中国对美国鸡肉提出反倾销措施以来，已经负责了中国 50% 以上的鸡肉需求，并且是中国鸡肉产品的最大出口国。事实上，在这种情况下，由于巴西使用了不公平竞争措施，对中国产业的损害是巨大的（G1，2018）。

在中国政府对巴西鸡肉实施反倾销措施一个月后，在 2018 年 7 月金砖国家第十次峰会期间，巴西要求中国政府结束对该产品征收的附加费，因为中国给巴西鸡肉产业造成了巨大损失，特别是巴西该行业最大的出口商 BRF 和 JBS，然而，巴西没有成功（Folha de São Paulo，2018）。

在调查开始一年后，2018 年 8 月，中国商务部宣布将分析和结案时间延长 6 个月。此时，由于巴西对中国结束征收附加费有所期望，因此，在巴西鸡肉行业继续向政府施压的情况下，虽然巴西政府也曾研究过将这一问题提交世贸组织，但实际上从未这样做（Folha de São Paulo，2018）。

两国之间这种不断恶化的贸易摩擦在 2019 年 2 月结束。当时中国政府以友好的方式接受了巴西出口商在 2018 年 12 月提出的关于建立鸡肉最低出口价格的建议。由于建立鸡肉最低出口价格可以使巴西鸡肉产品不能以低于确定的价格出售，因此这种做法抑制了巴西的鸡肉倾销行为。作为回报，巴西回到了中国第二大鸡肉进口商的位置。

在这一商业背景下，虽然事实上没有通过世贸组织，但双方正是基于世贸组织、关贸总协定和两国签署的其他双边和多边协定而采取措施。也就是说，如果考虑到国际经济法和两国在协定中具体化的承诺，如果一方存在不遵守的情况，即一方通过其行动伤害了另一方或其他国家,而这些行动是非法的和可谴责的,另一方就可以采取措施。

一方面,在双方采取的措施中,倾销案直接违背了国家间公平、公正和透明的竞争原则,中国可以向世贸组织提出,这样就不仅是单方面的分析,而且可以通过国际机构使反倾销税变得合法化,或者以其他可能的解决方案获得支持。另一方面,巴西可以在世贸组织内对反倾销措施提出质疑,从而使分析收税的作用成为可能,因为这些税收可以被隐蔽地用于中国国内产品上并使中国国内产品受益,从而以这种方式损害国民待遇原则,而国民待遇原则是管理国际贸易的原则之一,也是世贸组织的基础。

然而,考虑到分析案件的专家、对证据的研究和为此所需的资源、每一方的代表等因素,各国在向争端解决机构提交案件时必须承担高昂的费用,有时甚至导致立案不具有可行性。因此,在许多情况下各国都选择了双边解决方案。

此外,另一个正在谈判重新开放与中国鸡肉贸易的国家是美国。自2015年以来,美国的鸡肉产品一直遭到中国禁令,因为美国的禽流感对中国的公共卫生构成了风险。中国这个世界上最大的鸡肉消费国受到了所有供应国的"觊觎",因此,内部压力和政府的努力使这种供应关系富有成效(Globo Rural,2019)。

因此,不可否认的是,对巴西鸡肉产品征收反倾销税使美国产生巨大的期望,因为美国在向中国供应鸡肉方面的最大竞争对手最终丢掉了其原本的地位。而且,不管是不是巧合,对巴西鸡肉产品征收反倾销税是在美国向中国施压要求重新开放市场的同一时刻制定的。然而,如果中巴关于最低价格的协议事实上在2019年2月18日之前实施,那么正如一位参与这一过程的律师所报告的那样,可以说,美国霸主的快乐是短期的,尽管恢复其产品进口的谈判也为它带来了巨大的成果(Canal Rural,2019)。

这是当代国际贸易的另一个重要方面:每个国家都有自己的经济和市场,都有自己的利益,因此它们对能够直接或间接影响它们利益的案件感兴趣,这是全球化经济的一个明显后果,因为在全球化经济中,任何决定、行动或危机都不限于发起国。相反,一个国家在其海关政策等方面推动的任何变化,即使不影响整个国际市场,也会影响国际市场中很大一部分。这就是为什么提交给世贸组织争端解决机构的案件通常有一些国家帮助分析案件,这些国家被认为是"第三方"。第三方之所以要介入案件,原因是预期争议解决的结果有可能使它们受益或受损。因此,尽管案件是由其他国开启的,但这些第三方也感兴趣。

有鉴于此,如果中巴鸡肉争端被提交给世贸组织,并被移交给专家组,那么美国就很有可能向世贸组织提出要求,作为第三方参与争端解决过程。

(二)食糖争端(DS568-WTO)

另一个涉及中巴两国贸易争端的是食糖。在这个案例中,巴西于2018年10月16日在世贸组织争端解决机构谴责中国,并由此启动了争端解决机构的磋商程序。巴西之所以谴责中国,原因是中国对巴西食糖的进口进行了限制。例如,2017年5月22

日,中国对巴西的食糖开始征收食糖附加税(ICTSD,2018)。

巴西政府在要求磋商的正式文件中,指责中国推出与食糖进口有关的三项措施,这将违背世贸组织、关贸总协定及其他签署的条约的原则。在这个意义上,巴西指责中国的行为和所签署的文件之间不一致,因此措施是非法的。巴西对中国的投诉包括:对食糖的贸易保障措施;对进口食糖的关税配额管理;对关税配额以外的进口食糖的"自动进口许可制度"(AIL制度)(WTO,2018)。

在对食糖的贸易保障措施方面,中国商务部于2016年9月22日开始对食糖进口进行调查,并于2017年4月26日结束调查。在调查结束后,中国向世贸组织保障措施委员会发出通知,宣布发现了因进口该产品而产生的严重损害威胁。作为对巴西威胁的回应和对中国国民经济保护的需要,中国在2017年5月22日宣布,对超过中国在2001年加入世贸组织时设定的194.5万吨进口配额的进口食糖,在征收50%的税率之上,再征收一道为期三年的从价税,税率分别为:第一年45%,第二年40%,第三年35%。因此,巴西出口到中国的食糖第一年要支付的总税率为95%,第二年为90%,第三年为85%(WTO,2018)。这些税率最初只适用于包括巴西在内的部分发展中国家,而中国从这些国家进口的食糖占中国食糖进口总量的97.52%。2018年8月1日之后,这些税率的适用范围又扩大到其他发展中国家出口到中国的食糖上(WTO,2018)。

在对进口食糖的关税配额管理方面,除了巴西官方文件中的许多指控外,巴西政府还指出,中国未能以透明、可预测、统一、公平、非歧视和公正的方式管理配额,以及中国的配额应用与世贸组织规则之间存在不一致。在所使用的法律依据方面,巴西政府认为,1994年关贸总协定的第4条款被中国忽视(WTO,2018)。

在对关税配额以外的进口食糖的"自动进口许可制度"方面,巴西指责中国商务部对食糖的进口施加限制,因为生产商或精炼商超过已经分配给该产品配额的最大数量。此外,由于进口量突然增加,中国商务部还可能任意减少或暂停发放许可证。因此,巴西政府认为,中国利用这一所谓的合法工具,实际上是对外国产品设置障碍,这特别违反了世贸组织和1994年关贸总协定的原则,也违反了世界经济一体化的一般原则(WTO,2018)。

在巴西发出正式磋商请求的两天后,中国商务部发表了该部条约法律司官员的声明,他为中国政府的行动辩护,认为其行为是合法的,同时重申需要采取保障措施,以保护因进口增长而受到极大损失的4亿多国家食糖生产者,并重申所采取的行动是符合法律规定的。此外,中国商务部肯定了对食糖实行和维持关税配额的权利,因为这是自中国加入世贸组织以来所保证的,并认为AIL系统对于监督该国的进口货物具有相关的重要性。因此,该官员指称中国与世贸组织的承诺和规则一致,并且中国将在世贸组织争端解决机构的范围内处理与巴西的食糖争端(商务部,2018)。

就在巴西提出请求的15天后,即2018年10月30日,已经在世贸组织内被巴西

(DS266)、澳大利亚(DS265)和泰国(DS283)在2002年提出食糖出口补贴要求的欧盟，通过提交加入磋商的申请，表达了其作为第三方参与这一进程的兴趣。欧盟代表团在申请中宣布，由于欧盟有可能成为中国食糖行业的供应商，因此愿意参与谈判。欧盟的这种实质性兴趣源于目前中国对其外部供应商的多样化，并且其兴趣由于2018年欧洲对该产品的出口比前一年增加了70%而得到加强，因此，这是(规则)一个有趣的漏洞，在这种情况下，欧盟希望自己成为中国市场新的或主要的供应商(WTO,2018)。第二个成为争议第三方的国家是泰国，它在2018年10月31日通过向世贸组织发送正式文件表示愿意参加磋商。在其声明中，泰国代表团表明了对本案的巨大兴趣，原因是泰国作为世界第二大食糖出口国的地位及其与中国的关系，以及中国是泰国产品的第五大需求国(WTO,2018)。危地马拉则于2018年11月1日请求成为本案的第三方。其政府解释说，其利益的驱动力是该国也在巴西向世贸组织提起的中国对进口食糖的限制措施下遭受了巨大损失(WTO,2018)。

通过这三个可能的第三方可以强调机构的多边作用，这样就有效地反映了国际贸易实际情况。第三方作为一个由国家、其他国际组织、非政府组织等组成的团体，对国际机构来说是一个极其重要的机制，因为它可以更有效地获得必要的信息，并为案件的分析提供其他视角。简而言之，它简化了程序，使最终结果更有可能是公正、一致和公平的。

就本案而言，如果各国在协商过程中不能就双方满意的解决方案达成一致，就还有一段路要走。关于巴西代表团所依据的法律基础，关贸总协定和其他协定的许多条款都被援引作为中国所违反的依据，因此巴西显示了坚实的依据。然而，另一方面，保障措施是由《关贸总协定》第2条规定的，是一种保护国内产业免受产品进口突然增加而遭受严重损失的方式(WTO,n.d.)。

然而，现在还不知道的是这种措施的合法性，因为中国仍然要提出具体的数据来证明中国损失的风险，这将证明这些行动的合理性。如果没有这一程序，中国的保障措施只会被认为是使国内产品从国外受益的借口，从而违反了国民待遇原则。

关于关税配额，中国政府为其措施辩护的理由为规则是在其在加入世贸组织后制定的，因此，进入该国的食糖的最大数量是众所周知的。相比之下，中国2001年的商业和经济环境在近十年后已大不相同。例如，中国人口在2001年为12.72亿，到2017年已增长到13.86亿(The World Bank,n.d.)。这本身虽然是一个简单的事实，但表明该国的经济发生了根本变化，因为人口增长导致了总消费的增长。因此，许多其他数据可以加强这种配额的超越性，它必须伴随着内部和外部的转变而发生。

最后，事实上正如中国政府所告知的那样，在分析"AIL系统"时，其可以成为监测国家进口的必要和关键工具。然而，通过受到这种制度伤害的国家的视角可以观察到的是，该制度加上其他措施起到了锦上添花的作用。因此，该制度可以被认为是"最后的"障碍，在附加费和关税配额都不能阻止产品进入该国的情况下使用。通过这种方式,其作为一个基本障碍使其进口不可行。尽管如此,意外地暂停发放许可证的选择使该机制完全无法预测,这损害了国际贸易,并违背了当代国际经济体系的合作原则。

四、结论

中巴关系经历了许多起伏,既有疏远和敌对的时刻,也经历了关系加强和相互合作的时刻。今天,巴西经济的实际情况是双方在1949年缔结双边关系之始无法预见的。中国是巴西最大的贸易伙伴,是巴西产品的主要出口国和最大的进口来源。而且,与巴西的关系也是中国在拉丁美洲国家的主要商业联系,因此,中国在世界另一端采取的行动和政策对巴西国内经济有着直接和巨大的影响。

有鉴于此,巴西的出口和进口集中在中国的情况会产生一定的担忧。正是在这种情况下,世贸组织是极其重要的,因为各国对其规则的遵守使国际经济法不再被主权国家的无政府体系所支配,防止国家因有自主决定权而随心所欲。相反,世贸组织的作用是管理国际贸易,并将这一环境变得更加公平、透明、值得信赖、合作和开放。因此,各国受制于一个组织,该组织对贸易流动、海关政策、采取的经济和竞争措施,以及整个国际社会进行监督、管理和制裁。这里存在一个关于加入国际组织的悖论:国家拥有主权和自主决定权,可以选择加入国际组织;然而作为国际组织的一部分,国家必须放弃部分主权和自主决定权,从而得以在规则下一视同仁。

然而,在一个全球化的世界里,国际压力有效地发挥作用。各国在要求对方采取某种行动时,几乎是以胁迫的方式行事,因为它们之间的关系已经变得越来越相互依存,任何削弱都会给它们带来巨大的损失,特别是对最不发达的国家,尤其是位于全球南部的国家。从这个意义上说,对制度的遵守已经成为纽带的要求,因为它们保证了可靠性和合规性,而这是国家本身无法实现的。

国际经济法连同其固化机制一直在获得越来越多的力量和空间。"二战"后全球贸易体系的引入和世贸组织成立后的变革对于维持今天的国际秩序至关重要。世贸组织的公信力来自其在鼓励商业交流的同时对世界贸易进行有效管理,这与对世界贸易表现的日益增长的需求是相辅相成的,正如在本文分析的案例中所看到如中巴之间关系的沉淀。

参考文献

1. Ayllón,Bruno. Aspectos conceituais da diplomacia universalista do Brasil:as relações bilaterais e a integração regional (1945—2000)[J]. *Carta Internacional*,2006,1(3):15—25.

2. Becard,Danielly Ramos,Barros-Platiau,Ana Flávia,and Oliveira,Carina Costa de. O Brasil,a China e a VI Cúpula do BRICS[J]. *Contexto Internacional*,2015,37(1):81—112.

3. Boito Junior,Armando,and Berringer,Tatiana. Brasil:classes sociais,neodesenvolvimentis-

mo e política externa nos governos Lula e Dilma[J]. *Revista de Sociologia e Política*,2013,21(47):31—39.

4. Canal Rural. Frango:tarifas da China sobre produto brasileiro podem beneficiar EUA[R/OL]. 2019. https://canalrural.uol.com.br/noticias/pecuaria/aves/frango-china-beneficiar-eua/,2021-1-30.

5. CEBC. Sobre o CEBC[EB/OL]. http://cebc.org.br/sobre-o-cebc/,2021-1-30.

6. Fares,Tomaz Mefano. A Diplomacia Chinesa e as Relações com o Brasil (1949—1974)[J]. *Século XXI:Revista de Relações Internacionais*,2016,7(1):27—46.

7. Ferraz,Lucas Pedreira do Couto. Os brics sob a ótica da teoria dos acordos regionais de comércio[R/OL]. Instituto de Pesquisa Econômica Aplicada (IPEA),2012. https://www.econstor.eu/handle/10419/90946.

8. Folha de s. Paulo. China estende por seis meses investigação antidumping sobre frango do Brasil[N/OL]. Folha de São Paulo,2018-8-17. https://www1.folha.uol.com.br/mercado/2018/08/china-estende-por-seis-meses-in.

9. G1. China impõe medidas antidumping sobre importação de frango brasileiro[R/OL]. G1,2018. https://g1.globo.com/economia/noticia/china-impoe-medidas-antidumping-sobre-importacao-de-frango-brasileiro.ghtml,2018-6-8.

10. G1. China aceita oferta de exportador de frango do Brasil para encerrar disputa, diz agência[R/OL]. G1,2019. https://g1.globo.com/economia/agronegocios/agro-a-industria-riqueza-do-brasil/noticia/2019/01/22/china-aceita-oferta-de-exportador-de-frango-do-brasil-para-encerrar-disputa-diz-agencia.ghtml,2019-1-22.

11. Globo Rural. EUA e China negociam reabertura do mercado de frango[EB/OL]. 2019. https://revistagloborural.globo.com/Noticias/Agricultura/noticia/2019/01/globo-rural-eua-e-china-negociam-reabertura-do-mercado-de-frango.html,2021-1-30.

12. ICTSD. Medidas Antidumping da China Sobre O Frango Brasileiro Geram Tensões no Comércio Bilateral[EB/OL]. 2018. https://www.ictsd.org/bridges-news/pontes/news/medidas-antidumping-da-china-sobre-o-frango-brasileiro-geram-tens%C3%B5es-no,2021-1-30.

13. ICTSD. OMC:Brasil pede consultas formais contra tarifas da China sobre açúcar importado[EB/OL]. 2018. https://www.ictsd.org/bridges-news/pontes/news/omc-brasil-pede-consultas-formais-contra-tarifas-da-china-sobre-a%C3%A7%C3%BAcar,2021-1-30.

14. IPEA. As Relações Bilaterais Brasil-China:A Ascensão da China no Sistema Mundial e os Desafios para o Brasil[R/OL]. Instituto de Pesquisa Econômica Aplicada (IPEA),2018. http://repositorio.ipea.gov.br/handle/11058/6889.

15. IPEA. História-Bretton Woods[R/OL]. Instituto de Pesquisa Econômica Aplicada (IPEA), 2015. http://desafios.ipea.gov.br/index.php?option=com_content&view=article&id=2247:catid=28&Itemid=23.

16. Itamaraty. Fórum de Cooperação América Latina-Ásia do Leste[EB/OL]. http://

www. itamaraty. gov. br/pt-BR/politica-externa/mecanismos-inter-regionais/3677-forum-de-cooperacao-america-latina-asia-do-leste-focalal,2021-1-30.

17. Itamaraty. BRICS - Brasil,Rússia,Índia,China e África do Sul[EB/OL]. http://www. itamaraty. gov. br/pt-BR/politica-externa/mecanismos-inter-regionais/3672-brics,2021-1-30.

18. Itamaraty. República Popular da China[EB/OL]. http://www. itamaraty. gov. br/pt-BR/ficha-pais/4926-republica-popular-da-china,2021-1-30.

19. Itamaraty. Discurso do Presidente da República,Luiz Inácio Lula da Silva,por ocasião do Seminário Brasil-China:Novas Oportunidades para a Parceria Estratégica[EB/OL]. 2009. http://www. itamaraty. gov. br/pt-BR/discursos-artigos-e-entrevistas-categoria/presidente-da-republica-federativa-do-brasil-discursos/11122-discurso-do-presidente-da-republica-luiz-inacio-lula-da-silva-por-ocasiao-do-seminario-brasil-china-novas-oportunidades-para-a-parceria-estrategica-pequim-19-de-maio-de-2009,2021-1-30.

20. MDIC. Comex Vis:Países Parceiros[EB/OL]. http://www. mdic. gov. br/comercio-exterior/estatisticas-de-comercio-exterior/comex-v,2021-1-30.

21. MOFCOM. Official from Department of Treaty and Law of MOFCOM makes a statement about Brazil's complaint to the WTO over China's administrative measures concerning imports of sugar[EB/OL]. http://english. mofcom. gov. cn/article/newsrelease/policyreleasing/201810/20181002798281. shtml,2021-1-30.

22. Morgenthau,Hans. *A Política entre as Nações:A luta pelo poder e pela paz*[M]. São Paulo:Editora Universidade de Brasília,2003.

23. Mortatti,Caio Marcos,Miranda,Sílvia Helena Galvão de,and Bacchi,Mirian Rumenos Piedade. Determinantes do comércio Brasil-China de commodities e produtos industriais:uma aplicação VECM[J/OL]. *Economia Aplicada*,15(2):311—335. http://dx. doi. org/10. 1590/s1413-80502011000200007.

24. OEC. What does Brasil export to China? [EB/OL]. 2009. https://atlas. media. mit. edu/pt/visualize/tree_map/hs92/export/bra/chn/show/2009,2021-1-30.

25. OEC. What does Brasil export to China? [EB/OL]. 2010. https://atlas. media. mit. edu/pt/visualize/tree_map/hs92/export/bra/chn/show/2010,2021-1-30.

26. OEC. What does Brasil export to China? [EB/OL]. 2011. https://atlas. media. mit. edu/pt/visualize/tree_map/hs92/export/bra/chn/show/2011,2021-1-30.

27. OEC. What does Brasil export to China? [EB/OL]. 2013. https://atlas. media. mit. edu/pt/visualize/tree_map/hs92/export/bra/chn/show/2013/,2021-1-30.

28. Oliveira,Henrique Altemani de. Brasil-China:trinta anos de uma parceria estratégica[J/OL]. *Revista Brasileira de Política Internacional*,2004,47(1):7—30. http://dx. doi. org/10. 1590/s0034-73292004000100002.

29. Oliveira,Ivan Thiago Machado. De Havana a Doha:o sistema multilateral de comércio em perspectiva histórica[J]. *Carta Internacional*,2006,1(2):48—58.

30. Pomar, Wladimir. *A Revolução Chinesa*[M]. São Paulo: Editora Unesp, 2003.

31. Saraiva, Miriam Gomes. As estratégias de cooperação Sul-Sul nos marcos da política externa brasileira de 1993 a 2007[J]. *Revista Brasileira de Política Internacional*, 2007, 50(2): 42—59.

32. Saraiva, Miriam Gomes. Balanço da política externa de Dilma Rousseff: perspectivas futuras? [J]. *Relações Internacionais*, 2014, (44): 25—35.

33. Squeff, Tatiana de A. F. R. Cardoso. *As Intervenções do Estado na Economia em tempos de Crise*[M]. Curitiba: CRV, 2016.

34. The World Bank. Population: China (2001—2017) [EB/OL]. https://data.worldbank.org/indicator/SP.POP.TOTL? end=2017&locations=CN&start=2001, 2021-1-30.

35. Thorstensen, Vera. *OMC: as regras do comercio internacional e a nova rodada de negociações multilaterais*[M]. 2nd ed. São Paulo: Aduaneiras, 2001.

36. Vigevani, Tullo, and Cepaluni, Gabriel. A Política Externa de Lula da Silva: A Estratégia da Autonomia pela Diversificação[J]. *Contexto Internacional*, 2007, 29(2): 273—335.

37. Vigevani, Tullo, Oliveira, Marcelo F. de, and Cintra, Rodrigo. Política externa no período FHC: a busca de autonomia pela integração[J/OL]. *Tempo Social*, 2003, 15(2): 31—61. http://dx.doi.org/10.1590/s0103-20702003000200003.

38. WTO. About WTO[EB/OL]. https://www.wto.org/english/thewto_e/thewto_e.htm, 2021-1-30.

39. WTO. The history of multilateral trading system[EB/OL]. https://www.wto.org/english/thewto_e/history_e/history_e.htm, 2021-1-30.

40. WTO. What is the WTO? [EB/OL]. https://www.wto.org/english/thewto_e/whatis_e/what_stand_for_e.htm, 2021-1-30.

41. WTO. Brazil and the WTO[EB/OL]. https://www.wto.org/english/thewto_e/countries_e/brazil_e.htm, 2021-1-30.

42. WTO. China and the WTO[EB/OL]. https://www.wto.org/english/thewto_e/countries_e/china_e.htm, 2021-1-30.

43. WTO. Technical Information on Safeguard Measures[EB/OL]. https://www.wto.org/english/tratop_e/safeg_e/safeg_info_e.htm, 2021-1-30.

44. WTO. China-Certain Measures Concerning Imports of Sugar-Request for consultations by Brazil[EB/OL]. 2018. https://docs.wto.org/dol2fe/Pages/FE_Search/FE_S_S006.aspx, 2021-1-30.

45. WTO. China-Certain Measures Concerning Imports of Sugar-Request to join consultations from European Union[EB/OL]. https://docs.wto.org/dol2fe/Pages/FE_Search/FE_S_S009-DP.aspx, 2021-1-30.

46. WTO. China-Certain Measures Concerning Imports of Sugar-Request to join consultations from Thailand[EB/OL]. https://docs.wto.org/dol2fe/Pages/FE_Search/FE_S_S009-DP.aspx?, 2021-1-30.

中拉数字丝绸之路中的数据跨境合作

舒静怡（Jingyi Shu）

摘要：随着数字丝绸之路的不断深入，个人数据跨境成为限制当前中国和拉美数据产业发展的一大因素。个人数据除了财产价值外还具有人身属性，因此在数据流通时需提供数据保护措施。在数据跨境时，网络空间主权虽可以保障境内数据安全，但无法对境外数据处理活动进行限制，而中拉未统一的数据保护策略使个人数据跨境后更易受到侵害。借鉴国际上"硬法"与"软法"的个人信息保护合作机制，中拉将两者结合，即应以合作框架形式规定数据流通的原则性条款，并进一步与各国订立条约以确立更具体和更符合国情的数据跨境策略。

关键词：个人数据、数字丝绸之路、数据跨境、个人信息保护

一、引言

在信息技术不断迭代更新和大数据时代，AI 智能、云端存储等高新技术走向产业化，数字图书馆、数字音乐等新型传统产业走向数字化，与此同时，信息技术打破了地域限制，拓宽了国际合作的可能，国内市场与全球市场高度融合，以软件、电商平台、社交媒体为代表的数字经济正引领着第四次全球化浪潮。[1] 中国信息通信研究院（以下简称"中国信通院"）统计显示，2019 年 47 个国家数字经济总量已经达到全球 GDP 的 41.5%，并且每年保持高速增长[2]，中国从 2005 年 2.6 万亿元数字经济的规模增长至 2019 年的 35.8 万亿元，占 GDP 的 36.2%[3]，在 2019 年巴西、墨西哥数字经济占 GDP 总量均超过 20%。[4]

"一带一路"倡议自 2013 年被中国政府提出以来，为"一带一路"沿线国家的经济注

---

[1] 中国信通院.数字贸易发展与影响白皮书（2019 年）[R].2019,7
[2] 中国信通院.全球数字经济新图景（2020 年）——大变局下的可持续发展新动能[R].2020,15.
[3] 中国信通院.数字贸易发展白皮书（2020 年）——驱动变革的数字服务贸易[R].2020,8.
[4] 中国信通院.数字贸易发展白皮书（2020 年）——驱动变革的数字服务贸易[R].2020,15－16.

入了新的动力和能量①,与数字发展相适应的数字丝绸之路也在2017年应运而生②,其目标在于促进沿线国家在数字化时代的前沿领域合作。中国与拉美地区积极布局数据产业,数字经济增速领跑全球。一方面,中国不仅发布了《国家信息化发展战略纲要》《网络空间国际合作战略》,更是在"十四五"规划中将数字化发展列为独立篇章。另一方面,在拉美地区,哥伦比亚于2017年发布了"数字经济规制路线图"(Hoja de Ruta Regulatoria para el Desarrollo de la Economía Digital);巴西于2018年签署E-Digital策略,而阿根廷也于同一年发布了"2030数字化日程"(Agenda Digital 2030);拉美经济委员会(Economic Commission for Latin America and the Caribbean,CEPAL)在2015年发布了拉共体地区数字化日程③,这都显示出拉美地区正在积极进行数字化转型。

数字经济的发展折射出数据背后巨大的社会和经济价值④,由此形成了一种新的经济模式,即"数据经济"或"数据驱动的经济"⑤。中国近期颁布的《个人信息保护法》和《数据安全法》,给数据产业带来了前所未有的机遇,例如《数据安全法》和《个人信息保护法》提供了数据领域和个人信息保护领域的基本法,同时提出了数据交易市场的建立和数据跨境传输的可能性。国际层面而言,欧盟已将单一数据市场作为经济中的优先议题并以《个人数据保护通用条例》(General Personal Data Protection Regulation,GDPR)影响国际个人数据跨境规则;美国也通过其自身的技术优势,推动亚太经合组织(APEC)、世界贸易组织(WTO)对个人数据跨境规则进行规范。在数字丝绸之路的建设过程中,数据,尤其是个人数据的流转在大数据、云计算、人工智能、电商平台等发展中不可避免,因而中拉应在数据跨境层面有更深入的合作和交流,充分发挥数据集聚化效应和数字经济的潜力。

但是,在经济利益的驱使下,跨境数据流通中往往更易出现数据滥用或不合理使用的问题,成因有三:其一是由于数据输出国自身数据保护立法不完善,导致数据流入第

---

① See Belt and Road Forum. Xi Jinping Attends the Opening Ceremony of the Second Belt and Road Forum for International Cooperation (BRF) and Delivers a Keynote Speech[EB/OL]. 2019. http://www.beltandroadforum.org/english/n100/2019/0429/c22-1391.html,2021-1-4.

② 习近平同志在2017年举办的首届"一带一路"国际合作高峰论坛上提出,要加强在数字经济、人工智能等前沿领域的合作,推动大数据、云计算、智慧城市的建设,连接成21世纪的数字丝绸之路。See Xinhua. President Xi's Speech at Opening of Belt and Road Forum[EB/OL]. 2017. http://www.xinhuanet.com/2017-05/14/c_1120969677.htm,2021-1-4.

③ CEPAL. Monitoring the Digital Agenda for Latin America and the Caribbean (ELAC2018)[EB/OL]. 2015. https://repositorio.cepal.org/bitstream/handle/11362/38887/S1500757_en.pdf?sequence=1&isAllowed=y,2021-1-4.

④ 2019年10月31日,中国共产党十九届四中全会通过了《推进国家治理体系和治理能力现代化若干重大问题的决定》,其将"数据"列为与劳动、资本、土地并驾齐驱的生产要素。

⑤ European Commission. Building a European Data Economy[R]. 2017;OECD. Data-Dirven Innovation:Big Data for Growth and Well-Being[M/OL]. Paris:OECD Publishing,2015. https://read.oecd-ilibrary.org/science-and-technology/data-driven-innovation_9789264229358-en#page4,2020-12-14.

三国后无法提供足够的保护或无法提供救济措施;其二是数据流出后,第三方政府可能会对输入的个人信息进行肆意访问,近来颇受关注的Schrems诉Facebook案便是对个人信息被传输至美国后无法避免被美国情报部门非法访问和获取而产生的数据安全担忧[1];其三是由于第三国国内信息保护立法不完善,即第三国未对个人信息保护做出规定或力度不足,导致数据接收方合规动力不强。

由此,本文将先从个人信息的特点来分析其可流通性,探讨中国与拉美数据流通中存在的问题与困境,而后通过对国际上现有个人信息保护国际合作机制的分析来研究中国与拉美之间应如何在数字丝绸之路中进行有效的个人数据跨境合作。

二、个人信息流通中的财产价值与人身属性衡量

数据在计算机语言中被理解为与程序(program)相对应的以字节(byte)为单位存储的信息,所以"数据"和"信息"经常被混用,但是在讨论个人数据与个人信息之时,两者并无显著区别。

(一)个人信息的财产价值

正如大多数人格权(如姓名权、肖像权等)在社会发展和实践中开始了商品化的路径一样,个人信息在一定程度上也可以为权利人创造经济价值。例如,信息主体既可能通过注册购物网站获得减免优惠,也可能通过在社交媒体发布个人信息以获得关注[2],还可能在未来数据交易市场享有数据商品化[3]带来的利益,等等。

在此基础上,由于数据的集聚效应,因此个人信息还带有公共属性,可以通过跨境流通创造更大的经济和社会价值。从宏观经济而言,IDC数据公司的研究显示,以数据为依托的经济在2019年占全球GDP的2.6%,预计在2025年上升至GDP的4%~5.9%。[4] 而其中又以数据在全球范围内的流动为GDP增长的动力源之一。麦肯锡管理咨询公司(以下简称"麦肯锡")认为,数据流动及其带动的其他服务、产品等的流动,

---

[1] 2015年欧盟法院在Schrems案中撤销了欧盟与美国的安全港协议,因为Schrems认为在他使用Facebook相关服务时,被美国的服务器处理的数据会通过美国的情报服务被审查。Maximillian Schrems v. Data Protection Commissioner,Digital Rights Ireland Ltd,欧盟法院C-362/14号案;Peter C. *Data Protection:A Practical Guide to UK and EU Law*[M]. Oxford:Oxford University Press,2018,114.

[2] See Gross,Ralph,and Alessandro Acquisti. Information Revelation and Privacy in Online Social Networks (The Facebook Case)[R/OL]. ACM Workshop on Privacy in the Electronic Society (WPES),2005. https://doi.org/10.1145/1102199.1102214.

[3] See Franceshi,Alberto De. European Contract Law and the Digital Single Market:Current Issues and New Perspectives[M].//Alberto De Franceshi. *European Contract Law and the Digital Single Market*. Cambridge:Intersentia,2016,5; Zech,Herbert. Data as Tradeable Commodity[M].//Alberto De Franceshi. *European Contract Law and the Digital Single Market*. Cambridge:Intersentia,2016:52—53.

[4] See IDC. European Data Market Monitoring Tool. Key Facts & Figures,First Policy Conclusions,Data Landscape and Quantified Stories[R/OL]. 2020. http://datalandscape.eu/sites/default/files/report/D2.9_EDM_Final_study_report_16.06.2020_IDC_pdf.pdf,2020-12-10.

共计创造了全球 GDP 的 10%。① 世界银行也在 2018 年的一份报告中提出,对国际数据流动的限制会产生巨大经济成本,如禁止欧盟与美国数据流通,则欧盟 GDP 将下降 1%。② 以微观经济的角度来看,全球数据流动对各经济单位也有积极影响。据麦肯锡 2016 年的统计,全球 12% 的货物贸易已经通过国际电子商务的方式展开,9 亿人通过国际链接使用社交媒体,3.6 亿人参与了跨境电子商务贸易活动。③ 同时,数字经济创造了更大的劳动力市场,催生了大量科技创新企业。在新冠肺炎疫情期间,对跨境电子商贸、远程办公等数字化发展的需求更是达到了历史高度④,而疫情后的产业结构也会做出相应的数字化调整。除此之外,数据流动还能带来知识和科学研究的沟通与交流、创新技术和生产力的提高等隐形福利。

(二)个人信息的人身属性

个人信息作为一项单独的权利受到保护的时间并不长,自 1890 年隐私权(right to privacy)被美国学者沃伦和布兰代斯提出后⑤,个人信息在相当长的一段时间里都被作为隐私权的客体受到保护。但是,由于个人信息的处理行为开始逐渐超越传统隐私的边界,大部分国家开始将数据权利与隐私权区分开。

欧盟将个人信息的保护视为人权的一部分⑥,德国 1983 年的联邦宪法法院判决信息主体对其信息享有自决权⑦,巴西、巴拉圭、哥伦比亚、厄瓜多尔、秘鲁⑧等拉美国家采用数据保护令(Habeas Data)的方式将个人信息纳入宪法的保护范围内,允许数据主体通过向宪法法院直接起诉的方式行使其数据权利。中国《民法典》将个人信息作为一种

---

① See McKinsey Global Institute. Digital Globalization:The New Era of Global Flows[R/OL]. 2016. https://www.mckinsey.com/~/media/McKinsey/Business Functions/McKinsey Digital/Our Insights/Digital globalization The new era of global flows/MGI-Digital-globalization-Full-report.pdf,2020-12-10.

② See Mattoo,Aaditya,and Joshua P. Meltzer. International Data Flows and Privacy:The Conflict and Its Resolution[J]. *World Bank Policy Research Working Paper*,2018(8431):4.

③ See McKinsey Global Institute. Digital Globalization:The New Era of Global Flows[R/OL]. 2016. https://www.mckinsey.com/~/media/McKinsey/Business Functions/McKinsey Digital/Our Insights/Digital globalization The new era of global flows/MGI-Digital-globalization-Full-report.pdf,2020-12-10.

④ CEPAL 统计显示,新冠肺炎疫情期间的企业更多选择用线上方式来提供产品或服务,例如 2020 年巴西和智利企业线上服务比 2019 年同期增长 360%,哥伦比亚和墨西哥增长 800%。See CEPAL. Datos y Hechos Sobre La Transformación Digital[R/OL]. 2020. https://www.cepal.org/sites/default/files/publication/files/46766/S2000991_es.pdf.

⑤ See Warren,Samuel D.,and Louis D. Brandeis. The Right to Privacy[J]. *Harvard Law Review*,1890,4 (5):193—220.

⑥ See González Fuster,Gloria,and Raphaël Gellert. The Fundamental Right of Data Protection in the European Union:In Search of an Uncharted Right[J]. *International Review of Law,Computers and Technology*,2012,26 (1):74—76.

⑦ See Hooghiemstra,Theo. Informational Self-Determination,Digital Health and New Features of Data Protection[J]. *European Data Protection Law Review*,2019,5 (2):162.

⑧ 参见巴西《1988 年宪法》第 5 条、哥伦比亚《1991 年宪法》第 15 条、巴拉圭《1992 年宪法》第 135 条、秘鲁《1993 年宪法》第 2 条、厄瓜多尔《1998 年宪法》第 94 条。

特殊权益置于人格权编之下,作为单独民事权益加以保护[①],强调信息主体享有积极的控制性权利,这体现在虽然信息主体并未拥有如同所有权般的绝对权,却可以通过删除、更正、注销、限制等措施来操控自己的数据[②],以期维护自己"电子化人格"[③]。

数字经济在全球经济中的积极作用不可忽视,但过度收集和擅自转让、公开披露个人信息或黑客攻击会引发"隐私已经死亡"[④]及成为"透明人"[⑤]的担忧。例如,万豪国际酒店 2018 年和 2020 年两次遭受黑客攻击事件造成几百万客户的信息被泄露[⑥];又如,Google 和 Youtube 未经用户同意与广告第三方共享用户个人信息[⑦]。无论是隐私权、人权抑或是个人信息自决权,都表明了个人信息具有人身属性,因此数据的流通应以尊重个人信息主体拥有的个人信息权益为前提。

如果说信息技术是数字时代的心脏,那么数据就是血液,在其流通和集中化利用中不断重塑价值。[⑧] 由于产业数字化和数字产业化,全球数据体量急剧增加,IDC 数据公司预测,2025 年全球数据量将达到 175ZB,将比 2018 年的 33ZB 提高 4.3 倍。[⑨] 限制或者禁止数据的流通虽然能保护个人数据,但无法发挥数据背后巨大的财产价值,而自由的数据流通又对个人财产权益、尊严甚至自由产生威胁。因此,个人数据虽然可以流通,但在其流通过程中应协调好数据的经济属性和人身属性,在不侵犯信息主体权益,尤其是人身权益的前提下,"合理"发掘数据的潜在经济和社会效益。只有这样,才能进一步激发数字经济的潜力和活力。

---

① 程啸.民法典编纂视野下的个人信息保护[J].中国法学,2019,(4):39-40.

② 例如,欧洲法院 2014 年判定搜索引擎也需采取删除、更正第三人上传的信息来保护个人信息主体的权利。See Lynskey, Orla. *The Foundations of EU Data Protection Law*[M]. Oxford: Oxford University Press, 2016:180—181; Google Spain SL & Google Inc. v Agencia Española de Protección de Datos & Mario Costeja González,欧盟法院第 C-131/12 号案。

③ Lynskey, Orla. *The Foundations of EU Data Protection Law*[M]. Oxford: Oxford University Press, 2016:196.

④ Froomkin, A. Michael. The Death of Privacy? [J/OL]. *Stanford Law Review*, 2000, 52 (5):1461—1543. https://doi.org/10.2307/1229519.

⑤ 王泽鉴.人格权的具体化及其保护范围·隐私权篇(上)[J].比较法研究,2008,(6):2.

⑥ Perlroth, Nicole, Amie Tsang, and Adam Satariano. Marriott Hacking Exposes Data of Up to 500 Million Guests[N/OL]. *The New York Times*, 2018. https://www.nytimes.com/2018/11/30/business/marriott-data-breach.html, 2020-12-14; Marriott International Notifies Guests of Property System Incident[EB/OL]. 2020. https://news.marriott.com/news/2020/03/31/marriott-international-notifies-guests-of-property-system-incident, 2020-12-14.

⑦ See FTC. Google and YouTube Will Pay Record \$170 Million for Alleged Violations of Children's Privacy Law[EB/OL]. 2019. https://www.ftc.gov/news-events/press-releases/2019/09/google-youtube-will-pay-record-170-million-alleged-violations, 2020-12-14.

⑧ 高富平.数据流通理论——数据资源权利配置的基础[J].中外法学,2019,(31):1407.

⑨ See Reinsel, David, John Gantz, and John Rydning. *The Digitization of the World-From Edge to Core*[R/OL]. 2018. https://www.seagate.com/files/www-content/our-story/trends/files/idc-seagate-data-age-whitepaper.pdf.

三、跨境数据流通规制的碎片化

（一）网络空间主权的限制

由于网络空间主权的限制，跨境数据体系难以统一或者难以运用本国体系来规制数据跨境活动。1576年，让·博丹（Jean Bodin）为解决国家内部分裂危机，在《国家六书》提出"主权"这一概念并强调君主在国家内部掌握主权。1625年，由于失去罗马帝国中心后的欧洲各国开始出现多重纷争，胡果·格劳秀斯（Hugo Grotius）从推崇国际合作、人道主义及反对战争的角度出发，将对主权的讨论延伸至国际关系中，提出国家主权间应互相尊重，拥有独立性、平等性与相对性。国家主权的概念在《威斯特伐利亚合约》中被采纳后，主权平等、国家领土和国家独立原则正式进入国际社会规则体系之中。从国家到主权，从国内主权到国际主权，"主权"的内涵随着时代需求的变化而不断变化。

全球化和互联网打破了传统的地域边界，在便利生产生活的同时，也异化形成入侵他国政治、经济、文化、军事的网络活动，因此信息时代下各国产生了对于网络主权、技术主权、数据主权的诉求，试图构建在本国网络空间领域内具有"独立性、自主性和排他性"[①]特征的主权，以最大化本国范围内的数据保护。由传统主权向网络空间主权的延伸，依旧保持了《威斯特伐利亚合约》中以地域为界的规则，这体现在以物理层面的设备和社会层面的影响范围来划定网络空间内的管辖范围方面。

美国利用其网络信息发展优势，既通过《国家安全战略》《网络空间国际战略》等一系列规定来维护其自身的网络空间主权，另一方面却又通过《爱国者法案》《澄清境外数据的合法使用法》（即"CLOUD法案"）来干涉他国网络空间内的主权。例如，2012年美国证券交易委员会（SEC）利用"CLOUD法案"要求调取中国企业在四大会计师事务所的审计数据。该项措施存在两个问题：一是受到其他国家的阻断，例如欧盟通过"阻断法令"（Blocking Statute）专门阻断外部法律在其境内生效；二是实践效果不明，例如欧盟试图通过效果原则[②]拓展数据领域内的主权，要求欧盟境外的企业收集处理欧盟境内个人数据时要同样遵守GDPR，但截至目前，GDPR的处罚对象仍限于境内企业。[③]

可以发现，通过单边域外制裁的方式，实践中极难达到跨境数据活动的管理目标，也难以通过此种方式达到境内外数据保护措施的一致。因此，数据跨境难以避免面对

[①] 吴沈括.数据跨境流动与数据主权研究[J].新疆师范大学学报（哲学社会科学版），2016，37(5)：115.

[②] See Vermeulen, Gert, and Eva Lievens, eds. *Data Protection and Privacy Under Pressure. Transatlantic Tensions, EU Surveillance, and Big Data*[M]. Antwerpen: Maklu Publishers, 2017: 92.

[③] GDPR实行近3年的时间里，欧盟已经依据GDPR开出超过400张罚单，其中45张罚单金额超过10万欧元，最高的是2019年7月针对英国航空（British Airways）超过2亿欧元的罚款，虽尚未有因为违反跨境数据传输规则被处罚的案例。

境内外双重数据体系。

（二）各国差异化数据保护制度

中国在数据立法层面并不完善。2020年中国公布的《数据安全法》和《个人信息保护法》仍处于审议阶段①,跨境数据流通方面的规定目前仅以《网络安全法》第37条为基础,即限制关键信息基础设施收集和针对个人信息、重要数据的境外传输,要求数据境内存储及向境外提供时需进行安全评估(此处表述为作者发表本篇论文时的情况,目前中国的《数据安全法》和《个人信息保护法》都已实行。——编者注)。"关键信息基础设施"这一概念的范围极大,包括政府、金融、交通、教育、医疗、环保、互联网服务、能源、食品、药品等行业。换言之,在大部分情况下,个人信息跨境时都需要进行安全评估。

基于该条规定,各行业针对特殊种类个人信息设立了更进一步的出境管理规定。例如,银行金融行业在2011年《关于银行业金融机构做好个人金融信息保护工作的通知》第6条要求"银行金融机构应对在境内收集的个人金融信息进行境内存储、处理和分析",2020年施行的《个人金融信息保护技术规范》虽延续上述要求,但允许在"因业务需要且获得信息主体明示同意"的前提下,数据传输方在展开出境安全评估并在传输时履行监管职责的情况下,可以向境外机构提供个人金融信息。类似地,《地图管理条例》第34条提出互联网地图服务单位要将地图数据存储的服务器设在境内,《网络预约出租汽车经营服务管理暂行办法》第27条要求网约车平台公司采集的个人信息要在境内存储和使用,《人口健康信息管理办法(试行)》第10条要求不得将人口健康信息在境外存储、托管或租赁,《征信业管理条例》同样要求在境内采集的信息的整理、保存和加工均应在境内进行。总体而言,《网络安全法》中的数据本地化存储要求已经成为最广泛采纳的观点。

但是,随着产业链全球化及数字经济的发展,数据本土化极大地限制了数据产业的发展,因此《数据安全法(草案)》第10条将"促进数据跨境安全、自由流动"作为原则纳入数据管理过程中,《个人信息保护法(草案)》第38条至43条规范了跨境提供个人信息的规则和流程,即两份草案中已经明确,我国正逐步跨越数据本土化的阻碍。可是,就如何进行跨境数据传输的问题,具体规则仍停留在征求意见稿的阶段②,即一般种类的个人信息出境规范仍属空白。

拉美地区国家面临同样问题。虽然部分国家已经制定了详细的个人信息保护规

---

① 中国《数据安全法》自2021年9月1日起施行;《个人信息保护法》自2021年11月1日起施行。
② 中国信息安全标准化技术委员会早在2017年就公布了《数据出境安全评估指南》,中国国家互联网信息办公室(以下简称"网信办"),也在2017年和2019年分别发布了《个人信息和重要数据出境安全评估办法》和《出境评估办法》。上述办法和指南对数据跨境提出了相对具体的规则,包括网信部门进行安全评估或者满足其他出境要求的情况下,可以进行数据跨境流通。

定，例如智利早在1999年就制定了拉美地区第一部《个人数据保护法》（*Protección de Datos de Carácter Personal*），而后阿根廷、巴西、墨西哥等国也陆续发布个人数据保护相关法律法规，而巴拿马也于2019年公布了《个人数据保护组织法》（*Ley Orgánica de Protección de Datos Personales*），但仍有33％的拉美国家（如委内瑞拉、古巴、危地马拉等）尚未有相关规定或仅有相关草案。[①] 而且各国已发布的个人信息保护规定也存在较大差异。例如，墨西哥、巴西、阿根廷有独立的个人信息保护机构，而智利、巴拿马却没有独立信息保护机构。

在此情况下，对于信息主体而言，若数据从中国流向无个人信息保护相关规定的国家，信息主体在第三国的利益就无法受到保护，中国法律就无法为跨境数据提供保护；同样，如果巴西等国的数据流向中国，信息主体的利益在中国就可能无法受到同样的保护，并且此时中国或巴西也难以对此进行监管或提出救济措施。对于企业而言，由于全球化分工差异明显，数据传输链呈现多点分散的特征，可能伴随国家间管辖权的竞争和冲突，因此中拉企业在进行贸易时，往往面临多国个人信息保护的限制，从而增加其合规成本。对于国家而言，数据经济发展的不平衡导致部分国家开始以国家安全、隐私安全为借口走保护主义的路径[②]，这样做虽然可以保障个人信息主体利益，但无疑也给国际贸易和交流设置了障碍。

四、域外个人信息保护制度的合作机制

由于网络空间主权的限制，个人数据保护主要依赖于国内规制，但是国内的监管空位加上各国之间个人信息的保护机制未达成一致，造成数据无法流通或无限制流通两种困境，加剧了国际数据市场的碎片化。为解决这一问题，国际上形成了以"硬法"和"软法"并行的域外个人信息保护的合作方式。

（一）"硬法"：受限的适用范围

1. 多边条约

欧盟首先意识到了数据产业在成员国之间发展不平衡的问题，因此在1981年通过了《个人数据自动化处理中的个人保护公约》（以下简称《108公约》），2018年又通过了现代化（modernized）公约No. 223号（以下简称《108 现代化公约》）作为《108公约》的补充议定书，从而确立了统一的数据保护和处理的基本原则，例如数据质量和数据安全措施，惩罚和补救方法，各国监督机构的合作，以及推动对境外数据主体的救济等，这也

---

① See UNCTAD. Data Protection and Privacy Legislation Worldwide[EB/OL]. 2021. https://unctad.org/page/data-protection-and-privacy-legislation-worldwide, 2021-5-8.

② See Abi-Habib, Maria. India Bans Nearly 60 Chinese Apps, Including TikTok and WeChat[N/OL]. *The New York Times*, 2020. https://www.nytimes.com/2020/06/29/world/asia/tik-tok-banned-india-china.html, 2021-5-8.

为后期制定《第95/46/EC号保护个人在数据处理和自动移动中权利的指令》和GDPR打下基础。借由这种多边条约模式,缔约国之间可以实现数据自由流通。

在数据的跨境流通中,《108公约》和《108现代化公约》都将其基础建立在公约缔约方之间的"个人数据自由流动"之上,但《108公约》要求数据受到"同等水平的保护"(equivalent protection),而《108现代化公约》进一步规定,"适当水平的保护"(appropriate level of protection)足以使数据安全地流通,并且这种保护可以通过该国家或国际组织的法律或者参与传输和处理数据的人员采取的具有法律约束力且可执行的措施来实现。[1]

《108公约》的优势在于可执行力强,能够在国家或地区之间实现稳定一致的行动策略[2],并可以实现数据在成员国之间享有对等的保护。但是由于缔约国需要将这些规定纳入本国法律体系之内或提出实现公约所确立之目标的方法,因此达成和修订该条约均需冗杂的国内和国际程序。[3]《108公约》耗费4年才达成协议,而15年后仅有10个缔约国批准加入该公约[4],后来经过6年才批准了《108现代化公约》。与此同时,在其55个成员国中,大部分来自欧盟国家。此外,在《108公约》之前已经有《1973年第(73)22号关于私人领域电子数据保护》和《1974年第(74)29号关于公共领域电子数据保护》两份决议作为其基础,这意味着公约缔约国不仅有相似的法律和政治环境,而且在个人数据保护领域有了普遍的共识。因此,对于快速发展的数据产业和法律、政治环境差异较大的国家,直接应用国际条约的方式并不适宜。

2.双边条约

与多边条约相比,国家间更易达成双边条约。欧盟以GDPR的体系和价值观为基础,与美国、日本、阿根廷、乌拉圭建立数据保护模式下的自由流通双边条约。此时欧盟以"充分性决定"(adequacy decisions)的方式,确定第三方国家能够提供对等的个人信息保护环境,或者能够专门为欧盟流入数据提供特殊保护以达到对等目标,从而使来源于欧盟的个人信息传输到第三国将不需要任何具体的授权或备案。迄今为止,欧盟已经对11个国家确认了对等的个人信息保护环境,以及在满足一定条件的前提下,不针对国家而是承认第三国在某些具体的领域或某国际组织有对等保护的能力,如第2002/2/EC充分性决定只适用于加拿大《个人信息与电子文件法案》所规制的主体。经过充分性认定的国家、地区或组织被称为数据流通的"白名单"。"白名单"中既有完全遵循GDPR规定的国家,如安道尔、瑞士,也有通过协商达到对等目标的国家,例如美

---

[1] 参见《108公约》和《2012公约》第14条。
[2] 崔晓静.全球税收治理中的软法治理[J].中外法学,2015,27(5):1272-1273.
[3] 齐湘泉,文媛怡.构建"一带一路"个人数据跨境传输法律制度:分歧、共识与合作路径[J].河南师范大学学报(哲学社会科学版),2019,46(6):78.
[4] See Cate, Fred H. The EU Data Protection Directive, Information Privacy, and the Public Interest[J]. *Maurer School of Law: Indiana University, Iowa Law Review*, 1995(80):432.

国和日本,原因是欧盟认为美国和日本整体的数据保护体系尚未达到 GDPR 的对等要求,因此通过第 2016/1250 号和第 2019/419 号决定要求美日承诺对从欧盟流入的数据采取特殊保护措施。

但这种方式要求以欧盟的数据保护体系为核心,其中的判断标准非常严格[①],大部分国家难以达到。例如,由于哥伦比亚《个人数据保护法》(*Ley de Protección de los Datos Personales*)中未规定被遗忘权和数据合规官而无法获得对等认证。而即便是能够与欧盟磋商,达成数据跨境传输的协议,为欧盟流出之数据提供特殊保护,但整体耗时很长。例如,日本经过 2 年的协商才获得欧盟的认定,美国与欧盟的隐私安全港和隐私盾协议均被欧盟法院宣布无效,双方至今仍未达成有效的数据流通协议。

3. 贸易协定

除专门针对个人数据保护的条约外,越来越多的贸易协定开始将个人数据的跨境规则和电子商务纳入其中。例如,《全面与进步跨太平洋伙伴关系协定》第 14.8 条和《区域全面经济伙伴关系协定》(以下简称"RECP")要求缔约国应允许跨境转移有关个人的数据,避免数据本土化。但在贸易协定中,对于数据跨境的规定比较笼统,例如 RECP 第 12 章第 15 条积极探索商业数据跨境流通体系,但尚未有具体的合作细则。

(二)"软法":初步的共识机制

鉴于多边和双边条约的磋商和签订时间较长,目前更为通行的方式是利用"软法"达成个人数据保护的基本框架,即以协议、指南等指导性文件的方式为缔约国个人数据的保护和跨境提供意见。经济合作与发展组织(OECD)在 1980 年发布了国际上第一份跨境数据传输规则指南,即《隐私保护与个人数据跨境传输指南》,其目标是对个人信息保护提供"最低保护标准",并将"不同国家的国内规则和做法之间的差距降至最低",以实现数据的自由流通,所以规定了数据处理中的原则、数据传输中控制者和处理者的相关责任及数据主体的同意权。同样基于数据自由流通的原则,APEC 在 2004 年发布了《隐私框架协议》,但相较于 OECD 的指南,APEC 规定的内容更加宽泛,仅提出数据处理中需遵循的原则。伊比利亚—美洲数据保护网络(RIPD)在 2017 年发布了《伊比利亚—美洲国家个人数据保护标准》,其中第 36 条规定了跨境数据传输的一般规则,采用了 GDPR 的部分规定。

此时"软法"虽不具有法律约束力,但可以在难以获得共识的个人信息保护领域内获得"动态的指引和向心力"[②],并为各国提供一种潜在约束力,也为未来缔结有约束力的协议提供合作基础。因此,在中拉个人信息保护规定存在较大差异时,软法不失为凝聚共识及为预期合作制定好顶层设计的途径。

---

① GDPR 规定,对于数据接收国的评估应"考虑到围绕数据跨境时的所有情况",包括数据接受国的"the rule of law, both general and sectorial",是否有"独立监督机构及其有效运作"等。参见 GDPR 第 44 条。

② 崔晓静. 全球税收治理中的软法治理[J]. 中外法学,2015,27(5):1280.

当前，中国仅与部分国家和组织达成数据共享和合作的共识，如东盟各国、波兰、阿联酋、保加利亚、冰岛、哥斯达黎加等，但未见有详细的合作方案。拉美地区国家相对表现得更为积极，例如阿根廷、乌拉圭已经获得欧盟充分性认证，阿根廷、乌拉圭、墨西哥等国积极加入《108公约》。但许多其他拉美国家如玻利维亚、委内瑞拉等未参与个人信息保护的相关协定中，这凸显出拉美地区信息保护水平的差距。

五、构建中拉数据有序自由流通的路径

中拉双方已经签署《中国对拉丁美洲和加勒比政策文件》和《中国与拉美成员国优先领域合作共同行动计划（2019—2021）》等纲领性文件，表明数字经济和数据产业为中拉合作的重点内容。个人数据跨境作为跨境数据产业发展的基础，中拉应借由数字丝绸之路的合作契机，就此问题积极探索出一条共赢的道路，为数字经济的共同发展提供助力。

首先，中拉应当意识到双方政治、经济和社会环境的差异和数据产业发展的差距，当前无法或极难通过多边条约的方式达成数据跨境的一致规则，而应以合作框架的形式先达成数据自由流通之共识，对流通的基本规则做出规定，之后以双边条约的方式与各个国家之间展开磋商，在合作共赢、尊重主权尤其是网络空间主权、平衡各国发展利益的前提下，确定具体可操作的数据跨境规则。

其次，原则上应明确数据跨境应为有序自由流通，即需保证一定范围的数据才可流通，同时还需在有法律保障的前提下才可自由流通。第一，在跨境中，基于境内数据分类和跨境因素对个人、公共利益甚至国家安全可能造成的危害程度不同，数据流通可以采取不同的策略，笔者认为可将数据分为：（1）可跨境流通数据，指对个人造成威胁程度不高的个人信息；（2）限制流通数据，指对个人和公共利益造成一定的危害的个人信息；（3）禁止流通数据①，指对个人、公共利益和国家安全造成严重损害的信息，对此类信息的最佳处理选择应以禁止为原则、以审核流通为例外。第二，强调流通过程中的充分性保护或对等保护。中国《个人信息保护法（草案）》第38条（三）中提到境外数据活动应"达到本法规定个人信息保护标准"，GDPR用"充分"（adequate）和"适当"（appropriate）保护作为衡量第三方国家或第三方是否有能力接收和处理来源于欧盟的个人信息的标准，拉美地区国家也普遍采取此标准。对等保护的前提是认可数据流通的特性，在符合对等要求时即可跨境，因此满足了数字要素的流通需求。同时，对等保护也对数据接收者或其所在国提出了个人信息保护标准的要求，满足了个人信息主体的合法权益。此外，由于对等保护也是对数据传输双方和第三国整体法律环境采取的一种评估策略，且

---

① 例如，2019年《人类遗传资源管理条例》将个人遗传资源信息进行分类，其中，一般信息仅要求向国务院科学技术行政部门备案并提交开放使用数据的备份，而可能影响我国公共健康、国家安全和社会公共利益的信息则需经过科技部门的安全审查。

评估过后可以再通过限制境内数据处理方的行为来控制数据活动,因此对等保护行为并未扩大数据管辖权,充分体现了对他国数据主权的尊重。

最后,在中国与拉美各国协商具体规则之时,即具体到如何能判断保护力度是否对等时,中国及巴西、阿根廷等国的数据保护法的框架基本围绕着"一干三枝"的法律体系,也即以数据处理者合理且合法地处理数据为主干原则,以信息主体的权利、数据处理方的义务、数据保护执法机制为分枝的伞状结构。[①] 因此对等保护原则同样需从个人信息权利的内容,以及数据处理者义务与执法机制三个方面进行考量,以期达到"实质上等效"(essentially equivalent)[②]的保护效果。

六、结论

数据跨境既需要保护个人信息主体的合法权益,又要促进数字经济要素的流通,既不能由于过分强调保护主义而禁止境内外数据流通,从而阻碍经济发展,又不能完全放开而对国家和个人信息安全造成威胁。此外,依赖于长臂管辖拓展数据保护圈的方式还会侵犯他国数据主权。中国与拉美各国可以在数字丝绸之路政策下,以订立区域间合作框架的方式制定个人数据保护的指南或原则,建立符合双方利益的规则体系。总体而言,中拉应以数据有序自由流通为合作之前提,即在确认数据可流通和个人信息受到对等保护的前提下,才可实现缔约国之间数据的自由流通。最后,中国可以根据拉美地区各国的数据保护水平的差异,与各国签订符合双方利益的数据跨境具体条约,以期获得稳定的数据流通环境。

---

① 孔令杰.个人资料隐私的法律保护[M].武汉:武汉大学出版社,2009:7-9.
② Article 29 Data Protection Working Party. Adequacy Referential[R]. WP 254,2017:3.

巴西与中国卫生政策创新中的"同一健康"方案：来自民事诉讼的考察

吴凯（Wu Kai）
郭少华（Guo Shaohua）
邱也（Qiu Ye）

摘要：在中国和巴西，人兽共患病防治领域的法庭策略使用都可以强化此领域的公共卫生管理。对于"同一健康"这种正在发展中的卫生政策理念或者方法，法院如何回应，是否支持，是一个值得研究的问题。在法官自由裁量权范围内，使用以"同一健康"为主题的法庭策略的探索获得了多样化的回应：使用这种诉讼策略可能得到法院更多的支持，而普通的诉讼参与人不会。法院在特定的案件中确实被这类法庭策略所说服，即使其被自由裁量权规则所约束。对于中国和巴西，以"同一健康"为理念组织法庭策略，从人与动物健康紧密联系的合一特征视角起诉，可以作为一种有效的促进公共卫生的方法。

关键词：公共卫生、法庭策略、比较卫生法、同一健康（全健康）、法与经济学、中巴交流

一、引言

公共卫生的促进需要考虑到人、动物与自然环境的紧密连接。公共卫生领域的从业者一如既往地希望尽力去保护动物的安全，同时控制潜在的可能对人类带来伤害与病痛的风险。一旦这种风险被清晰感知到，他们很可能向法律求助。中国每年与动物保护相关的案件多达 4 735 件（Shao et al., 2021）。这些案件诉讼成本高昂，既费钱也费力。直觉告诉我们，发起此类诉讼的努力是值得的，原因是动物保护主义者应当将他们希望保护动物的意愿传达出去（McLaren 和 Appleyard, 2021），此类法庭策略已经在全社会起到了规则示范作用（Michel, 2020）。然而，发起动物保护诉讼也向外传递出另一重信息，那就是对动物的侵害已经发生了，而且这种侵害是如此严重，以至于需要法律干预。一般而言，这一类案件审判的结果表明了一个国家或者地区的法官群体对于动物卫生保障的支持力度。这种支持力度背后有两个问题：法官面对着各种类型的动物卫生诉讼，如何以法庭判决的方式做出回应？提起诉讼的动物卫生从业者又如何根据先前的法院判决来调整自己的诉讼策略，以求得在未来的诉讼中获取有利地位，来更好地保护动物？在比较法意义上，中巴两个有着不同法律传统的农业大国，这一领域的法律实践有无借鉴价值？

即使大量的公共卫生案件判决可以通过法律检索获取,但现有的关于这类案件的认知依然是模糊的,尤其是这类案件判决的动物卫生保障价值。对动物卫生得不到保障的研究更多关注法律条文本身及应当进行的惩罚,试图从与动物福利相关的伦理、传统与家庭观念中获取帮助(Soriano et al.,2021)。尽管这一部分研究成果明确了动物卫生状况恶化的法律后果,但对于各种以动物为中心的公共卫生保障的法庭策略(或者更具体地说,就是如何在中国法院进行动物福利保护的法庭策略)进展的研究依然很稀少(Calley,2011)。一项设计良好的策略或者方法应该包含惩罚、威慑、重构等诸多因素,这些因素都是人类与非人类受害者所需要的。现有关于动物卫生的研究高度依赖动物福利,关于与动物有关的法庭策略的研究稀少(或者更具体地说,对于中国公共卫生法庭策略是否有效的研究是稀少的)。

因此,本文首要的目标是揭示动物卫生领域的诉讼策略的进化过程,展示出它们各自的特征及实际的保护效果。这一历史性的回顾第一次在文献中清晰地展示了包含各种诉讼策略的、与动物相关的公共卫生保障"工具箱",同时也提供了对法院如何回应这些策略的结构性检验。本文第二个目标是对法院回应的意义进行揭示。法院对于不同法庭策略的回应有两种意义:一种是宣示意义的,即判断谁胜谁负;另一种则是比较实体的、与金钱给付有关的判决。那么,在动物卫生领域最新进化出的诉讼策略在哪种意义上是有效的呢?

法律经济学(law and economics)领域的研究人员已经系统研究了法院对于专利、反垄断、环境保护等领域类似的诉讼的态度(Ganco、Miller 和 Toh,2020)。有的法院不重视这类诉讼,有的法院初步肯定了其积极意义(Borges,2018;Prado,2013)。在与动物相关的公共卫生诉讼方面,我们只观察到 Eun Yung Song 使用 1865—2010 年发生在美国的 1 360 起与动物相关的诉讼为样本,聚焦在从法院意见中总结归纳出的 35 个关键议题来考察诉讼参与人如何通过对议题的选取来获取所期待的后果(Song,2020)。这一研究相对抽象,关注的点在于理解动物保护诉讼中的、追求个体预期目标的、有针对性的行动如何产生了新的规则体系。基于此,本文认为我们还需要一个更加细致的、结论具备可操作性的研究。我们考察了中国(不含中国香港、中国澳门和中国台湾地区)法院对于与人兽共患病相关的案件的回应,其中有一部分案件使用了在中国新出现的"同一健康"的诉讼策略。本文使用的样本包括在中国各级法院判决的 1 520 份判决书。本文研究的可行性与潜在价值如下:

首先,在可行性方面,中国建立起了完备的、全面覆盖的法院判决书公开系统,每天中国都有超过 25 000 份法律判决被上传到可以查阅的数据库(最高人民法院主办的"中国裁判文书网")中,频繁发生的动物保护诉讼可以被多方面地检索到(Ahl 和 Sprick,2017),这为我们的研究提供了一个大容量的和横跨家养动物、农场动物和野生动物等多个领域的样本,从而让我们可以方便地总结出这些案件中诉讼当事人采用的法庭策略。

其次,在潜在的研究价值方面,一方面,由于中国是全球最大的合法动物贸易参与者,也进行着全球最大规模的农业生产(Sinclair、Fryer 和 Phillips,2019),因此中国行之有效的动物保护策略对于全球的动物卫生体系建设与公共卫生体系完善都是有促进作用的;另一方面,其他国家的动物卫生从业者有着类似的方法(或者动力)来保护动物卫生,进而促进公共卫生。尽管各国法律体系有差异,某些本文中的变量可能专属于中国的语境,但本文提出的理论与方法可以被拓展适用到其他有动物保护法的国家和地区,这一点在后文还会重点论述。

二、中国的动物卫生保障机制:立法领域相对抽象和司法领域的探索并存

中国并没有全国范围的直接针对人兽共患病防控的法律,对于人体健康与动物健康的统一的法律保障在不同类别的动物中间区别很大(Sima 和 O'sullivan,2016)。以动物福利形式对动物健康最早做出保护规定的领域是实验动物(MacArthur Clark 和 Sun,2020)。农场动物方面的立法和标准正在形成中。伴侣动物和野生动物领域尽管没有明确的针对动物福利的立法,但是宠物很早就在文化上被作为家庭财富的一部分(You et al.,2014)美国实验室流出。在观念上和生活实际中,普通民众及农业行业从业者对于动物卫生的保护走到了法律规定的前面,这也为动物福利保障领域进行我们在后面将提到的策略性诉讼预留了空间。中国法律与政策对于"同一健康"理念的认可的相关内容见表 1。

表 1　　　　　　　　　中国法律与政策对于"同一健康"理念的认可

文件名称	发布部门	主要内容
关于政协十三届全国委员会第一次会议第 4499 号(农业水利类 356 号)提案的答复摘要	农业农村部	在保护经济(农场)动物方面,《畜牧法》《生猪屠宰管理条例》等法律法规分别规定了畜禽养殖经营主体应为畜禽提供适当的养殖环境、运输条件和屠宰方式
《实验动物福利伦理审查指南》	科学技术部	明确规定不得戏弄或虐待实验动物,并对实验动物的饲养、管理、运输和使用等做出详细规定,支持实验动物福利,加强对实验动物的保护
《关于进一步加强动物园管理的意见》和《全国动物园发展纲要》	住房和城乡建设部	要求动物园切实保障动物福利,对动物饲养环境、防治救护等方面做出明确规定;同时要求不得进行动物表演、避免动物受到惊扰和刺激

策略性诉讼(strategic litigation)的概念来自法律策略理论(legal strategy)。法律策略理论的核心认为,对于还在发展过程中的或者变化程度比较大的法律领域,在法庭论辩的进程中,存在着给"法律中的空白地带"注入新的意义的策略。策略性诉讼的发

起可以立足社会规范、群体期待及公共政策(Lo Pucki 和 Weyrauch,1999)。在这种诉讼中,法官可能在其自由裁量权范围内被说服,并且接纳诉讼提起方的观点。在实践中,人权保障领域、专利权保护领域、环境保护领域、妇女权益保障领域已经出现了成熟的策略性诉讼的实践(Roa 和 Klugman,2014),中国也出现了此类探索(Ye,2020)。

为了有效提起诉讼,原告必须有充足的法律理由,这种理由往往可能对原告造成伤害,且法律提供了救济途径(Cooter 和 Ulen,2004)。动物卫生诉讼的提起者需要对所有类型的动物健康受损有所掌握,针对各种健康损害的特征组织诉讼策略。在本文中,作者对于现有文献中可以获取的 1 000 多起动物卫生诉讼策略进行了梳理。除去判决书中可以挖掘的材料,本文作者也对现有的策略性诉讼的理论进行梳理,以确保没有遗漏与本文主题相关的重要概念和原理。最终,本文从判决书中归纳出了四种较为成熟的动物卫生诉讼策略:基于保护环境策略、基于未成年人保护策略、基于兽医误诊策略、基于产品责任策略。

(一)现有的中国动物卫生诉讼策略

在动物卫生与公共健康保护领域,法律策略已经不少见,它们看起来很像一种说服法官的方法。尽管所有的原告在提起动物卫生诉讼的时候都期待着自己胜诉,但在现实中,并不是所有的法律策略都被证明是有效的。使用这一类的法律策略需要充分考虑法律本身和法官的自由裁量权(judicial discretion)。

首先,法官的自由裁量权为诉讼策略的存在提供了空间。自由裁量权是法官基于自身的评价与判断做出决定的权力,这种决定往往要服从法律原理。自由裁量权也是法律赋予法官的在立法之外的一定灵活空间(Chen 和 Li,2018)。与最古老的对法官的理解不同,法官并不是自动售卖机一样机械的存在。尤其是在法律并不完备的领域,比如正在发展的动物法及卫生法领域,法官可以自由判断的空间比有着精准规则体系的刑法领域要大得多。这种自由判断空间的存在并不影响一个国家的法律体系与司法机构的权威,恰恰相反,它是一种司法裁判的艺术和技术的体现。

此外,研究者也提出了诸多诉讼策略理论以探求在具体的法律适用情景下,哪一种诉讼策略是最有效的。在本文的研究中,法律运行本身被视为成文法、法律从业者的惯例、社会规范、实在法、公共政策与普遍预期的结合。在这种理论框架下,来自拥有科学有效的动物健康和肉品卫生法规体系的巴西的有益法律诉讼经验,可以为我们所借鉴与参照。

(二)法院对于策略性诉讼的回应

事实上,尽管前面的文章将不同类型的保护动物卫生的诉讼策略——列出,但并不是所有的诉讼策略都获得了预期的效果。首先,中国的法院对于不同类别动物的卫生诉讼策略的支持程度是不一样的。例如,对于采用未成年人保护的案件,在中国我们只能找到一起得到法院支持的例子,而对于使用了环境保护诉讼策略的案件,得到支持的案件则很多。

其次,即使是在使用了某一类特定的诉讼策略的案件中,法院的态度也不是统一的,这恰恰印证了前面提到的法官自由裁量空间的存在。例如,在家庭法的案件中,有的法院虽然认可"宠物犬的自然属性决定其不同于一般意义上的财产,宠物犬具有生命,一切生命都应当得到尊重,人和自然、人和动物的和谐相处是现代文明社会的标志和要求。宠物犬能够与人类进行一定程度的思想意识联络和沟通,与人类联络和沟通的能力,使宠物犬能够与人类进行精神上的交流并形成情感上的依赖",但是却拒绝给与因动物健康生命被剥夺所引起的精神损害赔偿。而有的法院则认可宠物主人在养育过程中投入了较多的情感及经济投入,进而认可宠物的死亡会给宠物主人造成一定的精神伤害,因此支持了宠物主人的请求,将情感的价值纳入了赔偿的范围。

三、新兴的"同一健康"法庭策略:中国和巴西共同面对的命题

由于现代对动物保护的法庭策略是变化的、流动的,因此动物保护主义者没有单纯地等待着新的诉讼策略出现,而是选择尝试新的诉讼策略。事实上,我们从其他类型的策略性诉讼发展历史中也观察到了类似的现象,如知识产权和环境保护(Yang,2019;Juranek、Quan 和 Turner,2020;McCormick et al.,2018)。动物保护主义者观察国家公共政策的变化、民众期待的变化及法院可以容忍做出变化的边界,在适当的时机实践这一类新的诉讼策略。本文在人兽共患病类别的案件中观察到了一种新的"同一健康"诉讼策略。

"同一健康"作为一种理念,强调人类、动物和环境健康的相互影响,强调跨学科、跨部门与跨区域的合作,重视环境在疫病传播过程中的作用,旨在实现人类、动物和环境的整体健康(Wolf,2015)。这一理念得到了世界卫生组织(WHO)、世界动物卫生组织(OIE)、联合国粮农组织(FAO)及世界银行等国际组织的重视,并且在解决全球性公共卫生问题方面已经初见成效。中国对于"同一健康"理念也并不陌生(Wu et al.,2016),在过去某些传染病的防控工作中,中国也曾经采用过类似的策略,例如方舱医院(Wang et al.,2020)。

"同一健康"针对暴发性疾病的"反应性"方法吸引了科学家、公众和政府的极大关注,这种回应性契合了前面提到的法庭策略的原理(LoPucki 和 Weyrauch,1999)。法律策略中的"同一健康"更加清晰,也具备更强的可操作性。现代的医疗法基本确认了人因为疾病的损害是可以给与赔偿的(Foster,2013),这种赔偿可以是精神的,也可以是经济损失(Cooter 和 Ulen,2004);在与人兽共患病相关的纠纷中,内在地隐含了动物因为疾病的福利损失和人因为疾病的赔偿请求的结合(Wünderlich et al.,2021)。此时,即使不考虑还处于模糊状态的理论上对"同一健康"的定义,如果通过对现有的法庭策略进行拼接和叠加,我们也可以把环境保护的因素加进去,也可以形成非常实践性的

对于"同一健康"策略的使用方法。本文作者承认,"同一健康"策略在不同的国家可能有不同的含义和不同的结构与元素,可能涉及从方法论问题到文化人类学的讨论(Wallace et al.,2015)。社会科学研究人员正在研究这些元素之间的关系以在更广阔的意义上理解这个概念,例如经济发展和社会正义(Babo Martins、Rushton 和 Stärk,2016)。他们发现这些元素在很多时候与一个国家的法律体制有关。

即便如此,以"同一健康"法律为主题的文献依然稀少。在这一点上,中国和巴西几乎一样。以在可持续发展框架下获得更广泛的公共卫生覆盖为目标,巴西的公共卫生领域诞生了为数众多的法庭策略(Socal、Amon 和 Biehl,2020)(具体见表2)。同时可喜的是,在可追溯到1934年和1948年的巴西动物卫生法规体系中,我们可以依稀看到"同一健康"的影子。

表2　　　　　　　　巴西法律与政策体系中的"同一健康"元素

文件名称	文号	主要内容
建立农牧业卫生检疫统一体系法规	2006年3月30日5741号法规	尤其关注动物与蔬菜植物标准、监测体系、认证程序与风险防控机制,建立起跨体系的合作机制,包括卫生、健康、检查、监督、教育、动植物监测、投入品和动植物产品监管
农牧业和食品供应部农牧业保护局内部规章	1934年24.548号法令	强调农牧业和食品供应部农牧业保护局应该在巴西本土范围内采取一切措施防止人畜共患病的危害,以及寄生虫对于公共卫生安全的影响
动物卫生与监督规范	1948年569号法律	任何感染人畜共患病的动物应当被妥善地、在卫生环境下屠宰

Phelan 的研究发现,立法可能会有效增强防止、监测与回应新生的及持续性的公共卫生风险的能力,但是他也强调了,国际间合作的重要性可能不亚于每个国家制定单独的卫生政策的重要性(Phelan 和 Gostin,2017)。新型冠状病毒疫情及其他的新发传染病,甚至包括抗生素滥用的风险,都被诸如 OIE 之类的国际组织意识到了,国家层面上开始强调以一体化的("同一健康")方法来回应前述问题。FAO 也强调了通过立法手段与规制手段来贯彻"同一健康"理念,事实也的确如此(Fang 和 Song,2021)。然而,我们还没有看到法院或者动态法律体系在提升人体与动物健康方面回应"同一健康"理念的切实证据。

以禽流感类型的案件为例,在安徽省凤台县人民法院案号为(2020)皖0421刑初221号的刑事附带民事公益诉讼被告刘传体、刑事附带民事公益诉讼被告王传后、刑事附带民事公益诉讼被告王金连等掩饰、隐瞒犯罪所得罪一审刑事判决书中,原告控诉被告对生物多样性和生态环境造成破坏,同时,妨碍禽流感防控工作,要求进行民事赔偿,就被认定为"同一健康"案件(法庭策略)。

四、我们如何与"同一健康"诉讼策略相伴前行及法律人能做什么

总的来说,本文在以前研究的基础上讨论了公共卫生法中一个可能有着重要意义的命题(Verniers 和 Brels,2021)。我们发现,即使没有清晰的、强有力的成文法支持,以"同一健康"为主轴的法庭策略也可能在动物卫生与公共卫生类案件中是有效的。本文认为,政策制定者需要在"同一健康"理念不断被公众认可的背景下,在动物法和卫生法方面都强化此类法律与政策的出台。在这方面,来自巴西的政策制定者和立法机关的经验可以供我们参考,可以有助于我们更好地保障动物卫生、提升人体公共卫生和消除这方面的障碍。对于正在考虑提起诉讼的公共卫生从业者,本文建议在提起诉讼前评估他们所在法域的法官对于"同一健康"理念的接受程度,如果可行,就大胆采用这一法庭策略。这种接受程度的判断可以从先前这一地区法院对同类案件的裁判结果中得出。尽管在兽医领域的公共卫生研究涉及"同一健康",但与法律关系不大,更不用说法庭策略。本文在完善动物卫生政策和公共卫生政策方面有重要意义,尤其是本文关注把这一法庭策略扩展使用到人兽共患病的案件中,强调了这种拓展使用的重要性、动态变化和法庭辩论方法。

实事求是地讲,本研究也存在着局限性。我们的分析并没有包含最新的中巴动物卫生政策及动物法的进展(例如,2021 年 5 月,新修订的《动物防疫法》在中国施行)。换句话说,我们既没有对 2020 年 COVID-19 暴发以后可能出现的对于"同一健康"理念认知的更新,也没有对动物卫生诉讼策略运用的影响做出评估。考虑到中国在应对疫情的过程中采取了大规模的隔离与封锁政策,其间法院对于案件的受理出现了中断,很多可能可以提起的与"同一健康"相关的公共卫生诉讼被推后或者搁置了。在后续的研究中,我们会设法尽力补足。再者,动物卫生政策与法律在中国都较为年轻,立足于"同一健康"的法庭策略未必能够直接适用于其他国家类似的动物卫生案件,尽管本文希望对全球范围内的卫生法律与政策有所贡献。在后续的研究中,探索立足于"同一健康"的法庭策略是否能够在其他有着不同法律传统及司法体系的国家使用,可能是一个重点。最后,更多的对于单个典型案件的定性研究也是必要的。对于每一类别,甚至针对每一种人兽共患病的个案,"同一健康"法庭策略的公共卫生价值可能是不同的,需要继续研究。

本文有两重理论贡献:我们对所有类型的动物保护诉讼策略进行了分门别类的分析,为未来这一领域中的研究提供了分类指南;其次,立足于法官自由裁量权理论和法律策略理论,我们考察了中国法院对于"同一健康"诉讼策略的回应,并且评估了这种诉讼策略对动物福利保护的有效性。

在实证意义上,我们提供了第一份关于法院以策略性诉讼方式寻求动物卫生状况保护实际效果的初步分析。本文的分析结果有助于动物卫生从业者评估其正在使用的

法庭策略,并且在未来对人群与动物健康保护的努力中,合理选用最新的"同一健康"诉讼策略,甚至可以考虑尝试在别的国家积极使用这一诉讼策略。原因在于:本文的分析结果表明,在比较法意义上,做出此类判决更深层次的动因是法官在其自由裁量权范围内,对作为一种公共政策目标的"同一健康"理念,表达了谨慎的支持,这种支持可能是全球性的和共同的。

五、结语

本文提供了关于"同一健康"法庭策略存在与使用的切实证据,同时也梳理了为保护人体健康与动物健康而采取的诸多法庭策略。在中国和巴西法律传统的交流与借鉴中,人体健康、动物卫生与环境可持续发展是可以得到一体化拓展的。以定性研究的方法审视"同一健康"法庭策略,其具备在未来中巴司法领域促进动物福利与人类公共卫生的发展潜质。

参考文献

1. Ahl, Björn, and Daniel Sprick. Towards Judicial Transparency in China: The New Public Access Database for Court Decisions[J/OL]. *China Information*, 2017, 32(1): 3−22. https://doi.org/10.1177/0920203X17744544.

2. Babo Martins, S, J Rushton, and K D C Stärk. Economic Assessment of Zoonoses Surveillance in a "One Health" Context: A Conceptual Framework[J/OL]. *Zoonoses and Public Health*, 2016, 63(5): 386−395. https://doi.org/10.1111/zph.12239.

3. Borges, Danielle da Costa Leite. Individual Health Care Litigation in Brazil through a Different Lens: Strengthening Health Technology Assessment and New Models of Health Care Governance[J/OL]. *Health and Human Rights*, 2018, 20(1): 147−162. https://pubmed.ncbi.nlm.nih.gov/30008559.

4. Calley, Darren. Developing a Common Law of Animal Welfare: Offences against Animals and Offences against Persons Compared[J/OL]. *Crime, Law and Social Change*, 2011, 55(5): 421. https://doi.org/10.1007/s10611-011-9295-4.

5. Chen, Benjamin Minhao, and Zhiyu Li. The Foundations of Judicial Diffusion in China: Evidence from an Experiment[J/OL]. *Review of Law & Economics*, 2018, 14(3). https://doi.org/doi:10.1515/rle-2017-0008.

6. Chieffi, Ana Luiza, Rita De Cassia Barata Barradas, and Moisés Golbaum. Legal Access to Medications: A Threat to Brazil's Public Health System? [J/OL]. *BMC Health Services Research*, 2017, 17(1): 499. https://doi.org/10.1186/s12913-017-2430-x.

7. Cooter, Robert, and Thomas Ulen. *Law and Economics*[M]. Pearson Addison Wesley, 2004.

8. Fang, Guirong, and Qunli Song. Legislation Advancement of One Health in China in the Context of the COVID-19 Pandemic: From the Perspective of the Wild Animal Conservation Law [J/OL]. *One Health*, 2021, 12: 100195. https://doi.org/https://doi.org/10.1016/j.onehlt.2020.100195.

9. Foster, Charles. *Medical Law: A Very Short Introduction* [M]. Oxford University Press, 2013.

10. Ganco, Martin, Cameron D Miller, and Puay Khoon Toh. From Litigation to Innovation: Firms' Ability to Litigate and Technological Diversification through Human Capital [J/OL]. *Strategic Management Journal*, 2020, 41(13): 2436−2473. https://doi.org/https://doi.org/10.1002/smj.3203.

11. Juranek, Steffen, Thomas Quan, and John L Turner. Patents, Litigation Strategy and Antitrust in Innovative Industries [J/OL]. *Review of Industrial Organization*, 2020, 56(4): 667−696. https://doi.org/10.1007/s11151-020-09756-0.

12. Kelly, Terra R, Catherine Machalaba, William B Karesh, Paulina Zielinska Crook, Kirsten Gilardi, Julius Nziza, Marcela M Uhart, et al. Implementing One Health Approaches to Confront Emerging and Re-Emerging Zoonotic Disease Threats: Lessons from PREDICT [J/OL]. *One Health Outlook*, 2020, 2(1): 1. https://doi.org/10.1186/s42522-019-0007-9.

13. Koh, Lian Pin, Yuhan Li, and Janice Ser Huay Lee. The Value of China's Ban on Wildlife Trade and Consumption [J/OL]. *Nature Sustainability*, 2021, 4(1): 2−4. https://doi.org/10.1038/s41893-020-00677-0.

14. LoPucki, Lynn M, and Walter O Weyrauch. A Theory of Legal Strategy [J/OL]. *Duke Law Journal*, 1999, 49(6): 1405−1486. https://heinonline.org/HOL/P?h=hein.journals/duklr49&i=1419.

15. Lu, Jiahai, Gabriel J Milinovich, and Wenbiao Hu. A Brief Historical Overview of Emerging Infectious Disease Response in China and the Need for a One Health Approach in Future Responses [J/OL]. *One Health*, 2016, 2: 99−102. https://doi.org/https://doi.org/10.1016/j.onehlt.2016.07.001.

16. MacArthur Clark, Judy A, and Deming Sun. Guidelines for the Ethical Review of Laboratory Animal Welfare People's Republic of China National Standard GB/T 35892-2018 [J/OL]. *Animal Models and Experimental Medicine*, 2020, 3(1): 103−113. https://doi.org/https://doi.org/10.1002/ame2.12111.

17. McCormick, Sabrina, Robert L Glicksman, Samuel J Simmens, LeRoy Paddock, Daniel Kim, and Brittany Whited. Strategies in and Outcomes of Climate Change Litigation in the United States [J/OL]. *Nature Climate Change*, 2018, 8(9): 829−833. https://doi.org/10.1038/s41558-018-0240-8.

18. McLaren, Josie, and Tony Appleyard. Social Movements, Identity and Disruption in Organizational Fields: Accounting for Farm Animal Welfare [J/OL]. *Critical Perspectives on Ac-

counting,2021,102310. https://doi.org/https://doi.org/10.1016/j.cpa.2021.102310.

19. Michel,Verónica. Judicial Reform and Legal Opportunity Structure:The Emergence of Strategic Litigation against Femicide in Mexico[M]//Austin Sarat. *Studies in Law,Politics,and Society*. Emerald Publishing Limited,2020. https://doi.org/10.1108/S1059-433720200000082003.

20. Phelan,Alexandra L,and Lawrence O Gostin. Law as a Fixture between the One Health Interfaces of Emerging Diseases[J/OL]. *Transactions of the Royal Society of Tropical Medicine and Hygiene*,2017,111(6):241—243. https://doi.org/10.1093/trstmh/trx044.

21. Prado,Mariana Mota. The Debatable Role of Courts in Brazil's Health Care System:Does Litigation Harm or Help? [J/OL]. *The Journal of Law,Medicine & Ethics*,2013,41(1):124—137. https://doi.org/10.1111/jlme.12009.

22. Roa,Mónica,and Barbara Klugman. Considering Strategic Litigation as an Advocacy Tool:A Case Study of the Defence of Reproductive Rights in Colombia[J/OL]. *Reproductive Health Matters*,2014,22(44):31—41. https://doi.org/10.1016/S0968-8080(14)44804-3.

23. Shao,Mei-Ling,Chris Newman,Christina D. Buesching,David W. Macdonald,and Zhao-Min Zhou. Understanding Wildlife Crime in China:Socio-Demographic Profiling and Motivation of Offenders[J/OL]. *PLOS ONE*,2021,16(1):e0246081. https://doi.org/10.1371/journal.pone.0246081.

24. Silva,Virgílio Afonso da,and Fernanda Vargas Terrazas. Claiming the Right to Health in Brazilian Courts:The Exclusion of the Already Excluded[J/OL]. *Law & Social Inquiry*,2011,36(4):825—853. http://www.jstor.org/stable/41349659.

25. Sima,Yangzi,and Siobhan O'sullivan. Chinese Animal Protection Laws and the Globalisation of Welfare Norms[J/OL]. *International Journal of Law in Context*,2016,12(1):1—23. https://doi.org/DOI:10.1017/S1744552315000348.

26. Sinclair,Michelle,Claire Fryer,and Clive J. C. PhillipsThe Benefits of Improving Animal Welfare from the Perspective of Livestock Stakeholders across Asia[J/OL]. *Animals*,2019. https://doi.org/10.3390/ani9040123.

27. Socal,Mariana P.,Joseph J. Amon,and João Biehl. Right-to-Medicines Litigation and Universal Health Coverage:Institutional Determinants of the Judicialization of Health in Brazil[J/OL]. *Health and Human Rights*,2020,22(1):221—235. https://pubmed.ncbi.nlm.nih.gov/32669803.

28. Song,Eun Young. Divided We Stand:How Contestation Can Facilitate Institutionalization [J/OL]. *Journal of Management Studies*,2020,57(4):837—866. https://doi.org/https://doi.org/10.1111/joms.12532.

29. Soriano,Vanessa S.,Clive J. Phillips,Cesar A. Taconeli,Alessandra A. Fragoso,and Carla F. Molento. Mind the Gap:Animal Protection Law and Opinion of Sheep Farmers and Lay Citizens Regarding Animal Maltreatment in Sheep Farming in Southern Brazil[J/OL]. *Animals*,2021. https://doi.org/10.3390/ani11071903.

30. Verniers, Elien, and Sabine Brels. UNCAHP, One Health, and the Sustainable Development Goals[J/OL]. *Journal of International Wildlife Law & Policy*, 2021, 24(1): 38—56. https://doi.org/10.1080/13880292.2021.1923731.

31. Wallace, Robert G., Luke Bergmann, Richard Kock, Marius Gilbert, Lenny Hogerwerf, Rodrick Wallace, and Mollie Holmberg. The Dawn of Structural One Health: A New Science Tracking Disease Emergence along Circuits of Capital[J/OL]. *Social Science & Medicine*, 2015, 129: 68—77. https://doi.org/https://doi.org/10.1016/j.socscimed.2014.09.047.

32. Wang, Ke-wei, Jie Gao, Xiao-xiao Song, Jiang Huang, Hua Wang, Xiao-long Wu, Qin-fang Yuan, Xiao-shan Li, Feng Cheng, and Yang Cheng. Fangcang Shelter Hospitals Are a One Health Approach for Responding to the COVID-19 Outbreak in Wuhan, China[J/OL]. *One Health*, 2020: 100167. https://doi.org/https://doi.org/10.1016/j.onehlt.2020.100167.

33. Wolf, Meike. Is There Really Such a Thing as "One Health"? Thinking about a More than Human World from the Perspective of Cultural Anthropology[J/OL]. *Social Science & Medicine*, 2015, 129: 5—11. https://doi.org/https://doi.org/10.1016/j.socscimed.2014.06.018.

34. Wu, Jianyong, Lanlan Liu, Guoling Wang, and Jiahai Lu. One Health in China[J/OL]. *Infection Ecology & Epidemiology*, 2016, 6(1): 33843. https://doi.org/10.3402/iee.v6.33843.

35. Wünderlich, Nancy V., Jill Mosteller, Michael B. Beverland, Hilary Downey, Karen Kraus, Meng-Hsien(Jenny) Lin, and Henna Syrjälä. Animals in Our Lives: An Interactive Well-Being Perspective[J/OL]. *Journal of Macromarketing*, 2021: 0276146720984815. https://doi.org/10.1177/0276146720984815.

36. Yang, Deli. Patent Litigation Strategy and Its Effects on the Firm[J/OL]. *International Journal of Management Reviews*, 2019, 21(4): 427—446. https://doi.org/https://doi.org/10.1111/ijmr.12202.

37. Ye, Yang. China Biodiversity Conservation and Green Development Foundation v. Ningxia Ruitai Technology Co., Ltd. (Public Interest Litigation Against Environmental Pollution)—The Identification of Subject Qualification in Environmental Civil Public Interest Litigation Filed by Social Organizations[C]. Singapore: Springer Singapore, 2020.

38. You, Xiaolin, Yibo Li, Min Zhang, Huoqi Yan, and Ruqian Zhao. A Survey of Chinese Citizens' Perceptions on Farm Animal Welfare[J/OL]. *PLOS ONE*, 2014, 9(10): e109177. https://doi.org/10.1371/journal.pone.0109177.

新冠肺炎疫情背景下药品专利强制许可的功能反思与实施路径：中国与拉美国家的比较研究

马乐（Ma Le）

摘要：从《保护工业产权巴黎公约》到《TRIPS 协定修正案》，专利强制许可的国际法依据逐步得到确立以致完善。特别是《多哈宣言》之后，特别出口强制许可成为实现药品可及性与可负担性以缓解公共健康危机的新希望。与之相应，各个国家，尤其是发展中国家在其国内法中都对专利强制许可做出专门规定，为该项制度的实施提供了相对明确的法律依据。尽管如此，纵观药品专利强制许可的实施历史，该项制度的正当性与共识性并未转化为药品的可获得性。屈指可数的实施例证伴随质疑与争议。即便是在新冠肺炎疫情之下，药品专利强制许可也并未成为解决疫苗可及性的有效路径。被寄予厚望的特别出口强制许可也付之阙如。在疫情引发的全球公共健康危机背景下，对药品专利强制许可的制度功能反思与实施路径探索既十分必要，又正当其时。中国与拉美国家同属于 WTO 发展中成员，对于专利药品也都有巨大的市场需求，其专利强制许可制度既因满足 TRIPS 协定一致性要求而呈现趋同化，也因各自实际情况的不同而有所差异。中国实施药品专利强制许可的程序规则完备，为利益攸关方提供了较强的透明度和可预见性。巴西、厄瓜多尔等拉美国家实施药品专利强制许可的做法取得了积极成效，具有积极的启示意义。强制许可实施机制的比较互鉴有益于更好地释放该项制度的功能。

关键词：公共健康、药品专利、强制许可、特别出口强制许可

一、问题的提出：制度理性遭遇实施悖论

专利法通过赋予专利权人合法的垄断权力实现激励创新的目的。这种垄断权使得专利权人能够独占性享有专利客体并能够排除他人使用、制造、销售、许诺销售及进口专利产品或依专利方法所生产的产品。为了保证专利权人的垄断权不超过必要限度从而损害他人正当权益或社会公共利益，专利法又特别设置了相应的例外规则以限制专利权人的垄断权从而实现利益平衡。这样的例外规则既包括专利权的内部限制（例如人类或动物的诊断、治疗和外科手术方法等一些特殊内容被排除出可授予专利的客体范围），也包括对专利权行使的外部干预（例如在特定条件满足前提下的专利强制许可）。不论是以 TPIPS 协定为核心的国际知识产权法，还是各国国内专利法，都通过对专利强制许可的规定肯定了该项制度的正当性。专利强制许可的实施似乎没有任何法

律上的障碍。特别是当区域性乃至全球性公共健康危机爆发时,当药品开始超越作为专利客体的私权范畴而作为公共产品被讨论时(Haugen,2021),药品专利强制许可仿佛是解决药品可及性与可负担性的当然选择。然而,从既往已经实施的药品专利强制许可例证来看,这项制度并未像其法律规定所描述的那样易于实施并产生积极作用。即便是在新冠肺炎疫情(COVID-19)肆虐全球的背景下,疫苗这种关键药品的获取仍然成为不少发展中国家及不发达国家病患很长一段时间难以企及的梦想。尽管专利强制许可制度并非获取疫苗的唯一途径或者主要途径,但是当疫苗可及性成为缓解疫情的关键而通过其他方式①仍然无法有效实现这一目标时,专利强制许可的可期待性自然大幅上升。遗憾的是,强制许可的实施再度被淹没于老生常谈的争论当中。一些疫苗生产商仍然坚持,疫苗可及性的障碍并非专利(保护),而是生产、储存、运输等能力的缺乏。依此逻辑,以限制专利为手段的强制许可就很难被证明其可以成为解决疫苗可及性的有效方案。除此之外,药品专利强制许可的实施机制是否有效也是影响该项制度执行的关键因素。总体而言,尽管拉美国家实施专利强制许可的比例也不高,但有限的例证具有积极的研究价值,其对实施强制许可的理解、态度及立法也颇值得关注。新冠肺炎疫情给全球带来灾难的同时,也给人类提供了检视相关制度的机会。药品专利强制许可制度涉及多个利益攸关方的复杂博弈,在新冠肺炎疫情引发的全球公共健康危机背景下反思该项制度的功能以获得妥善的实施路径具有积极的现实意义。

二、药品专利强制许可的国际法依据

(一)强制许可的国际立法轨迹

专利强制许可作为一项规则最早出现在1883年《保护工业产权巴黎公约》(以下简称《巴黎公约》)中。《巴黎公约》第5条A款第2项规定:本联盟的每一国家有权采取立法措施规定授予强制许可,以防止由于专利赋予的排他权而可能产生的滥用,例如不实施。此后,在广大发展中国家及不发达国家的争取之下,1995年成立的世界贸易组织(以下简称WTO)在《与贸易有关的知识产权协定》(以下简称《TRIPS协定》)中进一步明确了对专利权的限制,并在第31条"未经权利持有人授权的其他使用"中设置了专利强制许可的规定。伴随着在非洲等发展中国家及不发达国家爆发的公共卫生危机和由此凸显的药品专利与药品可及性及可负担性之间的冲突,基于发展中国家及不发达国家的持续抗争,为加强《TRIPS协定》第31条的可执行性,WTO第四次部长级会议于2001年11月14日通过了《〈TRIPS协定〉与公共健康多哈宣言》(以下简称《多哈宣言》)。然而,药品可及性与可负担性问题并未得到根本解决。根据《TRIPS协定》第31

---

① 例如,全球疫苗免疫联盟(GAVI)、世界卫生组织(WHO)和流行病预防创新联盟(CEPI)共同提出并牵头进行的新冠肺炎疫苗实施计划(COVAX)拟于2021年底前向全球提供20亿剂新冠肺炎疫苗,供应给"自费经济体"和"受资助经济体"。

条f项的规定,强制许可的授权仅限于获得该授权的国家的国内使用。换言之,经由专利强制许可生产的药品不能出口到获得授权的国家以外的地区。这项限制规定对于那些缺乏药品生产能力的国家而言意味着,即使该国政府颁发强制许可令,因其本国制药产业不具备生产相关药品的条件,药品专利强制许可制度仍然无法发挥缓解其公共健康危机的作用。

(二)特别出口强制许可的确立

为了找到一种迅速而有效的方法来解决这一问题,WTO总理事会在2003年8月30日通过《关于实施多哈宣言第6段的理事会决议》(以下简称《实施决议》),赋予那些国内制药产业不具有生产能力或生产能力不足的WTO成员有权从其他WTO成员进口其国内通过专利强制许可生产的专利药品,并且这些适格进口成员(Eligible Importing Member)不需要再向专利权人支付许可费,因为出口方在实施强制许可时已经向药品专利权人支付了许可费。真正实施强制许可生产药品的出口方也不必履行《TRIPS协定》第31条f项规定的"实施强制许可所生产的产品主要限于国内使用"的义务。由此,《实施决议》通过分别豁免了出口成员根据《TRIPS协定》第31条f项及进口成员根据《TRIPS协定》第31条h项的义务试图解决因生产能力原因导致的强制许可实施困难。

在随后的2005年,经广大非洲成员提议,上述《实施决议》的豁免内容被进一步细化为协定文本而成为《TRIPS协定修正案》。然而,这项修正案的批准生效程序并不顺利。直到2017年,在满足了2/3以上成员正式向WTO通知其在法律上接受这项修改后,《TRIPS协定修正案》才正式生效并以"第31条之二"的形式增补进《TRIPS协定》。根据该项规定,除了《实施决议》所确立的两项豁免,若某发展中成员或不发达成员是《1994年关税与贸易总协定》第24条及1979年11月28日《关于发展中成员差别和更优惠待遇、互惠和更充分参与的决定》(L/4903)意义下的区域贸易协定(Regional Trade Agreement,RTA)成员,且该区域贸易协定至少一半以上的现有成员属于联合国最不发达国家名单上的国家,则其通过实施强制许可生产或进口的药品能够出口到该贸易协定下其他遭受共同公共健康问题的发展中成员或最不发达成员市场,该成员在《TRIPS协定》第31条f项下的义务不再适用。换言之,在满足一定条件的前提下,进口经过强制许可生产的药品还能再出口。这相当于对《TRIPS协定》第31条f项义务加强豁免。由此,从《多哈宣言》到《实施决议》,再到《TRIPS协定修正案》,WTO型构并固化了药品专利强制许可的国际法依据。这项专门针对药品专利的许可制度相较于由《巴黎公约》与《TRIPS协定》第31条所规定的一般强制许可被称为特别出口强制许可。

尽管如此,药品专利的特别出口强制许可也并未如预期得到广泛而有效的实施。仅有的一个实施例证(加拿大向卢旺达出口专利强制许可药品)也因执行过程中拖沓的程序而饱受批评(Garrison,2020)。事实上,不同的利益攸关方对药品专利强制许可是否能够真正应对公共健康危机莫衷一是。除了制度本身的伴生争议,实施过程中的各种问题乃至障碍也不可忽视。国际立法的日渐完善并不能保证制度功能的实现。有效的国内执行机制也是药品专利强制许可能否真正发挥作用的关键。中国同拉美国家既是发展中经济体,又是专利药品的需求大国,比较其强制许可的实施机制有积极的现实意义。

三、药品专利强制许可国内实施机制的比较

（一）趋同性

中国同拉美国家同属于WTO发展中成员,其不仅对于专利药品都有巨大的市场需求,其药品专利强制许可国内立法也因满足与《TRIPS协定》的一致性要求而具有趋同性。

1. 强制许可实施的类型化

综观中国与拉美国家的专利法律制度,强制许可的实施都被严格限定于以下几种情形中。第一,专利权人未实施或未充分实施其专利,经申请有权机关可以授予强制许可。例如,中国《专利法》(2021)第五十三条第一款规定,专利权人自专利权被授予之日起满三年,且自提出专利申请之日起满四年,无正当理由未实施或者未充分实施其专利的,国务院专利行政部门根据具备实施条件的单位或者个人的申请,可以给予实施发明专利或者实用新型专利的强制许可。阿根廷、巴拉圭、乌拉圭等国的专利法中都有类似的规定。① 巴西在其《工业产权法》(1996)中也规定,在巴西境内因未制造或未完全制造产品,或未充分利用专利方法而不实施专利标的,除了在经济上不可行的情况以外,应允许进口。值得注意的是,巴西法律将"进口"也认定为专利的实施行为。

第二,专利权人行使专利权的行为被认定为反竞争行为或垄断行为。中国《专利法》(2021)第五十三条第二款规定,专利权人行使专利权的行为被依法认定为垄断行为,为消除或者减少该行为对竞争产生的不利影响,国务院专利行政部门根据具备实施条件的单位或者个人的申请,可以给予实施发明专利或者实用新型专利的强制许可。巴西《工业产权法》(1996)第68条规定,如果专利权人滥用专利权,或以此为手段滥用其经济权利,并经行政或司法裁决证实,应强制许可其专利权。智利《工业产权法》(2012)第51条a项规定,依据法院终审或可执行决定,专利权人实施专利的行为被认定为有悖于自由竞争,有权机关可以就非自愿许可的请求做出决定。此外,阿根廷、巴拉圭、乌拉圭在其专利法中不仅规定了反竞争行为会导致强制许可,还对具体的反竞争

---

① 参见阿根廷《发明和实用新型专利法》(2018)第43条,巴拉圭《专利法》(2000)第43条,乌拉圭《专利、实用新型及外观设计规制法律》(1999)第54条规定。

行为进行了列举。①

第三,因现有专利的实施依赖先有专利而对先有专利实施强制许可。中国《专利法》第五十六条规定:"一项取得专利权的发明或者实用新型比已经取得专利权的发明或者实用新型具有显著经济意义的重大技术进步,其实施又有赖于前一发明或者实用新型的实施的,国务院专利行政部门根据后一专利权人的申请,可以给予实施前一发明或者实用新型的强制许可。"巴西《工业产权法》(1996)第70条规定,在出现以下情况时应给予强制许可,包括:一项专利对另一项专利存在着依附关系;从属专利相对于先前的专利获得了实质性的技术进步;专利权人未能够与其从属专利的专利权人就在先专利的实施达成协议。阿根廷、巴拉圭、乌拉圭、智利等国的专利法中都有类似的规定。②

除此之外,中国和拉美各国专利法中都专设了基于公共利益或国家紧急状况授予强制许可的规定,而这也为以保护公共健康为目的实施专利强制许可提供了直接法律依据。

2. 以保护公共健康为目的实施强制许可

中国与拉美国家的专利法都将对公共利益的保护或者对国家出现紧急状况的应对作为实施强制许可的专门类型。在此基础上,一些国家在立法中进一步明确了为保护公共健康可以实施药品专利强制许可。例如,中国《专利法》第五十四条规定,在国家出现紧急状态或者非常情况时,或者为了公共利益的目的,国务院专利行政部门可以给予实施发明专利或者实用新型专利的强制许可。第五十五条规定,为了公共健康目的,对取得专利权的药品,国务院专利行政部门可以给予制造并将其出口到符合中华人民共和国参加的有关国际条约规定的国家或者地区的强制许可。由此,中国的专利法既包括一般的强制许可,也包括《TRIPS协定修正案》所确认的特别出口强制许可。与此相似,巴西《工业产权法》(1996)第71条规定,在联邦政府颁布法令所宣布的国家紧急状态或公共利益的情况下,如果专利权人或其被许可人不能满足这种需求,政府可以依职权在不损害相关权利人权利的情况下授予临时、非排他性实施专利的强制许可。授予这种强制许可的法令应当确定实施期限及延期的可能性。智利《工业产权法》(2012)第51条第2款规定,经有权机关宣告,如果是为了公共健康、国家安全、非商业的公共使用,或国家紧急状况,或其他极端紧急情况的原因,授予这种非自愿许可是正当的。阿根廷、巴拉圭、乌拉圭等国的专利法中都有类似的规定。③

综上,中国与拉美各国都把公共利益或国家出现紧急状况作为实施专利强制许可

---

① 参见阿根廷《发明和实用新型专利法》(2018)第44条,巴拉圭《专利法》(2000)第45条,乌拉圭《专利、实用新型及外观设计规制法律》(1999)第60—63条规定。
② 参见阿根廷《发明和实用新型专利法》(2018)第46条,巴拉圭《专利法》(2000)第46条,乌拉圭《专利、实用新型及外观设计规制法律》(1999)第69—73条,智利《工业产权法》(2012)第51条c项规定。
③ 参见阿根廷《发明和实用新型专利法》(2018)第45条,巴拉圭《专利法》(2000)第44条,乌拉圭《专利、实用新型及外观设计规制法律》(1999)第55—59条规定。

的合法性事由。这为应对公共健康危机而实施药品专利强制许可提供了法律依据。以新冠肺炎疫情为例,其爆发时间之短、范围之广、影响之巨,使得世界卫生组织(WHO)在这种新型冠状病毒被报告的次月就将其宣布为"国际公共卫生紧急事件"(Public Health Emergency of International Concern,PHEIC),属于WHO最高级别警报(WHO,2020)。随后,智利率先由议会一致通过决议,宣布实施专利强制许可以应对新冠肺炎疫情是正当的。厄瓜多尔也在稍后由其国民大会通过决议,要求卫生部长授予与应对新型冠状病毒有关的专利强制许可(Hoen,2020)。尽管受到制药公司的质疑,巴西议会也提出应对新冠肺炎疫情的专利强制许可动议(KEI,2020)。相比而言,虽然中国官方并未提出实施强制许可的动议或授权,但在疫情暴发之初就有观点提出新冠肺炎疫情已经构成了实施强制许可的法定条件(Lin X. Q. ,2020)。

(二)差异性

1. 强制许可实施的程序规则

尽管中国与拉美各国的专利立法都对基于公共利益或保护公共健康而实施强制许可做出类似规定,但是在规定的具体执行上,程序性规则的详略却有不同。中国目前的专利强制许可制度体现为从法律到行政法规再到部门规章的体系性规定及相关的配套政策措施。在《专利法》(2021)与《专利法实施细则》(2010)的基础上,由国家知识产权局制定并在2012年实施的《专利实施强制许可办法》(以下简称《办法》),取代此前由该部门发布实施的《专利实施强制许可办法》(2003年6月)和《涉及公共健康问题的专利实施强制许可办法》(2005年11月),对强制许可请求的提出与受理、审查和决定、使用费裁决请求的审查和裁决、终止审查和决定等程序事项进行了细致规定,从规则层面强化了专利强制许可的可实施性。

在政策措施层面,2018年中国国务院办公厅印发《关于改革完善仿制药供应保障及使用政策的意见》(以下简称《意见》),在第三条"完善支持政策"中规定:"(十二)明确药品专利实施强制许可路径。依法分类实施药品专利强制许可,提高药品可及性。鼓励专利权人实施自愿许可。具备实施强制许可条件的单位或者个人可以依法向国家知识产权局提出强制许可请求。在国家出现重特大传染病疫情及其他突发公共卫生事件或防治重特大疾病药品出现短缺,对公共卫生安全或公共健康造成严重威胁等非常情况时,为了维护公共健康,由国家卫生健康委员会会同工业和信息化部、国家药品监督管理局等部门进行评估论证,向国家知识产权局提出实施强制许可的建议,国家知识产权局依法作出给予实施强制许可或驳回的决定。"这项规定进一步明确了在出现公共健康危机的情况下专利强制许可需经历从评估论证到形成建议再到具体执行的过程,并且明确了各事项的责任部门。尽管中国尚无应对公共健康危机的药品专利强制许可实施例证,上述《办法》和《意见》的执行效果无从得知,但是其在提升透明度与可预见性方面的努力值得肯定。

相比而言,拉美各国鲜有如此详尽的专门程序性规则。当然,这并不意味着拉美国家没有实施强制许可的程序规则。例如,厄瓜多尔知识产权局(IEPI)在2010年1月15日第"10-04 P-IEPI"号决议第8条规定了药品专利强制许可颁发准则。该准则规定,一旦文件经过审查且专利持有人收到通知,厄瓜多尔知识产权局就将通过国家知识产权局(DNPI)要求公共卫生部说明请求对象是否为用于治疗影响厄瓜多尔人民疾病的人用药物,这种治疗是否属于公共健康优先事项。根据厄瓜多尔共和国宪政总统2009年10月23日颁布的关于获取人用药品公共利益声明的第118号行政法令,"获取用于治疗影响厄瓜多尔人民疾病并成为公共健康优先事项的药品"是一个公共利益问题,可对"治疗人类所必需的人用药物专利"授予强制许可(WIPO,2019)。安第斯共同体成员哥伦比亚在实施《安第斯共同体第486号决定第七章"强制许可机制"》过程中也通过其国内有关部门颁布法令明确如何基于公共利益事由实施强制许可的程序(WIPO,2019)。

2.特别出口强制许可的规定

如上文所述,特别出口强制许可作为WTO解决一般强制许可在实施过程中所遭遇困境的解决方式已经正式被吸收进《TRIPS协定》。对此,中国的专利立法反应不可谓不迅速。早在2008年对专利法的修改中,中国《专利法》(2008)第五十条就对专利特别出口强制许可做出规定,"为了公共健康目的,对取得专利权的药品,国务院专利行政部门可以给予制造并将其出口到符合中华人民共和国参加的有关国际条约规定的国家或者地区的强制许可。"现行《专利法》(2021)保留了该规定。诚然,上述规定充分体现了中国专利立法与《TRIPS协定》的一致性,但由于目前还没有该规定的实施案例,因此很难对其效果做出评价。

相比而言,拉美国家的专利立法中很难找到这样的规定。尽管拉美国家对《TRIPS协定修正案》普遍持批准态度,但其并不打算在国内法中确立这项TRIPS灵活性条款,更谈不上实施这项规定。一个可能的原因是实施这项制度的程序过于烦琐,相关国家缺乏作为低价药品提供者的积极性(Correa,2013)。

四、药品专利强制许可实施遭遇的困境

药品专利强制许可的功能在于实现专利药品的可及性与可负担性以应对公共健康危机。目的的天然正当性并未消解这项制度所涉利益攸关方博弈的复杂性。对于药品专利强制许可究竟能否真正发挥这项功能从该项制度出现伊始至今仍然颇存争议。加之这项制度实施过程中所遭遇的现实困难,药品专利强制许可尚未成为应对公共健康危机的有效途径。

(一)功能争议

药品是应对公共健康危机的"硬核"手段。由于药品的研发和生产需要极高的智

力、财力和时间成本,因此具有实用价值的药品被发明出来后即被申请为专利,并由此形成对发明者创新的肯定与回报。作为专利权最重要的权能,未经专利权人允许不得生产、制造专利产品的"禁止性权利"使得专利药品具有独占性和垄断性。由此,专利药品的可及性与可负担性成为应对公共健康危机的关键。但是,对于药品专利强制许可制度能否实现应对公共健康危机的功能则存在争议。有学者对药品专利强制许可应对公共健康危机的积极作用给予充分肯定。面对重大药品紧缺对公共健康安全的威胁,通过实施药品专利强制许可推进高质量仿制药发展势在必行(Tang,2020)。为了提升低收入国家人民获得药物的可能性,专利强制许可显得非常必要。利用专利强制许可制度,发生公共健康危机的国家可以不经专利权人许可,允许第三方生产仿制药,低价提供给本国的患者,缓解公共健康危机(Liang,2017)。强制许可虽是 TRIPS 谈判中最受专利大国极力反对的制度,但却是发展中国家获得可支付药品、解决公共健康危机的有效途径(Li,2004)。例如,巴西在 2007 年就抗逆转录病毒药品依法韦仑(Efavirenz)授予的强制许可,使得该年度的支出减少了约 3 000 万美元,截至 2012 年估计为巴西政府节省了 2.368 亿美元。厄瓜多尔在 2014 年对抗逆转录病毒药品的专利发放了强制许可,为此厄瓜多尔卫生部节省了 30%～70%的支出(WIPO,2019)。

也有观点认为,对药物专利进行强制许可仅在有限的范围内有积极作用(Feldman,2009)。有观点指出,强制许可制度发展至今,除了让 WTO 成员在政治上认识到发展中国家的国家健康危机外,并不具有较高的解决健康危机的实践价值。虽然已经有一些国家颁发了强制许可,但除了暂时缓解公共健康危机,更多的是对该国经济发展和未来药物的可及性造成的负面影响(Liang,2017)。除此之外,有西方学者认为,药品专利强制许可还会产生抑制创新的负面效果。有学者以印度为例,认为印度最近启动的强制许可正在制造抵制新药研发的风险(Bennett,2014)。如果不对强制许可进行严格的限制以达到足够激励制药公司进行药物研发的程度,该制度将对世界药物产业的创新发展形成阻力,构成制药公司发展新药的最主要威胁(Feldman,2009)。当然,也有学者通过实施药品专利强制许可的实例论证"强制许可直接损害创新的论断也许是错误的",强制许可不一定导致创新下滑,其作为提高药品获取的政策工具应被善加利用(Chien,2003)。

由是观之,强制许可制度自诞生起就伴随争议。药品专利强制许可问题关涉专利独占性与药品可及性、私人利益与公共利益、专利权人与被许可人利益等多种二元关系的协调与平衡,其实现有赖于国内法与国际法的适用,不同部门、位阶之间法律的协调及法律与政策、政策与政策的协调,所涉利益关系不可谓不复杂。这些都给立法与政策制定带来不小难度。

(二)现实障碍

1.法律上的障碍

专利强制许可作为一种权利限制的制度设计与权利的存续状态、有效性、受保护情况等息息相关。这些内容往往由一国的国内法做出规定,由此会对专利强制许可的实施产生法律上的影响(WIPO,2019)。随着各国专利法基于满足《TRIPS 协定》一致性要求的趋同化,这方面的影响逐渐变小。另外,根据南非向《TRIPS 协定》理事会提交的有关疫情与知识产权的文件,专利强制许可并不仅限于专利权,而是会影响与产品有关的工业设计、版权、技术秘密等其他权利。这些权利受到相关国内法的保护而往往容易被忽视(WTO,2020)。具体到药品专利强制许可,由于涉及药品试验数据,权利人根据相关国内法所享有的数据排他性权利会成为真正实现药品可及性的障碍。因为在某些国家或地区,如欧盟,授予强制许可并不排除数据所有权人的排他权(Ido 和 Tellez,2020)。因此,一些国家在其法律中对这种明确的数据专有权放弃做了规定,以期为仿制药注册提供便利。例如,在强制许可允许药品制造等活动时,马来西亚、智利和哥伦比亚没有就数据专有权做出规定(WIPO,2019)。

2. 行政程序的缺陷

药品专利强制许可的实施往往涉及多个行政部门,参与关于授予或驳回强制许可决策程序的行政机构一般不止一个,明确区分这些机构的职责和任务授权对于明确的决策进程十分重要。各国应将国际条约中所载的各项规定,特别是关于强制许可的规定纳入各国国内法的执行中,并要求各政府部门和部委(如专利局、卫生部和贸易部及药品监管部门)参与其中。据报告,在一些国家中,由于各部门在追求共同的政策目标时未必会对它们的活动进行协调,因此会造成负责促进贸易及保护和实施知识产权的部委与负责公共卫生的部委之间的紧张关系(Osewe,2008)。在这方面,低收入国家存在的问题更为明显。低收入国家在利用《TRIPS 协定》灵活性方面所采用的政策方法取决于正常治理,而正常治理要求具备必要的行政资源和权力来实施卫生政策和法规。一些学者认为,发展中国家往往缺乏这些基本能力,这使得它们难以满足基本的公共卫生需求(Bors,2015)。此外,WIPO 研究报告也指出,虽然许多国家都有关于强制许可的规定,但在很多国家,与这类许可有关的程序问题在国家法框架中没有予以详细说明,或者至少很难找到。关于最不发达国家法律中有关强制许可的规定,一份文件指出,在某些情况下,授予这种许可的条件及相关的程序要求不仅带有限制性,而且很烦琐(WIPO,2019)。

3. 特别出口强制许可执行的障碍

特别出口强制许可的实施自 2003 年 WTO 总理事会《实施决议》出台后就饱受争议。在新冠肺炎疫情之前,特别出口强制许可仅使用过一次,因此一些 WTO 成员认为该制度过于复杂,并对它的可实施性提出了疑问(WIPO,2019)。2007 年,卢旺达向 WTO 提交其想获得一种由国外生产的治疗艾滋病的药物,加拿大随后向一家仿制药生产商 Apotex 公司授予强制许可并告知 TRIPS 理事会。但随后的事实证明,特别出口强制许可的实施存在很多问题。对于药品生产商Apotex公司来说,它获得的加拿大政府补贴很少,这使其没有足够的动力去完成整个过程。另外,由于加拿大法律规定强制许可的最长期限只有两年,期限太短,因此使投资生产药品的成本难以收回。并且,制药商认为仅仅为一个进口国生产药品是不经济的。这些因素都使得仿制药生产商参与强制许可活动的积极性低下。Apotex公司在后来也表示,它不太可能再次参与这个特别出口强制许可活动了(Harris,2011)。对于进口国卢旺达来说,它本可以从印度进口一种价格低廉的类似复方药物,并且尚未受到印度新专利法的影响。卢旺达只需要在自己的领土上实施强制许可就可以。相比之下,从加拿大进口药品的程序确实复杂得多(Hestermeyer,2007)。特别出口强制许可原本是WTO缓解公共健康危机与保护专利权之间紧张关系的重要成果,但由于实施过程涉及多个利益攸关方,且国内执行部门又关乎贸易、卫生、知识产权等多个领域,冗繁的行政程序成为该项制度功能发挥的掣肘,受到多方批评也就不难理解。

五、结论

新冠肺炎疫情给全球造成灾难的同时也带来一个重要启示:应对公共健康危机是个系统工程,需要多元的解决策略。药品可及性与可负担性作为其中的一个方面也需要多种路径共同作用才能实现。尽管药品专利强制许可的功能仍然饱受争议,其实施亦遭遇诸多困境,但它仍然是值得期待的制度工具。不可否认,药品专利强制许可制度包含多个利益攸关方,这使其实施所需要协调的利益关系异常复杂。当药品专利超越私权范畴而成为产业利益并最终上升为国家利益时,强制许可的实施就已经不再是一个单纯的国内法或政策问题,而是成为需要基于国际法规则进行全球协作的事业。从这个意义上讲,由《巴黎公约》和《TRIPS协定》所确立的药品专利强制许可国际法依据显得弥足珍贵。特别是当印度和南非提出的知识产权豁免议案(WTO,2020)仍然前途未卜,而大量出现的双边及区域自由贸易协定由于不再将专利强制许可规定为必备条款而对多边机制产生挤压效应时,WIPO与WTO体系对专利强制许可规则的确认更值得肯定和坚守。当然,需要指出的是,药品专利强制许可只是实现药品可及性与可负担性的一种方式,甚至不算是一种主要方式。即便是巴西等发展中国家也认为,只有在某些条件不满足的极端情况下,强制许可才会被作为最后一种选择来使用(WIPO,2019)。中国在2020年修改的专利法中也体现了这种审慎。与2008年专利法不同的是,中国的新专利法在强制许可条款之前增加了三项自愿许可与开放许可条款,同时将该部分的标题从"专利使用的强制许可"修改为"专利使用的特殊许可"。这种变化体现了专利法更加鼓励自愿许可与开放许可的立法导向(MA,2021)。实际上,由强制许可推动自愿许可能更好地释放该项制度所追求的药品可及性与可负担性功能。这也是很多观点所提出的强制许可的威慑作用(Fu,2020;Correa,2013)。例如,巴西政府曾在

2005年通过颁发针对某种药品的公共利益法令使得药品专利权人因惮于政府实施强制许可而同意对该药品降价(Hoen,2016)。最后,尽管受到质疑,特别出口的强制许可仍然是那些缺乏或不具有生产能力的国家获得专利药品的一个可期待通道。除了此前的卢旺达,玻利维亚、安提瓜和巴布达也已经为应对新冠肺炎疫情先后向TRIPS理事会提出了适用特别出口强制许可的请求(WTO,2021)。尽管实施效果有待检验,但上述实践对于进一步完善特别出口的强制许可有益无害。

参考文献

1. Bennett,J. W. Indian Pharmaceutical Patent Law and the Effect of Novartis AG v. Union of India[J]. *Wash. U. Global Stud. L. Rev.*,2014,13:535—557.

2. Bors,C.,Christie,A.,Gervais,D.,Clayton,W. E. Improving Access to Medicines in Low-Income Countries:A review of Mechanisms[J/OL]. *The Journal of World Intellectual Property*,2015,18:1—28. DOI:10.1111/jwip.12032.

3. Correa,M. C. The Use of Compulsory Licenses In Latin America[J/OL]. *South Bulletin* 2013,71. https://www.southcentre.int/question/the-use-of-compulsory-licenses-in-latin-america/

4. Chien,C. Cheap Drugs at What Price to Innovation:Does the Compulsory Licensing of Pharmaceuticals Hurt Innovation? [J]. *Berkeley Tech. LJ*,2003,18:829—875.

5. Feldman,J. Compulsory Licenses:The Dangers behind the Current Practices[J]. *J. Int'l Bus. & L.*,2009,8:137—167.

6. Fu,W.,Zhao,K.,Liu,Y. H.,Liu,Z.,Cao,L. What Inspirations to Get from the International Practice of "Compulsory Pharmaceutical Licensing"[N]. *Health News*,2020-02-17.

7. Garrison,C. Never say never—Why the High-Income Countries that opted-out from the Art. 31bis WTO TRIPS system must urgently reconsider their decision in the face of the Covid-19 pandemic[R]. *Medicines Law & Policy*,2020.

8. Harris,D. TRIPS After Fifteen Years:Success or Failure,as Measured by Compulsory Licensing[J]. *Journal of Intellectual Property*,2011,18:367—400.

9. Haugen,H. M. Does TRIPS(agreement on trade-related aspects of intellectual property rights) prevent COVID-19 vaccines as a global public good? [J/OL]. *The Journal of World Intellectual Property*,2021:1—26. https://doi.org/10.1111/jwip.12187.

10. Hestermeyer,P. H. Canadian-Made Drugs for Rwanda:The First Application of the WTO Waiver on Patents and Medicines[J/OL]. *American Moccety of International Laww*,28 (11) from. https://www.asil.org/insights/volume/11/issue/28/canadian-made-drugs-rwanda-first-application-wto-waiver-patents-and.

11. Hoen,E. Covid-19 and the comeback of compulsory licensing[R]. *Medicines Law &*

Policy, 2020.

12. Hoen, E. 2020, Private Patents and Public Health, Changing Intellectual Property Rules for Access to Medicines[R]. *Health Action International*, 2016.

13. KEI. Letter to Brazil Congress concerning Compulsory Licensing[EB/OL]. https://www.keionline.org/wp-content/uploads/Brazil-CL-Pandemics-KEI-10April2020.pdf.

14. Ido, H. P. V. & Tellez, M. V. The South Centre-Max Planck Global Forum on IP, Innovation and Access to Medicines[J/OL]. *GRUR International*, 2020, 69(11): 1130—1140. DOI: 10.1093/grurint/ikaa141.

15. Li, S. Y. & Li, H. Study on Accessibility of Medicines Arising from Public Health Crisis [J/OL]. *China Legal Science*, 2004, 6: 82—89. DOI: 10.14111/j.cnki.zgfx.2004.06.022.

16. Liang, J. M. Medicine Patent Protection and Public Health: Rethink of Medicine Patent Compulsory Licensing[J]. *Science Technology and Law*, 2017, 3: 39—46.

17. Lin, X. Q., Guo. R. G., Wang. X. W. Suggestions on Enforcing Compulsory Licensing in Response to the Current Public Health Problem: Taking the Epidemic of 2019-CoV for Example[R/OL]. https://law.xmu.edu.cn/info/1085/28203.htm.

18. MA, L. Dilemmas and Countermeasures on Implementing Compulsory Licensing of Pharmaceutical Patents to Cope with Public Health Crisis[J/OL]. *Science Technology and Law*, 2021, 2: 141—148. DOI: 10.19685/j.cnki.cn11-2922/n.2021.02.016.

19. Osewe, L. P., Nkrumah, K. Y., Sackey, K. E. Improving Access to HIV/AIDS Medicines in Africa, Trade-Related Aspects of Intellectual Property Rights Flexibilities[R/OL]. 2008, International Bank for Reconstruction and Development and World Bank. DOI: 10.1596/978-0-8213-7544-0.

20. Tang Q. Y. The Legislative Approach of Compulsory Licensing of Pharmaceutical Patents in China[J]. *Nan Fang Lun Kan*. 2020, 1: 76—79.

21. WHO. Director-General's statement on IHR Emergency Committee on Novel Coronavirus(2019-nCoV)[EB/OL]. 2020. https://www.who.int/director-general/speeches/detail/who-director-general-s-statement-on-ihr-emergency-committee-on-novel-coronavirus-(2019-ncov).

22. WIPO Secretariat. SCP/30/3-Draft Reference Document on The Exception Regarding Compulsory Licensing[EB/OL]. 2019. https://www.wipo.int/edocs/mdocs/scp/en/scp_30/scp_30_3-main1.pdf.

23. WTO. IP/N/8/ATG/1, Notification of Intention to Use the Special Compulsory Licensing System as an Importing Member[R]. 2021.

24. WTO. IP/C/W/666, Intellectual Property and Public Interest: Beyond Access to Medicines and Medical Technologies Towards a More Holistic Approach to TRIPS Flexibilities[R]. 2020.

25. WTO. IP/C/W/669, Waiver from Certain Provisions of the TRIPS Agreement for the Prevention, Containment and Treatment of COVID-19[R]. 2020.

法律框架在中国"十四五"规划长期目标实现过程中的作用

路易斯·阿道夫·佩雷拉·贝克斯坦（Luiz Adolfo Pereira Beckstein）

摘要：《中华人民共和国国民经济和社会发展第十四个五年规划（2021—2025 年）》（以下简称"十四五"规划）编制的目的不仅在于全面建成小康社会，还在于要继续推进国家经济和社会转型，使中国跻身全球大国之列。始于创新政策，延伸至整体经济，从金融服务到可持续发展，"十四五"规划伟大改革旨在使中国实现经济现代化的同时，处于全球发展的前列。为协调实现该目标，有必要对法律框架进行广泛改革，修改社会和经济生活领域法律和条例。中国不仅要消除障碍，还要寻求创造激励措施，使经济主体拥有创新、投资、承担、工作和消费的安全保障。特别是对于向来遵纪守法的中国人来说，他们的社会行为会响应政府号召，甚至消费休闲商品和服务也伴有政策导向因素。因此，劳动法和消费者保护法正经历变革，以强化带薪休假、消费者权利和休闲旅游等制度，并创造这些行业的消费需求。时至今日，中国几乎每个行业都或多或少地拥抱技术。直至 2021 年，巴西中央银行才授权 WhatsApp 开展支付业务。而在中国，微信（WeChat）十多年来，实际上消除了现金的使用——至少在年轻人和大城市中。在中国，人工智能、简易识别技术、5G 通信技术早已成为现实。数字金融服务行业，即金融科技，正在蓬勃发展。但即使正值技术创新繁荣之际，中国也没有放松国家管控，而是建立了广泛覆盖实体公司及普通公民的数据保护和监管框架。自"十三五"规划以来，中国一直关注公司相关问题，例如过度负债及生产过剩偏好。为了向公司和投资者提供经济激励和法律保障，中国推出针对国有、混合和私营公司多项治理变革措施。这些变革措施旨在为商标和专利等产权提供安全性和可预测性保障，并通过诸如改革资本市场规则和税收法律法规等措施，以畅通公司融资渠道。最后，在中国，即使要实现本土巨大变革，改革也需要有序开展。本文的目的在于阐明中国必要的法律法规改革，以实现其基础产业、全面创新、可持续发展、经济效益和减少不平等等方面的变革目标。

关键词： 中国、五年规划、法律保障、治理

一、引言

中国的"十三五"规划极大地推进了人民币国际化进程和中国的金融开放程度。尽管如此，要实现中国的目标，即建设一个（适度）繁荣的社会，仍需持续努力。此外，更全面地审视最新的五年规划及中国政府的所有文件、法案和声明发现，其目标更广泛、更

具体。一般而言，每个五年规划都是伟大目标的一部分，也即是使中国重新位于全球经济中心。从中国在全球经济中权重增加开始，伴随人均收入的增加，直至其货币提升到国际支付手段的地位，可以看出上述目标大部分已经实现。

需要强调的是，即使考虑到中国的政治体制，五年规划也未中断。它们相互衔接以实现目标。"十四五"规划明确指出，经济实力和技术实力是发展现代金融体系、成功融入国际金融体系不可或缺的要素。"三驾马车"的最后一个是法律/监管框架，它不仅不会混乱，而且使前两个框架蓬勃发展。Reinert(1999)强调了18世纪德国经济学家和法律哲学家Christian Wolff对理解为加强市场结构而建立的法律体系的重要性的贡献。一个有助于"知识和财富"之间动态共生的产权体系，被视为类似于Francis Bacon之前的制度的创造体系的核心——无尽向前发展。

以繁荣的金融体系来支撑所需要的投资，是现代市场经济的基础。"十三五"规划已经解决了与金融体系改革有关的问题，以期重新平衡银行对私营部门的信贷组合，减少国有企业不成比例的权重——2013年国有企业银行信贷份额为46%（Aglieta和Bai，2016）。其他突出问题还包括深化国有商业银行改革，支持中小银行和农村信用社持续健康发展。在这方面，资本市场受到了特别的关注，推出诸如全面实施注册制发行股票、建立规范的退市机制、提高直接融资比重等多项举措，旨在实现资本市场的现代化。其他相关措施也正在实施，例如完善金融监管体系，以提高监管机构行为的透明度和可预测性，以遏制违法违规行为。

如前所述，"十四五"规划继承与发展"十三五"规划。它建立宏伟的目标，并以技术创新作为所有战略目标的基础。从促进创新、供给侧改革、解决过度负债、企业产能过剩、刺激消费到加速人民币金融化进程等，每一项规划都被视为发展的必经之路。每项措施都必然伴随着法律和监管框架的重大改革，以保障每项措施落实到位。需要说明的是，本文虽然试图保持术语一致，但最终可能出现表述差异。

二、完善产权

"十四五"规划第五章强调提升企业技术创新能力。因此，完善以市场为导向的技术创新机制，以及扩大与生产、教学、研究和应用深度融合的研发，需要对产权的法律框架进行重大变革，以便企业能够适当地利用投资收益。科斯和威廉姆森这两位诺贝尔经济学奖获得者均关注这一主题。[①] 科斯1937年发表的开创性文章，就已经强调了财产的产权以财产的使用权、收益的分配权及改变财产形式和实质的权利等形式体现。威廉姆森以科斯1937年的文章为基础，对交易成本等相关概念进行扩展，通过治理结构在制度经济学方法下解释经济组织。威廉姆森认为，公司、市场和合同关系是重要的

---

① 科斯和威廉姆森分别在1991年和2009年获得诺贝尔经济学奖。

经济制度(Beckstein,2010)。财产权与共产主义似乎矛盾,但事实是,中国特色社会主义在追求提高经济效率的过程中,借鉴了许多西方资本主义制度作为其驱动力。

本章下述部分涉及建立现代市场经济体系,特别关注全面完善产权制度。为此,围绕债权、财产权等法律法规的制定和修改,集中讨论其现代化路径,包括民法典若干规定的实施和完善。近年来或几十年来,中国公司受到一些批评:国有公司缺乏治理及受到政治干预,私营公司则存在歧视性国家发展主义政策。为了解决这些问题,中国正制定并实施几项措施。这些措施旨在依法平等保护国有企业、民营企业和外资企业的财产权,推动涉企不公正、不法案件依法认定和纠正常态化进程,畅通举报和处理政府权利纠纷渠道。最后,在派生权利领域,旨在建立知识和环境领域的产权制度,完善自然资源相关产权制度及法律法规的措施正在实施。

三、双循环政策:国内消费驱动

近来,关于中国双循环发展战略的说法不绝于耳。[①] 多年来,中国 GDP 增长的重点是投资和出口部分。后来,中国已经成为中等收入国家,通过降低投资份额、提高消费份额,逐步实现了重新平衡 GDP 比重目标。多年来,中国人专注于为集体和国家福利工作。将这种文化转变为基于商品和服务消费(包括炫耀性消费)的享乐主义文化,不会在短期内实现。在旨在提高消费在 GDP 中份额的双循环发展战略范围内,鼓励民众增加商品和服务消费的改革措施,以及对民事和劳动相关立法的完善工作,值得引起重视。从这个意义上说,这些建议旨在通过实施和加强带薪休假制度来改进劳动立法,以此作为鼓励休闲服务消费的一种方式。双循环发展战略中强调的另一个重要问题是通过加强消费者权益保护来改善消费环境。

一段时间以来,"中国工作"这个词已经不再指工资低、工作时间长、没有带薪休息权的工作。从投资到消费转变的 GDP 的再平衡需要一个广泛的法律框架,以鼓励民众将部分收入用于商品消费、休闲服务和娱乐。节假日消费的扩大,以及带薪假期制度的实施是满足正在创建的国际和区域消费中心需求的基础。此外,要让农村人口融入消费网络,扩大电子商务在农村的覆盖面。这些措施有助于增加居民收入,扩大中等收入群体,并继续释放消费潜力。"十四五"规划第十四章所列相关措施强调消费者权益保护,要求要提高质量标准和售后评价制度,改进缺陷产品召回制度,监控产品缺陷,完善产品质量保证体系,完善消费者权益保护和争议解决机制。

在各国历史上,发展政策目标之间实现平衡的情况极少发生。但就中国而言,"十

---

① 2020 年 4 月 10 日,在中央财经委员会第七次会议上,习近平同志强调要构建以国内大循环为主体、国内国际双循环相互促进的新发展格局。2020 年 5 月 14 日,中共中央政治局常委会会议首次提出"深化供给侧结构性改革,充分发挥我国超大规模市场优势和内需潜力,构建国内国际双循环相互促进的新发展格局"。构建双循环新发展格局更加注重国内市场或内部流通,但未完全将重点从有针对性发展战略上移开,如外部市场(Frank,2021)。

四五"规划的每个目标的设计相互协调,并相辅相成。因此,刺激消费与可持续发展目标一致,并刺激技术发展,从而形成一个良性循环,各个目标形成闭环。有鉴于此,"十四五"规划第十四章第一节强调顺应居民消费升级趋势,把扩大消费同改善人民生活品质结合起来,促进消费向绿色、健康、安全发展,稳步提高居民消费水平。此外,"十四五"规划还强调提升传统消费,加快推动汽车等消费品由购买管理向使用管理转变,健全强制报废制度和废旧家电、消费电子等耐用消费品回收处理体系。

四、提高消费者保护

"十四五"规划第四章特别指出,要注意疏通国内循环,包括炫耀性消费。在努力发展自身软实力的同时,中国已经采取了一些措施来创建和巩固中国品牌。中国早已实现产业升级,在多项产业活动中位居前列,专注于发展历史悠久的中国品牌,提高自主品牌的影响力和竞争力,并率先培育一系列在化妆品、服装、家用纺织品和电子产品等领域成熟的品牌。在品牌发展方面,一个重要因素是品牌商有信心,其财产将受到法律和监管机构的保护。随着《民法典》及许多其他法律的修改,中国寻求完善市场法治,以改善质量评级体系,加快标准迭代,以及国际标准的转换和应用。

所有法律和监管改革都与促进国内消费,驱动双循环政策路径直接相关。

五、数据保护框架

与巴西等其他国家一样,基于创新的新经济发展需要一个通用的数据保护框架,以协调数据的开发和使用,保护隐私和公共安全,并加快建立数据资源产权、交易流通、国际传输和安全保护的基本系统和标准。"十四五"规划第十八章致力于解决该问题,称为"营造良好数字生态"。

在网络安全发展方面,需要法律和技术双向推进。在技术领域,科技进步发展迅速,并滋生了一系列不道德行为、反竞争行为和网络犯罪。关键问题是,在大多数拥有完善法律体系的国家,只有明确的法律规定,行为才会被禁止或受到惩罚。从这个意义上说,与技术同步发展的现代法律框架是技术市场健康发展、抑制机会主义行为、促进经济蓬勃发展的必要条件。

第二个极其重要的问题是,一个国家要有足够的技术发展来识别、跟踪、限制和惩罚被国家列为具有危害性的行为。不难想象,这是一场持续的"猫捉老鼠的游戏",监管机构总是追逐行业创新,而行业创新试图从机会主义行为中受益。在这里,我们使用威廉姆森(1985)定义的"机会主义者"(opportunist)一词,强调利用信息不对称来获利的可能性。也就是说,为了使"受监管者"和"监管者"(或者在经济理论术语中分别是"代理人"和"委托人")之间的互动可以对社会有利,双方之间就不应该存在重大的信息不对称,以便委托人能够监督代理人的行为。换言之,国家必须有充分的手段(技术能力)

对其打算管制的人强制执行。否则，即使有完善的立法，它也可能成为一纸空文。巴西等一些国家制定了相对完善的数据保护法律，例如巴西 2014 年制定了互联网民法——《通用数据保护法》（2019 年进行了修订）。即便如此，巴西仍然需要发展技术来执行这些规定，特别是针对大型跨国公司、黑客，甚至是有恶意行为的其他国家或地区的政府的防范技术（例如，2014 年巴西就遭受了一些间谍活动）。其他国家，特别是自由主义政权国家，包括但不限于盎格鲁—撒克逊民族国家，技术发展水平高，但缺乏限制性监管措施。极少数国家（例如中国）拥有先进的技术、能力和意愿来监管这个市场，其监管效果取决于详细的监管内容是否能被成功地执行。

在这方面，"十四五"规划高度重视建立健全数据产权交易和行业自律机制，提出要培育规范的数据交易平台和市场主体，发展数据资产评估、登记结算、交易撮合、争议仲裁等市场运营体系。数据保护是立法的核心，特别是对于涉及国家利益、商业秘密和个人隐私方面的数据，更是要立法加以保护。为此，一方面要制定并实施基本数据安全立法，促进个人信息保护，加强数据资源全生命周期安全保护，完善适用于大数据环境下的数据分类分级保护体系；另一方面要加强数据安全评估，推动数据安全有序的跨境流动。

此外，中国还寻求根据法律法规加强对互联网平台的监管，明确平台公司的定位和监管规则，提高确定垄断的法律标准，遏制其垄断行为和不正当竞争。特别是伴随着金融科技发展，金融监管、数据保护和竞争保护等问题比以往任何时候都更加交融在一起。媒体强调的其他问题是积极参与数字技术国际规则和标准的制定，如数据安全、数字货币和数字税。

上述所有监管措施若想要成功实施，就必须依赖网络安全技术的发展，加速人工智能安全技术的创新，并提高网络安全行业的竞争力。

六、完善公司治理

道格拉斯·诺斯（Douglas North）是新制度主义倡导者之一，他于 1993 年获得了诺贝尔经济学奖。他强调了如何定义制度及确定买方和卖方在制度矩阵中产生的贴现率和交易成本（Beckstein，2010）。威廉姆森认为，制度的主要目的是降低经济交易成本。在这一层面上，威廉姆森以科斯 1937 年的文章为基础，提出了交易成本相关性的概念，并将其扩展用来解释经济组织及根据经济主体的治理结构采取行动的必要性。

在这方面，"十四五"规划第十九章第二节提到了改善公司治理和加快建立权责法定、权责透明、协调运转、有效制衡的公司治理机制方面的挑战。为了解决公司中的委托代理问题，"十四五"规划提出要寻求加强董事会职权，使其成为主要运营和决策机构。需要强调的是，改善治理和经济效益的措施的实施范围涵盖国有企业和混合所有制企业，因为混合所有制企业、国有企业和私营企业的治理机制和监督制度的改革方向存在差异。另一个重要问题是,"十四五"规划不仅涉及深化资本改革,而且涉及科学合理地界定政府与监管机构、国家资本投资和股东公司之间的权利界限。

"十四五"规划第十九章第四节特别关注民营企业。与对国有企业和混合所有制企业的政策类似,"十四五"规划强调健全支持民营企业发展的法治环境、政策环境和市场环境,依法平等保护民营企业产权和企业家权益。在这方面,除了基础研究和技术创新方面的支持政策外,"十四五"规划还专门提出了支持中小企业发展的措施,如加大税费优惠和信贷支持力度。

在设计公共政策以促进竞争力时,无论是横向还是纵向,不仅需要关注公司,还需要关注竞争本身。"十四五"规划第十九章第三节强调该内容。有效的反垄断政策并非旨在使市场力量或垄断成为非法。换句话说,法律并不试图规制市场力量,而是规制滥用市场行为,以便仅禁止具有反竞争效果的行为(Mello,2002)。为此,"十四五"规划提到的措施包括完善公平竞争审查细则,持续清理废除妨碍全国统一市场和公平竞争的规定及做法;完善市场竞争状况评估制度,建立投诉举报和处理回应机制;加大反垄断和反不正当竞争执法司法力度,防止资本无序扩张。"十四五"规划也强调要推进能源、铁路、电信、公用事业等行业竞争性环节市场化改革,放开竞争性业务准入,进一步引入市场竞争机制,加强对自然垄断业务的监管。

另一个旨在提高市场效率的措施涉及信贷市场。在现代市场经济中,信贷是推动投资和收入增长的主要机制之一。因此,若干旨在提高信贷效率,消除市场失灵,考量社会成本和效益,减少信息不对称、道德风险和逆向选择的措施正在被实施。中国正在建立一个完整的法律法规体系,以构建新的信贷机制(如正面和负面信用记录),以及对违规行为的制裁清单,以及对因信誉问题取消资格的实体恢复信贷的措施。

在中国,人工智能技术处于世界前列。同样,它被用于收集、共享、传播和应用信用信息,以提升信贷部门提供有利于个人和企业的产品和服务的能力,并且共享和整合公共信用和金融信息。其中一项举措是培养具有竞争力和国际认可的企业信用报告和评级(信用评级)机构,以对抗大型国际机构。这对于推动中国企业发行债券市场非常重要,也契合人民币国际化进程。最后一点也是为了回应中国公司的诉求,即传统机构不了解或以偏见的方式看待他们。如果政府设法创建具有国际信用的机构,那么除了加强对信用报告的监管和促进信用服务市场的健康发展之外,还要加强信用信息的安全性,以保护经济主体的合法权益,减轻对政府的不信任问题。

七、审查、税务和金融系统的现代化

"十四五"规划第二十一章涉及为实现中国经济现代化所需的财政、税收和金融体系转型,以及如何在国际金融体系中占据主动权。

第二十一章第二节专门论述了税收制度。发展中国家的一大问题是,税收结构往往倾向于间接税,这给低收入人群造成了一定程度的负担。另一个问题——就巴西而言,这仍然是一个巨大的问题,但在中国并不明显——是税收的级联。现代国家认为,只有实际产生的财富才应该征税,而从经济角度来看,税收是没有效率的。就巴西而言,联邦最高法院承认了商品和服务流通税(ICMS)应排除在社会融合计划/社会保障融资捐款(PIS/COFINS)[①]计算基础之外的论点。尽管 ICMS 是建立国家增值税(VAT)的尝试,并且存在与巴西税收制度的特点相关的所有困难(例如信贷的积累),但如果在另一种税收的计算基础上考虑它,它就只存在税收的纯粹和低效特征。

从这个意义上说,中国"十四五"规划进一步寻求从广义上优化税收结构,通过适当提高直接税比重和完善个人所得税制度,从整体上改善税制。"十四五"规划还提出要建立一个对制造业友好的系统,巩固制造业供应链并进一步优化增值税。

在国际税收领域,"十四五"规划旨在促进战略和计划的整合,并加强政策、规则和标准的连通性。从这个意义上说,中国需要寻求广泛的国际一体化,积极与更多国家签署投资保护协定和反对双重征税协定,并加强海关和税务领域的合作。

与其他西方发达经济体不同,在中国,金融体系服务于生产体系。中国在提供服务的同时,还致力于在全球范围内与其他国家和地区加强经济和金融方面的合作,并扩大在国际上的影响力。这一目标背后的主要目的是今后将国际货币体系转变为一个多边体系,其结构一方面将基于改革后的国际货币基金组织主持下的制度化货币协调,另一方面将特别提款权(SDR)作为最终储备资产。中国政府认为,多边货币体系应成为能够支持多边基础设施项目的金融全球化替代模式的基础(Aglieta 和 Bai,2016)。因此,自金砖国家新开发银行及其他几家商业银行、拉丁美洲的石油贷款和"一带一路"倡议创建和授予信贷以来,多年来一些举措已经奏效。

从这个意义上说,完成适应性强、竞争性强、包容性强的现代金融体系的建设,建立支持实体经济建设的金融体制,是"十四五"规划中涉及国家金融体系的根本问题。重要的是,虽然巴西中央银行最近才通过 WhatsApp 通信应用程序授权支付系统,但在中国,微信已经在人们的生活中以极其广泛的方式运营了十多年。因此,建立现代中央银行体系和完善货币供应控制机制意味着要意识到市场新趋势,包括数字货币。从这个意义上说,中国是世界上第一个推出由货币当局控制的数字货币的经济体。该措施的实效仍需检验,但清楚的是,数字货币的研发步伐需要不断保持。

其他提高货币政策效率的监管措施正在进行。其中一些旨在完善市场化利率的形成及其向经济市场的传导机制,以更好地发挥参考利率在贷款市场中的作用。与此同

---

① 社会融合计划(PIS)和公务员遗产形成计划(PASEP),常以缩略语 PIS / PASEP 表示,是法律实体应支付的税收性质的社会捐赠,目的是为支付失业保险、津贴及为公共和私人的工人参与机构和实体的收入决策提供资金。社会保障融资捐款(COFINS)是巴西联邦税收性质的捐款,针对公司总收入进行征收,旨在为社会保障提供资金,包括社会保障及卫生和社会援助。

时,整个金融体系的结构得到了改善,以增加经济的贷款率。为此,"十四五"规划旨在深化国有商业银行改革,加快完善中小企业和农村信用社治理结构,规范非银行金融机构发展,提高金融普惠性。保险公司在改革中也受到关注,以深化、加强和扩大其在创造财富和提高收入期间为经济主体提供保险的能力。与非金融机构类似,为金融机构设计了改善公司治理的措施,以加强对股权和与关联方交易的监管。相关措施旨在完善基本和多层次资本市场体系,大力发展机构投资者,提高直接融资,特别是股权融资比重。

还有一个重要的问题是深化新三板改革。[①] 在债券发行市场方面,"十四五"规划寻求在债券的数量、产品类型、期限方面进行延展,并促进长期国债和基础设施长期债券发展。在投资者方面,"十四五"规划着眼于改善投资者保护和存款保险制度。此外,整个监管体系正在修订,以促进金融监管体系现代化改革,在审慎监管的前提下,有序透明地促进金融创新,加快金融机构的数字化转型。第二十一章第三节涉及国家金融体系的监管策略,重点是预防金融风险和消除系统性风险。"十三五"规划已经对包括金融主体在内的经济主体的过度杠杆作用表达过担忧。因此,必须关注改善宏观审慎管理,包括保持稳定的杠杆率和下降趋势。近年来,中国金融机构相关问题被发现,主要是那些被称为影子银行的金融机构存在于传统金融体系中。因此,审慎监管力求加强对具有系统重要性的金融机构和金融控股公司的监管,加强对不良资产的识别和处置,防范和化解影子银行风险,有序处置高风险金融机构,打击非法金融活动,完善互联网金融监管的长效机制。如上所述,重要的是要强调金融体系现代化战略、创新和互联网监管的相互依存关系。为此,"十四五"规划旨在完善债务风险的识别、评估和预警,以及预防和控制证券市场违约机制。所有微观经济措施共同在宏观上有助于改善国际资本流动管理结构,加强人民币跨境支付体系的建设。

该项金融改革措施目的在于人民币国际化和与美元脱钩,以及捍卫国际货币体系向多边主义演变的外交政策。中国政府必须决定如何走向可兑换性,以适应全球化新格局的长期目标和转型的挑战(Aglieta 和 Bai,2016)。

八、创建和加强国际金融中心

"十四五"规划第十八篇坚持"一国两制"战略。近年来,中国采取了一系列举措,以

---

① 全国中小企业股份转让系统(NEEQ),又称新三板,是根据《证券法》经国务院批准成立的。它既是继上海证券交易所和深圳证券交易所之后的第三个全国性股票交易场所,也是第一个由公司运营的股票交易平台。新三板的运营公司是全国中小企业股份转让系统有限责任公司,该公司于 2012 年 9 月 20 日注册成立,注册资本 30 亿元人民币,并于 2013 年 1 月 16 日正式揭幕运营。其职责包括:为证券交易提供技术系统和基础设施;制定和审查新三板的业务规则;接收及审阅股票上市申请及其他相关业务,并为符合资格公司安排股票上市;组织和监督证券交易及相关活动;上市公司监管及其他信息披露义务;监督主要代理经纪商和其他市场参与者;新三板信息的管理和传播;中国证券监督管理委员会(CSRC)批准的其他职能。

提高其金融体系的国际化程度,并增加其在全球商业交易中的比重。2009年,中国首次在离岸市场发行政府债券,目的是允许形成利息曲线。2010年,中国和跨国非金融公司获准在中国香港发行人民币债券。2016年,人民币被纳入构成国际货币基金组织特别提款权的货币篮子。同样在2016年,中国开始在上海证券交易所进行石油交易(Torres Filho和Pose,2018)。但是,建立一个真正有竞争力的国际金融中心不仅取决于硬实力,如基础设施和资本实力,还取决于软实力,如知识和有利的商业环境(软实力因素往往更难复制)。从这个意义上说,中国特别重视完善现代化国家治理体系和法律框架,并作为确保投资安全的一种方式。

根据2021年6月的SWIFT报告,人民币是用作国际支付的第五大货币。3/4的人民币离岸支付流量通过中国香港,新加坡仅占其流动的3.7%。除香港外,中国其他城市有潜力成为亚洲金融中心,包括北京、上海、海南,甚至澳门。

今天,中国发展世界级金融中心的主要障碍之一,除了私营部门特别是外国人在金融体系和资本市场中的低参与度外,还涉及对国际金融交易的严格控制。随着上海加快建立全球人民币创新、商事、定价和清算中心,具有国际竞争力的金融机构体系也将形成。

亚洲另一个有力的竞争对手是新加坡。新加坡在亚洲是一个成熟的金融和商业中心,这主要是因为其对投资者友好的税收和金融立法。为此,中国高度重视中国税收制度现代化,注重优化地方税制和直接税制,适当提高直接税比重,深化税收制度改革及税务管理。

与其他国家不同,中国有部分城市有潜力参与国际金融市场。"十四五"规划第六十一章第一节提及了增加香港和澳门的竞争优势,以巩固其作为国际金融、商业和海事中心的地位。主要目标之一是加强其作为全球离岸人民币业务中心、国际资产管理中心和风险管理中心的功能。香港在国际联系方面已经有许多优势。从这个意义上说,"十四五"规划旨在利用这些比较优势,支持在亚太地区建设国际创新技术、法律服务和争议解决中心,区域贸易、知识产权中心,支持香港服务业在高净值服务市场的发展。

九、提升政府经济治理能力

"十四五"规划第二十二章提到了寻求改善政府的治理能力。寻求改善政府治理的目标是加快转变政府职能,建设职责明确、依法行政的政府治理体系,创新和完善宏观调控,提高政府治理效能。改善商业环境的各种措施,例如简政放权和使公共行政朝着市场效率努力。

世界银行《2020年营商环境报告》根据营商便利度对190个经济体进行了排名,中国排名第31位。为进行比较,金砖国家排名依次为:巴西第124位,俄罗斯第24位,印度第63位,南非第84位。虽然中国在金砖国家中的地位相对较高,但相比于美国的第

6位,中国若要建立一流的商业环境,还有很多工作要做。

为促进监管能力现代化,多项措施将实施,如完善以"双随机、一公开"监管和"互联网+监管"为基本手段、以重点监管为补充、以信用监管为基础的新型监管机制,推进线上线下一体化监管。

十、绿色金融的法律框架

尽管绿色发展已经在"十三五"规划中被重点提及,但在"十四五"规划中其仍是中国发展的一个突出点。虽然世界上有相当多的倡议强调更清洁和更可持续的能源组合的重要性,但由于融资机制的不足和低效率,多项倡议尚未启动。为便于政策落地,中国重视建立一个法律框架,以加强绿色发展的法律和政治保障。为此,要促进关键部门的可持续转型,以便建立一个有效的碳市场,发展一个债券市场和金融体系,目的在于以低碳、安全和高效的方式为绿色技术创新和清洁能源提供资金支持。在"十三五"规划中,可持续发展是中国新技术传播和经济增长的主要基础之一。在"十四五"规划中,除了应对气候变化外,其寻求通过建立一个促进技术创新、金融创新、法律安全的监管环境,以及有利于节约能源、环境保护和资源综合利用的财政政策,为绿色发展建立一个孵化器环境。Aglieta和Bai(2016)总结了实现可持续发展的四个关键点。由此,"十三五"规划和"十四五"规划之间前后衔接。因此,对"十三五"规划的分析可以扩展到"十四五"规划。在这种分析中,资本需要从高污染和能源密集型行业转向创新的高科技产业。这将需要一个专门的系统来为环境保护项目提供资金。第一个领域是建立专门从事绿色信贷和投资的机构。支持系统将需要中央和地方政府资金,以及金融领域的制度改革:创建绿色银行——国家层面为中国生态开发银行,地方层面为私人融资的绿色银行。新成立的有中国主要参与的国际开发银行(丝路基金、亚投行、金砖国家新开发银行)应建立环境风险管理体系,传播环境信息,促进海外绿色投资。第二个领域是通过适当的金融工具提供财政和金融政策支持:通过政府机构融资提供贴现绿色贷款,鼓励银行和公司发行绿色债券,为投资和IPO提供长期、低成本的融资来源,简化注册,使环保公司能够在股票市场上获利。第三个领域是支持绿色投资的金融基础设施。这将包括碳交易市场、创建新资产类别以鼓励机构投资者投资的环境分类、可持续性股票指数、由环境部管理的以较低成本评估绿色项目的绿色数据库,以及可以监测投资业绩和提升资产管理人专业知识水平的投资者网络(Aglieta和Bai,2016)。第四个领域是法律基础设施,包括用于限制对污染项目进行投资的强制性绿色保险,基于损害确定标准管理责任风险的责任保险,使污染受害者能够对资助集约化污染项目的金融机构提起集体法律诉讼的债权人责任,以及为评估环境风险信息而要让上市公司强制披露环境信息。

十一、总结

中国明确提出,"十四五"规划将继续为2035年基本实现社会主义现代化的目标而努力。为此,在"十四五"规划中中国制订了一系列相互联系、相互补充的目标。例如,通过创新推动技术发展,然后通过技术发展创造由新的融资体系和绿色债券市场推动的新的清洁技术。又如,通过数据和互联网监管强化银行和信贷市场监管机制,防范和惩治金融犯罪,从而有助于人民币国际化,反过来又通过这些制度的改善来加强竞争和提升市场、金融体系、税收和劳动立法的效率,重新平衡有利于消费的增长动力。又如,通过加强公共和私人治理体系的法律框架来鼓励国内和国外的投资。最后,通过技术发展与体制/法律变革齐头并进来为经济和社会发展溢出正外部性。

参考文献

1. Aglietta, Michel and Bai, Guo. China's 13th Five-Year Plan. In Pursuit of a "Moderately Prosperous Society"[R]. 2016.

2. Beckstein, Luis. Instituições e Desenvolvimento: Condições para o Investimento na América Latina[D]. Universidade Federal Fluminense, 2021.

3. Coase, Ronald. The Nature of the Firm[J]. *Econômica*, 1937:4.

4. The Problem of Social Cost[J]. *Jornal of Law and Economics*, 1960.

5. Cohen, Benjamin. The Yuan Tomorrow? Evaluating China's Currency Internationalization Strategy[J]. *New Political Economy*, 2012.

6. Comitê Central do Partido Comunista. Propostas do Comitê Central do Partido Comunista da China sobre a Formulação do Décimo Quarto Plano Quinquenal de Desenvolvimento Econômico e Social Nacional e Metas de Longo Prazo para 2035[EB/OL]. http://www.gov.cn/zhengce/2020-11/03/content_5556991.htm, 2020-3-3.

7. Frank, Tang. China Macro Economy[R/OL]. https://www.scmp.com/economy/china-economy/article/3110184/what-chinas-dual-circulation-economic-strategy-and-why-it, 2021-6-6.

8. Mello, Maria. Defesa da Concorrência[D]//Kupfer, David, Org. Economia Industrial, Rio de Janeiro, 2002.

9. National Development and Reform Commission. https://www.ndrc.gov.cn/xxgk/zcfb/ghwb/202103/t20210323_1270124.html, 2021-3-23.

10. National Equities Exchange and Quotations. http://www.neeq.com.cn/en/about_neeq/introduction.html, 2021-6-28.

11. North, Douglas. Institutions, Institutional Change and Economic Performance[M]//*Political Economy of Institutions and Decisions*. New York: Cambridge University Press, 1990.

12. Reinert, Erik. The Role of the State in Economic Growth[J]. *Journal of Economic*

Studies,1999,26(4/5).

13. Swift. Reporting and statistics on renminbi(RMB) progress towards becoming an international currency[J]. *RMB Tracker Monthly*,2021(6).

14. The World Bank. Doing Business 2020[EB/OL]. https://portugues.doingbusiness.org/pt/reports/global-reports/doing-business-2020,2021-6-20.

15. Torres Filho,Ernani and Pose,Mirko. A internacionalização da moeda chinesa: disputa hegemônica ou estratégia defensiva? [J]. *Revista de Economia Contemporânea*,2018,22(1):1—23.

16. Williamson,Oliver. *The Economic Institutions of Capitalism*[M]. New York:The Free Press,1985.

共享机遇和共同发展的未来：走向开放和繁荣的法制建设

路易斯·爱德华多·维达尔·罗德里格斯(Luiz Eduardo Vidal Rodrigues)
贾辉(Harrison Jia)
伊莎贝拉·克里斯托(Isabela Christo)

摘要：1978 年，中国开始对外开放。 从那时起，在一个相对较短的时期内，中国在社会和经济上得到了发展，并成为全球最重要的领导者之一，这直接得益于中国特色改革的成功实施。 中国改革的一个明显结论是，其可能是全球最成功的经验，因为没有其他国家能够在这么短的时间内取得如此成就。 经济特区和自由贸易区的建立是中国经济改革的一个关键因素，对国家的开放进程和经济社会发展至关重要，在全球范围内吸引了大量的外国投资，特别是来自西方世界的投资，促进了国际贸易，给中国人民带来了繁荣。 改革的实施促进了中国的经济发展，并使其在过去 40 年中得到了繁荣发展。 中国和巴西有很大的相似之处，因为这两个国家都是发展中国家，都有大陆特色，最近都在打击内部腐败，都在推动改革和经济开放的进程。 巴西在 1988 年颁布了国家的新宪法，并在 1992 年开始开放国家的经济（比中国晚了十多年）。 在开放和构建更安全的营商环境方面，中国最近颁布了新的《外商投资法》和《民法典》，而巴西则通过了《经济自由法》，成立了去官僚化、管理和数字政府特别秘书处，正在推动私有化和新的监管框架，以打破国家在若干经济领域的垄断，也正在讨论国家的行政和税收改革。 尽管有一些相似之处，但在每个国家如何计划和实施改革方面可以看到很多不同之处。 很明显，中国采用的是中国特色社会主义，在经济领域有更强的政府控制的存在，而巴西选择的是基于较小国家结构的模式，政府干预较少。 但是，这两个国家之间的主要差异并不在于政治方针和方向，而是在于各个国家如何进行和管理其改革。 本文的这一特定主题旨在探索和发现中国特色改革的成功经验是什么，以及巴西可以从中吸取哪些经验和教训。 如今，中国是一个高度工业化的国家，是巴西的主要贸易伙伴，并将巴西作为其国家对外投资的主要目的地之一。 两国之间的协同作用及短期和中期的经济利益趋同是强大而明确的，而从长远来看，两国战略利益也趋同，因为两国都认为和平的国际环境对其人民和全人类的物质繁荣和福祉至关重要。 从法律和监管的角度理解所面临的挑战及法律框架如何发展，可能为经济开放提供关键的经验，以建立一个充满机遇和共同发展的共享未来。 在这个意义上说，抛开对每个国家的政治性质和意识形态取向的考虑，本文将旨在分析中国采取的哪些特别规定可以为巴西的经济和社会发展做出贡献，以实现共同目标。

关键词：经济改革、开放、经济特区、自由贸易区、监管框架、经济发展

一、中国经济特区简介

公共政策与经济政策是密不可分的,即使经济政策仅限于执行项目本身所需的预算规划。大多数时候,当一个强有力的政策能务实地考虑到它将对经济产生的影响时,它就是成功的;也就是说,要把经济看作是由人们开发的旨在生产、分配、消费生存和生活所需的商品和服务的一系列活动。①

经济特区的实施是一项经济公共政策战略,尽管它们可能包括该地区的社会、环境和文化生活的各个方面。

各个经济特区可能有非常不同的特点,因为它的结构和类型仍然是学术界激烈讨论的焦点,而学术界也希望通过这种讨论提供一个完整的概述、理论概念和实际的例子。这些都将被解决。②

通常,在特定国家采用经济特区时,主要目标是促进工业化、结构转型和吸引外国投资,以实现经济和社会发展。

根据世界银行国际贸易部高级经济学家托马斯·法罗尔的定义,经济特区一般可被描述为:

> 在一个国家的国界内划定的地理区域,其商业规则与该国家领土上的规则不同。这些不同的规则主要涉及投资条件、国际贸易和海关、税收和监管环境;据此,该地区的商业环境从政策角度看要比该国家领土其他地区的环境更自由,从行政角度看更有效。③

经济特区的特殊性来自这些特殊的规则,广泛的免税将吸引外国和本国的投资,使特区内的经济蓬勃发展。

经济特区的产生要么是因为一些当地公民将在所建立的新产业中就业,要么是资本流动将使当地进步,物流设施将得到改善以帮助企业家运输他们的产品,等等。经济特区内的例外情况将取决于经济特区的类型,投资是私人的、公共的还是合作的,以及考虑到哪一个或哪些经济部门。

经济特区往往是在一个具有某种比较优势的地方实施的;它可能是具有丰富自然资源的地区、高速公路之间的连接区、货运港口或机场,或者任何可以开发和改进的地

---

① O Que é Economia? | FEA-USP[R/OL]. 2020, https:/. /www. fea. usp. br/economia/graduacao/o-que-economia.

② Lotta Moberg. The Political Economy of Special Economic Zones[J/OL]. *Journal of Institutional Economics*, 2015, 1: 167—190. doi: 10. 1017/S1744137414000241.

③ Thomas Farole and Akinci Gokhan. Special Economic Zones Progress, Emerging Challenges, and Future Directions [R/OL]. 2011. https://openknowledge. worldbank. org/bitstream/handle/10986/2341/638440PUB0Exto00Box0361527B0PUBLIC0. pdf? sequence=1.

区。这种优势将影响到所选择的经济特区的类型,因为它将影响到当地的地理和社会质量。根据《经济特区:全球经验教训》一文[1],"经济特区"一词涵盖了不同的特区概念,例如自由贸易区、出口加工区、综合经济特区、工业园区、保税区、专业区、生态工业区或园区。

一个特定的区域可以是多种类型的区域,这些类型之间并不相互排斥。

首先,自由贸易区可能是人们最容易理解的经济特区类型,它们可以位于港口地区,并与优惠的贸易关税、产品的出口和进口及与一个或多个国家的商业协议相联系。

其次,虽然鲜为人知,但保税区可与自由贸易区密切相关,因为这些商业中心接收和储存(免费)保税仓库中的交换产品。但主要的区别是"保税区"受海关法律和法规的约束,而"自由贸易区"则不受这些规定的约束。

再次,出口加工区是几乎完全(约80%)用于生产出口货物的地区。出口加工区可能会,也可能不会与工业园区汇合。工业园区是制造和生产区,可以选择在产品完成后出口或在国内消费。生态工业区或园区是拥有包括环境保护和生态考虑在内项目的工业园区。而特定的生产区则被归类为专业区。

最后,综合经济特区,顾名思义,是一个具有广泛利益的区域,覆盖更大的面积和多个经济部门。

如前所述,经济特区项目的融资可能完全由一家外国或本国公司负责,政府的参与只是为了免除费用及官僚机构干涉。但是经济特区项目也可以是一个公共部门的倡议,用公共资源资助部分或全部运营成本,以便用所创建的基础设施吸引新公司和工厂。

历史上,出口加工区是欧洲为吸引外国投资而建立的第一种经济特区;如今,经济特区不仅出现在非洲、亚洲、美洲和大洋洲,而且不限于寻求外国直接投资(FDI)。

经济特区可以作为新的公共政策的小型本地化实验,促进系统的经济改革,并作为促进当地就业的补充解决方案,同时国家继续从国家层面推动国家的改革和开放。

二、中国经济特区的历史背景

在20世纪70年代末开始改革之前,中国是一个相对封闭的经济体。

自从改革开放之后,中国实施了一些公共政策以开放市场,并尝试各种可能的措施为社会带来繁荣。

1988年的中国《宪法》规定:"私营经济是社会主义公有制经济的补充。国家保护私营经济的合法权利和利益,对私营经济实行引导、监督和管理。"这一规定显示了对国

---

[1] Douglas Zhihua Zeng. Special Economic Zones: Lessons from the Global Experience[R/OL]. https://assets.publishing.service.gov.uk/media/586f9727e5274a130700012d/PEDL_Synthesis_Paper_Piece_No_1.pdf,2020-2-22.

家经济增长的新的重大承诺。最后在1993年,中国正式开始了从"计划经济"到"市场经济"的转变,国有企业进行改革,独立经营、自负盈亏。中国开始从对外国投资者而言的神秘国度转变为有吸引力的未来投资目的地。①

中国经济的快速增长主要始于中国政府开始有控制地允许普通民众(包括小农户)以私人方式主动增加国民生产。这一时期,中国的制造业和人均产量有了明显的增长。在这种情况下,经济特区所代表的角色是开放和国际化改革的催化剂和促进者。

下面是设立经济特区前中国必须面对的三个重要现实:

第一,中国应该认识到全球经济不断增长的力量,并将其增长努力集中在密集型模式上。参与全球经济对中国的发展具有战略意义,也是必不可少的,而经济特区是吸引外国直接投资的好办法。中国需要融入国际环境,这迫使中国改善其生产部门,需要更有技能和效率的劳动力。所有这些都得益于当时实施的经济技术开发区、自由贸易区和高新技术产业开发区。

第二,中国人民应该有更高的购买力和更好的生活水平,这将通过提高生产力和最大化经济激励来实现。

第三,即使采取了更开放的制度,中国共产党在任何情况下都应该是执政者,特别是要继续有能力进行必要的改革,这实际上意味着经济特区是用公共资金建设的,中国政府提供了基础设施,因此吸引了国际公司和外国直接投资。

这三个方面使中国的经济特区具有独特的条件,很难在其他地方完全复制,但从中国的例子中可以得到重要的经验。

经济特区等现代化政策的实施,在将中国在世界市场上推向一个新高度的同时,也给中国民众带来了实实在在的好处,如社会包容、减少失业和中国人均收入增长。

不可否认的是,这种增长对中国人民是有益的,并通过提高预期寿命和购买力、降低失业率、提高生活质量而带来社会条件的改善,尤其需要考虑的是,这是一个拥有13亿人口的国家。②

中国香港那时是一个有影响力的支持设立经济特区的真实案例,邓小平同志也看到了中国香港当时在经济上的成功。那时,中国香港自我定位为自由贸易港,比亚洲其他地区,特别是中国内地更加开放,这使得中国香港当时成为世界公司的国际枢纽和外国直接投资的中心。无论采取何种定义,中国香港当时是一个全面的经济特区。

基于以上原因,中国在深圳创建了中国第一个也是最成功的经济特区。直到2009年年底,深圳经济特区的领土面积还只包括深圳市全部行政区划中的四个区——盐田、

---

① Schwarzman College,2019-12-31.
② World Bank. China's Special Economic Zones Experience Gained[R/OL]. https://www.worldbank.org/content/dam/Worldbank/Event/Africa/Investing％20in％20Africa％20Forum/2015/investing-in-africa-forum-chinas-special-economic-zone.pdf,2020-3-12.

南山、罗湖、福田,此后才扩大到深圳全市。

三、经济特区条例:历史的成功案例及未来期许

从 1980 年到 1985 年,利用深圳毗邻香港的地理位置和经济特区的优惠政策及法规,中国香港大量的劳动密集型制造业开始向深圳转移。

深圳吸引了许多从事来料加工、零部件加工或补偿贸易(电子、机械、五金、化工、塑料、纺织、服装、玩具、食品等方面)的企业,为深圳的工业发展奠定了基础,积累了原始资本。

同时,中国的市场经济体制改革已经开始,在工资制度、价格制度、劳动和就业制度、司法改革等方面开始进行更大胆的改革。

深圳在最初阶段是作为保税区建立的。它的建立也给在 1986 年至 1992 年的出口导向型工业化阶段中港口开放和许多中国国内关联企业的设立打上了烙印。

同时,在这一时期,中国在国家层面上开始实施国有企业的股份制改革、土地经营权转让、金融体制改革、住房商业化,并形成了工业加工的经济结构。

从 1993 年到 2003 年,深圳一直处于文化进步和现代化的发展中,金融中心的建立和高科技产品博览会的举办,改善了城市环境,也有助于发展现代基础设施。

2020 年的法律规定简化了公司设立登记中的文件要求,不再需要提交"名称预先核准申请书""住所或经营场所信息材料"和"负责人、高级管理人员和其他相关成员的任命文件"。相反,申请人只需在网上提交申请时提供其信息即可。[①]

多年来,深圳既由于成为中国的出口地区而得到特别支持,又由于企业所得税的税收优惠和立法授权的巨大灵活性和自主性吸引了许多产业;其地方法规的制定与中央政府的政策制定和改革相比,仍然更为灵活。通过多年的建设,深圳最终创造了良好的人文环境和生态环境,不仅通过改善医疗、教育和交通而为人民提供了更好的服务,还提升了城市文化品位。

在不到 40 年的时间里,深圳已经从一个 3 000 人的村庄变成了一个拥有 1.7 亿多人口的国际化、现代化城市。

现在,随着"十四五"规划的公布,以及粤港澳大湾区建设世界级创新中心和城市群计划的公布,深圳将进一步发展并在未来的枢纽中发挥关键作用。

在 20 世纪 80 年代建立深圳经济特区的同时,另一个特区也在福建省厦门市建立。

厦门与台湾隔海相望,是海峡两岸一个重要的中心城市。1980 年 10 月 7 日,中国国务院批准在厦门划拨出 2.5 平方千米的土地作为经济特区,并在 1984 年扩大到整个

---

① Chen, Abby. Shenzhen Implements New Rules on Commercial Registration, More Friendly to FDI [R/OL]. 2021. https://www.china-briefing.com/news/shenzhen-sez-implements-new-rules-on-commercial-registration-more-friendly-to-fdi/, 2021-4-26.

城市。经过40多年的发展,从2.5平方千米的荒地到中国对外开放的桥头堡,厦门已经成为中国又一个成功的经济特区。

从发展过程来看,1980—1991年的厦门经济特区面临许多困难,如经济基础薄弱、产业结构不合理、科技创新能力不强、外贸发展缓慢、城市竞争力不强等,但经过1980—1991年的初步建设和发展,厦门终于在各方面取得了长足的进步。

正如深圳一样,厦门经济特区的成功很大程度上也是得益于政策的支持,特别是对台政策的实施,极大地促进了海峡两岸经济的发展。无论是从事农业、林业、畜牧业、港口码头建设和经营的生产性外商投资企业,还是从事电力项目的中外合资企业,都享受到了优惠政策。这些外商投资企业不仅在GDP方面为经济发展做出了积极贡献,而且为经济结构的产业升级做出了贡献。

目前,共有11个国家和地区的50家世界500强企业在厦门投资了92个项目,利用外资21.5亿美元。外资投资不仅是数量上的突破,也是质量上的飞跃。

体制机制和因地制宜的政策支持是中国区域经济发展的灵魂,更深层次的国家政策也正在改革和实施。

2021年6月10日,《海南自由贸易港法》获得颁布,它建立政策和制度以逐步实现贸易、投资、跨境资本流动的自由和便利,人员和交通的自由和便利,以及数据的安全和有序流动。

海南自贸区监管框架的具体内容包括贸易自由与便利化、投资自由与便利化、财税制度、生态环境保护、产业发展、人才支持等。

在税收政策方面,海南岛封关运作后,中国其他地方(不含港澳台)与海南自由贸易港将采取不同的税收制度。海南自由贸易港将简化增值税、消费税、车辆购置税、城市维护建设税、教育费附加等税费的征收,并在货物和服务的零售阶段征收营业税。对应征税的进口商品实行目录管理,除应征税商品目录中的商品外,其他商品进入海南省时均可免税。对从中国其他地方(不含港澳台)进入海南省的货物,已征收的增值税和消费税将予以退还。在海南自由贸易港注册的符合条件的企业将享受企业所得税优惠政策,在海南自由贸易港注册的符合条件的个人将享受个人所得税优惠政策。[①]

在人才引进方面,2020年《海南自由贸易港建设总体方案》颁布后,海南对包括巴西在内的59个国家实行30天免签,对取得海外职业资格的人才将实行单独认定名单制度,并在工作和生活上提供人才服务的优惠政策。

有趣的是,在上述三个特区内,我们可以看到中国的做法是如何演变的,即中国如何根据国家和地区的社会和经济发展阶段来调整管理方案。

经济特区的实质是降低关税,制定优惠政策,提供财政支持等措施,以此创造更安

---

① A Comprehensive Interpretation of Hainan Free Trade Port Law. Thepaper.cn,2021-6-21. https://m.thepaper.cn/baijiahao_13232375.

全的投资环境,鼓励吸引外资,引进和发展先进技术和科学管理方法,以促进区域经济和社会的发展。

上述这些特点在中国所有的经济特区都存在,但很明显,中国的经济特区已经从早期的生产和出口驱动的经济特区发展、重塑成高科技的经济特区,而在这个阶段,中国人被鼓励储蓄和积累财富以建立家庭财务基础。

现在,中国的《民法典》《外商投资法》颁布了,中国也正在为建立一个更加繁荣富强的现代化社会而在经济方面刺激国内消费。在这一背景下,海南自贸区的建立,重点是商品货物进口及对消费和人才吸引的税收优惠。

自经济特区政策实施以来,中国不仅在经济总量、规模、发展速度、质量、科技创新能力等方面得到提高,而且人民群众的生活水平、生活质量、生活环境也得到了改善。可以说,经济特区在快速发展的同时,经济效益和社会效益也得到了明显的提高。

四、巴西的背景

现在,巴西被认为是一个新兴经济体。它仍然有许多经济问题,如较低的人类发展指数(HDI)和巨大的社会不平等。一些挑战刻画了国家工业发展的路径,研究这些挑战对于彻底了解目前的情况和直观了解采用经济特区对国家发展的重要性是至关重要的,就像中国的发展一样。

巴西的经济在过去30年中经历了不同的阶段,这主要是由于自20世纪80年代以来巴西采取的各种经济计划而导致的,且巴西的经济变革时间与中国的经济变革时间非常相似。

巴西经济扩张的一个实质性挑战是对外贸易、开放经济和发展国家工业。自由化的观点、新的雷亚尔(巴西货币)汇率政策和20世纪90年代初进行的私有化对于支持经济发展至关重要。

在经历了一系列失败的措施后,1993年巴西出台了《雷亚尔计划》(Plano Real),作为应对巴西历史上最高通货膨胀率的解决方案。当时采取的措施包括:针对不同部门和国有公司的私有化,建立监管机构,重新划定联邦各州和各市的债务,以及前所未有的市场开放。这些措施成功地打破了恶性通货膨胀的周期性过程。那时,恶性通货膨胀已经产生了巨大的金融不安全感,并降低了人民的购买力。

在《雷亚尔计划》[①]之前的所有经济计划都失败了,主要原因是巴西中央银行的储备水平不足,无法保护经济免受国际投资者从汇率波动中获利的投机性攻击,这在很大程度上证实了巴西的利益相关者对外国投资仍然存在恐惧。

巴西一直是一个商品出口国,由于这些措施,商品出口受到了很大的影响。一旦商

---

① Manuel A. R. Da Fonseca. Brazil's Real Plan[J]. *Journal of Latin American Studies* 30, no. 3 (1998):619—639,https://www.jstor.org/stable/158032? seq=1.

品的价格在世界范围内几乎固定,货币升值就意味着商品在全球市场上的竞争能力下降。在采用固定汇率制度,以及后来在1999年采用汇率浮动制度之后,巴西的制度最终被固化为浮动汇率,正式标志着巴西恶性通货膨胀的结束,开始了一个繁荣的国际交流和开放的新时代。

20世纪90年代巴西采用固定汇率制度的主要目的是保持价格稳定和控制通货膨胀。为了维持这一制度,有必要保持高利率以吸引大量的外国资本,保持货币的稳定并减少公共部门的大量赤字。

注入巴西经济的大部分外国资本是针对金融市场的,而不是针对实体经济的。然而,巴西人民的生活质量仍然得到了明显改善。当时,巴西正在构建一个消费驱动型社会,其国民享受着国家正在经历的基于商品黄金周期、高利率和激励内部消费的信贷政策的良好经济时刻。

这种模式,尽管在其目的上相当成功,吸引了大量的资本投资者,但并不能为国家的工业发展做出贡献,也没有为投资者将资本投入实体经济创造必要的条件;投资者已经获得了巴西债券的高利率所提供的高回报,但这并不证明在本地生产和本地市场等方面承担进一步的风险是合理的;这种现实一直持续到2020年。

随着大宗商品黄金周期的结束和经济发展模式的转型,巴西已经改变了其经济政策,将利率降低到几十年来的最低水平,目的是根据商业环境的变化促进资本流向的转变。同时,巴西开始讨论并实施更认真和更深入的改革,包括行政、财政和税收方面的改革,以使政府更有效地运作并保持其账户平衡。

巴西在联邦和州一级也开始在政府曾经垄断的部门推动深入的私有化运动。例如在天然气方面,通过提高该部门的竞争力以提供更便宜的能源;又如,在基本卫生和供水方面,通过普及基本卫生系统改善公共卫生条件和人口的生活质量。

巴西的改革有望增强投资者对该国的信心,提升巴西资产的价值,创造就业机会,并控制通货膨胀和利率,因为它表明国家正在采取必要的措施以保持其偿付能力并促进进一步发展,从而吸引来自国外和国内的新的参与者。

诸如税收改革等其他改革也在巴西国会的讨论中。税收改革的目的是减少税收制度的复杂性和官僚主义,而不一定是减少政府征税的数量。但是,仅仅简化目前的税收制度就有望减少公司的行政成本并提高其竞争力。目前,巴西公司进行纳税申报的成本平均为1.958个工时,每年超过600亿雷亚尔(约160亿美元)。①

对巴西而言,控制财政平衡是确保未来几年经济增长的一个非常重要的步骤,因为有了预算节余,政府将有更多的资源来促进国家的基础设施建设,并有必要的条件来吸引外国投资者支持发展,从而缩小目前的差距,或者在国内投资,在当地生产或组装,以

---

① https://g1.globo.com/economia/noticia/empresas-gastam-1958-horas-e-r-60-bilhoes-por-ano-para-vencer-burocracia-tributaria-apontam-pesquisas.ghtml.

进入当地消费市场。

从这个意义上说,巴西正在从国家层面做出必要的安排,以促进其基础设施建设和经济发展,并改善其目前在全球竞争指数上第73位的排名。[①] 中国有句俗话说"要致富,先修路"。根据中国的说法,基础设施的发展是获得工业和商业扩张的必要条件,之后才能进一步促进经济增长。如此看来,巴西似乎已经在以自己的方式遵循中国的战略,在全国范围内推动深入的、雄心勃勃的基础设施建设。

然而,与中国不同的是,巴西只从整个国家的角度来推动改革,而这个国家又是一个各地发展水平差异很大的国家,而且如上所述,巴西在过去的三十年中几乎没有改变过国家战略。

在20世纪80年代和90年代,巴西和中国的经济规模相当接近,巴西的人类发展指数较高,两国都在进行推动开放和发展的改革,并努力克服各自的本地挑战。

但是,国家在实施改革方面有什么主要特点使得中国获得了世界近代史上最大的发展飞跃?

这个问题的答案在于中国特色。

在过去的四十年里,中国的公共和经济政策没有出现任何急剧的转变。恰恰相反,中国根据政策的实际效果来改善政策,从而制定更加稳健的战略。这有助于保持经济和社会发展朝着同一方向前进。

从这个意义上讲,中国的另一个特点是监管框架总是在追随发展,而不是相反。

中国的监管框架是不断发展的,动态地适应经济和社会状况。从经济特区的政策中可以看出,它从深圳开始,作为一个保税出口区出现,重点发展工业部门和出口产品,彼时中国的人类发展指数很低,家庭人口需要工作并为未来准备储蓄。然后,政策逐步调整,吸引人才和高科技,再到海南自贸区的制度,重点是消费和进口商品。现在,中国的GDP居世界第二位,同时具有世界最大的人均购买力,尽管它仍然是一个发展中国家,但已经建立了现代化的、发达的、繁荣的经济中心和城市。

之所以中国能够如此有效地调整其政策和改革以适应国家和社会正在经历的变化,是由于其有能力观察和复制优惠政策的局部试验(例如经济特区),这也允许在实施和调整国家级政策的同时,通过扶持不太有利的地区来实现发展。

与中国一样,巴西也面临着经济基础薄弱、产业结构不合理、科技创新能力不强、对外贸易发展缓慢、城市竞争力不强等问题。从这个意义上讲,巴西必须面对三个重要的现实问题。

第一,参与全球经济是巴西发展的战略和必要条件,经济特区的例子有可能成为吸引外国直接投资的好方法,让欠发达地区的发展蓬勃起来,帮助平衡该国不同地区之间

---

① Global Competitiveness Index(GCI) 2017-18,World Economic Forum.

现有的差距。巴西的发展要想登上国际舞台,就需要改善生产部门,获得更多熟练和高效的人员。

第二,巴西人民应该有更高的购买力和更好的生活水平,这需要通过提高生产力和最大化经济激励来实现。

第三,即使采用了更开放的系统,巴西联邦政府仍应在任何情况下都作为经济特区的主导力量,它应持续保持进行必要改变的能力,这实际上意味着在 PPP 结构中建设经济特区以提供基础设施和正确的激励措施,从而吸引国际和国内公司的投资,创造就业机会和财富,并提高人们的社会生活水平。

五、结论

如前所述,在 1979 年当中国决定在四个沿海城市建立四个经济特区时,最初的主要目标是吸引外国投资。同时,中国通过建立经济特区,意图向不同类型的国际投资进行开放,并利用其大量的剩余劳动力。经济特区通过外商直接投资刺激了新技术的交流,换句话说,它被用作促进国内经济的工具。

中国在经济特区专业技术实施方面处于世界领先地位。世界上一半以上的经济特区都位于中国境内。当然,并不是所有的中国特区都是成功的案例,但世界上最成功的案例和其特定领域的先驱者都在中国。

如前所述,深圳是最著名的案例,它在 40 年内从一个拥有 3 000 名居民的村庄发展成为一个拥有超过 1 700 万居民的现代化发达城市。

中国政府将经济特区当作其境内的小规模实验,它们可以控制其进展,并不断评估下一步发展以便不威胁到国家经济发展,并拉平不同地区的发展水平,同时国家层面的改革也在实施。

与中国一样,巴西也是一个具有大陆性的国家,具有不同的区域性挑战、特点和发展水平,这使得讨论国家改革或国家发展而不顾及这些区域性条件是困难和低效的。然而,从中国的经验中可以学到的是应讨论和逐步实施将影响整个国家的国家改革,即巴西的劳动改革、行政改革、税收改革等。巴西可以通过在欠发达地区建立优惠政策实现以下目的:第一,作为这些政策的试验场,帮助调整国家战略和保持稳定;第二,由于低税和较少的官僚主义、财政支持和灵活的进入壁垒的激励措施,吸引国内和外国投资到这些地区;第三,作为结果,改善区域社会发展和人类发展指数。

因此,经济特区的方式可以加速一个特定地区的经济发展,帮助该地区与国内更发达的地区实现平等,这最终将有助于更好地调整国家政策,以便在一个更均衡的环境中讨论和批准政策。

作为一个像中国一样的大陆国家和发展中国家,巴西面临着一些主要的挑战,有不同的区域现实和背景。巴西可以采用经济特区的方式来促进区域经济和社会发展,并涵盖外国投资者的参与。中国的模式可以在国际上复制,在非洲已有成功的案例。

在全国范围内实施了几个经济特区并获利后,中国看到了在境外投资建立经济特区的可能性和益处,即可以增加国家的国际影响力,促进当地的经济和社会发展,当然也包括改善国际贸易。

非洲与中国合作的不同经济特区是一个很好的例子,说明这种类型的伙伴关系是有效的,以及中国的技术对实现这种伙伴关系是重要的。中国政府批准了7个非洲经济特区作为全球倡议项目的一部分获得特别资金,其中6个已于2009年11月开始建设。

在成功实施了国家模式之后,中国政府知道不同的经济特区应该有不同的实施过程。因此,中国在与非洲共同创建经济特区之前,考虑了过去自身在国际上实施一些政策过程中得到的经验和教训,从而既使中国和非洲之间建立了更好的关系,也使中国和非洲共建的经济特区取得积极发展。中国所采用的新的参与模式包括中国政府给予中国公司奖励,让它们负责建设和经营这些营利性的经济特区,但它们必须通过竞争获得政府的补贴,且需要对自己所投资的资本负责,以及决定经济特区建设的最佳位置,并与东道国政府进行谈判。

埃塞俄比亚的东部工业区是中国在该地区的第一批经济特区的成功案例之一。它现在已经完全被占用,所有的地段和空间都已售出或租出,主租户将其业务从东莞迁出。东莞毗邻深圳,有大量的制造工厂。这个方案利用了埃塞俄比亚的低成本劳动力资源和高质量的工业投入的优势。由于埃塞俄比亚也产出大量的牛、羊,因此可以提供丰富的高质量皮革。这家在东部工业区内建立的中国公司从2012年的600名员工开始,到2017年已经发展成为拥有超过4 000名员工的大规模公司,其中只有约100名是中国人。此外,该公司还一直在招聘埃塞俄比亚的毕业生,并将他们送到中国作为管理培训生进行培训。[①]

考虑到中国和巴西经济之间的相互依存关系,以及和平的国际环境对全人类的物质繁荣和福祉至关重要的共识,经济特区的共同发展确实可以在进一步深化两国关系和共同发展方面发挥重要作用,相互帮助克服各自的挑战。

---

① http://aeabc.org/china-to-develop-more-special-economic-zones-in-africa/ China to Develop More Special Economic Zones in Africa,2019-6-9.

中巴艺术领域法律合作项目评析

马里西奥·托斯卡诺·弗朗卡·菲略（Marcílio Toscano Franca Filho）
亨利克·列侬·法拉斯·盖德斯（Henrique Lenon Farias Guedes）
若昂·维克托·波尔图·贾尔斯克（João Victor Porto Jarske）

摘要： 本文研究了中国和巴西之间未来是否有可能像中国和美国在 1984 年、1985 年和 2009 年那样通过签署双边文化协议以促进两国之间的文化交流和经济交往。可以说，两国之间成果丰硕的文化交流是精心设计的外交至高点之一，巴西和中国都有相当丰富的文化遗产可以相互分享。然而，为保障这种交流以合法的方式进行，可能有必要签署明确规定中巴之间文化产品进出口必要条件的双边文化协议以防范非法贩运、洗钱或恐怖主义融资。中国和巴西都是 1970 年《关于禁止和防止非法进出口文化财产和非法转让其所有权的方法的公约》（1970 UNESCO Convention）和 1995 年《关于被盗或非法出口文物的公约》（1995 UNIDROIT Convention）的签署国，尽管上述两项公约有其优势，特别是从道德角度来看有其重要性，但是在大范围防止非法贩运、艺术品市场中的洗钱和恐怖主义融资方面仍有很大的改进空间。

关键词： 文化遗产、1970 年《关于禁止和防止非法进出口文化财产和非法转让其所有权的方法的公约》、双边文化协议、巴西文化遗产、中国文化遗产

一、引言

在艺术品和古董领域，巴西和中国都是重要的提供者及消费市场，在全球都占据相当比重。相关行业通讯发布的经济报告中的数据跟不上这些国家的艺术家、博览会、拍卖会、收藏家和文化产品消费者不断增长的数量。中国与美国、英国一道，是当代世界三大艺术中心。在巴西，得益于媒体大亨阿西斯·沙特奥布里安德（Assis Chateaubriand）和行业大亨奇奇略·马塔拉佐（Ciccillo Matarazo）等人的远见卓识，自 20 世纪 40 年代以来，艺术品收藏取得了日益增长的发展。如今，尽管受到新冠疫情的影响，但巴西艺坛仍然是拉丁美洲的坚固堡垒。

在过去几年中，中巴两国之间的互惠利益也在增加，特别在文化领域。这一现象体现在不断增加的展览、艺术家驻场计划和文化机构，以及中巴艺术家之间成果斐然的交流。

毫无疑问，所有这些都是中国和巴西在 1985 年签署的《中华人民共和国与巴西联

邦共和国文化和教育合作协议》(the Cultural and Educational Cooperation Agreement between the People's Republic of China and the Federative Republic of Brazil)，以及 2010—2014 年的《联合行动计划》(the Joint Action Plan)两项协议下在文化领域实施的一系列重要举措的成果。但鉴于两国在文化和经济上存在着巨大的差异，因此未来双方的文化交流仍存在一定的不确定性。

在世界庆祝《关于禁止和防止非法进出口文化财产和非法转让其所有权的方法的公约》签署 50 周年和《关于被盗或非法出口文物的公约》签署 25 周年之际，本文旨在评估其两个签署国——巴西和中国——在文化产品贸易方面的法律合作文书。

一方面，本文将研究中国和巴西之间未来是否有可能像中国和美国在 1984 年、1985 年和 2009 年那样通过签署双边文化协议来促进两国之间的文化交流和经济交往。另一方面，考虑到巴西和中国的巨大文化财富，本文还将分析签署协定或协议是否会有助于加强尽职调查、合规和良好治理，从而防范通过网络、拍卖行和自由港进行的非法交易，进而对打击文化产品非法贩运、洗钱和恐怖主义融资产生积极影响。

因此，本文第一部分将讨论巴西和中国之间当前的文化关系背景，以及前述两项中巴文化协议的相关性、重大影响和主要缺陷；第二部分将探讨中美之间的文化关系历史，探索双方所签署的文化协议、衍生实施项目及《关于对旧石器时代至唐代的考古材料和至少 250 年历史的纪念性雕塑和壁画实施进口限制的谅解备忘录》(2009 年)(Memorandum of Understanding-Concerning the Imposition of Import Restrictions on Categories of Archaeological Material from the Paleolithic Period through the Tang Dynasty and Monumental Sculpture and Wall Art at Least 250 Years Old)所产生的影响；第三部分将分析巴西和中国之间可能的、即将签署的与确定的文化协议，以及赞成和反对签署文件的一些观点。

本文使用的研究方法主要是假设演绎法，以此来检验此项未来可能签署的文化协议是否确实会对防止文化产品的非法出口产生积极影响，以及是否确实会对经济和外交产生其他正面影响。

本文使用的资料既有一手的，因巴西、美国和中国之间签署的一些法律文件将被进行研究，也包含二手的，即国际法、历史和文化遗产领域的相关文献。

二、现状：中巴现有的艺术法律合作

尽管巴西和中国之间存在着巨大的地理距离，但两国之间的文化和经济交流在很早以前就已经开始。现如今，随着不断增加的和越来越有意义的交往，两国之间的文化和经济交流的重要性也日益凸显。

暂且不谈中国人可能早在 1421 年就来过南美，是造访南美的第一批外国人(Mendes，2020)(该情况知晓的人不多，也并未被广泛接受)，至少从 19 世纪以来，中国人就一直往返于巴西和中国之间,销售一种对他们来说非常传统的产品:茶(Brazil-China Embassy,2008)。

事实上,早在公元前2737年,自几片野茶树叶掉落在为神农氏炎帝煮开水的锅里后,中国便以发明茶叶而闻名(Ibrachina,n. d.)。茶也同样得到了巴西人民的高度赞赏,因此商业连同文化一起开启了两国人民之间的友好关系。

中国人对巴西文化的影响有很多方面:有建筑元素,如著名的阿松桑大教堂(Nossa Senhora de Assunção)或 Nossa Senhora do Sabará 教堂的内部结构和装饰;有巴西保健医生广泛使用的针灸;甚至还有1974年在巴西利亚被开创的Being Tao 太极(Being Tao Tai Chi Practice),它在2007年被认定为巴西利亚的非物质文化遗产。[1] 同样重要的是,在1994年第22届圣保罗双年展期间,中国当代艺术的代表们做了一个精彩的展览,它被认为是中国艺术市场国际化的一个里程碑。

相应地,巴西人也为中国人民做出了重大贡献,并给中国人民留下重要回忆——尽管中国的开放花了一段时间,直到20世纪后期才开始。1980年,巴西小说《奴隶伊莎拉》在中国展出,此次展出让中国人民有了进一步熟悉巴西历史和文化的机会(Brazil-China Embassy,2008)。

也有许多巴西书籍在中国出版并广受推崇,尤其是豪尔赫·阿马多(Jorge Amado)的著作。更不用提巴西流行音乐已经在中国各地的餐馆和其他各处播放;此外,还有足球这一巴西取得了突出国际成就的项目(Brazil-China Embassy,2008)。

1974年,随着巴西驻北京大使馆和中国驻巴西利亚大使馆落成,巴西与中国之间开始了更为正式的外交关系。[2] 1978年,武汉马戏团也来到了巴西,这是在重庆马戏团1950年首次访问巴西之后中国马戏团的再次来访,中间间断长达20年(Brazil-China Embassy,2004)。可以说,此次访问标志着中巴两国之间建立了更加紧密的文化伙伴关系。

最终,巴西和中国之间的文化交流及互惠友好的热情被《中华人民共和国与巴西联邦共和国文化和教育合作协议》正式确立。该协议在1985年签署并于1988年被两国批准。[3]

根据该协议,两国均希望在彼此国家通过组织"会议、音乐会、博览会、艺术表演、戏剧表演、电影展览、文化信息视频和教育广播电视节目"等方式来促进、鼓励和发展文

---

[1] Law n. 3.951,Brazilian Federal District,concerning the "Praça da Harmonia Universal" and other provisions.

[2] 目前,巴西在上海、广州与香港有总领事馆;中国在里约热内卢、圣保罗与累西腓有总领事馆。参见:巴西外交部.中华人民共和国[EB/OL].2020. http://antigo. itamaraty. gov. br/pt-BR/ficha-pais/4926-republica-popular-da-china,2021-6-21.

[3] 参见巴西第95.944号法令。

化、教育和体育。①

具体而言,该协议确定了两国有义务促进两国教授、学生、艺术家、作家的相互交流,以及鼓励开设针对彼此的"语言、文学和文明"的课程。此外,它还规定了两国负有相互翻译具有"公认质量"的书籍和艺术作品的义务,以及创造"教育愿景"。② 尽管文件没有对"教育愿景"进行具体定义,但根据协议所提的最广义的理解,大致是指成立教授和分享知识与经验的志愿者团体。

同样有趣的是,巴西和中国同意成立一个"文化混融委员会"以"协调、执行和评估"③该协议对两国的影响。

这项协议卓有成效,因为文化混融委员会随后组织了一系列有助于各国之间采取更丰富和更有意义的外交方式的会议。该协议还促进了随后许多"执行计划"(the Executive-Programs)的签署,以执行协议所规定的措施。这些"执行计划"促进了巴西和中国之间持续和谐的文化交流进程。

在签署的各项执行计划中,其中有一项非常有趣,即《2010—2012年文化执行计划》(The Cultural Executive-Program,2010—2012)。关于文化遗产的保护,该文件规定,"各方将促进文化遗产、货物、化学实验室和保护材料之保存经验的交流"(Brazil-China Embassy,2010)。

此外,提出的建议还包括,"各方将促进建立联系,以期在各自的博物馆和文化中心之间建立可能的合作"④。这些所建立的联系可能可以提高(双方)对文化产品进出口尽职调查的效率。

更有趣的是,协议决定缔约方"将在教科文组织1970年制定的《关于禁止和防止非法进出口文化财产和非法转让其所有权的方法的公约》范围内签署关于保护文化遗产的双边协议"⑤。

非法贩运文化财产是世界范围内最有利可图的犯罪活动之一,且与毒品和武器等情况不同,很难衡量其在经济上的相关性:人们通常对文化物品缺乏理解,且艺术品的价格可能非常主观。此外,中国是世界艺术品非法贩运的主要受害者(Araüjo,2008),仅在1998年至2003年间,就有不少中国古墓遭到破坏和掠夺(Taylor,2006)。

考虑到这一点,中国和巴西在过去几年签署的执行计划是一个清楚的信号,即本文提出的假设是正确的,中国和巴西即将签署的双边文化协议实际上可以加强尽职调查,从而避免通过网络、拍卖行和自由港进行非法贸易。至少,这些执行计划文件加强了人

---

① 参见巴西第95.944号法令第2条。
② 参见巴西第95.944号法令第3条。
③ 参见巴西第95.944号法令第4条。
④ 参见巴西第95.944号法令第4条。
⑤ 参见巴西第95.944号法令第4条。

们对这一问题紧迫性的认识。

另一个有意思的方面是,《2010—2012年文化执行计划》确定了巴西和中国应"促进旨在加强两国艺术经济的活动,以及促进关于激励和培育文化的立法和机制的经验交流",并"在文化多样性、文化遗产保护和艺术经济激励方面开展合作,支持旨在提高相互知识和更好地传播两国文化艺术遗产的倡议"(Brazil-China Embassy,2010)。

文化经济学,或者说艺术经济学,是经济学研究的一个分支,目的是分析文化与经济结果之间的关系。如前所述,本文提出的另一个假设是,巴西和中国之间未来的文化协议也可以刺激这些国家的经济发展。这一点似乎已经在本执行计划中得到了认可。

还有一份有趣的文件是中国和巴西之间的《联合行动计划》(the Joint Action Plan)。这一计划同样聚焦于文化问题的解决方案,也再次印证了这一主题的紧迫性,与《2010—2014年联合行动计划》(2010—2014 Joint Action Plan)具有类似的目的和规定,新的《联合行动计划》实际上是对之前文件的"更新"。因此,这份文件的愿景是"确定2015年至2021年间双边合作的目的、具体目标和方向,旨在扩大和深化各领域的合作"[①]。该文件规定的合作范围相当广泛,除了政治、经济、商业、能源、采矿、金融、农业、产品质量监督、工业、信息技术,甚至特殊合作等领域外,还涉及了文化领域。

新的《联合行动计划》在文化问题上规定了一些义务,特别是涉及需要加速签署双边协议的义务。例如,根据该文件,巴西和中国应尽最大努力,加快签署涉及以下问题的协议:建立共同的"文化中心",电影联合制作,防止盗窃、秘密挖掘和文化产品的非法进出口[②]。

尽管这项《联合行动计划》没有上述执行计划那样明确地提及1970年《关于禁止和防止非法进出口文化财产和非法转让其所有权的方法的公约》,但很明显,与执行计划非常类似,其也有考虑设定签署旨在防止"盗窃、秘密挖掘和非法进出口文化产品"的协议的目标。这再次印证了这一问题的紧迫性和重要性。

此外,从经济角度来看,《联合行动计划》还规定,巴西和中国应"加强艺术经济学领域的交流,并将促进两国文化企业之间的合作"。这再次表明,巴西和中国都意识到两国文化融合对各自经济可能带来的利益。

诚然,《中华人民共和国和巴西联邦共和国文化教育合作协定》(the Cultural and Educational Cooperation Agreement between the Peoples' Republic of China and the Federative Republic of Brazil)及执行方案,以及《中华人民共和国政府和巴西联邦政府联合行动计划》(the Joint Action Plan between the Peoples' Republic of China and the Federative Republic of Brazil),在承认加强和保护文化遗产及其他艺术作品相关领域的重要性方面具有巨大的价值。然而,值得注意的是,这些文件并未真正涉及任何具体

---

① 参见《中华人民共和国政府和巴西联邦政府联合行动计划》第1条(2)。
② 参见《中华人民共和国政府和巴西联邦政府联合行动计划》第13条(10)。

的义务、禁令或责任。

因此,仍然有一个问题未得到回答:巴西和中国之间签署的具体涉及文化事务,并确定防止、禁止和惩治非法贩运文化产品的具体措施的协议,事实上是否会导致两国加强尽职调查,避免通过网络、拍卖行和自由港进行非法贸易,以及促进两国之间的经济和文化交流?

由于中国和巴西之间的一些协议(例如,本文提到的文件)中已经多次提及前述协议的重要性,因此,中国和巴西可能对上述问题持肯定答案。

庆幸的是,《中美之间鉴定的文化协定》及其随后的"实施方案"可以用来更具体地评估这个问题的答案。

三、中美文化交流协定:相关先例

美国对中国的态度随着历史的进程发生了很大变化。1955年,哈罗德·艾萨克斯(Harold Isaacs)曾出版了一本书,名为《我们头脑里的抓痕:美国人对中国和印度的看法》(Scratches On our Minds: American Images of China and India),并在其中谈到了美国人民及其政府对中国人民持有的一些主要观点(从一般角度来看)。

根据哈罗德·艾萨克斯(Harold Isaacs)的话,"(……)如果我们粗略地把它列出来,就像历史书中的一个练习一样,它会看起来像这样":在18世纪之前,美国对中国的态度是"尊重";然后,在1840年至1905年间,出现了"蔑视时代";向前推进,1905年开始了"仁慈时代",一直持续到1937年;第二次世界大战开始时,出现了"钦佩时代";之后发生了1944年至1949年间的"解惑时代";1949年之后,出现了"敌对时代"(Isaacs,1958)。

历史学家乔纳森·斯宾塞(Jonathan Spence)对哈罗德·艾萨克斯的描述进行了修正。他指出,在1970年至1974年间,美国人民对中国的态度为"重新唤醒了好奇心",在1974年至1979年间,这种好奇心让位于一种"纯真的魅力";最后,在1980年之后,出现了"新的怀疑主义"(Spence,1990)。如今,根据美国国务院的说法,美国对中国的立场更像是一种"战略竞争"(United States Department of State,2021)。

然而,长期的历史文化差异并没有阻碍美国和中国于1979年1月31日共同签署《文化协定》(an Agreement for Cultural Cooperation)。有意思的是,在此前长达30年的"反常关系"后(Kim和Hammersmith,1986),该协议是在美国和中国重新建立外交关系后30天内就签署的。

从恢复官方外交到签署文化协议之间的短暂间隔可能表明,一般来说,文化是各国处理外交关系的首要任务之一。这再次证实了本文提出的假设,即文化合作在两国关系中具有整体重要性,甚至在非文化方面也能取得丰硕的成果,例如,可能造成潜在经济影响。

因此,1979 年 1 月 31 日,中美两国签署了上述《文化协定》及其他几个"实施方案"。尽管这些实施计划大体上充满了模糊和广泛的决定,例如,"鼓励电影交流"和"鼓励派遣音乐、舞蹈、戏剧、绘画、雕塑、工艺美术、摄影和电影等领域的艺术家和专家到其他国家访问、短期讲座、专业交流及可能的表演和展览"的义务①,但它们也有更具体的决定以促进《文化协定》更富有成效地执行。

这些具体义务的例子包括"在协议有效期内,派遣一个高质量的小型表演艺术团体前往另一个国家进行访问和演出",以及"在协议有效期内,在其他国家举办一次高质量的艺术展";更具体地说,规定美国将于 1984 年在中国举办"城乡:美国城乡生活的图像,布鲁克林博物馆绘画"展览;轮到中国,将于 1984 年和 1985 年在美国举办"中国传统绘画:五位现代大师"展览。②

随后,中美之间又进行了一些往来及文化交流,其中一些肯定是历史闻名的。例如,1998 年在纽约举行了"五千年中国文明与艺术展"。这是有史以来中国在海外举办的规模最大的中国艺术品展览(China.org,2011)。展览中的近 500 件艺术品来自中国各地大约 50 家机构,涉及中国 17 个省份(Guggenheim Foundation, n. d.)。

值得一提的是,就在同一年,美国向中国归还了 47 件被美国移民和海关总署没收的中国古代文化瑰宝。随后,美国又数次将艺术和文化遗产归还中国:2009 年至 2010 年间,美国移民和海关总署归还中国 125 块古化石,其中近 100 块化石的年代为 5.25 亿年前,其他化石的年代可追溯至 1 亿年前,其中包括"剑齿猫的骨头"和"恐龙蛋化石"(Department of Homeland Security, n. d.)。

此外,2019 年,美国联邦调查局有了一项惊人的发现,即在唐·米勒位于印第安纳州农村的家中发现了近 42 000 件来自世界各地的文物,其中至少 361 件物品被合法认定为属于中国。美国后续将这些文物归还给了中国(Shareamerica,2019)。

考虑到这些事件,可以说美国和中国之间确实存在某种友善关系和友好合作,至少在修复被盗文化产品方面是如此。这种友好或妥协的部分原因可能是两国之间签署的文化协议及其衍生的"实施计划"。

例如,2014 年在北京签署的《执行协议》③,其中一项决议是,缔约方应"限制两国之间文化艺术品的非法贩运"。

此外,还有其他有意义的协议也涉及此问题,其中被认为最有影响力的是 2009 年签署的《美利坚合众国政府和中华人民共和国政府关于对旧石器时代至唐代的考古材

---

① 参见美利坚合众国政府与中华人民共和国政府文化协议下的 1984 年与 1985 年的文化交流执行协定。
② 参见美利坚合众国政府与中华人民共和国政府文化协议下的 1984 年与 1985 年的文化交流执行协定。
③ 该《执行协议》涉及文化交流、财产与合作,于 2012 年 4 月 4 日在北京签署,2012 年 5 月 4 日正式生效。

料和 250 年历史以上的纪念性雕塑和壁画实行进口限制的谅解备忘录》（Memorandum of Understanding between the Government of the United States of America and the Government of the People's Republic of China Concerning the Imposition of Import Restrictions on Categories of Archaeological Material from the Paleolithic Period through the Tang Dynasty and Monumental Sculpture and Wall Art at Least 250 Years Old, signed in 2009）。

该备忘录实际上是中国根据 1970 年《关于禁止和防止非法进出口文化财产和非法转让其所有权的方法的公约》（1970 UNESCO Convention）第 9 条向美国提出援助请求的结果，当时中国希望确保更有力地保护自己的文化遗产（United States State Department, 2004）。这表明，中美两国都清楚地意识到，诸如两国签署的 1970 年 UNESCO 公约等国际公约不足以解决非法出口文化遗产的问题。

尽管如此，该备忘录明确了引用该公约的主要意图是"减少掠夺代表中国丰富文化遗产的不可替代考古材料"[①]。

这份文件规定了美国在进口"旧石器时代到唐朝末年（公元 907 年）与至少有 250 年历史的纪念性雕塑和壁画"的中国"考古材料"时的前提条件是，"中华人民共和国政府颁发许可证或其他文件，证明这种出口没有违反其法律"[②]。

此外，考虑到掠夺和非法出口中国文化遗产的主要问题之一实际上是中国国内的犯罪活动，本备忘录中有一项义务要求对中国自己内部政策采取尽职调查措施，即"认识到根据本谅解备忘录，美国博物馆将被限制获取某些考古物品，中华人民共和国政府同意其博物馆同样不购买这种被掠夺和非法从中国大陆出口到国外目的地的受限制的考古物品，除非卖方或捐赠者提供从中国大陆合法出口的证据或可核实的文件，证明该物品在美国实施进口限制之前离开中国大陆。这将适用于中国大陆任何博物馆于中国大陆以外进行的采购，而且只适用于本谅解备忘录所涵盖的代表中国旧石器时代至唐末（公元 907 年）文化遗产的物品类别，及 250 年历史以上的纪念性雕塑和墙体艺术"。

有趣的是，这是一项国际范围的义务，即美国应避免从中国进口文化遗产，除非他们拥有中国政府颁发的许可证或证书。这由此产生了一项更具国内性质的义务，也就是说，中国博物馆本身应该限制进口从中国掠夺的文化遗产。

此外，截至 2015 年 6 月，中国已报告缔结了 17 项其他"关于防止盗窃、秘密挖掘和非法进出口文化遗产的双边协议或谅解备忘录"。由此可见，中国在持续于此事项上做出努力。

---

① 参见《中华人民共和国政府和美利坚合众国政府对旧石器时代到唐末的归类考古材料以及至少 250 年以上的古迹雕塑和壁上艺术实施进口限制的谅解备忘录》的序言。

② 参见《中华人民共和国政府和美利坚合众国政府对旧石器时代到唐末的归类考古材料以及至少 250 年以上的古迹雕塑和壁上艺术实施进口限制的谅解备忘录》的第 1 条。

中国的其他一些双边协议似乎也颇有成效。例如,2019年,意大利向中国归还了近800件考古物品(Hollingsworth,2019);土耳其还向中国归还了数件佛教物品(GGTN,2019)。意大利和土耳其与中国均签署了双边文化协议。

与上述协议(中国与其他国家所缔结协议)相关的问题也随之而来,即巴西和中国之间即将签署的双边文化协议,是否也会对两国的经济及为防止文化遗产非法贩运而采取的尽职调查措施产生积极影响。

四、中巴文化协定可能的整合及其潜在影响

中国和巴西都有海量的文化遗产,并且考虑市场份额,两国均在艺术品的国际贸易方面具有相当大的影响力。例如,2014年1月至2015年1月,巴西进口了6 500多万美元的艺术品和文物,出口了近8 200万美元的艺术品和文物(Nes,2015)。

中国在这方面更为突出。巴塞尔艺术展(Art Basel)和瑞士联合银行(UBS)全球艺术市场(Global Art Market)发现,2018年中国的艺术品贸易金额超过130亿美元,占全球艺术品市场的近20%,仅次于美国(Ngai,2019)。

此外,两国在保护本国文化遗产方面都存在困难。例如,巴西博物馆的一些最著名的绘画作品,包括在马里奥·德·安德拉德图书馆(Mario de Andrade Library)坎迪多·波蒂纳里(Cándido Portinari)的作品遭到了几起洗劫;更不用说特别是在殖民时代巴西的巴洛克艺术作品的走私了(Christofoletti,2021)。

《被追缉的文化遗产》(Wanted Cultural Property)是由IPHAN(Instituto do Patrimônio Histórico e Artístico Nacional),或称国家历史和艺术遗产研究所创建的项目。据此,在1997年期间,约1 000件艺术品从巴西被盗。而在2016年,有超过57 000多件艺术品遗失(Christofoletti,2021)。

尽管在保护文化遗产方面中国与巴西均有不足,但迄今为止,巴西和中国只签署了两项相当模糊的协议,即《中华人民共和国和巴西联邦共和国文化教育合作协定》[①]和《中华人民共和国政府和巴西联邦政府联合行动计划》,以"边缘"的方式处理相关问题。这两份文件最终都遇到了与1970年《UNESCO公约》相同的问题,即它们"提出了美好的愿景,但缺乏成员国通过后的法律执行机制"(Taylor,2006)。

此外,尽管巴西和中国都是1995年《关于被盗或非法出口文物的公约》的签署国,该公约规定了比1970年《UNESCO公约》更具体的归还非法贩运文化遗产的措施,但仍不足以减少文化遗产的非法出口。事实上,最好的解决办法可能是签署一项双边协议,例如中国和美国之间所签订的协议及谅解备忘录。

当美国考虑中国的援助请求时,有许多人反对签署双边协议,并认为中国的主要问

---

① In Brazil,Decree n. 95.944.

题来源于其自身的内部法律制度和对被盗文物的内部市场需求,因此,限制其他国家的文物进口并不会解决中国国内的主要问题(Hawkings 和 Gibbons,2005)。

与此同时,必须承认,签署关于文化问题双边协议的过程,既明显地加强了对艺术品审查的尽职调查,又间接鼓励了有关国家建立友好外交关系。

中巴文化双边协议的签署将要求中巴之间举行会议、交换文件、进行现场访问,以及两国间具有更广泛的共鸣和理解,这有可能在广义上改善两国间的关系(Taylor,2006)。

因此,无论从理论上还是从实证上而言,中国和巴西签署双边协议、制定具体措施和惩罚规定以避免艺术品的非法贸易确实可以通过加强尽职调查,防止通过网络、拍卖行和自由港进行非法交易,从而对文物的非法贩运产生积极影响,同时也会对这些国家的一般外交关系产生积极影响,甚至从经济角度看也有积极影响。

五、结论

本文研究了中国和巴西间的双边文化协议是否可以成为两国文化与经济的促进剂,类似于中国和美国在1984年、1985年及主要在2009年两国签署谅解备忘录时发生的情况。

在本文第一部分,研究了巴西和中国之间的文化和外交关系,以及两国间在文化方面签署的两项最重要的协议,即《中华人民共和国和巴西联邦共和国文化教育合作协定》和《中华人民共和国政府和巴西联邦政府联合行动计划》。

这两项协议尽管在启动保护文化遗产的对话方面十分重要,但因其所载的决定相当模糊和广泛,仍不足以有效防止文物的非法进出口。

第二部分研究了中美之间的文化和外交关系,以及最终于2009年签署谅解备忘录的历史进程,其中,中美两国在备忘录中达成一致,即采取严格限制措施来防止艺术品的非法贩运。

第三部分对巴西与中国的情况进行了分析。通过分析可以发现,中巴两国保护各自文化遗产的能力都有不足之处。考虑到两国之间签署的现有协议、1970年《关于禁止和防止非法进出口文化财产和非法转让其所有权的方法的公约》和1995年《关于被盗或非法出口文物的公约》都不足以减少文物的非法出口,因此最好的解决办法是签署一项双边文化协议并制定明确防止此种犯罪活动的相关措施。

本文还指出,两国之间的文化交流可能是激励两国关系其他相关领域(包括经济方面)发展的主要途径之一。

的确,文化在外交方面发挥着巨大的作用,如果文化可以成为两个国家之间的差异化形式,那么它也可以成为魅力、友谊和创新的源泉。然而,这将取决于这种文化交流是如何发生的。如果其主要方式是非法贸易,就可以预见有关国家之间可能产生某种敌意；如果以公开、透明的方式进行，则可能会取得相当丰硕的成果。

参考文献

1. Araújo,Glauco. Mercado ilegal de obras de arte é um dos principais crimes internacionais[R/PL]. Globocom,2008. http://g1. globo. com/Noticias/PopArte/0,MUL252860-7084,00-MERCADO＋ILEGAL＋DE＋OBRAS＋DE＋ARTE＋E＋UM＋DOS＋PRINCIPAIS＋CRIMES＋INTERNACIONAIS. html,2021-7-2.

2. Brazilian Ministry of Foreign Affairs. República Popular da China[R/OL]. Ministry of Foreign Affairs,2020. http://antigo. itamaraty. gov. br/pt-BR/ficha-pais/4926-republica-popular-da-china,2021-7-2.

3. Bureau of East Asian and Pacific Affairs. US Relations With China[R/OL]. United States Department of State,2021. https://www. state. gov/u-s-relations-with-china/,2021-6-26.

4. China. org. cn. China-US Cultural Exchanges and Cooperation[R/OL]. Chinaorgcn. Accessed June 26,2021. http://www. china. org. cn/world/china_us_facts_2011/2011-07/08/content_22951246. htm.

5. Christofoletti,Rodrigo. Illicit Trafficking in Cultural Assets:a Genealogy of the Concepts and Actions in Contemporary Brazil[M]//Fabiana Lopes da Cunha and Jorge Rabassa(eds). *Festivals and Heritage in Latin America：Interdisciplinary Dialogues on Culture，Identity and Tourism*. Berlin:Springer International Publishing,2021.

6. Department of Homeland Security. ultural Property,Art and Antiquities Investigation[R]. Official Website of the Department of Homeland Security. https://www. ice. gov/features/cpaa. ,2021-2-10.

7. Dutra,Michael L. Sir,How Much is That Ming Vase in the Window? Protecting Cultural Relics in the People's Republic of China[J]. 5 *Asian-Pac L. ＆ Pol'y J.* ,2004,62:66－67.

8. Embaixada da República Popular da China no Brasil. Relações culturais Sino-brasileiras[R]. Brazil-China Embassy,http://br. china-embassy. org/por/whjy/t410251. htm,2021-7-2.

9. Embaixada da República Popular da China no Brasil. Programa Executivo de Cooperação Cultural entre o Governo da República Popular da China e o Governo da República Federativa do Brasil para os Anos de 2010—2012[R]. Brazil-China Embassy,2010. http://br. china-embassy. org/por/whjy/t684288. htm,2021-7-2.

10. GGTN. Turkey returns two cultural artifacts to China[N/OL]. GGTN,2019-11-26. https://news. cgtn. com/news/2019-11-26/Turkey-returns-two-cultural-artifacts-to-China-LW65aepWVO/index. html,2021-6-26.

11. Guggenheim Foundation. China:5,000 Years[R/OL]. Guggenheim Foundation. https://www. guggenheim. org/exhibition/china-5000-years,2021-6-26.

12. Huntington, Samuel P. The Clash of Civilizations?[J]. *Foreign Affairs*, 1993. https://www.foreignaffairs.com/articles/united-states/1993-06-01/clash-civilizations, 2021-6-29.

13. Hawkins, Ashton, Gibbons, Kate Fitz. This Property Claim Should Be Condemned[EB/OL]. WALL ST. J. https://www.wsj.com/articles/SB111206350846991638, 2021-7-2.

14. Hollingsworth, Julia. Italy to return hundreds of cultural relics back to China[N]. CNN, https://edition.cnn.com/style/article/italy-china-cultural-relics-intl/index.html, 2021-6-26.

15. Isaacs, Harold R.. *Scratches On Our Minds American Images Of China And India*[M]. New York: The John Day Company, 1958.

16. Instituto Sociocultural Brasil-China. Chá: como a bebida descoberta na China conquistou o mundo[EB/OL]. https://ibrachina.com.br/cultura/cha-como-a-bebida-descoberta-na-china-conquistou-o-mundo/, 2021-7-2.

17. Kim, Hong N, Hammersmith, Jack L. US-China Relations in the Post-Normalization Era, 1979—1985[J/OL]. *Pacific Affairs*, University of British Columbia, 1986, 59(1). https://www.jstor.org/stable/2759004, 2021-6-26.

18. Leepson, Marc. Flag of the United States of America[EB/OL]. https://www.britannica.com/topic/flag-of-the-United-States-of-America, 2021-6-29.

19. Melo, Lucimar de. Tai Chi Chuan completa 46 anos em Brasília e faz 14 anos na Secretaria de Saúde do DF[R/OL]. ABT - Associação Being Tao, 2020. https://phu.org.br/comeca-nesta-segunda-feira-20-9-2020-a-comemoracao-on-line-dos-46-anos-de-being-tao-tai-chi-e-chikung-na-praca-da-harmonia-universal-%e2%88%92phu-em-brasilia-df-brasil-2/, 2021-7-2.

20. Mendes, Vinícius. Descoberta das Américas: como a China poderia chegado ao continente sete décadas antes de Colombo[N/OL]. BBC News Brazil, 2020-9-2. https://www.bbc.com/portuguese/brasil-54395169.

21. Nes, Cynthia Fujikawa. How to Import Art to Brazil[N/OL]. *The Brazil Business*, 2015-7-24. https://thebrazilbusiness.com/article/how-to-import-art-to-brazil, 2021-6-26.

22. Ngai, Joe. Navigating Asia's booming art market: An interview with Rebecca Wei, chairman of Christie's Asia[R/OL]. McKinsey & Company, 2019. https://www.mckinsey.com/featured-insights/china/navigating-asias-booming-art-market-an-interview-with-rebecca-wei-chairman-of-christies-asia#, 2021-6-26.

23. Shareamerica. US returns stolen artifacts to China[N/OL]. *Share America*, 2019-3-7. https://share.america.gov/u-s-returns-stolen-artifacts-to-china/, 2021-6-26.

24. Spence, Jonathan. Western Perceptions of China form the late Sixteenth Century to the Present[M]//Paul S. Ropp and TimothyHugh Barrett(eds). *Heritage of China: Contemporary Perspectives on Chinese Civilization*. Auckland: University of California Press, 1990.

25. Taylor, Jason M.. The Rape and Return of China's Cultural Property: How Can Bilateral Agreements Stem the Bleeding of China's Cultural Heritage in a Flawed System?[R/OL]. 2006. http://lawcommons.luc.edu/lucilr/vol3/iss2/8, 2021-7-2.

26. U. S. State Department, Bureau of Education and Cultural Affairs, Public Summary. Request of the People's Republic of China to the Government of the United States of America Under Article 9 of the 1970 UNESCO Convention[E/OL]. 2004. http://exchanges.state.gov/culprop/cn04sum.html,2021-6-26.

中国和巴西的气候变化制度：趋同和影响

普丽希拉·卡内帕罗·多斯安吉斯（Priscila Caneparo dos Anjos）
若昂·佩德罗·巴布（João Pedro Bub）

摘要：国际气候变化制度是 1992 年该主题在国际社会上制度化的产物。 从这个意义上说，各国（各地区）在联合国范围内通过了一份标志着该制度开始形成的文件，即《气候变化框架公约》。 从那时起，环境退化和污染物进入自然而导致的气候变化不断加深，并最终成为国际社会当前和永久的议题。 因此，旨在补充《气候变化框架公约》的具有约束力的文件在缔约方大会（COP）的范围内被商议，并随后通过了两个文件，即《京都议定书》和《巴黎协定》。 首先是《京都议定书》，它带来了关于温室气体排放区分责任的理念，但仅将其与发达国家联系起来，并受到了强烈的批评。 为了能替代《京都议定书》，各国（各地区）在哥本哈根举行的第十五届缔约方会议上进行了深入讨论。 尽管讨论被认为是失败的，但这种讨论对于后来达成《京都议定书》的替代文件——《巴黎协定》具有决定性意义。 与《京都议定书》不同的是，《巴黎协定》在温室气体排放方面让所有遵守其条款的缔约方承担共同责任。 然而，尽管该文件是国际社会的一项伟大成就，但它并没能毫发无损地逃脱批评，尤其是，该文件在碳制度方面被认为是无效的，且没能强有力地严厉批评自由资本主义社会，而对许多人来说，那正是日常气候变化问题的核心。 即便如此，《巴黎协定》仍具有重要意义，因为旨在控制温室气体排放的行动的可逆性由此有了一个基本界限。 同样，正是基于它，才能实现中国对国际方案的重大立场变化。 本文将分析过去 20 年中国在环境问题上的政策，以及中国对环境问题的关注最终对巴西产生的影响。

关键词：气候变化、国际气候变化制度、巴西气候变化制度、中国气候变化制度

一、引言

根据世界银行等大型机构提供的数据，不可否认的是，人类、生物群落和生物近来一直在受到气候变化越来越严重的影响。面对这样的现实，在地球上生存的关键点受到质疑：生物多样性、农业、水资源的可利用率和质量、海洋水位及其温度。当今，这些受气候变化影响的方面已不能再被各国和国际社会忽视了。

在这种情况下,一场开始于 20 世纪 70 年代[①]的以包容性的方式把环境保护作为一个全球性问题来处理的运动,使社会和国际机构对气候变化产生了极大的关注。因此,在 1992 年,当国际气候变化问题随着《气候变化框架公约》在联合国的出现而被制度化,国际气候变化制度应运而生。

然而,这只是气候变化制度将成为国际社会关注的中心焦点之一的起点:从那时起,新的会议不断地讨论这个问题,并达成了扭转导致气候变化加剧的退化的指数式约束因素的文件,即《京都议定书》和《巴黎协定》。

事实证明,实际上,这些文件自己不能生效,其是否能生效取决于各国是否采取有力的行动。从这个意义上说,本研究旨在分析面临所谓国际气候变化机制的两个国家的立场,即中国和巴西的立场。就中国而言,其近年来制定了积极减少温室气体排放的目标,并将环境议程作为其外交政策的基本问题;就巴西而言,我们可以观察它参与国际会议的整个历史(这明显受到中国的影响),以及它对环境的关注——尽管只是口头上的——导致其国内政策整合了国际文件。

从这个意义上说,本研究将首先探讨如何理解国际气候变化机制,从而引出《京都议定书》和《巴黎协定》,并重点关注巴西和中国对这些文件的立场,以及提出的批评和挑战,特别是来自有关国家在这两个文件方面的实践做法,最后对中国的立场进行更准确的分析,因为中国现在是对有关国际气候变化制度的地方——全球辩论影响最大的国家之一。

为此,本研究将使用中国和巴西两国政府的定量和定性数据、国际组织的报告,以及为分析巴西和中国在气候变化方面的国际立场建立科学标准的巴西、中国和其他国家作者的报告。

二、国际气候变化制度

首先,为了了解中国和巴西在气候变化问题上的立场,有必要从总体上强调一下国际制度的构建过程。

关于气候变化的国际制度是在 1992 年通过《联合国气候变化框架公约》建立的。然而,作为该文件的基础和灵感的原则是在冷战期间的前几十年提出的,包括建立发达国家和发展中国家共识的《富内克斯报告》(1971)和《斯德哥尔摩宣言》(1972),以及提出可持续发展概念的《布伦特兰报告》(1987)(LE PRESTE,2005)。

值得注意的是这一历史时刻的复杂性。在 1992 年,尽管社会主义国家(东方)和资本主义国家(西方)之间有明显的两极分化,但环境问题的特点是发达国家(北方)和发展中国家(南方)之间以不结盟运动和新的国际经济秩序为特征的分歧。1992 年气候

---

① 在此指出,国际社会对环境问题的制度化关注从 1972 年开始出现,当时在联合国范围内发生了国际环境保护方面的一个里程碑事件——斯德哥尔摩会议。

变化机制形成时,中国在国际气候问题上的立场是维护发展权、主权和自决权,即所谓的"第三代权",主张发达国家承担最高代价,带头保护环境。

1992年,联合国环境与发展会议,又称Rio-92,在里约热内卢市召开。会议缔约方批准了一系列文件,包括《里约宣言》《21世纪议程》《森林原则声明》《生物多样性公约》,以及为气候变化机制奠定基础的文件——《气候变化框架公约》。《气候变化框架公约》设定了一个长期目标:将大气中温室气体(GHG)的浓度稳定在维持地球气候系统自然平衡的水平。但是,它没有设定强制性目标。尽管欧洲国家和小岛屿发展中国家集团敦促实现二氧化碳减排目标并为此提出各种建议,但石油生产国(OPEC)和美国等依赖燃烧化石燃料的经济体坚决反对任何具有约束力的承诺(Hirono和Schröder,2004)。该文件初步确立了国际气候变化制度(Victor Keohane,2010)。

在1992年《气候变化框架公约》签定之后,各国发现自己每年都有义务举行年会,解决与气候变化有关的条款。因此,在日本京都举行的第三次缔约方会议上,《气候变化框架公约》缔约方之间最主要和最著名的协议——《京都议定书》——获得了批准。[①]

从这个意义上说,《京都议定书》——因为它是2001年7月23日在德国波恩特别公开批准的条约——被确定为对批准/签署它的国家具有约束力。此外,《京都议定书》成为第一个为减少温室气体排放的全球方法制定一般原则的主要国际文件(Maslin,2014)。

关于减少温室气体排放,《京都议定书》指出,在2008年至2012年间需要在20世纪90年代的水平上减少5.2%的温室气体排放量。

此外,很明显,该文件事先已经根据各国的发展指标,按照与环境事务义务有关的国际体系的逻辑,为各国提出了有区别的责任。因此,鉴于之前将发展中国家和欠发达地区排除在外,《京都议定书》规定的责任将由发达国家承担。此时,已确定上述几个国家将在2012年之后签署的协议中承担国际责任。

值得注意的是,《京都议定书》在俄罗斯加入后于2015年2月16日生效——因为相关义务与至少55个国家(相当于全球温室气体排放总量的55%)的需要相关联。

对此后制定的行动的另一个重要支持点是有关《京都议定书》的附件二。附件二鲜为人知,但它预见到了各国需要提供财政和技术资源的转让,旨在帮助发展中国家和欠发达国家,以使其能够履行其在环境方面的未来义务(Mann和Wainwright,2018)。

《京都议定书》还制定了所谓的清洁发展机制(CDM),以使发达国家能够投资发展中国家的项目并由此获得碳信用额。

---

① 《气候变化框架公约》是国际环境保护历史上的一个里程碑,因为国际社会对该文件做出了巨大的承诺。数据显示,截至2014年3月,《气候变化框架公约》有196个缔约方。资料来源:波恩气候变化会议,网址为https://unfccc.int/event/bonn-climate-change-conference-march-2014,访问日期为2021年6月22日。

针对这种机制有一些强烈的批评,认为它不会产生预期的效果;然而,就绿色市场的发展及碳信用额交易的建立而言,其规模是无可争辩的——这在今天已是不可否认的现实。同样,通过对北美政策的分析可以为该机制辩护:美国尽管不是《京都议定书》的缔约国,但就《京都议定书》的条款进行了谈判,并实施了清洁发展机制,而这正是为了实现以低成本减少气体排放(清洁发展机制)。

《京都议定书》中的另一个创新机制是灵活性机制,它使各国能够在《京都议定书》的范围内采取合作行动。换句话说,各国可以通过在一种合作制度下执行共同制定的活动、项目和政策来实现其减少气体排放的目标(Accioly、Casella 和 Nascimento Esilva,2017)。

简而言之,可以注意到,《京都议定书》具有的效力为各国提供了三种创新机制,即合作实施旨在减少温室气体排放的行动、清洁发展机制、碳信用的全球贸易。这些创新机制都与减少气体排放有关。

(一)巴西对《京都议定书》的立场

《京都议定书》自谈判开始以来,就在减少温室气体排放领域的政府政策方面谋求全球性地位和突出地位。

不可否认,与《京都议定书》相关的法规代表了空气质量保护方面的重大进步;然而,重要的是要强调,并非所有国家都证实了自己能够甚至愿意实现其条款中规定的目标。

最后一个情况的典型例子来自美国的立场。可以果断地指出,美国一直是发达国家中的关键国家,同时,其人均二氧化碳排放量位居世界第二位(El País,2017)。然而,美国在通过与气候变化有关的国际文书方面的政治立场是基于对软法的偏好,也就是说,其对一项对各国有约束力的协定的不情愿的立场是可以预见的。

相比之下,欧盟集团在气候变化问题上保持着友好的立场:它希望将自己定位为环境问题的领导者,并预计到2020年其自身温室气体排放量将减少20%。然而,欧盟内部的分歧和烦琐的内部决策手段阻碍了与气候变化有关的谈判和行动(Maslin,2014)。

就中国而言,在《京都议定书》谈判的早期阶段,中国就采取了非常明确的立场,即只有发达国家才应承担对气候变化的承诺。随着中国经济在过去15年中的飞速发展,中国已成为全球最大的温室气体排放国。基于这种情况,从那时起,中国政府有意识地对风电、核电和水电进行了投资。此外,它还承诺到2015年将排放量减少17%(Folha de São Paulo,2015)。

最后,关于巴西,应该指出该国积极参与了《京都议定书》的谈判。因此,尽管它没有做出任何减少气体排放的国际承诺,但该国自愿在2009年根据《气候变化框架公约》正式制定了《国家气候变化政策》(PNMC),该政策确立了该国到2020年减少温室气体排放36.1%～38.9%的目标。

（二）对《京都议定书》的批评

如前所述，《京都议定书》很好地证明了国际社会从那时起开始关注缓解温室气体排放问题。换言之，各国意识到，对人类生存而言，达成减少空气污染水平的具有约束力的协议必不可少。最大的问题是，虽然签署国承认了其重要性，但《京都议定书》的有效性却被遗漏了。将适应气候变化排除在条约要求的立场之外，意味着无法制定适应气候变化的政策，也无法制定国家政治文书，使适应政策能够实际实施。

在全球层面上，制定有效可行的减少温室气体排放的国际政策的最大障碍当然是世界上的巨大不平等：在权力、气候变化方面的责任、负面影响的分配方面的不平等。缺乏有效的意愿或政策的主要原因是，造成气候变化的人感受不到气候变化。在这一点上，以加拿大为例：它是世界上人均碳排放量最高的国家之一，但它将是受全球气温上升影响最小的国家（Mann 和 Wainwright，2018）。

Keohane 和 Victor（2010）使用了"气候变化制度综合体"这个术语。由于制度是从国家利益出发而建立的，因此在权力的博弈和不对称的关系中，这些国际机制最终反映了国际环境中主要国家的利益。因此，"各政权的国际政权情结"是具有广泛和分散性质的耦合安排，没有明确的等级或核心，但其许多要素以互补的方式联系在一起。

许多学者，如 Oran Young（2000），观察到更具体和明确的国际制度更有效。我们以《保护臭氧层维也纳公约》和《关于消耗臭氧层物质的蒙特利尔议定书》为例。该议定书明确强调并规定了不应再使用哪些物质来保护臭氧层。

因此，在国际背景下，需要各国在各自的分歧、普遍责任意识和有效减少温室气体排放的认识的基础上进行谈判，而不仅仅是各国各自夸夸其谈。

三、哥本哈根第十五届缔约方会议

毫无疑问，2009 年 12 月 7 日至 18 日在丹麦哥本哈根举行的第十五届联合国《气候变化框架公约》缔约方大会（COP-15）是国际舞台上的一件大事。

本次会议被寄予厚望，预计将达成一项在 2012 年后取代《京都议定书》的条约。从其历史发展可以看出，所谓哥本哈根协议，是在没有法律约束力的情况下建立的，但其在遏制气候变化方面提出了一些需要考虑的方面。简而言之，指出的方面如下：

● 发达国家承诺在未来三年内向一个应对全球变暖的基金捐款 300 亿美元，并从 2020 年开始，预计每年捐款 1 000 亿美元；

● 预计各国应制定 20 摄氏度的温度限制，但没具体说明实现这一目标所需的气体减排量；

● 发达国家承诺到 2050 年减排 80%；

● 缔约方还应通过国际磋商和分析，通过既定标准，提供有关其与全球变暖有关的国家政策的信息（Prudente，2018）。

在这方面可以观察到的是,由于没有达成最终的、具有约束力的文件,各国仍然没有承诺采取与气候变化有关的有效政策。同样地,各国之间的分歧仍然存在:美国当时热心地主张制定一项软性法律的姿态,承认了对《京都议定书》规定的参数不承担任何义务的立场;玻利维亚代表团总结说,在这次会议上取得的结果是不民主的、片面的和不可接受的,因为139个与会国家中只有122个同意会议通过的条款(Maslin,2014)。

毫无疑问,巴西在会议上占据了显著位置:它带来了通过国家气候变化政策及国家环境系统的整个法律和政治机构所取得的进步,从而证明了它在有关环境保护的问题上的前卫地位。

从这个角度来看,厄瓜多尔和玻利维亚这两个拉美国家的作用也值得强调。随着其各自在2008年和2009年颁布的新宪法,这两个国家在对待环境的态度上都扮演了先锋角色:它们将权利主体的条件归于自然,必须强制性地由国家和社会共同保护。

最后,还值得强调冰岛的情况:其新宪法草案的基础是自然资源的国有化和激进的环境保护(Melo 和 Burckhart,2016)。

四、后哥本哈根背景下的世界

在哥本哈根举行的第十五届缔约方会议(COP-15)的失败,开启了未来有关环境问题辩论会议的黑暗时期。在坎昆 COP-16 和德班 COP-17 上,谈判出现倒退,没有达成能够约束各国在温室气体排放方面立场的协议。

尽管如此,在特意于2012年12月在卡塔尔多哈举行的第十八届缔约方大会上,在这一领域取得了一些有益的成果:当时,各国同意确立第二个承诺,从2013年1月1日开始,为期8年(UN Brazil)。

在实际层面上,《京都议定书》所规定的机制得到了延伸,其所有规则保持不变,各方应在可能的情况下,在2014年底前对协议条款进行审查。

第十五届缔约方会议确定的第二个结果是预测2015年在巴黎举行的第二十一届缔约方会议将通过采用日历形式以制定新的具有约束力的气候变化协议,这应将责任既分配给发达国家,也分配给发展中国家,并应从2020年开始生效(Maslin,2014)。

五、《巴黎协定》

《巴黎协定》是第二十一届缔约方会议的成果,是一份法律和政治文件,通过限制国家主权以有利于环境的方式实施。需要注意的是,第二十一届缔约方会议并非专门在巴黎举办,而是在勒布尔热举办,其口号是拯救地球。

该协议于2015年12月12日签署,从此建立了新的国际气候变化法规。当时的法国总统弗朗索瓦·奥朗德称《巴黎协定》是人类最伟大的成就。时任英国首相大卫·卡梅伦声称,多亏了这份新文件多年来一直保护地球。《卫报》称该协定是第一份关于气候变化的全球性文件,旨在加速从化石燃料阶段转变的进程,提升可再生能源手段和新碳市场的成功,使各国能够控制排放并保护其森林(Mann 和 Wainwright,2018)。

必须指出的是,《巴黎协定》并没有像其前身《京都议定书》那样,根据各国的经济实力将它们分为两个不同的群体。该协定第 4 条还规定,处于资本主义中心的国家——例如美国和欧盟——以及以中国和印度为首的发展中国家——以公平的方式假设(Mann 和 Wainwright,2018)。

该协定所确立的承诺涉及二氧化碳减排,但该协定没有规定减少的水平,甚至没有规定采取此类措施的时间。

值得注意的是,以中国和印度为首的集团在该文件的谈判中提出了自己的主张,表现为协定中包含了公平、贫困、发展中国家的差异等术语,和这些国家维护其发放支配自己碳配额的权利。

毫无疑问,《巴黎协定》是朝着有利于环境的全球主权的出现迈出的重要一步。事实证明,仍然值得称赞的是,该协定本身承认了自身的失败,因为它推断出这样一个事实,即如果各国希望气温回到前工业社会时期的水平,它们就应以自愿的姿态更大幅度地减少气体排放(Mann 和 Wainwright,2018)。

(一)美国和中国对《巴黎协定》的立场

在推断上述协议时,首先要考虑的是美国的立场:2017 年 6 月 1 日,时任美国总统唐纳德·特朗普宣布美国退出该协定。碰巧的是,在 2018 年初的声明中,时任美国总统唐纳德·特朗普保留了该国重返该文件的可能性。因此,美国在气候变化政策方面的立场仍是未知数。

就中国而言,其情况值得详细调查。自 2008 年奥运会以来,中国一直在努力改善空气质量和控制气候变化。在该阶段,中国采取了在城市植树、控制汽车交通和关闭全国污染工厂等公共政策。2010 年采取的另一项政策是禁止通用汽车在该国销售悍马汽车,因为中国担心该汽车的二氧化碳排放量很高。防治荒漠化的绿色长城(即在中国北部延伸 4 480 千米的种植园)也值得强调,这导致了一项政府计划的启动,即到 2050 年,该国的植被覆盖率将达到其国土面积的 42%。2016 年,中国政府向民众宣布了一项新的饮食建议,鼓励他们每天只食用 75 克肉类,理由是提升人民健康和改善环境条件。最后,在保护环境和控制气候变化方面,中国面临着要扮演越来越重要角色的巨大压力(Mann 和 Wainwright,2018)。

(二)对《巴黎协定》的批评

人们对《巴黎协定》提出的批评,主要是由于该文件中存在一些监管方面的空白,以及由于该文书自身无效的姿态使得一些国家无效的姿态正义合法化了。

这里应该强调的第一个问题来自一个名为绿色和平的国际组织——这是一个处理环境相关问题的非政府组织。在谈判该协定时,上述非政府组织的代表说,如果发达国家不采取向脆弱国家提供财政援助的手段,该协定将成为一项空洞的协定。同样,绿色和平组织也指出,美国、中国和欧盟等在污染防治方面起重要作用的大国应提出它们对减少温室气体排放的短期和长期承诺。

其他严厉的批评也浮出了水面。其中有两个值得注意。第一个与《巴黎协定》预测2050 年至 2100 年之间全球可能将不再有碳排放这一事实有关。显然,鉴于人类的发展轨迹,这种预测被证明是可以反驳的,也是不可能的,因为人类的发展总是与化石燃料的使用、工业中的煤炭,以及由此产生的温室气体排放联系在一起。第二个是一些全球领导人和活动人士宣称《巴黎协定》无效,因为他们认为,该协定中与气候变化有关的责任的政治经济性质与自由资本主义社会的价值观之间存在巨大的矛盾,这使得对该协定的解释与人们所期望的完全不同(Mann 和 Wainwright,2018)。[①]

有趣的是,我们仍然缺乏具体的数据来判断这些批评是否严厉——只有未来才能给出答案。事实上,不能忽视的是,在为各国制定一项控制温室气体排放的具有约束力的规范性文书方面是取得了胜利的,然而,从《京都议定书》的统计数字来看,这一情况并不十分令人鼓舞。鉴于此,下面首先对中国的情况进行分析,然后对巴西的情况进行分析。

六、中国对气候变化机制的立场

在《气候变化框架公约》谈判过程中,中国代表团坚决反对设立目标和时间表的主张,主张制定一般性的框架公约,不对缔约方要求具体责任。中国还设法建立了发展中国家的统一战线,阻止发达国家让发展中国家做出重大承诺(Bjørkum,2005)。根据 *Economy*(1997)的报道,自气候谈判开始以来,中国获得了"强硬派"的名声。与其一道,发展中国家共同强调了北方国家对气候变化的历史责任,并同意只有在不要求它们自己做出实质性承诺的条件下才参加气候谈判。

发展中国家(77 国集团+中国)虽然主张工业化国家和发展中国家有区别的义务,但并没有根据各自温室气体排放的不同程度进行区分。中国经济快速增长,排放巨大,预计排放水平甚至更高,很容易被从该类别中区分出来(Elliot,2004)。

根据 Bjørkum(2005)的观点,中国在谈判中的立场是基于以保护国家主权为重点,强调发展中国家的权利和发展的需要、工业化国家的历史责任,以及向发展中国家转让资源和技术。《气候变化框架公约》规定了一个原则,即鉴于各国之间的不平等的排放量和应对气候变化的能力,各国负有"共同但有区别的责任"。该原则是 1972 年《斯德哥尔摩宣言》中首次确立的。该原则已成为中国气候议程的基石。

[①] 应当指出的是,当时的玻利维亚大使巴勃罗·索伦嘲笑各国在《巴黎协定》方面的言辞和行动之间的差距。他说,在现实中,世界在纪念《巴黎协定》方面正在经历一种集体精神分裂,而在现实中,各国将知道它们不能甚至不可能实现所概述的各项建议。

中国是第一个根据《21世纪议程》制订国家规划的发展中国家。联合国环境与发展会议后,中国制定了《中国关于环境与发展问题的十大对策》,强调经济发展与环境保护和可持续发展政策之间的协调(Lin,1998)。

根据1992年里约会议上制定的温室气体减排目标协议的指导方针,1997年在日本举行的第三届缔约方会议上签署了《京都议定书》。《京都议定书》规定,发达国家的温室气体总减排目标为"到2008年至2012年间,至少比1990年的水平低5%"。在多哈举行的第十八届缔约方会议(2012年)上,《京都议定书》的第二个承诺期得到了同意,并重申了第一个承诺期的目标。该文件规定,附件一缔约方(经合组织成员国加上被称为转型经济体的国家)[①]有强制性目标需要完成,而主要由发展中国家构成的非附件一缔约方则没有强制性目标需要完成。同时,2012年的第十八届缔约方会议对《京都议定书》进行了修订,要求在2013年至2020年期间,附件一缔约方应在1990年的基础上减少至少18%的排放量(见《京都议定书参考手册》)。

包括非附件一国家在内的各方应本着"共同但有区别的责任"原则,致力于制订国家温室气体减排方案,并定期公布温室气体排放清单。此外,《京都议定书》还设立了三个机制,即联合实施机制、排放交易机制、清洁发展机制,用以帮助发达国家资助发展中国家的清洁能源发展项目。其中,清洁发展机制包括为发展中国家的项目提供融资,并使其获得可持续能源投资的信贷(Bjørkum,2005)。中国是清洁发展机制的主要投资目的地,在中国的投资项目数占通过该基金(能源、气候和可持续发展中心)在亚洲大陆建立的项目总数的56.7%。

在第三次缔约方会议上,77国集团和中国一起推动了更高的减排目标,支持了欧盟的减排立场。Bjørkum(2005)认为,发展中国家在《京都议定书》中具有相当大的影响力。77国集团加上中国还设法压制了一个关于发展中国家自愿承诺的章节(Bjørkum,2005)。

中国在谈判中捍卫其立场的核心论点是基于这样一个事实:中国是一个发展中国家,不应该被迫以损害其经济的方式减排。作为一个发展中国家,中国的减排能力有限,也缺乏必要的技术解决方案。此外,中国的人均排放量低于世界平均水平,尤其低于美国。另一个被反复使用的论点是,中国对温室气体排放的历史责任非常有限。中国经常提及其已经实施的限制温室气体排放增长的措施,如能源节约和生育控制(Bjørkum,2005)。

中国拒绝为发展中国家设定排放目标,并不一定意味着中国不愿改变应对气候变

[①] 它们是(包括那些没有签署和/或批准的国家):德国、澳大利亚、奥地利、比利时、白俄罗斯、保加利亚、加拿大、欧共体、克罗地亚、丹麦、斯洛伐克、斯洛文尼亚、西班牙、爱沙尼亚、俄罗斯、芬兰、法国、希腊、匈牙利、爱尔兰、冰岛、意大利、日本、拉脱维亚、列支敦士登、立陶宛、卢森堡、摩纳哥、荷兰、新西兰、挪威、波兰、葡萄牙、英国、捷克、罗马尼亚、瑞典、瑞士、土耳其、乌克兰、美国。

化合作的行为。虽然中国试图在法律上不承诺强制减排,但它实际上采取了一系列有助于减缓中国排放增长的措施,如调整能源部门结构、提高能源效率和探索煤的替代能源。中国对致力于减排的双边合作项目也表现出了意愿和更灵活的方式。此外,中国还建立了新的国内机构以协调政策应对和处理清洁发展机制的实施,并将其作为中国参与国际气候变化制度应对措施的一部分(Kobayashi,2003)。

为了确立后《京都议定书》时期的目标和承诺,2015年在法国举行的第二十一届缔约方大会上提出了《巴黎协定》。《巴黎协定》规定了通过所谓的国家自主贡献(NDC)进行缓解和适应的问题,以及程序和机构规定。[①]《巴黎协定》旨在将全球平均气温上升控制在"与工业化前水平相比2摄氏度以下,并加大努力将这一温度上升限制在1.5摄氏度"。在第二十一届缔约方会议期间,中国提出了其国家自主贡献,详细阐述了减排目标,重申了到2030年达到碳排放峰值、碳强度较2005年水平降低60%~65%的目标。

根据Zhang(2017),中国建立的到2030年限制其碳排放的承诺是雄心勃勃的,并鼓励其他国家也这样做。尽管中国坚持任何协议都需要纳入一些基本的原则和要素,如来自发达国家的资金和技术支持,以及其带头减少温室气体排放的承诺,并捍卫共同但有区别的责任原则,但中国在达成《巴黎协定》方面表现出了极大的灵活性,做出了几项重大让步。

在国内层面,中国制定了若干发展低碳经济的举措,为进一步参与国际气候谈判铺平了道路。中国已经成为一个新技术和可持续能源生产的中心(Xiaosheng,2016)。中国目前是世界上最大的清洁能源投资国,2014年投资了1 266亿美元,欧洲是第二大投资国,投资409亿美元(Solheim、Espinosa和Stieglitz,2018)。

中国的替代能源产业发展迅速。在包括"一带一路"倡议、中巴经济走廊和孟中印缅经济走廊在内的一系列资本输出的政府发展政策中,对可再生能源的国际投资已成为中国政府的重点(Buckley和Nicholas,2017)。

中国在国际气候保护问题上的第一阶段行动以其防御战略和捍卫发展权利优先于坚定的环境政策而闻名。中国助力为发展中国家奠定了共同但有区别的责任原则,以及发达国家应带头推动气候变化全球治理、在资金上帮助发展中国家制定国家政策的共识。

与20世纪90年代初的防御性言论不同,中国现在认识到了环境保护的重要性,并有了一个坚定的环境议程。这种行为的改变是由于几个原因,包括该国温室气体排放的增加,它对气候变化的脆弱性,以及它在国际局势中的新角色。自第二次工业革命以

---

① 《巴黎协定》的主要规定包括预期缔约方将每5年提交一次缔约方行动纲要,而向缔约方通报其行动更新和改进情况的首次全球评估将于2023年进行,此后每5年进行一次。《巴黎协定》建立了一个透明机制,以监督国家发展承诺的实施,并邀请各方通过定期审议提高国家发展承诺的目标(Xiaosheng,2016)。

来，发达国家一直是历史上最大的污染国，但鉴于印度、巴西、中国和南非等新兴国家的发展，这一趋势正在发生变化。中国是世界上人口最多的国家之一，约有 14 亿人，自 20 世纪 90 年代以来，中国的经济崛起使中产阶级的增长和极端贫困的减少成为可能。根据世界银行的数据，1990 年，中国 66.2% 的人口日收入不足 1.99 美元，2015 年这一比例降至 0.7%。

由于中国经济消费和生产的增加，环境恶化指数级增长。自 2007 年以来，中国是最大的温室气体排放国（世界银行），但其人均排放量仍落后于美国，自 2001 年以来已超过欧盟（世界银行）。美国是发达国家中最大的污染国之一，人类活动排放的所有二氧化碳的 30% 是由美国产生的，目前美国人均温室气体排放量最高（Maslin, 2014）。

目前，中国政府正在调整其外交政策，以适应中国作为地区具有重要影响力国家的新背景，同时使全球经济越来越以东南亚为中心，而不是北大西洋极点（美国和欧洲）。要做到这一点，就必须承担每个国家为推行强势外交政策而付出的经济和政治代价。中国认识到全球变暖是一个现实的问题，气候变化给中国带来的风险也是如此。因此，中国在清洁能源市场的举措是国家经济发展项目的一部分，这使得通过新技术获得战略优势及国家融入国际成为可能。

七、结论

根据上述分析，国际气候变化制度的必要性显而易见，因为自工业革命（18 世纪）以来，人类中心活动加剧了气候变化，并因此对地球上的生命、生物群落和生物多样性的平衡产生了有害的影响。

因此，可以得出结论，1992 年的《气候变化框架公约》虽然在效力方面不完善，但它是扭转这种情况的一个重要里程碑，因为它实际上产生了国际气候变化制度。而且，尽管它是不完美和不完整的，但正是从它的成型过程中，国际上开始进行一系列辩论，而这些辩论将引向用来考虑和控制未来局势的必要文件的达成，即便它们只是初步的。

从这个角度来看，根据分析可以看出，第一个与《气候变化框架公约》有很大关联的补充文件是《京都议定书》。它的条款预见了与减少温室气体排放相关的具体目标，这是一个国际社会层面的伟大成就，尽管它有备受批评的区别责任——换句话说，它旨在消除对发展中国家和欠发达国家的历史债务，它们的工业化过程都较晚，并且与发达国家相比，还没有在环境退化和污染方面产生那么大的影响。

尽管它对巴西没有约束力，但巴西将这种环境意识内在化，并同时制定了所谓的国家气候变化计划——尽管目标无法实现，但这是巴西在该领域的一项伟大成就。关于中国，人们注意到，在当时，中国对环境方面的关切还不那么明显。

再进一步，《巴黎协定》出现了。与《京都议定书》不同的是，面对气候变化方面倒退的行为变化，《巴黎协定》为所有缔约国施加了共同责任，这是国际气候变化制度的一个重要里程碑。正是在这个时候,我们可以观察到中国姿态的实质变化,中国成为生态政治的一个里程碑,它的低碳经济及对清洁和替代能源的投资标志着对国家和国际层面环境的关注。就巴西而言,即使在今天受到中国立场的影响,其关于环境保护的言论并不能保证在国家层面上的有效性。

因此,总的来说,可以得出这样的结论:由于国际气候变化制度的影响,在环境保护方面的国际议程已经发生了转变。在这一新议程上,有两个国家未能置身事外,那就是巴西和中国。尽管在20世纪90年代两国的立场截然不同,但现在两国在环境问题方面的关注是一致的。这别无他选:中国正日益履行其在国际舞台上的领导角色,且随着它对环境日益潜在的关注,这也将在巴西的土地上产生反响。

参考文献

1. Accioly, Hidelbrando, Casella, Paulo Borba, Nascimento E Silva, G. E. do. *Manual de direito internacional público*[M]. São Paulo:Saraiva,2017.

2. Acordo De Paris[EB/OL]. https://www.undp.org/content/dam/brazil/docs/ODS/undp-br-ods-ParisAgreement.pdf,2021-3-13.

3. Portuguese Environment Agency. Declaração da Conferência das Nações Unidas sobre o Meio Ambiente Humano[EB/OL]. https://www.apambiente.pt/_zdata/Politicas/DesenvolvimentoSustentavel/1972_Declaracao_Estocolmo.pdf,2021-3-24.

4. Bjørkum, Ida. China in the International politics of climate change[J]. *Policy*,2004,(3):82.

5. Bonn Climate Change Conference[EB/OL]. https://unfccc.int/event/bonn-climate-change-conference-march-2014.%20Acesso%20em:%2022%20de%20junho%20de%202021.%20/,2021-6-22.

6. Buckley,Tim; Nicholas,Simon. China's global renewable energy expansion[R]. 2017. Institute for Energy Economics and Financial Analysis.

7. Centre on Energy,Climate and Sustainable. CDM projects by host region. Available in:https://www.cdmpipeline.org/cdm-projects-region.htm. 2021-5-3.

8. El País. Mudança climática:as emissões mundiais de CO_2 voltam a crescer em 2017[R/OL]. https://brasil.elpais.com/brasil/2017/11/09/ciencia/1510243597_169204.html,2021-6-24.

9. Elliott,Lorraine. *The global politics of the environment*[M]. London:Palgrave,2004.

10. Folha De São Paulo. Dez anos depois,Protocolo de Kyoto falhou em reduzir emissões mundiais[R/OL]. https://www1.folha.uol.com.br/ambiente/2015/02/1590476-dez-anos-depois-protocolo-de-kyoto-falhou-em-reduzir-emissoes-mundiais.shtml,2021-6-24.

11. Greenpeace. Greenpeace Statement on the UN Climate Talks in Geneva[EB/OL]. ht-

tps://www. greenpeace. org/usa/news/greenpeace-statement-on-the-un-climate-talks-in-geneva/,2018-7-26.

12. Herz,Mônica,Hoffman,Andrea R. *Organizações Internacionais:história e práticas*[M]. Rio de Janeiro:Elsevier,2004.

13. Hirono,Ryokichi, Schröder,Heike. The road to and from the Kyoto Protocol:The perspectives of Germany and Japan[J]. *International Review for Environmental Strategies*,2004,5 (11):39—60.

14. Keohane,R. , Nye,J. *Power and interdependence*[M]. New York:Longman,2001.

15. Keohane,Robert, Victor,David G. The Regime Complex for Climate Change[R]. 2010. Harvard Project on International Climate Agreements.

16. Kobayashi,Yuka. Navigating between "Luxury" and "Survival" Emissions:Tensions in China's Multilateral and Bilateral Climate Change Diplomacy[M]//Paul G. Harris(ed.). *The Domestic and International Politics of Climate Change*. London/New York:Routledge,2003.

17. Kopra,Sanna. *China and great power responsibility for climate change* [M]. Oxfordshire:Taylor & Francis,2018.

18. Kyoto Protocol Reference Manual on Accounting of Emissions and Assigned Amount [Z]. Bonn:UNFCCC,2008.

19. Le Prestre,Philippe. *Ecopolítica Internacional*[M]. São Paulo:Editora Senac,2005.

20. Lin,Gan. Implementing China's Agenda 21:from national strategy to local action[J]. *Impact Assessment and Project Appraisal*,1998,16(4):277—287.

21. Mann,Geoff, Wainwright,Joel. *Climate Leviathan:a political theory of our planetary future*[M]. London:Verso,2018.

22. Maslin,Mark. *Climate change:a very short introduction*[M]. Oxford:OUP,2014.

23. Melo,Milena Petters; Burckhart,Thiago Rafael. Constitucionalismo e meio ambiente:os novos paradigmas do Direito Constitucional Ambiental no Equador,Bolívia e Islândia[J]. *Revista da Academia Brasileira de Direito Constitucional*,2016,8(14):175—193.

24. Ministério Do Meio Ambiente. Política Nacional sobre Mudanças Climáticas[EB/OL]. http://www. mma. gov. br/clima/politica-nacional-sobre-mudanca-do-clima,2021-6-5.

25. Onu Brasil. Prorrogação do Protocolo de Kyoto abre caminho para acordo vinculativo em 2015[EB/OL]. https://nacoesunidas. org/prorrogacao-do-protocolo-de-kyoto-abre-caminho-para-acordo-vinculativo-em-2015-diz-ban/,2018-7-23.

26. Prudente,Antônio Souza. Considerações sobre a Conferência de Copenhague-COP15[EB/OL]. http://www. editorajc. com. br/consideracoes-sobre-a-conferencia-de-copenhague-cop15/, 2021-6-25.

27. Solheim,Erik; Espinosa,Patricia; Stieglitz,Nils. Global Trends in Renewable Energy Investment[D]. Frankfurt School of Finance & Management,2018.

28. The Clean Development Mechanism:A review of the first International Offset Program

[EB/OL]. https://www.c2es.org/site/assets/uploads/2011/03/clean-development-mechanism-review-of-first-international-offset-program.pdf,2021-6-19.

29. Victor,David G., Keohane,Robert O. The Regime Complex for Climate Change[C]. APSA 2010 Annual Meeting Paper,2010.

30. World Bank. Metadata for the Climate Change Knowledge Portal(CCKP)[EB/OL]. https://climateknowledgeportal.worldbank.org/themes/custom/wb_cckp/resources/data/CCKP_Metadata_Final_January2021.pdf,2021-6-28.

31. Poverty & Equity Data Portal[EB/OL]. http://povertydata.worldbank.org/poverty/country/CHN,2021-6-1.

32. Xiaosheng,Gao. The Paris Agreement and Global Climate Governance:China's Role and Contribution[J]. *China Quarterly of International Strategic Studies*,2016,2(3):365—381.

33. Young,O. R. A eficácia das instituições internacionais: alguns casos difíceis e algumas variáveis críticas[M]//Rosenau,James N., Czempiel,Ernst Otto. *Governança sem governo: ordem e transformaç ão na politica mundial*. São Paulo:Imprensa Oficial,2000.

34. Zhang,Zhong Xiang. Are China's climate commitments in a post-Paris agreement sufficiently ambitious? [J]. *Wiley Interdisciplinary Reviews:Climate Change*,2017,8(2):443.

在跨境语境中对涉知识产权的买卖合同规则的再审视：知识产权融入中国民法典尚未触及的问题①

石　慧（Shi Hui）
徐立华（Xu Lihua）

摘要：在跨境交易中，买卖合同的适当履行会受到第三人知识产权的影响。卖方、买方、第三方知识产权权利人之间的跨境利益冲突直接起因于并存的知识产权现象。这种并存的知识产权现象，在知识产权全球视角下可以一览无遗，却被知识产权地域性原则采用的国内视角所隐藏。从更尊重现实的观点出发，民法应当采用知识产权全球视角重新审视买卖合同的规则，具体指向传统的权利担保规则以及买卖合同对外的对抗力理论。这是知识产权深度融入中国民法典的问题。

关键词：知识产权与中国民法典的融入、知识产权地域性原则、知识产权全球视角、权利担保规则、买卖合同对抗力

一、引述

　　自 20 世纪末中国第四次启动民法典起草工作时起②，知识产权与民法典的融入就成为热烈讨论的问题，争锋的焦点是民法典是否应当纳入独立的知识产权一编，最终反对说得到了立法的支持。③ 尽管民法典未使知识产权独立成编，但通过总则和各分编确认了知识产权这一私权、权利变动的法律行为（如技术合同、设质）、权利的保护、知识产权与物权的关系等，直接相关的条文有 52 条④，"知识产权的主体和肱骨上已经融入

---

　　① 在写作本文前，作者已经发表了相关论文。本文对它们做了相契合的利用，但同时对它们做了重新安排、改写或扩大，故就本文的主题而言，它在很大程度上是新的。本文受到以下基金项目的资助：浙江省高等教育十三五第二批教学改革研究项目"深化法学专业产教融合协同育人模式与机制的研究与实践"（项目批准号：jg20190354）。
　　② 中华人民共和国成立后，从 20 世纪 50 年代至今先后启动过五次民法典编纂的工作，分别是第一次：1954—1956 年，第二次：1962—1964 年，第三次：1979—1982 年，第四次：1998—2002 年，第五次：2015 年至今。参见黄兰松. 新中国民法典编纂简史[N]. 中国社会科学报，2016-11-23.
　　③ 反对的理由主要有：第一，知识产权很难抽象和概括成一般的规则。第二，知识产权制度仍处于快速发展变化之中。参见朱宁宁. 知识产权是否单独入"典"引发常委会委员热议[N]. 法制日报，2018-9-4.
　　④ 值得注意的立法发展有：知识产权的范围比照了主要的知识产权国际条约的规定（第 123 条）；一般性地确立了在买卖合同中知识产权与物权二者的分离性（第 600 条）；故意侵害知识产权的侵权责任承担方式包括惩罚性赔偿（第 1185 条）。

民法体系"①。

不同于对知识产权与民法典的融入主干道上的问题所做的充分讨论,小径上的一个问题并未被广泛地注意到。这个问题发生的语境很特别,限于跨境交易中,然而它仍然属于作为直接法的民法的问题。②知识产权是一种支配权,在其支配作用下,买卖标的物可能落入其禁用权的范围,由此买卖合同的履行受到第三人知识产权的影响。这种影响引发对所涉当事人之间的关系作两个方向上重新审视的必要,一个是向内的,即指向契约之债的关系,另一个是向外的,即契约关系对第三人知识产权的对抗效力。本文即揭开这一因为发生的语境如此特别和受限而容易被国内法的民法忽略的问题,认为在跨境交易中,民法典应突破被知识产权地域性原则所囿的国内视角,采用知识产权全球视角重新审视买卖合同中的卖方与买方之间的关系及买卖合同对第三人知识产权的对抗力。

本文分为五个部分。于本部分之外,第二部分说明知识产权的国内视角抑或全球视角呈现的不同景象,以及跨境交易中现实的利益冲突现象,并澄清这样的利益冲突属于民法不应忽略调整的问题。第三部分具体分析权利担保规则,指明沿用罗马法时代形成的权利担保规则实则悄然改变了历史上该规则针对的风险的性质,《联合国国际货物销售合同公约》(CISG)采用了将知识产权权利瑕疵的责任从一般权利瑕疵的责任分离出来,并遵循可预见性标准,CISG样本或许可以为国内法在设计卖方与买方关于交易风险成本分担的再平衡结构时提供借鉴。第四部分具体分析买卖合同关系对第三人知识产权的对抗问题,指出严格适用知识产权地域性原则在侵权法理基础上的偏失,建立一个有限地承认买卖合同债权得对抗第三人知识产权的规则是协调利益冲突的一个可能出路。第五部分结束全文,总结买卖合同项下的货物在跨境流动中,容易牵绊不同国家不同权利人的知识产权,引发的跨境利益冲突源于在全球范围内知识产权并存的现象,在涉及买卖合同的问题时,立法采用知识产权全球视角比知识产权国内视角更尊重现实,因此也更能综合性地平衡卖方、买方、第三方知识产权权利人之间的利益。

二、国内视角与全球视角下的知识产权

(一)被地域性原则隐藏的并存知识产权

知识产权地域性原则在世界范围内得到各国的共识,它本质上是一个法律创造物——在主权这一国际社会的现实基础之上,为实现各国建立知识产权国内制度所拥有的平等主权,同时又是各国在知识产权领域内达成和平秩序而创造出来的一项原则。

主权是国际上划定知识产权秩序的基础。各国均独立享有对于相关知识产权的申

---

① 刘春田.《民法典》是知识产权的法律母体和精神家园[N].中国知识产权报,2020-6-10:8.
② "直接法系对于一定社会生活之规范直接加以规定者,如宪法、民法等均属之。"参见郑玉波.法学绪论[M].台北:三民书局,2013:38.

请做出授权或核准的权力,即是主权的体现,《巴黎公约》中已有相应的规定。[①] 这就带来了知识产权并存的现象,以商标权为例,在世界范围内,同一种或类似商品上的一个相同或近似的标识可能存在由不同国家做出授权的不同商标权,它们的权利主体可能不同,但都合法有效,且在存在期间上有交集。例如,同样是在第12类商品类别(汽车、摩托车等)上,中国做出了"HONDA"注册商标授权,而缅甸为其他人做出了"HONDAKIT"注册商标授权。

并存的知识产权既共舞于国际社会,而诸权利人之间又须维系一种和平的秩序,这就需要使这些并存的权利井然有序化。有序化所采用的方法是地域性原则,即于一国内取得的知识产权授权或注册,其效力仅限于该国边界的范围内。秩序一经这样划定后,于是在中国境内,当"HONDA"商标被合法注册,未经该商标权人许可,于摩托车产品上使用"HONDAKIT"商标便是违法,销售贴附"HONDAKIT"商标的这类产品也是违法——纵使"HONDAKIT"商标在缅甸是合法注册的。

地域性原则是以认识到知识产权全球视角下的真实世界——在相同的或类似的客体上,知识产权是复数的,有取自于不同国家的多数个——作为前见的,但实际上采用了国内视角的解决方法,即在其本国的边界内,将那些取得于外国的知识产权关进了潘多拉魔盒,因而得以维系知识产权是单一(只有在该国内合法取得的那个)的结果。但是,属于人为创设的地域性原则,毕竟只是隐藏而不是消灭了其他并存的知识产权,伴随货物的跨国境流动,这些并存的知识产权可能都会共同作用在同一的货物上。

(二)并存知识产权带来的跨境利益冲突

并存的知识产权可能都会共同作用在同一的货物上,这种现象在当今的时代尤其突出。"技术革新和贸易的开放已深刻地改变了全球生产的面孔"[②],由于贸易的开放,以附着了大量无形资本(最重要的是技术、设计和品牌)的商品或完全组装好的加工货物为标的物的国际商业交易更加频繁;而且,过去的那种在某一个国家内完成生产全过程的方式在极大程度上变为对生产流程分类计价并将不同的生产阶段分散于贯穿全世界范围内的不同地点,这一过程被形象地描述为全球价值链,在这一新的"碎片化"的生产秩序中,最重要的分散是物理生产和知识产权生产相分散。

当并存的知识产权都共同作用在同一的货物上时,围绕买卖合同的当事人的真实的利益冲突就显现出来。其中一个典型的场景发生在卖方所交付的货物侵害取得于外国的第三人知识产权,由此构成买卖合同适当履行的巨大风险——是买方还是卖方抑

[①] 《巴黎公约》第4条之二规定,向各国申请的专利与就同一发明在其他国家已取得的专利是相互独立的。第6条规定,商标的申请与注册条件,由各国的国内法律决定,在一国正式注册的商标被认为与在包括其原属国在内的其他国家注册的商标相互独立。

[②] WIPO World Intellectual Property Report 2017: Intangible capital in global value chains[R]. Geneva:World Intellectual Property Organization,2017,5.

或双方共同分担这种风险,这是买卖合同中当事人之间博弈的利益。另一个典型的场景发生在并存知识产权中的某个权利人与位于其他并存知识产权权利人的地域范围内的当事人缔结买卖合同,并许可其在交付的货物上使用自己的知识产权,亦由此构成这份买卖合同适当履行的巨大风险——是卖方所在国的并存知识产权具有绝对效力抑或在特定范围内尊重买方所在国的并存知识产权的法律效果,这是买卖合同的当事人与合同外的第三方知识产权权利人之间博弈的利益。

(三)跨境利益冲突引发的民法思考

仅仅在跨境交易的语境中才显现的利益冲突属于民法调整范围内的事项吗？这个问题从表面上看有一定的迷惑性,应当予以澄清。一方面,虽然现代民法的语源出自两千多年前罗马法上专适用于罗马公民即专为本民族自身治理而制定的市民法这一印象是古老和深刻的,民法后来在习惯上也以国内法来指称;然而,毫无疑问,国内法习惯称谓之下的民法得以管辖的范围不限于本国人之间的事项,在涉外民事事项上,民法作为对于一定社会生活的规范直接加以规定的直接法,也就是准据法的候选者,在冲突规则的指引下可得适用,将不可避免地直接面对这种跨境利益冲突。另一方面,在其中一个并存知识产权权利人作为合同一方当事人签订的买卖合同引起的与合同另一方当事人所在国的其他并存知识产权权利人的跨境利益冲突情况下,这其实是纯粹的国内侵权纠纷,直接适用国内法。

民法需要进一步自查的问题是,现行的有关民法规则、民法理论是早在于知识产权全球视角下可一览无遗的并存的知识产权现象带来的跨境利益冲突出现之前,根据当时社会时代下所见和所能想见的事实框定的立法的视阈而建立的,它们是否可以自然地延伸适用过来而能不产生新的紧张关系？这正是在下文中要深入观察的问题。

三、权利担保规则的历史比较与未来构设

(一)权利担保规则的历史考察：风险性质的改变

权利担保规则起源于罗马法,它鲜明地烙上了那个时代——高度重视物法以至于债务都是物法的一部分——法律对于买卖所关心的问题。

对物的诉讼在罗马法上"都是为了追回其物"[①],即追夺之诉。而当时社会欺诈或其他不诚信的风气正是交易上的一个主要考虑,甚至到4世纪君士坦丁一世时,为了维护交易的安全,他规定出卖人应在证人面前声明自己确系标的物的所有人或权利人。[②] 权利担保规则就是在这样的背景下产生的,要求卖方应当担保买方对买卖标的物的占有嗣后不被第三人剥夺——全部的或一部分的。早期,买卖双方关于这个义务须以明

---

① 查士丁尼.法学总论——法学阶梯[M].张企泰,译.北京:商务印书馆,1989:210.
② 周枏.罗马法原论(下册)[M].北京:商务印书馆,1994:759.

示的合约作为买卖合同的附约,以后相沿成习,当事人即使未特别附加时,大法官也作有附约办理,到 1 世纪末,诺成买卖的追夺担保已成惯例,从法律行为的偶素变为常素,根据买卖契约,出卖人当然负此责任。[①]

拿破仑法典全面继承了罗马法的权利担保规则[②],而到 19 世纪末的德国民法典时,经过法学家们特有的体系化工作,这一规则的措辞变得概括化,"出卖人有义务移转所售标的物于买受人,就该标的物,不存在第三人对买受人主张可得强制执行的权利"。[③] 瑞士民法典采用了与德国民法典接近的措辞,只是对第三人的权利明确地限定为"合同订立时已经存在的"。[④] 当罗马法上的权利担保规则写进近代和现代民法时,显见的变化是由于买卖的标的更全面地扩大为权利和有价票据,出卖人所担保的内容也相应地从原先仅担保不存在第三人可得强制执行的权利这一消极性的一面扩大为担保这些权利的存在这一积极性的一面。然而,一个虽然不显见但实际上非常关键的变化出现在,侵害第三人知识产权的情况也被归类为权利的瑕疵[⑤],同样地适用这一在知识产权概念全没有兴起时代就已形成的权利担保规则。

在英美法系,权利担保规则也经历了与大陆法系类似的演变过程。在古代,当盗窃和类似的冒犯行为是主要的诉讼理由时,立法所纳入考虑的关切问题是如何防范卖方以不属于他合法所有或他不享有权利之物与买受人作交易,权利担保义务于是被设计出来,它与其被视为一项合意的义务,毋宁被视为由法律于买卖双方关系之中新创出来的一项义务。[⑥] 类似地,当知识产权概念在法律上得到认可后,第三人知识产权被侵害的事实就自然延伸地被涵摄进现代成文法的权利担保规则的要件之中。[⑦]

从最初仅为了防御买卖的标的物上存在第三人的物权到将这种防御的范围扩大至该物不成为因第三人行使知识产权而被禁止销售或甚至被禁止使用的对象,古老的权利担保规则实则完成了重大的转型。转型中的过渡看上去很自然——因为知识产权总被拿来与物权类比,以推理确证其同样属于财产权的合法性,所以这样的扩张无非就是运用当然推理方法的结果。

---

① 周枏:罗马法原论(下册)[M].北京:商务印书馆,1994:757—758.

② 参见《拿破仑法典》第 1625—1626 条。拿破仑法典.李浩培,吴传颐,孙鸣岗,译.北京:商务印书馆,1979:228—229.

③ 参见《德国民法典》第 434 条。德国民法典.王宠惠英,译.北京:中国政法大学出版社,2019:95.

④ 参见《瑞士民法典修订之联邦法案》第 192 条第(1)段。

⑤ Ingeborg Schwenzer (ed.). *Commentary on the UN Convention on the International Sale of Goods* (3rd edition)[M]. Oxford University Press, 2010:661.

⑥ Oliver Wendell Holmes. *The Common Law*[M]. Belknap Press of Harvard University Press, 1967:205.

⑦ 例如,第三方知识产权权利人对"嵌有"软件的货物提出主张或要求,将引发卖方承担违反《货物买卖法》第 12 节("关于权利等的默示条款")下的义务的责任。Sean Thomas. Goods with embedded software: Obligations under Section 12 of the Sale of Goods Act 1979[J]. *International Review of Law, Computers & Technology*, 2012, 26(2—3):165—183.

"根据35 U.S.C.S.§261的规定,法律必须赋予专利以'个人财产权'的性质。有权排除他人是'财产权'的本质。排除他人自由地使用受一项有效的专利保护的发明这一权利,与排除他人自由地使用某人的汽车、庄稼或其他个人财物这一权利,没有什么不同。人类每一个权利,包括存在于发明之中的,在合适的情况下都受到挑战。人类的一个权利可能因非法侵入而受到挑战,另一个因偷窃而受到挑战,还有一个因侵害而受到挑战,这都不影响所有'财产权'带有的根本记号,特别是指排除他人的权利。"[1]

然而,除同样都属于财产权外,物权与知识产权的区别是明显的,二者最根本的区别是权利的客体显著不同,在物权,其客体为物,即权利必附着于物;而在知识产权,其客体则是非物质性的,即权利不附着于物。这一根本的区别决定了同一客体上不许有不相容之物权之并存[2],而对知识产权来说,则可以出现并存的知识产权。此外,这一根本的区别也导致权利的发生之方式有很大不同,在已经存在的物上,新发生的物权是通过继受而取得,包括移转的继受,如买卖,以及创设的继受,如设定抵押权;而对于该物涉及的知识产权,其权利的新发生除了可以通过继受取得外,还可以直接以原始取得的方式发生,如进行发明创造并申请知识产权。这样一来,物权的绝对发生是能预见的,而知识产权的绝对发生则处于难以预见的动态之中。

上述区别能够进一步说明引发物权瑕疵与知识产权瑕疵的风险在性质上不完全相同,甚至可能是相反的,正是在这个意义上才说罗马法权利担保规则被现代民法直接适用于知识产权权利瑕疵的情况是发生了重大转型。在物权的一物一权主义、物权的绝对发生是能预见的情况下,担保物权不存在瑕疵就是对诚信的担保,这种风险是出卖人可以控制的,要么风险的事由在他这一方的故意或过失,要么风险的事由虽不在他这一方的故意或过失,但这种情况下出卖人的损失能从引起风险的第三人处得到赔偿,所以,法律通过将这一义务加于出卖人一方,正实现了卖方与买方之间的平衡关系。相反,由于并存的知识产权现象、知识产权的绝对发生处于难以预见的动态之中,担保所售之物不因第三人行使知识产权而被禁止销售或甚至被禁止使用,就不再单纯的是对诚信的担保了,因为引发风险的原因有多种性质,除了诚信,还有与诚信无关的,例如,在合同订立后甚至货物交付后,于买受人所在国内新发生了的针对所售货物主张权利的第三人知识产权;甚至还有买受人有过错的,例如合同中载明货物将于甲国销售,而买受人实际却转售至乙国,恰侵害了第三人取得于乙国的知识产权。

总之,在知识产权的情况中,风险的性质不可一概而论,甚至有时相对于权利担保规则设计之初来说发生了本质的偏离。

(二)脱离于权利担保规则的知识产权权利瑕疵责任设计

从存在物权瑕疵的风险到存在知识产权瑕疵的风险,权利担保规则所针对的风险

---

[1] Panduit Corp. v. Atahlin Bros. Fibre Works,Inc.,575 F. 2d 1152 (6th Cir. 1978).
[2] 史尚宽.物权法论[M].北京:中国政法大学出版社,2000:9.

在性质上发生的变化,实质改变了卖方与买方对交易风险成本的分担。在物权瑕疵的情况下,不存在未知的风险将发生在订立合同和货物交付之后的情况,已经存在的风险要么由出卖人一方引起,要么出卖人能从引起风险的第三人处得到救济;然而,在侵害知识产权的情况下,即使想要消灭所有已经存在的风险,由于受到知识产权地域性及知识产权自用权与禁用权不对等现象横生出来的障碍,不花费一番通彻查询而不可得,更遑论在订立合同和货物交付之后还会产生未知的风险,甚至,这些不是出于出卖人的故意或过失的风险,并不总能使出卖人从引起风险的当事人处得到救济。显然,为了担保所售货物不侵害第三人知识产权,要花费的成本绝不是无足轻重的。[①]

既然引起物权瑕疵的风险与引起货物侵害知识产权的风险在性质上不能一概而论,而且这两种情况下交易风险成本也显著不同,那么,将历史上不无妥当地适用于物权瑕疵的权利担保规则同样适用于担保货物不侵害知识产权的事实中,就不可避免地产生畸重畸轻的问题。《联合国国际货物销售合同公约》注意到了这个问题,特别地区别了这两种情况的规则,将知识产权权利瑕疵责任从一般的权利担保规则中分离出来,并提供了立法的样本[②],它或许可以为国内法在设计卖方与买方关于交易风险成本分担的再平衡结构时提供借鉴。

总的来说,CISG样本遵循了可预见性标准,以可预见性为边界先确立起一个合理注意义务,再补充完善买受人一方的事由作为出卖人免责的事由,从而既促使卖方实施合理注意,又约束买方改变触发风险的活动量,在买卖双方之间建立一种新的平衡关系。具体来说,可预见性表现在:第一,卖方承担责任以已知道或不可能不知道的第三人知识产权为限。第二,卖方"已知道或不可能不知道"第三人知识产权的时间点是订立合同时。第三,卖方所承担责任的第三人知识产权须产生于特定地域,即订立合同时买卖双方预期的货物转售地或使用地的国家,或在其他情况下为买方营业地所在的国家。第四,买方知悉第三人知识产权及买方为卖方提供技术图纸、设计、配方或其他说明而交付货物是卖方免责的两个事由。

四、买卖合同关系的得对抗效力的探索

知识产权权利人授权位于外国的他人在所生产的货物上使用其有效的知识产权,并指定将这些货物出口,这样的合同就像其他的买卖合同一样,债的关系中的权利是一种请求权,即请求合同的相对人作为特定的人为或不为特定行为,它本身在合同之外不具有对抗效力。

故而,当生产商的生产、出口行为受到他所在国的其他并存的知识产权权利人的挑

---

① 石慧.知识产权瑕疵担保责任在我国立法中的重构[J].法学杂志,2019,40(5):76-84.
② 《联合国国际货物销售合同公约》第41条是关于一般的权利担保瑕疵责任的规定,而关于知识产权担保瑕疵责任的特别规定放于第42条。

战时,在传统的契约原则下,仅凭生产商在买卖合同项下获得的授权并不能使他具备侵权责任豁免的事由。然而,这种由并存的知识产权引发的特殊性是否足以让传统的契约原则被反思呢？在中国,对这一问题的讨论是以涉外定牌加工商标侵权案件为主战场展开的。

（一）中国涉外定牌加工审判实践的波动

为了明确经济领域内常用的"涉外定牌加工"一语在法律上有关切影响的方面,本文将这一用语的含义界定在以下的语境中,即中国生产商根据其与外国商标权人订立的合同,在生产的商品上贴附与外国商标权人在外国已注册的商标相同的标识,并将这些商品全部出口到该外国商标权的地域范围内。

改革开放以后,中国以涉外定牌加工贸易为主要形态的加工贸易是对外贸易的重要方式[①],涉外定牌加工引发的商标侵权争议尤为突出。这类争议困扰了司法实践很多年,是难办案件。自早期最具代表性的"NIKE"案以来[②],法官就在裁判的逻辑标准与政策标准之间艰难抉择[③],故而在侵权判决与不侵权判决之间摇摆不定。根据一份基于"无讼案例"数据库、以"涉外定牌加工""商标侵权"为选定关键词、检索日期为2018年9月5日所检索得到的62份符合的案例的统计,可以发现在2008年至2018年,这类案件的数量大体呈现先增后减的趋势。其中,法院认定构成侵权的有8例,占比13%；法院认定不构成侵权的有54例,占比87%(见图1)。[④]

最高人民法院同样经历了这种摇摆,其先于2015年再审审理的"PRETUL"案和2017年的"东风"案中做出不侵权判决,而后于2019年再审审理的"HONDA"案中转变为侵权判决,表明了在这个问题上的最新态度。

以最高人民法院审理的"PRETUL"案和"东风"案为典型代表,可以梳理出不侵权判决的裁判思路。

大前提：构成商标法意义上的商标使用是判断是否构成侵害商标权的基础,而商标法意义上的商标使用要求商标发挥识别功能。

小前提：涉案商品不在中国市场上销售,所使用的标识不会在中国领域内发挥商标的识别功能,也就不具有使中国的相关公众对商品来源产生混淆和误认的可能性。

---

① 在中国,加工贸易曾占据外贸半壁江山,自2014年以来虽有所下降,但在出口贸易总值中仍大体维持30%以上的比例,加工贸易值基本在5万亿元人民币左右。2014—2018年进出口商品贸易方式总值表,来自海关总署官方网站 http://www.customs.gov.cn/eportal/ui?pageId=302275(2019年11月20日访问)。

② 参见深圳市中级人民法院(2001)深中法知产初字第55号民事判决书。

③ 易健雄.OEM商标侵权纠纷处理的态度选择——遵循"从结果出发"的思维方式[J].知识产权,2009,1.

④ 晁瑞蔓.OEM商标侵权问题的实证研究——基于62项司法判例的分析[J/OL].时代法学,DOI:10.19510/j.cnki.43-1431/d.20190530.003.

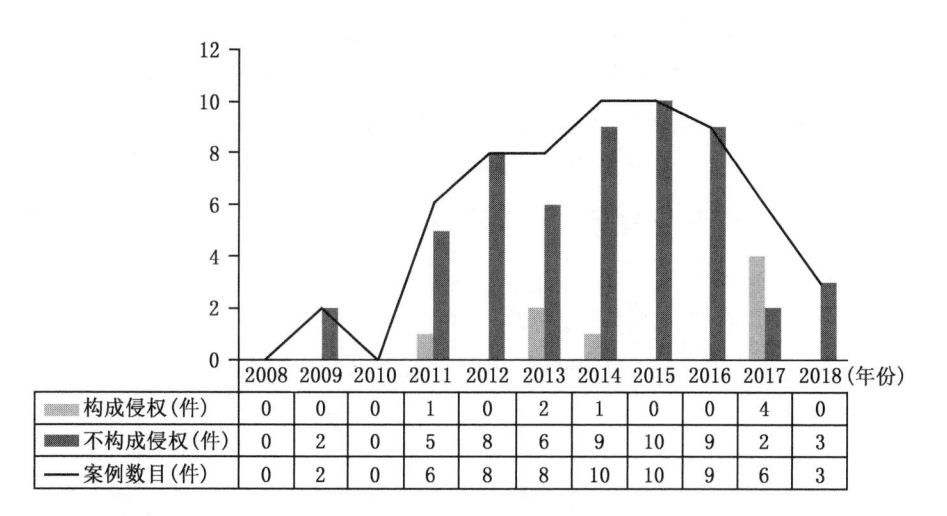

图1 OEM案件裁判年份数据统计图

年份	2008	2009	2010	2011	2012	2013	2014	2015	2016	2017	2018
构成侵权(件)	0	0	0	1	0	2	1	0	0	4	0
不构成侵权(件)	0	2	0	5	8	6	9	10	9	2	3
案例数目(件)	0	2	0	6	8	8	10	10	9	6	3

结论:讼争行为"不能被认定为商标法意义上的商标使用行为"[①],或者说它是一种"不用于识别或区分来源的商标使用行为"[②]。

在不侵权判决的推理过程中,实则运用了限缩(或减缩)解释的方法,于《商标法》中"商标使用"的法律条文所规定的两个要件——一是使用行为的客观内容,即将商标用于商品、商品包装或者容器及商品交易文书上,或者用于广告宣传、展览及其他商业活动中;二是使用行为的主观目的,即"用于识别商品来源"——之外,附加了"在中国市场上销售"这一要件。但猝不及防的是,为涉外定牌加工这一类案件所做的限缩解释,竟"牵一发而动全身"地招致了一个意外后果——相同的事实置于一个相同的法律条文之下却得到完全相反的结论。这个意外后果发生在商标是否应被撤销的争议中,《商标法》中规定了"连续三年不使用"是商标撤销的事由,如果按照"商标使用"限缩解释的意义,这些定牌加工方式中的外国商标在中国未被使用达连续三年者就得被撤销。然而,在这类商标撤销行政案件中,法院倾向认定不在中国市场上销售仍构成"商标使用"。[③]这样一来,商标法原本自洽的逻辑体系被突如其来的这种限缩解释而破坏,"在法律适用上,要维护法律制度的统一性"便成为最高人民法院在审理"HONDA"案时改变对这类案件的处理态度的一个重要考虑。以"HONDA"案为典型代表,可以梳理出侵权判决的裁判思路。

大前提:商标使用行为是一种客观行为,在生产制造或加工的产品上以标注方式或其他方式使用了商标,只要具备了区别商品来源的可能性,就应当认定该使用状态属于

---

① 参见最高人民法院(2014)民提字第38号民事判决书。
② 参见最高人民法院(2016)最高法民再339号民事判决书。
③ 参见最高人民法院(2018)最高法行申8135号行政裁定书。

商标法意义上的"商标的使用"。

小前提：涉案商品上使用的商标与涉案商标构成在相同或者类似商品上的近似商标，因商品运输或从国外回流至国内市场或中国消费者出国旅游和消费这些途径，对涉案商品运输等环节的经营者或中国消费者有发生混淆的可能性。

结论：讼争行为构成侵害涉案商标的注册商标专用权，依法应当承担停止侵权、赔偿损失的民事责任。[①]

（二）从侵权法视角对侵权判决的质疑

如果把侵权判决放在作为商标侵权更一般性基础的侵权法理中进行检验，可以发现这个结论似乎存疑。[②]

"须有因果律之损害"[③]，是一般民事侵权行为的基本要件，涉外定牌加工引发的商标侵权亦应当遵循，即"若无因果关系之存在时，则损害赔偿之债，绝对不可能成立"[④]。

首先，廓清涉外定牌加工引发的商标侵权争议中被诉的"行为"。它是指国内生产商的商标使用行为，这不是单一性质的行为，而是从贴附外国商标权人的商标标识开始到将如此贴附了标识的商品出口到外国方才结束的一个组合行为。

其次，厘清涉外定牌加工引发的商标侵权争议中讼争的"损害"。被诉的"行为"属于商标使用行为，在这种侵权类型中，造成的"损害"则是指被诉的侵权商品与原告商标权人的商品之间发生"混淆可能性"，即相当多的一般谨慎的买家对于商品来源将被误导或混淆的可能性。[⑤] 在该被诉侵权商品全部出口的情况下，如要发生"混淆可能性"，要么是通过把商品回流至国内市场这一途径，要么是通过出国消费这一途径，无论何者，实际上都取决于国际市场上贴附了与中国商标权人的商标相同或近似的商标的商品的数量。

最后，辨明"行为"与"损害"之间因果关系的问题。根据近时学者所通说的相当因果关系说或适当条件说，判断因果关系要通过的第一步检验是"无此行为，必不生此损害"[⑥]，换言之，如果连这样的情形——没有此行为，就不会生此损害——都不满足，就毋需进而辨别因果关系。在涉外定牌加工引发的商标侵权争议中，因果关系的考察就止步于第一步检验。已如前述，讼争的"损害"是取决于国际市场上贴附了与中国商标权人的商标相同或近似的商标的商品的数量的，只要外国商标权人合法有效地持有其委托中国生产商贴附的商标，那么，这个数量就会维持在一定的水平上。因为即使这些

[①] 参见最高人民法院(2019)最高法民再138号民事判决书。
[②] 石慧,徐立华.全球价值链中商标权地域性原则的反思——对涉外定牌加工商标侵权的新认识[J].时代法学,2021,(2).
[③] 史尚宽.债法总论[M].北京：中国政法大学出版社,2000:111.
[④] 郑玉波.民法债编总论[M].北京：中国政法大学出版社,2004:224.
[⑤] Bryan A. Garner. *Black's Law Dictionary* (tenth edition)[M]. Thomson Reuters,2014:1069.
[⑥] 王泽鉴.民法概要[M].北京：中国政法大学出版社,2003:208.

商品不由中国生产商提供,也必然由其他国家和地区的生产商提供,譬如越南、印度。①这些来自越南、印度甚或外国商标权人自己提供的"后继的"商品与本来打算由中国国内生产商提供的那些"前赴的"商品性质相同,是此消彼长的关系,如跷跷板的两端自动地互为运动,使国际市场上这些商品的数量水平不发生变化。

此外,从侵权法的政策上看,侵权判决的合理性也是有疑虑的。其一,法律之所以规定某类行为构成侵权,其内在的经济合理性在于希望藉此改变一方的活动量,进而达到风险控制的目的。② 然而,法律就算将涉外定牌加工规定为侵权,风险控制的目的仍然会落空,所以,这样的规定就不具有内在的经济合理性。其二,一个行为既然不能被避免,且它又倾向于公共的善——涉外定牌加工贸易为发展中经济体带来发展和减贫以至为全球经济带来进步。③ 那么,"显然就没有把既是希求的又是不可避免的这个行为所产生的害处施加于行为人的政策"。④

所以,似乎很难说在涉外定牌加工案件中做出侵权判决有足够坚实的理由。

(三)买卖合同关系的得对抗效力理论中的诚信原则考虑

涉外定牌加工案件中作判决的困局提示了赋予买卖合同债权在一定条件下得对抗第三人知识产权的规则是协调并存的知识产权之间的冲突的一个可能出路。当然,让合同债权取得对外的对抗力必须限于严格的条件,包括合同项下的被授权使用的知识产权须为合法有效的知识产权,合同项下的商品须全部出口到该知识产权取得注册的国家或地区,合同项下的对被授权的知识产权的使用须是严格的"双相同"的使用,等等。这些限定条件的核心目的是体现诚信原则,要求合同中的当事人行使权利,履行义务,应依诚实及信用方法,不得损害其他并存的知识产权正当利益,既不能排除并存的知识产权权利人现时实际的正当利益,也不能剥夺其未来可能的正当利益,从而遵循"避免损害者较取得利益者为优先"的衡平精神。⑤

建立一个有限地承认买卖合同债权得对抗第三人知识产权的规则还可以解决诚信方面的顾虑。并存的知识产权有可能是因为一方不诚信的原因而形成,如果不诚信的原因出现在合同项下的生产商所在的国家,则因为合同债权具有得对抗第三人知识产权的效力可使这一不诚信的行为受到阻却;如果不诚信的原因出现在合同项下的知识产权权利人所在的国家,则因为知识产权不稳定状态的风险属于合同项下的风险,根据

---

① 例如,在耐克鞋商品上,越南已取代中国成为最大的加工和出口基地。穆青云.贴牌企业并非只有死路一条[N].环球时报,2012-8-24.

② [美]波斯纳.法律的经济分析(上)[M].北京:中国大百科全书出版社,1997:229.

③ World Bank. *World Development Report 2020: Trading for Development in the Age of Global Value Chains*[R]. Washington, DC: World Bank, 2020:66-72.

④ Oliver Wendell Holmes. *The Common Law*[M]. Belknap Press of Harvard University Press, 1967:77.

⑤ 郑玉波.法谚(一)[M].北京:法律出版社,2007:91.

该规则,不能合法有效的知识产权并不满足合同债权对抗力的要求,亦可以在一定程度上阻却不诚信的行为。

五、结论

本文从知识产权与契约之债的关系的角度展示了知识产权融入民法典绝不只是是否独立成编地融入的形式问题,而且还是如何把与传统的财产权相比具有鲜明的特殊性的知识产权深度地融入民事权利体系的问题。在"技术革新和贸易的开放已深刻地改变了全球生产的面孔"的时代,物理生产和知识产权生产相分散勾划了一幅"碎片化"的新的生产秩序,加之货物的跨国境流动日益频繁,围绕买卖合同的真实跨境利益冲突在卖方、买方、第三方知识产权权利人之间激烈地发生。引发这些跨境利益冲突的原因直接地表现为并存的知识产权现象,而这一现象正好被知识产权地域性原则所囿的国内视角隐藏,所以,从更尊重现实的观点出发,民法采用知识产权全球视角重新审视买卖合同的规则,具体指向传统的权利担保规则以及买卖合同对外的对抗力理论,以使卖方、买方、第三方知识产权权利人之间的利益实现更好的平衡。

实现"中国梦"的中国教育政策与策略：中巴关系视角下的经验与机遇

塔伊斯·巴伊亚·维亚娜·罗德里格斯·达席尔瓦（Taís Bahia Vianna Rodrigues da Silva）

摘要：中国正处于社会经济急剧发展的重要转型时期。在过去几年中，中国政府一直在推出新的教育政策，以适应新的国内外需求。在这方面，国家发展战略的支柱之一是教育的国际化，其中涉及中国录取外国学生的激励政策、规则和要求，以及中国学生出国留学和回国等方案。

事实上，国际学生在许多其他国家也是经济和社会发展的重要资源，他们同样面临若干挑战。然而，为了顺应当代教育的排名标准美国化，以及对出版物数量（主要是英文）、学生的多样性和留学生录取进行优先考虑的教育模式及动态，应回顾教育系统在国际层面出现的巨大变革及向现代教育范式发生转变的历史进程。

从根本上说，为在全球形势不断变化的背景和巨大的内外压力下寻求机会，中国的学校开始采用传统和新颖的方式教授知识、塑造学生，以培养现代世界所需要的学生。特别是在21世纪初的这些年里，中国人的目标是使新一代适应快速变化的社会。同样，中国政府目前实现"中国梦"的策略和愿景也与诸如实施2030年可持续发展议程的国际发展方针相一致。

简而言之，本文旨在通过分析从20世纪初开始的中国教育改革以研究如何在经济、文化和教育领域巩固中巴关系。在这种双边关系的背景下，当前的地缘政治形势表明，通过交流科学研究数据和信息，促进国际辩论、项目和活动，以及整合政府和学术/科学机构来加强联系至关重要。

关键词：中国教育改革、中国梦、教育和文化、国际合作、中巴关系

一、介绍

"中国梦不仅是中国人民的梦，也是世界人民的梦。"[①]

——习近平

中国与其他国家间的双边和多边关系不仅反映了商业利益，也反映了文化利益。

---

① 摘自2013年3月23日习近平在俄罗斯莫斯科国立国际关系学院的演讲。

中国人把他们的关系建立在古代儒家的"关系"概念之上,就更好地诠释了这一点。"关系"反映了中国社会如何在社会和政治方面组织成一个建立在信任基础上的复杂人际关系网。

同样,中国的教育也根植于中国文化和儒家思想①,同时又不失现代进步的机遇意识。换言之,中国根据国际发展标准(如联合国制定的、构成 2030 年可持续发展议程核心的 17 项可持续发展目标②),通过支持实施促进平衡和普遍进步议程(在经济、政治、社会、文化和环境领域),将传统和现代因素完美结合。

此外,自 1978 年以来,中国已使 8 亿多人摆脱极端贫困。在教育方面,中国人的识字率从 1982 年的 65.505% 上升到 2018 年的 96.841%(15 岁及以上人口的百分比),表明在过去几十年里,每年约增加 100 万识字人口。鉴于近年来中国摆脱极端贫困③和文盲④的人口比其他国家都多,其政府采用的国内发展措施是巴西等其他发展中国家减少社会和经济不平等并改善教育制度的有用范例。

因此,为了更好地从哲学、历史和比较的角度理解今天的中国教育和相关政策,先对历史情况进行分析是至关重要的。鉴于中国有 5 000 多年的历史,该分析主要从历史的角度考查中国 20 世纪中期以来的扫盲过程。为此,本文将介绍中国教育史上的关键概念、战略事件和其他相关节点,并重点关注当代中国的教育发展和改革。

在全球化的背景下,20 世纪"高等教育大规模化"的全球趋势也值得关注。这种表现始于美国并影响了包括中国在内的其他国家。国际化和英语学习动机也是中国政府发展战略的重要关注点。

此外,本文旨在探讨中国教育改革的历史进程和主要战略,它是实现中华民族伟大复兴"中国梦"的关键驱动因素。中国在新时代的进步为与巴西的合作及伙伴关系提供了重要的经验和机会,特别是在促进教育进步领域。

最后,巴西与中国这个自 2009 年以来最大的商业伙伴的关系,代表的不仅仅是一个继续销售商品的机会。巴西正面临着前所未有的与其他国际伙伴合作的机会,合作范围涉及教育、研究、科学发展甚至社会活动等方面,而这些方面则无疑是任何国家经济和社会发展的根本。

---

① 教育作为文化的组成部分,是一定时期政治经济发展的产物,受政治经济制度和生产水平的制约,受一定文化的影响。与政治、经济发展相比,文化对教育的影响更大、更持久(Gu,2014)。
② 参见《改变我们的世界:2030 年可持续发展议程》(https://sustainabledevelopment.un.org/content/documents/21252030%20Agenda%20for%20Sustainable%20Development%20web.pdf)。
③ 参见《世界银行概览》(https://www.worldbank.org/en/country/china/overview#1)。
④ 参见《世界银行》(https://data.worldbank.org/indicator/SE.ADT.LITR.ZS?locations=CN)。

二、中国高等教育模式与世界各地对其的多种影响：中国教育改革历史概述

（一）中国高等教育史：中国模式及其西方化

为了理解大学和高等教育在现代中国的崛起，简要分析中国的历史背景至关重要。如前所述，中国古代文化和教育从根本上受到儒家哲学的影响，其根源在于四书（《大学》《中庸》《论语》《孟子》）和五经（《诗经》《书经》《礼记》《易经》《春秋》），这些都是掌握孔子主要教义的重要著作。在这一传统的指导下，在中国古代，皇帝都希望选择受过良好教育的官员来管理国家。

在这方面，值得一提的是，首个选拔官员的科举考试制度是由隋朝（公元581年—公元618年）的隋炀帝（公元569年—公元618年）建立的，并在唐朝（公元618年—公元907年）期间由唐太宗（公元598年—公元649年）进一步发展。这一制度一直沿用到20世纪初，并于1905年被废除（Gu, 2014）。

本节将对19世纪中期到20世纪上半叶中国的教育体系进行分析。正是在这个时期，出现了古代制度西方化，以适应现代全球化情景的要求。

中国人把道德和经典教育放在首位，而西方国家则把科学（工程、数学和其他应用科学）教育放在首位。然而，在历史的某个时刻，一些改变变得很有必要。19世纪初，正规学校教育开始在美国和西欧国家蔓延，成为强制性的普及教育。这种新方法反映了"工业化经济的需求，旨在加强民族国家在国际竞争环境中的地位"（Zarrow, 2015）。后来，中国的现代教育模式也融入世界范围内的大规模学校教育发展中。

此外，推动中国学校系统现代化的重要因素还有19世纪中期的外国入侵和国内起义。在这种情况下，中国与其他国家之间的军事力量差距不容忽视。为了应对太平天国运动[①]、中日战争、第一次和第二次鸦片战争及中法战争，清朝开始了自强运动——对中国进行制度改革，这个时期，朝廷及文官开始采用西方的军事技术。同样重要的是，晚清的公民概念对促进中国民众普及教育产生了重大而直接的影响。

因此，在1861年，京师同文馆（综合学校）成立，引入外国教授教数学、化学、欧洲语言和天文学等科目。此外，自1872年以来，中国对海外教育政策进行投资，将第一批中国学生送到美国、西欧和日本学习西方技术和科学。在此背景下，初次产生了关于中国如何通过将这些文化差异结合来找到通往高水平国民教育的完美进路并在国际舞台上找到战略性地位的辩论和批评性反思。

自清朝在中日甲午战争中被日本打败后，洋务运动（又称自强运动，1862年至1895年）结束。1895年，在美国本科教育体制的基础上，中国建立了第一所现代大学——天

[①] 19世纪50年代和60年代，在官员和贵族的支持下，新的儒家学院成立了。这些学校中的许多学校开始西化它们的课程，起初非常温和，但到了19世纪90年代变得更加激进（Zarrow, 2015）。

津北洋西学学堂。随后,北京大学于1898年成立。

此外,由于19世纪70年代教科书的获得途径有限,教师使用的是陈旧的、翻译匆忙的资料。直到19世纪80年代,中国的新师范学校培养了足够的、受到专业训练的、能正确使用教科书的教师。

在频繁出现变动的20世纪初,科举考试于1905年被废除。1906年,中国利用庚子赔款奖学金送中国学生赴美留学。同时,利用美国退还的部分庚子赔款,清华大学的前身——清华学堂——于1911年成立。

最后,在对以上历史时期进行分析的基础之上,自1949年中华人民共和国成立以来的教育系统值得一提,该教育系统尽管不是完全照抄照搬苏联的教育制度,但主要还是借鉴了苏联的教育制度。

(二)国际模式对中国教育制度的影响

了解了历史背景后,为了理解现代背景下中国教育体制的建立,强调"普及"教育(仅限男子)对20世纪的中国并不陌生这一点很重要。自明朝开国皇帝以来,这一直是明清两朝支持的一个特征(Zarrow,2014)。当时"教育是政府官员实现阶级跃迁的工具"(Wei和Johnstone,2019)。

中国与近代早期欧洲之间的一个重要区别在于,中国官员和精英阶层并没有对教育普及至大众产生担忧,但欧洲当局对此却产生了不同的态度。对这种理解上的差异的一个解释是:在中国人看来,教育只对极少数文化精英阶层很重要(Zarrow,2014)。而在欧洲,据Woodside(1992)解释,晚期欧洲国家可能已经将普遍识字视为对半垄断经典知识官僚体系的潜在威胁。不过,这只是一个次要因素,因为与基本识字能力相比,古典教育普及的机会由于前面提到的教育与道德价值观之间的相关性而变得微乎其微(Zarrow,2014)。

晚清官员经常讨论中国的低大众识字率。此外,"清政府认为,低识字率阻碍了中国的自强和改革,提高识字率是在新宪政政权下培养现代公民的唯一途径"(He,2018)。

值得强调的是,最初,中国人更容易适应日本的教育制度,因为两国有许多文化共同点,例如重视爱国主义及儒家的忠诚和孝顺价值观(Zarrow,2014)。此外,当时中国对明治维新有一定的尊重、中日地理位置较近也是促进中日之间学生交流的原因。再者,虽然中日两国文字的书写方式不同,但中日之间的文字仍然具有历史相似性。①

法国的教育模式也启发了一些国家。法国的教育模式特征之一是精英主义,即仅

---

① "美国、法国、德国都是经济发达的资本主义国家。然而,他们的教育制度和教育事务的管理是相当不同的——即使是法国和德国作为欧洲国家,他们的教育实践也各不相同。相比之下,东方国家如中国、日本和有着不同社会制度的韩国在教育传统上表现出相似之处。这是为什么?这就引出了民族文化传统与教育发展的关系问题。"(Gu,2014)

有有限的群体基于社会融合享有权力和地位①,根据 Bourdieu(1998)的说法,这在社会构建的许多方面都有体现。从学术角度看,可以肯定的是,在法国一直有人试图维持这种精英文化,尤其是通过建立体制结构和实施政策来维持某种地位。

关于法国模式,Durkheim(2009)认为社会因素占主导地位。他认为,社会决定个人,个人的所有行动和功能都以其居住的地方性特征为标志。而康德(1900)认为是个人因素决定了教育。不过,这两种理论均认为是由一代人教育另一代人。

德国模式也影响了一些国家。韦伯(2008)强调了德国模式的某些方面,如学术界背景下职业与科学之间的争论。他认为,灵感在科学领域发挥着重要作用,在学术背景下,计算和寻求解决方案时如果缺乏灵感则无法达到目的。

美国经济学家 Ely(2017)对 19 世纪末和 20 世纪初的两种教育模式进行了分析和比较,Ely 因在美国建立了德国历史学派的思想而闻名。作为一个亲德派,他认为德国的官僚制度有效率。在这方面,有必要提及德国大学对美国制度的影响。例如,美国第一所研究型大学约翰斯·霍普金斯大学(Johns Hopkins University)成立于 1876 年,其就以德国模式闻名。Ely 表示,"1879 年在德国留学的美国人(约 600 人)比从拿破仑战争结束和第一次世界大战之间的一个世纪里的任何一年都多"。

Ely(2017)还谈到了与美国教授相比,德国教授是如何将学生视为共同寻求新知识的探索者。此外,他认为高等教育必然涉及德育,即品格的形成。在不同的背景下,关于道德与教育之间关系的辩论再一次出现了。不过,笔者对德国模式持有一定的怀疑态度,部分原因也是这种理念。值得注意的是,在德国教育系统中,德育课程都是选修课,而在美国大学则是必修课。可以认为这是美国学术界因受德国影响并进行了优化的成功案例。

同样,美国模式也影响了中国教育。在 19 世纪后期,工程、教学和学术奖学金成为美国学术界的重要议题(Veysey,1965)。② 中国从日本模式(首个对中国产生重大影响的模式)转变为美国模式可以被视为广泛的历史和社会背景下产生的结果。在 1915 年至 1949 年期间,中国直接受到美国模式的影响,尤其是在 20 世纪 20 年代(Gu,2014)。该时期的一个标志性现象是中国教育体系中出现了美国传教士和诸如燕京大学等基督教学校(West,2013)。最后,自 20 世纪初以来,经过一系列战略改革的美国模式在过

---

① 地位是组织、团体或个人与他人相比所享有的声望的数量和种类。人们为获得和维持地位而发展的机制往往对现代社会的整体机制至关重要。马克斯·韦伯是第一个详细解释这一点的社会学家。韦伯与卡尔·马克思的主要争论之一是,社会是由斗争塑造的,不仅是为了政治和经济霸权,也是为了韦伯所说的"地位和荣誉"。最简单地说,韦伯的论点是,人们不仅关心自己有多少钱和影响力,还关心别人如何看待自己。拥有财富和影响力的人希望别人相信他们的拥有是应得的——他们的拥有是由同时统治着富人和穷人的规则获得或授予的(Stevens,2009)。

② 大力弘扬科学民主思想,坚决批判封建思想道德。在这段时间里,被美国教育学家称为民主和反传统的功利主义出现并传入中国(Gu,2014:165)。

去几十年中已成为全球参考对象,并在今天继续影响中国和其他国家,本文将在下一节中研究这一问题。

三、当代中国追求"中国梦":科学创新、国际化与精英教育

虽然"发展"一词经常被用作经济思想的总括概念,但人类的发展实际上包括经济、政治和社会发展各方面,而减少不平等是其首要目标。这一理念体现在习近平主席关于中国力量与发展的愿景中。中国秉持"创新、协调、绿色、开放、共享"发展理念,包括通过加快在中国落实2030年议程中的全民素质教育。①

鉴于这些指导方针,2020年,中国公共教育投入超过5.3万亿元。根据中国教育部2021年4月发布的信息,2019年,中国教育总投入约5.01万亿元,较2018年增长8.74%。根据中国教育部2020年6月发布的一份声明,2019年,中国政府对教育部门的拨款连续第八年保持在GDP的4%以上。②

关于中国的教育,1995年5月中共中央、国务院在全国科技大会上提出的"科教兴国"战略也值得一提。习近平主席在几次公开讲话中重申,这一战略基于"科学技术是生产力增长的主要来源"(中国外文局、世界研究院和中国翻译研究院,2019:79—81;习近平,2017)。③

从这个意义上说,我们(尤其是各国政府)不能忽略过去几十年的技术进步。中国旨在促进国家进步和与其他国家融合的政策展示了新技术和人工智能应如何被用于促进全球发展,包括普及素质教育。

为了理解当代中国的教育模式及其成功之处,有必要分析过去几十年(主要是改革开放以来)中国实施的教育改革。

尽管第二次世界大战期间与日本的战争减缓了1949年之前中国高等教育部门的发展,但在"文革"(1966年至1976年)之后,中国通过经济改革建立了一种新的高等教育模式(Wei and Johnstone,2019:554)。从这个意义上讲,20世纪末进行的一系列新的高等教育改革,包括招生、收费和国际合作政策,重点在于劳动力市场需求。而在所有措施中,值得一提的是恢复高考,它是一直延续到今天的中国高等教育入学考试(Wei和Johnstone,2019:554)。

---

① 参见《中国落实2030年可持续发展议程进展报告(2019)》(https://www.fmprc.gov.cn/mfa_eng/topics_665678/2030kcxfzyc/P020190924780823323749.pdf)。
② 中华人民共和国国务院网站。http://english.www.gov.cn/archive/statistics/202104/27/content_WS6087f7a5c6d0df57f98d8aa4.html。2021年6月30日访问。
③ 这一战略依赖于教育。保证科学技术在经济发展中发挥应有的作用,必须在教育和科技领域进行进一步的体制改革,教育和科学技术与整个经济之间需要更好的协调。科技工作要更好地服务于经济发展,更加注重解决事关经济发展的紧迫问题。教育要面向现代化,面向未来,更加开放。教育体制改革应与资源分配合理化措施同步进行,以提高教育质量和效益,确保教育更好地为经济服务(中国外文局、世界研究院和中国翻译研究院,2019:81)。

必须强调的是,"旨在实现中国社会现代化的市场经济改革对中国教育改革产生了深远影响"。这个改革最初是基于教育的分权和财政多样化,其中强调"中央政府将财政责任和教育管理权下放给地方政府"。除了领导中国的教育市场化,中国的中央政府还呼吁"地方政府和公立学校利用多种渠道改善其教育服务和资源提供"(Liu,2020:43)。①

在随后的几年里,中国政府实施了启动中国世界级大学②的概念国家项目,重点是211和985项目以及双一流的方案。上述项目遵循国际趋势,支持了自然科学领域的学术生产和国际领袖的产生(Zhang、Patton和Kenney,2013),但遗憾的是,并没有过多关注社会科学和政治领域的发展(Wei和Johnstone,2019)。

另一个需要提及的关键事实是中国教育的国际化,这一战略尤其自20世纪80年代以来受到广泛关注。该战略鼓励"学生的跨国流动成为国际教育服务贸易和教育国际化的重要组成部分"(Liu和Liu,2016:85)。

2001年中国加入世界贸易组织(WTO)是促进中国高等教育国际化以及高中教育国际化的一个相关因素(Liu,2020;Liu和Liu,2016)。③ 此外,考虑到教育机构遭受的预算削减影响,2008年的全球金融危机导致美国大学对富裕的中国学生更加开放(Liu,2020:46)。

在这样的背景下,受新自由主义影响的西化标准主导了国际排名,主要集中在英文出版物的数量、学生的多样性和国际学生的录取。因此,遵循这些标准的世界强国的高

---

① "中国政府加强教育体制现代化的努力始于教育分权和财政分权的改革。这一改革最初是由1985年《中共中央关于教育体制改革的决定》发布的,并在《改革与发展纲要》中重申1993年的中国教育(Mok等人,2009;Ngok,2007)。改革强调中央政府将财政责任和教育管理移交给地方政府。这场教育改革要求地方政府和公立学校利用多种渠道改善教育服务和资源提供(Cheng,1997;Liu和Dunne,2009;Ngok,2007;Tsang,1996)。这种学校自治改革鼓励拥有优质教育资源的公立学校通过扩大教育服务来满足社会需求,从而产生额外收入。这一改革导致中国教育的市场化(Mok,1997;Mok等,2009)。"(Liu,2020:43)

② "当代高等教育文献表明,人们越来越关注国际排名(Shahjahan等,2017)和追求"世界级"大学地位(Altbach,2004)。"世界级大学"一词在某些圈子里已成为高等教育质量和高等教育市场全球竞争概念的同义词(Salmi,2009)。2004年,Altbach注意到"世界级"一词越来越流行,尽管当时没有具体的定义。在21世纪初的这些年里,各机构都在追求世界一流大学的地位,但没有确切的方法来获得这种地位的认证(2004年)。现有的世界级大学的定义大多依赖于学者的主观经验或全球排名系统。"(Wei和Johnstone,2019:555)

③ "中国于2001年加入WTO(世界贸易组织),促进了中国高等教育和高中教育的国际化。然而,很少有研究致力于了解WTO作为一个实体如何"将新自由主义实例化为一套全球规则"(Harvey,2007:23)影响了中国高中教育的国际化,而这是中国最近的教育改革。《中国的新自由主义、全球化和"精英"教育》一书通过探索与全球、国家和地方社会经济和政治秩序的新自由化相关的新教育秩序来弥补这一空白。通过研究目前被定义为国际教育的局限性,本书有可能为建立其他形式的国际教育项目做出贡献,这些项目可以造福于整个中国社会,而不仅仅是中国社会的特定精英阶层。"(Liu,2020:35)

校对有才华的学者和研究人员以及全球领导人更具吸引力。[①]

新冠肺炎疫情促使成千上万的中国学生返回中国,这显示了国际学生的战略,以及这种教育政策在地缘政治领域的巨大影响力。

另一方面,中国成功地实现了教育国际化并在国际教育发展中有了影响力,也带来了快速国际化进程中实际代价方面的质疑。

然而,中国政府不仅关注国际标准的要求,而且也关注中国传统价值观和文化的保护。此外,人们注意到一个新的关注点是促进交叉学科学习,培养批判性和创造性思维,而不是注重记忆的传统方法(Wei 和 Johnstone,2019:555)。

尽管快速发展带来了前所未有社会和经济利益,但中国政府仍然需要面对挑战,以确保教育政策和改革的实施。在这方面,必须考虑的一个因素是 Liu(2020:33)所称的"新兴国际教育范式"。

总之,以国家发展为目标的中国愿景将学习作为一种"自我转型的方法",即"学习型社会将教育与社会联系起来,为人的全面发展和国民素质提升提供更好的条件"(Gu,2014:268)。

四、中巴合作与伙伴关系的经验与机遇

对中国经济现象的分析表明,教育显然是其发展的支柱之一,尤其是在科技领域。换言之,中国政府的政策认为,"需要加强科技能力,扩大科技对生产力增长的应用,以增加科技对经济的贡献"(CIPG、ACCWS 和 CATL,2019:79-81)。

尽管存在文化和历史差异,但中国和巴西有许多相似之处,可以促进对过去四十年来以国家和教育发展为目标的中国项目进行学术及实践分析。这些政府措施可以成为在巴西和其他国家应用的有益范例,在牢记本土问题需要本土解决方案的同时,减少其社会不平等并加强其教育系统建设。

此外,从中巴关系的角度来看,应强调加强这些关系的必要性,这对巴西的社会和经济发展至关重要,因为它们不仅具有商业潜力,而且具有文化潜力。除了传统市场,中国也在增加社会文化领域的投资并在寻找这方面的合作伙伴,其中包括电影领域和足球领域。自 2016 年以来,中国一直在为金砖国家(巴西、俄罗斯、印度、中国和南非)背景下的故事片融资。中国投资者对巴西足球也越来越感兴趣,不仅是对俱乐部和球员,也包括对经理和教练。

---

① "对世界级地位的追求对大学的功能产生了有趣的影响。在全球范围内,排名系统已成为排名靠前的大学的营销工具(Knight,2004)。为了巩固顶尖人才,高排名为大学提供了一个有形的招聘故事。在西方世界,Giroux(2002)断言,学术研究人员有时会损害经济市场的关注和利益。'公司会定期审查与其商业利益不符的研究结果'。然而,中国的教育方案却与此不同。国内和国际商业市场的要求和控制都很强,但没有政府压力那么强。Marginson(2015)将这种现象认定为"官僚干预决策",并强调了中国高等教育机构日常运营和战略中传统教育价值观、强大的政府控制和市场影响的复杂性。"(Wei 和 Johnstone,2019:564)

根据巴西—中国商业委员会(2019年)对进入巴西市场的模式的分析(主要是2014—2016年),许多中国公司收购了巴西现存并在巴西运营的棕地资产(即棕地场),因为这一时间段出现了大量优惠和拍卖。但是,自2017年以来,中国投资者重新燃起了对绿地项目(新项目)的兴趣。

鉴于此,有许多机会提高两国之间建立新联系的可能性。在这方面,加强中巴关系的一些战略举措是:(1)交换科学、学术数据和信息;(2)促进关于教育、文化和体育的辩论和国际活动、研讨会和专题讨论会;(3)整合科学和/或政府机构、合作伙伴和学生交换奖学金;(4)教授葡萄牙语及中文;(5)制订涉及游戏和社交媒体的方案,尤其是增加年轻一代的参与度。

巴西可以从中国教育融资的发展和演变中吸取如下经验教训:(1)反腐败政策的控制和监督;(2)政府政策的连续性,特别是在教育和基础设施等基础部门,以保证效率和实际成果,包括国民经济;(3)在稳健的财务计划的基础上,制定切合实际的教育目标,并相应调整教育财政政策;(4)根据每个地区的需要通过一项国家战略,同时考虑社会和地理差异;(5)将性别问题和其他少数群体问题纳入国家发展战略;(6)地方政府强有力的问责制。

过去几年的主要论题之一是关于创新未来的经济增长。随着新的生产力取代旧的生产力,全球经济正处于关键时刻。金砖国家和其他经济集团应抓住第四次工业革命带来的机遇,推进社会经济数字化,促进科技创新、数字经济、电子商务、人工智能、智慧城市建设等交流与合作。

因此,各方应努力为新工业革命建立新的联盟,加快经济转型,为全球发展增长提质升级。而在追求人工智能的过程中,伦理考量也很重要。

总之,两国必须尽最大努力,不仅要保持双方关系的活力,还要使它们越来越紧密。在此背景下,中国在现代的进步为巴西提供了以教育领域为主的宝贵经验。因此,两国公共和私人组织必须共同努力,在商业、教育和文化等方面更深入地了解彼此,以在中巴关系范围内增加机会并促进交流。

五、结语

中国在21世纪初实施的教育改革是对全球内外压力做出的令人印象深刻和及时的回应。最近,中国试图使民族文化适应所有新的世界趋势。

在此框架下,上述过程中面临的主要挑战是高等教育中的精英主义和教育的不平等性,此外还有文化差异的沟通,这是典型的世界性场景。中国还必须:(1)对教科书的使用进行广泛审查;(2)努力平衡教育机会;(3)考虑到专业知识和学历膨胀等因素,扩大正规教育规模。

由于上述事件,当前中国高等教育代表了本研究中涉及的所有不同模式的组合:日本、美国、德国和法国模式,以及1949年后采用的苏联模式(受法国影响),尤其是在学习和培训的高度专业化方面。目前,中国模式是一个开放和包容的混合系统,有比较多美国模式的元素,但仍有一定的法国传统。

现代中国学校是全球当代大规模教育现象的一部分。为顺应国际变化和国内需求,中国政府试图吸收每种模式下符合其道德原则的主要战略特征。中国的国家教育发展政策虽然尚在形成过程中,但却是一个成功的案例,为其他国家提供了宝贵的范例。

除了教育国际化及其精英主义相关的挑战外,在第四次工业革命背景下,世界正在经历一个共同反思普世价值的机会,并就科学和人类的道德和伦理限制进行辩论。为了让技术进步继续朝着人工智能的方向发展,国家之间的合作至关重要,不仅是为了数据交换和扩展以及学术研究的发展,也是为了以更快、更公平、更平等、更全面和有效的方式,就科学背景下的道德僵局的相互理解并达成共识。

在中巴关系的范围内,目前的情况下得出的结论是,巴西的公共和私人参与者应该共同努力加强这些关系,或通过交换数据和信息,或通过在国际活动、研讨会和座谈会上促进讨论以及整合科学和/或政府机构。新兴国家之间的合作是更公平、更灵活的经济发展的基础。

经过仔细的分析和评价,与太空竞赛时代不同,当前的时代不是一个竞争的时代,而是一个各国需要集中精力进行国际合作和教育民主化的时代,其目的是促进所有国家的经济和可持续发展的技术进步。正如Francis Bacon(1597)指出,"知识就是力量",因此,它是保证人们过上有尊严和富裕生活最好的、可能也是唯一的方法。

参考文献

1. Bacon,Francis. Of Atheism[M]//*Meditationes sacrae and human philosophy*. Kessinger Publishing,LLC,1597:70.

2. Bahia,Taís. A Educação como um dos Pilares do Desenvolvimento Econômico da China:Como a Estratégia de Governança Chinesa Construiu um Líder Global em Inovação[J]. *China Hoje(Brazilian Edition of China Today)*,2021,(36):82—83.

3. Bourdieu,Pierre. *The State Nobility:Elite Schools in the Field of Power*[M]. Palo Alto,CA:Stanford University Press,1998:7—29,261—369.

4. Brazil-China Business Council. Chinese Investments in Brazil 2018-The Brazilian framework in a global perspective[R]. CEBC,2019.

5. CIPG(China International Publishing Group),ACCWS(Academy of Contemporary China and World Studies) and CATL(China Academy of Translation). *Keywords do Understand China*[M]. Beijing:New World Press,2019.

6. Clark, William. *Academic Charisma and the Origins of the Research University*[M]. Chicago and London: The University of Chicago Press, 2007.

7. Ding, Yanqing, Fengming Lu and Xiaoyang Ye. Intergovernmental transfer under heterogeneous accountabilities: The effects of the 2006 Chinese Education Finance Reform[J]. *Economics of Education Review*, 2020, 77: 101985.

8. Durkheim, Émile. The Evolution of Educational Thought: Lectures on the Formation and Development of Secondary Education in France[M]// *Emile Durkheim Selected Writings on Education*. New York: Routledge, 2009.

9. Ely, Richard Theodore. Chapter 9: American Colleges and German Universities[M]//Louis Menand, Paul Reitter and Chad Wellmon. *The Rise of the Research University: A Sourcebook*. London: The University of Chicago Press, 2017: 136—143.

10. Gu, Mingyuan. *Cultural Foundations of Chinese Education*[M]. Leiden: Brill Press, 2014.

11. He, Jiani. Literate in What Language? The Qing Empire's Trilingual Policy towards the Jirim League(1901—1911)[J]. *Saksaha: A Journal of Manchu Studies*, 2018: 15.

12. Kant, Immanuel. *Kant on Education (Ueber Paedagogik)*[M]. Annette Churton. Boston: D. C. Heath and Co., 1900.

13. Khan, Shamus Rahman. *Privilege: The Making of an Adolescent Elite at St. Paul's School*[M]. New Jersey: Princeton University Press, 2012: 18—113.

14. Lin, Ren-Jie Vincent. Eastward expansion of western learning: a study of westernization of China's modern education by Chinese government overseas-study scholarships[J]. *Educational Philosophy and Theory*, 2016, 48(12): 1203—1217.

15. Liu, Baocun and Qiang Liu. Internationalization of Chinese higher education in the era of globalization: Student Mobility between China and the Globalized World[M]//Guo &. Y. Guo (Eds.). *Spotlight on China: Chinese Education in the Globalized World*, Rotterdam: Sense Publishers, 2016: 85—106.

16. Liu, Shuning. *Neoliberalism, Globalization, and "Elite" Education in China: Becoming International*[M]. London: Routledge, 2020: 9—66.

17. Stevens, Mitchell L. *Creating a Class*[M]. Cambridge: Harvard University Press, 2009: 31—227.

18. The World Bank. China: Higher Education Reform. A World Bank Country Study[R]. Washington DC, 1997: 17138.

19. Data: Literacy rate, adult total(% of people ages 15 and above)-China[EB/OL]. https://data.worldbank.org/indicator/SE.ADT.LITR.ZS?locations=CN, 2021-6-30.

20. The World Bank in China. Overview[EB/OL]. https://www.worldbank.org/en/country/china/overview#1, 2021-6-30.

21. Veysey, Laurence R. *The Emergence of the American University*[M]. Chicago and Lon-

don: The University of Chicago Press, 1970: 57—98, 180—264.

22. Weber, Max. Science as a Vocation[M]//John Dreijmanis. Translated by Gordon C. Well. *Max Weber's Complete Writings on Academic and Political Vocations*, New York: Algora Publishing, 2008.

23. Wei, Yilin and Christopher Johnstone. Examining the race for world-class universities in China: A culture script analysis[J]. *Higher Education*, 2019, 79: 553—567.

24. West, Philip. Yenching University and Sino-Western Relations, 1916—1952[M]//*Harvard East Asian Series*. Cambridge, MA: Harvard University Press, 2013.

25. Weston, Timothy B. *The Power of Position: Beijing University, Intellectuals, and Chinese Political Culture, 1898—1929*[M]. Oakland: University of California Press, 2004: 114—146, 215—249.

26. Woodside, Alexander. Real and Imagined Communities in the Chinese Struggle for Literacy[M]//Ruth Hayhoe. *Education and Modernization: The Chinese Experience*. Oxford: Pergamon Press, 1992: 23—42.

27. Zarrow, Peter. *Educating China: Knowledge, Society and Textbooks in a Modernizing World, 1902—1937*[M]. Cambridge: Cambridge University Press, 2015: 11—112.

28. Zha, Qiang. Diversification or homogenization: How governments and markets have combined to(re) shape Chinese higher education in its recent massification process[J]. *Higher Education*(July), 2009, 58: 41—58.

29. Zhang, Han, Donald Patton and Martin Kenney. Building global-class universities: Assessing the impact of the 985 Project[J]. *Research Policy*, 2013, 42: 765—775.

30. Zong, Xiaohua and Wei Zhang. Establishing world-class universities in China: Deploying a quasi-experimental design to evaluate the net effects of Project 985[J]. *Studies in Higher Education*, 2019, 44: 3, 417—431.

中国对巴西直接投资的相关法律问题研究

杜涛(Du Tao)

叶子雯(Ye Ziwen)

摘要: 2017年国家主席习近平在"一带一路"国际合作高峰论坛会议中首次将拉美国家纳入"一带一路"合作,随之中国和巴西投资规模急剧扩大。在国际投资过程中,巴西对外国直接投资监管引发的投资风险贯穿于企业对外投资的整个过程。中国企业在进入巴西市场前,应全面了解投资东道国的投资环境,包括环境、劳工、税收及争端解决。

由于巴西强调国家主权,且有其独特的投资监管框架,所涉及的投资方面法律也较为复杂,因此中国企业在巴西进行直接投资前应了解巴西投资准入阶段、投资经营阶段及投资争端解决阶段的法律法规和基本原则,以防止投资产生的风险。投资准入阶段,巴西将外国投资者市场准入的行业类型划分为禁止投资领域和限制投资领域。投资经营阶段,一方面,东道国政府采取吸引外资的政策措施;另一方面,随着环境保护、经济危机、公共健康等问题的凸显,东道国政府同时加强了对外资的管控。投资争端阶段,巴西对现有国际投资仲裁制度表现出审慎态度,但其国内仲裁并不因为对国际投资仲裁审慎的态度而落后。巴西签订《合作便利化投资协定》,且制定"政府间对话"的投资争端解决机制,意图给外国投资者提供更为安全的框架。

长期以来,在由双边投资协定主导的国际投资规则体系内,巴西一直处于旁观者的角度;然而自2015年订立《合作与促进投资协定》并建立新型国际投资争端解决机制之后,巴西从国际投资规则的旁观者转为引领者。其具体原因包括:对国家经济主权原则的考量;传统争端解决机制未体现公平公正;重视可持续发展原则。

现行国际投资规则中的国际投资仲裁方式存在许多缺陷,有关国家和国际组织正在探究更加公平高效的投资争端解决机制。同为金砖国家的一员,我国是应当迎合巴西新投资规则,还是另起炉灶?这两种态度都失之偏颇。基于中国和巴西的文化心理不同、安全审查和仲裁制度不同、国家公共利益和投资自由化价值取向差异等原因,中国应当在现存传统投资规则机制的框架下,适当吸收巴西CFIA对话解决模式的长处,建立金砖国家间投资新秩序。

关键词: 国际投资规则、合作便利化投资协定、巴西、双边投资协定、国际投资争端解决机制

一、引言

2017年习近平主席在"一带一路"国际合作高峰论坛会议中首次将拉美国家纳入"一带一路"合作中,为中拉双方深化合作奠定了重要基础。① 时任全国人大常委会委员长栗战书在2021年3月26日与当时的巴西众议长利拉会谈时强调,中方始终将中巴关系置于中国外交的优先位置,并在经贸、投资、基础设施、能源等领域通力合作。②

"一带一路"与中国对外投资法律已经成为国际法领域的热点问题。近年来,中国与巴西的投资规模日益加深,巴西是中国在拉美地区最大的投资目的国。根据巴西经济部数据显示,自2003年至2019年第三季度,中国在巴西投资额累计达805亿美元,成为巴西最大外资来源国;近10年来,200余家中国企业落户巴西,中国对巴西的投资年均增长30%。③ 除了开曼群岛和英属维尔京群岛由于其特殊的税收优惠政策鼓励促进国际投资而吸引中国大量对外直接投资资本外,巴西是中国在拉丁美洲直接投资最多的国家。

随着2017年习近平主席在"一带一路"国际合作高峰论坛会议中首次将拉美国家纳入"一带一路"合作,中国和巴西之间的投资规模急剧扩大。在国际投资过程中,巴西对外国直接投资监管引发的投资风险贯穿于我国企业对巴西投资的整个过程。在企业对外投资的准入阶段,我国对巴西投资的企业会面临东道国划分禁止投资领域和限制投资领域两部分以限制外国投资者市场准入;在企业对外投资的经营阶段,我国对巴西投资的企业会面临东道国的投资法律规制;在企业对外投资的争议阶段,我国对巴西投资的企业会面临因争端引起的诉讼和仲裁。立法者日益发现任何经济行为都是利益与风险并存的,为了降低因东道国对外资监管引发投资风险而致使中国企业产生经济损失,我国必须对对外投资的投资风险问题加以重视。

二、巴西新型外国投资规则模式

不同于跨国贸易,投资行为对被投资地当地政治、政府、经济和法律制度有着较强的依赖性。中国企业在进入巴西市场前,应全面了解投资东道国的投资环境,包括环境、劳工、税收及争端解决等方面。巴西作为发展中国家中直接投资法规较为健全的国家,政府和民众对国家主权的意识较强。由于巴西强调国家主权并有其独特的投资监管框架,且所涉及的投资方面法律较为复杂,因此中国企业在巴西进行直接投资前应了解巴西投资准入阶段、投资经营阶段及投资争端解决阶段的法律法规和基本原则,以防

---

① 刘琼,陈俊松. 习近平在"一带一路"国际合作高峰论坛开幕式上的演讲[EB/OL]. 新华网,http://www.xinhuanet.com/2017-05/14/c_1120969677.htm,2021-6-14.
② 徐丽. 栗战书同巴西众议长利拉举行会谈[EB/OL]. 学习强国网,https://www.xuexi.cn/lgpage/detail/index.html?id=14363258172192087015&item_id=14363258172192087015,2021-6-14.
③ 参见《对外投资合作国别(地区)指南——巴西(2020年版)》,第33—34页。

止投资产生的风险。

（一）投资准入阶段投资壁垒

在投资准入阶段,巴西将外国投资者市场准入的行业类型划分为禁止投资领域和限制投资领域。巴西禁止或限制外国资本进入核能开发、医疗卫生、养老基金、远洋捕捞、邮政、国内特许航空服务及航天工业等领域。① 近年来,为了吸引外资、促进发展,巴西政府实施了一系列产业开放政策,放宽了市场准入的领域,具体包括:自然资源、电信、媒体、金融、航空、渔业等领域。其一,巴西政府通过修宪,逐步放松了国家对石油、天然气和矿产开采等领域的垄断,并对电信、电力业实行私营化;其二,巴西报纸、杂志等出版机构及广播、电视台领域,外国投资的比重不能超过30%;其三,外资进入巴西金融领域需视情况而定,若契合巴西政府当时的利益则可放宽准入条件;其四,公共航空服务领域,若外国投资者希望参与巴西常规航线的运营,需预先获取巴西航空主管部门的批准后,方可与巴西本地企业组成联合体,但外资成分不能超过49%;其五,渔业领域,外国企业需与巴西本地企业组成联合体,并且仅允许在大陆架和专属经济区内作业;其六,对于联合体中外资份额高于本地份额、外籍人员或外资法人代表在巴购买土地的绿地投资需预先获得巴西国会批准后方可进行;其七,若绿地投资企业要购买位于巴西边境地带土地,则涉及国家安全问题,故需通过巴西国家安全委员会批准。②

（二）投资经营阶段东道国法律规制

在国际投资领域,一方面,东道国政府采取吸引外资的政策措施;另一方面,随着环境保护、经济危机、公共健康等问题的凸显,东道国政府同时加强了对外资的管控。③ 巴西制定了非常严格的国内法,包括对外资实行国民待遇,外资与本国企业一样必须遵守巴西所有现行法律,包括税收、劳工、知识产权等,特别是环境保护法领域。

由于一些中国企业在对外直接投资中忽视投资东道国的生态环境保护而面临不少环境诉讼,且其所面临的投资环境风险已演变为道德、政治和法律风险的结合体④,因此在从我国角度制定法律制度构建保护东道国的生态环境前,应当首先了解巴西当地环境保护政策法规与基本原则。

在国内法层面,巴西为对当地自然环境实施有效保护,制定了详细严格的环境标准。在宪法层面,1988年巴西宪法专门制定环境章节,规定个人有权享有生态平衡的环境,政府与社会有责任捍卫和维护环境,且具体规定了一系列保护生态平衡的法规,

---

① 参见《对外投资合作国别(地区)指南——巴西(2020年版)》,第48—49页。
② 参见《对外投资合作国别(地区)指南——巴西(2020年版)》,第48—49页。
③ 刘万啸.国际投资争端的预防机制与中国选择[J].当代法学,2019,(6):50.
④ 韩秀丽.中国海外投资的环境保护问题研究——国际投资法视角[M].北京:法律出版社,2013:15—20.

并确定了对损害环境行为人或实体的刑事和行政制裁及恢复损害的义务。① 在法律层面,巴西制定《林业法典》与《水资源法典》②,对巴西林业资源保护和利用、城市绿地保护,对包括亚马孙在内的保护区,对各类水资源的权益、使用和保护做出了详细规定。③ 另外,巴西还制定了包括水体保护、森林保护、防止大气污染的法律法规。④ 巴西国内管理外国投资的主要法律包括《外国资本法》、1965 年第 55762 号法令《外资管理法施行细则》。

(三)投资争端阶段合作便利化新模式

巴西对现有国际投资仲裁制度态度审慎甚至情绪愤懑,但其国内仲裁并不因为对国际投资仲裁审慎的态度而落后。

在国内法层面,巴西《仲裁法》吸收了 1985 年国际商会(The International Chamber of Commerce, ICC)制定的《联合国贸易委员会国际商事仲裁示范法》(下称《示范法》)内容并建立了国内相应的仲裁法律制度,但结合自身情况添加了必要的限制性因素,并于 2015 年完成对《仲裁法》的修订,从宏观上形成了巴西支持仲裁的仲裁法律体系,明确规定了投资者与国家投资争端解决机制。新修订的《仲裁法》明确公共主体能够成为仲裁当事人,即涉及投资者与政府部门或者大型国有企业签订的各类投资项目合同中,巴西的政府部门或国有企业均可以签署仲裁协议,成为仲裁当事人。⑤

在国际法层面,巴西投资争端解决机制包括多边层面和双边层面。在多边层面,巴西政府于 2002 年 6 月 7 日批准加入《承认与执行外国仲裁裁决公约》(《纽约公约》),但至今尚未加入 1956 年《关于解决国家与他国国民之间投资争议公约》(Convention on the Settlement of Investment Disputes Between States and Nationals of Other States,以下简称《华盛顿公约》)。虽然目前巴西不直接参与国际投资仲裁,但国际投资仲裁裁决可以依据《纽约公约》在巴西得到承认与执行。

巴西与墨西哥、安哥拉和莫桑比克签订"合作便利化投资协定"(Cooperation and Facilitation Investment Agreement, CFIA),制定"政府间对话"⑥的投资争端解决机制,意图给外国投资者提供更为安全的争端解决框架。大部分拉美国家加入《华盛顿公约》并借助国际投资仲裁中心(International Centre for Settlement of Investment Dis-

---

① See Constitution of the Federative Republic of Brazil, 2008, Art. 225.
② See DECRETO N° 24.643.
③ 参见《对外投资合作国别(地区)指南——巴西(2020 年版)》,第 61 页。
④ 参见《对外投资合作国别(地区)指南——巴西(2020 年版)》,第 61—66 页。
⑤ 陈爱飞. 巴西 2015 年《仲裁法》(修正案)的最新发展[EB/OL]. 人民法院报网, http://rmfyb.chinacourt.org/paper/html/2018-02/23/content_135578.htm?div=-1. 2018-2-23.
⑥ See Pedro Martini. *Brazil's New Investment Treaties: Outside Looking...Out?* [R/OL]. http://arbitrationblog.kluwerarbitration.com/2015/06/16/brazils-new-investment-treaties-outside-looking-out-2/, 2021-6-25.

putes,ICSID)解决有关投资争端,但巴西没有批准加入《华盛顿公约》并对ICSID仲裁制度呈现出"卡尔沃主义"的保守态度,暴露出ICSID仲裁制度本身存在问题。另外,截至目前,巴西仅与两个国家之间的BIT处于生效状态。与传统的双边投资协定将投资争端首先经过友好协商后再提交给ICSID进行仲裁不同,巴西CFIA合作便利化新模式将争端解决分为三个步骤:首先,由双方任命监察员作为调解人友好解决投资争端,该步骤与传统的国际投资仲裁制度中的前置程序"友好协商"功能相类似;其次,若友好解决失败,则任何一方有权提请联合委员会处理争端;最后,若联合委员会仍旧无法处理争端,此时将开启"国家间"仲裁机制。[①]

三、巴西选择CFIA新投资争端解决模式的原因

自长期以来,由双边投资协定主导的国际投资规则体系内,巴西一直处于旁观者角度;然而自2015年巴西订立《合作与促进投资协定》并建立新型国际投资争端解决机制以来,巴西逐步从国际投资规则旁观者转为引领者[②],以创新形式表达利益诉求。

CFIA是否属于BIT?虽然两者都是双边且规制投资,但CFIA与BIT有本质区别。其一,UNCTAD将CFIA归类为国际投资协定(International Investment Agreements,IIAs),而非BIT双边投资条约。其二,BIT调整的是国家与缔约国投资者之间的争端并独立授予投资者权利,投资者才是投资条约权利的真正持有者[③];而CFIA调整的是国家之间的争端,没有投资者与国家间争端解决(ISDS)条款。其三,CFIA与BIT制定的目的不同。BIT目的是促进和保护投资的条约,其功能包括保护本国对外投资及吸引外国直接投资[④],而CFIA的制定目的在于促进国家之间和平解决投资争端,尊重东道国对外资的监管权。其四,CFIA与BIT侧重保护的对象不同。BIT侧重鼓励和保护外国投资不受东道国最终采取的单方行动影响;可以为了考虑公共利益而限制东道国规范外国投资。[⑤]然而CFIA侧重于保护东道国管制权。

因此,巴西改弦更张创立CFIA新型国际投资争端解决机制,并从国际投资规则的旁观者转为引领者并非完全是意料之外,而是必然结果。探索原因的过程中,既需要从

---

① See UNCTAD. *Cooperation and Facilitation Investment Agreement Between the Federative Republic of Brazil*[R/OL]. https://investmentpolicy.unctad.org/international-investment-agreements/treaty-files/4786/download,2021-6-25.

② 魏丹,唐妍彦.从国际投资规则的旁观者到引领者[J].武大国际法评论,2019,(5):63.

③ See UNCTAD. *Agreement between The Government of Barbados and the Government of the People's Republic of China for the Promotion and Protection of Investment*[R/OL]. https://investmentpolicy.unctad.org/international-investment-agreements/treaty-files/4904/download,2021-6-25.

④ See UNCTAD. *Bilateral Investment Treaties* 1959-1999 [R/OL]. https://unctad.org/en/Docs/poiteiiad2.en.pdf,2021-6-25.

⑤ See Dan Wei. Bilateral Investment Treaties:an Empirical Analysis of the Practices of Brazil and China[J]. *European Journal of Law and Economics*,2012,(33):663-690.

国际投资规则大背景下进行检视,更需要挖掘巴西在国际投资规则改革中的政治立场。其具体原因包括:其一出于对国家经济主权原则的考量;其二传统争端解决机制未体现公平公正;其三重视可持续发展原则。

(一)对国家经济主权原则的考量

根据1974年12月联合国大会通过的《各国经济权利和义务宪章》确立了各国间经济关系的原则,包括:各国主权、领土完整,各国政治独立;一切国家主权平等;公平互利等基本原则。① 为了适应新建立的国际经济秩序的需要,还确立了新的基本原则,其中包括国家经济主权原则。国际法的核心要素是国家主权,法理上国家经济主权原则是从国家主权中自然衍生出来的权利。国家经济主权原则,包括管理外国投资的权利及监管跨国公司的权利。②

作为发展中国家,巴西不参与传统国际投资仲裁制度而特别倡导国家经济主权原则,有其独特的"卡尔沃主义"(Calvo Doctrine)历史根源。拉美国家在"二战"前均处于西班牙和葡萄牙殖民半殖民统治之下,帝国主义国家疯狂争夺殖民地的主要目的之一就是大肆掠夺殖民地的自然资源。然而,自从结束被殖民统治而独立开始,巴西虽然在政治上取得独立,但在经济上仍然没有取得真正独立。在缺乏经济体系的情形下,巴西本国的自然资源被控制在外国公司或跨国公司手中,并直接陷入工业化国家巨大的投资索赔中。

在逆全球化背景下,当前国际投资争端解决机制难以得到投资者、投资者母国及投资东道国的三方信任,因此出于对国际经济主权原则的考量及"卡尔沃主义"的历史根源,巴西设立新型"政府间对话"的投资争端解决机制。Donald R. Shea 将 Carlos Calvo 首次提出的"卡尔沃主义"定义为"不干涉内政和内外国国民的绝对平等"。卡尔沃主义以"卡尔沃条款"的形式出现,旨在引导外国投资者将个人权利让渡给本国政府。③ 在当前传统投资者—东道国国际投资仲裁体制下,东道国要求将争端置于其司法管辖之下,难以得到投资者母国的信任;相反,东道国认为投资者母国运用国家力量保护投资者利益,实际上违反"卡尔沃主义"的"不干涉内政"理论内涵,有用武力干涉东道国国内政治权力运作的嫌疑。2001年,阿根廷陷入严重的经济危机即证实了巴西对投资者—国家仲裁和国家主权的担忧,反映出巴西对强势武力威胁国家主权安全根生蒂固的反感。

---

① See United Nations Digital Library. *Charter of Economic Rights and Duties of States*[R/OL]. https://digitallibrary.un.org/record/190150? ln=en,2021-6-25.
② 朱榄叶.国际经济法学(第二版)[M].北京:北京大学出版社,2012:16—24.
③ See Donald Shea. The Calvo Clause:A Problem of Inter-American and International Law and Diplomacy[J]. *International Affairs*,1956,(32):403—404.

（二）传统争端解决机制未体现公平公正

一方面，仲裁庭对国际投资协定条款的解释向投资者保护方向倾斜。[①] 公正高效是仲裁的内在价值目标，是仲裁得以作为一种争端解决机制存在的基础。[②] 然而仲裁庭在解释BIT时以"促进和保护投资"为目标向投资者保护方向倾斜。另外，BIT争端解决机制对发展中国家投资者的歧视使BIT呈现不对称模式，实际上未做到公平公正。传统的BIT大多数是发达国家与发展中国家签订的，在大量案件中反映出对发达国家投资者的偏袒。[③] 相反，CFIA在客观上克服了BIT机制存在的弊端，以外交保护制度为基础将投资争端解决放置在"外交层面"上进行，更能在平等互惠的基础上平衡投资者与东道国的权益。

另一方面，东道国政府只能作为国际投资仲裁的被诉方，其经济管制的主权权力受到严峻挑战。其一，现行国际投资制度过度保护投资者利益而没有对其施加义务，相反损害投资东道国的利益，因此巴西CFIA明确规定投资者有义务尽可能遵守企业社会责任。其二，现行国际投资制度限制各国制定政策和规范公共利益问题的权力。[④]

例如，国际投资中的环境规制权与投资自由化已成为投资东道国与投资者之间的主要矛盾。当今，环境问题已经不是一个国家、一个地区的问题，而是超越国界成为全人类共同的挑战。一方面，环境具有流动性，直接投资引起的环境污染和破坏的损害结果会在不同国家和地区间造成影响。另一方面，由于环境保护需要投入大量资金、技术和设备，非单个国家可以完成，因此需要国家间在经济、政策、技术、立法各个方面通力合作。因此在国际投资领域，国际法过分强调对投资者的保护及投资自由化，形成了对投资者过度法律保护的法律规则体系，限缩了东道国自由行使环境规制权的空间，无法体现出对东道国政府权利的公平公正待遇。

（三）重视可持续发展原则

巴西在国际投资领域极度重视环境保护规制权。以国际投资中的环境问题为例，国际投资活动对环境有正反两方面影响。一方面，贸易自由化扩大了国家经济活动的规模和范围，直接投资不仅增加了资源使用量、废物排放量和污染强度，而且引起的环境污染和破坏的损害结果会因环境的流动性在不同国家和地区间造成影响。另一方面，由于国际投资过程中的环境保护需要投入大量资金、技术和设备，非单个国家可以

[①] 余劲松. 国际投资条约仲裁中投资者与东道国权益保护平衡问题研究[J]. 中国法学，2011：133.

[②] 周清华，程斌. 第三方资助下仲裁员潜在利益冲突披露的体系建构[J]. 中国海商法研究，2018，(4)：44.

[③] See Dan Wei. Bilateral Invest-ment Treaties: An Empirical Analysis of the Practices of Brazil and China[J]. *European Journal of Law and Economics*，2012，(33)：663—690.

[④] See Pedro Martini. *Brazil's New Investment Treaties: Outside Looking... Out?* [R/OL]. 2015. Kluwer Arbitration Blog. http://arbitrationblog.kluwerarbitration.com/2015/06/16/brazils-new-investment-treaties-outside-looking-out-2/，2021-6-25.

完成,因此需要促进国际间在经济、政策、技术和立法各方面的通力合作。

然而,国际投资活动中的环境保护问题里存在着东道国对环境保护行使环境规制权与投资自由化之间的矛盾。[①] 在国际投资领域,国际法过分强调对投资者的保护及投资自由化,形成了对投资者过度法律保护的法律规则体系,限缩了东道国自由行使环境规制权的空间。然而在国际环境法领域,1992 年 6 月 14 日的《里约环境与发展宣言》第 2 条中强调依据《联合国宪章》和国际法原则,各国拥有自己的环境主权。

随着国际环境保护的迫切需要,巴西 CFIA 示范法重视可持续发展原则,打破了大多仅在 BIT 序言中出现环境保护条款的现象,明确制定可持续发展条款。可持续发展原则是发展权原则的进一步深化和衍生,其主旨是要协调发展和环境保护的矛盾,提倡各国在维护人类持久生存环境的条件下进行经济发展。[②] 巴西 CFIA 示范法不仅在序言中明确指出认识到促进可持续发展的重要性,而且在正文条款中明确要求企业通过采取高度社会责任做法,努力为东道国和当地社区的可持续发展做出尽可能大的贡献,以及明确制定投资环境、劳动和卫生条款。[③]

巴西作为投资东道国有权根据本国情况决定自己的环境政策和战略,对于巴西管辖范围内的环境保护问题具有最高的处理权和对外独立性。因此,如何在投资自由化与过度保护投资者利益的国际投资中保护东道国正当行使环境规制权以达到保护东道国环境的目的显得尤为重要。

四、巴西 CFIA 争端解决机制对中国的借鉴意义

在全球化退潮背景下,利益鸿沟显现,规则再次面临重塑。现行国际投资规则中的国际投资仲裁方式存在许多缺陷,有关国家和国际组织正在探究更加公平高效的投资争端解决机制。主要的改革方案包括:通过加强透明度等方式改良现有的投资仲裁机制;在现有的仲裁机制基础上设立上诉机制;设立两审制法院体系;回归当地救济或设立区域性机制。然而,上述改革规定的争端解决机制的方式仍然是国际投资仲裁,而巴西作为投资争端解决机制的创新者创新建立国际投资国家间争端解决机制。同为金砖国家的中国,是否应当借鉴巴西的新投资规则?我国应当目不斜视、故步自封,还是应当紧盯巴西、照搬照抄?答案是两种态度都失之偏颇。要按照习近平总书记所指明的,遵循"以我为主、为我所用,认真鉴别、合理吸收"的原则,明者因时而变,知者随事而制,

---

① 沈伟.国际投资中的环境保护问题[J].现代法学,1996,(2):90.
② 朱榄叶.国际经济法学(第二版)[M].北京:北京大学出版社,2012:22—23.
③ See UNCTAD. *Agreement between The Government of Barbados and the Government of the People's Republic of China for the Promotion and Protection of Investment*[R/OL]. 2021. https://investmentpolicy. unctad. org/international-investment-agreements/treaty-files/4904/ download,2021-6-25.

既不能"关起门来搞法治",又不能采取"简单的拿来主义"①,这是推动投资规则改革的内在意旨。

(一)现行国际投资争端解决机制的"普世论"

国际投资争端解决机制的"普世论"既存在于各国国内法领域,也存在于国际法领域,特别是1956年在华盛顿签订的《关于解决各国与其他国民之间投资争端的公约》(以下简称《公约》)及依据《公约》成立的国际投资争端解决中心(ICSID)。作为根植于商业社会的投资争端解决方式,ICSID不仅充当政府与外国私人投资者之间争端解决的机构,而且为促进国外投资培养国家和投资者之间相互信任提供平台。《公约》代表着"普世价值",所有成员国都应当遵守,截至目前的164个国家签约的积极性反映了对国际投资争端解决"普世价值"的尊重度。

作为回应,中国批准加入了《公约》。但从巴西对国际投资仲裁制度的态度不难看出,目前国际投资仲裁制度正面临合理性与合法性的质疑;然而中国主流观点仍然对国际投资仲裁呈现开放态度。在实践层面,中国签订一系列投资协定,积极参与融入国际投资法律体系。至今,中国共与128个国家签署BITs②;提交至ICSID涉及中国政府和中国公民的案件共13件③。在应用研究方面,中国学者对改善投资者与东道国间争端解决机制提出各自观点,包括:保证投资仲裁仲裁员公正性④;通过强化仲裁程序的透明度推动投资仲裁的"去商业化"⑤;直接通过投资协定限定缩小投资仲裁的受案范围以减少滥诉⑥。从此以后,ICSID成为中国国际投资争端解决机制的主流平台,至今未变。然而这并不意味着中国对《公约》背后的"普世论"没有批评和反思。

(二)中巴投资关系中的"例外论"

相较于欧美国家的国际投资经济关系,中国和巴西作为后发发展中国家,两国的投资存在例外的特征。

传统国际投资规则体系面临挑战的根源在于无法处理投资自由化与东道国监管权之间的冲突。现行国际投资争端的"普世论"只提出了促进外国投资并建立国家与投资者之间的争端解决平台的目标,却没有指明应当选择何种平衡投资者保护与东道国权益的方式。

---

① 习近平.人民代表大会制度重要文献选编(四)[M].北京:中国民主法制出版社、中央文献出版社,2015:1831—1832.
② 参见ICSID网站(https://icsid.worldbank.org/resources/databases/bilateral-investment-treaties),2021年7月3日访问。
③ 参见ICSID网站(https://icsid.worldbank.org/cases/case-database),2021年7月3日访问。
④ 余劲松.国际投资条约仲裁中投资者与东道国权益保护平衡问题研究[J].中国法学,2011,(2):140—142.
⑤ 蔡从燕.国际投资仲裁的商事化与"去商事化"[J].现代法学,2011,(1):160.
⑥ 陶立峰.投资者与国家争端解决机制的变革发展及中国的选择[J].当代法学,2019,(6):41.

中国如何选择国际投资争端解决机制？是否应当照抄照搬巴西新确立的 CFIA 争端解决机制？如何回答这两个问题既要看到各国法律发展的共同规律，更要还原制度和观念发生的复杂背景，剖析表面相似之下的深层差异。

第一，中国和巴西的文化心理不同。中国不能完全照抄照搬巴西 CFIA 投资规则，新规则贸然"登堂入室"不易被接纳。因为拉丁美洲国家在几百年与殖民者斗争的过程中，已经积累了对抗欧洲列强的文化心理，但是中国对欧美国家的思想是赶超欧美，将欧美法律当成先进，在比较中找差距。因此，中国对国际投资仲裁的态度还是积极支持的，是想去改良而不是去颠覆。然而基于历史根源，由于国际投资条约仲裁过于倾向于保护投资者利益，因此作为拉丁美洲国家，巴西对投资争端解决机制经历了从"卡尔沃主义"盛行时期的坚决反对，到 20 世纪 80 年代受新自由主义思潮影响接受投资争端解决机制，又到现今对国际投资仲裁回到高度怀疑排斥的态度。

第二，审查和仲裁的不同选择。在巴西 CFIA 模式中，巴西以国家—国家争端解决模式取代传统投资者—国家仲裁争端解决模式。CFIA 建立仲裁前置程序及国家联络点（a National Focal Point）和联合委员会（Joint Committee），在争端解决预防上充满了"外交色彩"。两个机构本质上作为缔约方的国内政府机构向投资者提供预防争端阶段的政府当局对话，使东道国有机会听取外国投资者的不满。外国投资者首先有权将投资争端交由国家联络点，若其无法成功化解矛盾，则在提交仲裁前应当由国家联络点提交联合委员会审查。从功能上看，CFIA 的该前置条件像极了传统 BIT 条款中投资者与东道国之间的前置程序——友好协商，且时间上 CFIA 联合委员会 60 日的审查时间明显短于传统 BIT 友好协商的 6 个月或 9 个月，因此更为高效。然而笔者认为，国际投资争端解决应当倚重仲裁而非审查手段。这是因为，国际投资争议作为主观状态往往需要通过投资者与东道国的多回合对抗来逐步查明，而东道国政府审查更适合于调查客观的情况，缺乏展开对抗的结构条件。

第三，国家公共利益和投资自由化不同价值取向。中国作为一个正在成长的资本输出国，在积极推动国际投资自由化的同时，不能以全球投资自由化为由牺牲东道国的利益。联合国贸易发展会议 2012 年的世界投资报告首次提出建立可持续发展的投资政策框架，并强调在国际层面上将可持续发展原则置于政策核心地位。[1] 在国际层面，将可持续发展目标纳入投资协定，并平衡东道国和投资者之间的权利义务，在维护东道国环境保护管理权的同时，促进投资者投资便利化。同样，联合国贸易与发展会议 2018 年世界投资报告明确将环境政策列入投资政策框架，强调重视环境保护的重要性。[2] 在现行的投资条约中设置必要的例外条款，为东道国维护公共利益预留必要的空间。在国际投资领域，很少有 BIT 将环境保护作为一般例外条款加以规定，传统 BIT

---

[1] 参见《2012 年世界投资报告》，第 97—105 页。
[2] 参见《2018 年世界投资报告》，第 27 页。

片面强化保护投资者权益而忽视环境、劳动、健康等东道国公共利益。因此,中国应当借鉴巴西 CFIA 模式中的环境保护条款,依据可持续发展原则,以不破坏生态环境等东道国公共利益为前提签订双边投资条约。

五、结论与建议

巴西提出的 CFIA 对原有的国际投资仲裁制度而言是一种新的挑战。依据 ICSID 实践现状,中国与拉丁美洲国家对 ICSID 机制的使用率较低。自 1993 年中国加入《公约》以来,中国投资者诉外国政府案件 6 件,中国政府被诉案件 5 件[1],与拉丁美洲国家相关的案件仅有 1 件,即"Tza Yap Shum v. Republic of Peru"[2]。究其原因,一方面,中国与拉丁美洲国家和地区签署批准并生效的双边投资协定较少,加入 ICSID 的拉美国家和地区共 26 个[3],中国仅与 9 个拉美国家和地区签订批准并生效双边投资协定(BIT)[4];另一方面,中国与拉丁美洲国家和地区签署生效的双边投资协定中对适用 ICSID 进行了一定限制。但基于中国和巴西的文化心理不同、审查和仲裁的不同选择、国家公共利益和投资自由化不同价值取向的原因,中国应当在现存传统投资规则机制的框架下,借鉴巴西 CFIA 国家对话解决模式,以探索改革突破口。如何重构国际投资规则,将继续成为困扰全球的重大难题。

---

[1] 参见 ICSID 网站(https://icsid.worldbank.org/cases/case-database),2021 年 6 月 27 日访问。
[2] ICSID Case No. ARB/07/6.
[3] 参见 ICSID 网站(https://icsid.worldbank.org/about/member-states/database-of-member-states),2021 年 6 月 27 日访问。
[4] 参见 ICSID 网站(https://investmentpolicy.unctad.org/international-investment-agreements/countries/42/china),2021 年 6 月 27 日访问。

中巴投资争端解决比较研究

漆彤(Qi Tong)
黄可而(Huang Keer)

摘要: 作为全球主要新兴经济体,中国和巴西在国际投资舞台上的地位和影响力与日俱增。 伴随着在世界投资格局中的身份变化,两国不断调适和发展各自的国际投资争端解决机制。 中国主张在保留投资仲裁的基础上完善ISDS机制建设,并通过外资投诉工作机制强化争端预防。 巴西则积极推行CFIA范式,在双边层面和国内层面搭建起两级争端预防平台,为国际投资争端解决多元发展提供了崭新视角。 在新一轮国际投资秩序重构的背景下,探寻中巴两国在国际投资治理上的合作空间与具体领域,有利于增强国际投资合作、实现互利共赢发展。 中巴在国际投资治理与争端解决上的共性主要体现于投资争端预防领域,这与新兴经济体的共同需求密不可分。 差异则集中体现在投资争端的国际救济程序,这可归因于两国投资结构与法律体系的区别。 未来国际投资治理过程中,可从两方面深化中巴合作:一是探索构建中巴间投资争端解决机制,二是持续推动投资便利化进程。

关键词: 国际投资治理、投资合作与便利化协定、ISDS、争端预防、投资便利化

一、引言

作为高增长新兴经济体的典型代表,中国和巴西是全球投资增长的主要引擎。一方面,两国在国际投资舞台上的地位和影响力与日俱增。据《2020年世界投资报告》统计,中国已成为全球第二大资本输入国和第四大资本输出国,巴西则为全球第六大资本输入国和第二十大资本输出国。[①] 另一方面,中巴投资合作关系持续深化,双向投资规模稳步扩张。据《2019年度中国对外直接投资统计公报》显示,在投资流量上,2019年中国对巴西直接投资流量达8.599亿美元,比2011年增长了近六倍;在投资存量上,截至2019年底,巴西吸收中国直接投资存量达44.348亿美元,在拉美国家中位列榜首。[②]

---

① UNCTAD. World Investment Report:International Production beyond the Pandemic[R/OL]. 2020. https://unctad.org/system/files/official-document/wir2020_en.pdf,2021-4-3. 2020.
② 参见《2019年度中国对外直接投资统计公报》,载于中华人民共和国商务部网站,http://images.mofcom.gov.cn/hzs/202010/20201029172027652.pdf,第53页和第59页。

近年来，中国和巴西相继在多个场合联合推动投资便利化议程，创新国际投资争端解决机制。作为国际投资法律框架中不可或缺的组成部分，国际投资争端解决机制可为东道国主权和投资者权益保驾护航，在吸引、维系、扩大外资上发挥重要效用。[1] 随着中国在世界投资格局中的身份转型，中国在国际投资争端解决上的路径选择由改革开放初期的相对保守，过渡至21世纪初期的逐渐接受，再发展到晚近的调整适用。[2] 中国新一代国际投资协定中，投资仲裁的适用范围不再限于"与征收补偿数额有关的争端"，且排除了特定争端。[3] 此外，中国新出台的《外商投资法》重塑外商投资企业投诉工作机制，健全了争端预防的机构治理架构。[4]

同为金砖国家，巴西却历来是国际投资争端解决机制中的特立独行者。作为全球主要资本输入国之一，时至今日，巴西尚未加入《解决国家与他国国民间投资争端公约》。[5] 尽管巴西曾于1994年至1999年间签署过14个包含投资仲裁条款的双边投资协定，但均未获得国会批准。[6] 值得关注的是，自2013年以来，巴西一改此前在国际投资规则制定上的观望态度，积极推进与其他发展中国家的《投资合作与便利化协定》(Cooperation and Facilitation Investment Agreement, CFIA)签署工作。[7] 有别于传统国际投资协定，CFIA将协定重心由"投资保护"调整为"投资合作与便利化发展"。其以两级争端预防模式为主，辅之国家间仲裁，为国际投资争端解决的多元发展提供了崭新视角。[8]

---

[1] Arjan Lejour, Maria Salfi. The Regional Impact of Bilateral Investment Treaties on Foreign Direct Investment[R/OL]. https://www.cpb.nl/sites/default/files/publicaties/download/cpb-discussion-paper-298-regional-impact-bilateral-investment-treaties-foreign-direct-investment.pdf, 2021-4-1; Matthias Busse, Jens Königer, Peter Nunnenkamp. FDI promotion through bilateral investment treaties: more than a bit? [J]. *Review of World Economics*, 2010, 146(1): 147-177.

[2] 林惠玲. 再平衡视角下条约控制机制对国际投资争端解决的矫正——《投资者国家间争端解决重回母国主义：外交保护回来了吗？》述论[J]. 政法论坛, 2021, (1): 158.

[3] 如《中国—加拿大双边投资协定》《中国—澳大利亚自由贸易协定》《中国—韩国自由贸易协定》。

[4] 参见《外商投资法》第二十六条、《外商投资实施条例》第二十九至三十一条、《外商投资企业投诉工作办法》。

[5] ICSID. Database of ICSID Member States[DB/OL]. https://icsid.worldbank.org/about/member-states/database-of-member-states, 2021-4-11.

[6] UNCTAD. Investment Policy Hub[EB/OL]. https://investmentpolicy.unctad.org/international-investment-agreements/countries/27/brazil, 2021-3-23.

[7] Ricardo Figueiredo de Oliveira. The Useful Institution of An Investment Ombudsperson[R/OL]. http://ccsi.columbia.edu/files/2018/10/No-273-Figueiredo-de-Oliveira-FINAL.pdf, 2021-4-23.

[8] Brazilian Model CFIA[EB/OL]. https://investmentpolicy.unctad.org/international-investment-agreements/treaty-files/4786/download, 2021-4-21.

现有研究多聚焦于中国和巴西各自的国际投资争端解决机制[1],少数围绕金砖国家投资争端解决机制展开讨论[2]。显然,在制度设计层面,中巴国际投资争端解决机制并非如出一辙。在新一轮国际投资秩序重构的背景下,探寻中巴两国在国际投资争端解决,乃至国际投资治理上的合作空间与具体领域,有利于加强国际投资合作、实现互利共赢发展。

本文从比较研究的视角切入,首先,基于相关规则与具体实践,对中巴国际投资争端解决机制在争端预防、国内救济、国际救济上的共性与差异进行梳理;其次,结合两国国情,就机制异同展开原因分析;最后,探讨中巴在国际投资治理中的合作领域、场合及方式。

二、中巴在国际投资治理与争端解决上的路径趋同

(一)重视争端预防

投资争端预防在国际投资治理中具有至关重要的作用。一方面,健全争端预防的机构治理架构可以强化具体外资项目的服务保障,在个案中更快更好地发现并化解矛盾,避免纷争进一步激化和导致投资失败;另一方面,争端预防机制与投资便利举措相辅相成,二者的有效融合有助于投资政策的持续优化,在整体上提升东道国的法治营商

---

[1] 关于中国国际投资争端解决机制的讨论,参见曾华群. 共同发展:中国与"一带一路"国家间投资条约实践的创新[J]. 国际经济法学刊,2019,(1):1-33;季烨. 双边投资条约的范本意识与差别化实践刍议[J]. 国际经济法学刊,2013,(4):84-101;Yuwen Li, Cheng Bian. China's Stance on Investor-State Dispute Settlement: Evolution, Challenges, and Reform Options[J/OL]. *Netherlands International Law Review*, 2020,67:503-551. https://doi.org/10.1007/s40802-020-00182-3; Yong Wang. China's BIT Progress and Implications for China-Canada FTA Talks[R/OL]. 2017. https://www.cigionline.org/sites/default/files/documents/PB%20no.104web.pdf,2021-4-18; Congyan Cai. China-US BIT Negotiations and the Future of Investment Treaty Regime: A Grand Bargain with Multilateral Implications[J/OL]. *Journal of International Economic Law*,2009,12(2):570-575. 关于巴西国际投资争端解决机制的讨论,参见 Geraldo Vidigal, Beatriz Stevens. Brazil's New Model of Dispute Settlement for Investment: Return to the Past or Alternative for the Future? [J/OL]. *Journal of World Investment & Trade*,2018,19(3):475-512. https://doi.org/10.1163/22119000-12340100;D. Figueroa. A Fresh Look at Brazil's Stance Toward International Investment Dispute Settlement[J/OL]. *Transnational Dispute Management*,2020,17(2); Nathalie Bernasconi-Osterwalder, Martin Dietrich Brauch, Martin Dietrich Brauch. Brazil's Innovative Approach to International Investment Law[R/OL]. 2015. https://www.iisd.org/articles/brazils-innovative-approach-international-investment-law,2021-3-21.

[2] 陶立峰. 金砖国家国际投资仲裁的差异立场及中国对策[J]. 法学,2019,(1):134-147;See also R. Neuwirth, A. Svetlicinii & D. De Castro Halis, eds. *A Dispute Resolution Centre for the BRICS*? [M]. Cambridge:Cambridge University Press,2017; Cai,C., Chen, H., & Wang, Y, eds.. *The BRICS in the New International Legal Order on Investment*[M/OL]. Leiden, The Netherlands:Brill | Nijhoff. Doi,2020. https://doi.org/10.1163/9789004376991; Buser A. Emerging Powers and International Investment Agreements[M/OL]. //*Emerging Powers, Global Justice and International Economic Law*. Berlin:Springer,2021. https://doi.org/10.1007/978-3-030-63639-5_5.

环境。中巴在争端预防上的路径趋同主要体现在以下两个方面：

第一，健全机构治理架构。近年来，巴西和中国先后设立了专门的投资争端预防机构，在机构治理过程中突出及时发现、充分沟通、多方参与、合作协调等多项争端预防元素。在中国，投资争端预防主要体现于外商投资企业投诉的受理和应对。中国《外商投资法》第 26 条首次在基础性法律层面规定外商投资企业投诉工作机制，进一步完善了国际投资争端疏导的国内渠道。[①] 根据《外商投资企业投诉工作办法》的规定，在中国，外商投资企业投诉工作机制下设三级治理机构。其中，第一级由商务部会同国务院有关部门建立外商投资企业投诉工作部际联席会议，负责协调、推动中央层面的外商投资企业投诉工作，并指导、监督地方层面的外商投资企业投诉工作；第二级由商务部设立全国外商投资企业投诉中心，负责处理与省部级行政机关及其工作人员有关的、在全国范围内或者国际上有重大影响的投诉事项；第三级由地方各级投诉工作机构受理与本辖区内行政行为、政策措施有关的投诉事项。各级投诉工作机构根据个案具体情况，针对投诉事项采取相应措施，包括：推动投诉人与被投诉人达成谅解（包括达成和解协议）；与被投诉人进行协调；向有关部门提交完善相关政策措施的建议等。[②]

在巴西，CFIA 和国内法令在不同层面就争端预防做出规定，搭建起以联合委员会和投资监察员为核心的两级争端预防模式。[③] 其中，联合委员会由 CFIA 缔约方政府共同组建，投资监察员则为巴西对外贸易委员会下属机构。[④] 作为连接投资者、东道国政府、投资者母国政府的对话平台，投资监察员为巴西境内外商投资者提供支持与引导，进而实现投资争端的第一级预防，其主要职能包括：其一，与投资者对话，向其及时公布投资监管信息，并统一受理后者的投诉或建议；其二，与政府部门对话，向其传达并共同协商处理投资者的关切；其三，与联合委员会及 CFIA 其他缔约方联络点对话，执行联合委员会建议并向其汇报工作。如果投资监察员预防未果，在收到书面请求后，联合委员会就将启动第二级预防机制，在国家层面展开对话，听取利益相关方意见，讨论并寻求友好解决冲突的方式。[⑤]

第二，融合投资便利举措。一方面，完善争端预防机制有利于投资环境的稳定，进而提升投资便利化水平。如联合国贸发会议发布的《投资便利化全球行动手册》指出，

---

① 冯果，范鑫.外商投资法治的时代要求与制度实现[J].上海政法学院学报，2019,(6):35.
② 参见《外商投资企业投诉工作办法》第五至七条、第十八条。
③ Decree No. 10.044(2019-10-4)[EB/OL]. http://www.planalto.br/ccivil_03/_ato2019-2022/2019/decreto/D10044.htm,2021-3-11; Decree No. 8.863(2016-9-28)[EB/OL]. https://www.planalto.gov.br/ccivil_03/_ato2015-2018/2016/decreto/d8863.htm,2021-3-11; GECEX Resolution No. 43(2020)[EB/OL]. https://www.in.gov.br/web/dou/-/resolucao-n-43-de-4-de-maio-de-2020-255374994?inheritRedirect=true&redirect=%2Fweb%2Fguest%2Fsearch%3FqSearch%3DRESOLU%25C3%2587%25C3%2583O%2520N%25C2%252%E2%80%A6,2021-3-11.
④ 参见《CFIA 范本》第十七条、第十八条。
⑤ 参见《CFIA 范本》第十八条、第二十三条。

争端预防是推进投资便利化的关键行动之一。[1] 从中巴条约实践也可以看到,争端预防贯彻并丰富了两国的投资便利化进程。[2] 另一方面,以优化投资环境为目标的一系列投资便利化举措从源头上降低了争端发生的可能性。综观中巴两国立法实践,此类措施可大致分为三类:其一,提升行政效率的措施,包括精简程序[3]、优化服务[4]、设置时限[5]等;其二,促进信息共享的措施,包括举行会议交流信息[6]、在政府机构间交换互惠投资相关信息[7]等;其三,增强规则透明度的措施,包括健全标准制定的工作机制[8]、及时公布与外资有关的规范性文件[9]等。

(二)强调国内救济

中国和巴西均为外国投资者提供了投资争端的国内救济路径。在中国,投资者可就具体行政行为主张行政补偿,如《外商投资法》第 25 条首次在法律层面明确规定地方外资政策承诺变更的行政补偿救济。[10] 此外,投资者还可以诉诸行政复议和行政诉讼。我国缔结的部分国际投资协定中,用尽行政复议程序、乃至用尽当地救济被作为投资者诉诸国际仲裁的前提条件。[11] 也有部分协定纳入"岔路口条款",要求投资者在国内诉讼和国际仲裁间做出具有终局性的选择。[12]

在巴西,外国投资者享有与国内投资者相同的救济权利,可依据《民事诉讼法》对包括联邦政府、州政府在内的各级行政机构提起诉讼,包括司法救济和行政上诉。[13] 司法救济由行政诉讼制度和宪法性救济制度构成,行政上诉类似于中国的行政复议程序。

---

[1] UNCTAD. Global Action Menu for Investment Facilitation[EB/OL]. 2017. https://investmentpolicy.unctad.org/uploaded-files/document/Action%20Menu%2023-05-2017_7pm_web.pdf,2021-3-10.

[2] 例如,在中国批准的《区域全面经济伙伴关系协定》(RCEP)"投资"章中,其第十七条"投资便利化条款"便纳入了争端预防元素,规定缔约方应致力于设立或维持投资联络点、与政府机构沟通以解决投资活动中的投诉或不满等。巴西 CFIA 也将争端预防作为协定目标之一,并通过协定搭建起争端预防的政府间平台。参见《区域全面经济伙伴关系协定》第十七条、《巴西—印度 CFIA》《巴西—哥伦比亚 CFIA》等。

[3] 例如《外商投资法》第十九条。

[4] 例如《外商投资法实施条例》第三十五条。

[5] 例如《CFIA 范本》第十八条第五款。

[6] 例如《区域全面经济伙伴关系协定》第十七条第四款,《中华人民共和国商务部与巴西联邦共和国经济部关于加强投资领域合作的谅解备忘录》第四条、第五条。

[7] 例如《CFIA 范本》第十九条。

[8] 例如《外商投资法实施条例》第十三条。

[9] 例如《外商投资法实施条例》第七条、《CFIA 范本》第九条。

[10] 参见《外商投资法》第二十五条第二款。另见《外商投资法实施条例》第二十八条:"因国家利益、社会公共利益需要改变政策承诺、合同约定的,应当依照法定权限和程序进行,并依法对外国投资者、外商投资企业因此受到的损失及时予以公平、合理的补偿。"

[11] 例如《中国—马耳他双边投资协定》第九条第三款、《中国—法国双边投资协定》第七条。

[12] 例如《中国—俄罗斯双边投资协定》第九条第三款。

[13] 受英美法系影响,巴西法律体系中,关于行政诉讼的内容分散在不同的法律中,主要在《民事诉讼法典》中。See Civil Procedure Code of Brazil (Act N°13.105) [EB/OL]. https://www.lawyerinbrazil.com/wp-content/uploads/2019/06/BRAZILIAN_CODE_OF_CIVIL_PROCEDURE-1.pdf,2021-3-2.

在巴西国内救济程序中,投资者可要求行政机关向其做出赔偿,或主张废止、更改、撤销、撤回特定行政行为。①

(三)关注国际救济

中国和巴西签署的国际投资协定均规定了国家间仲裁。在中国国际投资协定体系中,《中国—泰国双边投资协定》《中国—土库曼斯坦双边投资协定》《中国—罗马尼亚双边投资协定》仅设置了国家间仲裁条款,其余协定则同时纳入国家间仲裁条款及投资者与国家间仲裁条款。②根据国家间仲裁条款,当外交渠道未能友好解决因协定解释或适用所引发的争端,任一缔约方可诉诸国家间仲裁。③

在巴西 CFIA 下,若投资争端预防程序未能顺利化解投资者与东道国间的冲突,投资者母国可将争端提交至特设仲裁庭或常设仲裁机构。换言之,争端预防程序是国家间仲裁的前置程序。根据 CFIA,国家间仲裁程序旨在确定缔约一方的措施是否与 CFIA 相符,即"合规性"审查。④而在仲裁庭权限范围内,不同 CFIA 间存在一定差异,具体见下文论述。

三、中巴在国际投资治理与争端解决上的差异

(一)争端预防机制不同

中国和巴西投资争端预防机制的差异主要体现在两个方面:第一,规定争端预防的法律层级不同。尽管中国近期缔结的部分国际投资协定纳入了投资争端预防条款⑤,部分行政区之间也成立了区际争端预防机制⑥,但截至目前,中国尚未建立起类似于巴西 CFIA 下联合委员会的政府间投资争端预防平台。相较而言,巴西国际投资争端预防机制由国内机构和国际机构协同运作。联合委员会由 CFIA 缔约方政府代表组成,在政府间展开对话;投资监察员作为国内机构,也需执行联合委员会的建议。⑦

---

① 刘天来.巴西行政救济制度探析[J].西部法学评论,2017,(4):97-114.
② 徐树.国际投资条约"双轨"执行机制的冲突及协调[J].法商研究,2017,(2)149.
③ 例如《中国—荷兰双边投资协定》第九条。
④ 参见《CFIA 范本》第二十四条。
⑤ 例如《区域全面经济伙伴关系协定》第十七条。
⑥ 一方面,中国大陆与中国香港、中国澳门、中国台湾间的经贸安排就投资争端预防进行了规定,相关措施包括设立投资工作小组、提升政策透明度等。参见《内地与香港关于建立更紧密经贸关系的安排》《内地与澳门关于建立更紧密经贸关系的安排》《海峡两岸经济合作框架协议》;另一方面,中国大陆部分省级行政区之间建立了跨行政区域企业投诉处理协作机制,如川渝民营企业投诉处理协作机制、川粤民营企业投诉处理协作机制等,以提升外商投资企业投诉调处工作整体水平。川渝构建企业投诉处理协作机制 民营企业将可跨行政区域投诉[EB/OL]. http://www. sc. gov. cn/10462/10464/10797/2020/6/2/3f971892be334ca2913746706641bcfb. shtml;川粤建立跨行政区域民营企业投诉处理协作机制[EB/OL]. 2020. http://www. sc. xinhuanet. com/content/2020-11/13/c_1126736167. htm.
⑦ 参见《CFIA 范本》第十七条、第十八条。

第二，外资投诉机制中的申诉主体不同。在中国外商投资投诉工作机制下，投诉人限于外商投资企业和外国投资者。① 在实践中，当行政机关认为具体投资项目运营过程中存在涉嫌违法违规的行为时，往往通过行政调查、行政命令、行政强制等行政权能要求投资者加以整改。但在巴西 CFIA 下，政府机构也可以主动通过投资监察员下的投诉机制向投资者反馈意见，就相关问题与投资者展开平等交涉。②

（二）国内救济渠道不同

中国和巴西在投资争端国内救济上的差异也可从两方面体现：

第一，中巴两国的投资者在寻求司法救济时所受约束不同。首先，巴西向其境内投资者提供了更多的司法救济方式。根据巴西宪法，巴西对外国人的保护等同于对其国民的保护。在巴西，除行政诉讼以外，投资者还可以向司法机构申请宪法性救济，如禁制令、人身保护令、个体安全令等。③ 相较而言，尽管中国宪法同样针对外国投资做出了规定④，但截至目前，中国尚未建立专门的宪法审查机制。其次，就行政诉讼而言，中巴两国在行政诉讼的适用范围上也有所不同。根据中国《行政诉讼法》，行政诉讼适用于具体行政行为，而非抽象行政行为引起的纠纷。⑤ 而在巴西，行政诉讼同时适用于普遍行政行为和个别行政行为引起的纷争，而这意味着投资者可就与投资相关的政策文件提起行政诉讼。就普遍行政行为而言，巴西联邦最高法院有权撤销相关规范性法律文件，其他法院则可审查相关文件的合法性和合宪性，但效力仅及于案件当事方。⑥

第二，中巴国内法下，仲裁的适用范围存在差异。中国《仲裁法》将仲裁范围限于"平等主体的公民、法人和其他组织之间发生的合同纠纷和其他财产权益纠纷"，排除了投资者与东道国间的投资争端。⑦ 有别于此，自 1996 年《巴西仲裁法》施行以来，在巴西，仲裁越来越多地被用于处理投资争端。巴西高等法院的判决也确认了公私合同中仲裁条款的有效性及以东道国为被申请人的仲裁裁决的可执行性。⑧

---

① 参见《外商投资企业投诉工作办法》第二条。
② Geraldo Vidigal，Beatriz Stevens. Brazil's New Model of Dispute Settlement for Investment：Return to the Past or Alternative for the Future? [J]. *Journal of World Investment & Trade*，2018，19(3)：489－490.
③ Constitution of the Federative Republic of Brazil，Article 5[EB/OL]. https://www.globalhealthrights.org/wp-content/uploads/2013/09/Brazil-constitution-English.pdf，2021-3-1.
④ 参见《中华人民共和国宪法》第十八条、第三十二条。
⑤ 参见《中华人民共和国行政诉讼法》第二条。
⑥ Di Pietro，Maria Sylvia Zanella. *Direito Administrativo*[M]. São Paulo：Editora Atlas S. A. ，2014，828. 转引自刘天来. 巴西行政救济制度探析[J]. 西部法学评论，2017，(4)：99.
⑦ 参见《中华人民共和国仲裁法》第二条。
⑧ Geraldo Vidigal，Beatriz Stevens. Brazil's New Model of Dispute Settlement for Investment：Return to the Past or Alternative for the Future? [J]. *Journal of World Investment & Trade*，2018，19(3)：489－490.

(三)国际救济方式不同

在国际投资争端解决机制中,国际救济程序占据了相当大的比重,受到实务界和学界的广泛关注。中巴国际投资争端解决机制在国际救济上的差异体现在投资调解、投资仲裁和国家间仲裁等方面。

第一,相较于巴西,中国对投资调解表现出了更浓厚的兴趣。不同于投资仲裁,投资调解作为一种友好灵活、高效自治的非对抗性争端解决方式,与中国"以和为贵"的传统文化相契合。在规则层面,中国于 2019 年签署了《新加坡调解公约》,并在多份投资协定中将调解作为一种替代性争端解决方式。① 2020 年生效的《香港—阿联酋双边投资协定》也规定了仲裁前强制调解程序。② 在提交给联合国国际贸易法委员会(UNCITRAL)第三工作组的立场文件中,中国强调要积极探索建立更加有效的投资调解机制,主张投资调解可为东道国和投资者提供高度灵活性和自主性,避免冗长的程序和高昂的成本,因而更有利于维护投资者与东道国政府的长期合作关系。③ 在实践层面,中国投资者也开始通过投资调解这一替代性争端解决方式处理投资争端。④ 然而,巴西 CFIA 并未就投资调解做出规定。如前文所述,尽管联合委员会主导的磋商程序在实施效果上类似于调解,但相关程序仅在政府间进行,没有第三方调解员参与。

第二,中巴两国在投资仲裁上的态度截然不同。在规则层面,中国承认现行机制存在明显缺陷,但并不赞成摈弃投资仲裁这一争端解决方式,而是主张通过设立常设上诉机制、完善仲裁员选任规则、设置仲裁前磋商程序、明确第三方资助的透明度纪律等方式改进现有机制。⑤ 近期中国所缔结的国际投资协定也保留了投资仲裁。⑥ 在实践层面,涉华投资仲裁案件数量在近年来显著上升。截至 2021 年 3 月底,据已公开案件信息,由中国投资者(含港澳投资者)提起的投资仲裁案件共计 14 起,以中国(含中国台

---

① 漆彤,张生,黄丽萍.调解在国际争端解决中的发展与应用[J].武大国际法评论,2020,(2):98—99.
② 参见《香港—阿联酋双边投资协定》第八条。
③ 参见 A/CN.9/WG.III/WP.177,Submission from the Government of China,p.5。
④ 2020 年,中国投资者紫金矿业就波格拉金矿采矿权延期申请被拒事宜,针对巴西当时政府在 ICSID 提起了投资调解程序。参见 Barrick (Niugini) Limited v. Independent State of Papua New Guinea (ICSID Case No. CONC/20/1)。
⑤ 参见 A/CN.9/WG.III/WP.177,Submission from the Government of China,p.4。
⑥ 参见《区域全面经济伙伴关系协定》第十条第十八款。

湾)为被申请方的投资仲裁案件共计 8 起。① 不同于中国,巴西从未批准过任何包含投资仲裁条款的投资协定,更未参与过任何国际投资仲裁案件。巴西认为,任何改革都难以拯救现有机制的系统性缺陷。有鉴于此,最好的解决方案是完全摒弃投资仲裁这一争端解决方式。②

第三,中巴两国关于国家间仲裁的具体规定也不尽相同。如上文所述,两国均在国际投资协定中规定了国家间仲裁,但这一争端解决方式在两国的投资法律框架中扮演的角色有一定出入。在未纳入投资仲裁条款的 CFIA 中,国家间仲裁是投资争端国际救济的唯一路径。具体而言,中巴的投资争端解决机制在国家间仲裁上存在下述三方面差异:首先,适用范围不同。在中国国际投资协定中,国家间仲裁适用于与投资协定的解释或适用有关的争议。③ 而在巴西 CFIA 下,国家间仲裁旨在确定缔约一方的措施是否与协定内容相符。④ 二者在适用范围上相互重叠。其次,启动程序不同。中国国际投资协定多规定,当外交渠道未能在特定时限内顺利解决争端,则缔约任一方可提起仲裁。⑤ 而在巴西 CFIA 下,国家间仲裁的启动程序可概分为两类⑥:其一,巴西与非洲国家订立的 CFIA 规定,仅当两个缔约国就国家间仲裁达成新的协议,缔约一方才可启

---

① 截至 2021 年 3 月底,由中国投资者(含港澳投资者)提起的投资仲裁案件有:Tza Yap Shum v. Republic of Peru (ICSID Case No. ARB/07/6);Beijing Shougang and Others v. Mongolia (PCA Case No. 2010-20);Standard Chartered Bank (Hong Kong) Limited v. Tanzania Electric Supply Company Limited (ICSID Case No. ARB/10/20);Philip Morris v. Australia (PCA Case No. 2012-12);Ping An Life Insurance Company of China,Limited and Ping An Insurance (Group) Company of China,Limited v. Kingdom of Belgium (ICSID Case No. ARB/12/29);Sanum Investments Limited v. Lao People's Democratic Republic (PCA Case No. 2013－13);Beijing Urban Construction Group Co. Ltd. v. Republic of Yemen (ICSID Case No. ARB/14/30);Standard Chartered Bank (Hong Kong) Limited v. United Republic of Tanzania (ICSID Case No. ARB/15/41);Sanum Investments Limited v. Lao People's Democratic Republic (ICSID Case No. ADHOC/17/1);Jetion Solar Co. Ltd and Wuxi T-Hertz Co. Ltd. v. Hellenic (unknown);Fengzhen Min v. Republic of Korea (ICSID Case No. ARB/20/26);Wang King et al. v. Ukraine (unknown);Shift Energy v. Japan (unknown);Beijing Everyway Traffic and Lighting Tech Co. Ltd v. Ghana (unknown)。截至 2021 年 3 月底,以中国(含中国台湾)为被申请方的投资仲裁案件有:Ekran Berhad v. China (ICSID Case No. ARB/11/15);Ansung Housing v. China (ICSID Case No. ARB/14/25);Hela Schwarz v. China (ICSID Case No. ARB/17/19);Surfeit Harvest Investment Holding Pte Ltd v. China (Taiwan) (unknown);Jason Yu Song v. China (PCA Case No. 2019-39);Macro Trading v. China (ICSID Case No. ARB/20/22);Goh Chin Soon v. China (ICSID Case No. ARB/20/34);Asiaphos v. China (unknown)。

② Anthea Roberts,Zeineb Bouraoui. UNCITRAL and ISDS Reforms:What are States' Concerns？[R/OL]. 2018. https://www.ejiltalk.org/uncitral-and-isds-reforms-what-are-states-concerns/,2021-3-7.

③ 例如《中国—马耳他双边投资协定》第八条、《中国—荷兰双边投资协定》第九条。

④ 例如《CFIA 范本》第二十四条。

⑤ 例如《中国—俄罗斯双边投资协定》第八条。

⑥ Geraldo Vidigal,Beatriz Stevens. Brazil's New Model of Dispute Settlement for Investment:Return to the Past or Alternative for the Future？[J]. *Journal of World Investment & Trade*,2018,19(3):89－490.

动仲裁程序[①]；其二，巴西与拉美国家订立的 CFIA 允许任一缔约方单方提起仲裁程序[②]。最后，仲裁庭权限不同。中国国际投资协定鲜少在国家间仲裁条款中涉及仲裁庭权限，仅有个别协定规定，当缔约双方未能就执行仲裁庭裁决达成一致意见时，提起仲裁的缔约方"有权获得与仲裁庭裁决等价值的补偿"。[③] 不同于此，巴西 CFIA 多对仲裁庭权限做出明确规定，具体可分为两类：一类明确排除了仲裁庭在国家间仲裁程序中裁定赔偿的权力[④]；另一类规定，经当事方同意，仲裁庭可以审查系争措施是否造成损害，并裁定赔偿款额[⑤]。

四、中巴国际投资治理与争端解决路径选择的原因分析

综上所述，中巴国际投资争端解决机制的共性主要分布在投资争端预防领域，包括健全机构治理架构、融合投资便利举措等；而差异主要集中于投资争端的国际救济程序上，尤其是投资仲裁上。鉴于国情与立场的差异，各国可能基于不同的政策目标参与国际投资制度设计[⑥]，进而在国际投资争端解决机制的路径选择上呈现趋同或差异。下文结合两国的具体情况，从经济层面和法律层面探讨机制异同背后的原因所在。

（一）中巴国际投资治理与争端解决路径趋同的原因分析

第一，新兴经济体共同的利益诉求与中巴国际投资争端解决机制的共性密不可分。面对新一轮国际经贸秩序重构，国际投资规则的革新是两国共同的利益关切，而不断升温的投资保护主义和逆全球化思潮则是两国所面临的共同挑战。如巴西总统博索纳罗（本文写作时的巴西总统。——编著注）所言，中巴"注定要携手同行"。[⑦]

在规则层面，中巴亟须发展与自身利益相符的国际投资争端解决机制。截至 2020 年底，全球共缔结了 3 000 余项国际投资协定，其中大部分订立于 1990 年至 2010 年间，致力于推动资本全球化和投资自由化。[⑧] 随着中国和巴西的国际投资迅速增长，以投资保护为核心的传统协定难以完全满足两国发展过程中的制度需求。

在经济层面，尽管中国和巴西均为全球主要投资输入国，但两国在吸引、维系和扩

---

① 例如《巴西—安哥拉 CFIA》第十五条、《巴西—马拉维 CFIA》第十三条。
② 例如《巴西—圭亚那 CFIA》第十九条第一款。
③ 参见《中国—加拿大双边投资协定》第十五条第八款。
④ 例如《巴西—印度 CFIA》第十九条第二款。
⑤ 例如《巴西—墨西哥 CFIA》第十九条第二款。
⑥ 王彦志. 国际投资争端解决机制改革的多元模式与中国选择[J]. 中南大学学报(社会科学版)，2019,(4)：73-82.
⑦ Andre Coelho. Bolsonaro Meets China's Xi in Bid to Balance Ties with U. S. [R/OL]. 2019. https://www.bloomberg.com/news/articles/2019-10-25/bolsonaro-to-meet-china-s-xi-in-bid-to-balance-ties-with-u-s.
⑧ UNCTAD. The Changing IIA Landscape：New Treaties and Recent Policy Developments[R/OL]. 2020. https://investmentpolicy.unctad.org/publications/1230/the-changing-iia-landscape-new-treaties-and-recent-policy-developments，2021-3-10.

大外资上仍面临着一定挑战。一方面,全球主要经济体增长放缓形成了不利于外资增长的外部环境。联合国发布的《2020年世界经济形势与展望报告》显示,全球贸易紧张局势加剧了国际政策的不确定性,导致投资大幅削减,且短期内没有明显的投资复苏迹象。① 另一方面,对发展中经济体的外商投资回报率连年下滑,在一定程度上削弱了全球投资者对发展中国家的投资信心。《2019年世界投资报告》数据显示,对发展中经济体的外商投资回报率由2012年的10%跌至2018年的7.8%。与此同时,随着国际投资向轻资产化转型,国际投资对发达经济体的外商投资回报率呈现增长趋势,这对包括中国、巴西在内的发展中国家的外资增长构成了进一步挑战。② 因此,改善投资环境以吸引、维系和扩大外资是中巴两国的共同追求,也是强化投资争端预防、推进投资便利化进程的直接目标。

第二,面对现有投资者与国家间争端解决机制(ISDS机制)的系统性缺陷,中巴两国在争端预防上存在需求共性。ISDS机制的存废改立并不是国际投资规制中的新课题。自21世纪初期以来,随着国际投资仲裁案件数量逐年上涨,ISDS机制引发了各界高度关注与如潮讨论。实体保护规则的不同表述为仲裁庭自由裁量创设了空间,也带来了投资实际保护程度的不确定性。UNCITRAL第三工作组发布的报告指出,针对ISDS机制的共同关切涉以下方面:仲裁裁决一致性、仲裁裁决正确性、仲裁的可预测性、仲裁员的独立性与公正性、仲裁程序透明度、仲裁期限与费用等。③ 现有机制暴露出的诸多弊端可能影响东道国的监管能动性,甚至引发"规制寒颤"。

在此背景下,中巴在争端预防上的机制创新是对投资争端解决多元化的有益探索。与投资仲裁相比较,投资争端预防对于中巴两国的重要性有过之而无不及。首先,对发展中国家而言,近一半的外资流入源于跨国子公司的利润再投资,因而投资环境对于外资增长至关重要。④ 其次,即便投资仲裁案件的高昂成本久受诟病,但这些成本远不及因政府行为而造成的外资流失。⑤ 世界银行的研究表明,平均每四位在发展中国家进行投资的投资者中,就有一位因东道国制度的不透明、法律的不稳定、合同的不履行等

---

① United Nations. World Economic Situation and Prospects 2020[R/OL]. 2020. https://www.un.org/development/desa/dpad/publication/world-economic-situation-and-prospects-2020/,2021-3-1.

② UNCTAD. World Investment Report 2019[R/OL]. 2019. https://unctad.org/webflyer/world-investment-report-2019,2021-3-13.

③ A/CN.9/WG.Ⅲ/WP.142,Possible Reform of Investor-State Dispute Settlement,p. 6.

④ Jose Daniel Reyes,Daniela Gomez-Altamirano,Philippe De Bonneval. Brazil Makes A Smart Move to Attract and Retain Foreign Investment[R/OL]. 2019. https://blogs.worldbank.org/psd/brazil-makes-smart-move-attract-and-retain-foreign-investment,2021-4-24.

⑤ Roberto Echandi. The Blind Side of International Investment Law and Policy:The Need for Investor-state Conflict-management Mechanisms Fostering Investment Retention and Expansion[R/OL]. 2020. http://ccsi.columbia.edu/files/2018/10/No-290-Echandi-FINAL.pdf,2021-4-11.

事由而终止投资。① 因此,投资争端预防是中巴国际投资争端解决机制中不可或缺的一环。强化争端预防有助于中巴在规则导向的国际投资体制下获取潜在的最大利益。②

(二)中巴国际投资治理与争端解决路径分歧的原因分析

第一,中国和巴西对待投资仲裁的态度与两国各自的国际投资结构紧密相关,而投资仲裁的存废又进一步影响了两国在国家间仲裁上的规则设计。据统计,两国在对外投资上的表现不尽相同。一方面,中国对外投资规模远超巴西同期水平。在2019年,中国对外投资流量达1170亿美元,是巴西同期流量的7.3倍。③ 另一方面,两国海外投资的目的地存在显著差异。巴西的海外投资主要流向欧美等发达经济体,少数流向拉美国家。④ 中国则有大量的海外投资流入发展中国家,特别是"一带一路"沿线国家。⑤

由于资本输入国法治水平的参差不齐,因此中国海外投资者相对于巴西海外投资者面临着更高的投资风险⑥,这是中国主张保留投资仲裁的原因之一。投资仲裁可为海外投资提供法律保障,也是吸引外资来华的一项政策利好。首先,争端预防固然具有维护东道国规制权、优化投资环境等诸多优势,但不宜因此彻底摈弃投资仲裁。后者的独特价值在于赋予投资者将争端诉诸国际第三方仲裁的权利,避免投资者与东道国间的经济纠纷上升为国家间的政治矛盾⑦,切实为投资者的损失提供赔偿救济。当投资者与东道国间的矛盾触及双方原则性立场时,双方很难通过以沟通对话为主的争端预防机制握手言和。其次,仅凭国家间仲裁机制难以为海外投资提供充分保护。正如前述,国家间仲裁在适用范围、启动方式、仲裁庭权限上可能受到限制。此外,投资者母国在决定是否诉诸国家间仲裁时,可能受到投资项目以外的其他因素影响,相关因素包括

---

① The World Bank. How Developing Countries Can Get the Most Out of Direct Investment[R/OL]. 2017. https://www.worldbank.org/en/topic/competitiveness/publication/global-investment-competitiveness-report,2021-4-22.

② 陶立峰.投资争端预防机制的国际经验及启示——兼评《外商投资法》投诉机制的完善[J].武大国际法评论,2019,(6):98.

③ UNCTAD. World Investment Report: International Production beyond the Pandemic[R/OL]. 2020. https://unctad.org/system/files/official-document/wir2020_en.pdf,2021-4-3.

④ Central Bank of Brazil. Direct Investment Report[R/OL]. 2020. https://www.bcb.gov.br/publicacoes/relatorioid,2021-4-3.

⑤ 未来,中国对"一带一路"沿线国家的投资合作将进一步务实深化。参见《2020年中国对外投资合作发展报告》,载于中华人民共和国商务部网站(http://images.mofcom.gov.cn/fec/202102/20210202162924888.pdf)。

⑥ Yuwen Li,Cheng Bian. China's Stance on Investor-State Dispute Settlement: Evolution, Challenges, and Reform Options[J]. *Netherlands International Law Review*,2020,(67):524—527.

⑦ A/CN.9/WG.Ⅲ/WP.177,Submission from the Government of China,p.1.

东道国与母国间的外交局势、国内的政治气候和舆论环境、冲突升级的可能性等。①

第二,中巴在投资争端国内救济上的差异可归因于两国法律体系的不同。中国的法律体系基本脱胎于大陆法系,行政诉讼制度也是以德国等传统大陆法系国家为参照模板所建立。② 目前,中国尚未建立起宪法诉讼制度。而巴西的法律体系虽以大陆法系为基础和底色,却融合了大量的英美法系元素。③ 其为外国投资者提供的司法救济也体现出了鲜明的英美法系特色,如投资者可依据宪法向法院申请人身保护令、禁制令等。④

五、中巴在国际投资治理上的合作展望

通过分析可知,中巴国际投资争端解决机制的共性主要源于新兴经济体的共同利益诉求,差异则可归因于两国在投资结构和法律体系上的区别。一方面,前述共性为中巴在国际投资治理中的合作奠定了坚实基础,两国合作具备可能性及可行性;另一方面,综观两国法律实践与所持立场,所谓差异并非不可弥合。厘清异同后,下文试图从两个方面探讨中巴在国际投资治理上的合作前景:一是中巴投资争端解决机制的创设构想,二是推进投资便利化进程的联合行动。

(一)设立中巴投资争端解决机制的初步构想

国际投资争端解决机制由两部分构成,即争端发生前的预防机制和争端发生后的救济机制。就前者而言,中国和巴西相继创新争端预防措施,且在投资便利化进程中贯彻争端预防,未来可从国家间合作、机构间合作、公私间合作三方面优化现有争端预防机制。就后者而言,鉴于中巴在投资仲裁上存在较大分歧,应综合考虑两国利益,尽量弥合分歧。

1. 强化争端预防合作

强化争端预防合作对于维护长期稳定的投资合作关系、改善法治营商环境大有裨益⑤,具体可从三个层面展开。第一,强化国家间合作,搭建中巴间投资争端预防平台。联合国贸发会议发布的《国际投资体制改革一揽子方案》指出,各国不仅需在国内设立争端预防机构,也应在国际层面建立类似于CFIA联合委员会的机构,通过多层级治理

---

① Ashutosh Ray, Kabir A. N. Duggal. Dispute Resolution in the India-Brazil BIT: Symbolism or Systemic Reform? [R/OL]. http://arbitrationblog.kluwerarbitration.com/2020/04/09/dispute-resolution-in-the-india-brazil-bit-symbolism-or-systemic-reform/,2021-3-21.

② 马超."主渠道"定位下的行政复议"司法化"反思——兼谈行政复议的改革方向[J].河南财经政法大学学报,2020,(6):37—45.

③ 譬如,获全部法官绝对多数票后,巴西联邦最高法院可公布具有法律约束力的判例,且相关判例在与现行法律冲突时具有优先适用性。

④ 刘天来.巴西行政救济制度探析[J].西部法学评论,2017,(4):97—114.

⑤ 漆彤.投资争端处理体系的三大构成[J].社会科学辑刊,2018,(4):136.

机构为争端预防保驾护航。① 中巴间投资争端预防工作可基于双边、区域、多边安排展开。在双边层面,根据《中巴关于加强投资领域合作的谅解备忘录》,中巴已在中国—巴西高层协调与合作委员会分委会框架下成立双边投资合作工作组②,可考虑将投资争端预防纳入现有工作组职能范围,或就争端预防事宜另行做出双边安排。在区域层面,金砖国家关于促进投资便利化的共识为区域内争端预防合作奠定了基础③,可考虑设立区域争端预防中心,扩大争端预防机制的辐射范围。在多边层面,UNCITRAL 第三工作组报告提出,可仿效 WTO 法律咨询中心模式,建立国际投资争端解决咨询中心,其核心职能之一即为协助各国建立冲突管理制度,包括争端早期预防政策和预警程序。④

第二,强化机构间合作,提升投资环境稳定性。首先,应增强投资争端预防机构内部的协调合作,以保障国际义务在国内顺利落地,避免争端预防过程中的朝令夕改。在中巴间投资争端预防平台设立后,宜参考 CFIA 中联合委员会与投资监察员间的沟通模式,在争端预防国际机构与国内机构之间建立起高效有序的沟通机制。同时,同一层级的国际争端预防机构间也应建立对话机制。以 CFIA 下的争端预防模式为例,尽管地方联络点统归 CAMEX 协调,但巴西 8.863 号法令或 CFIAs 中暂未就联合委员会间的协调事宜做出规定。当不同联合委员会就某一事项对同一地方联络点做出指示时,相关指示可能彼此矛盾,进而有损投资环境的稳定性。⑤ 其次,应增强争端预防机构与其他投资相关的政府机构之间的协调合作。譬如,建立相应机制,就外商投资项目多发问题,向有关政府机关提出政策措施完善建议。

第三,强化公私间合作,畅通私营实体、非政府组织与政府机关间的沟通渠道。不论是前期预防还是后期救济,国际投资争端解决过程中,公私利益的平衡始终不容忽视。投资争端预防程序的公开、透明,是公共利益免受侵损的重要保障。当前,中国外资投诉工作机制下的参与方限于外资企业、外国投资者与有关政府机构。⑥ 尽管巴西部分 CFIA 在其争端预防章节中规定,联合委员会可适时邀请社会团体参与磋商,但就

---

① UNCTAD. Reform Package for the International Investment Regime[R/OL]. 2018. https://investmentpolicy.unctad.org/uploaded-files/document/UNCTAD_Reform_Package_2018.pdf,2021-4-7.

② 参见《中华人民共和国商务部与巴西联邦共和国经济部关于加强投资领域合作的谅解备忘录》第六至八条。

③ 10th TMM Joint Communique. BRICS Understanding on Investment Facilitation[R/OL]. 2020. https://brics-russia2020.ru/images/53/21/532176.pdf,2021-4-13.

④ A/CN.9/WG.Ⅲ/WP.168,Possible Reform of Investor-State Dispute Settlement-Advisory Centre, p.5.

⑤ Nathalie Bernasconi-Osterwalder,Martin Dietrich Brauch. Comparative Commentary to Brazil's Cooperation and Investment Facilitation Agreements (CIFAs) with Mozambique,Angola,Mexico,and Malawi[R/OL]. https://www.iisd.org/system/files/publications/commentary-brazil-cifas-acfis-mozambique-angola-mexico-malawi.pdf,2021-3-25.

⑥ 参见《外商投资企业投诉工作办法》第二条、第十八条。

此未作强制要求,亦未明确具体流程。① 然而,投资争端预防过程中的利益相关方参与值得进一步研究。一方面,东道国当地社区或社会团体的介入有助于判断具体外资项目的社会影响和潜在风险②;另一方面,为避免争端预防过程中商业秘密泄露等违规事件的发生,在允许投资者以外的利益相关方参与磋商或谈判的情形下,应明确包括保密要求在内的程序规则,以保障投资者的合法权益。

2. 弥合争端解决机制改革分歧

面对中巴在 ISDS 改革上的态度分歧,未来中巴国际投资争端解决机制的构建应结合两国具体国情,在规则设计上谨慎取舍,寻求"最大公约数"。首先,可通过程序规则的调整和实体规则的限制,争取在中巴之间达成保留投资仲裁的合意。在程序规则上,可将投资调解作为替代性争端解决程序之一,或参考《中国香港—阿联酋双边投资协定》将之作为投资仲裁的前置程序。同时,通过完善仲裁员行为守则、提升仲裁程序透明度、建立滥诉过滤机制等方式改进投资仲裁程序。在实体规则上,可设置例外条款,将特定争端排除在仲裁范围之外,包括:因维护国家安全、公共卫生、公共秩序而引发的争端,因制止腐败、洗钱、恐怖主义融资的措施引发的争端,与透明度有关的争端等。

其次,若两国暂未能就投资仲裁达成共识,可在双边投资协定谈判中暂行搁置,并以国家间仲裁机制为后备选项。在投资仲裁程序缺位的情况下,国家间仲裁机制的适用范围不应限于协定的解释或适用引发的争端,可参考 CFIA,允许仲裁庭就东道国行为是否合规进行审查。但在仲裁庭权限上,不宜完全排除金钱赔偿的可能性,避免私人投资者难以获得有力救济,进而降低对东道国的投资积极性。

(二)推进投资便利化进程的联合行动

在投资便利化议题上,中巴两国业已存在一定共识,并于国内、双边、区域等多个层面积极推进投资便利化改革,在投资周期的各阶段提升监管效率和管理效能。国内层面上,近年来,中国通过自贸区投资便利化试点、缩减负面清单等系列举措,消除投资壁垒。巴西则将投资监察员的服务对象由 CFIA 缔约国国民扩展至所有外国投资者。双边层面上,两国所缔结的国际投资协定越来越多地纳入了投资便利化条款,巴西更是在协定附件中明确投资便利化议程。③ 区域层面上,中巴通过《金砖国家投资便利化合作纲要》《金砖国家投资便利化谅解》等文件初步建立起投资便利化区域合作框架,从促进

---

① 参见《巴西—安哥拉 CFIA》第四条。
② Nathalie Bernasconi-Osterwalder, Martin Dietrich Brauch. Comparative Commentary to Brazil's Cooperation and Investment Facilitation Agreements (CIFAs) with Mozambique, Angola, Mexico, and Malawi [R/OL]. https://www. iisd. org/system/files/publications/commentary-brazil-cifas-acfis-mozambique-angola-mexico-malawi. pdf, 2021-3-25.
③ CFIA 附件中,投资便利化议程涉及货币的支付与转让、外国投资者签证、技术和环境法规、监管及机构交流合作等多个方面。参见《CFIA 范本》附件一。

投资合作、提升投资政策透明度、提高投资效率三方面着手,积极构建透明、可预见的投资法律体系。①

除此之外,多边层面的联合努力也不可或缺。联合国贸发会议《投资便利化全球行动手册》提出十条"投资便利化行动路线",内容涵盖投资政策的透明性提升、投资监管的效率优化、利益相关方沟通渠道的畅通、机构治理架构的健全等诸多方面。② 2017年年底,第十一届WTO部长级会议发布的《关于投资便利化促进发展的联合部长宣言》标志着投资便利化在多边层面达成宣言式共识。③ 后续在多边场合的结构化讨论中,中巴可从以下四方面引领推动投资便利化议题:其一,提升投资政策的透明度与可预测性;其二,精简行政程序,提高行政效率;其三,加强国际合作、信息共享、经验交流;其四,扩大发展中国家与最不发达国家在全球资本流动的参与度。④

当前,各国国际投资政策在投资便利化水平上仍然存在系统性差距⑤,投资便利化的国际立法尝试多停留在"粗线条"的规则雏形构建阶段。⑥ 在全球资本流动日益频繁的背景下,深化投资便利化的方案和行动不应止步于软法性的国际宣言或政策指南,应以国内实践为基点,向双边、区域、多边推行行之有效的投资便利化措施,最终促成投资便利化多边框架的落成。在此过程中,中国和巴西作为投资便利化议题的引领者,应充分了解需求、拓展合作形式、增强能力建设。同时,要警惕投资便利化措施不当干预国家在投资规制上的自主权,以免重蹈投资仲裁的覆辙。⑦

六、结语

经比较研究可知,中国和巴西在国际投资治理与争端解决上的路径选择殊途同归。

---

① 10th TMM Joint Communique. BRICS Understanding on Investment Facilitation[R/OL]. 2020. https://brics-russia2020. ru/images/53/21/532176. pdf,2021-4-13.

② UNCTAD. Global Action Menu for Investment Facilitation[R/OL]. 2017. https://investmentpolicy. unctad. org/uploaded-files/document/Action%20Menu%2023-05-2017_7pm_web. pdf,2021-4-10.

③ See Communication from Argentina and Brazil,Possible Elements of a WTO Instrument on Investment Facilitation,JOB/GC/124 (24 April 2017); Communication from China,Possible Elements of Investment Facilitation,JOB/GC/123 (21 April 2017); WTO. 2017. "Joint Ministerial Statement on Investment Facilitation for Development." WT/MIN(17)/48; Communication from Brazil,Structured Discussion on Investment Facilitation,JOB/GC/169 (1 February 2018).

④ Sofía Baliño. Investment Facilitation at the WTO:An Attempt to Bring a Controversial Issue into an Organization in Crisis[R/OL]. 2019. https://www. iisd. org/itn/en/2019/06/27/investment-facilitation-at-the-wto-an-attempt-to-bring-a-controversial-issue-into-an-organization-in-crisis-sofia-balino-nathalie-osterwalder/,2021-4-11.

⑤ UNCTAD. Global Action Menu for Investment Facilitation[R/OL]. 2017. https://investmentpolicy. unctad. org/uploaded-files/document/Action%20Menu%2023-05-2017_7pm_web. pdf,2021-4-10.

⑥ 黄志瑾.中国引领投资便利化国际合作的证立与实现[J].武大国际法评论,2019,(4):42.

⑦ A/CN. 9/1044,Report of Working Group Ⅲ (Investor-State Dispute Settlement Reform) on the Work of Its Thirty-ninth Session,pp. 6—7.

二者都致力于改善国际投资环境、促进公私利益平衡——这也是新一代国际投资协定的宗旨与使命。此外,比较研究还揭示了南南合作的重要性。当前,发展中国家在国际投资治理过程中"各自为战"的情形仍不少见,而碎片化的治理模式或将进一步削弱发展中国家在国际投资治理过程中的话语权与影响力,使之沦为国际投资规则制定过程中的旁观者、跟随者,而非参与者、引领者。从长远看,中巴在国际投资治理与争端解决上的合作与两国利益相符,一来可为双边投资注入新动力,深化中巴投资合作关系,二来有助于促进国际投资争端解决的多元发展,为新一轮国际投资秩序重构贡献南南合作经验。

参考文献

1. Aotian Zheng. Utilizing Economic Ties with China:Brazilian Economic Development Policy in the Age of Bolsonaro[J]. *Pepperdine Policy Review*,2020,(12).

2. Geraldo Vidigal,Beatriz Stevens. Brazil's New Model of Dispute Settlement for Investment:Return to the Past or Alternative for the Future? [J/OL]. *Journal of World Investment & Trade*,2018,19(3):475—512. https://doi.org/10.1163/22119000-12340100.

3. 漆彤. 论"一带一路"国际投资争议的预防机制[J]. 法学评论,2018,(3):84.

4. D. Figueroa. A Fresh Look at Brazil's Stance Toward International Investment Dispute Settlement[J]. *Transnational Dispute Management*,2020,17(2).

5. Yuwen Li,Cheng Bian. China's Stance on Investor-State Dispute Settlement:Evolution, Challenges,and Reform Options[J/OL]. *Netherlands International Law Review*,2020,67:503—551. https://doi.org/10.1007/s40802-020-00182-3.

6. Catharine Titi. International Investment Law and the Protection of Foreign Investment in Brazil[J]. *Transnational Dispute Management*,2016,13(2).

7. Yulia Levashova. Prevention of ISDS Disputes:From Early Resolution to Limited Access [M/OL]// J. Chaisse et al. *Handbook of International Investment Law and Policy*. Springer Nature Singapore. https://doi.org/10.1007/978-981-13-5744-2_96-1.

8. Rodrigo Polanco Lazo,Anqi Wang. Intra-Latin America Investor-State Dispute Settlement [M/OL]// J. Chaisse et al. *Handbook of International Investment Law and Policy*,Springer Nature Singapore. https://doi.org/10.1007/978-981-13-5744-2_44-1.

9. 魏丹,唐妍彦. 从国际投资规则的旁观者到引领者——巴西CFIA模式研究[J]. 武大国际法评论,2019,(3):63—83.

10. 陶立峰. 投资争端预防机制的国际经验及启示——兼评《外商投资法》投诉机制的完善[J]. 武大国际法评论,2019(3):88—99.

11. 陶立峰. 金砖国家国际投资仲裁的差异立场及中国对策[J]. 法学,2019,(1):134—147.

12. 漆彤. 投资争议处理体系的三大构成[J]. 社会科学辑刊,2018,(4):137.

13. Congyan Cai. China-US BIT Negotiations and the Future of Investment Treaty Regime: A Grand Bilateral Bargain with Multilateral Implications[J]. *Journal of International Economic Law*,2009,12(2):457—506. https://doi.org/10.1093/jiel/jgp020.

14. Yuwen Li,Tong Qi and Cheng Bian,eds. *China,the EU and International Investment Law:Reforming Investor-state Dispute Settlement* [M]. Abingdon,Oxon; New York,NY: Routledge,2020.

15. Roberto Echandi. The Blind Side of International Investment Law and Policy:The Need for Investor-State Conflict-Management Mechanisms Fostering Investment Retention and Expansion[R/OL]. 2020. http://ccsi.columbia.edu/files/2018/10/No-290-Echandi-FINAL.pdf,2021-4-11.

16. Martin Dietrich Brauch. The Best of Two Worlds? The Brazil-India Investment Cooperation and Facilitation Treaty[R/OL]. 2020. https://www.iisd.org/itn/en/2020/03/10/the-best-of-two-worlds-the-brazil-india-investment-cooperation-and-facilitation-treaty-martin-dietrich-brauch/,2021-3-20.

17. Ashutosh Ray,Kabir A. N. Duggal. Dispute Resolution in the India-Brazil BIT:Symbolism or Systemic Reform? [R/OL]. 2020. http://arbitrationblog.kluwerarbitration.com/2020/04/09/dispute-resolution-in-the-india-brazil-bit-symbolism-or-systemic-reform/,2021-3-17.

18. IISD,UNEP. A Sustainability Toolkit for Trade Negotiations:Trade and Investment as Vehicles for Achieving the 2030 Sustainable Development Agenda[EB/OL]. https://cf.iisd.net/toolkits/sustainability-toolkit-for-trade-negotiators/about-us/#jump,2021-4-15.

19. Yong Wang. China's BIT Progress and Implications for China-Canada FTA Talks[R/OL]. 2017. https://www.cigionline.org/sites/default/files/documents/PB%20no.104web.pdf,2021-4-18.

20. Nathalie Bernasconi-Osterwalder,Martin Dietrich Brauch,Martin Dietrich Brauch. Brazil's Innovative Approach to International Investment Law[R/OL]. 2015. https://www.iisd.org/articles/brazils-innovative-approach-international-investment-law,2021-3-21.

21. UNCTAD. Investor-State Disputes:Prevention and Alternative to Arbitration[R/OL]. 2010. https://unctad.org/system/files/official-document/webdiaeia20108_en.pdf,2021-4-1.

中国与巴西足球运动中的法律与文化互鉴

谷向阳（Gu Xiang Yang）

摘要：足球运动风靡世界，被誉为"世界第一运动"。尽管中国与巴西足球运动的开展情况和整体水平差异较大，但两国都有着庞大的球迷群体和较为完善的职业足球联赛。推动足球领域的法治化有助于促进足球运动健康可持续发展。当前，应对新冠疫情和推动职业足球可持续发展是中巴共同面对的挑战。在应对这一挑战的过程中，中巴两国有必要推动法律和文化层面的互鉴，以求促进足球运动的可持续发展。

关键词：中国、巴西、足球、法律、文化、互鉴

一、问题的提出

　　足球运动在世界范围内广泛开展，拥有为数众多的参与者和爱好者，被广泛接受为世界第一运动。① 足球运动的广泛开展营造了丰富的足球文化。与此同时，随着法治的价值在越来越多的国家得到认可和接受，围绕着足球的法律越来越完善，用法律的手段解决足球纠纷得到了越来越多的认可。② 文化和法律构成了现代足球的两个发展维度，推动足球运动的可持续发展离不开文化和法律两个维度的相互配合。

　　中国和巴西之间的足球交流活动起步较早。1992—1998 年，中国足协曾经组织了著名的"健力宝青年队"前往巴西交流学习。在新冠疫情仍在全球范围肆虐的情况下，中国和巴西足球运动的可持续发展面临了一些相同的挑战。中国与巴西是金砖国家的重要组成国，具有良好的国际合作基础。足球在中国和巴西广受欢迎，是增进两国人民相互了解的桥梁之一。中巴两国的文明互鉴应当包含足球这一重要领域。因此，本文尝试从法律和文化的视角来探讨中巴足球运动互鉴的可行路径，以期为中巴足球的可持续发展提供建议。

二、中国与巴西足球运动中的文化与法律

　　法律与文化构成了足球运动的两个维度，足球运动的可持续发展离不开良好的法

---

① Alegi, Peter Christopher. Football[M/OL]// *Encyclopedia Britannica*. London: Encyclopedia Britannica Inc, 2021. http://www.britannica.com/sports/football-soccer.

② 例如，不久前在国际足坛掀起巨大争议的欧洲超级联赛（European Super League），在经历复杂的博弈之后，九家俱乐部退出，剩下三家俱乐部仍在坚持，余下的未尽争议最终可能还是需要通过法律诉讼的方法来解决经济赔偿等问题。

治保障与文化氛围构成的框架。同时,足球运动中的法律和文化之间存在紧密联系,二者之间的互动能够为足球运动的可持续发展提供保障。

　　法治和文化在足球发展中的功能不同,前者由于具有强制力而突出表现为"硬保障"的功能,后者因不具有强制力而更多呈现出"软保障"的功能。从法治的角度来看,将足球领域纳入法律的规制范围是法治发展的一个趋势,也是足球运动发展的必然要求。中国足球评论界的专业人士在深入研究和介绍欧洲足球强国足球发展经验的基础上,提出了"欧美职业足球发展百年史某种程度上就是一部'足球法律完善史'"的观点。[①] 从文化的角度来看,一国的足球发展受到本国民族文化的深刻影响,反过来足球运动的广泛开展又丰富了一国的社会文化。往往我们一提到一个国家的足球,就会不由自主地联想到这个国家的民族文化。例如,德国足球因其严谨和顽强的特点而被称为"德国战车",巴西足球的奔放热情为其赢得了"桑巴足球"的雅号。

　　中国和巴西足球的历史和文化存在较大差异,因而存在一种互鉴的可能性。不可否认,中国足球的整体发展水平距离巴西和世界足球强国存在明显差距,但至少从当前应对新冠疫情对足球运动的冲击来看,两国面临着类似的严峻挑战。并且,从国际层面来看,增强在国际足球中的制度性话语权是两国面临的共同课题。因而,中国和巴西足球也存在互鉴的必要性。

三、法律视角下中国与巴西足球运动的互鉴

　　当前新冠疫情对足球领域造成了巨大的冲击,国际足联于 2020 年 4 月发布了《COVID-19 相关足球监管事宜指引》(FIFA guidelines to address legal consequences of COVID-19),重点关注疫情期间的薪酬调整、到期合同处理及注册期变更等法律问题。并且,足球领域出现的洗钱、腐败等相关的违法犯罪行为威胁到了足球的健康发展,这在国际足球和国内足球领域都构成了严重的威胁。足球领域国际层面的规则与国内层面的规则塑造着足球运动的秩序,对于国际足球环境和国内足球环境影响重大。中国和巴西应当注重在国际层面加强合作,提升国际足球组织中的话语权;在国内层面应当积极开展法律制度的互鉴,为本国足球运动的发展营造良好的法治氛围。

(一)国内足球法律制度的互鉴

　　法律在一国足球运动的发展中往往扮演着促进和保障两类不同的作用。一方面,一些国内立法积极促进、推动足球运动的发展;另一方面,也有一些国内立法规制损害足球运动的行为,保障足球运动的健康发展。巴西被认为是大陆法系(Roman legal system)国家,拥有一套以宪法为最高效力等级的法律体系,这与中国的法律体系存在

---

　　① 马德兴.欧洲各国政府立法保驾护航俱乐部公司[EB/OL]. https://weibo.com/ttarticle/p/show?id=2309404621429059485811,2021-4-2.

一定的相似性。中国和巴西的足球法律制度也受这一国内法体系的影响,形成了"宪法+足球(体育)专门法"的结构体系。整体上来看,构建一套符合本国足球运动发展的法律制度应当是中巴两国足球运动的共同目标。

中国重视在体育领域的立法,正在探索符合中国足球发展的一套法律制度。我国《宪法》第21条规定了"国家发展体育事业,开展群众性的体育活动,增强人民体质"。2016年修订的《中华人民共和国体育法》则是我国在体育领域的专门立法,对于包括足球在内的体育项目发展都具有指导作用。当下,中国足球法的发展存在着足球改革和全面依法治国双重动力,改革是关于足球领域立法的主题词。2015年,《中国足球改革发展总体方案》由国务院办公厅正式印发。[①] 该方案提出了包括法制健全在内的诸多体制机制建设目标。我国足球法律的发展由此进入了一个新的阶段。围绕着足球场地建设等硬件设施和职业足球俱乐部劳动保障等软环境保障等问题,《体育总局、发展改革委关于加强社会足球场地对外开放和运营管理的指导意见》《人力资源社会保障部、教育部、体育总局、中华全国总工会关于加强和改进职业足球俱乐部劳动保障管理的意见》《教育部等6部门关于加快发展青少年校园足球的实施意见》等部门规范文件相继出台。《中国足球改革发展总体方案》公布以来,中国足球管理体制不断理顺,各级足球协会自制化进程不断加快,一种政社分开背景下政府支持地方足协生存发展的模式呼之欲出。[②]

与此同时,在中国其他法律的修改中,足球(体育)的因素也被积极考虑进去。2021年7月30日,《中华人民共和国仲裁法(修订)(征求意见稿)》正式发布,其修订原因有两个需要我们特别注意:第一,"法律规定可以仲裁的范围较窄,很多伴随新经济新业态涌现的新类型纠纷,以及国际上发展较为成熟的国际投资、体育领域的纠纷无法纳入仲裁范围,影响仲裁作用的发挥";第二,"我国现行仲裁法在一些制度规则设计上与发展中的国际仲裁衔接不够,影响我国仲裁的国际竞争力和我国仲裁法的域外适用"。

足球在巴西体育立法体系中占有重要地位,从法律名称来看,足球法与体育法甚至可以等同视之。由于巴西足球在世界范围内的广泛影响力,巴西足球立法也成为一些国家足球立法的参照。巴西关于足球立法的历史可以上溯到20世纪40年代,并经过半个世纪的发展之后形成了包括巴西《宪法》(第217条)、1993年颁布的《济科法》(Zico Law,Law N° 8.672/93)、1998年对《济科法》修订基础上颁布的《贝利法》(Pelé Law,Law N° 9.615/98)为主要框架的法律体系。其中,1993年,《济科法》颁布的背景是巴西国内政治体制刚刚经历了变动,巴西足球领域的立法一方面积极推动将巴西足球融入世界足球体系,另一方面开启了对于巴西足球意义非凡的"运动商人"改革,即改变以

[①] 国务院.国务院办公厅关于印发中国足球改革发展总体方案的通知(国办发〔2015〕11号)[EB/OL]. http://www.gov.cn/zhengce/content/2015-03/16/content_9537.htm,2015-3-16.

[②] 陈刚等.深化足球改革中的法律问题研究[M].苏州:苏州大学出版社,2019:22.

前俱乐部的控制模式,创办公司制的俱乐部(creating corporate-clubs)。《贝利法》在创建职业联盟、盈利体育公司组织、劳动合同规则、体育场和运动员保险政策方面给巴西足球带来了新的改变。《贝利法》作为近年来巴西体育领域立法的重要成果,在吸收超过一半《济科法》的内容基础上,进一步对巴西的足球文化产生了重要影响。[①]

总而言之,为保障足球运动的可持续发展,一套完整的法律保障体系必不可少。中国和巴西的足球法律体系仍处在不断完善的进程中,有必要取长补短,相互吸取对方的有益经验。一国的职业足球被认为具备着经济、社会和文化上的重要性,因而出于一种"重而不倒"(too important to fail)的考虑,欧洲出现了国家补助法渗入足球领域的现象。[②] 这一趋势要求我们思考如何用法律推动足球的健康发展,并对于我们合理定位国家与足球之间的关系具有一定的启发作用。

(二)国际足球制度性话语权的提升

体育"软法"对于国际体育法的形成与发展产生了极大影响,而国际体育组织在足球领域"软法"的创制中发挥着重要作用。[③] 国际足球联合会(Fédération Internationale de Football Association,FIFA,以下简称"国际足联")是国际上最具权势的国际体育组织,在足球领域的国际规则中扮演着极其关键的作用。国际足球的制度性话语权主要集中在国际足联。中国和巴西都是发展中国家,在包括足球领域在内的许多国际事务上的制度性话语权有待提高。中国和巴西应当努力提升足球领域"软法"中的话语权,并相互借鉴对方经验。

国际足联在世界范围内对于足球运动的推广和开展发挥了积极的重要作用,但对于其的批评声音不断,其中不少来自中国和巴西。第一,国际足联制度设计中存在着漏洞,一些掌权者寻求权力寻租来谋求私利。2015 年 5 月,美国司法部提起对 Jeffrey Webb 等 14 名 FIFA 高级官员的诉讼,揭露了从 1991 年开始的长达 24 年的贿赂丑闻。[④] 第二,国际足联中存在着少数成员把持话语权的问题,公平性存在缺失。从国际足联成立以来,来自西方国家的人士长期主导国际足联事务,由此引发的对于其"欧洲中心"的批评不容忽视。例如,自从国际足联成立以来,除了巴西人若昂·阿维兰热(João Havelange)曾担任第七任主席外,包括现任主席因凡蒂诺在内的其他八任主席

---

① Luiz Roberto Martins Castro. General Aspects of Brazilian Sports Law and Its Daily Applicability [R/OL]. http://iasl.org/pages/posts/uploaded/uploaded167.php,2002.
② Craven, Richard. Football and State Aid: too Important to Fail? [J]. *International Sports Law Journal*, 2014, 14: 205—217.
③ 袁古洁. 国际体育法发展的特点及趋势[J]. 体育学刊,2014,4:30—36.
④ United States v. Webb et. al. (E.D.N.Y. May 20,2015) (No. 1:15-cr-00252-RJD)[EB/OL]. http://www.justice.gov/opa/file/450211/download.

均来自欧洲。① 对于世界足球竞赛规则发挥着至关重要作用的国际足球联合会理事会（International Football Association Board）的投票权只在 FIFA 和四家英国足球协会之间分配，美其名曰"尊重足球传统和国际现实"。这样，在国际足联话语权的不足必然引起中国和巴西在国际足联制定相关足球领域"软法"中无法充分发挥应有作用。

FIFA 虽然并非公权力机关，但其公共属性决定了民主应当作为其合法性的基础。② 提升中国和巴西在国际足联中的话语权，一方面，要求进一步改革国际足联的制度；另一方面，要求提升中国和巴西在国际足联完善相关制度中的话语权。

作为足球大国和强国，中国和巴西应当提升自身在国际足球中的制度话语权，并在塑造自身话语权上相互支持。

四、文化视角下中国与巴西足球运动的互鉴

塑造足球文化对于足球的发展具有重要意义。③ 足球文化是体育文化的重要组成部分，良好的足球文化能够为足球运动的开展提供优质的发展环境。从足球运动的开展角度来看，职业足球和社会足球对于足球文化的形成和培育发挥着不同作用。培育良好的职业足球文化和社会足球文化对于中国和巴西而言具有同样重要的作用，因而需要两国相互借鉴经验。

（一）健康职业足球文化的培育

职业足球联赛在足球运动中的重要地位不言而喻，培养良好的职业足球文化离不开良好的职业足球联赛。当前，保障职业足球可持续发展的焦点问题在于如何促进足球俱乐部的健康运营。欧足联（UEFA）在 2010 年通过了《欧足联财政公平法案》（UEFA Financial Fair Play，FFP），主要内容包括收支平衡和滞纳金规定。这一法案具有多重积极目标：包括规范俱乐部的财政行为，增强纪律性与合理性，保护欧洲足球俱乐

---

① 第一任罗伯特·格林（Robert Guérin）来自法国，任职时间为 1904—1906 年。第二任丹尼尔·伯利·伍尔福尔（Daniel Burley Woolfall）来自英国，任职时间为 1906—1918 年。第三任儒勒·雷米（Jules Rimet）来自法国，任职时间为 1921—1954 年。第四任罗尔多夫·威廉·塞尔德拉耶尔（Rodolphe William Seeldrayers）来自瑞士，任职时间为 1954—1955 年。第五任阿瑟·德鲁里（Arthur Drewry）来自英国，任职时间为 1956—1961 年。第六任斯坦利·劳斯爵士（Sir Stanley Rous）来自英国，任职时间为 1961—1974 年。第八任约瑟夫·S. 布拉特（Joseph S. Blatter）来自瑞士，任职时间为 1998—2016 年。现任主席詹尼·因凡蒂诺（Gianni Infantino）具有瑞士和意大利双重国籍，自 2016 年开始任职。其中，因凡蒂诺曾在大学取得法学学位，并曾担任过律师，为体育官员们开设过法律课程。并且，在进入欧足联工作后，因凡蒂诺从事过一段时间法律事务的工作。

② Freeburn, L. The Fiction of Democracy in FIFA's Governance of Football and the Case of Football Federation Australia[J/OL]. *The International Sports Law Journal*, 2019, 19: 186−187. https://doi.org/10.1007/s40318-019-00150-x.

③ Naglo K., Waine A. Constructing National Football Cultures. [M/OL]. //Waine A., Naglo K. *On and Off the Field*. Wiesbaden: Springer VS, 2014. https://doi.org/10.1007/978-3-658-00133-9_1.

部的长期发展等,这符合财政平衡和健康的商业主体共同目标追求。[①]

中国和巴西在培育职业足球文化方面有着不同的侧重点。近年来,随着足球运动在中国获得了越来越大的关注,中超联赛得到了大量资金投入,获得了快速发展。与此同时,一些中超联赛存在的问题开始暴露:一方面,天价引援现象吸引了世界足坛的目光,德罗巴、奥斯卡、孔卡、帕托等包括来自巴西的一些国际著名球星纷至沓来;另一方面,一些足球俱乐部因为股东出现财政困难而陷入欠薪运营的困境,甚至因此不得已退出联赛。与此同时,欧洲足坛屡见不鲜的种族歧视问题有必要引起注意[②],任何形式的种族歧视行为都是违反足球职业道德的[③],应当予以严厉禁止。

为此,中超联赛以塑造良好的职业足球文化为指向,开始实施一系列打造职业足球文化的举措。国务院办公厅公布的《中国足球改革发展总体方案》提出,"改革完善职业足球俱乐部建设和运营模式要求完善俱乐部法人治理结构,加快现代企业制度建设,立足长远,促进俱乐部健康稳定发展,努力打造百年俱乐部",第12条特别提出"探索实行球队和球员薪金总额管理,有效防止球员身价虚高、无序竞争等问题"。近期,中超联赛做出了一系列改革:第一,引入了限薪和引援调节费制度,遏制不可持续的职业足球投入;第二,注重青训,打造完善的联赛青训体系;第三,推行俱乐部名称中性化,实施俱乐部名称与赞助商名称脱离的新规则。

(二)培育处于社会主流的足球文化

足球文化是社会文化的组成部分,将足球文化培育成在社会中具有良好影响力的组成部分无疑将极大地促进足球运动的发展。

巴西的浓厚足球文化举世闻名。1894年,两个英国人奥斯卡·考克斯和查尔斯·米勒将足球带到了巴西,由此足球深深地融入了巴西文化之中,并被赋予艺术足球的特色和社会融合的双重功能。[④] 正如一本被翻译成中文的图书《足球,巴西人的生活方式》[⑤]所描述的那样,足球一定意义上已经是巴西人的一种生活方式。近年来,冰岛等国家的足球发展也证明了社会足球文化的重要性。

在中国社会,足球文化从整体上看仍处于有待进一步发展的处境。尤其重要的是,

---

① 刘万勇. 足球行业法律关系概述[M]. 北京:中国政法大学出版社,2018:106.

② de Vlieger, Michiel Adriaan. Racism in European football: going bananas? An Analysis of how to Establish Racist Behaviour by Football Supporters under the UEFA Disciplinary Regulations in Light of the Inflatable Banana-case against Feyenoord[J]. *The International Sports Law Journal*, 2016, 15:226—232.

③ Anderson, Paul M. Racism in Sports: A Question of Ethics[J]. *Marquette Sports Law Review*, 1996, 6(2):357—408.

④ Levine, David and King, Langley. Brazil[R/OL]. https://sites.duke.edu/wcwp/research-projects/politics-and-sport-in-latin-america/brazil/, 2021-6-1.

⑤ 这本书的序言作者为著名巴西球星苏格拉底·布拉济莱罗·奥利维拉。Alex Bellos. *Football: The Brazilian Way of Life*[M]. London:Bloomsbury Publishing Plc, 2009.

在足球文化面临着包括电子游戏在内的新型竞技活动的激烈竞争背景下,中国青少年的足球文化普及仍然任重道远。将足球文化发展成一种社会主流文化的组成部分是社会足球文化的最终目标。一方面,要从足球基础设施建设入手,尽可能地满足社会足球运动开展对足球场地、训练场馆的需求;另一方面,要加强足球制度文化的培育,特别是我国校园足球的普及,形成一种爱好足球的良好的社会氛围。

五、结论

实现足球运动的可持续发展需要从足球环境的法治化和足球文化的涵养两方面持续努力。法律能够推动形成足球文化,而文化能够为足球法律的实施提供保障。中国和巴西都在不断推动着足球领域的国际和国内层面的法治,发展着本国的足球文化。中国和巴西在足球运动的法律和文化方面各具特色,应当积极互鉴,为本国的足球运动创造良好的国内和国际环境。

中巴友谊在青山绿水中的光明行：中巴在美丽山二期项目中的法律比较与文明互鉴

张　龑（Zhan Yan）
周倜然（Zhou Tiran）

摘要：在"一带一路"倡议背景下，中国和巴西在各领域的合作取得了重大进展。2019年10月25日，中巴签署了巴西美丽山水电特高压直流输送二期工程项目。该项目通过特高压输电技术将电力从巴西南部大西洋沿岸送往北部亚马逊雨林地区，这不仅将为巴西带来可靠的电力供应，还会为当地创造就业机会，促进电力设备和服务产业的发展。中国国家电网有限公司在项目实施中严格遵守法律规定，于环境测评、文化遗产保护和土地征用等方面成功应对了中巴法律差异与文化冲突所带来的挑战，体现了中国企业在国际市场中的技术实力和社会责任感，彰显了中巴在环境保护和可持续发展领域的深度合作与共赢。

关键词：美丽山二期项目、中巴国际合作、环境保护、文化遗产保护、土地征用

国家电网有限公司（以下简称"国网"）从2010年起落子巴西，如今已经在巴西成功实施了多个项目，在应对电力投资、建设、运营中的法律差异、文化融合、环境保护等方面积累了丰富的经验。2019年10月25日，在习近平主席与巴西总统博索纳罗的见证下，中巴签署了巴西美丽山水电特高压直流送出二期工程项目（以下简称"美丽山二期项目"）运行许可。项目开工前后，遇到了一系列法律、文化及价值理念方面的问题，国网在解决问题的同时不断播撒希望和友谊的种子，造福当地社会，树立起了良好的国际形象。

一、市场秩序的坚定维护者

长期以来，中国都是市场秩序的坚定维护者。2001年中国加入了世贸组织，积极履行世贸组织的承诺，不断深化市场改革，各领域市场化程度稳步提高，社会主义市场经济体制得到了进一步完善。2013年习近平主席提出建设"一带一路"的合作倡议，巴西积极响应，双方之间的各领域合作取得了重大进展。

国网有着丰富的跨国项目合作经验。在美丽山二期项目中，国网通过公开市场竞争击败了众多的竞争者，成功独立中标，严格遵守巴西各项法律规定，依法获得开工预许可、施工许可与运行许可。在施工过程中，无论是环保管理和监控、社区沟通和援助，

还是在具体的动植物保护、植被清除和森林异地复植、考古遗迹勘查和保护等环境计划的实施方面,均依法开展。特别是,国网严格恪守巴西文化遗产保护的法律制度,所有输电线路均远离避让遗迹地点,项目建设没有影响到巴西的任何物质文化遗产;在非物质文化遗产保护上,国网实施了《登记在册的文化遗产管理方案》,保证项目的施工不影响塞拉多地区的根系制药工艺;在土地征用与财产权保护方面,依法获得走廊地役权、购买土地,最终实现了施工的畅通无阻。

美丽山二期项目实现了中巴双方的互利共赢,为巴西打造了一条"电力高速公路"。巴西总人口的 10%,约 2 200 万人口受益于该项目。同时,该项目为巴西当地创造了 16 000 个就业岗位,带动巴西当地电源、电工装备、原材料等上下游产业发展,建设期还为巴西贡献税收约 22 亿雷亚尔。通过美丽山二期项目,国网有力推动了中国国内特高压输电技术、装备和工程总承包一体化"走出去",带动自主知识产权的技术及装备走出国门,国产核心电工装备和施工服务出口超 50 亿元人民币,真正实现了公平竞争、共享共赢。

二、中标:自主技术、高质量与低报价的组合

在美丽山二期项目竞标过程中,国网通过自主技术、高质量与低报价的组合,成功拿下了这一巴西举国关注的项目。

特高压是目前世界上最先进的输电技术,具有远距离、大容量、低损耗等综合优势。我国是世界上唯一一个用特高压输电技术进行远距离输电的国家,也是全球特高压输电线最长、核心专利最多、技术最完备的国家。截至 2020 年底,国网累计建成特高压输电工程 26 项,在运在建 29 项特高压输电工程线路长度达到 4.1 万千米,中国在这一领域的实力达到了全球领先。

国网拥有价廉物美的电力全产业链。在主设备方面,南瑞集团、西电集团、平高集团及国内其他厂家的高端 800 千伏设备都已在美丽山两大项目上大量应用,一批中国优势电工装备企业已经到巴西当地设厂;在 EPC 工程施工方面,中电装备公司、新疆送变电、华东送变电、湖南送变电、中国电建集团山东电建公司、福建电建公司都参与了美丽山二期项目的建设。事后来看,项目提前 100 天投运,创巴西大型电力项目建设纪录。

国网拥有成熟的商业运行模式。2010 年,国网在里约热内卢注册成立国家电网巴西控股公司(以下简称"巴控"),开展输电资产投资和运营业务。2014 年 2 月,与巴西国家电力公司联合中标美丽山水电特高压直流送出一期工程,并于 2017 年 12 月 12 日顺利投入商业运行。巴控之后陆续收购了巴西 14 家输电特许公司,2017 年又投资收购了巴西最大的配电企业,两家公司资产规模合计达 250 亿美元,服务覆盖巴西利亚、圣保罗、里约热内卢等巴西东南部主要用电中心。在近十年的时间里,巴控在巴西共投资了

272亿雷亚尔,建成了1.5万多千米的输电线路,相当于巴西电网总规模的10%……这些商业行为丰富了国网在巴西的本地化管理经验,促成了美丽山二期项目顺利中标。

三、"地球之肺"与最严的环境测评

巴西人对于环境的热爱,使他们赢得了"世界上环保最严格的国家"的美誉。巴西《环境基本法》形成于1981年,详细规定了巴西国家环境政策和环境许可证制度,并对各种污染的防治和自然资源的保护做出了细致而严格的规定。1988年,巴西在《宪法》修订案中专门增加"环境"一章,成为世界上首个将环保内容完整写入宪法的国家。此外,巴西还有为数众多的单行法律用以规定职能不同的环境监管单位的职权、环境许可流程、环境影响评估等环境保护制度,如巴西国家环境委员会《第237/97号法令》《第01/86号法令》等。

在巴西,要开展工程项目必须遵守宪法、法律及环境保护单行法的环保规定,任何工程项目的开展要通过严格的环境测评,取得环保部门的3个许可证,才能施工、运营。巴控严格遵守巴西的环境保护制度及环境许可申请的程序,根据巴西环境保护与可再生资源管理署(IBAMA)及国家历史和艺术遗产管理署等部门的要求,依法完成了申请许可证要求的全部事项,如期获得了预许可证、施工许可证及运行许可证。

在预许可阶段,巴控填写了项目活动特性描述表,完成了环境影响研究,撰写了环境影响评估报告,全程参与了IBAMA组织召开的12次公开听证会,广泛征求了民众和社团对于项目建设建议,向社会介绍了项目会带来的环境影响与相应的治理措施,得到了巴西政府和社会的广泛认可。2017年2月23日,巴控成功获颁了预许可证。

在施工许可阶段,巴控向IBAMA提交环境基本计划、项目施工设计和其他相关研究成果等申请施工许可的材料,这些材料满足了IBAMA等机构的环保要求。2017年8月10日及2018年5月8日,巴控分别获得了IBAMA签发的两批施工许可证。在施工期间,巴控遵守了这两批施工许可证中包含的全部63项环境要求。

在运行许可阶段,巴控在建设期间严格执行了环境基本计划,通过了环境监管机构的审核。2019年6月26日,巴控获得IBAMA签发的运行许可证。在项目进入运行维护期后,巴控严格依据运行许可证中包含的38项环境要求,执行了环境管理措施和履行森林异地复植等多个环保项目,在运行维护期间做到了对环境的最小影响。

在美丽山二期项目中,全长2 539千米的特高压输电线路,经过巴西北部有"地球之肺"之称的亚马逊雨林及中部塞拉多热带森林和南部大西洋沿岸山区等自然条件迥异的气候区,从北至南跨越约20个自然保护区、863条河流,可谓是巴西史上环境保护挑战最大的工程项目。面对这一挑战,巴控始终把环境保护置于核心的位置,付出了巨大的环境保护投入。为了更好地完成环保工作,执行巴西的环保政策,巴控专门聘请了巴西当地的专家担任首席环境官,并先后聘请了600多位动植物专家、社会及环保专家,实施全过程管理。项目团队在沿线森林深处选取14个区域、300个采样区,连续一整年在雨林地区对动植物种类、数量等信息进行详细观察和记录,完成936种动物调查和830种植被调查;用半年时间完成了沿线78个城市的土著部落、人口、经济、教育、医疗、交通等社会经济调查和评估。最终,巴控提交了56卷环境调查报告和环境影响诊断评估报告,提出地理环境保护、动物保护、植物保护及疟疾防控等19个环境保护方案,召开了12场公开听证会,顺利通过"史上最严环评",成功拿到项目各项许可。

四、文化遗产的法律保护

在巴西,国家历史和艺术遗产管理署(IPHAN)负责物质和非物质的考古遗迹和文化财产的保护,有超过2.6万个登记在册的考古遗址由IPHAN管理。同时该机构也是巴西环境许可流程的参与机构之一,负责审查项目对国家文化遗产的影响及相应的保护和维护措施。美丽山二期项目根据巴西相关法律规定,严格遵从IPHAN、环保署和当地政府部门的要求对工程全线进行了考古勘察,对发现的遗迹均依法进行了保护。具体而言,巴控依法从下列方面进行文化遗产的保护。

在物质文化遗产及非物质遗产保护方面,基于IPHAN的数据库,巴控研究了位于输电线路经过的行政区划中的一系列房屋、教堂和历史农庄等考古遗迹,并使项目的输电线路远离所有遗迹地点,因此项目建设没有影响到巴西的任何物质文化遗产。巴控还实施了《登记在册的文化遗产管理方案》,确保了项目的施工不影响塞拉多地区的根系制药工艺这一非物质文化遗产。

在考古勘探及考古遗迹抢救方面,对于IPHAN的国家考古登记处的数据库登记在册的已知考古遗址,巴控在线路路径设计上采取了避让的方式,最终路径没有影响到区域(即输电线左右10千米范围)内可能存在的全部627个考古遗址中的任何一个。对于未知考古遗址,巴控采用了对全部铁塔、所有变电站和施工营地进行全面勘探的策略,目的是在项目开始施工前,确认施工区域是否存在考古遗址。仅在铁塔区域就一共钻了将近4.5万个勘测井。在项目的考古探勘活动中,工作团队在输电线路走廊范围内发现了34个新的考古遗址,巴控在线路路径设计中选择尽量避开考古遗迹,避免了对其中11个考古遗址的影响,在技术上避让不可行的情况下,对另外23个遗迹进行了抢救和保护。

在部落保护方面,巴控做了以下工作:(1)印第安部落保护方面。巴西能源研究院在招标前设计的初步路径,没有影响任何印第安部落,但根据第60/2015号跨部委联合部令,该路径影响了位于里约州瓦伦萨市的印第安部落——圣若泽达塞拉部落。巴控中标后对路径作了修改,使输电线路与部落边界的距离大于5千米,从而避免了对该部落的影响。(2)黑奴后裔部落保护方面。在进行实地调查期间,巴控发现工程会影响一个黑奴后裔部落——马拉基尼亚部落,因此对该部落及相应的环境影响进行了专项研究,编制了相应的环境基本计划,制订了降低影响的环境措施和补偿方案。美丽山二期项目从建设至现今运行,始终保持着与该部落的和谐共处。

总的来说,美丽山二期项目在文化遗产保护上取得了一系列重要成绩。巴控在27个城市开展了考古教育活动,传递历史文化知识,提高了人们对巴西文化遗产的价值感受,在当地群众中产生了深刻的反响。在里约热内卢,巴控与巴西国家文物局合作,启动了瓦伦古码头考古遗址保护项目。该遗址于2017年7月被联合国教科文组织授予世界遗产称号,是非洲奴隶抵达南美洲唯一的物质遗迹。瓦隆古码头考古遗址保护项目,为中资企业履行社会责任树立了新典范。

五、土地征用与财产权保护

巴西土地制度与中国相比,最大的不同在于巴西土地大部分为私人所有,这意味着输电线路路径必须得到涉及的业主同意。为此,巴控成立了专门团队负责征地管理工作,以相互尊重、技术专业、公平透明的方式,与3 300多家土地所有者进行联系沟通,通过平等协商的方式获取了绝大部分项目用地的路权,确保了项目如期顺利推进。

在土地的获取上,为获得相关区域的放行并确立走廊地役权,以及为了启动施工并保证后期的运行和维护,巴控编制了诸如《社会沟通方案》《环境教育方案》等6个方案,这些方案的实施使得90%土地走廊地役权的获得以通过友好协议达成。换流站、中继站等工程的建设中需要大量的建设用地,其中包括里约接地极187公顷、里约换流站100公顷、欣古接地极132公顷,巴控以友好协商的方式取得了94%所需地的土地所有权。

在确立土地赔偿及由此产生的其他费用上,巴控根据每块土地的具体情况进行评估和计算,并遵守巴西技术标准协会的第14.653号NBR标准("资产评估")第Ⅰ部分的通用程序和第Ⅲ部分的农村不动产评估等规定,依法完成征地赔偿的评估。在完成征地赔偿的评估后,巴控完成了与相关业主的征地谈判,签署了征地协议书,及时支付了征地赔偿款,依法在不动产登记处进行了登记注册。

美丽山二期项目的征地规模巨大,涉及的业主和社区数量众多。征地团队与施工计划良好地配合,避免了阻工情况的出现,保障施工顺畅。同时,得益于巴控正确的征地策略和高效的谈判技巧,征地工作在项目最初制定的预算范围内成功完成。项目完工后,巴控聘请国际知名的毕马威审计公司开展工程竣工决算审计。通过审计,毕马威审计公司认为,巴控征地内控程序合理,合同签署、付款审批流程等与制度描述一致,预算控制得当,佐证材料详细、规范,整体管控规范、有效。

六、结语

2019年10月25日,美丽山二期项目正式投入商业运行。该项目在有力支持和服务巴西经济社会发展的同时,还受到巴西环保署的高度赞誉,是近年来巴西唯一"环保零处罚"的大型项目,获评2019年度"巴西社会环境管理最佳实践奖"。2020年12月27日,该项目更是获得了中国工业领域的最高奖项——第六届中国工业大奖,成为首个获得中国工业大奖的中国企业海外项目。在"一带一路"的美好倡议下,美丽山二期项目充分实现了中巴两国经济上的互利共赢、文明上的交流互鉴、法律和制度上的相互尊重,生动诠释了人类命运共同体理念。正如中国驻巴西大使杨万明所言:"美丽山特高压项目是中国和巴西提升全面战略伙伴关系的压舱石",中巴友谊在青山绿水中光明向前。

在巴中国投资者劳动风险及其防范研究：基于中国和巴西劳动合同解除制度的比较

唐妍彦（Tang Yanyan）
魏　丹（Wei Dan）

摘要： 近年来，由于中国企业对外投资的不断发展，投资者海外投资过程中遇到的劳工问题成为困扰中国投资者的重要风险。东道国的工会组织利用集体谈判权、罢工权等与资方相抗衡，要求提高工人的劳动待遇，改善工人的工作环境，并对企业裁员或内部经营重大变革提出意见，中国投资者的决策常常会受到严重的影响。自从 2009 年中国成为巴西第一大贸易伙伴、第一大出口目的地和第二大进口来源国后，中国跨国公司在巴西投资权益保护需求日益增长，因而巴西的劳工保护制度也引起了中国学者的注意。其中，劳动合同的解除制度是劳工保护制度中的重要制度之一，它不仅涉及劳动者的就业稳定，还影响中国企业发展，是平衡劳资双方利益的基础。本文试图从对劳动合同解除制度的设计理念出发，对中巴劳动合同解除制度进行全方位、多角度的动态对比分析，旨在帮助中国投资者更好地理解中巴两国劳动合同解除制度的差异，并进一步提出中国投资者预防巴西劳动合同解除法律风险的具体对策，以避免劳工问题成为中国投资者在巴西投资环境中的不稳定因素。

关键词： 劳动合同解除制度、劳动法律风险及防范、中国、巴西

伴随着经济全球化进程的进一步深化和中国"一带一路"倡议的发展，越来越多中国企业积极响应"走出去"的号召，使得对外投资合作高速发展，投资规模不断扩大。然而中国的海外投资发展并非都是一帆风顺，由于自身国际化时间较短，再加上制度、语言、文化、政治等多种因素的不同，中国企业在"走出去"过程中面临比其他国家企业更为复杂的风险。投资失败的消息频出也使得海外投资风险防范问题成为国内学者们关注的重要议题。一些企业在对外投资过程中由于缺乏风险意识，出现危机后又缺少科学的风险防范措施而导致企业损失甚至破产。除了不稳定的国际政治和经济环境，劳工问题是困扰中国投资者的重要风险。根据中国与全球化智库对中国企业"走出去"的 120 个失败样本的分析，有近 35% 的企业遭遇了劳工问题，有 12% 的企业因劳工问题

导致损失。①其主要原因在于,就劳动法律环境而言,中国企业是从一种相对简单、宽松、约束力较弱的法域走向相对复杂、严格、约束力更强的法域②,因此在适应东道国劳动法律环境时更加困难。尤其是近年来,中国企业在同为新兴市场国家的巴西投资规模不断扩大,领域不断拓宽。而巴西的劳工法比较复杂,雇用和解聘劳动者困难,劳资纠纷时有发生,以至于中国在巴西投资的企业因不了解其劳工法而更加容易遭受劳工风险。因此,本文重点关注巴西的劳动合同解除制度,试图帮助中国投资者在巴西开展投资时平衡好企业用工自主权与劳动者的合法权益之间的法律关系。

一、中国与巴西劳动合同解除制度比较研究

在市场经济国家中,劳动合同制度是整个劳动法律制度的基础,是产生、变更和消灭劳动关系的依据。劳动关系的变化会给整个劳动关系的稳定和构建带来很大的影响。中国与巴西都是大陆法系国家,并且同样认为劳动法属于社会法范畴。因此两个国家在设计劳动合同解除制度时理念具有趋同性,都非常看重倾斜保护劳动者理念及平衡劳资双方权益理念。这是由于社会法的宗旨在于保护公民的社会权益,尤其是保障社会的特殊群体和弱势群体权益。权利倾斜性保护是社会法的普遍特征,它使用利益天平倾斜的手法以追求达到社会效益的总体优化,在权利义务配置设定中提供给弱势群体以倾斜性维护,纠正契约自由下劳资双方实质上的不平等,最终实现劳资双方权利义务的平衡。

除此之外,中国是单一制成文法系国家,宪法、劳动法及劳动合同法的效力均统一适用于全国各地。同样地,与中国类似,在巴西劳资关系属于联邦法律的问题,各个州以及市政府无权就劳工问题立法。③中国并没有统一的劳动法典,而是由《劳动法》《劳动合同法》《就业促进法》《安全生产法》《职业病防治法》等一系列劳动法律法规所构成的劳动法律体系。而巴西则是以《统一劳动法》作为劳动法典,联邦宪法及改革之前的劳动与就业部制定的法规加以辅助构成的劳动法律体系。④而个人劳动合同作为《统一劳动法》的一个章节对劳动合同的订立、变更、中止、中断及解除进行规范,其中对于劳

---

① 王辉耀.企业国际化蓝皮书:中国企业全球化报告(2015)[M].北京:社会科学文献出版社,2015:208.

② 姜朋,丽吉娅·毛拉·科斯塔,陈涛涛.对外直接投资中的劳动法因素:巴西与中国的比较[J].国际经济合作,2015,(1).

③ Tozzini Freire Advogados. *Employment Law Overview Brazil* 2019—2020,1[R/OL]. https://knowledge.leglobal.org/wp-content/uploads/sites/2/LEGlobal-Employment-Law-Overview_Brazil_2019-2020.pdf.

④ 2019年1月1日,时任巴西总统贾尔·博尔索纳罗宣布,他将废除1930年由热图利奥·瓦尔加斯成立的巴西劳工部,并将其职责移交给巴西经济部,以期在2019年12月1日上任后将部委的人数减少近一半。参见Nara Lacerda. Extinção do Ministério do Trabalho:o que mudou após um ano? [EB/OL]. https://www.brasildefato.com.br/2020/01/14/extincao-do-ministerio-do-trabalho-o-que-mudou-apos-um-ano.

动合同的解除及解除的例外在巴西整个劳动法律制度中占据重要的地位,也是许多劳动争议发生的最主要的诱因。因此,对中国与巴西的劳动合同解除制度进行梳理能有效地降低双方投资者在对方境内投资过程中所面临的劳工保护标准不一、劳资纠纷、解雇劳动者成本过高等风险。

(一)中国劳动合同解除制度

中国劳动法对于劳动合同的解除与终止有具体规定,二者有显著区别。劳动合同解除是指当事人双方或者一方依法提前终止劳动合同的法律效力,解除双方的权利义务关系。劳动合同的终止是指劳动合同的法律效力依法被消灭,即劳动关系由于一定法律事实的出现而终结,劳动者与用人单位之间原有的权利义务不再存在。从中国《民法典》的规定来看,合同解除应当是合同终止的一种情形。①但《劳动法》与《劳动合同法》所确立的是劳动合同终止与解除并列的体制。根据《劳动合同法》第四章的规定,劳动合同的解除分为三种,分别是双方协商解除劳动合同、劳动者单方解除劳动合同和用人单位单方解除劳动合同。

双方协商解除劳动合同是指劳动合同订立之后,双方当事人因某种原因,在完全自愿的基础上,协商一致、合意解除劳动合同,提前终止劳动合同的效力。

劳动者单方解除劳动合同制度反映了对处于弱势地位的劳动者权益的保护,维护他们在择业过程中自由选择行业单位的权利。劳动者单方解除劳动合同按《劳动合同法》的规定具体可分为两种情况,即预告解除和即时解除。预告解除是劳动者自己单方面要求解除劳动合同,需要提前30天通知用人单位,通知形式多为书面通知。②即时解除是指当用人单位发生符合《劳动合同法》中第38条第1款所述的严重违约后,劳动者无须预告就可以随时通知用人单位解除劳动合同,还无须因此负有违约责任③,并获得用人单位的经济补偿。④

用人单位单方解除劳动合同制度是为平衡劳资双方的利益,保障劳动者合法权益所设置的。在《劳动合同法》中对于用人单位单方面解除劳动合同的几种情况和具体范围等进行了严格的限定,包括三种解除方式,即预告解除、即时解除和经济性裁员。预告解除,通常也被称为无过错性的解除,多是因为劳动者的身体状况出现问题或者是劳

---

① 参见《中华人民共和国民法典》第557条。
② 参见《中华人民共和国劳动合同法》第37条。
③ 《中华人民共和国劳动合同法》第38条规定:用人单位有下列情形之一的,劳动者可以解除劳动合同:(一)未按照劳动合同约定提供劳动保护或者劳动条件的;(二)未及时足额支付劳动报酬的;(三)未依法为劳动者缴纳社会保险费的;(四)用人单位的规章制度违反法律、法规的规定,损害劳动者权益的;(五)因本法第二十六条第一款规定的情形致使劳动合同无效的;(六)法律、行政法规规定劳动者可以解除劳动合同的其他情形。用人单位以暴力、威胁或者非法限制人身自由的手段强迫劳动者劳动的,或者用人单位违章指挥、强令冒险作业危及劳动者人身安全的,劳动者可以立即解除劳动合同,不需事先告知用人单位。
④ 参见《中华人民共和国劳动合同法》第46条。

动者自身技能、专业水平等已经无法满足企业的生产发展需求,且经多次工作调整后仍旧无法满足实际工作需求,在这种情况下,用人单位无法为此类劳动者提供合适的岗位,只能对其解除劳动关系。[1]即时解除,又称过错性解除,它是指用人单位无须向劳动者预告就可以单方解除劳动合同。当劳动者具有不法、不当或不良等可归责的行为,导致劳动合同继续履行已不可期待时,用人单位有权立即解除劳动合同。经济性裁员主要是指企业在发生生产经营状况重大危机时不得不辞退部分劳动者,是企业一种改善生产经营状况的手段,其目的是保护企业在市场经济中的竞争力和生存能力。[2]

(二)巴西劳动合同解除制度

根据巴西《统一劳动法》的定义,个人劳动合同是与劳动关系相关的明示或默示的协议。[3] 订立劳动合同可以采用书面或口头的方式。[4]只有在法律规定的特定情况下才必须订立书面合同,如职业运动员合同、艺术家合同[5]及学徒合同[6]等。巴西《统一劳动法》对"劳动合同终止制度"做出了专门规范,进一步明晰并严格限定了劳动合同解除的法定情形,并且体现出了强烈的国家干预特色,对于保护劳动者合法权益发挥着重要的作用。需要对中国企业主特别指出的是,巴西对于劳动合同的解除和终止并没有进行严格区分。而在中国劳动法上对于劳动合同的解除和终止是区分非常严格的。巴西劳动合同解除的方式有双方协议解除,劳动者单方决定解除,用人单位方面决定解除,因双方过错、不可抗力解除等。

双方协议解除是指用人单位和劳动者可能因双方劳动关系无法持续而协商终止劳动合同。根据2017年修改后的巴西《统一劳动法》规定,双方通过协议解除劳动合同后,劳动者将收到事先通知,以及工龄保障基金(FGTS)[7]余额20%的补偿及所有的工资余额,包括十三薪和比平常高1/3的年假工资。[8]

劳动者单方决定解除的法定形式包括辞职、间接解除。辞职是指劳动者单方面通知用人单位不再提供劳动。劳动者可以通过简单地提前告知辞职请求而不用给予用

---

[1] 参见《中华人民共和国劳动合同法》第40条。
[2] 剧宇宏.劳动法概论[M].上海:上海交通大学出版社,2012:81.
[3] 参见巴西《统一劳动法》(Law No. 5452/43)第442条。
[4] 参见巴西《统一劳动法》(Law No. 5452/43)第443条。
[5] 参见巴西第6.533/78号法律。
[6] 参见巴西《统一劳动法》(Law No. 5452/43)第428条。
[7] 工龄保障基金(FGTS)设立于1966年,企业须按照劳动者月薪的8%向政府性金融机构巴西联邦储蓄银行(Caixa Economica Federal,CEF)逐月缴纳。CEF再将归集到的款项存入劳动者的个人银行账户。遭无理由解职的劳动者有权提取其个人FGTS账户中的全部余额(如用以治疗重大疾病和购买居住用房)。此外,企业还要向劳动者支付相当于后者FGTS个人账户中全部金额40%的现金赔偿,另有10%属于政府。参见姜朋,丽吉娅·毛拉·科斯塔,陈涛涛.对外直接投资中的劳动法因素:巴西与中国的比较[J].国际经济合作,2015,(1).
[8] 参见巴西《统一劳动法》(Law No. 5452/43)第484-A条。

单位任何理由的情况下退出公司。辞职的劳动者仅有权获得十三薪[①]和比平常高 1/3 的年假工资[②]。间接解除(Rescisão Indireta)是指劳动者因为用人单位的严重过失而选择解除劳动合同。巴西《统一劳动法》规定了 11 种间接解除的情形[③],包括用人单位要求劳动者提供超出其力所能及范围的劳动,或者要求劳动者提供非法劳动等。在间接解除中,劳动者需要提前通知,获得比平常高 1/3 的年假工资、十三薪及工龄保障基金40%的补偿。[④]

用人单位方面决定解除分为有正当理由解雇和无正当理由解雇。无正当理由解雇是指用人单位可能在无正当理由的情况下与劳动者解除劳动合同。但用人单位需要履行的义务有:提前通知、支付十三薪及剩余工资、比平常高 1/3 的年假工资、工龄保障基金的提取、提取基金 40%的补偿及根据工作时间领取失业保险。[⑤] 有正当理由解雇是指基于法律的规定,由于劳动者的过错导致劳动关系的结束。在巴西的劳动法背景下,并非劳动者所有错误都被视为出于正当理由而解除合同的严重原因。法定的"正当理由"由《统一劳动法》第 482 条规定,其中包括不诚信的行为、性骚扰行为、违反劳动纪律的行为等 15 种法定的正当理由。被以正当理由解雇的劳动者无权获得提前通知、十三薪、工龄保障基金提取及 40%的补偿和失业保险,仅有权获得剩余工资和比平常高 1/3 的年假工资。

除了以上三类主要的劳动合同解除方式之外,巴西劳动法还规定了因双方过错、不可抗力而导致劳工合同解除的方式。双方过错是指因劳动者和雇主双方的过错导致劳动合同的解除。劳动者的过错由《统一劳动法》第 482 条规定,用人单位的过错由《统一劳动法》第 483 条规定。在劳动合同解除时如果确认双方均存在过错,则劳动者享有提前通知、十三薪和比平常高 1/3 的年假工资相应金额的 50%。[⑥]不可抗力是与雇主意志无关的不可预知的情况。[⑦]例如火灾、地震、洪水等。值得注意的是,雇主破产不属于不可抗力,因为破产属于经营风险。

二、中巴劳动合同解除制度的差异比较与评价

经过对中国与巴西两国的劳动合同解除制度的比较研究,本文认为中国与巴西的

---

① 参见巴西最高劳动法院第 157 号判例。
② 参见巴西最高劳动法院第 171 号判例。
③ 参见巴西《统一劳动法》(Law No. 5452/43)第 483 条。
④ Hortencia Aguilar Pêgo. Cessação do contrato de trabalho de acordo com a Reforma Trabalhista[R/OL]. https://www.direitonet.com.br/artigos/exibir/11258/Cessacao-do-contrato-de-trabalho-de-acordo-com-a-Reforma-Trabalhista.
⑤ Martins Filho and Ives Gandra da Silva. *Manual esquemático de direito e processo do trabalho*,16 ed [M]. São Paulo:Saraiva,2008:142—144.
⑥ 参见巴西最高劳动法院第 14 号判例。
⑦ 参见巴西《统一劳动法》(Law No. 5452/43)第 501 条。

劳动合同解除制度具有较大的差异性。如果中国企业不熟悉巴西劳动法,仍然适用中国劳动法律思维处理巴西劳资关系,很有可能会出现劳动法律风险。

(一)中巴劳动合同解除制度法律适用差异

虽然中国和巴西同属于大陆法系国家,以成文法为主要法律渊源。但是由于近年来巴西法律制度适用的改革,在2004年宪法修正案中赋予了巴西联邦最高法院颁布有法律约束力判例的权力,2006年颁布第11.417/06号法律对有法律约束力判例制度做出了详细规定,构建起有法律约束力判例制度的运行规则。因此在对巴西劳动法进行研究的过程中,出现大量的劳动法案例论证。在2014年对《统一劳动法》修订中,也提到了区域劳动法院就相同案件做出的决定存在矛盾时,上级劳动法院为了使判例标准化,应当将案件返还给原法院的情况。[①]因此可以看出,区域劳动法院现在有义务标准化其判例,法院试图通过同一类型案件做出相同的法律判决来统一法律尺度。而中国仍然是传统的大陆法系国家,以成文法为首要法律渊源。中国最高法院也会发布指导性案例,但其并不具有约束力。[②]因此,在对巴西劳动法进行研究时,不能认为巴西是为大陆法系国家而忽视其判例法的效力,而是应当同样关注其一些经典的劳动法判例。

(二)中巴劳动合同解除制度行为模式差异

在中国与巴西的劳动法中,对于劳动者提出要求辞职的规定较为宽松,而对用人单位解雇劳动者的限制规定较为严格,从这一点上看是趋同的。但是在对用人单位解除劳动合同的限制规定及模式上仍然具有差异性。首先,中国仅允许以劳动法规定的理由解雇,禁止无理由、不正当理由解雇。而巴西允许正当理由及无理由解雇,仅禁止不正当理由解雇。换言之,巴西只是禁止雇主以不正当理由实施解雇,从这一点上看,巴西对于用人单位用工权的限制比中国要小。而中国《劳动合同法》规定雇主须具有法定理由方能合法地实施解雇行为,法定解雇保护制度要强于巴西,能对雇主的不当解雇行为起到一定程度的制约作用。同时,中巴两国都是以正面列举的形式,对重大事由通过列举式立法予以细化,也就是对用人单位能够解除劳动合同事项进行了规定。不同的是,两个国家对这些事项的规定具有较大差异性,中国从劳动者具有过错与否对这些事项进行区分,但巴西是从用人单位是否有正当理由来判断解雇行为是否合规(见表1)。

---

① 参见巴西《统一劳动法》(Law No. 5452/43)第896条。参见 Francisco das Chagas Lima Filho. O Sistema do Precedente Judicial na Lei No. 13.015/2014[EB/OL]. https://jus.com.br/artigos/47969/o-sistema-do-precedente-judicial-na-lei-13-015-2014.

② 2018年2月28日在中国国务院新闻办新闻发布厅举行的新闻发布会上,时任最高人民法院副院长陶凯元在回答记者关于英美国家的判例法与中国《关于加强知识产权审判领域改革创新若干问题的意见》提出的要完善知识产权案例指导制度的区别时表示,指导性案例就是要参照执行,要求下级法院在审判类似案例时"应当参照",并没有说它具有约束力。

表1　　　　　　　　　中国和巴西用人单位解除劳动合同原因的对比

中国用人单位解除劳动合同原因	巴西用人单位解除劳动合同原因
	无理由解雇
劳动者在试用期间被证明不符合录用条件的	
劳动者严重违反用人单位的规章制度	违反劳动纪律的行为
严重失职,营私舞弊,给用人单位造成重大损害	与客户私下交易、不当行为
劳动者和用人单位已经存在劳动关系的同时又与其他用人单位建立劳动关系	
因为以欺诈、胁迫的手段或者乘人之危,使对方在违背真实意思的情况下订立或者变更劳动合同而导致劳动合同无效	不诚信的行为
劳动者被依法追究刑事责任的	犯罪行为、危害国家安全的行为
劳动者患病或者非因工负伤,在规定的医疗期满后不能从事原工作,也不能从事由用人单位另行安排的工作的	
劳动者不能胜任工作,经过培训或者调整工作岗位,仍不能胜任工作的	
劳动合同订立时所依据的客观情况发生重大变化,致使劳动合同无法履行,经用人单位与劳动者协商,未能就变更劳动合同内容达成协议的	双方协商解除劳动合同
经济性裁员	
	性骚扰行为、懒惰行为、酗酒行为、违反用人单位命令的行为、名誉损害行为、肢体冲突的行为、经常性赌博的行为、违反企业保密规定、放弃职位的行为、不可抗力

　　从法律条文上看,中国劳动法有关"正当理由"的规定类别较少,而巴西有关"正当理由"的规定较多,但需要注意的是,在中国的相关规定中,劳动者严重违反用人单位的规章制度也属于企业解雇的正当理由。这赋予了企业相当一部分自治权,在中国的实践中,懒惰行为、酗酒行为、违反用人单位命令的行为、经常性赌博的行为、违反企业保密规定及放弃职位的行为都可能是严重违反企业规章制度的行为。但是中国模式有一个弊端,就是在实践中,用人单位经常以劳动者"严重违反"规章制度为由,随意解除劳动合同,而且不用支付经济赔偿金,这样严重损害了劳动者的利益,导致大量劳动者的权利受到侵害。同时,给"用人单位造成重大损害"也缺乏明确的标准,现实中难以认定。巴西所规定的正当理由中"违反劳动纪律的行为"同样属于用人单位规章制度所规范的行为,但巴西模式的弊端在于,采用封闭式列举的方法对"正当理由"进行规定,有可能会导致一些劳动者实施违反职业道德或者其他不当行为,也给企业造成了一定的

经济损失,但因为"不当"行为和"不诚信"行为用词比较模糊,在实践的认定中有争议的空间。因此用人单位不能解除劳动合同,这实际上也损害了用人单位的用工自主权。

(三)中巴劳动合同解除制度法律责任差异

对中巴两国来说,如果是劳动者主动要求解除劳动合同,则仅需要提前通知用人单位即可,如果是因用人单位的过错而解除劳动合同的,中国劳动者可立即解除劳动合同而无须承担违约责任,并且能够得到用人单位的经济补偿,而巴西劳动者不仅可以解除劳动合同,还能够获得比平常高1/3的年假工资、十三薪及工龄保障基金40%的补偿。

从用人单位解除劳动合同的角度来说,巴西允许用人单位在没有正当理由的情况下解雇劳动者,此时用人单位需要承担的法律责任有:提前通知、比平常高1/3的年假工资、十三薪、工龄保障基金提取及应支付提取基金40%的补偿。从这里看出,用人单位在此时承担的法律责任是比较重的。因为要是有法定正当理由且无过失解雇,仅仅需要支付劳动者剩余的工资即可。但值得注意的是,这里的"正当理由"需要由用人单位承担举证责任。换言之,只有用人单位充分论证了劳动者确实出现《统一劳动法》第482条所规定的严重不当行为时,该"正当理由"才成立,同时还需要有力的书面证明。根据巴西的判例法,由于正当理由解雇是对劳动者的最高处罚,因此,它必须得到充分论证,以避免对劳动者造成不公正。[①] 就我国而言,用人单位仅在具备法定解雇理由时方能免于承担法律责任。由于《劳动合同法》对于用人单位具有正当理由的无过失性解雇行为也要求用人单位承担经济补偿金的法律责任,因此我国用人单位仅在实施有法定解雇理由的解雇行为时方能免于承担法律责任。从表2也可以看出,在用人单位对劳动者进行解雇时,巴西用人单位需要付出的代价比中国用人单位要高,其中,在进行无正当理由解除时,除了补偿金,巴西的用人单位还需要支付比平常高1/3的年假工资、十三薪及工龄保障基金提取。

表2　　　　　　　　　中国和巴西劳动合同解除制度法律责任差异

	中　国	巴　西
劳动者单方解除	1.预告解除:提前通知; 2.用人单位违约解除:立即解除、经济补偿	1.劳动者辞职:提前通知、十三薪以及比平常高1/3的年假工资; 2.间接解除:提前通知、支付比平常高1/3的年假工资、十三薪及工龄保障基金40%的补偿
用人单位单方解除	1.错过性解除:无法律责任; 2.无过错性解除:经济补偿金; 3.无理由、无正当理由解除:赔偿金(两倍经济补偿金)	1.无正当理由解雇:提前通知、比平常高1/3的年假工资、十三薪、工龄保障基金提取及应支付提取基金40%的补偿; 2.正当理由解雇:剩余工资和比平常高1/3的年假工资

---

① Ac. 1ª T. Proc. RO04749-2007-018-12-00-3.

（四）劳动合同解除的例外限制差异

中国与巴西劳动法都对劳动合同解除进行了一定程度的限制，从法律规定上看，巴西对于劳动合同解除的限制更大一些（见表3）。

表3　　　　　　　　　　中国和巴西劳动合同解除的例外限制差异

	中　　国	巴　　西
劳动合同解除限制及例外	1. 从事接触职业病危害作业的劳动者未进行离岗前职业健康检查，或者疑似职业病病人在诊断或者医学观察期间的； 2. 在本单位患职业病或者因工负伤并被确认丧失或者部分丧失劳动能力的； 3. 患病或者非因工负伤，在规定的医疗期内的； 4. 女职工在孕期、产期、哺乳期的以及在本单位连续工作满15年，且距法定退休年龄不足5年的	1. 所有在同一企业工作达10年时间的劳动者不得被解雇，但经司法机关认定具有严重过失，或经有效证明的不可抗力因素除外； 2. 内部事故预防委员会的劳动者代表不得受到无正当理由解雇； 3. 处于孕期的劳动者； 4. 因意外事故受伤的劳动者； 5. 临时调解委员会成员； 6. 工龄保障基金监管委员会成员； 7. 国家社会福利委员会成员； 8. 被选举为合作指导人员的劳动者； 9. 处于选举期间的劳动者； 10. 工会负责人

中国劳动法对于限制劳动合同解除的四种原因主要集中在人道主义及基于保护弱者的原则，而巴西除了人道主义原因外，还有大量劳动者因为担任一些特殊职务而获得不予解聘的特权。这是出于对巴西劳动者参与劳动组织管理权利的尊重，例如如果劳动者成为工会的负责人，那么在他任职期满一年内是不能够被解雇的，除非他在工作中存在严重的过失。尊重劳动者参与企业管理的权力是由巴西宪法进行保障的[①]，劳动者参与企业管理能够建立起与企业之间的直接渠道，并且增强公司经营的民主性，增加劳动者积极性。因此，中国投资者想要在巴西使用劳动合同解除制度解雇劳动者时，除了人道主义因素之外，还需要关注劳动者是否承担特殊的职务。

（五）对待经济性裁员相关规定的差异

中国对于经济性裁员的规定是有单独规定的。2007年中国《劳动合同法》改革中放宽经济性裁员的限制条件，增加了用人单位实施经济性裁员的范围，并且对裁减人数和裁员程序都做出了非常具体的规定。在此之后，用人单位的经营自主性被有效加强，劳动者的合法权益被有效保障，国内对于经济性裁员引发的纠纷的处理力度和质量也得到了一定程度的提升。此次《劳动合同法》改革还确认了在生产经营状况出现恶化，或由于经营发展需要实施技术创新、转产时，公司为了提高利润空间、缩小组织规模、顺应市场竞争而需要裁减一些劳动者的相关情形，作为企业裁员的正当理由之一。而在

---

① 参见巴西《宪法》第7条第11款。

巴西，由于企业本身的经营状况不佳而导致的企业裁员不属于"正当理由"解雇，因为巴西劳动法只是将因"不可抗力"而导致的裁员合法化，而用人单位因自身的破产不属于不可抗力，因为破产属于经营风险，如果因为自身破产而解雇劳动者属于不正当理由解雇。但需要注意的是，根据巴西2020年3月22日发布的第927号临时措施[①]，新冠疫情所造成的巴西公共卫生灾难状态已经构成了巴西《劳动法》中规定的不可抗力因素，如果企业遭到新冠疫情的打击，已经没有条件再继续经营的话，可以适用因不可抗力解除劳动合同的制度。因为此时并非因企业自身问题导致的经营不善，而是因外界不可预计的公共卫生突发事件导致的经营不善。在这种情况下，如果企业无法经营，就可以援引不可抗力作为解雇劳动者的"正当理由"。

（六）中巴两国工会力量的差异

中国投资者在巴西进行企业经营的过程中，应当对工会在劳资关系中所起到的作用有充分的认识。与中国不同，现阶段中国劳动关系总体上仍以个别劳动关系为主，集体劳动关系有名无实，这与中国工会组织的代表性和独立性欠缺有着相当的关系。[②]而巴西工会在协调企业发展及员工工作问题上有着不可或缺的作用。作为拥有大量工会的国家，巴西历年来就业和劳动政策的制定、劳工权利的维护，以及社会保障改革和完善都与工会组织有密切关系。巴西很多社会保障制度政策都是首先由个别工会发起，然后逐渐进入国家立法层面。以就业政策为例，自1998年新《宪法》规定劳动者和用人单位可以直接谈判后，工会就开始与企业雇主针对弹性工作的方式进行谈判。在工会组织的努力下，短期合同和定期合同都在国家立法层面予以确立。[③]需要注意的是，在2017年巴西劳动法改革之前，用人单位对于合同期限超过1年的劳动合同的解除是需要经过工会同意的，而在2017年之后，这项规定被废除。[④]但是，工会对其所负责的其他工作，比如谈判集体协议、对劳动诉讼进行法律干预、指导劳工问题、参加劳工立法的起草、劳工投诉的接收和转发及对工人社会状况的关注等，仍然具有主导作用。

三、中国投资者预防巴西劳动合同解除法律风险的具体对策

从以上文章的分析中可以得出，中国与巴西虽然均属于大陆法系国家，其劳动法都具有强烈的社会法属性，都希望通过倾斜保护劳动者的合法权益达到劳资双方权利义务的平衡，构建与发展和谐稳定的劳动关系。但从具体的规则制度设置来说，仍然具有

---

① Medida Provisória N° 927, De 22 De Março De 2020[EB/OL]. https://www.in.gov.br/en/web/dou/-/medida-provisoria-n-927-de-22-de-marco-de-2020-249098775.

② 杨浩楠.论我国解雇保护制度的不足与完善——基于中美解雇保护制度的比较研究[J].上海财经大学学报，2016，(1).

③ 颜少君.巴西社会保障与工会参与[J].中国劳动关系学院学报，2012，(4).

④ Tiago Pereira. Trabalhador Fica Desprotegido na Hora da Demissão sem Homologação no Sindicato[R/OL]. *Rede Brasil Atual*, 2018-6-17.

较大差异。中国投资者在巴西预防劳动合同解除风险时,应当考虑以下对策:

(一)注意合法合规:熟悉巴西解除劳动合同的"正当理由"及例外限制

巴西重视劳动关系的长期性和稳定性,并以立法的方式将这种劳动关系固化下来,强调解雇保护以稳定劳动关系。巴西适用的是用人单位"无正当理由+正当理由"解雇模式,但企业需要承担的法律责任并不相同。在用人单位有"正当理由"与劳动者解除合同的情况下,企业所需要承担的法律责任小得多。这是因为巴西在现行劳动法中以明文列举的方式规定解雇事由,至于解雇事由是否合理、正当,则由法官依据诚实信用原则自由裁判,而用人单位对正当事由承担举证责任。用人单位的解雇行为如果不具备法定解雇原因,则自始无效,这在一定程度上限制了解雇权利的自由行使。针对这一情况,巴西赋予了用人单位"无正当理由"也可以解除劳动合同的权利,但是用人单位需要承担更多的责任,包括对劳动者的赔偿等,从而试图在维护用人单位自由解雇权利行使的同时保护劳动者的权益。因此,中国投资者在巴西投资的过程中,需要熟悉巴西劳动合同解除的各种"正当理由"。总的来说,在巴西劳动法背景下,当劳动者具有不法、不当或不良等可归责的行为,导致用人单位对劳动合同继续履行已不可期待时,用人单位有权解除劳动合同。换言之,当劳动者存在过错性行为时,用人单位可行使包括解雇在内的各种惩戒权或处分权。只有熟悉巴西劳动法规定的各种"正当理由"在实践中适用的情况,才能确保用人单位解除劳动合同的行为合法合规。

(二)认清企业责任:了解巴西不同劳动合同解除方式的法律后果与责任

用人单位为了经营管理的需要,享有用工自主权,在必要情况下可以行使单方解除与劳动者之间的劳动合同的权利。但由于用人单位单方解除与劳动者之间的劳动合同导致的直接结果就是劳动者失业,因此用人单位需要慎重地对待劳动合同解除问题,毕竟不遵守法律及在填写文件和支付补偿金时缺乏谨慎会使公司成为劳工诉讼的对象,从而造成损失。

在巴西,用人单位在两种情形下所需要承担的法律责任最重,一种是用人单位单方面无理由解雇劳动者,另一种是用人单位有过错而劳动者行使间接解除的权利。在这两种情形下,除了要提前通知、支付剩余工资和保障工龄保障基金的提取,用人单位还需要支付十三薪、比平常高 1/3 的年假工资、应支付提取基金 40% 的补偿,以及根据工作时间领取失业保险。可以发现,这两种情况下用人单位都存在一定过错,但如果是用人单位以正当理由与劳动者解除劳动合同,又或者是劳动者主动解除劳动合同,用人单位所承担的法律责任就会相对较轻。中国投资者在预防劳动法律风险、厘清法律责任的过程中,有一个观念需要铭记在心,那就是巴西劳动法的规定相较于中国更加明确细致,没有太大的弹性空间。因此在法律责任方面,用人单位一旦在劳动合同解除的过程中有遗漏,从而对劳动者权利造成侵害,就非常容易卷入劳资纠纷。理清各种不同解除条件下的法律责任,是用人单位规避劳资纠纷的重要举措。

(三)重视自治制度:制定务实的企业规章制度

企业规章制度是企业依法通过民主程序制定的,结合本企业工作实际,约束企业全体职工,组织劳动生产和进行有效管理的一系列规范文件。中国与巴西都将企业规章制度中所规定的劳动纪律认定为劳动合同解除条件的依据。作为用人单位内部的"立法",企业规章制度是用人单位规范运作和行使单位经营管理权的重要体现。因此在制定规章制度的具体内容时,不仅要从宏观上有效规范,同时还要注重微观上的约束效力,满足实践中的需要。从规则上说,一定要明确、细致、具有可操作性,避免因规定模糊而引起不必要的纠纷。从程序上说,需要完善企业规章制度的民主制定程序及最后的公开公示程序。在制定企业规章制度时,应该要保障劳动者的参与权,对直接涉及劳动者切身利益的内容要与劳动者进行充分协商。此外,用人单位还可以通过培训的方式,将规章制度的内容做到为劳动者所熟知,从而达到劳动规章制度得以有效实施的目的。

同时,在巴西劳动法背景下,只要违反了企业明文规定的规章制度,企业就有解除权,甚至违反企业劳动纪律的行为都不需要达到"严重违规"的程度。而在复杂的市场竞争中,各个企业的生产经营特点及企业性质都不一样,对违纪行为的定义与范围也不一样,导致规章制度无法复制。因此各个用人单位应当充分使用自己的自治权,根据各自的生产经营情况,对需要在企业内部规章制度中明确的违纪行为进行具体化,从而让劳动者在心里对违规行为有一个衡量的标尺。

(四)注重本土合作:与本地律所建立合作并培养掌握巴西劳动法规的法务人员

本土化战略要求投资者要有意识地适应东道国独特的文化和社会习俗及独特的规则,将企业的生产、营销、管理、人事等全方位地融入东道国经济中。而中国投资者真正在东道国参与市场竞争的实质是人才的竞争。人才的本土化是成功适应东道国市场竞争的关键,与企业自派人员相比,东道国人才具有熟悉当地生产经营环境、了解消费者需求、善于与当地政府及相关部门打交道等优势。实施人才本土化战略,大胆聘用熟悉当地政治、经济、文化、法律、风土人情的适用人才,能使企业的各项生产经营活动更好地符合东道国企业行为规范,更快地拓展东道国目标市场。[1]但是,目前我国企业的海外经营人员大部分是以母公司外派人员为主,在国内他们是业务能力强的骨干,但是到了海外则可能由于语言和文化差异导致难以打开经营局面。尤其是法律合规性这一块,由于各个东道国法律环境不同,往往中国投资者在法务这一块习惯于完全依赖东道国的专业机构或者人才。但需要注意的是,使用海外人才需要关注他们对于企业文化的认可与尊重,否则将无法长时间稳定地帮助企业开展业务。因此,在巴西投资的中国

---

[1] 巩爱凌.跨国公司在华本土化战略对我国企业海外经营之启示[J].中国管理信息化,2009,(14):102−104.

企业,应当主动与熟悉当地法律的专业机构和人士合作,同时在运营实践过程中努力学习,通过适度的本地化策略培养自己企业内掌握巴西劳动法规的法务人员,研究并积极适应巴西劳动法的要求,在与当地专业机构进行对接时也能有自己独立客观的判断,这对企业在巴西的长期稳健的发展具有重要意义。

(五)关注劳动集体:维持与巴西工会良好的互动关系

在巴西,工会是非常重要的劳动集体,巴西工会在其劳动法律政策发展史中起着举足轻重的作用。工会与企业之间的合作与协调弥补了劳动者在劳资关系中不平等的缺陷,并在斗争中使得劳动者拥有更多的社会权利和集体权利。巴西工会组织的成功得益于他们所做出的不懈努力:与用人单位侵害劳动者权益行为作斗争,尽力维护妇女和弱势群体的利益,与雇主谈判争取更好的工作条件和环境,为争取社会福利而呐喊,促进劳动者专业资格和职业卫生安全的学习培训。同时,巴西工会非常重视对跨国公司中劳动者权益的保护,通过积极学习国际劳工组织的劳工公约及经济发展与合作组织等机构维护劳工权益的规定,呼吁国内的劳动标准和规定与国际标准接轨;建立基层工会委员会网络,作为与跨国企业谈判的机构,为劳动者争取权益;与其他社会组织结成联盟,密切合作,配合其他社会组织的行动,成为保障跨国公司中劳动者权益的中坚力量。巴西工会发布的报告或者其他文件,往往对巴西国内的消费者及经销商有较大影响力,曾经就有跨国公司因为担心其形象受损,影响其市场竞争力,所以在劳资关系中做出一些让步。[①]在这样的发展背景下,中国投资者更加不能忽视工会的力量,在确定开展投资项目初期,就应当与当地的工会组织保持联络。如果工会对企业的劳资关系或者劳工问题提出意见或者建议,管理层一定要有足够的重视并且努力完善自身的劳资管理体系。

---

① 刘耐莉.巴西工会维护多国公司工人权益纪实[J].工会信息,2014,(7).

构建中巴渔业战略伙伴关系的法律政策分析与实现路径

戴 瑛(Dai Ying)

摘要: 1982年《联合国海洋法公约》签署后,随着国际化趋势的发展,全球渔业治理面临多方面的挑战,体现在依然存在非法捕捞、未报告捕捞、不受管制捕捞,需要促进渔业资源可持续发展和消除不合理的渔业补贴等方面,而已经建立的区域、分区域渔业管理组织以及现行国际渔业法无法解决全球渔业治理的新问题。 国际社会呼吁渔业合作的机制化和规范化。 中巴作为"金砖国家"的重要成员国,双方渔业发展条件优越,中国积极拓展远洋渔业生产空间,巴西也努力改善渔业生产结构。 基于上述研究背景,本文通过分析中国和巴西渔业政策法规及双边渔业合作的相关资料,剖析中巴两国合作参与全球渔业治理的路径,提出中巴双边渔业合作的对策建议,为中巴在全球渔业治理方面构建可持续发展的蓝色经略伙伴关系提供参考。

关键词: 渔业战略、法律政策、实现路径

不可持续性的捕捞,被低估的全球海洋渔获量,非法、未报告和不受管制的捕捞等渔业活动是海洋生物多样性和海洋环境的主要威胁。近半个世纪以来,国际社会一直关注渔业问题。联合国粮农组织在1945年的成立之年就已经监测到过度捕捞现象,并自1994年以来多次在《世界渔业和水产养殖状况报告》中提到这一问题。但在管制捕捞活动和保护海洋环境方面国际社会也取得了一些进展。1982年《联合国海洋法公约》规定了海洋生物资源的养护和管理,这一内容在1995年《执行1982年12月10日〈联合国海洋法公约〉有关养护和管理跨界鱼类种群和高度洄游鱼类种群规定的协定》(以下简称《联合国鱼类种群协定》)中得到了补充。联合国大会的多项决议也涉及渔业问题,例如渔业可持续发展、深海鱼类种群、副渔获物和抛弃物及大型中上层流刺网捕鱼等。此外,渔业领域已经制定了非常具体的措施,通过限制渔具、渔获量和关闭捕鱼区来减少过度捕捞,且打击非法、未报告和不受管制的捕捞已成为优先事项。[①]

---

① 2001 FAO International Plan of Action to Prevent, Deter, and Eliminate Illegal, Unreported and Unregulated Fishing, Agreement on Port State Measures to Prevent, Deter and Eliminate Illegal, Unreported and Unregulated Fishing, UNTS No. 54133, 22 November 2009; EC, Council Regulation (EC) No. 1005/2008 of 29 September 2008 establishing a Community system to prevent, deter and eliminate illegal, unreported and unregulated fifishing, amending Regulations (EEC) No. 2847/93, (EC) No. 1936/2001 and (EC) No. 601/2004 and repealing Regulations (EC) No. 1093/94 and (EC) No. 1447/1999, OJ, L 286/1, 2008; Request for an advisory opinion submitted by the Sub-Regional Fisheries Commission (SRFC), ITLOS Case No. 21, 2015.

尽管国际社会为渔业法律制度的建设采取了广泛行动,但过度开发和鱼类种群枯竭的风险仍很严峻。目前渔业管理方式不利于资源的可持续利用。[①] 例如,国际渔业法律制度没有充分考虑捕捞活动对海洋环境的影响,海洋法和国际渔业法的不成体系且分散,海洋法的文书和管理机构之间缺乏协调,以及渔业管理中缺乏有效的协调机制。

国家管辖范围以外的公海,特别容易出现缺乏"协调、一致和确保执行法律框架的综合干预措施"的情况。[②] 由于公海适用船旗国专属管辖权原则,因此如果船旗国对公海捕捞活动的监管不力,则对国家管辖外海洋生物多样性和生态系统保护构成主要威胁。由于目前采取部门管理方式,养护任务往往由没有渔业管理任务的机构承担,因此在处理国家管辖外海洋生物资源保护和管理的具体规定时,有效执行和遵守是一个严重的问题。[③]

本文以区域国别为视角,从海洋渔业治理的角度,结合中国和巴西渔业概况,分析两国在渔业领域的合作,探索中巴渔业战略伙伴关系建立的路径,以"全球海洋治理方法"寻求持久管理公海渔业、提高渔业管理制度的协调性和一体化的办法,以期促进全球公海渔业治理和渔业资源的可持续发展。

一、全球渔业治理面临的挑战

全球渔业治理面临碎片化的挑战。国际渔业的法律框架包括大量的文书和协定,除了《执行(联合国海洋法公约)有关养护和管理跨界鱼类种群和高度洄游鱼类种群的规定的协定》,联合国粮农组织还通过了具有约束力和非约束力的渔业文书。此外,保护海洋环境方面的文书也为海洋环境保护提供了合作措施框架。这些环境法和与生物多样性有关的文书具有合作和养护渔业资源的规定。[④]

而捕鱼活动往往以物种为标准分类,并在区域层面进行管理,它们的活动范围因区域而异。大量的区域渔业管理组织(RFMOs)具有不同的规定,而且资源、财政及机构的法律情况迥异。渔业监管漏洞及形成制度的文书与机构之间缺乏协调和一致性,导

---

① Lawrence Juda. Changing Perspectives on the Oceans: Implications for International Fifisheries and Oceans Governance[M]. //David Caron, Harry Scheiber (Eds.). *Bringing New Law to Ocean Waters*. Leiden: Brill Nijhoff, 2004: 20—26.

② Jeremy Turner. The Areas Beyond National Jurisdiction Programme[EB/OL]. https://www.youtube.com/watch? v=d7klHw0NdPk, 2014-7-9.

③ Richard Barnes. The Proposed LOSC Implementation Agreement on Areas BeYond National Jurisdiction and Its Impact on International Fisheries Law[J]. *International Journal of Marine & Coastal Law*, 2016, 31(1): 11.

④ Richard Caddell. Only Connect? Regime Interaction and Global Biodiversity Conservation[M]. Michael Bowman, Peter Davies, Edward Goodwin (Eds.). *Research Handbook on Biodiversity and Law*. Northampton: Edward Elgar Publishing, 2016: 437—471.

致国际渔业法律制度功能失调,出现碎片化倾向。由于缺乏协调性和一体化,包括国际渔业法在内的国家管辖范围外的法律框架在治理、实施和执行方面存在着差距。治理作为一种解决碎片化的方法,可以作为"工具"性机制来促进协调、一体化和连贯性。要通过合作的体制机制将渔业与其他活动整合起来,或者以治理原则来规制国家管辖范围以外区域(Areas Beyond National Jurisdiction,ABNJ)的利益相关者的行为,并实现实质性整合。

此外,公海上的渔业管理还受到国家管辖范围之外生物多样性保护和可持续利用(BBNJ)协定的挑战。

在 BBNJ 进程初期,与会者一致认为公海渔业是对海洋环境的主要威胁之一。关于是否将渔业列入 BBNJ 协定成为 BBNJ 不限成员名额特设非正式工作组的整个工作,以及筹备委员会前两次会议(2016 年 3—4 月,2016 年 8—9 月)关注的内容。在第三次筹备委员会会议(2017 年 3—4 月)之后,明确渔业不会被直接纳入最终的文书,但这并不意味着 BBNJ 进程将以一种与公海渔业无关的方式演变。相反,BBNJ 一揽子讨论的两个主要内容——以区域为基础的管理工具和环境影响评价——无疑将影响到公海的渔业活动。然而,设立筹备委员会的联大第 69/292 号决议明确提到,新协议不应损害现有文书、框架和机构,各代表团也一直在呼吁,该文书不应与区域管理组织的现有职权重叠。在第三次筹备委员会会议之后,对于不破坏现有结构的范围仍然存在不确定性。

从治理基础的角度来看,全球海洋治理可能对公海渔业产生影响。公海渔业治理旨在促进众多参与者、文书和机构之间的协调与合作。国家管辖外的讨论旨在依靠全球进程来提高保护海洋生物多样性的效率,同时不破坏现有的文书和框架。从全球渔业治理与国家管辖外生物多样性的关系上看:首先,国家管辖范围外仍然是政治和司法定义的空间,不一定遵循生态系统的发展规律,也不代表海洋作为"基本地球物理空间的统一"[①]。应对这一挑战的路径在于海洋法自身强调的重点,甚至可能是海洋法价值观的改变。我们需要构建一种超越以海洋区域为基础并植根于功能性方法的制度,例如"安全功能、保护环境功能、海底开发管理功能"[②]。同时加强区域和国际合作,以便采取跨界措施。

其次,国家管辖外进行的一系列活动,特别是渔业、航运、海洋科学研究、深海勘探和海床开发等,涉及不同的利益相关者,需要合作协调海上利益。因此,管理措施必须平衡特定国家和利益攸关方在使用公海方面的利益,同时考虑适当顾及的原则。全球渔业治理可以非常有效地提高渔业的可持续性,发挥协调和利益平衡的作用,促进全球渔业发展的区域协调。

[①] Jean-Paul Pancracio. L'ocean a la decoupe,Quest. Int. 79-80 (2016)62 at 62.

[②] Jean-Paul Pancracio. L'ocean a la decoupe,Quest. Int. 79—80 (2016)62 at 67—68.

最后,目前最棘手的挑战在于 BBNJ 协定进程"不破坏现有结构"的前提与渔业治理的关系。国际社会日益认识到加强渔业管理的最好途径是发挥区域渔业管理组织的作用。BBNJ 即使可以建立全球结构,但作为加强 ABNJ 保护生物多样性的法律规定过程的一部分,它们也不能忽视区域渔业管理组织的作用。当考虑可能需要什么机制来协调 BBNJ 与区域渔业组织的关系时,不破坏现有结构的问题就出现了。国家管辖外的各种机构安排,既包括建立一个集中的、高度整合的、单一的管理机构,也包括目前由国际海底管理局开展的工作及权力下放和一体化程度较低的部门管理组织。现有的机构,如区域管理组织,可以扩大其职责,以填补现有的空白。同时,还要确定这些体制安排"不破坏现有的结构"。因此,必须考虑对现有机制的最终调整会被视为"破坏"吗？新制度与现有文书的关系是什么？

二、中国和巴西渔业概况及合作基础

（一）中国渔业

渔业是中国农业农村经济的重要组成部分。中华人民共和国成立 70 多年来,中国渔业虽经历了曲折的发展道路,但逐步解决了水产品短缺和供给不足的问题,改善了国民膳食结构,增加了渔民收入。20 世纪末,在资源和环境约束下,中国以负责任大国的态度,主动选择走可持续发展道路,取得巨大成就。这些成就也证明中国渔业发展方针政策的成功。中国渔业发展政策经历了几度调整,面对市场供需矛盾和资源环境压力,中国最终选择了符合中国国情的市场化改革开放和可持续发展战略。

结合渔业发展形势与重大政策节点,中国渔业 70 多年的发展与改革历程可划分为六个阶段,即生产恢复、生产徘徊、管理机构重建和生产回升、市场化改革、"以养为主"时代的结束、可持续发展。中国渔业政策适应国情特点不断演进,推动中国渔业由追求高增量向追求高质量的发展模式转变,取得显著的成就,积累了丰富的经验。

在《渔业法》颁布后,中国逐步建立了由渔业法律、渔业协定、渔业行政法规、地方性渔业法规、部门渔业规章、地方政府渔业规章,以及其他渔业管理规范性文件组成的较为完善的渔业法律法规体系,使中国渔业开始走上了"以法治渔,以法兴渔"的轨道。未来中国渔业发展依然要坚持改革开放,坚持与时俱进,继续探索具有中国特色的渔业绿色高质量发展道路。这具体包括：(1)坚持水产养殖业绿色发展；(2)构建养护型捕捞业；(3)优化产业产品结构；(4)扩大对外开放,加强国际合作；(5)积极参与全球渔业治理,履行港口国、船旗国义务；(6)依托科技和法律法规来提高水产品质量。

（二）巴西渔业

巴西的海岸线可以分为北部、东北、东部、东南、南部五个大型生态系统,这些生态系统对捕捞渔业具有明显的环境特征。巴西有两种渔业生产方式：工业渔业和手工渔业。工业渔业是指由属于渔业公司的大型渔船进行的渔业捕捞。劳动的社会和技术分工明显,产品销往加工公司和规模较大的市场。工业渔业集中捕捞具有较高市场价值的物种(如龙虾和金枪鱼)或大量的鱼类(如沙丁鱼)。关于"手工渔业"一词的定义仍在继续讨论中。渔业发展监督局(SUDEPE,1967年至1988年间的巴西政府渔业发展机构)将手工渔业定义为捕捞能力不足20吨的船只从事的渔业生产。由于某些工业渔船也属于这一类,因此手工渔业生产的统计数字并不准确。通常沿海手工渔民被定义为部分或全职以捕鱼为生计的独立的捕捞者,其应用劳动和知识密集型捕鱼技术,并经常以共享的方式雇用家庭或社区劳动力在沿海进行捕捞。捕获的鱼类资源通常通过中间商在当地市场出售,也有一些供家庭消费。手工渔业在巴西有着悠久的传统。在1967年政府鼓励发展工业渔业之前,手工渔业占该国鱼类产量的80%以上。目前,整个渔业产量的54%约516 000公吨为手工渔业产量。

巴西北部、东北部和东部海岸的捕鱼活动以小规模为主,占这些地区总渔获量的90%以上。工业渔业占渔业生产的大部分,手工渔业分别占东南部和南部总渔获量的34%和8%。

巴西的渔业管理主要由联邦政府承担,并负责评估鱼类的状况,制定和执行有关使用水生生物资源的条例。多年来,巴西管理渔业活动的政府机构一直在变化。20世纪60年代中期,随着农业部下属的专门负责渔业发展和管理的机构SUDEPE的成立,联邦政府在海洋渔业管理中发挥着重要的作用。1989年渔业成为农业部附属机构巴西环境研究所(IBAMA)的日常工作事项之一。渔业管理责任从SUDEPE转移到IBAMA对手工渔业不利。由于IBAMA的注意力主要集中在环境问题、环境立法和执法方面,很少关注手工捕鱼社区的持续发展。1998年,巴西政府将一部分管理责任从IBAMA转移到农业部,组建渔业和水产养殖部(DPA)。渔业和水产养殖部发展事务处的主要责任是促进和执行支持工业渔业发展的方案和项目(其主要目标是促进该部门发展和管理未开发的渔业资源)。与此同时,环境管理委员会负责执行国家环境政策,特别是管理濒危和过度开发的物种,并鼓励通过共同管理和社区管理倡议分享和分散决策。

2003年,巴西成立了部级渔业机构——国家水产养殖和渔业秘书处(SEAP)。SEAP比以前的机构拥有更广泛的权力,其优先关注事项是发展水产养殖部门,特别是用于出口的虾养殖、淡水水产养殖和工业渔业。尽管有官方文件,但手工渔业并不是这个新机构的首要任务。随着2009年6月11.958号法律的颁布,SEAP更改为渔业和水产养殖部。这部法律结束了渔业和水产养殖部与环境部环境研究所在制定规则和可持续利用资源的管理方面的责任划分。渔业管理工作将在渔业和水产养殖部的总体协调下进行。然而,这种新的体制安排以扭转主要鱼类种群的危急情况为目标,不利于政策和措施的执行。

在财产权方面,根据巴西《宪法》,沿海地区和专属经济区的渔业资源在国家财产制度下被视为共同资源。《宪法》还规定国家和社会应协作和参与可持续利用环境资源的决策过程,以及具有为此目的制定规范和规则的手段。这为政府和社会在渔业管理方面分担责任留下了充足的空间。

巴西的渔业法律除第 9985/2000 号法律规定之外,还有其他进程:(1)渔业协定。根据 IBAMA 第 29/03 号准则,渔业协定是为某一区域渔业资源的管理和使用而制定的准入规则和规范。这类文书不涉及征用土地(如上述养护单位),而只涉及规范资源开发的某些方面。(2)渔业论坛。渔业论坛不受政府管理,由社区主动组织,与政府和非政府组织合作讨论相关问题并寻求解决办法。由于不受监管,可以不同的方式发展,因此涉及利益相关者和机构的各种类型安排。[①]

(三)中巴渔业合作的挑战

巴西是世界第九大经济体,也是海洋大国,其主要海洋产业包括海洋渔业、海洋油气业、海洋船舶和海工装备制造业、滨海旅游业、海洋交通运输业等。近十年,巴西依托丰富的海洋渔业资源,海洋产业快速发展。巴西与中国同是金砖国家,经贸关系密切,巴西最大的贸易伙伴是中国。两国合作历史悠久,有较好的合作基础和前景。

20 世纪 40—50 年代,人们就发现巴西蕴藏着丰富的渔业资源;50 年代后期,越来越多的国家进入巴西海域从事渔业捕捞活动,美国、圭亚那、日本、韩国、委内瑞拉、秘鲁等国纷纷与巴西建立了渔业合作关系。近年来,在中巴战略合作伙伴关系的框架下,巴西的领导人前往中国福建省进行访问,积极探寻中巴两国远洋渔业合作。此外,中巴两国也就相关水产养殖技术进行了专家交流和探讨,效果显著。

中巴两国具有开展务实合作机遇期。随着中国城镇化水平提高和居民消费升级,中国对巴西粮食、肉禽、水果、奶制品、咖啡等特色和高附加值产品的需求将稳步增加。中国是巴西主要外资来源国和对巴投资增速最快的国家之一,对巴投资覆盖农业、能矿、基建、通信、制造业等广泛领域。相信两国政府、企业、商会会采取更为灵活的交流方式,对接双方疫后发展规划,探讨具体项目合作。两国企业可发挥各自优势,拓展现代农业、渔业、清洁能源、线上经济等新兴产业合作,带动技术转移、研发培训等关联领域合作,为中巴合作打造更多增长点。[②]

三、中巴合作参与全球渔业治理,构建蓝色经略伙伴关系的路径

进入 21 世纪,随着全球化趋势的发展,不可持续性的捕捞、非法、未报告和不受管制的捕捞等渔业问题日益突出。这些问题涉及区域、国家、全球等多个层次,任何一个国家都无法单凭一己之力去解决。因此,中国和巴西共同为金砖五国成员,两国均具有

[①] 此部分内容见联合国粮农组织渔业和水产养殖技术文件(Fao Fisheries and Aquaculture Technical Paper)"Coastal fisheries of Latin America and the Caribbean"的第 87—107 页。

[②] 邓国庆. 中国驻巴西大使杨万明认为——中巴务实合作面临三大机遇[N].科技日报,2020-06-23.

优渥的渔业资源和条件，双方对保护全球渔业资源、促进渔业资源的可持续发展具有不可推卸的责任和义务。双方开展渔业领域合作和构建渔业战略伙伴关系，既符合全人类的根本利益，也符合双方各自的国家利益。当前，有必要将中巴渔业合作纳入构建中巴新型关系的战略布局和总体框架之内，全面统筹，科学规划，抓住中巴两国在合作方面具有较高意愿的有利时机，有计划、有步骤地推进两国渔业合作。

第一，加强政府间沟通，促进中巴两国在渔业问题上的相互理解，尊重和照顾彼此的重大利益和关切，妥善处理涉渔问题。一方面，中国应坚持一贯立场不动摇，清晰地表达在打击 IUU 捕捞[①]、履行港口国义务问题上的坚定意志和决心；另一方面，中巴双方应通过高层会晤及其他外交渠道，不断开拓中巴渔业战略对话、涉渔人员互访、涉渔政策协调等领域的新途径。

第二，加强实务部门间交流，进一步深化双方在渔业科技与创新、打击 IUU、渔港建设等领域的合作。在现有合作协议、合作框架的基础上，中巴双方应本着彼此尊重、互利共赢的原则，一方面升级双方在既有合作领域的早期收获，另一方面建立经常化、制度化的合作事务磋商机制。双方应重点讨论中巴在渔业事务中的合作和共同开发，如渔业生态环境保护、渔业科技与创新合作、蓝色经济等议题，签署合作协议，制定计划书和时间表，定期发表中巴渔业合作事务磋商联合公报。

第三，加强中巴渔业执法机构间协作。中巴双方应建立渔业执法人员互访机制，提高业务交流频次，扩大人员培训。建议两国渔业执法部门建立重要信息核实会商制度，对可能造成严重后果、一时难以准确预测的渔业突发事件信息，及时互相通报预测分析并研判会商，以便联合、高效地开展渔业执法。

第四，把渔业合作列入构建中巴新型关系的框架之中。中巴双方应在互利共赢、平等协商的基础上，一方面充分利用现有合作平台和机制，不断完善合作形式、丰富合作内涵，"深耕"中巴渔业合作；另一方面逐步扩大双方渔业合作的领域，通过对话与合作，强化双方的利益共同点。中国应与巴西共同参与包括打击 IUU 捕捞、取消不合理的渔业补贴在内的国际治理。中国在有效维护中国海洋主权、管辖权和海洋权益的同时，还应通过务实合作，妥善管控分歧，不断降低冲突风险，以维护海洋的和平与稳定。

---

① IUU 捕捞是指非法的（Iuegl）、不报告的（Unreported）和不受管制的（Unregulated）捕捞活动。

中国与巴西消费者保护法的融合与国际合作

赵懿先（Zhao Yixian）

摘要：本文探讨了中国与巴西在消费者保护法领域的国际合作与融合。通过比较两国消费者保护法律制度及发展历程，结合二者在国际组织平台上的协作与互动实践，中巴合作不仅促进了消费者保护法律的国际化，还在区域和国际层面上推动了消费者权益保护的标准化和协调化。此外，两国在双边和多边协定中还积极应对跨境消费和电子商务等新兴问题。中巴在消费者保护法领域的合作，不仅为两国消费者权益的保护提供了法律框架和政策支持，也为全球消费者保护法律体系的进步贡献了经验和智慧。

关键词：消费者保护法、中巴国际合作、区域合作、法律融合

近些年来，中国和巴西的法学家就消费者保护法展开了一系列国际法律合作。两国间的学者开展了大量的学术交流，促进了法律共识的形成，也取得了丰硕的成果，例如共同出版消费者保护法的中英葡三语学术专著[①]等。同时，两国学者通过在国际组织平台上携手发声，共同扩大中国和巴西在消费者权利和国际法保护的法律规范等议题上的国际影响力，促进实现国际条约和法律文件中"保护消费者权益"的目标。

回顾两国间法学界就消费者保护法融合的历程和经验，可以发现中国与巴西消费者保护法的融合体现在两个方面：一是国际合作层面，即通过国际组织平台，联合发声，着力提升规则制定能力，以消费者保护法国际化为切入点，共同引领多边务实合作。二是国内层面，即法律制度、立法技术上的融合。例如，在如何遏止消费贷的不良影响方面，两国就通过互相学习先进的法律理念，改变做法，结合各自国情，创设范本，优化两国各自的国内消费者保护法律的制度设计。

本文首先梳理两国共同推动消费者保护法国际化的成果，随后介绍两国国内法层面的互动和交流动态。

一、中巴两国消费者保护的国际合作

最初，消费者权益保护仅限于国家，也就是国内法层面。根据世界银行 2014 年的

---

① 克劳蒂亚·利玛·玛奎斯，魏丹. 消费者保护法与社会经济发展：国家与国际层面[M]. 赵懿先, 译. 北京：法律出版社, 2021；Claudia Lima Marques, Dan Wei (editors). *Consumer Law and Socioeconomic Development: National and International Dimensions* [M]. New York: Springer International Publishing, 2017.

研究显示,家庭消费占到一国国内生产总值60%的国家比比皆是,代表了世界平均水平。[1]随着跨境电商的蓬勃发展,不知不觉中普通消费者在家中动动鼠标、拿着手机下个单,就参与了国际消费活动。然而,如巴西消费者保护法专家Claudia Lima Marques观察到的,国际消费者维权成本高、难度大。这是因为:一方面,消费者不熟悉外国法律体系和法院管辖的规定,难以寻求司法救济;[2]另一方面,国际消费活动与国内消费不同,既有大量重复的(如海淘奶粉、纸尿裤等规律性消耗品),也有偶然性的消费(如偶尔参加海外促销活动,临时购买商品),加上语言障碍,即便受损也少有可能追溯到国际供应商。从中国的实践来看,大部分海淘消费者维权依赖的是平台解决方案。换句话说,消费者主要是通过企业软法——商业公司自我约束和行业自律——来保障权益的。随着消费者国际化不断加深,消费者保护在国际法层面的完善就成为日益增长的需求和未来发展的趋势。

中国学者指出,总体而言,"专注于国际消费者保护的法律研究正落后于市场全球化进程和消费者国际化的研究。与国际贸易法和国际商法的大量研究相比,国际消费者保护的研究在很大程度上被边缘化了,且仅有少数法学家表示关注"。[3]

中巴作为两个消费大国,法学家们恰好在这个领域展开了国际合作。国际上两个主要学术团体是国际消费者保护法协会(IACL)和国际法协会(IAL)下的消费者保护国际委员会。这两个组织的主要成员包括了来自中国和巴西的学者,并汇集了来自世界各地的专家。国际消费者保护法协会由巴西Antonio Benjamin等学术泰斗创建,定期就消费者保护法的不同主题开展国际对话。而国际法协会下的消费者保护国际委员会则旨在"观察有关法律冲突和管辖权冲突,处理跨境消费情况下消费者保护相关事项的国家立法,以及有关的国际条约、示范法和区域立法"。[4]其任务是研究公法和私法在保护消费者方面的作用,审查《联合国准则》,并为保护消费者的行为制定法律、国际条约和国家立法的范本。近年来,其成为海牙国际私法会议的观察员,而其成果则被联合国贸易和发展会议(UNCTAD)采纳吸收,以此更新了有关消费者保护的准则。

中巴两国学者提出了消费者保护国际化的基本路径,即国际层面的消费者保护法的内容从浅到深,一共涵盖了三个方面:第一,如果维持目前各国消费者保护法现状,不

---

[1] World Bank. 2010—2014 *Figures*[Household Final Consumption Expenditure(% of GDP)][EB/OL]. http://data.worldbank.org/indicator/NE.CON.PETC.ZS.

[2] Lima Marques, Claudia. Relations between International Law and Consumer Law in the Globalized World:Challenges and Prospects[M]. // Marques, Claudia Lima, Arroyo, Diego P. Fernández, RAMSAY, Iain and PEARSON, Gail. *The Global Financial Crisis and the Need for Consumer Regulation*, *New Developments on International Protection of Consumers*. Porto Alegre, Asunción:Orquestra, 2012:37—40.

[3] 克劳蒂亚·利玛·玛奎斯,魏丹. 消费者保护法与社会经济发展:国家与国际层面[M]. 赵懿先,译. 北京:法律出版社,2021.

[4] http://www.ila-hq.org/en/committees/index.cfm/cid/1030.

着力消费者保护法国际发展时,首先要解决的是有关跨国消费关系的国际私法规则。例如,当管辖权冲突和法律冲突时如何选择规制?是否允许当事人自由选择法律适用?毕竟消费者保护法与传统民商法保护交易的思路不同,在尊重意思自治之上,更强调对消费者本身的保护。第二,各国达成共识,推动国际消费者保护法的法律协调与标准化。例如,在区域乃至全球建立跨国响应和解决方案,逐步缩小不同国家法律标准和实体规范的差异。第三,在规则达成一定共识的基础上,建立区域和国际机构框架或监管网络,将软法落"实",以协调和监督的方式,有效推动规则的执行。

2012年,国际消费者保护法协会通过了《索菲亚宣言》,确立了消费者保护的五大原则。"消费者保护应当遵循以下一般原则:(1)消费者在大众合同和格式合同的情况下处于弱势地位,特别是在信息和议价能力方面。(2)应当发展标准和适用国际私法规则来最大化消费者保护。(3)消费者合同的监管应当公正有效,并确保透明。(4)负责任借贷是所有与消费者信用交易有关的责任,包括信贷提供者、经纪人和顾问。(5)消费者群体应当积极参与到消费者保护和管理当中。"[1]作为第一部有关消费者保护的国际协议,《索菲亚宣言》获得了一致通过。

随后,2015年修订的《联合国消费者保护准则》响应了中巴两国学者的呼吁,进一步促进消费者保护的国际合作,鼓励国家执法机构在跨国案件中相互协调和合作,利用现有的国际网络,签订双边和多边协议,以促进国际司法和机构间合作。同时,《联合国消费者保护准则》也扩大了消费者保护领域的范围,如电商、金融服务、跨国旅游等,并建立专家组,进行技术指导,促进各国在制定和实施高水平的消费者保护法律和促进经济发展之间取得平衡。

同年,海牙国际私法会议(HCCH)决定将巴西政府提案《国际游客司法保护公约草案》纳入工作日程,这一提案获得了中国专家的积极响应。2015年3月,在中国的协助下,海牙国际私法会议常设主席团对这一主题展开可行性研究。该提案获得了阿根廷、秘鲁、乌拉圭、欧盟、美国、南非等多数国家和地区的支持。[2]中巴两国作为重要的国际力量,一同协作,保护消费者国际利益,是两国法学界在国际组织中共同发声、共同推动的典范。这一草案开创性地提出通过行政机构和小额法院在内的司法机关的国际合作,为跨境旅游的消费者提供事前保护,促进跨境法律救济。

---

[1] Conference Resolution Sofia 2012[EB/OL]. http://www.ila-hq.org/en/committees/index.cfm/cid/1030,2012-9-2.

[2] Claudia Lima Marques. 25 Years to Celebrate: Horizons Reached by the 1990 Brazilian Consumer Protection Code and Horizons to Come, Especially on the International Protection of Consumers[M].//Claudia Lima Marques, Dan Wei. *Consumer Law and Socioeconomic Development: National and International Dimensions*. New York: Springer International Publishing, 2017.

二、区域合作的新趋势

从目前来看,虽然新冠疫情极大的阻碍了各国消费者跨国旅游,各国经济发展走向内循环;但从长远来看,不可能割裂所有的跨境电商消费,随着疫情的控制,跨国消费活动反而会进一步增加。增强消费者国际保护的趋势有增无减。

从近期中国签署的区域全面经济伙伴协定(RCEP)来看,第十二章电子商务第七条规定了线上消费者保护,免受欺诈和误导行为的损害或潜在损害。各缔约国应当提供消费者如何寻求救济的信息,以及消费者保护的主管部门展开合作等内容。第十三章有关竞争的若干规定中也列了第七条强调消费者保护,包括禁止在贸易中使用误导性做法、虚假或误导性描述的法律法规、提高对消费者投诉机制的认识,以及在消费者保护相关的事项上进行合作等。①

中国尚未加入的《全面与进步跨太平洋伙伴关系协定》(CPTPP)则更进一步,以专门条款详细规定了欺诈和欺骗性商业活动对消费者构成损害的三类要件和含义,电子商务一章则在上述基础上增加了有关个人信息保护、消费者有权选择如何接入和使用互联网开展电子商务、消费者补偿和树立消费者信息的若干机制。②

相似的,南方共同市场(Mercosur)也在消费者保护领域取得了很大进展,如共同的信息系统、国际消费者合同规范、协调成员国消费者保护法律的基本定义,以增强南方共同市场内部的消费者保护措施。③

而欧盟更是将高标准的消费者保护法律落到实处,不仅通过了《欧洲消费者议程》,还发布了多项欧盟法令促进各国立法协调,在成员国之间建立了执法合作机构框架,同时法院或行政机构可以发布禁令,以保护消费者集体权益,并建立了欧洲消费者中心等一系列纠纷解决机制。④

在后疫情时代,加强区域能力建设是一个明显的国际趋势。中国与巴西两国学者在消费者保护领域开展的长期合作有利于未来落实到两国参与的有关国际协定文本中,无论是金砖国家、一带一路,还是中国与葡语国家合作平台,两国法学界长期合作、推动法律融合的点滴努力必将结出丰硕成果。

---

① http://fta.mofcom.gov.cn/rcep/rcep_new.shtml.
② http://www.mofcom.gov.cn/article/zwgk/bnjg/202101/20210103030014.shtml.
③ JúNIOR, Antônio Pereira Gaio. Consumidor e sua Proteção na União Europeia e Mercosul, Pesquisa Conjuntural como Contribuição à Política Desenvolvimentista de Proteção Consumerista nos Blocos, Juruá Editora; Estatuto da Cidadania do Mercosul Plano de Ação, Mercosul/CMC/DEC. N° 64/10[R]. 2014.
④ Charter of Fundamental Rights of the European Union, 2010/C 83/02; Directive 2013/11/EU on ADR for consumer disputes; EU Regulation No. 524/2013 and Commission Implementing Regulation(EU) 2015/1051.

三、两国消费者保护法律的交流

在消费者保护法律制度方面,两国近年来最重要的学术成果之一是共同出版了中文、葡萄牙语和英文版本的专著《消费者保护法与社会经济发展:国家与国际层面》。英文版由 Springer 出版社出版,书名为 Consumer Law and Socioeconomic Development: National and International Dimensions。英文版是国际法协会消费者保护国际委员会的阶段性研究成果,由巴西南大河州法学教授、消费者保护法泰斗 Claudia 和澳门大学魏丹教授共同主编,而中译版则于 2021 年由法律出版社出版,体现了华东政法大学金砖国家法律研究院在国内国别法律研究的系统成果。《消费者保护法与社会经济发展:国家与国际层面》一书系统地介绍了巴西《消费者保护法典》颁布 25 周年以来的研究成果及与中国就消费者保护法的交流和国际合作,包含了国际层面保护消费者的趋势和挑战;重点讨论了后金融危机时代消费者保护的新问题,如消费贷引发的侵害金融消费者权益等议题,并梳理了巴西《消费者保护法典》立法和修改的过程与经验。本文简要介绍巴西消费者保护法律体系与中国消费者保护法律相互融合的一两个小议题。

(一)中国模式对修改巴西消费者保护法律的启发

2010 年 10 月 28 日,中国颁布了《中华人民共和国涉外民事关系法律适用法》。该法于 2011 年生效,其第 42 条对消费合同的法律适用做出了特别规定:"消费者合同,适用消费者经常居所地法律;消费者选择适用商品、服务提供地法律或者经营者在消费者经常居所地没有从事相关经营活动的,适用商品、服务提供地法律。"这一条款意味着:(1)消费合同中只有消费者一方才有权选择适用法;供应商并无权选择。(2)适用商品、服务地法律的前提之一是消费者自主选择,如果消费者事先没有选择任何适用法,则适用消费者经常居所地法律。(3)如果经营者在消费者经常居住地没有相关经营活动的,就适用商品或服务提供地法律。

巴西学者敏锐地发现了中国法律规定的特色,并强调"中国模式中有趣的点在于将消费者经常居住地作为主要连接点"。一方面,这"限制了合同成立地的法律适用,这点和巴西法律一样";另一方面,"在排除经常居住地法律的适用方面,中国法律无疑是明智的,规定的是当经营者在消费者居住地没有从事相关经营活动,不适用惯常居所地法,这点与巴西学者理念不谋而合"。[①]

受中国模式的启发,巴西国会法律修改项目中所提交的草案对消费者的国际保护做出如下规定:

"第 9 条 B 款 国际消费合同,是自然人消费者和产品服务经营者在消费者居住地

[①] Claudia Lima Marques. Relations Between International Law and Consumer Law in the Globalized World:Challenges and Prospects, in Claudia Lima Marques[M].//Dan Wei. *Consumer Law and Socioeconomic Development:National and International Dimensions*. New York:Springer International Publishing,2017.

之外,根据所在国法律订立的合同,这种合同要受到合同成立地法律管辖,或者,如果合同在巴西履行,则由巴西法律管辖,因对消费者更为有利。

"(1)若经营者或其代表在订立合同前有协商或营销行为,如广告宣传、通信、邮件、商业邀请、有奖销售或报价,巴西法律应对此进行必要监督,保障消费者权益。

(2)涉及旅行团或酒店住宿或其他旅游服务的国际旅行套餐或跟团旅游合同,若由巴西旅行社或运营者签订,那么该合同必须要受巴西法律约束,即便合同执行地在其他国家。"①

对于电子商务国际合同或远程签约而言,巴西联邦参议院立法委员会起草了一个特别条款。巴西《消费者保护法典》第101条规定,"国际远程消费争端应适用消费者居住地法律,或者如果对消费者更为有利的话,适用当事人选择的国家标准、规定,在任何情况下,消费者可获得司法救济"。

巴西在消费合同中建立与消费者居所之间的法律联系,原因是居所地法律更符合对消费者最有利保护法律条款。由此可见,中国模式大大影响了巴西联邦参议院立法委员会的立法决策。②

(二)巴西消费者保护法律的理念对中国的启发

巴西消费者保护法律的理念非常先进。首先,1988年的巴西《联邦宪法》第5条和第170条确立了国家促进消费者保护的义务,将其列入公民基本权利进行保障。③巴西的国家制宪会议创新性地将消费者权益纳入基本人权,赋予国家对消费者权益保护采取法律行为的职责。巴西通过立法将消费者保护纳入宪法要维护的基本经济秩序和主要经济活动的组成部分。巴西宪法不仅间接承认了消费者和供应商之间存在实质上的不平等(应予纠正),同时还将消费者保护提升为宪法中的个人保障、国家责任和经济秩序层面的原则予以确立。根据《过渡时期宪法实施法》第48条的要求,仅仅在宪法颁布两年后,1990年9月11日巴西国会就迅速地通过了第8098号法案,即巴西《消费者保护法典》。

当消费者权益保护上升到《宪法》高度的时候,很多制度设计便更顺理成章了。近年来,巴西法学界聚焦探讨电子商务中消费者信息自决权,除了传统的隐私权、安全权以外,对网络信息的自主权,也成为消费者的基本权利。例如,供应商对大数据的再利用(不仅仅是大数据的收集)——应事先征得消费者的授权同意。类似的还有被遗忘权,用以对抗数据滥用。被遗忘权的提出源于信息化社会里人们很容易被搜索引擎收集到过去的个人信息,比如一次信用卡逾期未还的记录等。被遗忘权实际上讨论的是

---

① Brazil, PL 3414. 2015.

② Antônio Herman Benjamin, Claudia Lima Marques. *Relatório-Geral da Comissão de Juristas-Atualização do Código de Defesa do Consumidor*[M]. Brasília:Presidency of the Federal Senate,2012:65.

③ 巴西《联邦宪法》第5条第32项规定,"国家以法律的形式增进对消费者权利的保护";第170条规定,"建立在人类自由创新和稳定工作的基础上的经济秩序,具有确保人类尊严价值的功能,根据社会正义的价值观,需遵守如下原则:……(5)消费者权利"。

随着时间的流逝,有没有可能将过去涉及公共利益的事实转变为当下隐私权包含的事项,从而在隐私权和信息权之间取得平衡。巴西《消费者保护法典》第43条第1款是这样规定的:"(消费)记录和消费者数据应当是客观、清晰、真实和易于理解的,并且负面信息的存储时间不可超过5年。"此外,为了更好地贯彻互联网领域个人数据保护的权益,巴西《消费者保护法典》拓展了传统消费者定义的外延,采用了宽泛的定义,而不仅仅限于消费者和供应商之间严格的消费合同关系。《消费者保护法典》的消费者包括:(1)以最终用户身份获取或使用产品或服务的任何个人实体或公司实体(《消费者保护法典》第2条);(2)参与到消费关系的人的集合(《消费者保护法典》第2条第2款);(3)因商业活动而受到损害的任何人(《消费者保护法典》第17条);(4)任何接触商业实践的人,诸如广告者或数据库(《消费者保护法典》第29条)。因此,消费者无须证明是否与数据库公司存在合同关系,就可以向其提出损害赔偿的要求。对于我国这个网络购物极为发达的大国的消费者保护而言,这些创新制度非常具有启发。

此外,巴西消费者保护法律非常强调消费者作为弱势群体的脆弱属性。近些年来,滥发消费贷成为金融消费者保护的重要议题。在中国,随手申请消费贷款的大多是青年人、在校生,太多过于便利、花哨的手机小程序不知不觉中就给刚刚步入社会的年轻人发放了贷款,从最初借了几千元到父母不得不卖房替子女还债的新闻比比皆是。而巴西过度负债的情形则更为复杂,有一部分情况是老年人为了帮助共同生活的子女,或是由于失业、离婚、疾病等生活重大变故而不得不申请消费贷,结果这些老年人每个月的退休金刚刚到账就直接被金融机构划走还债了。而由于巴西的银行不愿意放弃这种风险低、有稳定持续丰厚利润的业务,因此加大积极营销,并通过违宪审查申请,希望排除巴西《消费者保护法典》对银行活动、金融、信贷和保险业务的适用。巴西设立了一系列法律规范有关消费贷的活动,包括设定预扣信贷的还款金额上限、还款总额;禁止滥用行为和误导性广告信息;通过法院系统开展消费者过度负债处理试点,以调解方式干预已经背负超级债务的消费者与金融部门的还款协议;开展一系列对消费者的充分的金融教育等。这些举措对我国金融消费者的保护均有启发和借鉴意义。

总体而言,中国和巴西两国有关消费者保护法律的融合与国际合作富有成效。通过近年来的努力,两国间法学交流已经贯彻到法律运行的全流程,大大提高了交流的深度和广度。这种合作最初仅仅是了解对方国家的法律内容,之后发展到运用对方国家法律内容(既包括国际私法上的法律适用,也包括通过吸收学习对方立法的先进理念、改善本国法律环境等),最终做到了解对方国家立法过程、法律实施效果、司法救济等全方位的相互学习。同时基于深刻的了解,双方携手在国际上发声、互助,共同制定消费者保护的国际化规则,不断扩大两国的国际影响力。这一部门法领域的深入交流和深度融合,为两国间法律界和学术界下一步的合作树立了成功的示范,使两国的法律工作者倍受鼓舞,开创了中巴两国合作的新篇章!

中国—巴西国际援助合作：实现路径与法律框架

韩永红　孙　萌

摘要：中国、巴西两国同为金砖国家和新兴经济体，同时也是南南合作的排头兵，在对外援助领域具有相似性和互补性。本文通过立体性介绍，以及对比巴西和中国对外发展援助和人道主义援助的主要职能部门、援助特点、援助项目及援助法律规范体系，挖掘两国在国际援助领域的合作潜力和合作路径。本文认为，中国和巴西两国应重点推进基础设施建设、制造业、高新科技和公共卫生等领域的技术援助合作，以及农业领域的国际援助合作，进而建议应以国际软法作为构建中国—巴西国际援助合作法律框架的切入点。

关键词：南南合作、人道主义援助、发展援助、国际软法

中国、巴西两国建交47年，在地区和国际事务中保持密切协作，务实合作成果丰硕，被誉为新兴市场国家合作的典范。据巴西经济部2019年4月23日公布的第一版《巴西外国投资公报》数据显示，2003年3月至2019年3月，中国在巴西投资总额达710亿美元，占中国、美国、日本、法国和意大利五国投资总额的37%，在投资金额上已超过美国，成为巴西最大投资国。[①] 在科技领域，中国、巴西两国也展开了富有成效的合作。合作范围涵盖航天、航空、农牧林业、水产养殖、医药卫生、新材料、能源矿产等诸多领域。人工智能、大数据、清洁能源等中国具备相当优势的领域也正在成为中国、巴西合作的新领域。[②] 实际上，在对外投资、科技合作乃至人文交流等领域，同时伴随着大量对外援助（包括发展援助和人道主义援助）活动。对外援助是一国实现安全、发展、人道主义等多重目标的重要战略实施工具。[③] 作为南南合作的典范，中国和巴西在对外援助领域的合作潜能亟待挖掘。本文将在介绍、分析两国对外援助体系，特别是在法律制度体系的基础上，探讨两国实现国际援助领域合作的现实路径和法律框架构建问题。[④]

---

① 中国超越美国 成巴西最大投资来源国[R/OL]. http://www.br-cn.com/topic/20190814zbffyears/jtai/20190814/134493.html,2021-4-17.

② 科技合作"点亮"巴中关系[R/OL]. http://www.br-cn.com/topic/20190814zbffyears/jtai/20190814/134494.html,2021-4-18.

③ 韩永红译. 对外援助国外立法文件编译[M]. 北京：知识产权出版社，2020：1.

④ 在本文中国际援助和对外援助基本被作为同义词使用。二者的细微差别可以理解为国际援助更突出援助国和受援国之间的合作共赢关系，对外援助更突出援助国，强调援助关系的对外性。

一、巴西对外援助体系概览

（一）巴西的对外发展援助体系

1. 主要职能部门

巴西负责实施对外援助工作的政府职能部门主要是隶属于巴西外交部的巴西合作署（ABC）。巴西合作署成立于1987年，负责规划、协调、谈判、批准、执行、监测和评估巴西的对外发展援助、巴西的对外人道主义援助和巴西接收国际援助的项目和活动。巴西合作署与100多个发展中国家签定了基本技术合作协议，且已在拉丁美洲、亚洲、非洲、欧洲和大洋洲的108个国家/地区累计开展了7 000多个项目，有超过124个巴西机构参与。① 在巴西合作署之下设有7个负责对外援助的总协调局，分别为：技术合作总协调局——非洲、亚洲和大洋洲区域，技术合作总协调局——拉丁美洲、加勒比和欧洲区域，多边技术合作总协调局，与发达国家的技术合作与伙伴关系总协调局，人道主义合作总协调局，行政和预算总协调局，规划与沟通总协调局。2019年9月9日第9683号法令附件一的第30条明确规定了巴西合作署的权限："巴西合作署负责在国家层面规划、协调、谈判、批准、执行、监测和评价从国内到国外和从国外到国内的所有知识领域的双边、三边或多边形式的人道主义援助和对外发展援助的方案、项目和活动。"②

2. 对外发展援助代表性项目

巴西对外发展援助又称为南南合作、横向合作，是指巴西作为援助国面向其他发展中国家提供的技术合作。③ 巴西在对外发展援助中的自我角色定位更趋向于"合作者"而不是"援助者"，即通过与他国或者国际组织建立双边、多边国际技术合作关系而达到互利共赢齐发展的目的。④ 巴西不主动对外提供援助，而是在巴西外交部门收到援助

---

① 参见巴西合作署网站，http://www.abc.gov.br/SobreABC/Introducao，最后访问日期：2021年4月22日。

② 参见 DECRETO N° 9.683, DE 9 DE JANEIRO DE 2019（2019年9月9日第9683号法令），http://www.planalto.gov.br/ccivil_03/_ato2019-2022/2019/decreto/D9683.htm，最后访问日期：2021年4月22日。

③ 联合国大会于1948年提出了"技术援助"这一概念。它是指发展水平不平等的国家之间进行非商业性质的技术和知识传授，往往通过派遣专家、进行人员培训、提供书籍材料和设备、进行专业领域研究和调查的方式进行。1959年，联合国大会决定对"技术援助"的概念进行重新定义，以"技术合作"一词代替"技术援助"。"技术合作"更强调援助国和受援国之间的交流和互利共赢的关系。20世纪70年代，由于发展中国家积累的积极经验可以被面临类似挑战的其他国家所借鉴，进而联合国提出并发展了新的概念——"发展中国家间的技术合作"（亦称"横向合作"）。在以下行文中，本文将不区分使用"技术援助"和"技术合作"两个概念。

④ Laerte Apolinário Júnior. See A Cooperação Brasileira para o Desenvolvimento Internacional como Instrumento de Política Externa: a Economia Política da Cooperação Técnica Braileira [R/OL]. https://doi.org/10.11606/T.8.2019.tde-15082019-132439, 2021-4-28.

请求时才会有针对性地提供援助。在收到援助请求后,巴西合作署会向相关领域的私立、公立机构询问是否有能力和兴趣去分享其在该领域的专业技术知识,从而对求助国提供援助。如果有专业机构可以提供技术援助,则进行援助项目的启动工作。项目的每一个环节都会在巴西外交部法律顾问的监督和评估下进行。1970年,巴西加入南南合作。[①] 南南合作是非商业利益性的技术合作,旨在向受援国分享其所需领域的智力研究成果和良好的实践经验。自2000年起,巴西开始在消除饥饿、贫困和不平等领域加强同国际组织的合作,将良好社会治理经验传播给欠发达国家,也以此巩固了巴西在南南合作中的重要地位。[②] 除了与政府的合作,巴西还致力于扩大参与技术合作的主体范围,比如与民间社会实体组织尝试建立合作。在巴西国内层面,民间社会实体组织可以通过提供技术或者资金的方式加入到巴西合作署的对外援助项目之中。在国际层面,与他国政府开展的技术合作则需签订国际合作协议。民间社会实体组织不能以自身名义直接签订国际合作协议而需通过官方渠道(即负责国际援助合作的政府部门)来签订国际合作协议。

巴西提供对外发展援助的对象主要集中在拉丁美洲、加勒比地区和非洲,偶尔也会与亚洲(如东帝汶、阿富汗和乌兹别克斯坦)、中东(如黎巴嫩和巴勒斯坦)及大洋洲地区的发展中国家开展技术合作。根据巴西合作署官方数据,2017年,巴西合作署协调了约610个技术合作项目。其中双边合作项目金额约合计730万美元;促成与发达国家的三边合作项目24个;与国际组织的三边合作项目39个,位于拉丁美洲和加勒比地区的14个国家和非洲的9个国家受益,其中拉丁美洲和加勒比地区的主要国家为阿根廷、哥伦比亚、哥斯达黎加、厄瓜多尔、巴拉圭和秘鲁,非洲主要国家为埃塞俄比亚、几内亚比绍、马拉维、莫桑比克、塞内加尔及圣多美和普林西比。与国际组织的三边合作项目金额为1 070万美元。由于语言和文化相通的优势,巴西与所有葡萄牙语国家保持着长期的技术合作。巴西合作署提供的数据显示,1998年至2017年,巴西与非洲葡萄牙语国家及东帝汶合作的项目共512项,参与合作的机构主要为巴西奥斯瓦尔多·克鲁兹基金会、巴西国家工业教育服务中心、联邦大学、州立大学、卫生教育劳工部、联邦政府、巴西中央银行、国家癌症研究所等。具体的项目数量和所涉金额如表1所示。[③]

---

① Aline Louise Kerch, Leonardo Gustavo Schneider, VI Encontro de Estudos em Esrtratégia. See O Brasil na Cooperação Internacional para o Desenvolvimento: a atuação brasileira na Cooperação Sul-Sul[R/OL]. http://www.anpad.org.br/admin/pdf/3Es460.pdf,2021-4-28.

② Patrícia Andrade de Oliveira e Silva, Niemeyer Almeida Filho. See Cooperação Internacional para o Desenvolvimento: o Caso Brasileiro[R/OL.]https://doi.org/10.14393/REE-v34n2a2020-50335,2021-4-28.

③ 巴西合作署. See Relatório de atividades 2017[R/OL]. http://www.abc.gov.br/imprensa/mostrar-conteudo/975,2021-4-22.

表 1　巴西同非洲葡萄牙语国家和东帝汶的双边国际技术合作(1998—2017 年)

国家	项目数量(个)	项目金额(万美元)
安哥拉	78	580
佛得角	90	500
几内亚比绍	62	760
赤道几内亚	3	10
莫桑比克	141	1 560
圣多美和普林西比	97	1 080
东帝汶	75	1 080
总计	546	5 570

巴西的双边南南合作集中在农业(包括农业生产和粮食安全)、旅游业、专业培训、教育、司法、体育、卫生、环境、信息技术、职业事故预防、城市发展、生物燃料、航空运输等领域。近年来,巴西提供的南南合作项目和活动也开始涉足文化、对外贸易和人权等领域。

巴西对外发展援助最主要的两个项目——巴西国家工业教育服务中心项目(SENAI)和"棉四项目"均体现了此种特色。巴西国家工业教育服务中心是巴西最重要的生产和传播工业知识的国家级培训机构之一。巴西国家工业教育服务中心凭借丰富的经验、较高的专业程度和强大的实力,助力巴西的专业培训系统,并在巴西合作署的支持下,将此种培训系统传播到非洲、亚洲和拉丁美洲的其他国家。就投入的资源量而言,巴西国家工业教育服务中心项目是巴西提供的最大合作项目之一,现已分别在非洲的安哥拉、佛得角和几内亚比绍开设了专业培训中心,还将在圣多美普林西比和莫桑比克建立另外两个新的培训中心。位于罗安达的巴西—安哥拉专业技术培训中心成立于 2000 年,是巴西国家工业教育服务中心在非洲的成功案例之一。安哥拉长期的内部冲突导致其城市建筑被摧毁,而在寻找合格工人以支持战后重建工作时又遇到了一系列困难。基于此种现实需要,巴西—安哥拉专业技术培训中心在发动机机械、民用建筑、电力、服装和信息技术领域对人员进行专业培训,为安哥拉的社会融合和国家重建做出了贡献。巴西政府已于 2005 年将巴西—安哥拉专业技术培训中心的管理权移交给了安哥拉政府。该培训中心目前仍在全面正常运行。此外,2018 年是巴西国家工业教育服务中心同阿尔及利亚珠宝加工业技术合作的十周年。[①] 由巴西珠宝制造商、采矿商等组成的培训团队在阿尔及利亚开设了珠宝加工培训班,提高了阿尔及利亚珠宝加工技艺并培养了大量珠宝加工方面的人才,创造了大量就业。

---

① See Cooperação Internacional Brasil-Argélia: Uma década de cooperação para a produção de gemas e joias[R/OL]. http://www.abc.gov.br/imprensa/mostrarConteudo/951,2021-4-22.

"棉四项目"致力于支持非洲棉花生产国发展棉花事业,提高其棉花供应链的竞争力。该项目于2009年3月至2013年12月期间实施。"棉四项目"的四个成员国为:贝宁、布基纳法索、乍得、马里。尽管每个国家都有其特殊之处,但棉花种植中共通的难题还是生物害虫防治、综合土壤管理及品种管理。上述四国由于缺乏现代农业技术和有效管理方式,因此使以上问题尤为凸显。基于此,在巴西合作署(ABC)和联合国开发计划署(UNDP)的协调下,巴西农业研究公司(Embrapa)开始执行"棉四项目"。"棉四项目"主要分享三个领域的知识:综合病虫害管理、遗传改良和免耕耕作。"棉四项目"在非洲的伙伴机构是上述四个国家的公共研究机构:马里的农村经济研究所、布基纳法索的环境和农业研究所、乍得的农业研究所和贝宁的农业科学研究中心。在项目实施的四年间,"棉四项目"取得了积极成效,不仅提高了这些国家棉花的质量和产量,还达成了以下成就:(1)复兴了马里Sotuba实验站,完善了农场、实验室和行政管理的基础设施;(2)帮助这些国家引进了10种巴西棉花的品种;(3)在巴西和"棉四项目"四国为研究人员和推广人员举办了22场培训;(4)合作制定了3本有关农业规范的手册和5份技术通告。[1] 由于"棉四项目"效果良好,巴西在2014年重启"棉四项目"并将援助成员国增加到五国,新加入的国家为多哥。2016年,巴西合作署、巴西棉花协会和联合国粮食及农业组织(粮农组织)合作还在拉丁美洲和加勒比地区开展了"棉花项目",该项目将会持续到2024年。在过去五年间,"棉花项目"已成立了36个示范性技术单位(UTD),对巴西12种天然纤维种子进行了试验;共举办了85次培训活动,有5 000多名生产者和1 500多名技术人员参加,培训内容包括棉花可持续管理、农村研究和推广的概念及方法、种子管理和处理、鸟喙和其他瘟疫的控制等。

3.对外发展援助法律规范体系

在接收发展援助方面,巴西的法律规范体系主要由法律和部门规章构成。在法律层面,2004年7月22日第5151号法令主要就巴西作为受援国与提供技术援助的国际组织签订基础合作协议之上的补充协议做了规定。[2] 国家间技术合作是通过签订合作协议来实现的。其中,基础协议则是国家间建立技术援助关系的第一份法律文件,而随着合作的进行可能还需要补充和完善基础协议中的内容,即需要签订补充协议来达到此目的。第5151号法令第3条规定了补充协议的签订需要经过巴西合作署的批准,并规定了补充协议应当具备的内容:(1)合作目的,需清楚而准确地描述国际技术合作项目要达成的目标;(2)合作双方,需写明国家的执行机关、单位和与之合作的国际组织的名称和各自的义务;(3)合作所涉及的财政资源明细;(4)合作期限;(5)有关财务独立审

---

[1] See Avaliação do Projeto "Apoio ao Desenvolvimento do Setor Algodoeiro dos Países Do C-4"[R/OL]. http://www.abc.gov.br/imprensa/mostrarconteudo/1660,2021-4-22.

[2] See DECRETO N° 5.151,DE 22 DE JULHO DE 2004[EB/OL]. http://www.planalto.gov.br/ccivil_03/_ato2004-2006/2004/decreto/D5151.htm,2021-4-22.

计的规定；(6)关于账户提供的规定；(7)管理费用和收取的时间；(8)关于合作中止和终止的规定。第5151号法令第4条规定，国家执行机关或单位可向与之合作的国际组织建议，在实施国际技术合作项目时如有需要可与个人或法人签订专业技术咨询服务协议。

在部门规章层面，巴西外交部2017年1月4日颁布的第8号条例，规定了巴西联邦公共管理机关、单位在巴西政府和国际组织签订基础合作协议之上的补充协议过程中应该遵守的程序性规则。[①] 巴西联邦税务局的第1114号规范指令[②]确立了国际组织向提供技术合作的专家顾问支付工资的程序性规则，其中第二条第一款、第二款分别规定了国际组织应该向以下单位发布声明：与国际组织签署国际技术合作协议的联邦公共行政管理机关、单位及州、市级公共行政管理机关和单位。同时，第1114号规范的第三条、第四条、第五条规定了国际组织应该在每年三月份的最后一个工作日之前通过联邦税务局官网上传工资声明，声明是按每个人的月工资来呈现的，逾期未上传声明或者声明不规范（如存在数据造假等情况）会面临罚款。公共行政管理机关会根据国际组织提供的工资声明制作出年度收入证明并在税务局官网上展示至次年二月最后一个工作日。若公共行政管理机关未及时公布年度收入证明则也会受到相应罚款。与此同时，作为受援国在接收国际援助项目时，巴西合作署和各职能单位也会参考以下文件来规范国际合作中涉及的财政、税收、项目招标及专家顾问的聘用：巴西联邦审计法院第946/2004号和第1339/2009号判决、巴西联邦税务局第194/2015号咨询解决方案[③]、招标标准融合手册[④]、巴西总审计署旅游和聘用顾问手册[⑤]。

在实施对外发展援助方面，目前巴西尚未有专门性的基本法律，主要通过部门规章、规范性文件、政策文件等形式加以规范。截至2021年4月，巴西合作署共发行了5版《多边和双边国际技术发展合作指南》。[⑥]《多边和双边国际技术发展合作指南》是巴西对外发展援助的综合性规范性文件。《多边和双边国际技术发展合作指南》第一部分主要介绍了国际技术合作的目的、准则和巴西合作署的贡献。《多边和双边国际技术发

---

① See PORTARIA N° 8,DE 4 DE JANEIRO DE 2017[EB/OL]. https://www.in.gov.br/materia/-/asset_publisher/Kujrw0TZC2Mb/content/id/20588292/do1-2017-01-20-portaria-n-8-de-4-de-janeiro-de-2017-20588205,2021-4-22.

② See INSTRUÇÃO NORMATIVA RFB N° 1114,DE 28 DE DEZEMBRO DE 2010[EB/OL]. http://normas.receita.fazenda.gov.br/sijut2consulta/link.action? idAto=16086&visao=anotado,2021-4-22.

③ See Solução de Consulta COSIT/RFB no 194/2015[EB/OL]. http://normas.receita.fazenda.gov.br/sijut2consulta/link.action? idAto=68165&visao=anotado,2021-4-23.

④ See Manual de Convergência de Normas Licitatórias[EB/OL]. http://www.abc.gov.br/sigap/downloads/Manual_convergencia_PNUD.pdf,2021-4-23.

⑤ See Manuais CGU (viagens e contratação de consultorias) [EB/OL]. http://www.cgu.gov.br/Publicacoes/auditoria-e-fiscalizacao/projetos-de-cooperacaoInternacional,2021-3-30.

⑥ 巴西合作署. Diretrizes para o Desenvolvimento da Cooperação Técnica Internacional Multilateral e Bilateral[EB/OL]. http://www.abc.gov.br/imprensa/publicacoes,2021-4-23.

展合作指南》第二部分介绍了巴西多边、双边国际技术合作的主体、法律依据和资金来源。多边、双边国际技术合作的主体是政府间国际组织,其合作的法律基础是基础技术合作协议。如果《多边和双边国际技术发展合作指南》规定某种合作必须是政府间签署的协议,如州或者市级政府也想与该国或者该国际组织合作,就必须通过巴西合作署来签订合作协议。巴西地方政府在巴西外交部的支持下以执行机构的身份促进国际合作的发展。多边国际技术合作的资金来源主要是通过三个渠道:一是国际组织、外国政府机构或私营企业,二是国际基金组织和援助国,三是巴西政府。然而双边国际技术合作则不涉及外部资金的流入。《多边和双边国际技术发展合作指南》第三部分规定了巴西作为受援国接收国际技术合作计划的制定、分析和批准。《多边和双边国际技术发展合作指南》第四部分介绍了国际技术合作具体实施细则,涉及项目指导和协调、流程追踪、进度报告、评估、审核和项目执行监控系统等方面的内容。关于国际技术三边合作,则由《三边技术合作倡议的设计、协调和管理指南》单独加以规范。[①] 其主要内容包括巴西参与南南技术合作的背景、原则、理由、制度框架及法律支撑、运行程序。在巴西合作署官网还可以查看到其在 2004 年发布的《国际技术合作项目制定指导手册》、2016 年发布的《巴西合作署战略文件》、2017 年发布的《南南技术合作管理手册》和《起草技术合作项目倡议书的流程》等规范对外发展援助的政策文件。[②]

(二)巴西的人道主义援助体系

1. 职能部门

根据巴西的 2017 年 7 月 27 日第 9110 号法令(后更新为 2019 年 1 月 9 日第 9683 号法令),巴西合作署人道主义合作协调总局(CGCH)成立,其主要职能为:(1)协调人道主义援助行动,包括捐赠食物、药品和其他基本物资。(2)协调与国际组织及其他政府和非政府组织在人道主义问题上的合作倡议。在此基础上,根据 2019 年 6 月 25 日第 9860 号法令,巴西设立了国际人道主义合作部工作组。其主要职能为:(1)协调人道主义援助行动。(2)提出提高巴西人道主义援助的能力和效力的倡议。(3)拟定人道主义援助立法提案。该工作组由以下的巴西政府部门组成:外交部,总统府民议院,司法和公共安全部,国防部,经济部,农业、畜牧和供应部,教育部,公民部,卫生部,科学技术创新和通信部,环境部,区域发展部,妇女、家庭和人权部,总统府秘书长,总统府政府秘书处,总统府机构安全办公室和国际电联总干事。此外,巴西合作署人道主义合作协调总局还与以下国际组织合作推进人道主义援助:联合国粮农组织、世界粮食计划署、联合国难民事务高级专员、国际移民组织、联合国人道主义事务协调厅、联合国近东巴勒

[①] 巴西合作署. See Diretrizes Gerais para a Concepção, Coordenação e Supervisão de Iniciativas de Cooperação Técnica Trilateral[EB/OL]. http://www.abc.gov.br/imprensa/publicacoes, 2021-4-23.

[②] See Decreto N° 9860, de 25 de junho de 2019[EB/OL]. http://www.planalto.gov.br/ccivil_03/_Ato2019-2022/2019/Decreto/D9860.htm, 2021-3-30.

斯坦难民援助机构、联合国减少灾害风险办公室。

2. 人道主义援助项目

2004年1月1日,巴西外交部的人道主义合作与消除饥饿总协调局(CGFOME)成立[①],巴西开始进行对外人道主义援助。作为农业大国,巴西对外援助最多的是食品。受援国通过其当地的巴西驻外使领馆向巴西政府发出援助请求,巴西政府收到援助请求后,便开始进行援助可行性分析。巴西政府只有在不损害巴西本国粮食供应的情况下,才会决定进行援助。巴西长期以来十分关注粮食和营养安全。2008年起,巴西与联合国粮农组织合作对拉丁美洲和加勒比地区开展了"2025年无饥饿倡议下的加强学校饮食计划"项目。截至2018年,巴西已投入了5 000万美元。该项目涉及13个国家(伯利兹、哥斯达黎加、萨尔瓦多、格林纳达、危地马拉、圭亚那、洪都拉斯、贾梅卡、巴拉圭、秘鲁、多米尼加共和国、圣露西亚和圣文森特以及格林纳丁斯)的30万名学生和3 193所学校。巴西的另一个主要人道主义援助领域是药品和保健用品。据巴西官方数据统计,在2016年至2018年间,巴西医疗卫生方面的援助金额超过842万美元,社会环境灾难方面的人道主义援助金额为80万美元,难民迁移方面的人道主义援助金额为25.5万美元。在新冠疫情期间,巴西多次向拉丁美洲、非洲和亚洲国家捐赠抗疫物资,如2021年3月向厄瓜多尔捐赠口罩,向圣多美和普林西比及黎巴嫩捐赠医疗用品,向莫桑比克捐赠6万只乳胶手套、2万只N95口罩和900件医护人员个人防护服、温度计、护目镜等物品,向巴拉圭捐赠抗疫帐篷。在卫生方面,如对抗艾滋病毒、帮助发展落后的国家完善医院设施、改善医疗环境等传统领域的人道主义援助也在同时进行。

3. 人道主义援助法律规范体系

2018年2月15日的第9286号法令规定了接收人道主义危机难民的联邦紧急援助委员会的组成、权限和运作标准。[②] 2011年6月20日的第12429号法令规定了国际粮食捐赠应遵循的标准和程序[③],其中关于受援国名单需参考2012年第12688号法律[④],关于粮食捐赠的数量限制要参考2014年第13001号法令[⑤]。2018年6月21日的

---

① 参见巴西外交部网站,http://antigo.itamaraty.gov.br/pt-BR/sem-categoria/13229-historico-da-cooperacao-humanitaria-brasileira,最后访问日期:2021年4月24日。

② See Decreto N° 9 286 de 15/2/2018[EB/OL]. http://www.planalto.gov.br/ccivil_03/_Ato2015-2018/2018/Decreto/D9286.htm,2021-3-30。

③ See Lei N° 12429 de 20/6/2011[EB/OL]. https://presrepublica.jusbrasil.com.br/legislacao/1028040/lei-12429-11,2021-3-30。

④ See Lei N° 12688 de 2012[EB/OL]. http://www.planalto.gov.br/ccivil_03/_ato2011-2014/2012/lei/l12688.htm,2021-3-30。

⑤ See Lei N° 13001 de 2014(2014年第13001号法律),http://www.planalto.gov.br/ccivil_03/_ato2011-2014/2014/lei/l13001.htm,最后访问日期:2021年3月30日。

第13684号法律规定了接收受到人道主义危机而迁徙的难民的紧急援助措施。[1] 该法主要明确了援助对象应符合的条件、巴西方面提供援助时应权衡的事项（如本国国情和援助能力），以及各职能部门应尽的职责。该法令第11条规定："在外交部的协调下向处于武装冲突、自然灾害、公共灾难、粮食不安全、营养不良，包括生命、健康和人权受到严重威胁及面临其他类似紧急情况的人民和国家提供人道主义援助。"有关卫生方面的人道主义援助要合并参照1990年9月19号第8080号法令，该法适用于全国范围内由公法或私法管辖的自然人或法人单独或联合、永久或暂时实施的卫生行动和服务。[2] 关于基础教育方面的人道主义援助要合并参照2020年12月25号第14113号法令。该法规定了维持和发展基础教育及教育专业人员的报酬的资金来源和用途等内容。[3] 与民间社会组织签订的有关援助协议需要参照2015年12月14日第13204号法令[4]，该法为公共行政部门和民间社会组织的合作提供了法律规范，旨在增强社会公共资源利用的透明度，防止资金不当利用的情形。其中，该法第10条规定："公共行政部门必须在合作结束后的一百八十天内，在其官方网站上保留之前已建立的合作关系和各自的工作计划清单。"该法第11条规定："民间社会组织必须在其官方网站和营业场所以可被公众看见的方式公布与公共行政部门建立的所有合作关系。"

二、中国对外援助的新发展

（一）中国对外援助项目的新发展

作为世界上最大的发展中国家，中国肩负起了在发展自身的同时帮助其他发展中国家发展经济、改善民生的重任，已成为对外援助大国之一。新时代中国的国际发展合作秉持着人类命运共同体理念，依托"一带一路"等平台，同发展中国家一道致力于促进缩小南北发展差距、消除发展赤字、促进南南合作深化发展、积极推动落实联合国2030年可持续发展议程。2018年4月18日，中国的国家国际发展合作署正式成立。作为国务院直属的对外援助的新的管理部门，该部门整合了原商务部、外交部、财政部等对外援助相关职能，但援外的具体执行工作仍由有关部门按分工承担。其主要负责拟定对外援助战略方针、规划、政策，统筹协调援外重大问题并提出建议，推进援外方式改

---

[1] Lei N° 13684 de 21/6/2018（2018年6月21日第13684号法律），https://presrepublica.jusbrasil.com.br/legislacao/592925488/lei-13684-18，最后访问日期：2021年3月30日。

[2] See Lei N° 8080 de 19/9/1990（1990年9月19日第8080号法律），http://www.planalto.gov.br/ccivil_03/leis/l8080.htm，最后访问日期：2021年3月30日。

[3] See Lei N°14113 de 25/12/2020（2020年12月25日第14113号法律），http://www.planalto.gov.br/ccivil_03/_Ato2019-2022/2020/Lei/L14113.htm#art53，最后访问日期：2021年3月30日。

[4] See Lei N° 13204 de 14/12/2015（2015年12月14日第13204号法律），http://www.planalto.gov.br/ccivil_03/_Ato2015-2018/2015/Lei/L13204.htm#art1，最后访问日期：2021年3月30日。

革,编制对外援助方案和计划,确定对外援助项目并监督评估实施情况等。① 国家国际发展合作署负责管理和使用南南合作援助基金。南南合作援助基金是 2015 年 9 月习近平主席在联合国发展峰会上宣布设立的,首期提供 20 亿美元。2017 年,中国又增资 10 亿美元,支持发展中国家落实可持续发展议程。② 在 2019 年第二届"一带一路"国际合作高峰论坛上,习近平主席宣布实施"一带一路"应对气候变化南南合作计划,深化农业、卫生、减灾、水资源等领域合作,邀请 1 万名代表来华交流,鼓励和支持沿线国家和社会组织广泛开展民生合作,持续实施"丝绸之路"中国政府奖学金项目等一系列重要举措。

2021 年发布的《新时代的中国国际发展合作》白皮书中的相关数据信息显示,2013 年至 2018 年,中国对外援助金额为 2 702 亿元人民币,包括无偿援助、无息贷款和优惠贷款。2013 年至 2018 年,中国共向亚洲、非洲、拉丁美洲和加勒比、大洋洲和欧洲等地区 122 个国家及 20 个国际和区域性多边组织提供援助。其中,亚洲地区 30 国,非洲地区 53 国,大洋洲地区 9 国,拉丁美洲和加勒比地区 22 国,欧洲地区 8 国。五年间,中国共建设成套项目 423 个,重点集中在基础设施、农业等领域;共在 95 个国家和地区完成技术合作项目 414 个,主要涉及工业生产和管理、农业种植养殖、文化教育、体育训练、医疗卫生、清洁能源开发、规划咨询等领域;举办 7 000 余期人力资源开发合作项目,项目涉及政治外交、公共管理、国家发展、农业减贫、医疗卫生、教育科研、文化体育、交通运输等 17 个领域共百余个专业,共约 20 万名人员受益;共向 80 多个国家派遣青年志愿者和汉语教师志愿者 2 万余名;共向 60 个国家提供紧急人道主义援助,包括提供紧急人道主义援助物资设备,派遣国际救援队和医疗专家组,抢修受损设施。③

中国在应对新冠肺炎疫情方面也积极开展了国际援助合作。2020 年 12 月,中国分别与联合国工业发展组织、联合国开发计划署和联合国难民署签署应对新冠肺炎疫情南南合作援助基金项目合作协议。随后又分别签署了向圣多美和普林西比、冈比、博茨瓦纳和莱索托等受新冠疫情影响的国家提供健康卫生援助项目合作协议。南南合作与发展学院也是中国对外发展援助的新特色之一。南南合作与发展学院是习近平主席 2015 年 9 月在联合国成立 70 周年系列峰会上对外宣布的重大援外承诺,于 2016 年 4 月在北京大学挂牌成立,旨在总结分享中国及广大发展中国家的治国理政成功经验,帮助发展中国家培养政府管理高端人才,是中国推动南南合作、促进共同繁荣的重要举措。2016 年 9 月,南南合作与发展学院成功招收第一批来自埃塞俄比亚、柬埔寨、牙买加等 23 个国家共 48 名博士、硕士学员。2017 年 7 月 6 日,南南合作与发展学院首届

---

① 参见国家国际发展合作署网站(www. cidca. gov. cn/zyzz. htm)。
② 赵美艳. 中国对外援助制度及其完善问题研究[D]. 外交学院,2020:62.
③ 国务院新闻办公室. 新时代的中国国际发展合作(白皮书)[EB/OL]. http://www.scio.gov.cn/zfbps/32832/Document/1696685/1696685.htm,2021-1-10.

26名硕士毕业生顺利毕业。[①]

(二)中国对外援助法律规范体系的新发展

目前,中国的对外援助规范体系主要由政策方针、部门规章、规范性文件和内部规则构成,尚未有专门性基本法律。中国对外援助首个综合性部门规章是商务部2014年颁布的《对外援助管理办法》。国家国际发展合作署成立后在原有商务部规章的基础上,也陆续修订、发布了以下规章:《对外援助标识使用管理办法》(2019年12月25日国家国际发展合作署第21次署务会议审议通过,自2020年1月1日起施行,商务部《对外援助标识使用管理办法(试行)》(商务部2016年第1号令)同时废止)、《国家国际发展合作署行政处罚实施办法》(2020年3月24日国家国际发展合作署第3次署务会议审议通过,自2020年5月1日起施行)、《国家国际发展合作署行政复议实施办法》(2020年3月24日国家国际发展合作署第3次署务会议审议通过,自2020年5月1日起施行)、《对外援助项目咨询服务单位资格认定办法》(2020年10月22日国家国际发展合作署第9次署务会议审议通过,自2020年12月1日起施行)。其他规章(如《对外援助管理办法》《对外援助成套项目管理办法》《对外援助物资项目管理办法》等)尚在修订之中。我国现行有效的对外援助相关部门规章如表2所示。

表2　　　　　　　　　　中国对外援助的部门规章

实施时间	颁布部门	规章名称	现行效力
1995年	原对外贸易经济合作部	《关于援外技术合作项目招(议)标报价取费标准的暂行规定》	有效
1999年	原对外贸易经济合作部、原国家出入境检验检疫局	《对外援助物资检验管理办法(试行)》	有效
2006年	商务部	《对外援助成套项目安全生产管理办法(试行)》	有效
2014年	商务部	《对外援助管理办法(试行)》	有效
2015年	商务部	《对外援助项目实施企业资格认定办法(试行)》	部分有效(与2020年实施的《对外援助项目咨询服务单位资格认定办法》规定不一致的部分无效)
2016年	商务部	《对外援助物资项目管理办法(试行)》	有效
2016年	商务部	《对外援助成套项目管理办法(试行)》	有效

[①] 参见国家国际发展合作署官网(http://www.cidca.gov.cn/2018-08/24/c_129939206.htm),最后访问日期:2021年3月30日。

续表

实施时间	颁布部门	规章名称	现行效力
2020 年	国家国际发展合作署	《对外援助标识使用管理办法》	有效
2020 年	国家国际发展合作署	《国家国际发展合作署行政处罚实施办法》	有效
2020 年	国家国际发展合作署	《国家国际发展合作署行政复议实施办法》	有效
2020 年	国家国际发展合作署	《对外援助项目咨询服务单位资格认定办法》	有效

三、中国与巴西开展国际援助合作的可能路径

通过以上对巴西和中国对外援助情况的介绍,我们可以看到,两国在对外援助方面具有相似性和互补性。两国的对外援助都包括发展援助和人道主义援助;两国都已建立了负责对外援助事务的专门性政府职能部门;两国都重视与联合国等国际组织在国际援助方面的合作;两国都已建立起以部门规章和规范性文件为主体的对外援助规范体系。相较于中国对外援助开展的历史和规模,巴西是对外援助领域的"新兴国家",对外援助尤其是人道主义援助的覆盖区域范围和援助总额都远低于中国。但巴西更为重视发展援助,尤其是技术合作或技术援助。巴西的对外援助法律规范体系也更重视对接受援助和对外援助的程序性规则设计。

基于中国、巴西两国在对外援助方面的相似性、互补性,以及我们对国际援助发展趋势的判断,我们认为两国可优先考虑通过以下路径开展国际援助合作。

(一)将技术合作作为开展国际援助合作的重点领域

我国的对外援助方式包括援建成套项目、提供物资、开展技术合作、开展人力资源开发合作、实施南南合作援助基金项目、派遣援外医疗队、开展志愿服务、提供紧急人道主义援助、减免债务等。[①] 其中,至少在"开展技术合作、开展人力资源开发合作、实施南南合作援助基金项目"方面与巴西所开展的技术合作存在交集。巴西已开展的具有代表性的巴西国家工业教育服务中心和"棉四项目"均是南南国家间开展的以人力资源培训、合作为主要内容的技术合作援助。

首先,中国、巴西可重点推进在基础设施建设和制造业领域的技术援助合作。通过以往中巴的双边经贸关系和经济技术合作就可以看出,巴西具有丰富的自然资源,在石油、天然气、矿产和淡水资源方面极具优势,但欠缺的是基础设施和轻工业制造业技术,我国恰恰在基础设施建设和制造业领域具备世界一流的技术经验和人才,因此,基础设

---

① 国务院新闻办公室. 新时代的中国国际发展合作(白皮书)[EB/OL]. http://www.scio.gov.cn/zfbps/32832/Document/1696685/1696685.htm,2021-1-10.

施建设和制造业领域可以视为中巴应当继续加强技术合作的领域。我国可以同巴西国家工业教育服务中心合作开设诸如珠宝加工、纺织服装、零配件制造等轻工业培训项目,联合对非洲国家发展技术援助,形成三边制造业技术合作模式。鉴于疫情的影响和地理距离的限制,为促进专家、技术人员的交流,可以合作开发远程教育课程,开展线上课程、专家指导及工厂实例演示等新模式。实际上,中巴两国政府已开始将技术援助合作付诸实践。例如,2019 年 10 月 25 日中巴双方签署了《中国三峡(巴西)有限公司和巴西国家工业教育服务中心合作谅解备忘录》,2019 年 11 月 13 日签署了《中华人民共和国交通运输部与巴西联邦共和国基础设施部合作谅解备忘录》,2019 年 10 月 25 日签署了《中华人民共和国国家发展和改革委员会与巴西联邦共和国矿产能源部关于开展可再生能源和能效合作的谅解备忘录》。

其次,中国、巴西可重点推进高新科技领域的技术援助合作。两国在科技合作领域的活跃合作为开展技术援助合作奠定了较为坚实的基础。自 1988 年以来,两国一直是太空科学领域合作伙伴,中巴联合研制地球资源卫星项目被誉为南南合作的典范,已成功发射 5 颗卫星。巴西农业研究所与北京遗传与发育生物学研究所开展利用 CRISPR/Cas9 进行基因组编辑的研究。同时,在反刍动物的生产和营养及肉质领域也加强了合作。① 巴西还是我国在拉美地区共建联合实验室最多的国家,双方建有农业联合实验室、气候变化和能源创新技术中心、纳米研究中心、南美空间天气实验室、气象卫星联合中心等,并正在筹建生物技术中心。② 巴西和中国科学院之间签订了谅解备忘录,合作领域涉及生物科学、生物技术、太空科学、纳米技术、生物多样性、农业科学、气候变化、数学和计算。双方还制定了科学家交流交换项目,巴西科学院同巴西研究与项目融资机构(Finep)协助推广"中科院院长国际奖学金计划"(PIFI),该计划旨在吸引有兴趣与中国发展科学合作的国际人才,将为高级研究人员、访问研究人员和博士后提供科研机会和奖学金。可见,中国和巴西在航空航天、农业、卫生医疗、气候变化和生物科技领域的技术援助合作大有可为。

最后,中国、巴西应在抗击新冠疫情国际合作经验的基础上,继续推进在公共卫生领域的技术援助合作。自巴西出现疫情以来,中国政府已向巴西援助了多批紧急医用物资,包括呼吸机、CT、防护服、检测试剂、病床等,总价超过 4 000 万雷亚尔。中方已组织两国科学院及医疗团队开展了近 30 场在线交流,并协助巴西在中国采购了 1 200 吨防疫用品。③ 除双方中央政府外,地方政府、企业、社会组织也已参与中国、巴西国际援助合作。中巴企业和机构在巴西开展多期新冠疫苗临床试验,双方的生物制药机构

---

① 巴西合作署. See Relatórios de atividades 2019[R/OL]. http://www.abc.gov.br/imprensa/publicacoe,2021-3-30.

② 参见外交部网站(https://www.fmprc.gov.cn/web/gjhdq_676201/gj_676203/nmz_680924/1206_680974/sbgx_680978/),最后访问日期:2021 年 3 月 30 日。

③ 杨万明. 团结合作,共谱中巴关系更加美好的未来[N]. 中国日报,2020-09-21.

也开展了疫苗研发合作。根据巴西合作署的数据，2020年4月21日，中国最大的在线旅游门户网站 Trip.com 向巴西卫生部捐赠了10万只口罩。2020年7月28日，中国中信建设公司向巴西电力公司 CGT Eletrosul 捐赠7 500个一次性口罩和7 500个N95口罩。温州商会、青年社会团体和多个私营企业向巴西捐赠20万件抗疫医疗物资。广州市向巴西累西腓市捐赠10万只一次性医用外科口罩。2021年3月27日，中国字节跳动公司和阿里巴巴基金分别向巴西捐赠90台和10台呼吸机。①

在医疗方面，我国的传统中医药学在巴西已成为研究热门。尤其在疫情期间，由于巴西当地医院接诊能力接近饱和，于2019年成立的中国—巴西中医药国际合作基地给巴西当地民众提供了优质的中医诊疗服务，不少轻症患者慕名找到中医药基地问诊买药，为此，不少巴西医生协会主动与基地联系，要求学习中医药抗疫经验。② 2019年11月13日，中国国家中医药管理局与巴西卫生部签署了《关于传统、补充和整合医学的合作谅解备忘录》。2019年10月25日，中国和巴西还签署了《中国孔子学院总部与巴西戈亚斯联邦大学关于合作设立戈亚斯联邦大学中医孔子学院的协议》。以此为契机，中巴双方可以重点开展中医药方面的技术援助合作，扩大合作基地的规模和数量。

（二）将农业合作作为开展国际援助合作的另一个重点领域

中国和巴西同属农业大国。巴西在大豆种植、牲畜养殖、棉花种植等方面经验丰富，因此我国可与巴西加强农业方面的技术合作，在中国建立合作研究实验室，引进巴西先进品种和技术，合作研发新品种、新技术。巴西一直以来都在棉花种植方面与非洲和拉丁美洲地区开展国际技术合作，如上文提到过的非洲"棉四项目"的成功案例。中国、巴西和国际组织可通过签订协议开展棉花项目的三方国际援助合作。

实际上，中国和巴西已于2019年11月13日签订了《中华人民共和国农业农村部与巴西联邦共和国农业、畜牧业和食品供给部农业合作行动计划（2019—2023年）》，2019年10月25日签订了《中国科学种子创新研究院与巴西农牧研究院谅解备忘录》《中华人民共和国海关总署与巴西联邦共和国农业、畜牧业和食品供应部关于巴西棉籽粕输华卫生与植物卫生要求议定书》。上述协议也为中巴两国在农业领域的国际援助合作搭建了平台。双方可以通过人才培训、联合研发、技术转让、合办农业示范园等方式，取长补短，合作提高各自农业智能化、自动化水平和国际竞争力。例如，巴西戈亚斯州2020年推出试点项目，通过使用中国华为技术，对农作物疾病采取快速行动，提高生产率，这是双方在智慧农业领域进行的有益尝试。③ 两国在农业领域的国际援助合作

---

① 参见巴西合作署网站（http://www.abc.gov.br/imprensa/abc），最后访问日期：2021年3月30日。
② 陈威华，赵焱，周星竹.中国助力巴西抗击新冠疫情［EB/OL］. https://m.sohu.com/a/412828741_100023701，2021-3-30.
③ 参见驻巴西大使杨万明接受巴西《审视》杂志"超级农业"论坛网上直播专访（http://br.china-embassy.org/chn/dsxx/dshd/t1867812.htm），最后访问日期：2021年4月24日。

还可以优化、延伸农产品产业链、价值链为出发点，通过派遣中国专家亲临巴西农场指导当地农产品育种、种植、加工环节及牧业养殖和肉类、奶类加工等，打造出更适应中国市场需求的农牧产品，从而促进双边农产品贸易。

四、中国、巴西开展国际援助合作的法律框架构建

中国与巴西开展的国际援助合作既包括两国之间的双边援助，也包括两国共同对第三方受援国实施的三方援助，以及两国共同与国际组织合作实施的三方援助。为明确双方或三方之间的援助权利、义务，提升国际援助合作的稳定性和可预期性，实有必要构建相应的法律框架。根据现有国际关系的现状和中国、巴西已有的合作机制，我们建议以国际软法为切入点来构建中国—巴西国际援助合作法律框架。

"'（国际）软法'经常指条约之外的任何在其内容中包含预期行为的原则、规范、标准或其他陈述的国际文件。"[1]国际软法不是条约，不具有强制约束力，但却对国际关系行为体的行为发挥着实际的指导、调节作用。国际软法并不创设刚性义务，有利于保持国家实施对外政策的灵活性，可以作为国家间无法达成条约或不愿达成条约情况下的一种替代性选择。[2] 国际软法的制定主体更为多样，包括国家、国家的政府部门、国际组织、企业、社会组织等实体。另外，国际软法的达成不需经过冗长的条约制定、批准和修改程序，造法效率高。简言之，国际软法以其程序的简便性和义务的灵活性弥补了硬法——国际条约与国际习惯在规则创制和执行方面的困难。各国的对外援助活动具有外交、商业、道义等多重动机，对外援助决策往往具有政治和主权敏感性，在国际援助合作过程中各国可能无法或不愿达成具有强制性法律约束力的国际条约。此种现实下，国际软法就提供了一种新的可能性。

具体到国际援助领域，国际软法涵盖以下两个方面：（1）通过国际组织和/或国际会议达成的有关对外援助的决议、声明、宣言、议程等规划类文件，以及指南、建议、意见等工作指导性文件，例如关于国际援助有效性的《巴黎宣言》《阿克拉行动》《釜山宣言》。（2）不同国家、国家的政府部门、社会组织、企业之间签订的谅解备忘录、合作协议等，例如前文提到的《中国科学种子创新研究院与巴西农牧研究院谅解备忘录》《中国三峡（巴西）有限公司和巴西国家工业教育服务中心合作谅解备忘录》等。巴西的对外发展援助重视帮助受援国建立机构，以提升对所分享的知识和技术的接受效果。我国对外援助实践中也一直存在"授人以渔"的理念。这些做法和理念与对外援助领域中的重要国际软法《巴黎宣言》存在本质相通。《巴黎宣言》中达成的一项重要共识即"能力发展是发展中国家自己的责任，援助方只是发挥支持作用"。中国、巴西可借鉴《巴黎宣言》中关于提升对外援助有效性的指标和措施，将其转化为三边合作协议中的条款，通过提高发

---

[1] Malcolm D. Evans. *International Law*[M]. New York：Oxford University Press，2003：166.
[2] 韩永红."一带一路"国际合作软法保障机制论纲[J]. 当代法学，2016，(8).

展中国家自主发展能力,最终提升对外援助的有效性。同时,我们还应鼓励我国的政府职能部门、企业和民间组织与巴西对应单位开展多种形式的技术援助合作,通过签订谅解备忘录等国际软法形式固定双方的权利、义务,从而提升国际援助合作的稳定性和效率。

作者简介

1. 亚历山德拉·科斯塔·卡瓦尔坎蒂·德阿劳霍(Alessandra Costa Cavalcanti de Araújo)

律师,巴西律师协会国际关系委员会伯南布哥州分会主席,巴西律师协会巴中关系协调委员会伯南布哥州分会协调员。伯南布哥州联邦大学行政与宪法学硕士,累西腓大学国际关系、外交和国际商务专业硕士。

2. 莱西亚·玛丽亚·马西尔·德莫雷斯(Letícia Maria Maciel de Moraes)

律师,巴西伯南布哥联邦大学教授,巴西律师协会人权与国际关系委员会伯南布哥州分会成员。

3. 玛拉·卡拉·科雷亚·法贡德斯(Mayra Karla Correia Fagundes)

律师,巴西伊加拉苏学院国际法教授,巴西律师协会国际关系委员会伯南布哥州分会成员和巴西—联合国特别委员会(CebraONU)顾问成员。

4. 阿曼达·路易斯·内格里(Amanda Louise Negri)

巴西巴拉那天主教大学国际法高级研究中心成员,国际经济法和国际人道主义法研究员。巴西巴拉那天主教大学经济法与发展硕士研究生。

5. 朱莉安娜·费雷拉·蒙特内格罗(Juliana Ferreira Montenegro)

法律与国际商业专家,巴西巴拉那天主教大学教授,国际法与可持续发展高级研究中心研究员。城市管理博士,法律与可持续发展硕士。

6. 安娜·比阿特丽斯·多斯桑托斯·博尔赫斯(Ana Beatriz dos Santos Borges)

律师,GEBRIC/USP成员,巴西/中国社会文化研究所(IBR ACHINA)成员,圣保罗大学法学院金砖国家研究小组研究员。圣保罗天主教大学商法硕士。

7. 卡斯奥·爱德华多·赞(Cássio Eduardo Zen)

律师,GEBRICS-USP研究员,国际法和法律史教授,圣保罗大学法学院金砖国家研究小组研究员。圣保罗大学国际法博士,圣卡塔琳娜联邦大学法律与国际关系硕士。

8. 布鲁诺·巴拉塔(Bruno Barata)

律师,BCDM律师事务所创始合伙人,巴西律师协会联邦委员会外交事务委员会秘书长,巴西调解与仲裁中心外交事务副总裁,瑞士国际法学院理事会成员,巴西律师协会里约热内卢分会外事委员会主席,国际律师协会理事会成员和法律服务未来工作组成员。巴西 FGV 法学硕士,2009 年国际律师协会颁发的年度杰出青年律师奖获得者。

9. 闪涛(Shan Tao)

广东广信君达律师事务所高级合伙人、管委会成员,全国律师协会涉外律师领军人才库人选,广东省涉外律师领军人才库成员,广东省司法厅商务厅涉外经贸法律服务律师团成员,广州市司法局涉外调解律师专家库成员,广东外语外贸大学法学院兼职教授、硕士研究生导师、外国留学生职业发展导师,中南财经政法大学现代行政法研究中心特聘研究员。专注于"一带一路"与海外投资、涉外法律服务、跨境争议解决、公司与股权、新兴科技(人工智能、区块链、数据法)等领域。法学博士。

10. 卡米拉·门德斯·维安娜·卡多索(Camila Mendes Vianna Cardoso)

巴西金凯门德斯·维安娜律师事务所资深合伙人,巴西调解和仲裁中心(CBMA)港口和海事法副主席,巴西律师协会里约热内卢地区(OAB/RJ)巴中关系国家协调员,热图里奥·瓦加斯基金会(FGV)里约热内卢校区巴西—中国研究中心法学院学术顾问成员。伦敦政治经济大学海事法、海事保险、海上货物运输、国际自然资源法项目法律硕士,并获得哈佛法学院律师事务所领导力课程证书。

11. 张恩慈(Luiza Neves Silva Chang)

国家电网巴西控股公司高级律师,巴西调解和仲裁中心(CBMA)巴中关系副主席,巴西能源与环境法协会(ABDEM)电力能源委员会成员,以及巴西律师协会里约热内卢地区(OAB/RJ)巴中关系国家协调员。里约热内卢州司法学校(EMERJ)公法和私法项目法律硕士。

12. 马睿婷(Clarita Costa Maia)

巴西联邦参议院监管、经济、商业和商业法立法顾问。圣保罗大学国际法博士,加州大学伯克利分校工商法和知识产权法硕士。

13. 罗盖里奥·多纳西门托·卡瓦略(Rogério do Nascimento Carvalho)

律师,戈亚斯州卡尔达斯诺瓦斯学院教授。圣保罗大学拉丁美洲一体化项目博士生。

14. 加布里埃拉·戈麦斯·梅纳(Gabriella Gomes Mena)

律师,南里奥格兰德州卡托利卡庞蒂菲西亚大学劳动法和程序专家。毕业于包鲁中央大学法律系,并在联合国教科文组织马里亚校区保利斯塔大学菲洛索菲亚学院社会科学系学习。

15. 吉赛尔·席尔瓦·法林哈斯(Giselle Silva Farinhas)

律师,巴西吉赛尔·法林哈斯律师事务所总裁,巴西对外贸易商会联合会妇女委员会总干事,Barra da Tijuca 巴西法律委员会对外贸易委员会主席,巴西法律委员会联邦委员会巴西—中国关系国家协调顾问成员,OABRJ 巴西—中国协调副秘书长。在里约热内卢州检察院高等学校基金会获得公法和私法硕士。

16.格拉齐埃拉·德维齐亚·伊格纳西奥·奥莉薇拉(Graziella De Vizia Ignacio Oliveira)

匹萨方德斯律师事务所商务拓展合伙人。巴西大学法学学士、经济学学士、经济发展硕士。

17.弗吉尼亚·劳拉·费尔南德斯(Virginia Laura Fernandez)

巴西巴拉那联邦大学经济学研究生课程教授,拉丁美洲一体化联邦大学(UNILA)和阿根廷罗萨里奥国立大学教授。经济学学士,地方经济发展硕士,巴西巴拉那联邦大学经济发展博士。

18.伊莎贝拉·玛丽亚·佩雷拉·帕斯·德巴罗斯(Isabela Maria Pereira Paes de Barros)

伯南布哥联邦大学学生。

19.杰姆·本维努托·利马·朱尼尔(Jayme Benvenuto Lima Júnior)

伯南布哥联邦大学国际法教授。

20.劳拉·罗德里格斯·德奎罗斯·塔瓦雷斯(Lara Rodrigues de Queiroz Tavares)

伯南布哥联邦大学学生。

21.伊扎贝拉·安博·奥库西罗(Izabela Ambo Okusiro)

乌贝兰迪亚联邦大学国际法研究组研究员。

22.塔蒂安娜·卡多索·斯奎夫(Tatiana Cardoso Squeff)

乌贝兰迪亚联邦大学国际法副教授。

23.舒静怡(Shu Jingyi)

上海政法学院经济法学院教师。

24.吴凯(Wu Kai)

中南财经政法大学法学院经济法学系环境与资源保护法学学科专业秘书。

25.郭少华(Guo Shaohua)

中南财经政法大学法学院经济法学系环境资源法教研室副主任。

26.邱也(Qiu Ye)

中南财经政法大学法学院经济法学系环境与资源保护法学硕士研究生。

27.马乐(Ma Le)

华东政法大学国际交流处副处长、法学副教授。法学博士。

28.路易斯·阿道夫·佩雷拉·贝克斯坦(Luiz Adolfo Pereira Beckstein)

巴西石油公司高级经济学家。

29.路易斯·爱德华多·维达尔·罗德里格斯(Luiz Eduardo Vidal Rodrigues)

律师,德恒律师事务所外国法律顾问,BNRSC"一带一路"服务连接调解中心调解员,中国政法大学伊比利亚—美洲法律与公共政策研究所顾问。

30. 贾辉(Harrison Jia)

律师,北京律师协会会长助理、新能源国际开发联合会副秘书长、北京市律师协会保险委员会委员、中国保险协会首席法律顾问代表、中国保险资产管理协会法律与合规委员会委员。德恒律师事务所合伙人。主要从事并购和保险领域的业务。纽约大学和CUPL的法律硕士。

31. 伊萨贝拉·克里斯托(Isabela Christo)

米纳斯吉拉斯州政府(巴西)战略顾问,创立了Soul Kombucha公司。巴西国际关系学士。

32. 马西里奥·托斯卡诺·弗朗卡·菲略(Marcílio Toscano Franca Filho)

帕拉伊巴(巴西)联邦大学艺术法教授,帕拉伊巴审计法院检察办公室副检察长、文化遗产保护工作组组长,艺术仲裁法院(鹿特丹)、世界知识产权组织仲裁与调解中心(日内瓦与新加坡)、南方共同市场常设上诉仲裁庭(巴拉圭)仲裁员。葡萄牙克英布拉大学比较法博士,佛罗伦萨欧洲大学研究院法学博士后。

33. 亨利克·列侬·法拉斯·盖德斯(Henrique Lenon Farias Guedes)

律师,巴西帕拉提联邦大学教授。圣保罗大学国际比较法博士。

34. 若昂·维克托·波尔图·贾尔斯克(João Victor Porto Jarske)

律师,任职于巴西克莱森和卡萨多菲略律师事务所,国际艺术品贸易与文化遗产爱好者。

35. 普丽希拉·卡内帕罗·多斯安吉斯(Priscila Caneparo dos Anjos)

律师,巴西库里蒂巴中心大学国际公法、人权和国际生态政治教授,国际法诊所协调员,巴西国际法学会成员兼评论员、国际法委员会成员,世界贸易组织和经济及社会理事会(联合国)代表。国际经济关系法硕士、博士。

36. 若昂·佩德罗·巴布(João Pedro Bub)

中国人民大学丝路学院学生。

37. 石慧(Shi Hui)

浙江万里学院法学院副教授,主要研究方向:民商法、国际商法、知识产权法。法学博士。

38. 徐立华(Xu Lihua)

北京大成(宁波)律师事务所党总支部书记、高级合伙人。法律硕士。

39. 塔伊斯·巴伊亚·维亚娜·罗德里格斯·达席尔瓦(Taís Bahia Vianna Rodrigues da Silva)

律师,巴西律师协会联邦委员会、巴西—联合国特别委员会顾问成员,巴西律师协会里约热内卢分会巴中关系国家协调文化教育小组成员、性别平等小组协调员,北京大学学者。北京大学国际教育发展博士,里约热内卢州立大学公司法硕士,弗鲁米嫩塞联邦大学法律学士。

40. 杜涛(Du Tao)

华东政法大学国际法学院院长、教授、博士研究生导师。

41. 叶子雯(Ye Ziwen)

华东政法大学国际法学院博士。

42. 漆彤(Qi Tong)

武汉大学国际法研究所副院长、教授、博士生导师,主要从事国际经济法研究。

43. 黄可而(Huang Keer)

武汉大学国际法研究所博士,主要从事国际经济法研究。

44. 谷向阳(Gu Xiangyang)

吉林大学法学院博士后、助理研究员。

45. 张龑(Zhang Yan)

中国人民大学法学院副院长、教授、博士生导师,中国人民大学法律与全球化研究中心执行主任。从事法理、全球化与涉外法治研究,长期参与"一带一路"法律建设。德国法学博士。

46. 周倜然(Zhou Tiran)

中国电力传媒集团主任记者,中国人民大学法律与全球化研究中心研究员。关注电力企业在参与"一带一路"建设中的实践和成果,以及其中的中外文化交流融合。

47. 唐妍彦(Tang Yanyan)

广东外语外贸大学国际战略研究院研究员、国际治理创新研究院云山青年学者。法学博士。

48. 魏丹(Wei Dan)

澳门大学法学院教授、博士生导师,中国法学会消费者权益研究会理事。法学博士。

49. 戴瑛(Dai Ying)

大连外国语大学国际海洋事务与海洋法研究中心主任,教授,自然资源部国家海洋信息中心、中国海洋大学联合培养博士后。主要从事国际法、国际海洋法、渔业法研究。

50. 赵懿先(Zhao Yixian)

华东政法大学金砖国家法律研究院助理研究员。

51. 韩永红(Han Yonghong)

广东外语外贸大学法学院副院长、教授、硕士生导师。法学博士。

52. 孙萌(Sun Meng)

广东外语外贸大学法学院法律硕士研究生、文学学士(葡萄牙语)。